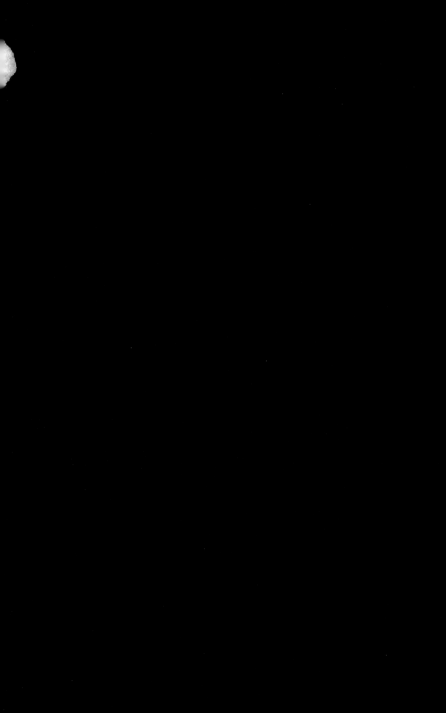

心の哲学史

村田純一
渡辺恒夫
［編］

講談社

まえがき

本書は、現代においてあらためて心とは何かについて考えるために、一九世紀の末から現代に至るまでの心をめぐる哲学的思索の歴史をいくつかのテーマに絞りながら振り返ってみようと試みたものである。

なぜ心の哲学史を一九世紀末から始めるのかといえば、第一の理由は、現代の心の哲学が、心についての科学的探究と密接不可分なあり方を示してきたからであり、そしてまた、心の科学が心理学として自立した学問分野として成立し始めたのが一九世紀末だったからである。

現代の科学的心理学は、最初はおもにヴントにみられるように、実験によって制御された内観という方法を基礎に自然科学と並ぶ新たな実証科学として自らを位置づけることから出発した。しかし、内観主義への批判が強まり、二〇世紀には行動主義が支配的となる時代が続いた。その後、二〇世紀の後半には、コンピュータ科学の発展に伴って、入力データに基づいて出力を導く（認知）機能としての心という考え方が新たなパラダイムを形成し、認知主義的な見方が大きな影響力を持つようになった。ここでは、心は、コンピュータをモデルとして、ハードウエアである脳に対するソフトウエアのような役割を果たすものとみなされた。この頃から、認知主義的見方は、科学的心理学のみならず、英米の哲学界のなかでも次第に力を持つようになり、そうした背景のもとで、「心の哲学」(philosophy of mind) という言葉が広く使われるようになって、この分野が哲学の世界で一大勢力を形成するまでになった。

つまり、現代の哲学界においてあらためて「心の哲学」が脚光を浴びるようになったのは、心理学や脳科学などの「心の科学」の発展を背景にしてのことなのである。そのため、現代の心の哲学について語る際には、心の科学を抜きには語れないというのが現状だといっても過言ではないと思われる。また、翻って振り返ってみるなら、このような心をめぐる哲学と科学との相互交流は、一五〇年近く前に、哲学と心理学とが制度的に分岐する以前の文学部の姿と似ている面があるともいえるだろう。現在では、当時とはまったく違った仕方ではあるが、あらためて、心の哲学と科学との交流が始まっているとも考えることができるからである。

しかしながら他方で、以上のようなすでに繰り返されてきた物語の枠組みのみを強調するだけでは、本書でいうところの「心の哲学史」は、英米圏を中心にこの半世紀のあいだに急速に発展してきた「心の哲学」と呼ばれる分野の見方を大きな枠組みとして前提したうえでの歴史をもっぱら意味することになるだろう。それに対して、本書を特徴づけるのは、もうひとつ、二〇世紀を通しておもには大陸系の哲学を牽引してきた現象学を大きな枠組みとして前提するところにある。「現象学としての心の哲学」それが、本書のもうひとつの大きな特徴である。

じっさい、本書所収の各章では、E・フッサール、M・ハイデガー、J・P・サルトル、M・メルロ＝ポンティといった現象学的哲学者の名前が再三登場することになる。また、概念としても、志向性、身体性、世界内存在、間主観性など、現代の現象学的哲学を特徴づける諸概念が重要な役割を演じることになる。現象学の見方によれば、心とは、主体が身体を介して世界内存在するその仕方のことだということになるからである。

ここで読者は、疑問ないし疑念をお持ちになるかもしれない。もし英米圏の哲学のなかで生まれたのが「心の哲学」と呼ばれる分野だとすれば、その分野が大陸系の哲学の代表である現象学によって発展するということがあるのだろうか。このような思いを持たれたかもしれない。

たしかに、英米系の分析哲学と大陸系の現象学はしばしば水と油のように対立する見方だとみられることもあった。じっさい、心の哲学が盛んになり始めた当初は、現象学のなかで関心を示すものは必ずしも多くはなかったし、英米系の「心の哲学」は心身二元論という形而上学的枠組みを前提しているのではないかといった冷ややかな反応を示すものもいなかったわけではない。しかしながら、「心の哲学」の推進者とみなしうる研究者たちの議論の展開のなかで、ハイデガーやメルロ＝ポンティといった哲学者の見解が盛んに参照されたり、世界内存在や身体性といった概念がしきりに用いられたりするようになると、現象学者もその流れを無視はできなくなり、今では、心の科学の発展がもたらす新たな成果の解釈をめぐって、科学者を交えて、哲学者たちが立場の違いを超えて議論しあう場として「心の哲学」が成立しているようにみえる。

もし以上のような整理の仕方が認められるなら、本書は、ここで述べたような、現象学を重要な要因として新たな仕方で展開し始めた「心の哲学」のなかでなされている議論の意味を明らかにすることを試みた著作のひとつだということができるだろう。以上のような意味で、本書の内容は、現象学的観点からの心の哲学の歴史と展開、そしてさらには未来への展望の報告ということになるだろう。

以下の各章は、非常に広くかつゆるい意味で、歴史的な順序を念頭に置いて並べてあるが、必ずしも厳密な意味での歴史的展開を追ったものではない。また各章で取り上げられるテーマも多様である。以下ではキーワードのみを挙げながら、それぞれの内容にごく簡単に触れておきたい。

第一章では、一九世紀の末から二〇世紀にかけて活躍したヴント、ブレンターノ、フッサールを取り上げて、彼らがそれぞれ固有な仕方で心の哲学と不可分な関係のもとで心の科学としての心理学を展開したことを確認する。そのうえで、なぜ、そしてどのような意味で、フッサールは他の二人を批判しながら、哲学的課題を担いうる心理学としての現象学という独自の構想をいだくようになったのかについて考える。

第二章では、内観という方法が、心の科学において、どのような役割を果たし、どのように批判されてきたのかについて振り返る。そのうえで、内観に代わる見方に基づく心の科学と哲学はどのような特徴と課題を持ってきたのか、さらには内観という概念と方法の新たな可能性について考える。

第三章では、発達心理学の主要課題のひとつである乳幼児の他者理解の獲得過程の解明という課題に、サルトルの他者論を手掛かりに取り組む。他者から見られる羞恥体験を軸にしたサルトルの考えをもとにして、現代の「心の理論」仮説を批判すると同時に、メルロ＝ポンティやエレノア・ギブソンの議論の不十分さも指摘するユニークな論考である。

第四章では、科学としての心理学のあり方を規定する多様な認識論的関心と方法論を取り上げて、以下のような問いについて考える。科学的心理学の方法論にはさまざまな見方があるが、それらのなかの多くはなぜ不十分なのか。そして現象学とその精神を汲んだ質的研究がなぜ必要で、どのような貢献をなしうるのか。他方で、はたして現象学は十分なのだろうか。

第五章では、現代の神経科学のパラダイムのひとつとなっている見方（神経構成主義）を取り上げて現象学的観点から批判的に検討することが試みられる。現代では、心の座は脳である、という見方は一般の人のみならず、専門家にも受け入れられているようにみえる。しかしはたして、脳のみで心のはたらきを担いうるのだろうか。現象学はどのようにして、心と脳、身体、世界とのあいだに密接な関係があることを示しうるのだろうか。

第六章では、植物の「心」について考える可能性を検討する。古代のアリストテレスは、心とは、生物が世界のなかで生きているその形（形相）を意味すると考えた。つまり、人間のみならず、動物や植物にも、それぞれ特有の心が備わっているとみなした。現代では、このような見方は成り立ちようがないように思われるかもしれないが、はたしてその可能性はないのだろうか。現代の生物学のなかに、心についての新たな見方の可能性を探る冒険。

以上のように、それぞれじつに多様である。また、それぞれの章は執筆者独自の視点に基づいて書かれており、相対的に独立したものとして読めるようになっている。ただし、それぞれの章は、かなり長い論文からなっており、読者にとっては簡単に内容を見通すことは困難だと思われるので、最初に、詳しい目次を掲げてある。読者は、それぞれの興味に従って、どの章からでも読み始めてくださるようにお願いしたい。

さらに、各章のあいだには、いくつかのコラムが短い文章として収められている。それらは、各章の内容の補足という意味で置かれているのであるが、それぞれが独自の見地を表現したものになっている点も味わっていただきたい。

さて、本書が完成間近になった現在の時点から振り返ってみると、本書の成立過程は、新型コロナウイルスのパンデミックをはじめ、さまざまな困難に見舞われ続けた過程だった。様々な困難にもかかわらず、編集担当の講談社の林辺光慶さんは、企画段階から始まって、一貫して粘り強くわたしたち執筆者を鼓舞し続け、執筆を促し続けてくださった。今般、本書がようやく実現にこぎつけることができたのも、ひとえに、林辺さんのおかげであり、林辺さんの熱意とご努力に心より敬意と感謝を表明したい。

村田純一

二〇二四年五月

心の哲学史　目次

第五章　認知神経科学と現象学
――身体と自己の起源を探る潮流　427……田中彰吾

心の哲学史

第一章

心の哲学史の始まり

――一九世紀、科学と哲学の交叉

村田純一

『心の哲学史』と題された本書のテーマは、心の哲学の歴史を科学と関連づけながら描くことにある。くわしくいえば、心に関しての科学が心理学というひとつの独立した学問分野として、そして大学内に位置を占める制度として成立し始めた一九世紀の後半から始まって、二〇世紀後半になって新たに展開し始めた認知科学や脳科学などと結びついてさまざまな動きを見せている現代の心の科学に至るまでの歴史に沿いながら、この歴史を現象学的観点に重点をおいて「心の哲学」の歴史として見直してみようとするものである。

本章では、この歴史の始まりの時点で活躍した三人の研究者を取り上げて、これから以下でくわしくたどられる物語のための舞台設定を行うことにしたい。取り上げるのは、W・ヴント（Wundt, Wilhelm Max, 1832-1920）、F・ブレンターノ（Brentano, Franz, 1838-1917）、E・フッサール（Husserl, Edmund, 1859-1938）である。そして、この三人が、勃興しつつある心理学の流れに対してそれぞれ独自の仕方で関与しながら、「心とは何か」を明らかにする探究にどのように取り組んだのかを振り返ることを試みる。この試みは、一方では新たな実験心理学成立の最初の一齣をヴントに焦点を合わせて描くことになると同時に、他方では、ブレンターノから影響を受けたフッサールによって現象学という新たな哲学ないし心理学が成立する過程を描くことになるはずである。

ここで読者の皆さんは、この三人をいっしょの舞台に登場させることに対して疑問をいだかれるかもしれない。ヴントといえば、現在の心理学史では新しい実験心理学の創始者として必ず話題にのぼるが、現象学ではもちろんのこと、広く哲学の歴史ではほぼ取り上げられることはない。他方でブレンターノは、心理学史のなかでは作用心理学の代表者として取り上げられるとともに、フッサールに影響を与えたこともあり、哲学の歴史、特に現象学の歴史のなかで話題にされることが多い。そしてフッサールは、哲学史のなかで、二〇世紀哲学の代表的な流れを形成した現象学の創始者として大きく取り上げられているが、心理学史のなかでは、きわめて限定的な位置しか与えられていないようにみえる。このように、心理学と哲学とが学問分野として明確に分離している現在からみれば、三者三様であり、この三人がなぜいっしょに取り上げられるのかについて疑問に思われてもおかしくはないだろう。

たしかに現代の視点からみれば、ヴント、ブレンターノ、フッサールを並べて物語に登場させることは奇妙に思われるかもしれない。しかし、一九世紀の末から二〇世紀にかけては、この三人を含めて、現代では哲学者と心理学者とに分けられることになる研究者たちは、まだ同じ哲学科のなかで同僚として活動していたのであり、相互にそれぞれの主張の内容にかなりふみこんだ議論を行っていた。こうした状況は、一五〇年後の現代において再び心の哲学がさまざまな科学と協働して新たな展開を見せ始めている状況のある意味では先行形態ともいえないわけではない。一五〇年前の出来事をあらためて振り返ってみることは、現代の心の哲学と科学のあり方を理解するうえでも、さまざまなヒントを与えてくれるかもしれないのだ。

前口上はこのくらいにして、さっそく科学的心理学が登場し始めた一九世紀後半のドイツの状況から物語を始めることにしたい。

一八六〇年に公刊されたG・T・フェヒナー（Fechner, Gustav Theodor, 1801-87）の『精神物理学原論』［*Elemente der Psychophysik*］は、一九世紀の後半に生じた科学としての心理学の成立に大きな影響を与えた。この著書のなかでフェヒナーは、心的現象に関する量的な測定が可能であり、そして心的現象に関する数学的に表現できる法則性が成り立つことを示し、心をめぐる研究を長らく呪縛してきたカントによる心の科学は不可能であるという見方を覆す突破口を見出すことができた。少なくともこのように、多くの「心の科学」をめざす研究者には受け取られた。

なかでも、医学、生理学分野の出身ながら一八七五年にライプツィヒ大学哲学科の正教授に就任したヴントは、その代表だった。ヴントは同じ大学で活躍していた生理学者E・H・ウェーバー（Weber, Ernst Heinrich, 1795-1878）によるウェーバーの法則、ならびにフェヒナーによってウェーバーの法則に基づいて提案されたいわゆる「精神物理学的法則」を手掛かりに、生理学的実験を手段に使った心理学という構想を打ち立てるとともに、一八七九年には世界で最初の実験室を開設し、新心理学・実験心理学の父と呼ばれるようになった（一方、W・ジェームズ〈James, William, 1842-1910〉が一八七五年にハーヴァードに実験室を開設したことも知られている）。

他方で、現象学的心理学の先駆者ともみなされることのあるブレンターノもまた、科学としての心理学を打ち立てるために、「精神物理学的法則」の重要性を評価しながら、独自の解釈を提示して、内的経験を中心とする経験的心理学の構想を発表し、心の哲学、心の科学の流れに大きな影響を与えることになった。

ちなみに、両者は、同じ年に主著と目されることになる体系的著作を発表している。すなわち、ヴントは一八七三年から七四年にかけて『生理学的心理学綱要』［*Grundzüge der Physiologischen Psychologie*］（第一版）を発表し、ブレンターノは同じく一八七四年に『経験的立場からの心理学』［*Psychologie vom empirischen Standpunkt*］を発表した。著作の同時出版という事態は単なる歴史的偶然ともいえるが、同じ年にかなり性格の異なった「心の哲学・科学」に関して、古典と目されるような著作が発表されたことは、少なくとも共通の歴史的背景があったことを示唆していると思われる。以下では、両者による科学としての心理学の性格を対比的にみることにより、心の哲学史の最初の二人の主役による心の哲学・科学の特徴に光をあてることにしたい。

第一節　ヴント——力動的な全体論

（1）ライプツィヒでの実験室の開設

心理学の歴史では、必ずといってよいほど、ヴントが一八七九年にライプツィヒに世界ではじめて実験室を開設したことが挙げられる。この実験室は次第に拡充され、国内外から多くの学生や研究者が訪れ、ヴントの研究室は国際的な規模で新心理学の中心となった。実験心理学が盛んになる初期の頃、ドイツの大学で哲学を専門とせずに哲学科の教授になったのはヴントのみだった。しかし、彼が実験室で行う講義はたいへんな人気を博し、多くの学生が聴講し、またヴントの実験室では少なくとも一八六の博士論文が生み出された。さらに、ヴントは、次第に拡大していく研究室からの成果の発表の場として一八八三年にはドイツ初の心理学雑誌『哲学研究』[*Philosophische Studien*]を発刊した。また、アメリカでは一九〇〇年までに四三の心理学実験室が誕生したが、そのなかの一二の実験室がヴントの教え子によるものだった。一九一三年には、ドイツの哲学科の正教授のポストを占めていた実験心理学を専門とする研究者一〇人のうち七人がライプツィヒの出身者だった（以上のデータに関しては、[Kusch, 1995: 128f.] を参照)。

以上のような状況は、ライプツィヒに実験室が開設され活況を呈した、ということのみではなく、この地ではじめて共通の研究プログラムのもとで、心理学を専門とする科学者の共同体が成立したということを意味している。このように、ヴントによる心理学の科学としての制度化への貢献は巨大なものだった。

ちなみにヴントは死の直前に書かれた自伝のなかで、研究室の雑誌名を選ぶに際して、「心理学研究」ではなく「哲学研究」という「戦闘的誌名(Kampftitel)」を選択したと述べている〔ヴント、二〇〇二年、三〇九頁〕。ヴントによると、当時は、実験心理学に対して哲学者から激しい攻撃がなされていたので、この雑誌名によって、みずからの提唱する実験心理学は哲学の一分野であることを明示したかったからだとのことである。

じっさい、狭い意味での「哲学者」と「心理学者」との哲学科内のポスト争いは、一九一三年には、ドイツ、オーストリア、スイスの哲学者たちによる請願運動に発展し、心理学の教授ポストを哲学科の外部に設けることを要請する請願書が文部省に提出されるまでに至った。八〇歳のヴントはこのときに、哲学者と心理学者の両方を批判し、実験心理学は哲学を必要としていると同時に、哲学もまた心理学を必要としているという年来の主張を展開してこの議論に精力的に関わった。こうした点に、ヴントの哲学観と心理学観がよく現れている。というのも、ヴントは一貫して自らの実験心理学は生理学と哲学とのあいだにあること、より広くみれば、自然科学と精神科学との媒介者という位置を占めるものであることを強調していたからである[Kusch, 1995: 193ff.]。

当時は、このようなヴントの哲学観、心理学観は、哲学者、心理学者、どちらにも受け入れられることはなかった。こうした事情もあってか、ヴントは心理学の制度化という点では大きな影響力を発揮したが、その哲学ないし心理学の内容に関しては大きな影響を残したとは言い難い。それどころか、その内容は新たな動きのなかで批判され乗り越えられたと評価されることが多かったし、今でもそのようにみなされることがある。

たとえば、ヴントは内観を科学的心理学の方法の基本に据えた内観心理学の代表とみなされてきた。しかし、とりわけアメリカでは、実証主義的傾向が強まり、ひいては行動主義が中核を占めるようになると、内観心理学はその後、これら後発の科学的心理学によって取って代わられたとみなされることになった。あるいは、心的現象に関するヴントの見方はもっぱら要素的感覚を出発点とする要素主義だとみなされ、特にドイツでは、その後のゲシュタルト心理学の発展のなかで根本的な批判にさらされたと解釈されるようになる。

なかでも心理主義をめぐる論争のなかのヴントの位置は象徴的である。

さまざまな哲学的問題、とりわけ論理学の基礎をめぐる問題を考察する際に心理学を基礎に据えるという見方は、当時、心理主義と呼ばれ、ブレンターノを含め、さまざまな研究者によって支持されていた。そして、ヴントもまた心理主義の代表者のひとりとみなされた。

ヴントはしかし、やはり自伝のなかで、自分の論理学に関する考察は「当時盛んであり、わたしが知っていた心理主義に対してのもっとも徹底した拒絶であった」と述べている〔ヴント、二〇〇二年、二六四頁〕。すなわち、論理学は思考に関する経験的法則ではなく規範的法則であり、それゆえ、論理学的思考の基礎を判断に求めることはできないことを強調している。にもかかわらず、ヴントは他方で、思考の規範的法則が具体的な思考経験と無関係に成り立つものではない点を強調し、たとえば、規範的法則は思考の心理学的結合のなかで明証性と普遍妥当性を示すことに基づいていると主張していた。フッサールやフレーゲなどのようにイデア的法則としての論理法則とリアルな法則としての心理法則の峻別を主張する哲学者からは両者の区別が不十分である点を徹底的に批判された（たとえば、フッサール、一九六八年、二〇二頁以下参照）。そして、その後、現象学と分析哲学が二〇世紀における哲学のおもな流れを形成するようになると、ヴントの見方はまったく考慮されることはなくなった。

この最後に挙げた心理主義をめぐる「哲学者」と「心理学者」との論争は、先に触れた哲学科内のポスト争奪戦という制度的問題とも結びつき、その後、心理学と哲学が独立した組織を形成するに至る大きな要因のひとつともなった。そしてこのような結末は、先に触れたように、本来はヴントが望んだ結果ではなかったのである。

こうして、ヴントは現在の哲学史のなかでは語られることはなく、また、心理学史のなかでは、実験心理学、新心理学の創始者という称号だけは与えられるが、その思想内容に関しては、ほとんど積極的に取り上げられることのない時期が続いてきた。こうした事情が生まれるにはさまざまな要因がはたらいたであろうが、ヴントの側にも責任がなかったわけではないように思われる。たとえば、主著の『生理学的心理学綱要』は六度にわたり大幅に改訂がほどこされ、最初は一巻だったものが三巻に膨れ上がったし、ヴントが生涯をかけて追求した『民族心理学』は一〇巻にまで及んだ。このようにつねに発展途上であるヴントの心の哲学に関して見通しのよい理解を得ることは容易ではないからである。じっさいヴント自身が自伝のなかで以下のように述べている。「この著作（『生理学的心理学綱要』）の初版は、本質的には大部分が感覚生理学と、いわゆる連合心理学の旧来の知見から借用せざるを得なかったような断片を、できるだけ計画的に整理した寄せ集めの域を出ていなかった」〔ヴント、二〇〇二年、一九七頁〕。つまり、まだ予備的な構想の発表にすぎなかったというわけである。

他方で、一九八〇年代以降、K・ダンジガー（Danziger, Kurt, 1926-）の仕事などによって、従来のヴント評価が一面的であることが理解されるようになり、ヴントの再評価が行われるようになっている。たとえば、生態学的心理学者のE・S・リード（Reed, Edward S., 1955-97）は一九九七年に出版された著作でヴントに関して以下のように述べている。

ヴントはおそらく、心理学史においてもっともよく研究された人物である。その理由の一つは、英米でのヴントの使徒であったティチェナーの影響で、多くのアメリカの心理学者が、誤ってヴントを実証主義者の系譜に位置づけ、自然的形而上学者と対置してきたことにある。近年の研究は、この見方がどれだけ誤っているかを示しただけでなく、こういった誤解の源泉をたどってもいる。〔リード、二〇二〇年、「文献案内」五九頁〕

リードがここでいう誤解の解明や誤解の源泉をたどる試みのなかには、日本の研究者によるものもある。高橋澪子《みおこ》は『心の科学史——西洋心理学の背景と実験心理学の誕生』のなかで、以下のように語っている。「ヴントの心理学の特色（そしてヴントその人の力点のありか）は、その力動的な全体論にあり、それゆえ、その心理学は機械論的な連合主義から最も遠いものである」〔高橋、二〇一六年、二三三頁〕。

このように、現代では新たな仕方でヴント研究がなされ、新たなヴント像を描く試みが行われてきた。したがって、ヴントについて触れるには、本来であればこうした新たな視点を十分に考慮する必要があるが、ここでは科学としての心理学への突破口を開いた点に絞って、ヴントの考え方の一面を垣間見ることで満足することにし、ブレンターノの心理学へとつなげていくことにしたい。

（2）ヴントの科学的心理学

一九世紀の半ばに至るまで「心の哲学」といえば、魂に関する形而上学的考察とみなされることがほとんどであった。「自然（の）哲学」が一六世紀から一七世紀にかけてガリレオからニュートンに至る科学革命の時代を経て、新たな科学としてのパラダイムを形成したのに対して、心の哲学のほうはこのような意味で科学に進むことはなかった。心に関する科学者といえば、ほとんどがいわば医者や生理学者であり、それ以外の心に関する研究といえば、小説家たちの著作のなかに見出されるものか、あるいは、相変わらず科学と区別された形而上学とみなされていた〔リード、二〇二〇年、一一頁以降参照〕。

近代の自然科学の特徴は、ガリレオの望遠鏡による天体観察や物体の落下法則を見出すための実験のように、第一には、自然現象に関して、観察器具や実験装置を使って得られた精密な経験的データをもとに理論の検証を行うことにあり、そして第二には、自然現象のあいだで成立する法則的関係を数学的に定式化し理論化することにあった。実験と数学的理論化が科学の基本特性をなしていたのである。こうした近代科学の成果をモデルとして認識論を展開したカントは、『自然科学の形而上学的原理』の序論のなかで、自然現象とは異なる精神現象を相手にする場合には、現象を客観的に確定する観察の試みが当該の現象を変化させてしまうこと、および、心的現象は時間という一次元の要因のみによって規定されているために数学の適用が不可能であるとみなしうることによって、「心の哲学」は「心の科学」となり得ないと主張した〔カント、一七八六／一九六六年、二〇〇頁〕。

ヴントの主著である『生理学的心理学綱要』という表題は、このようなカントによる心理学不可能説に対抗して科学としての心理学の可能性を象徴的に表現するものでもある。

ヴントによると、人間が生きているときに示す現象は、外的な側面と内的な側面を持っている。外的な側面をとらえるのが外的知覚であり、それに基づく科学が生理学である。他方で、内的側面をとらえるのが内的知覚であり、それに基づく科学が心理学である。「生理学的心理学」とは両者の関係を含めて人間の生のあり方全体を対象にすることを課題としている試みであり、この試みによって心の科学が可能となることを宣言する意味がこめられた表現なのである。

ここで重要なことは、内的側面と外的側面は独立して存在しているのではなく、知覚や行為の過程が示しているように、相互に影響を及ぼしあっているとみなされる点である。そしてこの相互の関係を利用して心のあり方を研究するのが生理学的心理学であり、心理学にとって科学となるために生理学は必要不可欠な方法的基盤を与えてくれるものとみなされる。

ヴントによると、心理学の基本は、経験するものの内的知覚に基づく自己観察である。しかし、内的知覚のみに基づくかぎり、カントが指摘したように、客観的な仕方での自己観察は困難となってしまう（たとえば、怒っているときに自分の感情を反省し観察しようとすると、怒りのあり方は変化するだろう）。この欠点を避け、自己観察に客観的意義を与えるためには、外部から内部へと介入して制御する実験が不可欠となる。したがって、生理学的心理学とは、方法的観点からいえば、実験心理学というるものなのである。この事情をヴントは主著（四版）のなかで以下のように述べている。

というのも、実験の本質は、出来事の条件を任意に変更することにあり、そしてまた、原因と結果の法則的関係の獲得が問題になる場合には、出来事の条件を量的に規定しうる仕方で変更することにあるからである。さてしかし、少なくとも確実にいえるのは、内的過程の外的な物理的条件を変更しうることのみである。にもかかわらず、もしこの理由で実験心理学の可能性に反論するものがいるとするなら、それは正しくない。というのも、たしかに、もし人が心理学的実験ということで内的出来事に関する外的条件をまったく無視するような実験を理解するのであれば、存在するのは精神物理学的実験のみで、純粋な心理学的実験と呼ばれるものは存在し得ないということは正しいだろう。しかし、条件づける要因の多様なあり方によって生み出される変化のあり方は、決して条件づける側の本性のみに依存するのではなく、条件づけられるものの本性にも依存している。まさにこの理由によって、内的出来事が依存する外的影響の交代によってもたらされる内的出来事における変化は、内的出来事自身について説明するための情報を与えてくれるのである。この意味において、あらゆる精神物理学的実験は、同時に心理学的実験と名づけることができるのだ。

この〔実験という〕補助手段の決定的な価値は、そもそも自己観察（Selbstbeotachtung）というものを、その言葉の科学的意味においてはじめて可能にする点にある。なぜなら、そのような自己観察は、観察の対象、つまりこの場合は研究のテーマである心的過程が、注意によって固定され、起こるかもしれない変化を追跡することができるからである。〔強調傍点は引用者〕

[Wundt, 1893: Bd.1, 4]

以上、ずいぶん引用が長くなってしまったが、この引用は、『生理学的心理学綱要』(四版)の序論からのものである。この箇所で、ヴントは次のことを主張している。すなわち、心理学で用いられる自己観察は、実験によって外的な仕方でその条件を精密に規定できる状況を作れるがゆえに、心的現象に注意を向けることによって(自己観察の)対象が変化することを制御しながら観察できることになる。さらにヴントは、こうして制御された心的現象と外的な条件との相互関係を示すものとして、つまり、心と体の関係を精密に規定しうるものとして、フェヒナーによる精神物理学がひとつのモデルとして考えられることについても触れている。このような仕方で、カントの心理学不可能論への反論が用意されるというわけである。

以上のような外的条件を操作する実験によってのみ、心的領域における要素的現象を明らかにし、それらのあいだの因果関係についての知識も得られるのであり、心理学は、内観に基づく諸現象の分類と記述に終始するだけの記述科学にとどまることなく、法則的連関に基づく説明科学の位置を占めうることになるとみなされる。

ただし、ヴントは精神現象の領域のなかには実験が不可能なものもあることを積極的に認めている。そのような領域に関して、客観的に確定する補助手段としては、実験に代わり、精神的生がもたらす表現形態が役立つと考えている。具体的には、言語、神話、習俗などであり、こうした手掛かりのなかに、さまざまな心的法則が体現されているとみなされる。このような仕方で心の内面に関する研究を推進するのが「民族心理学」(Völkerpsychologie)であり、ヴントはこの研究に生涯をかけることになった。
実験心理学は個人の心的状態を解明することを課題としていることによって、個人心理学と呼ばれる。それに対して、言語や宗教、習俗などは個人ひとりによって形成されるものではなく、個人同士の相互行為が成立する共同体のなかで形成されるために、個人の枠を超えた共同体の心理学が必要となるとみなされる。このような心理学が民族心理学と呼ばれ、この心理学は、言語などの成立を解明するために共同主観的であると同時に、発生的心理学という形態をとることになる。人間が一人で生きていられるわけではない以上、人間の心理学としては、民族心理学抜きの心理学は考えられないことになる。

したがって、ヴントによれば、科学的心理学は実験心理学と民族心理学という大きな二本の柱によって成立しているとみなされる。そしてさらには、こうした心理学を補うものとして、児童心理学と動物心理学が挙げられ、これらによって心の発達史の研究がなされ、科学的心理学が補完されることになる［Wundt, 1893: Bd.1, 5］。以上のようなヴントの科学的心理学の特徴をみただけでも、その性格を内観心理学とみなすことがどれほど一面的であるかが分かるだろう。

ちなみに、ヴントが「民族心理学」の内容として挙げているテーマは、多様な言語現象を取り上げる言語学、神話に関する解釈学、そしてさまざまな習俗をテーマとする文化人類学に属するといえるものであり、いわば人文科学、ないしドイツ語でいえば、「精神科学」（Geisteswissenschaft）に属するものであり、この意味で、ディルタイなどが考えた「心理学」とも範囲が重なるといえる。このような意味で、ヴントの科学的心理学は、自然科学と精神科学という、当時は（そして今も？）区別が強調されていた二つの科学のあり方を交差させることによって成立するとみなされうる点で、現代からみても、ずいぶん視野の広いものだったのである。しかしそうであるがゆえに、このような壮大な「科学的心理学」の構想は当時の心理学がひとつの自律した科学として自立しようとする動きのなかで、そして、その反動として、哲学が心理学から「独立」しようとする動きのなかで、つまりは学問の細分化と制度化が進むなかで正当な位置を占めることはできなかった、ともいえるだろう。

（3）ヴントの「ガンツハイト（全体性）心理学」——感覚・表象・感情・意志

以下では、『生理学的心理学綱要』のなかで述べられているヴントの実験心理学を導いている基本構想のなかで最も重要であると思われる点に絞ってみていくことにしたい。この節の表題に用いた「ガンツハイト心理学」という言葉は、おもに、ヴントの「後継者」であるF・クリューガー(Krueger, Felix, 1874-1948) やH・フォルケルト (Volkelt, Hans, 1886-1964) らの発生的観点を重視したゲシュタルト心理学の見方、すなわちライプツィヒ学派と呼ばれる見方をさすことが多いようであるが、ここでは、心理学史家のT・H・リーヒーにならって、ヴントの心理学の特徴を示すために用いることにする〔リーヒー、一九八六年、二六九頁。なおライプツィヒ学派に関してはAsh 1995: 40, 61, 311ff.、P・ギヨーム、一九五二年、一七七、二〇九頁参照〕。

先にみた高橋澪子が指摘しているように、ヴントの心理学のいちばんの特色はその「力動的な全体論」にある〔高橋、二〇一六年、二三三頁〕。しかしこの特色ははじめから明確な形で表現にもたらされたわけではなかった。この点はヴント自身も認めている。

ヴントは先に挙げた自伝のなかで『生理学的心理学綱要』の初版が予備的な構想の表現に留まって

いたことを述べたあとで、この著作の内容がライプツィヒの研究所での研究に支えられながら次第に拡大し、明確化していった過程を以下のように述べている。

> このような特色を帯びるようになったのは、基本的にはこの著作が、最初から感官知覚といくつかの付随領域に関する学説のようなものと考えられていたのではなく、人間の意識というかなり高次の現象にいたるまで、心理学全体の内的整合性を保とうとしたためであり、また同時に、より複雑な事象をより根本的な事象によって、また後者を前者によって解明しようとしたためである。……生理学が、ふつうできるだけ厳密に限定された感覚領域にのみ限られなければならないと信じられていたとすれば、逆にわたしの志向しようとしたのは、感覚と連合という意識の基本的過程において、そもそもすでに精神的な生がいかにその関係全体をあらわしているかを、できるだけ広範に証明したいということであった。そこでとくに後の版では、統覚と統覚的結合の学説がさらにもっと掘り下げ磨き上げられた。感情、情動そしてとりわけ意志理論は、心的な生の全体の連関のなかで、しだいにそれら事象にふさわしい位置にやっと置かれるようになっていった。〔ヴント、二〇〇二年、一九七頁、強調は引用者〕

「より複雑な事象をより根本的な事象によって、また後者を前者によって解明」する試み、したがってまた、「感覚と連合」といった基本的な過程を精神全体がそこに現れているように解明する試み、これがヴントのめざしていた心理学の目標である。基本要素をそのありようをすべて明らかにしたうえで、それを積み重ねて全体をめざしていくわけではなく、あるいはまた、全体をあらかじめ明らかにしたうえで、それを前提にしてそこから各基本要素を導き出すわけでもない。そのどちらも不可能なので、少しずつ両者を関係づけながら明らかにしていく試みをたどるしかない。これこそヴントがじっさいにたどった道だった。じっさい、ここで認めているように、ヴントは、自ら主著と認める著作の版を重ねるごとにその内容を発展させていったのである。以下では、おもに四版のテキストをもとに、内容を垣間見ていくことにする。

感覚

ヴントは、『生理学的心理学綱要』（四版）のなかの第一篇で心的現象を条件づけている生理学的機構に関して、それまで得られている研究結果を細かく概観したあと、第二篇で、心的現象の基礎的単位として感覚を最初に取り上げて論じ始める。しかしそこでは、感覚は必ずしも独立して意識にもたらされるものではなく、あくまでも分析の結果として確認できる抽象物であることを強調している。ヴントは感覚についての概念規定を以下のような文章によって始めている。

以下の論述において、感覚ということで、わたしたちの表象の構成要素でありながら、それよりも単純な要素に分解できないものを意味することにする。感覚はつねに結びついて多かれ少なかれ合成された形成物（Gebilde）を形作るが、それが意識の外部にある対象に関係しているかぎりで、その形象を表象と名づけることにする。

この意味で確定された感覚という概念は、心理学的分析の必要性にもとづいて、その結果として生み出されたものにすぎない。単純な感覚がわたしたちに孤立して与えられることは決してないのである。むしろ感覚は、わたしたちの表象が合成的本性を示すためにわたしたちが導かれざるをえない抽象の結果生じたものである。［Wundt, 1893: Bd.1, 281. 強調は引用者］

ヴントは、このように導入された感覚概念が化学において、化学反応の結合の仕方を説明するために要請される化学的要素と似ている点を指摘する。他方で、化学的要素の場合には、それだけ単独で示すことができるのに対して、感覚のほうは心理学において単独で与えられることは決してないことを確認している。

そのうえで、感覚に備わる三つの本質的性質について述べている。すなわち、性質と強度、そして感情的質（Gefühlston）である。さらには視覚と触覚の場合には、空間的質が加わるとされる。

特にヴントに特徴的なのは、感覚と感情の不可分性を強調する点である。一見すると、感覚と感情が不可分であるという見解には異論が出てきそうであるが、ヴントは、感情なしの感覚や感覚なしの感情が本質的には存在し得ないことを説明している。たとえば、快と不快の感情は対立した強度を持つために、両者が打ち消しあって感情の強度が弱くなったりゼロになったりすることがあることから、一見すると感情なしの感覚が可能であるかのように思われる。他方で、感覚なしの感情というときには、感覚の性質や強度を感情とみなしているのであり、いわば定義を変更していると考えられる。以上のようにして、感覚に備わる三つの性質の区別も、たとえそれらが完全に切り離されることはできないにしても、感覚の変化のあり方を理解するために必要となる抽象に基づいて要請されるとみなされるのである。

このような説明の仕方のなかにすでにヴントの思考方法の特徴を見出すことができる。感覚の三つの性質にしても、感覚と表象の関係にしても、それぞれを切り離して単独で考えることはできないが、多様な感覚や表象のあり方を説明するためには、抽象によって区別する必要が生じてくるというわけである。すなわち、より複雑なものとより単純なものとのあいだの関係は、一方が他方を説明したり、あるいは一方が他方に還元されたり、といった一方的な関係にあるわけではなく、両方の方向が必要とされるのである。そのうえさらに、このような部分と全体の相互関係は、実際の心的現象の力動的な成立のあり方を表現しているとも考えられる。

感覚の定義の最初に述べられていたように、意識に直接的に与えられているのは感覚ではなく、感覚の連合体の表象だとみなされる。それでは表象はどのように性格づけられるのだろうか。

表象

『生理学的心理学綱要』（四版）の感覚に続く第三篇で、ヴントは視覚表象や触覚表象などの感覚表象に関する説明を始めており、表象概念についての基本的内容を以下のように述べている。

> 表象（Vorstellung）ということで、わたしたちは一般の言語使用にしたがって、意識のなかで生み出された対象の像（Bild）、あるいは、外界の過程の像を理解している。わたしたちの理解するかぎりでの世界はこれらの表象のみから成り立っている。じっさい、これらの表象は、自然的な意識においては、わたしたちが表象を関係づけている対象と同一視されている。そして、科学的反省によってはじめて、表象によって与えられた像とその対象とがどのような関係にあるのかという問いが生じることになる。

> 表象の対象は、現実的なものであるか、あるいは、単に思考されたものであるかのどちらかである。表象が関係しているものが現実的な対象であるのは、対象がわたしたちの外部にある場合とわたしたち自身の身体に属している場合であるが、いずれにしても、そのような表象を知覚ないし直観と呼ぶことにする。知覚という表現を用いるのは、対象をその現実的な性質に即して理解する場合である。それに対して、直観という表現を用いるのは、おもには、生じている意識の活動を考える場合である。前者では、表象作用（Vorstellen）の客観的側面に重点が置かれ、後者では表象作用の主観的側面に重点が置かれている。［Wundt, 1893: Bd.2, 1］

ここでヴントは、最初に、表象を意識のなかで生み出された、意識が関係する対象の像であると述べている。多くの場合、意識のなかに生み出された対象の像とは意識作用がそれに関係する内在的対象（意識内容ともいわれる）であり、意識作用と区別される。そしてブレンターノの心理学にとってはこの区別によって示される意識の志向性こそが意識の基本性質を示すものとみなされた。それゆえ、対象の像と意識作用とを区別することは意識概念の理解にとって、そして心の哲学にとって決定的な意味を持つとみなされている。ところがヴントは、引用文のなかでこの区別に取り立てて注意を払っているようには思われない。むしろ、同じ表象という言葉によって、意識対象と意識作用とをどちらも意味しうるとみなしているように思われる。そしてそのことが明瞭に現れているのが最後の文章である。すなわち、表象作用の主観的側面と客観的側面という表現の仕方によって、まるで表象対象と表象作用との区別は必要ないかのような言い方になっている。つまり、意識において、作用と対象（ないし内容）との区別は同じ表象なるものの二つの側面といえるかのごとくである。つまり両者は区別されているようでありながら、区別されていないようでもある。

　この引用文は表象という概念を明確に導入する場所に置かれている以上、その定義的説明がなされている場所とも考えられる。このように重要な場所で、こうした分かりにくい仕方で概念が説明されるところにヴントの「分かりにくさ」の原因があるのかもしれない。また、ブレンターノの心理学が作用の心理学であるのに対して、ヴントの心理学は内容の心理学である、といった解釈が提示されたりするのかもしれない。いずれにしても、読者からは、ここには混乱があるのではないかと疑念を持たれても仕方がないようにも思われる。しかもこの引用文に続いた箇所では、より重要なことが述べられる。

　上記の引用文に引き続いて、表象概念には、知覚（直接的な表象ともいわれる）のほかに、過去の事象を想起する場合（再生的表象）や、想像対象を思い浮かべる場合（想像表象）などがあることを指摘したのち、ヴントは以下のような重要な論点を付け加えている。

> ところで、直接的であれ再生的であれ、すべての表象は過程（Vorgang）なのであり、状態（Zustand）や客観（Objekt）といったものではない点に注意しなければならない。後者のようなものとみなすことは、それらを客観的な原因と混同してしまうことによって少なからず生じてしまっている。表象形成の研究において、心理学的分析がこの間断のない心的過程の流れをさしあたり考慮しないでおくことがあるとしても、それは研究のために不可欠ではあるが現実とみなしてはならない抽象（Abstraction）によるものだということを決して忘れてはならないのである。
> [Wundt, 1893: Bd.2, 2. 強調は引用者]

この記述は、表象の種類や性格について述べられている文脈のなかでまるで付けたりのように述べられている。しかし、ここで述べられていることは、ヴントの心の哲学の根本原理に関わる最も重要だといってもよいテーゼに関係したものである。ヴントはここで表象が過程である点を強調している。そして、この論点は心に関わるすべての現象の基本特性とみなされるものである。すなわちヴントは、心のはたらきを固定した性質を備えた状態や客観とみなすのではなく、つねに活動中であり、形成途上にあるとみなす見方を強調し、それを「現実活動説」(Akutualitätstheorie 現存説とか過程説と訳されることもある)と呼んでいる。この見方を考慮すると、先にみたヴントの表象に関する定義的解説はずいぶん違ってみえてくることになる。

たとえば、ヴントに関する解説論文のなかで、A・キムは、ヴントは表象と表象作用とを区別しているようにみえるが、現実活動説に基づくとじっさいには、両者は不可分であり、それぞれはひとつの流動的過程の異なった側面にすぎないのだと解説している。そのうえで、「表象は表象作用であり、決していわゆる実体理論の擁護者たちが主張するような「恒常的性質を備えた客観」ではないのだ」と述べている[Kim, 2022: 4.2]。そして、表象と表象作用との同一視は「一元論的パースペクティヴィズム」(monistic perspectivism) ともいいうるヴントに固有な心の哲学の中核をなすものだとみなされることになる。キムは次のようにも述べている。「ヴントが「心的過程は統一的な出来事の流れを形成している」と主張している場合にはいつでも、心的過程の構成要素である表象作用や、感情作用、そして意志作用などは「心理学的な分析と抽象によって生じた区別にすぎないのだ」[Wundt, 1911: 145f.] ということが述べられている」[Kim, 2022: 4.2]。

つまり、先には、表象に関する定義的説明に関する引用のなかで「分かりにくさ」と思われ、一見すると内容と作用の混同ではないかとも思われた点は、むしろヴントの心の哲学の中核に関わる見方が現れている点だと解釈できるのである。つまり、表象された内容ないし対象はつねに表象作用ないし活動によって形成途上にあるとみなされねばならないのだ。

以上の点を補足するために、さらにほかの研究者の解釈を示すこともできる。一九世紀から二〇世紀にかけてのドイツでの心理学の歴史についての浩瀚《こうかん》な著作を著したM・クッシュは以下のように述べている。

現実活動説を採用するということは、なによりも、人間経験はそれ自体として「内部（心理学的）」経験と「外部（物理的）」経験とに分かれはしないことを受け入れることを意味している。「内部」経験と「外部」経験は人間が自らの経験に押し付けたカテゴリーにほかならないのである。ヴントは人間経験の偏見なしの研究は一種の二元性を明らかにするのだが、それは内的経験と外的経験の間の対立とは異なっている。〔ヴントは次のように述べている。〕「あらゆる経験は実際には分離不可能な二つの要因を含んでいる。すなわち、経験の対象と経験している主体である」［Wundt, 1896: 12f.］［Kusch, 1995: 133］

このようにみてくるなら、ヴントによる心の科学の基礎には、心の実体説という形而上学を徹底的に批判して、心をつねに形成途上の過程とみなす「心の哲学」が控えていることが理解されてくる。加えてヴントの特徴は、この「現実活動説」とも呼ばれるひとつの哲学を実体説に代わるもうひとつの形而上学として提示するのではなく、意識経験が感覚から始まって表象、感情、意志といったさまざまな要因との関係のなかで成立してくるあり方を具体的に描こうとしている点にある、といえるだろう。この試みを行うために、個人心理学ではさまざまな実験が試みられ、また、より広く長い射程を考慮した場合には、民族心理学におけるように、言語や習俗などさまざまな経験の形成物を介して明らかにしようとしたともいいうると思われる。そしてまさしくこのように壮大な構想の持つ広がりがヴントの「分かりにくさ」を生み出しているということもできるだろう。

意識・統覚・意志

わたしたちの経験は多様な表象が形成される流動的過程から成立しており、その過程はつねに対象の外的経験という側面を持つと同時に、流れを経験している主体の内的経験の側面をも備えている、というのがヴントの「現実活動説」の中核的テーゼである。換言すると、わたしたちの意識とは、この表象のさまざまな形成過程の系列のことであり、こうした形成過程なしの意識というものは不可能なのである。

単純な感覚が意識に登場し得ないのも、意識が成立するには、なんらかの感覚同士の結びつきを通して表象が形成され、対象と主体の二つの側面が備わる表象というかたちをとるようにならねばならないからである。そして、感覚の結合による表象の形成から始まって、表象同士の結びつきを通してさらに複雑な表象の形成を導くうえで、表象同士の連合、連合の形成を導く注意と統覚、そして統覚の内実を形成する意志、といったさまざまな要因が意識経験を形成するうえで不可欠な役割を果たしている、とみなされる。

ここではもはやこうしたヴント特有の細部にわたる諸契機とそれらのあいだの不可分な連関につい て立ち入ってみている余裕はない。最後に、統覚と意志のはたらきについてヴントの言葉を参照して おくことによってヴントの紹介を終えることにしたい。ヴントは、意志の活動である統覚があらゆる表象結合の形成過程を貫徹していることによって意識が可能となっていることを、次のように述べている。

一方で意志というものは、意識によって知りうるものとなるのであるが、他方で、意識は、内的な意志の活動なしにはわたしたちには考えることはできない。表象のすべての結合は統覚(Apperception)に依存している。連合(Association)でさえも、複数の表象が表象同士の連合的関係のおかげで受動的な統覚をひきおこすことによって遂行可能なのである。というのも、表象の結合なしには意識は存在し得ないからである。[Wundt, 1893: Bd.2, 564]

この引用文では、最も原初的な連合による結合でさえも、統覚のはたらきがなければ成立しないと述べられている。たとえ、その統覚が能動的なはたらき方ではなく、受動的なはたらき方をする場合でさえ、意識が成立するには、統覚のはたらき、すなわち、意志的活動が不可欠なのである。

ひとつここで付け加えておきたい。多くの場合、統覚という言葉は表象の結合と関連づけられているが、統覚ということで、必ずしも文字どおりの意味での結合のみが問題になるわけではない。たとえば、なんらかの考えを思いついて、それを言葉に表現しようと努める場合を考えてみよう。このようにある程度の複雑さを持つ思考内容を言葉に表現しようとする場合、最初から部分部分をひとつずつ言葉にして結合していくわけではなく、最初は、必ずしも明確ではない全体が意識され、その全体表象を、部分部分に分割し表現にもたらしながらそれを続けていく、という仕方で表現活動が実現されるというほうが実態に近いだろう。このように、意識活動の多くの場合には、不分明な全体表象が先行して、その全体に基づいてそれを分割するという仕方で統覚的はたらきが進んでいくあり方もまた重要な役割を果たしているのだ［Wundt, 1893: Bd.2, 478］。

ここでは、意識活動について、全体と部分のどちらかが先行するのではなく、相互に関連づけられながら漠然とした全体が次第に明瞭化されることによって、部分も明瞭化されるという過程をたどる、ということがいわれている。ここには、のちにクリューガーらによって展開されるライプツィヒ学派の発生的なゲシュタルト論の先駆形態をみることも不可能ではないだろう。

以上で取り上げた統覚のはたらきを実現する意志のはたらきをヴントは「内的」意志活動と呼び、身体運動と結びつくような「外的」意志活動と区別している。すべての意識は表象形成によって実現しているとすると、そしてまた、表象形成は統覚によって可能になっているとすれば、統覚が意志活動によって実現している以上、意志の内的活動なしには意識というものは考えられないのである［Wundt, 1893: Bd.2, 564］。そしてさらに、ヴントは、内的な意志活動と外的な意志活動の区別さえも、相対的なものであり、結局、両者は統覚のはたらきとして不可分な仕方で結びついているとみなされる。単独の意志活動が先行して、それに続いて身体的な運動が生じるのではない。「というのも、意識現象として考察するかぎり、外的な意志活動は、運動表象の統覚において成り立つものだからである」［Wundt, 1893: Bd.2, 567f.］。

こうしてわたしたちは再びヴントの「一元論的パースペクティヴィズム」という特徴を確認するこ

とになる。経験はつねに外的と内的の両方の側面を備えているというテーゼは、感覚や知覚意識の場合のみならず、意志活動のような場合にも成立するのである。身体活動と関係しないような（外的な）意志活動の意識は存在しないのであり、ここでも、心と身体の関係をめぐる二元論は避けられているのだ。

以上、ヴントの力動的な全体論の大枠を主著の紹介を通して行ってきた。ヴントの研究の歩みは、自ら自伝のなかで述べていたように、漠然とした全体へのまなざしに導かれながら、次第に個々の細かい部分を明らかにしつつ、同時に全体のほうもだんだんと明確な姿を現していく過程だったといえるだろう。こうしてみると、このヴントの歩みの過程は、まさに、わたしたちの意識が世界と自己を経験していく過程のあり方を象徴的に示すものだったともいいうるように思われる。

第二節　ブレンターノ——心的現象の記述心理学

ヴントが『生理学的心理学綱要』（一八七三—七四年）によって生理学を出発点にして心の科学への道を開こうとしたちょうど同じ年に、ブレンターノはアリストテレス哲学を出発点にして心の科学をめざした『経験的立場からの心理学』（一八七四年）を出版した。両者の出発点と経歴は大きく異なっていたが、両者とも科学としての心理学をめざす点では一致していた。以下では、ブレンターノが心の哲学はなぜ心の科学として出発しなければならないと考えたのかを、おもに『経験的立場からの心理学』の最初の部分を参照しながら考えていくことにしたい。

（1）科学としての心理学

ブレンターノは、『経験的立場からの心理学』の序言を次のような言葉で始めている。

わたしが本書に与えた表題は、本書で扱う対象と方法の両方を示している。心理学におけるわたしの立場は、経験的なものである。すなわち、経験のみがわたしにとっての導き手である。しかし同時に、一定の理念的直観（ideale Anschauung）もまたこの立場と両立しうるという確信をほかの立場の方々と共有している。［Brentano, 1924: 1］

ブレンターノが「経験」を重視するのは、なによりも、心理学を科学として成立させることが最も重要な課題だと考えているからである。心に関する探究は、伝統的な形而上学のように、思弁に基づき経験によらない議論や世界観をもとにする議論ではなく、自然科学のように経験と帰納法に基づいた学問のあり方を用いるものでなければならない。ブレンターノはこのように考えている。ただし上記の引用文の「理念的直観」という言葉が示しているように、ここであげられた「経験」は、普遍的なものを排除して個別的特徴のみを把握できるとみなす狭い意味で理解されているのではなく、法則性などの普遍的な理解をも可能にする経験を意味している。ブレンターノ自身は認めないかもしれないが、ここでいわれる直観は、フッサールの言葉を使えば、普遍的な直観、あるいは、本質直観ともいいうる面を持っているということもできるのではないかと思われる（この点に関しては、『経験的立場からの心理学』の編者クラウスによる解説を参照［Brentano, 1924: 262f.］)。

ブレンターノにとって、心理学における導き手としての経験といえば、第一には、自らの心的状態に関する内的な経験である。一人称的な経験に基づいて心的状態の特徴や、心的状態間のさまざまな法則的連関を明らかにすることが中心課題となる。この意味で、ブレンターノの心理学は広い意味で内観心理学の一種ということができる。ただし、内観によってとらえられる心的状態がどのように成立してくるのかを明らかにするためには、第三者的視点をとる生理学的研究も不可欠であり、ブレンターノは一貫して生理学的研究、とりわけ実験の重要性を強調し続けた。じっさい、ブレンターノは一八七四年にウィーン大学に正教授として赴任したときから、オーストリアの心理学と哲学の発展のために、実験室設立の必要性を訴え続けた。二〇年後に、失意のうちにウィーンを去らねばならなくなったときに発表した「オーストリアに対するわたしの最後の願い」と題された文章のなかでも、心の探究にとって実験は不要ではないかという意見を詳細に批判しながら、あらためて実験室設立の必要性を訴えている［Brentano, 2019: 192ff.］。ただし、その夢がかなうには、弟子のマイノング(Meinong, Alexius, 1853-1920) がグラーツ大学に実験心理学の研究所を設立するまで待たねばならなかったのだが。

ここで誤解を招かないために、心理学と生理学との関係についてのブレンターノの考え方に関してひと言付け加えておきたい。『経験的立場からの心理学』の段階では、心の状態に関して内的経験に基づく記述を行う心理学と生理学的研究に基づいて心理現象が因果的に成立するあり方を研究する心理学との密接な関係が強調されていた。しかしのちには、前者が「記述的心理学」、後者が「発生的心理学」と呼ばれるようになり、両者が明確に区別されるようになる。それと同時に、記述的心理学にとっての理念的直観の役割はより強調されるようになった［Binder, 2019: 229f. 参照］。ブレンターノは、心的現象のアプリオリな構造を解明する記述的心理学を「記述的現象学」(beschreibende Phänomenologie) と名づけたこともあるが、多くの場合には、「心理認識学」(Psychognosie) と呼んでいた。

この記述的心理学と発生的心理学との区別に関しては、ウィーン時代に変化が生じており、先に挙げた「オーストリアに対するわたしの最後の願い」のなかでもこの点に触れている。しかし同じ文章の最後の箇所では、哲学と生理学との境界にあって両者の橋渡しをする科学としての心理学がどれほど哲学にとっても、生理学にとっても重要であるかを強調し、実験室設立の必要性をあらためて訴えている。こうしてみると、記述的心理学を含めて、心理学にとって生理学的、実験的研究が不可欠であるとみなす点に関してのブレンターノの考えに大きな変化はなかったといえるだろう。

さて話を戻すと、序言ではさらに、六巻からなる予定の著作全体の構想が述べられている。第一巻が「科学としての心理学」と題された方法論、第二巻が「心的現象一般」であり、第二巻のなかで心的現象の特徴が一般的に述べられる。それに続いて、心的現象についてさらに具体的に個別に論じる予定の巻、つまり、表象、判断、情動運動と意志をテーマにする三つの巻、そして最後に、心的現象と物的身体との関係について、および死後の心的生の可能性についての考察がなされる巻が予定されていると述べられている。このようにこの著書でブレンターノはみずからの心理学の全体像を描こうと構想したようであるが、じっさいに公刊されたのは、最初の二巻からなるこの著書のみだった。

ブレンターノは、その後も多数の著作を発表するが、三巻以降の後半部は最後まで書かれることはなかった。この意味で、『経験的立場からの心理学』は未完成のまま終わることになった。ただし、出版されたかぎりでも、ブレンターノの科学としての心理学の骨格と大枠は述べられており、そこで述べられた内容は、シュトゥンプ（Stumpf, Carl, 1848-1936）、マイノング、フッサールをはじめ、多くの弟子たちに影響を与えることになる。この意味で、本書は未完成ながら、哲学と心理学の歴史に大きな影響を与えた古典のひとつとしてみなされることになったのである。

さらに序言では、ブレンターノがあらためて科学としての心理学を樹立する必要性を強調しなければならない理由が心理学の現状に照らして述べられる。

心理学はいまだ、心理学者の数だけ存在するような状態にあるが、そのような状態では心理学は着実に知識を増やしていくことはできない。そのような状態から脱して、多数の心理学者によって真理として承認された中核的な体系を備え、多くの研究者が協力して体系を発展させることができるような状態、すなわち、数学、物理学、化学、そして生理学などが遅かれ早かれ到達したような学問のあり方を獲得することが重要だと述べられている。科学史家のクーンの言葉を使えば、心理学がパラダイムと呼ばれるような状態を獲得し、「通常科学」とみなしうるようになることがブレンターノにとっては喫緊の課題とみなされていたのである。

科学ないし学問（どちらもドイツ語としてはWissenschaft）のモデルとして数学や物理学を代表とする自然科学を考えるという学問観は、ブレンターノが若い頃から一貫していだいていた見方である。一八六六年に、二八歳のブレンターノは、最初の就職先のヴュルツブルク大学で就任にあたって催された公開討論会で二五の基本テーゼを発表し弁護した。そのなかの第四テーゼは「哲学の真の方法は自然科学の方法にほかならない」というものだった。この考え方は一八七四年にウィーン大学へ移ってからも一貫して保持されていた。そしてウィーンを去るにあたって発表された「オーストリアに対するわたしの最後の願い」のなかでも、あらためて、自然科学は「哲学の唯一の真の方法である」と述べられている［Brentano, 2019: 192］。

哲学の真の方法は自然科学の方法だ、という言葉を聞くと、これは、哲学を物理学のような自然科学に還元する見方ではないかと訝《いぶか》しく思われるかもしれない。たしかにブレンターノは、コントの実証主義的な学問観を高く評価しており、形而上学を批判し、科学を知の最高形態とみなす見方をとっていた。しかし、このような学問観をとるということは、あくまでも方法論に関することであり、学問の内容に関して還元主義的な見方をとっていたわけではない。

じっさい、『経験的立場からの心理学』では、「魂」の存在を前提する形而上学的観点から試みられる「魂の心理学」ではなく、あくまで（内的）経験によってとらえられる「心的現象」についての学であることが強調されている。そのうえで、この学を（外的）経験によってとらえられる「物的現象」を通して客観的な物的世界を対象とする学である物理学などの自然科学と区別することが重要なテーマとなっている。つまり、科学的方法という点では同じであっても、その対象領域の違いによって、具体的な研究方法は大きく異なることはむしろ経験に基づく科学にとって必然的なことだと考えられていたのである。そして、哲学も厳密な学であろうとするかぎり、科学的でなければならず、そのために、心的現象の科学である心理学に基礎づけられる必要があると考えられた。じっさい、ブレンターノによれば、論理学、倫理学、そして美学など哲学の各部門も、理論的学である心理学に依存する実践学であり、これらの学問はもし心理学から切り離されると、幹から切り離された枝のように枯れてしまうだろうとみなされた［Brentano, 2019: 196］。換言すると、『経験的立場からの心理学』を基礎に据えることによってはじめて哲学もまた科学として成立しうると考えられていたのである。

この意味で、ブレンターノにとって、心理学は、哲学を含む学問体系のなかで最も重要な位置を占めていたのである。

(2) 心的現象と物的現象

伝統的な見方では、自然科学は外的経験に基づいて物に関わる法則連関を解明することが主題であり、心理学は、内的経験に基づいて魂ないし心に関わる法則連関を解明することが主題であるとみなされてきた。ブレンターノは、このような見方に対して、物や魂といった存在者を前提するのではなく、あくまでも経験を出発点に据える必要性を訴える。すなわち、物や心がわたしたちの経験に現れるあり方である物的現象と心的現象を出発点に据えるのである。そのうえで物的現象と心的現象との違いを明らかにすることによって心理学の学問としての特有性を明らかにすることが試みられる。この試みは同時に、物的現象と心的現象をとらえる外的知覚と内的知覚のあり方の違いを明らかにし、それに基づいて、心理学とほかの自然科学との違いを明らかにすることでもある。

ブレンターノは第二巻の第一章で、心的現象と物的現象との区別の規準を六つ挙げて検討しているが [Brentano, 1924: 136f. 参照]、そのなかの二つの規準が特に有名である。すなわち、心的現象に備わる志向性ないし対象の志向的内在という特徴と、心的現象は内的知覚によってのみとらえられる対象であるという特徴である。そのほかの規準としては、心的現象はすべてそれ自身が表象であるか、そうでなければ表象に基づくという規準、心的現象は空間性を欠いているという規準、心的現象は志向的存在のみならず、現実的実在性を持つという規準、そして心的現象の特有な統一性という規準、などが挙げられている。ここでは、おもに、志向性と内的知覚という二つの規準を取り上げることにしたい。

志向性

最初に、ブレンターノ自身が最も重要な規準だとみなしている志向性についてみていくことにする[Brentano, 1924: 137]。ブレンターノは心的現象に備わる志向性の特徴を次のように述べている。

あらゆる心的現象は、中世のスコラ学者たちが対象の志向的（あるいは心的）内在と呼んだものによって特徴づけられる。この特徴をわれわれは、いくぶんあいまいな表現ではあるが、内容への関係、客観（この言葉で実在性〈Realität〉を理解してはならない）への方向、あるいは内在的対象性と呼ぶことができるだろう。あらゆる心的現象は、すべてが同じ仕方ではないが、なんらかのものを対象として自己のうちに含んでいる。表象においてはなにものかが表象され、判断においてはなにものかが承認あるいは拒否され、愛情においては愛され、憎しみにおいては憎まれ、欲求においては欲される、等々。[Brentano, 1924: 124f.]

この文章は、ブレンターノ哲学のなかで最も有名なもののひとつであり、物と区別される心の特有性が話題になるときには、現象学はもとより、心の哲学一般においても必ずといってよいほど取り上げられてきた。同時に、志向性という概念を現代哲学の枠組みのなかに再登場させた点でブレンターノには大きな功績が付与されることが多い。しかし、このような評価は、ブレンターノによる志向性の規定が分かりやすいとか、あるいは、明快であることによるというより、むしろ問題含みであることにも起因している。

たとえば、わたしが桃太郎を想像している場合を考えてみよう。先の引用によると、想像するというわたしの心的現象（ブレンターノはこれを「作用」〈Akt〉とも呼ぶ）は桃太郎という仮想の存在を（志向的に）含んでいるといわれる。つまり、わたしの想像作用はつねになんらかの対象に関係している。この場合には桃太郎という仮想的存在に関係しているというわけである。ここでわたしの想像作用の対象とみなされる桃太郎は実在するとみなされているわけではないのだから、わたしの心的現象に（志向的に）内在しているという特有な存在論的身分を持つあり方をしていると考えざるを得なくなる。しかし、わたしが経験する心的作用はいつも実在しない桃太郎のような特有な存在者を対象とするわけではなく、むしろじっさいに実在するものを対象とする場合のほうが多いだろう。それでは対象が実在する場合はどうなるのだろうか。

たとえば、わたしが東京タワーについて考えている場合を取り上げてみよう。この場合には、対象である東京タワーは明らかに現実の世界に実在しているとみなされている。すると、ブレンターノに従うと、東京タワーは、わたしの思考作用に（志向的に）内在していると同時に、思考作用とは独立に実在している、という矛盾した二つの存在論的身分を持つことになるように思われる。ここで、心的現象に備わる対象の志向的内在とはそのような独特の性質を持つのだ、と言ってすますことも不可能ではないかもしれない。しかしそのような言い方では、志向的内在という独特の性質は不可解のままに残ってしまうだろう。そしてまた、心的現象の特徴は不可解なままとなってしまい、とても科学的心理学の出発点に据えることはできないだろう。

このようにして、ブレンターノによる心的現象の特有性の説明によって、わたしたちは心の志向性をめぐる困難な謎に立ち会うことになる。じっさい、この謎を解明するために、ブレンターノの弟子たちは、さまざまな考え方を展開することになった。たとえば、内容と対象を区別して、作用、内容、対象の三項構造として志向性を考える案（トワルドウスキ）、対象に関する存在概念を拡大する案（マイノング）、対象の実在、非実在を括弧に入れて、もっぱら作用の構造に注目する案（フッサール、特に前期の『論理学研究』の立場）などが提案されることになる。ブレンターノ自身も、志向的に内在する特有な存在者を認める立場に対しては批判的になったが、他方で、弟子たちの考え方を受け入れることはなく、自らは「物主義」（reism）といわれる独自の見方を展開することになった（くわしくは、〔村田、二〇〇八年b〕を参照していただきたい）。

以上のような意味で、この著作のなかで提起されたブレンターノによる心の志向性をめぐる議論は、心の本質的特徴の候補を示すと同時に、解決困難な謎を提供することによって、その後の心の哲学の歴史に対する一種の起爆剤としての役割を持ったということができるだろう。

内的知覚

次に、心的現象に本質的な特徴としてブレンターノが挙げる、内的知覚の対象であるという規準を考えてみよう。心的現象は内的知覚の対象であり、物的現象は外的知覚の対象である、というのがブレンターノの考えである。この内的知覚、外的知覚という概念は一見すると分かりやすそうであるが、ブレンターノによる規定は、志向性の場合と同じように、その内実を的確にとらえることは簡単ではない。

具体的事例に即して考えてみることにしたい。

もし皆さんが想像したり、悲しんだりしているときに、何を意識しているのか、と聞かれたらどのように答えるだろうか。たぶん、多くの場合には、想像している対象である桃太郎や悲しみの対象である不幸な出来事を意識の（志向的）対象として答えるだろう。しかし同時に、皆さんは、桃太郎を見ているわけではなく、想像していること、また、ある不幸な出来事を喜んでいるわけではなく、悲しんでいることもまた十分意識していることも間違いないだろう。ただし、後者でいわれていることは自明なのでわざわざ意識しているというまでもないとも答えるかもしれない。つまり、わたしたちは、ある心の状態にある場合、つねになんらかの対象についての意識というあり方をしていると同時に、それと不可分に結びついて、その意識（作用）のあり方についても意識しているということができる。この二番目の意識のあり方をブレンターノは「内的知覚」と呼ぶのである。

内的知覚の特徴は、自分の意識状態を反省する場合のように自分の意識状態を対象化して意識するあり方をしているのではなく、なんらかの対象を意識しているときには、どんな場合にも、それと不可分に結びついて成立している点にある。それゆえ、わたしが桃太郎について想像する場合には、想像の志向的対象と、想像するという作用自身を対象としているのであるから、想像作用はつねに二つの対象を持っていることになる。同じひとつの心的現象が、志向的対象を第一の対象とすると同時に、内的知覚の対象である自分自身を第二の対象としているということになる。心的作用はつねに二つの対象に関係しているのである。

換言すると、内的知覚は、単独ではたらくことはなく、つねにある心的状態に付随的に成立するものだということになる。この点で、内的観察と呼ばれるような仕方で自分の心的状態を振り返って反省的にとらえる仕方とは異なっている。内的観察の場合には、すでに過ぎ去った自分の心的作用について反省するのであるから、間違いの可能性が排除できない。さらに、カントが述べていたように、怒っている最中に自分の心的状態を観察することを始めてしまっては、もとの現象のあり方は変容してしまうだろう。それに対して、どんな心的状態も、内的知覚を不可分に含む形で成立しているので、当該の心的状態との関係は直接的であり、内的知覚は間違えることがない明証性という特徴を持っているとみなされる。

この点を確認することによって、意識をめぐる古くからの謎のひとつに答えることもできる。その謎というのは以下のようなものである。もし心的現象が二つの対象を持っているとするなら、そしてそれぞれの対象に関係する作用が二つあるとするなら、ある心的作用があるとすると、同時にその作用を対象とする作用があることになるのだから、第二の作用に関しても同じことが成立し、第二の作用もまた、それを対象とする第三の作用を備えていなければならないということになるように思われる。こうして無限後退に陥るという不合理が生じることになるのではないだろうか。

ブレンターノは、こうした問いに対して、音の知覚、そしてその構成要素である音の表象を事例に取り上げて以下のように回答している。

たしかに、わたしたちの例では、〔音の知覚において〕表象は複数あるかどうかに関する問いに対しては、〔表象の〕対象の数に関して確定せねばならない場合には、〔聞こえている音と聞くという作用という二つの対象があるのだから、複数あると〕肯定的に答えなければならない。しかしながら、対象が表象される〔音の知覚という〕心的作用の数に関して確定しなければならない場合には、その問いに否定的に答えねばならない。音の表象と音の表象の表象は、ただひとつの心的現象であり、ひとつ以上のものを形成するわけではない。わたしたちは、このひとつの心的現象を、一方は物的現象、もう一方は心的現象である二つの対象に関係づけて考察することによって、二つの表象に概念的に分解しているだけなのだ。音が表象される心的現象のなかで、わたしたちは同時にその心的現象自体をも把握している。そしてそのとき、心的現象が音を自らのうちに〔志向的〕内容として持っているかぎりでの特徴と、そのとき同時に心的現象が自らを〔内的知覚の志向的〕内容として持っているかぎりでの特徴という二重の特徴に則ってわたしたちは把握しているのである。［Brentano, 1924: 179f. 強調は引用者］

以上のようなブレンターノによる内的知覚に関する議論は、現代の哲学で盛んに議論されている意識の特徴をめぐる議論に対しても一定の意味を持っていると解釈できる。現代の心の哲学では、心の志向性を機能主義的な枠組みのなかで理解することがひとつの大きな流れを作っている。機能主義の枠組みでは、心的作用自体は対象に関係しているとしても、この作用自体は対象となっていないために、心的作用自体は意識されていないとみなされてしまう。そのため、心的作用の自己意識を説明するために、心がみずからの状態をさらに対象とする第二の高階の心的作用が持ち出されることがある。ブレンターノの見方はこのような見方に類似しているように思われる面もあるが、先の引用は、二つの作用があるわけではない点を明言する点で「意識の高階理論」とは決定的な点で異なることを示していると考えられる〔「意識の高階説」に関しては、たとえば、信原編、二〇一七年、一〇八頁以下、さらには、ギャラガー&ザハヴィ、二〇一一年、七五頁以下参照〕。また、心的作用は二つの対象を持ちながらひとつの作用として成立しているというこの特徴は、意識の持つ独特の統一性を示すものでもあり、心的現象を物的現象と区別する規準として挙げられる「意識の統一性」という特徴と密接に関係している。

このように、ブレンターノによると、内的知覚はすべての心的現象に含まれているのだから、それ自身を単独で経験することはありえない。それに対して外的知覚は、景色を眺めるにしても音を聞くにしても、自立したあり方をするものである。したがって、外的知覚は間違いの可能性があり、明証的でないのに対して内的知覚は間違いようのない明証性を持つといえるが、他方で、この対比は自立した心的現象同士の対比ではない点にも留意する必要がある。その意味で、内的知覚の明証性は特有な制約を持ったものとみなされねばならない。

しかし、内的知覚と外的知覚の違いはこれだけではない。ブレンターノの場合には、ガリレイやデカルトらによって提唱された近代的世界観が前提されているために、外的知覚の対象である物的現象は、色や音などのいわゆる「第二性質」を備えているものであり、形や大きさなどの「第一性質」からなる実在する物的世界のあり方を正確には現しているわけではない、とみなされる。したがって、外的知覚は本来の意味での知覚（「知覚」はドイツ語でWahrnehmung、つまり真理をとらえる、という意味を含んでいる）と呼ぶことができるものではないのであり、本来の意味での知覚とみなしうるのは内的知覚のみだといわれることになる［Brentano, 1924: 128］。ブレンターノの言い方に従うと、色や音のような物的現象は志向的存在という身分を持つのみであるのに対して、心的現象は志向的存在と同時に現実的実在性をも備えているということになる。そして、この点もまた、ブレンターノの挙げる心的現象と物的現象の区別の規準のひとつとみなされるのである［*ibid:* 129］。

もしすべての心的現象が自己自身を対象とする内的知覚を備えているとするなら、心的現象を体験している場合には、つねにその心的作用のあり方にも気づいていることになるだろう。それゆえ、なんらかの心的状態にある場合にはいつでも自分の心的状態を意識しているといってもよいはずである。つまり、すべての心的現象は意識されている現象だということになるだろう。無意識の心的現象は存在しないというのがブレンターノのテーゼである。

現代のわたしたちは、サブリミナルな知覚に関する多くの実験報告や、フロイト以来の心に関する無意識の理論などを知っているため、ここで取り上げたブレンターノのテーゼは現代では認められないのではないかと思われるかもしれない。

しかしながら、一九世紀の後半にはすでに無意識の心的状態に関する議論は盛んになされており、ブレンターノはそうした議論を十分にふまえたうえで上記のテーゼを提出している。じっさい、一九世紀後半には、錯視の原因を説明するために持ち出されるヘルムホルツ（Helmholtz, Hermann, 1821-94）の理論などをはじめとして、数多くの論者が無意識のはたらきについてさまざまな理論を展開していた。ブレンターノは、『経験的立場からの心理学』のなかで、こうした多数の論者の無意識の心のはたらきに関する考えを、第二巻の第二章全体をあてて逐一批判して自らのテーゼを擁護している。

たとえば、わたしたちは、意識を伴わないように思われる特有な心的現象を前にすると、その現象と類似した現象が意識的に生じた場合と類比的にとらえ、意識過程と同じような過程が無意識にはたらいたために生じたのではないかと想定しがちである。しかし、ブレンターノによると、多くの議論では、一見すると無意識の心のはたらきの結果と思われるそのような想定以外の可能性について真剣に考えられていないということが示される。多くの議論はこの点で誤謬推理に陥っているというわけである。

こうしたブレンターノの批判的議論について、生態学的心理学者のリードは、「理論家たちが無意識的（かつ観察不可能な）仮定を措定しておきながら、自分たちは現象に忠実であると宣言したことに含まれる皮肉を見過ごさなかった」と述べている〔リード、二〇二〇年、一六七頁〕。必ずしもすべての理論家がそうだったわけではないだろうが、多くの理論家が実証主義的な心理学を謳っておきながら、実証不可能な無意識を認める不整合を犯している点を見逃さなかったというわけである。

ただしブレンターノは、無意識を肯定する論者たちのすべての議論に対して無意識の心的現象という想定以外の説明が可能であることを示せると述べているわけではない。当時の生理学や心理学の段階ではいまだ不十分な説明しか可能でないことも多いことは認めている。そして、たとえば生理学の分野で脳科学が発達したり、あるいは、心理学の分野で意識現象の範囲内で問題の現象の成立を説明するのに十分な法則性が見出されたり、といった具合に科学の進歩によって解明される可能性があること、そしてまたそのような点を考慮する必要性があることを指摘している。つまり、ブレンターノによる経験概念は実証主義的理論家たちのように、科学の探究と独立にその範囲を限定されてしまうような概念ではなく、あくまでも科学的研究に開かれているものと解されていたのである。この意味でも、ブレンターノは、ここで取り上げられた諸問題はあくまで科学的探究を通して解決されねばならないことを指摘することによって、科学としての心理学の重要性を強調していると考えることができる。

最後に二点ほど、心的現象の科学としての心理学の方法論に関する事柄に触れておきたい。

これまでみてきたように、ブレンターノは心理学が経験に基づかねばならないことを一貫して強調している。この場合の経験の中核をなすのが内的知覚である。しかし、この内的知覚は、対象に関してのくわしい観察を行うことができるわけではない。というのも、すでにみてきたように、内的知覚は当該の心的現象に付随するものであり、心的現象に注意を向けてそのあり方を分析するようなことはできないからである。心的現象について、さまざまな特徴や連関を明らかにするためには、内的観察を通して、過ぎ去った心的現象に反省的に注意を向け変えて考察しなければならない。したがって記憶が不可欠となり、そのために間違いの可能性も引き受けねばならなくなる。また、内的観察を加えたとしても、研究の範囲は個人の内的な心的現象に関する考察に留まるため限界を持つことは避けられない。この限界を超えて心的現象のあり方をさらに広く考察するためには、それが他者たちによって外的に表現されるさまざまな事例を取り上げて分析する必要がある。具体的には、言語表現、行動表現、あるいは、子どもや未開民族、そして精神疾患を病んでいる病者の表現などが多様な心的現象を考察するための手掛かりを与えてくれる。科学としての心理学が基づく経験は、内的知覚を中核として含みながらも、このような広がりを持たねばならないことが指摘される［Brentano, 1924: 59ff.］。

もうひとつは、心理学と対をなすものとして取り上げられる自然科学の特徴についてである。ここまで、心理学を心的現象の科学と定義するために、心的現象と物的現象の区別の規準を検討してきた。こうした点から考えると、自然科学は物的現象の科学である、と定義することがごく自然であるように思われるかもしれない。しかし、ブレンターノはこのような言い方をする場合には大きな制限を設ける必要があると述べる。この点はブレンターノによる物的現象の理解が独特のものである点に関係している。そしてこの点が、ほかの哲学者にとってのみならず、フェヒナーのような物理学者にとっても理解困難だったことと関係している。

第一に、ブレンターノにとって、物的現象とは、作用という仕方で体験される心的現象以外のものであり、そして作用の対象として現れるものの多くは物的現象とみなされる。たとえば、解釈者たちを悩ませることになる『経験的立場からの心理学』のある箇所で、「物的現象の具体例としておもに挙げられるのは、わたしが見ているところの色、形、景色である。さらに、わたしが聞いているところの音、わたしが感覚しているところの暖かさ、寒さ、匂い、など。そして、想像のなかでわたしに現れるそれらと似たようなイメージである」と述べている［Brentano, 1924: 112］。この引用文に従うと、物的現象のなかには、たとえば、桃太郎のような想像対象も含まれることになってしまう。そのために、自然科学の対象の範囲に入るものは、こうした虚構的対象を排除したかぎりでの物的現象に限定しなければならない。

したがって第二に、自然科学が対象とする物的現象は、外界から感覚器官に刺激を通して与えられ、感覚され知覚された現象に限定されねばならない。そして、そうした感覚され知覚された物的現象のさまざまな変化のあり方を、それらの現象を引き起こす外的な物的世界に属する出来事を想定したうえで説明すること、これが自然科学の仕事だということになる［Brentano, 1924: 138f.］。この点で、自然科学はその対象を直接経験することはできず、対象についての知識はつねに仮説という身分を避けられず、心理学のような明証性を獲得することはできない。この点からみると、たしかに科学としての方法論としては自然科学がモデルとみなされるが、その知識内容の明証性という点では、心理学に優位が認められることになる。このような意味でも、ブレンターノにとって、心理学は諸学の基礎を明らかにする哲学の役割を占めうるものとみなされるのである。

（3）フェヒナーの法則への批判

以上、『経験的立場からの心理学』の紹介がずいぶん長くなってしまったが、最後に、ブレンターノによる「科学としての心理学」の特徴を印象深く示していると思われる例をひとつ付け加えておきたい。それは、ブレンターノがフェヒナーの精神物理学を批判的に論じている箇所である。

刺激の強さと感覚の強さの関係を数学的に定式化したフェヒナーの精神物理学的な法則は、ヴントにとってと同様に、ブレンターノにとっても、カントによる心理学不可能論に応答するうえで、たいへん大きな役割を持つものとみなされた。じっさい、ブレンターノは、『経験的立場からの心理学』のなかで、フェヒナーの法則をめぐって、その内容の解釈に立ち入った議論を展開したばかりではなく、この著書が出版された一八七四年に、当該の法則をめぐってフェヒナーとのあいだで二度にわたってかなり長文の手紙のやり取りをすることになった。このやり取りは中断をはさんで、フェヒナーの新たな著作『精神物理学の諸事象に関して』［*In Sachen der Psychophysik*］が出版された直後の一八七七年から七八年にかけても行われた［この文通に関しては、Brentano & Fechner, 2015 参照］。こうした事情からみても、ブレンターノが心理学と生理学の境界領域でなされる精神物理学のような実験研究になみなみならぬ関心をいだいていたことが窺える。と同時に、フェヒナーのように哲学に関心を持つ研究者にとっても、ブレンターノの用いる志向性を中心とする心的現象概念を理解することがどれほど困難なことかをも示す事例になっている点でも興味深いものである。

しかしここでは、ブレンターノとフェヒナーとのやり取りの詳細に立ち入ることはできないので、『経験的立場からの心理学』のなかでブレンターノが述べている論点に限ってみておくことにしたい。

ブレンターノは、この著作の最初の箇所で、内的経験と外的経験の区別に基づく心理学と自然科学との区別に関して触れた箇所で、両者が交叉するような領域が存在することに言及し、その具体例のひとつとしてフェヒナーによる精神物理学を挙げている。

以下では、もっぱらブレンターノの記述に基づいてこの法則を紹介する。

フェヒナーの法則の前提となったのは、ウェーバーが見出した刺激の量同士で成り立つ関係である。たとえば、実験で次のようなことが分かったとしよう。すなわち、一〇〇gの重さのものを持っているときに、少しずつ重さを増やしていった場合、一g増えたときに、重さの変化を最初に感じたことが明らかになったとする。続いて、二〇〇gの重さのものを手に持っている場合には、重さの変化を感じるには二g増やす必要があることが判明したとする。こうして、どちらの場合も最初の重さから一%増えると変化を感じることが分かったとする。このような場合には、最初の重さをβとし、重くなったと感じるための最小の増加をΔβとすると、Δβ／β＝C（一定）という関係が成り立つ。これをフェヒナーはウェーバーの法則と呼ぶ。

ここでΔβは「やっとのことで気がつく差異」（eben merklicher Unterschied）と名づけられている。現在では、「最小（丁度）可知的差異」（just noticeable difference）などとも呼ばれる。ここで重要なことは、この最小の差異は物理的刺激の量を表す概念であり、したがって、ここで見出された法則は、あくまでも物理的量のあいだの関係を示すものであるという点である。そしてこの刺激どうしの比が一定であるという関係は、一定の制限範囲のなかではあるが、すべての感覚に成り立つとみなされる［Brentano, 1924: 97］。

さて、ここで仮説ではあるが、気がつく最小の刺激の差異に対応する感覚の強さはつねに同じで変化しないと想定しうるとする。もしこの想定が成り立つなら、次の法則が成立することになる。すなわち、物理的刺激の相対的増加が同じであるなら、感覚の強さの増加も同じ量だけ増加する。この主張がフェヒナーの法則と呼ばれるものである。

ブレンターノはこの箇所では明示していないが、フェヒナーとの文通のなかでは、この法則を導くには、上記の仮定に加えて、感覚の強さは単位となる感覚の集合であるという仮定が必要であること、しかしこのような仮定は必ずしも自明ではないことを指摘している。さらにフェヒナーは、上記の物理的刺激の相対的増加と感覚の増加を微分で表すことができると仮定し、以下のように表現する。

$$d\gamma = k \cdot d\beta / \beta$$ （γは感覚の強さ、βは物理的刺激の量）

そしてさらに、この式を積分して、以下の関係式が導かれる。

$$\gamma = k \log \beta$$ （kは定数）

すなわち、感覚の強さは刺激の強さの対数に比例する、というわけである（ここで用いた記号はフェヒナーがブレンターノに送った手紙に添付されていた文書に基づく［Brentano & Fechner, 2015: 87］）。

ブレンターノが問題にするのは、フェヒナーが付け加えた仮定の内容であり、特に、気がつく最小の差異に対応する感覚量が同じであるという想定である。ブレンターノは以下のように述べている。以下の引用文では「eben merklich」（やっとのことで気がつく）に対して「最小の可知的」という日本語を当てている。

すべての最小の可知的差異が相互に同じでなければならないということは明らかではないだろうか、〔といわれるかもしれない〕。じっさい、一般にこのことは認められてきたし、ヴントも彼の『生理学的心理学綱要』（第一版）のなか（S. 295）で以下のように述べている。「最小の可知的な強さの差異は一定の大きさの心的値をもっている。というのも、あるひとつの最小の可知的差異がほかの最小の可知的差異より大きいとか小さいということになると、その差異は最小の可知的であるよりも大きかったり小さかったりすることになってしまうだろう。しかしこれは矛盾にほかならない」。ヴントはこのように述べるときに、彼の証明が循環していることに気づいていない。もしあるひとがすべての最小の可知的な差異が相互に同じであることを疑っているのであれば、そのひとにとっては「最小に可知的な存在」（das eben-merklich-Sein）はもはや変化しない大きさの単位をなすという特徴を持つことにはならないからである。アプリオリに明らかなこととしていえるのは、すべての最小の可知的差異が同じように可知的である（gleich-merklich）ということのみであり、それらが同じである（gleich）ということではない。というのも、後者が成り立つには、すべての同じ増加は同じように可知的であり、それゆえまた、すべての同じように可知的な増加は同じでなければならないだろう。しかしこのことはまずは探究してみなければならないことであり、この探究は比較に関する判断の法則に関わるのだから、心理学者の仕事に属することになり、ひょっとすると期待されている結果とはまったく異なる結果がもたらされるかもしれないのだ。[Brentano, 1924: 11f.]

ブレンターノが最後に述べていることは、感覚の大きさや強さの差異や変化に関して、わたしたちはどのようにしてその変化や差異の程度が同じか否かを判断しているか、という問題である。そしてこの問題には、以下のような答えが法則として得られると述べる。「感覚の増加は、それが付け加わる感覚の強さに対して同じ割合にある場合には、すべて同じである」[Brentano, 1924: 97]

ブレンターノによると、この法則はほかの現象の変化に関しても成り立つ。たとえば、一mの長さの棒を一cm長くする場合と、一〇cmの棒を一cm長くする場合では、明らかに後者のほうが違いに気づきやすいだろう。他方で、それぞれの長さの増加は、もとの長さとの割合が同じ場合には、同じように気づくことになるだろう。つまり、同じように気づくかどうかは、変化の絶対値にではなく、もとの量との変化の割合、つまり変化の相対値が同じかどうかに依存しているということになる。こうしてブレンターノはウェーバー＝フェヒナーの法則に関して以下のような三つの法則を導くことができると述べる。

わたしたちは以下の二つの法則を獲得した。

1. 物理的刺激の相対的増加が同じであれば、感覚は同じように気づく大きさだけ増加する。
2. もし感覚が同じように気づく大きさだけ増加すると、感覚の相対的増加は同じである。

以上から以下が導かれる。

3. 物理的刺激の相対的増加が同じであれば、感覚の相対的増加も同じである。換言すると、物理的刺激の強さがある倍数だけ増加すると、感覚の強さも同じ倍数だけ増加する。[Brentano, 1924: 98f.]

最後の3の法則は、ブレンターノも述べているように、一般常識に沿ったもののように思われる。たしかに、刺激が一%増えれば、感覚の強さも一%増えるということは誰でもが納得するように思われる。ただし、ブレンターノは注意書きを加えている。というのも、3の法則でいわれているのは、刺激の増加と感覚の強さの増加とのあいだで、「倍数が同じ」(Gleichvielfach)ということであり、これは、刺激が一%増えると、それに対応して感覚の強さも一%増えることを必ずしも含意しておらず、たとえば、感覚の増加の割合がつねに二%増える場合にも成り立つことを意味しており、「倍数の単位」が同じである必要はないからである。単位の具体的な値は研究の進展を待つ必要がある、と述べられている。この結果は、要するに、感覚の強さは物理的刺激の強さの「冪《べき》関数」となるということを意味していることになり、フェヒナーの対数関数によって表現される法則と異なる結果になる。

フェヒナー自身がこの点をブレンターノへの手紙に添付した付録のなかで指摘している。このブレンターノのテーゼをフェヒナーはブレンターノへの応答のなかで、やはり微分可能な量を前提として、以下のように定式化できると述べている。

$$d\gamma / \gamma = k \cdot d\beta / \beta$$

そしてここから$\gamma=\beta^n$を導けると指摘している［Brentano & Fechner, 2015: 87］。

さらに現在では、ブレンターノに先立ってベルギーの物理学者J・A・F・プラトー（Plateau, Joseph Antoine Ferdinand, 1801-83）が刺激と感覚のあいだの関係をいちはやく冪法則としてとらえていたこと、そしてまた、この法則はその後、現代では一九五〇年代にS・S・スティーヴンス（Stevens, Stanley Smith, 1906-73）によって発表された論文によって「スティーヴンスの冪法則」として知られるようになっている（往復書簡集の編者アントネリによる解説参照［Brentano & Fechner, 2015: 37］。スティーヴンスの冪法則に関しては〔藤永、二〇一三年、四二六頁。中島、二〇〇一、二一五頁以下〕参照）。

以上のように、ブレンターノは単にフェヒナーの精神物理学を批判したのみならず、批判の論拠に基づいて、フェヒナーのものとは違った法則が導かれる可能性を示し、そのうえで新たな実験プログラムを用意したともいいうるだろう。現代の現象学者のS・ギャラガーの言葉を使えば、「現象学の前倒し」（front-loading phenomenology）の先駆形態ともみなしうることになる。つまり、みずからの経験に基づく現象学的見方によって得られた洞察を経験的なテストにかける実験をデザインすることが行われているとみることもできるからである（「現象学の前倒し」に関しては〔ギャラガー＆ザハヴィ、二〇一一年、五七頁以下〕参照）。

以上のようなブレンターノによるフェヒナー批判をご覧になって読者の方々はどのように思われるだろうか。第一節のヴントの心理学を読んでいただいた方であれば、ヴントもまたブレンターノとは違った観点からではあるにしても、ブレンターノと似たようなフェヒナー批判を行ってもおかしくないと思われたのではないだろうか。ヴントにとって感覚そのものは経験に登場することはなく、つねになんらかの統覚がはたらいて表象という形態をとることになると考えられていたのであるから、ウェーバーの実験において、被験者が刺激の最小の変化に気づくということは単なる感覚の受容ではなく、すでにひとつの統覚に基づく判断として成立することだとみなされるはずである。したがって、フェヒナーが取り出そうとした法則は刺激と感覚の量に関する精神物理的法則というより、比較判断のあいだの関係を示す心理的な法則とみなされるはずだということになるだろう。

じっさい、ヴントは『生理学的心理学綱要』のなかで、ウェーバーの法則とフェヒナーの法則を取り上げて感覚の大きさの測定に関して詳細な分析を行っている。ヴントは、ウェーバーの法則に関するフェヒナーの「精神物理学的解釈」に対して自らの解釈を「心理学的解釈」と呼び、そこから導かれる法則を「統覚法則」(Apperceptionsgesetz)と呼んでいる[Wundt, 1893: Bd.1, 393]。少なくともこの点では、ブレンターノとヴントとは一致している。ただしヴントは、プラトーやブレンターノのように冪法則を導くのではなく、あくまでもフェヒナーの法則が維持できると考えた。その理由は、先にブレンターノが批判した最小の可知的差異の同一性を保持できると考えたためであり、また、冪法則では刺激閾《いき》が理解できなくなってしまうということにあった[ウェーバーの法則に関してのヴントとブレンターノの解釈に関しては、Brentano & Fechner, 2015 の Antonelli の解説(特に五二頁)参照]。

いずれにしても、このような仕方で、フェヒナー、ブレンターノそしてヴントのあいだで、異なった哲学的背景を持ちながらも、具体的な事象の理解をめぐって詳細な議論がなされていたということは心の哲学と科学とが分離する前の時代状況を象徴的に表現しているたいへん興味深い出来事のように思われる。

さて、以上のような仕方で、ブレンターノはウェーバーおよびフェヒナーの法則を定式化しなおす試みを示したが、その試みが最終的なものだとは明言してはいない。むしろ、こうした試みを導いたウェーバーやフェヒナーの業績を賞賛するとともに、この試みが成功するにしても失敗するにしても、残された仕事が多いことを確認している。

まず、ここで問題にした感覚は、もっぱら外界の物理的刺激により引き起こされた感覚についてのものであり、たとえば、身体、とりわけ脳内からの刺激についてはまったく触れることができていない。さらに心的現象のなかで、感覚はごく一部をなすにすぎず、そのほか想像、感情、意志などほかの現象の強さに関してはどのように対応できるか、不明である。あるいは、感覚の強さは外部の物理的刺激のみから決定されるわけではなく、たとえば、注意の向け方などほかの心的現象からも影響を受ける。こうした点を考慮した心的現象の強さの測定がどのように可能になるかは明らかではない。

また、感覚の場合であっても、たとえば、重さの刺激や光や音の刺激から成立する感覚の強さと呼ばれるものは、感覚作用の志向的対象としての感覚現象であり、ブレンターノの言葉使いに従えば、物的現象と呼ばれるべきものである。したがって、フェヒナーによって取り扱われたのは、あくまでも物的現象としての感覚に留まっており、重さや明るさを感じる作用としての心的現象のほうは視野に入っていない。ここで、心的現象の強さは、志向的対象と作用とで同一とみなせる、といったことが明らかになったとしても、心的現象にはさらに内的知覚という第三の契機が含まれているために事柄はさらに複雑化するだろう。このように考えてくると、精神物理学ないし心理物理学と呼ばれる分野で扱い得ているのは心的現象の範囲のほんの一部にすぎないといわねばならない［Brentano, 1924: 100ff.］。

フェヒナーは、以上のようなブレンターノの議論のなかで、特に心的現象と物的現象についての見方とそれに基づくフェヒナー批判を最後まで理解することができなかった。心的現象、物的現象、あるいは、感覚といった最も基本的な言葉の理解の仕方が異なるような枠組みを前提すると、同じ現象を目にしているようでありながら、異なった理解のうえでの実験研究がなされ、異なった結果がもたらされることになるのである。このような意味でも、ブレンターノとフェヒナーとの論争は、心理学が哲学と生理学のあいだにあることによって実現している活動だということをおのずから示している。そしてまた、だからこそブレンターノは心理学にとって哲学と生理学、その両方が必要であることを唱え続けたともいえるだろう。

こうして、ブレンターノにとっての心理学は、それがどれほど学問のなかで重要な位置を占めるものであり、また、哲学をも基礎づける役割をも担うものであるとしても、アプリオリな仕方で決定的な問題解決を提出できるような学ではなく、経験に開かれた研究プロジェクトとみなされ続けなければならないものだと考えられているのである。そしてこの意味でも、哲学は心理学に基づくことによって、すなわち、自然科学が用いる方法を用い続けることによってのみ本来の意味での学問の位置を占め得るとみなされるのである。

以上、第一節から第二節にかけてずいぶん長くなってしまったが、ヴントの『生理学的心理学綱要』とブレンターノの『経験的立場からの心理学』の内容のなかのおもに科学としての心理学に関わる部分をみてきた。これらを通して一五〇年前の心の哲学が「科学としての心理学」として登場したことの意味の解明をひとまず終えて、次に、いよいよ現象学の創始者であるフッサールにおける「心の哲学と科学」のあり方をみていくことにしたい。

第三節　フッサール――現象学と心理学

ここまで、一九世紀末に新たな心理学の形成過程で重要な役割を演じたヴントとブレンターノを取り上げて、両者がそれぞれかなり違った立場に立ちながら、心理学を哲学から切り離すのではなく、両者を結びつけることによって哲学と心理学の新たな展開をめざしていたこと、そして少なくともこの点では、両者には共通する観点を見出しうることをみてきた。つまり、心の哲学は新たに勃興しつつある心に関する科学的研究、すなわち実験心理学を中心とする心理学的研究と切り離してはならないという観点では一致した見方を見出しうることを確認した。

それに対してこの節で取り上げる現象学の創始者フッサールは、心理学が新たな学問分野として成立するうえで、心理主義批判という仕方でネガティヴに「貢献」したことを除けば、心理学の発展に積極的に関与したわけではないと思われるかもしれない。じっさい、少なくとも現代では、心理学の歴史のなかでフッサールに言及されることがあっても、ごく限定的なものに留まるようにみえる。たとえば、定評のあるボーリングの『実験心理学の歴史』［*A History of Experimental Psychology*, 1950］では、フッサールに対する言及が数多くみられるし、ゲーテの色彩論からゲシュタルト学派の知覚分析までを含めた仕方で現象学と名づけられた項目が立てられている。また、現代の心理学事典のなかでも、現象学や現象学的心理学という項目が設けられ、その連関でフッサールについても言及されることはある。しかし、おおむね臨床心理学関係の分野か、あるいは人間性心理学と呼ばれる流れに関係したものに限られ、行動主義から認知主義、そして現代の脳科学を含んで展開されている実験心理学の流れのなかではほとんどみられないといってよいだろう。現象学と科学的心理学とは水と油のような関係にあるとみなされ続けているように思われる。

こうしてみると、フッサールをブレンターノやヴントに続いて取り上げることは唐突に思われるかもしれない。しかしながら、フッサールが大学に入学し研究者への道を進んでいく一九世紀後半のドイツでは、哲学は勃興しつつあった新たな心理学の流れと密接な関係にあった。じっさい、フッサールが一八七六年にライプツィヒ大学で天文学や数学などの理系の学問を中心に勉強を始めたとき、受講した哲学の講義はヴントによるものだった［Schumann, 1977: 4］。さらに、ブレンターノから影響を受けて数学から哲学へと方向転換したのち、ハレ大学でブレンターノの一番弟子であり、音響心理学で知られるC・シュトゥンプのもとで教授資格論文を執筆し哲学者として歩み始めた経歴からも窺えるように、新たに成立しつつあった心理学の流れのなかで、その流れに密接に関係しながら自らの哲学の歩みを進めていたのであり、この点では心理学との結びつき抜きにはその哲学内容を理解することはできない。

さらに、自らの現象学を構築する過程では、ミュンヘンのA・プフェンダー（Pfänder, Alexander, 1870-1941）やT・リップス（Lipps, Theodor, 1851-1914）、あるいは、ゲッティンゲンのD・カッツ（Katz, David, 1884-1953）やW・シャップ（Schapp, Wilhelm, 1884-1965）、そして、ヴュルツブルクのO・キュルペ（Külpe, Oswald, 1862-1915）やK・ビューラー（Bühler, Karl, 1879-1963）、あるいはま

た、オランダのF・J・J・ボイテンディク（Buytendijk, Frederik Jacobus Johannes, 1887-1974）、スイスのL・ビンスワンガー（Binswanger, Ludwig, 1881-1966）など、多くの心理学者や精神医学者に影響を与えたり学問上の交流を持ち続けたりしていた。

たとえば、色彩や触覚の実験現象学研究で著名なカッツは自伝的文章のなかで、ゲッティンゲン時代を振り返ってフッサールの影響を以下のように述べている。「当時エトムント・フッサールによって唱導されていた現象学は、わたしにとって、哲学と心理学とを結ぶ最も重要な結節点だと思われた。G・E・ミュラーを除くと、わたしの研究上の指導者として、フッサールほど、その現象学的方法によってわたしの心理学の研究方法と心理学に関する態度に対して深く影響を与えたものはいない」[Katz, 1952: 194]。

あるいはキュルペは、ライプツィヒ出身でありながらフッサールの『論理学研究』の影響によって、ヴュルツブルクに高次機能としての思考についての実験心理学の学派を形成した。心理学史家のアッシュは、キュルペと弟子たちによるヴュルツブルク学派における心理学研究は「フッサールの方法と語彙を心理学のなかで用いたもっとも重要な事例だ」と述べている[Ash, 1995: 78]。フッサール自身、キュルペの業績を大いに評価しており、この学派に属する研究者、とりわけビューラーとは密接なやり取りを続けていた（フッサールは個人的な手紙のなかでもこうした評価を書き記している[Husserl, 1994: 46f., 60]）。

さらに、一九一三年にはフッサールを編集者として『哲学および現象学研究年報』の出版が開始されたが、最初の第一巻に収録されていた「論文」は、フッサールの『イデーン』第一巻とプフェンダーの『心情の心理学』だった〔木田ほか、一九九四年、七一〇頁〕。その序文でフッサールは、当時、現象学への関心が純粋に哲学的なものだけに限定されているわけではなく、広く哲学以外のほかの学問の基礎づけに必要な学としての役割に向けられており、それが新たに年報を発刊する理由だと書いている［Husserl, 1987: 63］。

またフッサールは、現象学と心理学との関係をテーマにした論文を発表したり、講義を繰り返し行ったりした。一九二五年の夏学期には以下の本論で繰り返し参照することになる「現象学的心理学」と題した講義を行い、一九二六―二七年の冬学期、一九二八年の夏学期には内容の重なる「志向的心理学」と題する講義を繰り返している。そして、一九二七年頃に百科事典『ブリタニカ』から依頼されて「現象学」という項目を執筆したときの内容の中心は、現象学と心理学との関係に関する議論だった。

こうした事情からも、フッサールが現象学を哲学の枠に閉じ込められるものではないこと、とりわけ当時勃興しつつあった心理学と密接な関係にあることを重視していたことが窺える。

もちろんフッサールは、ヴントが実験心理学の創始者のひとりとして多くの弟子を育てたり、ブレンターノがゲシュタルト心理学のグラーツ学派と呼ばれる流れのきっかけを作ったりしたような仕方で心理学の流れの形成に関与したわけではない。そして、フッサール現象学の最終的な目的はあくまでも「厳密な学としての哲学」であり、「超越論的現象学」であった。こうした点では、ヴントやブレンターノとは立ち位置がかなり異なっている。にもかかわらず、フッサールの構想する「厳密な学としての哲学」や「超越論的現象学」にとって、心理学はほかの科学とは違った特有な関係にある学問分野とみなされ続けており、哲学と心理学の特有な関係を重視している点で三人に共通の観点を見出しうると考えることは決して的はずれではないと思われる。

以下では、フッサールにとって、現象学と心理学との関係がどのようなものとして考えられていたのかをみていくことによって、以上で述べたような整理の仕方にも一定の意味があることを裏づけながら、新しい心理学の流れとの対決のなかでフッサールにおいて構想された現象学的観点からの心の哲学の内実を垣間見ることにしたい。

（1）心理学のＡＢＣ

スイスの精神医学者Ｌ・ビンスワンガーは、フッサール生誕一〇〇年を記念して編まれた論文集に「エトムント・フッサールへの感謝」と題した文章を寄稿し、そのなかでひとつのエピソードを紹介している。

一九二三年八月に、ビンスワンガーは、フッサールをボーデン湖畔のクロイツリンゲンにある自分が院長をつとめている精神科病院に招いて講演を行ってもらった。講演題目は、「現象学の本質」だった。ビンスワンガーの報告によると、そのときにフッサールは来客ノートに以下のような文章を記載したとのことである。

わたしたちが熱望する真正な心理学の王国に入るためには、わたしたちは子どものようにならねばならない。わたしたちは意識のＡＢＣを探さねばならず、そしてＡＢＣの本当の初心者にならねばならない。ＡＢＣへの道、そしてそこから上昇して文法の初歩へと進み、さらに一歩一歩登って具体的な形成体（Gestalten）に備わる普遍的なアプリオリへと進む道、これが真正の学問を

可能にし、世界全体（das All）を理解可能にすることにつながるのだ。一九二三年八月一五日
[Binswanger, 1959: 65]

フッサールがこの文章を書いたのは「現象学の本質」と題された講演に訪れた日だったことを考えると、この短い文章のなかでフッサールは現象学の本質に関係することを表現しようとしたと理解するのが自然だろう。

この短い文章のなかでフッサールは、真正な意味での心理学、すなわち現象学に到達するために不可欠な事柄を少なくとも二点指摘している。一点目として、子どものようにならねばならない、と言われている。子どものような眼で心理学の対象、すなわち意識のあり方を探究しなければならない、と言われている。したがって、逆に言えば、これまでの大人たちによる意識についての多くの探究は意識のＡＢＣ、すなわち意識を構成する最も基本的な要因をとらえる適切なあり方をしていないということを含意していると考えられる。

批判の対象としてどのような見方がフッサールの念頭にあったのかは推測するしかないが、たとえば、人間を心と身体の二層からなるものとみなし、心も物体としての身体と類似の仕方で諸要素のあいだの因果関係からなる閉じた領域を形成していると考えたり、あるいは精神物理学のように身体と心が因果的影響関係にあるとみなしたうえで心のあり方を考えたりするような、広い意味での自然主義的な意識観がすぐに思い浮かぶだろう。あるいは、意識内容をばらばらの感覚与件の機械的連合によって成立するものとみなす経験主義的な意識観も候補としては考えられる。いずれにしてもこれらの見方は、フッサールが一貫して批判し続けた見方であり、こうした意識観、心理観を退けて、意識

に与えられるがままのあり方をとらえる必要性を強調している。

フッサール現象学についての最も有名な「現象学的還元」という言葉も、広くかつゆるく理解するなら、いっさいの偏見や理論的前提を排除して物事をとらえる、という意味を中核とするものであることを鑑みると、ここで言われている「子どものようになる」ということで意味されているのは、広い意味での現象学的還元の必要性だということもできる。じっさい、フッサールは、子どものような視点でみる、といった表現を使うわけではないが、ことあるごとに意識のあり方を明らかにするためには、なんらかの理論構築による説明を求めるのではなく、意識に現れた「事象そのもの」を直観によってとらえる必要性を繰り返し訴え続けた。

たとえば、最晩年の時期に書かれた『ヨーロッパ諸学の危機と超越論的現象学』（一九三六年。以下『危機論考』と略する）と題された講演原稿のなかでも、意識そのものの純粋な解釈を行うために必要なこととして次のような言い方をしている。「わたしたちが最初に、しかもなによりもまず、直接的な反省的自己経験においてなさねばならぬことは、この意識生活を、まったく先入見を去って、それがそれ自体まったく直接そこに与えられているがままにとらえることである」（フッサール、一九九五年、四一八頁）。

ちなみに、フッサールが『危機論考』でこのようなことをあらためて述べたのは、心を物と同じような仕方で実在的な因果連関のなかにある閉じた領域とみなす伝統的な見方に対して、ブレンターノが意識の根本性格として志向性を取り出して心理学の改造に着手した意義を示すためだった。フッサールによれば、わたしたちが自分の意識生活に与えられているあり方をそのまま言語で表現するなら、「わたしは緑の木を見ている」「わたしは木の葉のそよぎを聞いている」あるいは「わたしはわたしの学校時代を思い出している」といった具合になるはずであり、したがって意識に直接与えられているあり方においては、意識はつねになんらかの対象に関係しているあり方を示していると考えられる。すなわち意識はつねに「……についての意識」という志向的あり方を示すものであり、この志向性が意識の根本性格を形成していることに気づくはずだというわけである。

以上のようなことを考え合わせてみれば、フッサールが先の来客ノートのなかで述べた「意識のABC」という表現で何を意味していたのかはおのずから明らかだろう。意識のABC、つまり、意識を構成するもっとも基本的な要因とは志向性のことだ、というのが先のノートに書かれた文章の第二の論点だと考えられる。

このような推測は別の点からも裏づけられる。

フッサールはビンスワンガーに招待されて講演を行った年の少し前の一九二三―二四年の冬学期に『第一哲学』と題した講義を行った。その講義のなかで、哲学史をたどりながら、哲学にとっての最も重要な課題である「諸学の基礎づけ」について論じている。なかでも、理論的学の基本となる論理学や、実践的学である倫理学の基礎づけを行うに際しては、これらの学の原理を認識する主観のあり方を解明することが不可欠だと主張している。というのも、主観がそれらの原理をどのように把握するのか、あるいは、そもそも把握しうるのかが明らかにならないかぎり、不可知論や懐疑論に陥ることを避けられないからである。したがって、認識主観のはたらき方を解明するために主観性に関する学としての心理学を確立することが必要だということになる。このような文脈のなかで以下のように述べている。

心理学は、意識を「なにものかの意識」(Bewusstsein von etwas) という基本性格に則して体系的に分析することを貫徹せずに、いったいどのようにして正しい道へと進むことができるのだろうか。この意識の性格こそが、いわば心的生活のABCなのだ! [Husserl, 1956: 53]

意識の学である心理学にとっては、志向性という意識の基本性格をもとにして体系的分析に進むことが不可欠だと述べられている。つまり、意識のABCとは志向性のことだと言われている。意識を志向性という基本性格に則して体系的に分析する仕事を行う心理学をフッサールは志向的心理学あるいは現象学的心理学と呼んでいる。そして、この現象学的心理学をさらに発展させて、心理学も含めてすべての学問の基礎づけを担いうるような心理学、すなわち世界全体のあり方を意識との関係で解明する心理学へと登り続けることをめざす学問を「哲学としての現象学」、あるいは、超越論的現象学と呼ぶことになる。

フッサールが『第一哲学』や『危機論考』で意識の志向性をテーマにする心理学を話題にしたのは、論理学や倫理学を含めて、どんな学問も結局は意識による活動の成果なのだから、意識のはたらき方を解明する学問としての心理学が成り立たなければ、すべての学を基礎づけ、それらを理解可能なものにするという哲学の使命を果たすことはできないと考えているからである。そして、そのような役割を果たす哲学にとって不可欠なものとしての心理学が取り上げられているのである。それゆえ、ここで問題にされた心理学のABCは、同時に哲学のABCと考えることもできる。こうしてみると、フッサールが来客ノートに記した内容は、現象学の本質を述べたものであると同時に、心理学を通して現象学へと進んだフッサール自らの歩みを圧縮して述べたものと言うことも不可能ではないだろう。

話を先へ進めすぎかもしれない。しかし、以上でみてきたことからだけでも、フッサール現象学にとって、心理学が大変重要な役割を演じていることは明らかではないだろうか。フッサールが心理主義を批判したのは、心理学が哲学を含め学問一般の基礎になりうるというその中心的見解そのものを批判したというより、伝統的に受け継がれてきた心理学、とりわけ自然主義や経験主義にとらわれ続けている当時の心理学にはその本来の役割を演じる資格がないことを批判的に指摘したというのが実情なのである。誤解を恐れずに言えば、むしろ心理主義の本来の目的に沿って、学問一般の基礎の解明に役立つような心理学を獲得する試みこそが求められているのであり、そのような役割を果たす心理学が現象学の試みであり、最終的には、超越論的現象学の試みなのだというわけである。じっさい、一九二五年に行われた「現象学的心理学」と題された講義の最後にフッサールは以下のように述べている。「最も基礎的な学は最も高次の新しい心理学としての超越論的現象学になるのである。この学は、すべての理性批判とすべての真正の哲学的問題を含んだ心理学なのだ」[Husserl, 1968: 222]。

さて、以下ではここで簡略に描いた「心理学のＡＢＣ」をフッサールはどのように探究したのか、そして、そこからどのようにして具体的な意識全体、そして世界全体の解明へと進んだのか、そのなかで現象学と心理学の関係はどのように考えられたのか、といったことをもう少し内容に即してみていくことにしたい。

（2）志向性の心理学

心理主義批判と認識論の問題

すでに触れたように、フッサールは研究者への道を数学の分野における研究から始めたが、ウィーンでブレンターノと出会うことによって刺激を受け、哲学の道へと進む決意を固めることになった。教授資格論文「数の概念について——心理学的分析」（一八八七年）、そして、それに基づいて執筆された初めての著作である『算術の哲学——論理学的および心理学的諸研究』（一八九一年）では、おもにブレンターノから受け継いだ記述心理学の方法を用いて数概念の解明を行っている。多くのものを集めて、その数を数える、という心的作用のはたらきのあり方を分析することによって数概念を解明する方法は、数学を心理学によって基礎づける試みという点で、いわゆる心理主義の典型的事例のひとつに属するものだった。

数学、そして論理学、さらには人文諸科学や哲学を含め、学問の基礎を心理学に求める試みは、一九世紀後半のドイツ語圏では、ブレンターノ、ディルタイ（Dilthey, Wilhelm, 1833-1911）、そしてヴントをはじめ多くの研究者によって支持されていた。しかし、この試みには、どうしても避け得ない問題が残されていた。それは、数学や論理学の場合に典型的に示される認識論的な問題だった。つまり、論理法則や数学の法則などのような必然的な、そして、アプリオリな命題を、心理学の対象である個別的・偶然的な経験に基づいて帰納的に得られる普遍性によって基礎づけることは、背理であるとしか思われないからである。そしてこの問題は、決して論理学や数学などに限定されるわけではないことも明らかである。自然科学、歴史学、心理学、ひいては、哲学などどのような学問においても、そこで提出される命題が客観的な妥当性を要求するものであるかぎり、同じような問題に向き合わねばならないからである。

フッサールは、先にも触れた「現象学的心理学」と題された講義のなかで、おもにディルタイの試みを念頭において、この問題を以下のように表現している。

認識論の目的とは、どのようにして認識行為はその心的な内在性のなかで客観的な妥当性を実現することができるのか、という問いを一般的かつ原理的に理解可能にすることにほかならない。しかしそれにしても、認識論は、確固不動で直観的に洞察可能な必然性ではなく、自然史的な普遍性しか提供できない心的な経験に基礎を持ちながら、どのようにしてこの課題を解決できるのだろうか。……要するに、必然性をもたらす心理学が欠けているのだ。[Husserl, 1968: 19]

ここで述べられている認識論上の困難をどのように解決し得るのか、これが二〇世紀初頭の一九〇〇年と一九〇一年にフッサールによって出版された『論理学研究』の中心課題だった。この問題に取り組むために、フッサールが『論理学研究』第一巻で取り組んだのは、まず、学問の対象である命題の真偽が要求する普遍性・必然性が成り立つ「理念的（イデア的）領域」の独自性を確保することであり、そしてそのために、既存の心理主義を徹底的に批判することだった。すでに先の節で触れたように、この批判によって、フッサールは当時大きな流れを作っていた心理主義に対する批判の旗手のひとりとみなされることになった。しかしこの著作全体でのフッサールの主要な課題は、心理主義批判で終わるものではなく、心理主義批判によって確保された客観的妥当性や理念性が要求される領域に関して、あらためて、それがどのように認識の心的作用によって「把握」(Erfassung) されるのか、どのように「主観的」(subjektiv) になるのか、を明らかにすることだった

〔フッサール、一九七〇年a、一六頁〕。先に挙げた講義のなかでは以下のように述べられている。

主観がさまざまな理念的な存在者について対象としての意識を持ち得るためには、そしてまたそれらを明証的に認識する意識を持ち得るためには、それら理念的な存在者と相関関係にある心的体験はどのようなものであろうか。すなわち、それら理念的な存在者を明確に規定された仕方で形成しなければならない隠れた心的体験はどのようなものだろうか。これが『論理学研究』の本来の主題であり、さらには一定の仕方で拡大してみれば現象学全体の主題でもある。［Husserl, 1968: 26］

ここで挙げられている問い、すなわち、理念的な存在者の認識を行う心的体験の特徴はどのようなものか、という問いに対してフッサールが用意していたのが、ブレンターノから受け継いだ志向性という概念だった。

明証概念の役割

さてしかし、志向性という概念を持ち出しただけではこの認識論の問題にほとんど何も答えたことにはならない。なぜなら、すでに第二節のブレンターノの箇所でみたように、ブレンターノによる志向性に関する規定はあいまいであり、また、問題含みの性格を持つものだったからである。したがって、フッサールが行ったのは、このブレンターノから受け継いだ志向性概念を、理念的対象を認識する心的体験にふさわしい仕方で整備することだった。より広くいえば、理念的対象を含め、意識作用とは独立に存在するとみなされる客観的対象が、それ自体というあり方を示しながら、つまり、その客観性を失うことなく、意識にとらえられるあり方を明確にすることだったのである。

このような役割を担う意識の志向性のあり方をフッサールは「明証」(Evidenz)と呼んでいる。明証とは、フッサールによれば「真理の体験」〔フッサール、一九六八年、二一一頁〕にほかならない。しかしこの規定だけだと、ある種の体験によって真理が保証されるかのように思われてしまい、まるで粗雑な心理主義の復活ではないかと思われてしまうだろう。じっさい、フッサールの『論理学研究』における試みは、一方では心理主義への徹底的な批判によって評価されながら、他方では、その中心テーマである記述心理学的な分析のほうは心理主義への逆戻りではないかという批判を受けることにもなった。

明証という概念の分かりにくさをもたらしているのは、その意味のなかに、一見すると逆説的な事柄が含まれているように思われる点にある。というのも、求められているのは、意識に対して独立に存在する客観的な対象それ自体が、そのそれ自体というあり方(ないし客観性というあり方)を保持したまま意識によってとらえられるあり方を示す体験の特徴だからである。フッサールはのちの著作『形式論理学と超越論的論理学』(一九二八年)のなかで明証概念を以下のように説明している。

> 明証とは〔対象〕自身を与える志向的働きである。さらに正確にいえば明証とは〈志向性〉すなわち〈何かについての意識〉の卓越した一般的形態であり、この形態のなかで明証的に意識された対象的なものは、それ自身が把握されたもの、それ自身が見られたものという仕方で意識されており、〔主観の側からいえば〕意識的に対象自身のもとに存在するという仕方で意識されている

> のである。あるいは、明証とは〈対象についての〉オリジナルな意識のことだといってもよい。たとえば〈イメージのような〉像のなかでの把握や、像とは違った直観的もしくは空虚な予測としての把握とは対照的に、わたしは〈対象それ自身〉をオリジナルに把握しているのである。
> しかしここでただちに示唆しておくべきは、明証にもオリジナルなあり方に関してさまざまな様態がある、ということである。〈対象〉それ自身を与える働きのもっとも基本的な様態は知覚である。〔フッサール、二〇一五年、一七六頁〕

『論理学研究』では、対象として考えられるのは、おもには矛盾律や1＋2＝2＋1のような論理学や数学の命題である。すなわち、わたしがそれらを考えていようがいまいが、あるいは漠然と意識しようと明晰に意識しようと、それらの命題がそうした意識の仕方とは独立に真理として成立しているあり方、すなわちその理念的（イデア的）性格を示しながら、それがわたしにとらえられる体験の特徴として明証がテーマになっている。しかし同時にこの引用でも述べられているように、明証は真理の体験という点では、理念的対象のみではなく、あらゆる対象に関して、その客観性を保持しながら対象それ自体をとらえる認識の特徴を示す体験のあり方を表す概念でもある。具体例として分かりやすいのは、明証の最も基本的なあり方といわれている知覚体験である。

知覚体験の明証性

たとえば、わたしがある建物を間近に見ている状況を例にとってみよう。この状況では、その建物は、写真を見ている場合や、あるいは、単に想像している場合とは違って、直接、それ自体にわたしが居合わせている仕方でとらえられている。つまりこれ以上直接的にはとらえられないオリジナルな仕方で、本物の建物を見ているという体験を行っている。対象への志向的な関係の仕方にはさまざまなあり方があり、たとえば、単に空虚に考えたり、写真を介して想像したりする場合もあるが、そうしたあり方とは違って対象が直接的に直観的に現れる仕方でとらえられるあり方が明証的体験と言われるのである。

このような説明を目にするとただちに思いつくのは、見間違いのような場合はどうなるのかという疑問だろう。たしかに知覚の場合には、見間違いのようなこともありうるだろうし、また、論理的推論や数学の計算などでも複雑な場合には間違えることは決して珍しいことではないだろう。これらの間違いの場合はどう考えればよいのだろうか。

たとえば、ある建物Aの知覚が間違いだった場合を考えてみよう。知覚が間違ったと言えるのは、そこに現れた建物Aが実際のあり方とは違っていた場合、実際には建物Bだったような場合である。このような場合には、対象（建物A）自体がとらえられていないのであるから、その体験は明証と言いうるような意味での知覚体験とはみなし得ないのではないかと思われるかもしれない。

たしかに間違いが明らかになった時点から言えば、建物Aの知覚は間違いだったのであり、対象自体はとらえられていなかったと言えるだろう。だからといって、間違った知覚が、知覚体験ではなく、何か対象についてぼんやり考えていたような体験だったり、あるいは、意識内に生じた対象の像のようなものについての体験だったりしていたわけではない。もしそのように考えられるとするなら、そもそも対象との関係でその真偽が問題になる知覚とはみなし得ない体験ということになるだろう。むしろ、まさに対象自体がそこに現れているとみなされる明証体験だったからこそ間違いだったと言えるのである。

ここで気をつけねばならないのは、間違いが問題になるのはどのような視点から言われているのかという点である。ある知覚体験が間違いだったと言えるのは、その間違いを訂正する知覚が成立すること、ないし、成立したことが前提されているからである。たとえば建物Aの知覚が間違いだったと言えるのは、建物Bの知覚によって、過去の建物Aの知覚が否定されたからである。フッサールが用いる表現を使って言えば、対象が実在するとみなされていた知覚が「抹消」(durchstreichen) された、あるいは、「破棄」(aufheben) された、ということになる〔フッサール、一九八四年、二八六、三三三頁、フッサール、二〇一五年、一七四頁〕。このように間違いが成立するのは、最初の知覚を否定する新たな知覚が成立し、訂正が生じるからであり、こうした否定の契機が含まれていない知覚は、真理の体験であり続けるのである。フッサールは以下のように述べている。

> 間違いの可能性は経験の明証性にともに属しており、間違いであることが明証的に確認された場合には、その経験の明証性自身は〈破棄〉されるが、しかし明証性の基本的特性と働き (Leistung) が破棄されるわけではない。……つまり、このような場合には、いつもすでに経験の明証性が前提されているのである。〔フッサール、二〇一五年、一七四頁〕

以上のように、知覚体験に明証的性格が認められるということは、第一には、知覚体験がつねに時間的経過のなかで生じるものであること、第二には、知覚体験は単に経過するのではなく、対象のより正しいあり方をめざしていわば「目的論的」な活動過程にあるということを意味している。つまり知覚はつねに対象の継続的な「構成」過程にある点が明らかにされる。第三には、以上のようなことが言えるのは、わたしたちはいつもすでに知覚のなかでさまざまな経験を行っており、明証的な知覚経験を前提して生きていると言えるからなのである。

このような意味で、フッサールによると、志向性に備わる目的論的連関は、事物知覚の場合のみならず、理念的対象の場合も含め、意識一般に当てはまる特徴（フッサールは理性的性格と呼ぶ）である。どんな空虚な志向の場合も、それに対応する直観的な充実に本質的に関係しており、直観的な充実において、対象が「明証的に」それ自身のあり方で見て取られることが前提となっているがゆえに、対象への志向性に意味が与えられるのだ。

意識はつねに何ものかの意識である、というブレンターノから受け継いだ志向性という意識体験の特質は、一見すると、ひとつの孤立した体験に属する特性のように思われるかもしれない。しかし以上の例が示しているように、志向性は決して孤立した意識のあり方に属する性質なのではなく、普遍的な意識連関のなかではじめて実現できる機能なのである。それゆえ対象自体を与えるはたらきは、個々の体験のなかで完結するのではなく、孤立した体験には明証性のはたらきを担うことはできない。志向性、そしてそれと不可分な明証性は、意識生活の全体に属する特質なのである〔同書、一七八頁以下〕。そしてそのような目的論的連関をなす意識生活全体のあり方を問題にするような心理学によってのみ認識論の課題に答えることができるのだ。このような認識論に関わる目的論的な意識のはたらきは、自然科学をモデルにするような心理学ではとらえることはできないし、また、ブレンターノによる志向性の見方もまた、こうした点からみると不十分だとみなされる〔Husserl, 1968: 36f.〕。

現象学的記述の役割

以上でみてきたことは、意識に直接与えられている範囲に限定したかぎりで、理念的対象の認識をはじめ、知覚を代表とする認識体験のあり方の特徴として見出しうることであり、そうした体験のあり方が、外部からの刺激や身体との関係で、そして特に脳との関係でどのように成立しているのか、という因果関係に関する事柄はすべて括弧に入れられている。あるいは、意識体験の一人称の視点とは異なった第三者的な視点は括弧に入れられているということもできる。つまり、自然主義的な見方、あるいは意識に超越的見方を考慮せずに意識に直接現れた現象のあり方のみに注目する点で、意識に内在的な視点に基づく「記述心理学的」そして「現象学的」記述と呼ぶことができる。

もちろん、意識生活の成立を因果的に説明することも必要であり、そのような生理学的あるいは精神物理学的研究から多くの知見がもたらされている。しかし、そうした研究が行われる場合でも、まずは、意識においてどのようなことが体験されているのか、対象がどのように現れ、どのように体験されているのかを明らかにしておかなければ、そもそも何を説明することになるかが不明になってしまうだろう。まずは、説明される事柄をはっきり特定できなければならない。このような意味で、意識の現象学的な記述は心理学にとって不可欠の基礎をなすとみなされるのだ。これが『論理学研究』から始まった現象学的心理学がもたらした第一の重要な成果であり、この点については、志向性をめぐってフッサールの解釈がさまざまに変化していくことになっても変わることはなかった。

（3）アプリオリな心理学

心的体験のアプリオリな構造

さて、ここまで、『論理学研究』によって取り組み始め、その後に発展した志向性概念の明確化が、どのようにして認識論の問題への回答をもたらしうるのかをみてきた。しかし、これまでの議論によって、心理主義的な認識論にみられた困難が解消し得たわけではない。鍵概念である明証という志向的体験の特有な性格が単に個別的、偶然的にしか実現し得ないものであるかぎり、フッサールが述べたような「必然性をもたらす心理学」が可能になるわけではないからである。しかしこの問題への回答は、ある意味ではこれまでの明証概念についての説明のなかで示唆されている。

というのも、これまでの議論によってもたらされた知見によると以下のことが言えるようになるからである。対象となるものがそれ自体としてとらえられるのが明証体験の特徴であるとしても、対象が理念的なものの場合と実在する事物の場合とでは、明証のあり方は違っているだろう。建物を見るようには、数学の真理を見て取ることはできない。同じように、自己の体験についての明証的体験と事物についての明証的体験ではやはり異なっている。フッサールの言い方によると「対象性のカテゴリーと明証性のカテゴリーは相関関係にある」〔フッサール、二〇一五年、一八〇頁〕からである。「志向性とは対象と意識体験との相関関係のことだ」と言われるときに含意されている重要な論点のひとつがここにみられる。たとえば、1＋2＝2＋1という命題が正しいことを加法の規則とは無関係な思いつきで正しいと考え、しかもその答えの正しさが確実だという感覚をたまたま持ったとしても、そのような体験は明証とは言えない。なぜなら、このような体験は、数学の命題が持つような理念的性格、つまり、誰がどこでいつ考えてもそのような答えを導き出せるという構造を示してはいないからである。逆に、個人ではとても答えが出せないような大きな数同士の加法や乗法に関する命題であっても、つまり誰も実際には計算体験を持てないような場合であっても、理念的には可能な明証体験を想定しうることになる。たとえば一〇〇万の三乗桁の数に関する加法や乗法を人間が徒手空拳で現実に行うことは困難だが、フッサールの言い方によれば、「明証はこの場合、心理学的には不可能であるが、しかし理念的（イデア的）にいえば、それはたしかに可能な心的体験である」（フッサール、一九六八年、二〇七頁）ということになる。

以上のような意味で、志向性を形成する「対象性と明証との相関関係」は、事実的な関係ではなく、理念的（イデア的）な関係なのである。つまり、志向的体験もまた単なる自然的な普遍性以上の理念的普遍性、つまり必然性を持つことが示されるのである。フッサールによれば、このような意味でアプリオリな構造を備えた心的体験に関する心理学の可能性を開いたという意味でも、『論理学研究』における記述心理学の試みは、現象学的心理学への突破口を開く重要な意味を持っていたとみなされる。

フッサールは「現象学的心理学」のなかで自らの『論理学研究』で得た成果を振り返ってこの点について触れている。長い引用になってしまうが、興味深い内容がみられるので、あえて掲げておきたい。

何千年ものあいだ続いた心理学は、そのさまざまに変化してきたあり方すべてにおいて、人間と動物の心的生活の経験科学であろうと欲してきたし、じっさいそうであった。しかし、もしひとが理念的性質をもつ対象的なものからさかのぼってそれらを主観的に形成する意識に到達したとするなら、以下のことをただちに確信できるだろう。すなわち、理念的な対象は、〔意識の〕内的な受動性や能動性のなかで主観的に形成され、明証的な与えられ方にもたらされうるのであり、また、そのような内的な受動性と能動性のあり方は方法的な反省と現象学的な分析を通して直観的に露わにすることができるのであるが、そのような内的なあり方は、もはや人間の作用体験にそなわる経験的な偶然性を示すものではない。つまり別様なあり方を想定しうるような偶然的な事実性を示すものではない。そうではなく、むしろ以下のことは明らかである。もし数や数学的多様体、あるいは、さまざまな命題や理論などが、そもそも主観的な与えられ方にもたらされることができ、そして主観的な体験のなかで意識されなければならないとするなら、こうしたことに必要な体験は、本質必然的であると同時に、いたるところで同一の構造をもっていなければならない。換言すれば、わたしたちが、思考する主体として人間を想定しようと、あるいは、天使や悪魔、あるいは神々を想像しようと、数えたり計算したり、数学的に思考したりする何らかの存在を想定するのであれば、数えたり数学的に思考したりする内的な行為と生活は、論理的数学的な知識が成立するはずであるかぎり、アプリオリな必然性をもってどんな場合も本質的に同じである。

（中略）

同じことは、どのような領域のどのようなカテゴリーの対象の場合であっても、対象に関係する心的な相関関係を研究するすべての場合に当てはまる。（中略）

まさにこのようにして、新しい種類の心理学の理念が開示されるのである。つまり、新しい心理学の理念の新しさは、具体的そして普遍的にとらえられた〔志向的な〕対象－意識関係というテーマをこの心理学がもつことになった点に見出されるだけではなく、その心理学は経験的でなくアプリオリな心理学なのだという点でも新しいといえるのである。［Husserl, 1968: 37f.］

フッサールはこの引用文のなかで、三つの重要な論点を提示している。

一つ目は、理念的対象を認識する論理学や数学における認識経験を構成する志向的な構造、すなわちその作用性格は、個別的で偶然的特徴、あるいは以前の引用にみられた言葉を使うと「自然史的な普遍性」を示すだけではなく、普遍的・必然的性格、つまりはアプリオリな性格を示す、という論点である。論理学や数学の知識が明証的な仕方で成り立つかぎり、その認識主体は人間である必要はなく天使であれ、神であれ、同じ構造の作用を持たねばならないはずだからだというわけである。

二つ目の論点は、ここで言われた意識経験の志向性に備わるアプリオリな性格は、論理的対象や数学的対象に関係する認識経験のみならず、どのような種類の対象に関する認識経験についても当てはまる事柄だという点である。先に触れた「対象性のカテゴリーと明証性のカテゴリーは相関関係にある」という考え方に基づく論点である。

三つ目は、こうした観点に基づいて、アプリオリな心理学という学問の可能性が確保されることになる点である。もし対象のあり方に応じて、それを認識する意識作用に備わる志向的構造のほうにも、単なる偶然的なあり方ではない一種の必然的な形式が備わっているとするなら、そしてそのようなカテゴリカルな形式を見て取ることができるなら、そのようなカテゴリカルな形式をとらえる心理学は、認識の可能性に関して必然的な知識を得ることができるはずだからである。心理学もまた、数学などと同じようなイデア的領域に属する知識を提供できることになる。

ここで心理学に求められる心的体験のカテゴリカルな構造に関する認識能力をフッサールは「本質直観」（「イデア的直観」、「本質観取」など）という言葉で表している（フッサール、一九七〇年a、二五頁）。つまり、普遍的・必然的な形式を見て取る認識能力のことであり、数学で必要とされる認識能力に対応するような能力のことである。そしてしばしばフッサールは、心的体験の本質直観に基づく現象学と具体的な動物や人間の心理体験に関する経験的心理学としての記述心理学との関係を説明する際に、その関係は、純粋数学と経験的な精密自然科学との関係と類比的である点を指摘している。たとえば、『論理学研究』（ただし一九二二年に改訂された第二版）のなかでは以下のように述べている。

> 現象学は動物の諸状態について論ずるのではなく（可能的な自然一般の諸状態についてすら論ぜず）、知覚、判断、感情などをそのもの自身として論ずるのであり、純粋種の純粋個たるそれらにアプリオリに、無制約的普遍的に帰属するものについて、すなわち〈本質〉（本質類概念、本質種概念）の純粋直観的把握に基づいてのみ洞察されうるものについて論ずるのである。（中略）したがって心理学ではなく、現象学こそ純粋論理学的（並びにあらゆる理性批判的）解明の基盤である。しかもそれと同時に現象学は、まったく別の機能においてではあるが、あらゆる心理学の――十分の権利をもって厳密学と自称しうるとされる心理学の――必然的基盤でもある。このことは純粋数学が、たとえば純粋空間論ないし純粋運動論が、あらゆる精密自然科学（経験

的形態や運動などを伴う経験的事物についての自然学）の必然的基盤であるのと類似している。知覚、意志その他一切の体験形態についての本質洞察は、ちょうど幾何学的洞察が自然の空間的諸形態に妥当するように、それらの心的体験に対応する、動物の経験的状態にも当然妥当するのである。〔フッサール、一九七〇年a、二五頁〕

幾何学が経験的自然科学の基礎であり、それに適用されるように、アプリオリな心理学としての現象学は、経験的心理学（ただし厳密な学たるにふさわしい心理学）に対する基礎であり、それに適用されるのだ、というわけである。この点では、現象学的心理学は決して実験心理学などの経験的心理学と対立関係にあるわけではなく、むしろ、その不可欠な基礎に当たるのだといわれている。

もっとも、ここで前提となっている本質直観に関しては、その根拠づけや、それがどのように行われるのかといった方法に関して、『論理学研究』以降に長い探究が続くことになる。また、意識体験に関するカテゴリカルな知識は、数学のような演繹的構造を示すような知識と同類ではなく、記述に基づく知識であり、その点で、数学的な知識とは大きく違っている。しかしここで重要なのは、意識体験のあり方の本質に関する知識を与える点で経験的心理学とは異なりながら、その基礎となるアプリオリな心理学を想定しうる点であり、少なくともこの点については、フッサールは一貫していた。

ここで示されているような仕方でアプリオリな心理学という構想が得られることによって、ブレンターノやディルタイらによって提起された心理学に基づく認識論という構想の持つ困難ないし背理を解決し、「心理主義」と呼ばれてきた試み本来の目的が達成できることになる。すなわち、欠けていた必然性をもたらす心理学を獲得しうるのだ、というわけである。

射映性格——事物知覚のアプリオリな構造

アプリオリな心理学の内容を少しでも理解していただくために、以上のような新たな見方のもとでどのような議論がなされるようになったかを具体例に即してみておくことにしたい。ここで取り上げるのは、フッサールが一貫して現象学的記述のモデルとして繰り返し使っている事物知覚の例である。

たとえば、目の前にある机を見ている経験を取り上げてみよう。机の知覚経験では、机それ自体が直接的に、「生身のありありした仕方で」(leibhaftig)、つまりオリジナルな仕方で現れている。知覚体験は直観的に充実した明証体験だ、ということになる。しかしこの場合の直観的な充実は完璧とは言いがたい特徴を示しているように思われる。というのも、厳密に言えば、見えているのは、正面部分のみであり、その裏側や横の側面、さらには机が透明な材質ででもできていないかぎり、内部は見えていない。つまり、机の知覚を形成している作用の志向性は、その志向のすべてが充実されているわけではなく、空虚な部分を残している。フッサールは、こうした事物知覚における対象の現れ方を「射映」(Abschattung)という言葉で表現している。

さてここで、以上のような事情に基づいて、わたしたちにとって机の知覚は直観的充実が完全でない以上、獲得される机についての明証性は不完全で、一面的なものにすぎない、と言いたくなるかもしれない。そしてさらに、以下のように言いたくなるかもしれない。この事物知覚に備わる不完全性は人間に特有な有限性を示しているのであり、もし神のような無限の存在であれば、事物自体を完全に認識できるだろう。

フッサールは、このような考え方を『イデーン（純粋現象学と現象学的哲学のための諸構想）』（一九一三年）のなかで「原理的な誤謬」と呼んで明確に批判している。というのも、このような考え方が生まれるときには、事物が現れる「射映」と呼ばれる現れ方が別様でありうるとみなされ、その本質的性格が見逃されてしまっているからである。つまり、先の引用にあった論理的・数学的な対象認識の場合とは違って、事物知覚の場合において見出された意識と対象との志向的な相関関係はすべての経験主体に同一なアプリオリなものとはみなされていないからである。

フッサールは、この点を以下のように述べている。

「われわれの」知覚が事物そのものに近づきうるのは、ただ事物の単なる感覚射映を通してのみであるということは、事物がたまたま気まぐれを起こすからそうなるとか、「われわれの人間的成り立ち」がたまたまそうだからこうなっているとかというようなことではない。むしろ、明証的に、空間事物性の本質にもとづいて、（中略）この種の存在は原理的に知覚においてはただ感性的射映を通してのみ与えられうるということが、察知されうるのである。〔フッサール、一九七九年、一八三頁〕

フッサールはここで、空間的事物が射映を通して現れるという現れ方、ないし意識のされ方は、事物自体の存在の本質的性格なのであり、ほかの仕方の現れ方を想定することは、この本質的性格に反することになり、不合理な想定なのだと述べている。つまり、事物知覚の射映性格という志向性の特徴は、知覚作用の本質であるだけではなく、知覚対象の本質でもあることは明らかだと述べている。

ここでは、先の引用でみられた論理、すなわち理念的対象とその認識経験にそなわる志向的構造とのあいだに成り立つ本質的な相関関係という論理が使われている。『イデーン』のなかの上記の箇所では、この点を、事物知覚という外的経験と体験の内的知覚という内的経験とを対比することで示そうとしている。

自分の体験自体を対象として知覚する内的知覚の場合には、外的事物を対象とする知覚の場合とは違って、射映のようなあり方を示すことはない。少なくとも自分のいだいている感情は、事物のような空間性を示すことはなく、その点では机と同じような仕方で隠れた裏側や内部を持つとは言い難いだろう。

したがって、神は事物を空虚な志向なしに完全に知覚しうると想定することは、神にとって、その知覚は空間性を示すことのない体験自体を対象とする内的知覚の一種ということになってしまい、もはやその対象は外的事物という意味を失ってしまうだろう。上記の引用箇所に続いて、フッサールは以下のように述べている。

このように〔神は事物を完全な仕方で知覚するだろうと〕思い込む考え方は、しかし実は背理なのである。実際このような考え方のうちには、超越的なものと内在的なものとの間には何らの本質上の相違も存しないということが含まれ、つまり、要請されている神的直観においては、空間事物は〔意識に内在する〕実的構成要素となり、したがってそれ自身体験であり、神的意識と体験流にともに属するものであるということが、含まれているからである。〔同書、一八五頁〕

以上のようにして、フッサールは、意識体験と事物が持つ異なった存在性格のあり方をそれらがどのように意識されるのか、どのように意識に現れているのか、というあり方、すなわち意識の志向性と相関的あり方を示すものとして確定する試みに進んでいる。そして、物的存在と心的存在、ものとこころという存在者のあいだに根本的な違いを認められるのであるなら、そして、その違いはそれらの経験のされ方、現れ方の違いと相関的であるとするならば、それぞれの現れ方は相互に交換不可能である点に示されているように、ほかではあり得ない必然性を示すことになり、人間のみならず神にとってさえ成り立つ意味を持つことになる。こうして、アプリオリな心理学という構想は、記述心理学の枠を超えて、いわば現象学的観点からの存在論の構想へと道を開くことになり、現象学的哲学にとって重要な役割を果たすことになるのである。

（4）現象学的心理学の行方——現象学的還元と生活世界

志向性とは意識と対象との相関関係だというテーゼに含まれた含意を首尾一貫して、そして徹底的に追い続けること、これが心理学のＡＢＣから始まる現象学的心理学をめざした道である。この道は、経験的心理学とは区別され、その基礎となるアプリオリな心理学へと導いた。それと同時に、この見方は、デカルト以来、伝統的な心理学の前提となってきた、さまざまな二元論的区分を批判することへと導くことになる。

現象学的還元

さて、読者の皆さんは、ここまで述べられてきたことのなかに、フッサール現象学にとっての重要な方法的概念といわれる現象学的還元に関して、その実質的な事柄の一部が示されていたことに気づかれただろうか。

『論理学研究』の段階では、志向性はブレンターノから受け継いだ記述心理学的観点から、もっぱら心的作用の性格としてとらえられていた。しかし、「(本論で解釈した意味での)心理主義」のプログラムに実効性を持たせるためには、対象自体の認識を可能にする明証という性格を心的作用が担うことを示す必要が生じる。そして作用に備わる明証性格は、対象のカテゴリーに対応して異なった構造を示すものである以上、明証の構造を解明するには、対象と作用との相関関係を主題化することが心理学者にとっては不可欠となる。『論理学研究』のなかではこの相関関係は作用としての心的現象の分析を行う場合に利用されてはいたが、明確には主題化されてはいなかった。この点を明確に主題として取り込むことによって、志向性概念の変更ないし拡大を行う試みが現象学的還元と言われることになる。つまり、対象もまた、意識の志向性の不可分な契機として含まれることになり、志向性とは「意識作用—意識された対象」(cogito-cogitatum)のあいだの相関関係のことだということが表立って言われることになったのである。志向性をノエシス—ノエマ関係と表現することもそのひとつの帰結である。

ここから導かれる帰結は重大である。

ブレンターノは心的現象と物的現象との区別を出発点にして、心的現象を意識作用とみなし、それをとらえるのが内的知覚なのだとみなした。他方、物的現象(なかでも通常の外的対象にあたるもの）をとらえる作用を外的知覚とみなした。そして、内的知覚に基づくのが心理学であり、外的知覚に基づくのが自然科学だ、という分類がなされていた。フッサールも『論理学研究』のなかでは、基本的にはこのような区分を受け入れながら意識の志向性に関して作用を中心として記述心理学的分析を行った。ところが、もし志向性を「意識作用と意識された対象との相関関係」とみなし、対象の側も志向性の不可分な契機とみなされることになると、ブレンターノから受け継いだ心的現象と物的現象に関する区分がそのままでは成り立たなくなり、むしろ、両者をともに内的知覚のテーマとして心理学の対象として認めなければならなくなる。こうして内的知覚の範囲が拡大され、心理学のテーマも心的現象と物的現象の両方を含むことになる。現象学的還元、より正確には、現象学的心理学的還元とは、こうした「拡大された内的知覚」のテーマとして世界と経験のあり方を分析する心理学者の態度だということになる。

換言すると以下のようにも言うことができる。心理学の対象は内的知覚によってとらえられる心的現象だとみなして、なんらかの意識の分析に取り掛かろうとしても、意識作用は最初から対象に関わっており、意識には対象それ自体が一定の仕方で現れている。意識作用とは、それを通して意識対象が現れる通路ないし媒体のようなものだとも言うことができる。したがって、心理学者がなんらかの物体を知覚している意識現象を内的知覚によって分析対象としてとらえようとする場合、内的知覚に現れる意識現象は最初から物的対象自体の一定の現れ方を示すものとなっており、それゆえ外的知覚の作用と呼んでいたものは、そうした対象の現れ方を可能にする契機だということになる。

こうして、内的知覚と外的知覚、心的現象と物的現象というこれまで伝統的な心理学のなかで自明視されてきた区分を前提したうえで理解される内的知覚ではなく、両者を包括した仕方で「拡大された内的知覚」が現象学者によって分析に用いられる知覚ということになる。これまでも取り上げた知覚の誤りと射映に関する記述は、このような拡大された意味での内的知覚を用いての意識対象の記述だったと言うことができる。先には、知覚経験に関する記述は意識に外在的な視点を排除し、内在的視点のみに則った経験の記述だと述べたが、その意味を言い換えると「現象学的還元」のもとでの記述だということになる。

フッサールは、この「拡大された内的知覚」のもとでとらえられた経験を「現象学的経験」とも呼んでいる。たとえば、百科事典『ブリタニカ』に執筆した文章（一九二七年）のなかでは以下のように述べている。「現象学的還元という方法形態のうちにある現象学的経験こそが、いやしくも十分な根拠をもった心理学的学問の意味での、唯一純正な「内的経験」である」（フッサール、二〇〇四年、一九頁）

現象学的還元のなかでは、心的現象も物的現象も、すべて「内的経験」の対象となるのだから、少し大げさな言い方をすれば、心と物との区分が崩壊すると言ってもよいかもしれない。あるいは、物と心、両者ともに心理学の対象となるような見方を成立させる方法的態度が現象学的還元だと言うこともできる。本節の最初に、現象学的心理学の帰結のひとつとして、デカルト的二元論の批判が含まれると述べたが、ここでみた現象学的還元に関する議論はデカルト的二元論の前提を括弧に入れることから導かれるひとつの帰結ということになる。

しかし以上の説明だけだと狐につままれたように感じる読者もおられるかもしれないので、「現象学的心理学」の講義や『危機論考』などを参照しながら、もう少し別の角度からなされた「現象学的還元」に関するフッサールの議論を取り上げて敷衍《ふえん》を試みることにしたい。

科学と生活世界

伝統的に受け継がれてきた心理学の出発点は、自然科学が描く世界を現実世界にほかならないと想定することから始まった。たとえばヴントやブレンターノにみられた内的知覚と外的知覚の区分、そしてとりわけ外的知覚のとらえ方にその点は反映されていた。ヴントは外的知覚の対象は現実世界の像だとみなし、必ずしも外界のあり方を正確に反映しているとは限らないとみなしていた。ブレンターノもまた、外的知覚は自然科学がとらえた世界を把握できないため一種の盲目的信念だとみなし、本来の意味での知覚は内的知覚のみだと述べていた。

しかしそもそも、心理学者が前提としている自然科学的世界のとらえ方はどのようにして成立するのだろうか。自然科学者は科学研究を行うに際して、なんの前提もなしに活動を始めるわけではないだろう。科学者は研究に先立って日常的に生きている世界のなかでさまざまな経験を行っており、その経験のなかで出会う自然についての知識を前提にして、その自然のあり方を理論的に解明することを目的として研究を行っている。

たとえば、物理学的研究によって素粒子物理学で描かれる世界が究極的な世界のあり方であることが明らかになったと想定してみよう。その場合でも、研究者は素粒子論で描かれる世界のなかで素粒子を対象にして日々の生活を営むようになるわけではない。実験室にある机や椅子、コンピュータや実験装置なども日常生活で出会う物体と同様のものとして知覚されている。

科学研究を行う場合には、与えられた観察データや実験結果を理解するために理論の光のもとでそうしたデータを解釈する必要がある。こうした研究活動のあり方は科学哲学者たちによって「観察の理論負荷性」と呼ばれている。また、研究者が使い方に習熟した実験装置を知覚するときの知覚のあり方は素人による知覚とは違っているだろう。こうした議論の延長上でしばしば、わたしたちの日常的知覚もなんらかの「理論負荷性」を帯びているといわれることがある。

たしかに、物の運動に関して、古代の人々の知覚経験と現代の人々の知覚経験では、まったく同じだとは言えないかもしれない。物の運動について歴史的、あるいは文化的に異なった知覚のあり方を示すこともありうるだろう。しかし、いくら知覚の理論負荷性が言えるとしても、物理学の研究者が素粒子の飛び交う世界で、素粒子の運動を通常の意味で見たり触ったりしながら生活しているとは言えないだろう。

フッサールは、運動という概念の理解は研究者が生活している前科学的、前理論的な世界のなかでの運動についての経験に基づいており、運動に関しての一種のアプリオリな理解をそこに見出しうると考えている（先に九六頁で示した引用のなかでフッサールが用いている「純粋運動論」という言葉などがこの点を示している）。

フッサールが『危機論考』のなかで使った言葉を用いるなら、数学的自然科学によって描かれる世界は、理念化という数学的理論化の作業によって、生活世界のアプリオリな構造に基づいて構築された世界であり、そうした構築作業に携わる研究者の活動のほうは、日々そのなかで生活している前理論的、前科学的世界を前提としてのみ成り立っているはずである。フッサールは、わたしたちがいつもすでにそのなかで生きている世界、すなわち学問的活動に先行している世界を「生活世界」(Lebenswelt) と呼び、科学で描かれる世界は、この生活世界からの一種の抽象によって成立したものとみなした。自然科学的な認識活動には、それを支える前理論的、前科学的な生活世界が前提されており、この生活世界なしには、話は始まらないはずだというわけである。

心理学と生活世界

心理学者の場合にも似たような事情がみられる。というのもヴントやブレンターノのように、多くの心理学者は、自然科学の成果を前提したうえで、その補完的領域としての心的世界を探究する活動を行っていると考えられるからである。すなわち、日常的世界のなかで出会う事物や動物そして人間などに関して、自然科学がすべてを単なる物体的自然とみなす抽象的見方をとるのに対して、心理学はそうした抽象からはみ出した要素として心に関する領域を見出しているからである。この意味で、心理学者は生活世界から二重の抽象の結果得られた領域を心の領域とみなしていることになる。

もしこのように考えられるとするなら、心理学者が自明なことのように心的現象について語りそれを研究テーマにすることは、自然科学的世界像を前提したうえでの心についての研究を行うという意味で自然主義的な前提に立った抽象的概念としての心を相手にしていることになる。にもかかわらず、こうした前提をいわば忘却したうえで、物と心、あるいは、自然と精神といった二元論を前提して、自然科学と並んで心理学もひとつの閉じた領域を持つ学問として成立しうるとみなす考え方が自明視されるようになったのが伝統的な心理学の現状だというわけである。

それに対して、こうした抽象の基盤である生活世界に立ち戻ってみれば、そこでは、心と物、自然と精神とは、決して相並んで存在するようなあり方をしているわけではないことがただちに分かるだろう。本章の第三節（1）でも触れたように、「子どものような」眼でもってみれば、心は最初から志向性という特有な性格によってさまざまな対象と関係してしまっていることは明らかだからである。したがって心理学が心に関する真の経験に基づく学をめざすのであれば、心理学者はまずは、自らがいつもすでにそのなかで生きている生活世界のなかで体験しているさまざまな経験に目を向けかえる必要があるだろう。すなわち心理学者は自らがいつもすでにそのなかで生きている生活世界のあり方の自己経験の分析をする必要があるのである。

もちろん、生活世界のなかでは、単なる物体や生物たち、そして生物のなかにも植物や動物、そして人間などさまざまな存在者が区別されて経験されており、それぞれに固有な経験のされ方が問題になるだろう。そしてそのなかには自らのあり方への反省的経験を行っている心理学者も含まれている。しかし必要なことは、こうした自己を含めた多様な存在者からなる生活世界のあり方全体を心理学者の意識対象として、つまり「意識作用と意識された対象」という相関関係のなかで明らかにすることである。

フッサールは『危機論考』のなかで、外的経験と内的経験の区別を前提したうえで心理学の対象を内的経験の対象に限定する見方の偏狭さを指摘して以下のように述べている。

なぜ流れゆく生活世界の全体(die ganze strömende Lebenswelt)は、心理学の発足と同時にただちに、「心理的なもの」として、しかも最初に近づくことのできる心理的なものとして、つまり直接与えられる心理的現象が類型に応じて解釈されうる最初の領野として現れてこないのか、またそれと相関的に、経験としてこの生活世界を現実に所与たらしめ、そこにおいて――とくに知覚という根源的様相において――単なる物体的な事物を呈示するような経験が、なぜ心理的経験と呼ばれず、一見心理的経験と対照をなすかのように「外的経験」と呼ばれるのか――と、こういった疑問が生じてこよう。(中略) 普遍学としての心理学が、主観的なものの総体以外のほかの主題をもち得るものであろうか。いっそう深い――自然主義によって盲目にされていない――省察は、すべての主観的なものが細分化され得ぬひとつの全体に属しているということを教えるのではなかろうか。〔フッサール、一九九五年、三九五頁〕

この引用文は疑問形で表現されているが、明らかに肯定形の答えを含意している。すなわち、デカルト的二元論、そしてそれに基づく自然主義的な偏見に囚《とら》われていなければ、生活世界全体が心理学の主題となるはずだという主張である。

ここでフッサールは、生活世界について「流れゆく」という形容詞をつけて語っている。この言葉が意味していることのなかには、わたしたちが生きている世界では、日々、自然環境の変化はもちろん、歴史的、社会的、そして文化的なさまざまな出来事が起きており、日々、生々流転するあり方を示していることも含まれているだろう。じっさい、そうした変転する世界のなかで、わたしたちは多くの人々とともに共同してさまざまな実践活動に従事し、世界と自己の形成に携わっている。そして、この生活世界は、歴史研究や社会学、あるいは民俗学、人類学など、広い意味での人文科学系の学問の対象となる世界である。ドイツ語では「精神科学」(Geisteswissenschaft) と呼ばれる学問が対象とする「精神」の世界ともいうこともできる。

しかしここで問題になっているのは、そうした精神諸科学を含めて諸学の基礎を解明するための心理学の役割である。そして、そうした心理学に課せられた役割を果たすために心理学者がいつもすでにそのなかに生きている世界という暗黙の前提をあらためて心理学の対象とすることである。つまり、生活世界のなかでさまざまな対象と世界を経験している心理学者の心的経験に現れるその現れ方を解明することが問題となっているのである。だからこそ、あらゆる先入見を排した心理学を営むためには、まずはこの生活世界が心理学の対象とならねばならないというわけである。

換言すると、心理学者自らがそのなかで生きている生活世界全体がどのように現れているか、つまり、自らの体験のなかでどのように経験されているかを明らかにすることが求められるのであり、そうしたことが明らかになることによって、自然科学の基盤となる物の経験や経験的な心理学や精神諸科学の基盤となる人間の心や精神に関する経験のあり方（そのアプリオリな構造）が明らかにされ、本来の意味での心理主義のプロジェクトが有意義なものとなりうると考えられる。

したがって、当然ながら、この課題のなかには、これまで何度もみてきた物の知覚のような、生活世界のなかで最も基礎的な経験のあり方の分析も含まれることになる。しかしここでは、そうした個々の対象の経験の分析には尽きない重大な問題が登場することになる。というのも、個別的な対象と経験すべてを含む世界全体が問題になっているからである。

しかしはたして、わたしたちは世界全体を意識対象とするような経験を持ったことがあるだろうか。あるいはそもそも、持ちうるのだろうか。はたして世界は経験の対象になりうるのだろうか（カントなら世界が経験対象となる可能性を明確に否定するだろう［Husserl, 1968: 94f.］）。換言すると、ここでは現象学的還元が問題になっているのだから、正確に表現し直すと、世界の存在は還元のテーマとなり、現象学的経験の対象とみなしうるだろうか、ということが問題になってくるのである。

普遍的判断中止と世界

伝統的な心理学では、内的知覚と外的知覚、あるいは、心的現象と物的現象といった仕方で二元論的な分離を前提したうえで、心理学的研究が行われてきた。こうした先入見から脱却してあらためて意識と世界のあり方を見直すために、二元論的見方が生まれてくる起源となるわたしたちの生活世界での経験のあり方へと立ち返ることが求められた。しかしそれでは、生活世界のなかでの経験において世界全体はどのように現れているのだろうか。そもそも、世界は現れるものなのだろうか。これがこれまでの議論から導かれた問いである。

あらためて、なんらかの対象を知覚している場合を考えてみよう。

どんな対象も、まったく単独で知覚に現れることはあり得ない。つねに一定の領野ないし状況のなかで現れている。フッサールはこうした知覚対象がそのなかで現れる領野を「地平」と呼んでいる。知覚の対象とその地平の現れ方は知覚者の空間的位置の変化や時間経過によって不断に変化している。あるいは、知覚の間違いの場合のように抹消され、別の知覚によって取って代わられる場合もある。このように知覚対象と領野のあり方はつねに変化していく。

しかし他方で、どのような変化が起こるにしても、それらの知覚経験がなされるのは同じ世界のなかでのこととみなされており、世界の存在とその同一性は揺らぐことはない。世界は、そのものとしては現れることはないが、つねにその時々の現れ方を支える基盤として揺らぐことはないあり方を示している（フッサールは、「地平の地平としての世界」というあり方をウィリアム・ジェームズのフリンジ〈fringe〉という概念と重ねて説明している〔フッサール、一九九五年、四七〇頁〕）。世界の存在は、経験のなかで知覚対象が持つような明証性を示すわけではないが、その存在は疑いの介入を許さない信憑性を伴っている。フッサールの表現を使うと「根元的信憑」（Urdoxa）を伴っているということができる。

自然科学者も心理学者もそうした世界への信憑に基づいて、さまざまな研究を行っている。このような根源的な信憑のもとで世界についての経験を行っている経験のあり方、そしてその世界のなかでの生き方をフッサールは「自然的態度」と呼んでいる。

わたしたちがいつもすでにそのなかに生きている生活世界というあり方のなかには、その世界の存在を疑うことが意味をなさないほど強力な仕方で信じこませる力、あるいはその存在を自明視させる力が潜んでおり、そうした根源的信憑が潜んでいることを浮き上がらせるための操作が「現象学的還元」であるということもできる。つまり、生活世界のなかに生きること自体をひとつの態度として、あるいは「自然的態度」として表現することに意味を与えるための操作が現象学的還元だということもできる。

しかしここには通常の意味では態度とはみなし得ないものを態度とみなすという、ある意味では逆説的な事態が潜んでいる。じっさいフッサールは、自然的態度に関して「これは、生活においても学においてもその全歴史を通じてかつて一度も中断されたことのない態度なのだ」〔同書、二七三頁〕と述べている。自然的態度がこのように強固なものであるとすると、現象学的心理学者の場合にはどうなるのだろうか。心理学者が自己経験をもとにして世界全体がどのように現れているかを探究する場合にも、その探究作業は生活世界を前提にしてしか成立しないということにはならないのだろうか。

フッサールはこうした疑問が生じることは十分に承知している。フッサールは世界を経験する主観に関して「世界に対して主観であると同時に世界のうちにある客観でもある」と述べて、この事態を「人間的主観の逆説」と呼んでいる〔同書、三二六頁〕。しかしこのような逆説をもたらすのが、世界という現象なのだというのがフッサールの考えであり、その逆説を解明するためには、現象学的還元をさらに普遍化する必要があり、その操作を「普遍的判断中止」ないし「超越論的判断中止」と呼ぶことになる。このような判断中止を伴う現象学的還元は、超越論的還元と呼ばれ、この還元を通して実現される心理学が超越論的心理学ないし超越論的現象学と呼ばれることになる。

しかしはたしてこのような世界の与えられ方、現れ方を「逆説」と呼ぶべきかどうか、むしろこうしたあり方こそが世界と呼ばれるもののあり方を示しているると考えることもできるのではないか、という疑問もありうるだろう。

じっさいハイデガーは、フッサールから『ブリタニカ』百科事典の「現象学」という項目について共同執筆を依頼されて意見交換する過程で、フッサールに送った文書（一九二七年）のなかで以下のように述べている（ちなみに、この共同作業の試みは結局意見の一致をみることができず挫折し、最後はフッサールがひとりで執筆することになった）。

> あなたが「世界」と呼ぶものの意味での存在者は、それと同じ存在様式をもつ存在者に立ち戻ることによっては、その超越論的構成に関して解明されることはできない。この点については、〔わたしたちは〕一致しております。
>
> しかし、そのことによって、〔世界を構成する役割を持つ〕超越論的なものの場所を作り上げているものは総じて存在者ではないものだ、ということが言われているわけではありません。むしろ、そのことによってまさに問題が生じてくるのです。すなわち、それのなかで「世界」が構成されてくるところの存在者の存在様式は、どのようなものであるか、という問題です。これこそ

が『存在と時間』の中心問題です――つまり現存在の基礎的存在論です。〔フッサール、二〇〇四年、一六四頁以下〕

世界を経験する（「構成する」）意識主体（超越論的主観）が、自らを世界のなかに生きている人間として見出す（「構成する」）という「逆説的」事態を、ハイデガーはむしろ人間存在に関する存在論的な基礎的事態であるとみなしている。世界のなかにあって世界を構成する主観というあり方を示すのが、人間存在の本質だというわけである。それが主観と客観、心と物という二元論の廃棄から導かれる帰結だということもできる。ハイデガーが人間存在の存在論的本質を表すために用いた有名な「世界内存在」という言葉がこの事情を表している。

あるいは、メルロ＝ポンティは、ここにみられるような「逆説」が導かれる以上、完全な還元は不可能だとみなしている。メルロ＝ポンティは『知覚の現象学』の序文のなかで以下のように述べている。

還元のもっとも偉大な教訓とは、完全な還元は不可能だということである。ここにこそ、フッサールが還元の可能性について、たえずあらためて問い直していた所以がある。〔メルロ＝ポンティ、一九六七年、一三頁〕

メルロ＝ポンティの場合も、完全な還元が不可能であるということを逆説とは解釈せずに、むしろ世界のなかにある主観というあり方を基本とするような現象学を試みた。メルロ＝ポンティの場合には、世界内に存在する世界構成的な主観は身体が担うことになり、身体性を中心に世界内存在のあり方を分析する現象学が展開されることになった。

フッサールの場合に、最終的にどのような形になったのかをここで速断することはできない。少なくとも普遍的な判断中止が挫折するという考え方に到ることはなかったように思われる。最晩年の『危機論考』の最後にも、「これ以上ないほどに徹底した完全な超越論的判断中止によって獲得される、絶対に先入見を去った立場に立つことによってはじめて、伝統的誘惑から実際に解放されることが可能になる」〔フッサール、一九九五年、四七〇頁〕という表現を用いている。

しかしながら他方で、フッサールは、普遍的判断中止ないし超越論的還元によって獲得される超越論的な主観ないし自我が、じっさいの具体的な人間の主観ないし自我と別に存在するものとみなしたことは一度もない。超越論的主観性とは、その「なかで」世界内のすべての存在者が登場する「場」(Feld)であるとみなし、次のように述べている。「わたしの超越論的自我は、まさに、超越論的自己経験の(完全な具体性において捉えられた)場なのであり、しかも、この超越論的自己経験は、たんに、い、か、な、る態度変更によっていつでも心理学的な自己経験に変化することができるのである」〔フッサール、二〇〇四年、四二さらに三八頁も参照〕。

判断中止を停止し、世界を括弧入れからはずすと、普遍的な判断中止によって得られた成果は、そのまま現象学的心理学の成果として、具体的人間の心や自我、そして世界に関する理解に転じることができるのだと言われている。ということは、判断中止そのものに内在的な終わりがあるかどうかよりも、むしろ、その努力を続けることが大事であり、この努力を続けながら、そのつど判断中止を停止することによって、現実の人間についての心理学の成果を豊かにし、人間と世界の理解の改善に寄与しうると考えられる意義を重視していたとも考えられる。そしてさらには、この試みを放棄せずに、可能なかぎり偏見から脱した真の意味での心理学の形成運動へ加わるようにと、心理学者たちに訴えかけていたとも解釈できるかもしれない。

以上によって、フッサールがビンスワンガーの精神科病院を訪れたときに来客ノートに記した心理学のＡＢＣから始まる歩みの最終形態にようやく到達したことになる。

それでは、ここまでみてきたフッサールの心の哲学に従うと、「心とは何か」という問いに対してどのような答えが得られたことになるのだろうか。

ヴントやブレンターノの場合には、心とは内的経験に現れる現象のことであり、心理学の対象となるものだ、と答えることができるだろう。フッサールの場合も、言葉だけを考えるなら、同じような表現になるだろう。しかし、すでにみてきたように、フッサールの場合には、内的経験とはいっても、現象学的還元を経たうえでのそれであり、その経験に現れるのは、経験するものがそのなかで生きている生活世界の姿である。そしてそれをとらえるのが現象学的心理学だということになるだろう。

したがって、誤解を恐れずに述べるなら、「心とは何か」という質問に対しては、以下のように回答することができるのではないだろうか。

「自らがそのなかで生きている生活世界の現れ方にあらためて注意を向けてみてください。そのときに現れてくる世界の姿こそがあなたの心のあり方を表しているのです。そして心理学者の仕事は、その世界の現れ方に潜む諸要因と構造、つまりどのように現れているかを示すさまざまな要因と構造を取り出して記述することにあるのです。心とはあなたに現れた世界の現れ方をおいて、ほかにはないでしょう」

　このような答えに読者が納得してくださるかどうかは不明だが、フッサール現象学のなかでも分かりにくいといわれる「現象学的還元」の説明にまでなんとか到達したので、フッサールの現象学的心理学に関わる重要な概念についての説明をこれで終えることにしたい。残りの部分では、以上で紹介した生活世界の心理学に関係するいくつかの話題にごく簡単にふれて、ずいぶん長くなってしまった第一章を終えることにしたい。

（5）生活世界の心理学——意識生・身体・環境

　どんな科学的研究に従事する場合にもあらかじめその存在が前提されている世界、すなわちわたしたちがいつもそのなかで生きている世界としての生活世界を心理学のテーマとすることは、諸科学の基礎づけという「心理主義」のプロジェクトの遂行に役立つはずだ。これがここまでの議論の道筋だった。他方で、この歩みのなかからは、心と物、意識と対象といった二元論的な分離を前提する見方のなかではとらえられない多くの現象が明らかにされることになり、その成果は現代の心の哲学にまで影響を及ぼす射程を持つことになった。以下では、そうした現代の議論にまで関係するいくつかの話題を取り上げておくことにしたい。

意識生

　フッサールは、「生活世界」（Lebenswelt「生の世界」とも訳される場合がある）と呼ばれる世界の現れ方に対応する意識について語るときには、「意識生」(Bewusstseinsleben)ないし「生」(Leben)という言葉を用いることが多い。たとえば、生と意識について『危機論考』のなかで次のように述べている。「生活(Leben)とは、たえず〈世界確信のうちに生きる〉ということである。〈目覚めて生きている〉(Wachleben)とは世界に対して目覚めているということであり、たえず現実的に、世界とその世界のうちに生きている自分自身とを「意識している」ということであり、世界の存在確実性を真に体験し、現に遂行しているということである」〔フッサール、一九九五年、二五五頁〕。

ここで語られることを文字通り受け取るとするなら、フッサールは、意識を世界のなかで生きている生のひとつのあり方、つまり目覚めて生きているあり方とみなしているといえることになる。こうした事情が意識生とか志向的生という言葉が用いられる背景をなしていると思われる。

フッサールは初期の頃には、ディルタイをはじめとして多くの研究者によって唱えられていた「生の哲学」の主張に対して、「厳密な学としての哲学」という論文などにみられるように批判的姿勢を示していた。しかしのちには「現象学的心理学」のなかで述べていたように、自らの現象学がディルタイの試みを救うことになると考えるようになった。それとともに生の哲学への親近性を示すようになり、世界構成的な主観のあり方を示すために、生という言葉を使い始めることになったのである。

このことからもたらされる帰結は、小さなものではない。

第一に、ちょうど意識される対象が世界地平を背景としてのみ登場するように、意識のほうも、その意識自身を生み出した生の連関を地平として持つことによってのみ成立するものとみなされるようになる。じっさいフッサールは、『危機論考』のなかで自己を含む世界意識に関して以下のように述べている。

わたしの〔現在の〕知覚野には誰一人存在しなくてもかまわない。しかし、必ずや仲間の人びと（Mitmenschen）が現実に存在する仲間として、そしてよく知っている仲間として存在している。さらには、ひょっとするとわたしが出会うかもしれないものからなる開かれた地平としての仲間となる人びとも必然的に存在しているのだ。わたしは事実として、仲間の人間たちの現在のうちに存在しており、開かれた人類の地平のうちに存在しているのであり、わたしは事実として、自分がひとつの世代的連関（generativer Zusammmhang）のうちにあり、また歴史性という統一的流れのうちにあることを知っている。この歴史性のうちにあることによって、今のこの現在が人類の現在となるのであり、人類の意識している世界が歴史的過去と歴史的未来とを伴って歴史的現在となるのである。もちろんわたしはこの世界意識を虚構のなかで自由につくりかえてみることはできるが、世代性（Generativität）と歴史性というこの形式は揺るがぬものであって、それは、個別的−自我としてのわたしの属しているわたしの根源的な知覚的現在——想起される過去と予期される未来とを伴った現在としての現在——という形式が揺るがないのとまったく同様である。〔同書、四五一頁〕

世界へのわたしの意識生の志向性を可能にしている現在の生の連関には多くの人類の仲間が属しているのみではない。わたし自身の生の歴史的連関には世代的連関を通して、自らがそのなかから生まれてきた人類の歴史をも伴っていることが語られている。そして、生に含まれる現在と過去の人類全体への結びつきは、現在のわたしにとって事実として成り立っているだけではない。その具体的形態は想像上でいくらでも変えて考えてみることはできるし、事実としてもいくらでも異なるかもしれないが、その形式だけをみるなら、生のあり方のアプリオリを構成しているのだと述べられている。それゆえ、自己と世界の現在を構成する地平に含意されている人類の歴史を明らかにすることもまた、わたしの意識生の構成要因を解明する心理学の課題となるのである。普遍的な判断中止によって明らかにすべきことには、このような人類学的スケールを持った広がりまでも含まれることになる。

ここでヴントが実験心理学の範囲には取り込めない心理学の扱うべき重要な範囲を民族心理学と名づけていたことを思い出してみよう。また、ブレンターノも、内的経験のみでは明らかにし得ない心理学の課題について、原始民族の心理や子供の心理などを挙げていた。こうした狭い意味での内的経験の範囲を超えた心理学としてヴントやブレンターノが考えた心理学の範囲は、フッサールの場合には、現象学的還元のもとでの「内的経験」による心理学の最後の段階のなかに位置を占めることになるのだ。つまり、人類の歴史へとつながるこの生の歴史的連関はわたしの「なかに」あって、わたしの現在の世界意識の形成に参加しているのだ。フッサールの心理学は、人類の心と生の歴史を通しての心理学なのである。

新カント派のリッカート (Rickert, Heinrich, 1863-1936) は、学としての哲学と生の哲学とは相容れないものとみなし続けたが、フッサールは現象学の根本性格を「学問的な〔科学的な〕生の哲学」であり、「生の自己解釈」であるとみなしたのである [Husserl, 2001: 241, 147]。

第二に、意識の志向性を生と結合したものとみなすことによって、志向性自体がつねに形成過程にあるとみなされる可能性を開くことになる。フッサールが発生的現象学と名づけたプロジェクトがこのことをよく示している。

生活世界が流動的な形成過程にあるものという性格を示すことに対応して、意識生のほうも形成途上にあるものとしてとらえられることになる。すなわち、これまで意識と対象の相関関係と呼ばれてきた志向性自体が、形成過程のなかにあるとみなしうることになる。このような視点からフッサールは意識的志向性の発生過程を現象学的分析の射程に入れることになった。この発生的現象学のなかでは、「受動的総合」や「連合的総合」といった概念が登場することになる。

たとえば、これまで何度も話題にしてきた事物知覚の事例を取り上げてみよう。これまで取り上げた射映現象の場合には、さまざまな現れ方が変化しながら、そこに同じ対象が現れているあり方が示されていた。この場合には、対象への志向性は一定の仕方で保持されている。しかしながら、わたしたちの経験のなかには、必ずしもこうした対象志向性が明確に成立しているわけではなく、漠然とした対象の現れ方が次第にはっきりとした姿を現すような場合もある。この場合には、対象への志向性自体の発生過程が問題になる。

たとえばメルロ＝ポンティは、『知覚の現象学』のなかで、浜辺で遠くから難破船を見ている事例を取り上げている。最初は難破船の姿は背景と交じり合ってはっきりした輪郭を現していなかったが、近づくにしたがって次第に輪郭が明瞭化して見えるようになる。メルロ＝ポンティによると、この過程は「漠然とした不安のかたちでのみ措定されていたひとつの問題を解」くような過程であり、「それまでは同一世界にぞくしていなかった諸要素」が、同一の対象の地平に登場するようになる過程であると述べている。そして、こうした過程は経験主義の言うような連合によっても、あるいは、主知主義の言うような諸要素に統一をもたらす統覚作用によっても、あるいはまた、ゲシュタルト心理学が持ち出す近接と類似といったゲシュタルトの法則性によっても、とらえきれない過程だと性格づけている〔メルロ＝ポンティ、一九六七年、五一頁〕。こうしたメルロ＝ポンティによる形態の発生過程の記述のなかには、ヴントの「ガンツハイト心理学」を発展させたクリューガーらのライプツィヒ学派による形態の発生過程に注目したゲシュタルト心理学の考え方、とりわけ感情の役割を重視した考え方の反映をみることも不可能ではない。

フッサールはこうした志向性の成立過程を受動的発生による「連合」の過程として明らかにしようと試みている。メルロ＝ポンティが述べているような知覚の事例から始まって、さまざまなレヴェルでの志向性の成立に関してフッサールは「連合」という形式を見出している〔フッサール、一九九七年、参照〕。もはやこの点に深入りすることはできないが、こうした議論は、第一節でヴントの議論のなかでみた感覚要素の連合から表象が成立する過程から始まって、表象の相互の連合などさまざまな段階を経て対象意識が成立する過程を分析しようとした意識の「現実活動説」と呼ばれる議論との類似性に気づかざるを得ない。もちろんこれまで、みてきたように、フッサールはヴントにみられる自然主義的心理学観に対しては徹底的な批判を加えているのであるから、そもそも比較することには無理があるかもしれない。じっさい、フッサールは晩年の『危機論考』のなかでも、ヴントの「二視点説」ないし「一元論的パースペクティヴィズム」は偽装されたスピノザ主義だと批判している〔フッサール、一九九五年、四一六頁〕。しかし、少なくとも同時代に、天敵ともみなしうるような関係にあった二人が部分的にではあれ、似たような仕方での議論を展開していたことを確認することは不可能ではないのだ〔Holenstein, 1972: 199, 255ff. 参照〕。

意識・身体性・環境、あるいは、フッサール、メルロ＝ポンティ、ギブソン

現在の認知科学や心の哲学では「身体性」(embodiment)という言葉がしきりと使われるようになった。人間の認知過程を入力刺激に基づいた表象の計算過程として解釈する古典的な認知観では説明しがたい問題(たとえばフレーム問題)が指摘されるようになり、明確に概念化された表象に基づく思考過程をモデルとして認知過程を考えるだけでは十分ではなく、身体を通して環境と実践的に相互作用しながら環境に適応する知のあり方に焦点が合わされるようになった。このような文脈で、身体を介した運動志向性に裏づけられた対象への関わり方や習慣化のはたらきなどに関するメルロ゠ポンティの分析が大いに参照されるようになった(くわしくは本書の関連する各章を参照していただきたい)。

こうした現代における身体性への注目の起源のひとつはフッサールの身体論に見出すことができる。たとえば、事物知覚の射映性格という現れ方に対応する身体的運動感覚(キネステーゼ)のはたらきの解明、あるいは、「生きられた身体」(Leib)と「物体としての身体」(Leib-Körper)という身体に備わる二重性格の分析、そして身体知覚における触覚の役割の指摘など、さまざまな現象学的分析をフッサールは残した(これらについては特に〔フッサール、二〇〇一年、一七〇頁以下〕参照)。なかでも最も重要な論点として、身体のはたらく場所をさまざまな対象と世界を意識する意識作用を構成する次元に見出した点を挙げなければならない。

メルロ゠ポンティはフッサールの見方を引き継いで、世界の現れ方を構成する身体の役割を「舞台上の光景を照明するに必要なホールの暗さ」〔メルロ゠ポンティ、一九六七年、一七五頁〕といった卓抜な比喩を用いて表現している。さらに、このような世界についての意識を構成する身体の役割を「世界内存在の媒質」〔同書、二三五頁〕と呼び、身体的な世界内存在のあり方を知覚の現象学における中心テーマに据えた。たとえばメルロ＝ポンティは以下のように述べている。

意識とは、身体を媒介とした事物への存在である。或る運動が習得されるのは、身体がその運動を了解したとき、つまり、身体がそれを自分の〈世界〉へと合体したときである。そして自分の身体を動かすとは、その身体をつうじて諸物をめざすこと、何の表象もともなわずにその身体に働きかけてくる諸物の促しにたいして、身体をして応答させることである。〔同書、二三三頁〕

このような語り方のなかで示される意識と身体の関係は、意識の領域と身体の領域を心と物という閉じられた実体のようにみなし、そのあいだの関係を問題にする伝統的な心身問題のとらえ方が、どれほど抽象的な視点に立ってなされたものであるかを如実に示している。

メルロ＝ポンティがここで述べている身体を介した世界との関わり方をより広く生物が環境に適応する過程が問題になる文脈のなかに位置づけて、環境に対する知覚的行為の分析を試みたのが、生態学的心理学で著名なJ・J・ギブソン（Gibson, James J., 1904-79）である。ギブソンによる直接知覚説やアフォーダンス論は、右の引用でメルロ＝ポンティが述べていたことに正確に対応するといっても言い過ぎではないだろう。

ちなみにギブソンは、伝統的な視覚に関する研究が、実験装置によって固定された状態で生じさせられる「断片視」（snapshot vision）をもとに成立していることを批判して、環境のなかを自由に動くことによって得られる「環境視」ないし「自然視」に基づく研究の必要性を強調している。前者の断片視のような視覚を実験によって生じさせるのは入力データを制御するためである。このようなことが試みられる背景として、視覚は眼に入った感覚入力が脳に達して、そこで知覚意識が成立するとみなす見方が存在している。「心は脳にある」とみられているのだ〔ギブソン、一九八五年、三二四頁〕。それに対して、後者のギブソンの見方のなかでは、「自然視は地面に支えられた身体の一部である頭についている眼に依存しているのであり、脳は視覚系全体の中枢器官にすぎない」とみなされる〔同書、一頁〕。つまり、環境のなかにある身体が知覚の成立する場所であり、この意味でいうなら、心は身体を含んだ環境のなかにあるということになる。

フッサールは、伝統的心理学が流動する生活世界を心理学のテーマにしなかったことを批判した。ギブソンもまた、伝統的な心理学が、生物がそのなかで生きている環境をテーマにしてこなかったことを批判することから、自らの生態学的知覚論を構想した。もちろん、フッサールとギブソンには直接の結びつきはないだろう。しかし、メルロ＝ポンティを介してみるなら両者のあいだに対応する心理学観を見出しうると考えてもおかしくはないはずである。いずれにしても、ギブソンの生態学的心理学は、生物にまで拡大された意味での「生活世界の心理学」だと言うことはできるだろうし、また、「心は生活世界のなかにある」というテーゼもまた、決してまったくの的はずれなものではなく、場合によっては具体的な心理学的研究の指針にもなりうることを示唆しているとも言えるだろう。

もし心は生活世界あるいは環境のなかにあるということが言いうるとするなら、心の不可欠なはたらきである意識についても同じことが成り立つことになるだろう。

現代の心の哲学、そして心の科学の重要なテーマのひとつに意識の存在をめぐる問題がある。すなわち、意識の存在は科学的に探究可能だろうか、という問題が哲学者や多様な分野の科学者を巻き込んで議論されている。

とりわけその背景のひとつとして、心の志向性を入力から出力へと結びつける脳の機能に担わせるような現代の機能主義的考え方が広まったことを挙げることができる。この考え方によって、志向性は意識という性格を必ずしも備える必要のない心の特徴だという見方が有力視されるようになり、その結果、意識の役割を説明することが困難になると思われるようになったのである。意識は生存上、なんの役割も与えられていないように思われてきたからであり、一体、意識などというものがなぜ存在するのかが理解困難になったからとも言える。こうした文脈のなかで、志向性から切り離された意識の特徴をなんらかの感覚質に類するものとみなし、それを「クオリア」と名づけることがなされるようになった。そのうえで、クオリアの意識に対応する脳過程を探すような試みがなされるまでになった。

志向性を意識の本質的特徴とみなす現象学の観点からすると、本末転倒と言いたくなるような事態が現代の心の哲学や科学のなかで生じたことには、ここで述べたこと以外にも、さまざまな理由を挙げることができる。たとえば、人間の行動をくわしく観察すれば必ずしも明確に意識化されないサブリミナルな知覚が重要な役割を果たしていることが明らかになったり、あるいは、さまざまな脳損傷の症例などから、明らかに意識されていないにもかかわらず知覚が成立するとみなしうる事例が見出されたりしている。

こうした興味深いさまざまな事例をどのように解釈したらよいかに関しては、ここではもはや深入りすることはできない〔村田、二〇〇八年a、参照〕。そこでここでは、クオリアといった概念は、生活世界のなかで実現されている具体的な意識のあり方からは幾重にも抽象化されたうえで作り出されたものであり、そのような抽象的概念をもとにして心身問題を考える自然主義的見方の典型例のひとつであることを指摘するにとどめたい。そのうえで最後に、心の哲学のなかで意識が問題になる場合に必ず持ち出されるトマス・ネーゲル（Nagel, Thomas, 1937-）の定式化を利用して、これまでの議論の締めくくりとすることにしたい。

ネーゲルは、「コウモリであるとはどのようなことか」（一九七四年）と題した論文によって、コウモリの意識は物理主義的・生理学的な説明をいくら尽くしても、それが第三者的視点からなされた説明であるかぎり、コウモリ自身にとって、コウモリであることはどのようなことかを理解可能にすることはできないと述べている。そして、コウモリの意識とはここで表現した「コウモリにとってコウモリであるとはどのようなことか」にあたる特徴であり、それをコウモリの主観性とも呼んでいる〔ネーゲル、一九八九年、参照〕。

さて、これまでこの本章を読んでくださった方なら、このネーゲルの語る意識の性格はちょうど、生活世界の心理学から導かれた心と意識のあり方に対応していることに気づかれたのではないだろうか。

フッサールの現象学的心理学が解明しようとした最も重要な課題は、まさに、人間の意識の本性を解明するために、人間にとって、みずからの生活世界のなかで生きるとはどのようなことなのかを明らかにすることだった。そしてまた、メルロ＝ポンティによってテーマとされた身体的な世界内存在という概念も、人間の世界意識の解明から導かれたものだった。さらには、ギブソンによる生態学的知覚論の試みもまた、動物の知覚意識を解明するために、動物にとって、動物がそのなかで生きる環境とはどのようなものかを明らかにする試みだった。したがって、現象学的心理学と生態学的心理学の見方に従えば、コウモリにとって、コウモリであるとはどのようなことかという表現で示された意識のあり方とは、コウモリにとってコウモリの生活世界はどのようなものかという問いにほかならないということになる。

たしかにこの問いに対して物理学や生理学のみで答えることはできない。しかし、このことは、意識に関する問いが原理的に科学的研究の対象にはならないということを意味するわけではない。少なくともギブソンの生態学的心理学の試みなどはまさにこの問いに対する答えを求めた科学的探究の試みのひとつだということも不可能ではないだろう。

そして、ギブソンからさかのぼって、メルロ＝ポンティ、フッサール、さらにフッサールの現象学的心理学を準備したヴントとブレンターノまでの歴史を振り返ってみれば、その歴史はまさに、意識を科学ないし学問の対象とするとはどのようなことか、あるいは、意識を科学ないし学問の対象とすることができるパラダイムはどのようなものか、をめぐってなされてきた探究の歴史だったともいえるのである。

参考文献

（引用した翻訳文に関しては、文脈に応じて変更した場合がある。翻訳者の方々のご寛容をお願いしたい）

Ash, Mitchell G., (1995). *Gestalt psychology in German culture, 1890-1967 : Holism and the quest for objectivity*, Cambridge University Press.

Binder, Thomas, (2019). *Franz Brentano und sein Philosophischer Nachlass*, De Gruyter.

Binswanger, Lutwig, (1959). "Dank an Edmund Husserl", *Edmund Husserl 1859-1959*, ed. by Van Breda, H. L., Martinus Nijhoff.

Boring, Edwin G., (1950). *A History of Experimental Psychology*, 2nd ed., Prentice-Hall, INC.

Brentano, Franz, (1924/1874). *Psychologie vom empirischen Standpunkt*, Bd. 1, Hrsg. von Oskar Kraus, Felix Meiner Verlag.

Brentano, F. & Fechner, G. T., (2015). *Franz Brentano, Gustav Theodor Fechner Briefwechsel über Psychophysik, 1874-1878*, Hrsg. von Mauro Antonelli, De Gruyter.

Brentano, F., (2019). *Vermischte Schriften*, (hrsg.) Thomas Binder & Arkadiusz Chrydzunski, De Gruyter.

Danziger, Kurt, (1979). "The Positivist Repudiation of Wundt", *Journal of the History of the Behavioral Sciences*, 15.

Danziger, K., (1980a). "The History of Introspection Reconsidered", *Journal of the History of the Behavioral Sciences*, 16.

Danziger, K., (1980b). "Wundt's Psychological Experiment in the Light of His Philosophy of Science", *Psychological Research*, 42.

Holenstein, Elmar, (1972). *Pänomenologie der Assoziation : Zu Struktur und Funktion eines Grundprinzips der Passiven Genesis bei E. Husserl,* Martunus Nijhoff.

Husserl, Edmund, (1956). *Erste Philosophie* (1923/24), Husserliana VII, Martinus Nijhoff.

Husserl, E., (1968). *Phänomenologische Psychologie, Vorlesungen Sommersemester 1925,* Husseriliana IX, Martinus Nijhoff.

Husserl, E., (1987). *Aufsätze und Vorträge* (1911-1921), Husserliana XXV, Marutinus Nijhoff.

Husserl, E., (1994). *Briefwechsel*, Bd. VII, *Wissenschaftler Korespondenz*, Schuhmann, K. (ed.) Husserliana Dokumente, Bd. III, VII, Kluwer Academic Publishers.

Husserl, E., (2001). *Natur und Geist, Vorlesungen Sommersemester 1927,* Husserliana XXXII, Kluwer Academic Publishers.
Katz, David, (1952). “David Katz”, Boring, E. & Werner, H. (ed.) *A History of Psychology in Autobiography,* vol. IV, Russel and Russel.
Kim, Alan, (2022). “Wilhelm Maximilian Wundt”, *Stanford Encyclopedia of Philosophy*.
Kusch, Martin, (1995). *Psychologism : A Case Study in the Sociology of Philosophical Knowledge*, Routledge.
Schumann, Karl, (1977). *Husserl-Chronik, Denk- und Lebensweg Edmund Husserls*, Husserliana Dokumente, Bd. 1, Martinus Nijhoff.
Titchener, Edward B., (1921). “Brentano and Wundt : Empirical and Experimental Psychology”, *American Journal of Psychology*, vol.32.
Wundt, Wilhelm M., (1893). *Grundzüge der Physiologischen Psychologie*, vierte umgearbeitete Auflage, Bd. 1 und Bd. 2, Wilhelm Engelmann.
（本文中ではⅠ巻をⅠ、２巻をⅡとローマ数字で表す。なお本文中の引用は初版ではなく、この四版からのものである）
Wundt, W. M., (1896). “Über die Definition der Psychologie”, *Philosophische Studien* 10.
Wundt, W. M., (1911). *Kleine Schriften*, Bd. 2, Wilhelm Engelmann.

藤永保監修（二〇一三年）『最新　心理学事典』平凡社。

ギャラガー、ショーン＆ザハヴィ、ダン（二〇一一年）『現象学的な心――心の哲学と認知科学入門』石原孝二・宮原克典・池田喬・朴嵩哲訳、勁草書房。

ギブソン、ジェームズ（一九八五年）『生態学的視覚論』古崎敬・古崎愛子・辻敬一郎・村瀬旻訳、サイエンス社。

ギヨーム、ポール（一九五二年）『ゲシタルト心理學』八木冕訳、岩波書店。

フッサール、エトムント（一九六八年）『論理学研究』１、立松弘孝訳、みすず書房。

フッサール、Ｅ（一九七〇年ａ）『論理学研究』２、立松弘孝訳、みすず書房。

フッサール、E（一九七〇年b）「厳密な学としての哲学」小池稔訳、細谷恒夫責任編集『世界の名著』五一、中央公論社。

フッサール、E（一九七九年）『イデーン Ⅰ-Ⅰ 純粋現象学と現象学的哲学のための諸構想 第1巻 純粋現象学への全般的序論』渡辺二郎訳、みすず書房。

フッサール、E（一九八四年）『イデーン Ⅰ-Ⅱ 純粋現象学と現象学的哲学のための諸構想 第1巻 純粋現象学への全般的序論』渡辺二郎訳、みすず書房。

フッサール、E（一九九五年）『ヨーロッパ諸学の危機と超越論的現象学』細谷恒夫・木田元訳、中公文庫。

フッサール、E（一九九七年）『受動的綜合の分析』山口一郎・田村京子訳、国文社。

フッサール、E（二〇〇一年）『イデーン Ⅱ-Ⅰ 純粋現象学と現象学的哲学のための諸構想 第2巻 構成についての現象学的諸研究』立松弘孝・別所良美訳、みすず書房。

フッサール、E（二〇〇四年）『ブリタニカ草稿――現象学の核心』谷徹訳、ちくま学芸文庫。

フッサール、E（二〇一五年）『形式論理学と超越論的論理学』立松弘孝訳、みすず書房。

カント、イマヌエル（一九六六年）『自然科学の形而上学的原理』高峯一愚訳、カント全集第10巻、理想社。

木田元・野家啓一・村田純一・鷲田清一編（一九九四年）『現象学事典』弘文堂。

宮城音弥編（一九七九年）『岩波心理学小辞典』岩波書店。

村田純一（一九九五年）『知覚と生活世界――知の現象学的理論』第一章、東京大学出版会。

村田純一（二〇〇〇年）「現象学の突破口――『論理学研究』を中心にして」、新田義弘編『フッサールを学ぶ人のために』所収、世界思想社。

村田純一（二〇〇八年a）「心身問題の現在」、岩波講座『哲学』5、「心／脳の哲学」所収、岩波書店。

村田純一（二〇〇八年b）「ブレンターノ」、野家啓一編『哲学の歴史』第10巻所収、中央公論新社。

メルロ゠ポンティ、モーリス（一九六七年）『知覚の現象学』Ⅰ、竹内芳郎・小木貞孝訳、みすず書房。

中島義明編（二〇〇一年）『現代心理学［理論］事典』朝倉書店。

ネーゲル、トマス（一九八九年）『コウモリであるとはどのようなことか』永井均訳、勁草書房。

信原幸弘編（二〇一七年）『心の哲学――新時代の心の科学をめぐる哲学の問い』新曜社。

リード、エドワード（二〇二〇年）『魂から心へ――心理学の誕生』村田純一・染谷昌義・鈴木貴之訳、講談社学術文庫。

リーヒー、トマス（一九八六年）『心理学史――心理学的思想の主要な潮流』宇津木保訳、誠信書房。

高橋澪子（二〇一六年）『心の科学史――西洋心理学の背景と実験心理学の誕生』講談社学術文庫（原本は東北大学出版会から刊行、一九九九年）。

ヴント、ヴィルヘルム（二〇〇二年）『体験と認識――ヴィルヘルム・ヴント自伝』川村宣元・石田幸平訳、東北大学出版会。

コラムI　エーレンフェルスからゲシュタルト心理学へ

村田憲郎

　あらためて考えてみるとやはり不思議なことだが、たとえば白い紙の上に点を横に二つ並べて打ち、その下に弧を描けば、それだけでもう私たちはそこに笑っている人の顔を見てしまう。同じように、台形を描けば、そこに長方形の板が目の前に横たわっているのを見、空間の奥行きを見てしまう。このように私たちは単なるデータとしての現れを見ているのではなく、そこに現れるものそのものを見、人物、奥行きを見、世界そのものを見る。物の世界、人間の世界、あるいはフィクションであれ何らかの世界が、すでに開かれてしまっており、物や人物は、その世界を背景として、自らの振る舞いの可能性とともに浮かび上がり、そうして意味をもつのである。そして私たちがつねにそのように世界そのものと触れ合っているということ、単なるデータを超え出てしまっていることそれ自体は、「錯覚」、誤りではない。むしろこの超出をデフォルトとして受け入れ、現実と向き合う私たちの経験の一般構造としてとらえるべきであり、この超出を理論によって説明されるべき捏造とみなす必要はないのである。現象学という哲学がこのような考え方である以上、ゲシュタルト心理学ときわめて親和的であることは今更言うまでもないだろう。

　ところでこの両者は、学説史的に見ても出自を同じくしており、したがって理論的な親和性があるのはもっともだとも言える。この出自とはブレンターノ学派である。心理学史ではオーストリア学派・作用心理学とも言われる［Boring, 1950: 439］この学派は、一方で現象学の創始者フッサールを生みだしながら、他方ではゲシュタルト概念を提唱したエーレンフェルスや、グラーツ学派の主導者マイノングを輩出し、さらには大きな支流として、フッサールの兄弟子にあたり、ベルリンで哲学と心理学を講じたシュトゥンプのもとで、ヴェルトハイマー、コフカ、ケーラーらのゲシュタルト心理学が開花する。この事情をふまえれば、たとえばメルロ=ポンティについても、フッサールの現象学に親しむ以前から、すでにゲシュタルト心理学をつうじて独自に、優れて「現象学的な」発想を身につけていたと言うことができる。

この事情はすでに紹介されているので〔村田純一、一九九五年、四二―六五頁〕〔直江、二〇〇二年、一〇八―一二八頁〕、ここでは特にエーレンフェルスからマイノングを経由して、グラーツ学派とベルリン学派との対決となったコフカ―ベヌッシ論争を少し詳しく見たのち、現象学とベルリン学派との架橋の躓きの石となる「心理物理同型説」について考えてみたい。

（1）エーレンフェルス「「ゲシュタルト質」について」

一般には、ゲシュタルトの概念を最初に提起したのはエーレンフェルス（von Ehrenfels, Christian, 1859-1932）の論文「「ゲシュタルト質」について」だとされる。彼はブレンターノ学派のなかでも「フッサールに次いで独創力に恵まれていた」〔ジョンストン、一九八六年、五一四頁〕と言われる哲学者であり、ウィーン大学でブレンターノに出会い、グラーツのマイノングのもとで学位を取得し、ウィーンに戻って私講師を務めたのち、プラハで教鞭をとった（プラハ出身のヴェルトハイマーも彼の講義を聴講した）。当該論文が発表されたのはウィーン私講師時代直前の一八九〇年である。

ある簡単なメロディーについて、それを構成する音に分解し、それらの音をいっさい変えないで、順番だけをでたらめに並べたとすると、まったく違ったメロディーになってしまう。他方、メロディー全体を音の順番や拍子を変えることなく、たとえばハ長調から嬰ヘ長調へと移調すると、個々の要素はすべて異なるにもかかわらず、もとのメロディーに似ていると感じられる [Ehrenfels, 1890: 259-260]。ここで似ていると言われているものは何か。そこでは要素に分解してしまっては失われるような、メロディー全体がもつ性格が問題になっている。

こうした性格が「ゲシュタルト質」と呼ばれる。聴覚的で時間的なメロディーであれ、視覚的空間的なかたちであれ、感覚の複合体はゲシュタルトと呼ばれるが、エーレンフェルスはさらにダンスなど視覚的でかつ時間的に経過するもの [*ibid.*: 268f] や、さらには味、匂い、触覚など、五感のすべての感覚領域にゲシュタルト質を認めている [*ibid.*: 267]。また、ある料理がもつ味と匂いの統合物としての味わい [*ibid.*: 267]、夜が明けて朝日が射してくる過程とそれを表現する音楽 [*ibid.*: 280]、一定の人間集団の振る舞いに見られる習性の類似性 [*ibid.*: 279] など、いくつかの感覚モダリティを跨いでの高次のゲシュタルト質についても考えており、彼にとってゲシュタルトの概念は広大で統合的な学的領域を指し示していた。

この論文からケーラー (Köhler, Wolfgang,1887-1967) はゲシュタルトの二つの徴表を引き出している。一つは先に述べたように、要素に分解してしまうと失われるという特徴である。音 t_1 から音 t_n までの n 個の音からなるメロディーがあり、これらの各音の表象を、n 人の個人がそれぞれ一つずつもつとする。そのとき各人がもっている音 t_1 から音 t_n までの音表象をすべて合わせると、メロディーの表象ができあがるだろうか。エーレンフェルスはできないと言う [Ehrenfels, 1890: 252-253]。だとすればメロディーの表象内容は音t_1から音t_nまでを寄せ集めたものには還元できないことになる。このようにゲシュタルト質は分離可能な要素の単なる総和ではなく、それには還元できないと特徴づけられる。色や音質、温かさなど、より小さなものに分解しても失われない質もあるが、ゲシュタルトはそうではない。

二点目はゲシュタルトの「移調可能性」である。まずゲシュタルトは特定の場所と時間においてあるが、そこに拘束されてはおらず、反復的に再現・再認することができ、むしろ単独の感覚よりも再現されやすい。たとえば歌の練習のはじめに歌い出しの音程をとるとき、ある音を単独に出すよりも、よく知られた歌のフレーズを利用するほうが正確に再現しやすい［*ibid.*: 260-261］。しかし、こうした空間時間上の移動可能性のみならず、かたちの大きさ、色の濃度差や音の高さなど、ゲシュタルトのある特性にかんして全体を同型的にあるいは同じ比で変更したとしても、ゲシュタルト質は維持され、もとのものとの類似性を保つ。移調可能性という聞き慣れない語はケーラーの定式化であり、もともとメロディーを例に説明されたために音楽的な用語が採用されているが、音楽的でないゲシュタルトにも一般化可能である。

さて、エーレンフェルスはこのゲシュタルト質を、要素的な表象内容の総和にさらに付け加わるものと考えている。

> ゲシュタルト質 Gestaltqualität をわれわれは、意識における表象の複合体の存在に結びつけられている、積極的な表象内容のことと解する。ただしこの表象の複合体は、それとしては相互に分離可能な（つまり互いを欠いていても表象可能な）もろもろの要素から成立しているものとす

る。そしてゲシュタルト質の存在にとって必要な表象複合体を、われわれはゲシュタルト質の基盤 Grundlage と名づけることにする。［Ehrenfels, 1890: 262-263］

個々の要素が単に集められて、それらの要素の総和ないし集合が形成され、それが基盤と呼ばれている。基盤それ自体はゲシュタルト質ではなく、その担い手とされている。そしてこの基盤を形成する要素（基礎 Fundament と呼ばれる）は互いに独立であり、問題なく単独で表象されうると述べられている。これら基礎、基盤、およびゲシュタルトの関係が、この後に続く議論の争点となっていくだろう。

（2）マイノングとグラーツ学派

マイノング（Meinong, Alexius, 1853-1920）はエーレンフェルスよりも年長で、彼の指導者でもあるが、ゲシュタルトをめぐる議論では後に論じるのが妥当である。彼はエーレンフェルスの論文が出た翌年にその論評を発表している。そこからグラーツ学派にいたる議論の流れを追ってみよう。

マイノングは哲学のキャリアにおいてはヒューム研究から出発し、すでに自前の関係の理論をもっていた。その理論によれば、関係には観念的関係と実在的関係がある［Meinong, 1882: 142］。与えられた関係項どうしを比較する作用の所産であるものが前者であり、この関係は観念上のものにすぎず、心から独立して外界に成立するものではない。同等性や類似性など、ヒュームが「哲学的関係」と呼んだものがこれに当たる。他方、すでに外界に成立している関係を知覚的に受け取るならば、それは実在的関係と呼ばれる。いずれの関係も基礎 Fundament から構成され、基礎に対して二次的なものと考えられる。エーレンフェルスが要素的内容を基礎と呼ぶのはマイノングの語法を踏襲したものである。

この見解に基づき、マイノングはエーレンフェルスに対する留保をその書評で表明している。すなわち、「ゲシュタルト質」は外界に存在しない関係も含んでいるようだが、質という語は外界から受け取った特性であるかのような誤解を招く。そこでマイノングは代替案として、「基づけられた内容」と呼ぶことを提案する [Meinong, 1891: 288]。

この名称は、ゲシュタルト概念の新しさに逆行するように思われよう。まずマイノングは初期から、関係を関係項に先立って単独で表象することはできないと確信している。たとえばA氏はB氏よりも大きい、ということに先立って、「より大きい」という関係を単独に、どんな関係項もなしに思い浮かべることはできない。とはいえ要素からの関係の独立性について、要素のセットをつねに必要とするがある条件内で他のものと変更可能だという主張と、要素がいっさい存在しなくても成立するという主張とを区別すべきだろう。マイノングが忌避するのは後者だが、ゲシュタルトの移調可能性とは前者である。

他方、彼は実在的関係については、エーレンフェルスの議論を受け入れている。「心的な生が、表象された複合体との関係のほかに、現実の複合体との関係をも示しているとすれば、心理学はとうぜん後者の現実の複合体にも取り組まなければならない」[*ibid.*: 290]。一八九九年の論文では、トワルドウスキ（Twardowski, Kazimierz, 1866-1938）の表象内容と対象との区別を受け入れ、単純な感覚の対象だけでなく複合物も実在的なものがあると明言する [Meinong, 1899: 395]。そこでは複合物一般が「高階の対象」と呼ばれるが、ただしここでもそうした「上位物 Superius」の存在は、要素である「下位物 Inferiora」に依存するとされる。こうして見ると、マイノングには要素主義的な傾向が確かにある。

彼の哲学はそれから対象論へと発展していくが、心理学史では彼が率いるグラーツ学派の特色は、複合体の知覚を主体の産出作用の関与によって説明する点にあると言われてきた［Boring, 1950: 446/455］。こう言われる根拠はグラーツ学派の代表的な論者ベヌッシ（Benussi, Vittorio, 1878-1927）とベルリン学派のコフカ（Koffka, Kurt, 1886-1941）との論争にあると思われるので、次にこの論争をたどってみよう。

もとはマイノングにある産出 Produktion の働きについては、一九〇四年の対象論の論集において、グラーツ学派の一人アメセダー（Ameseder, Rudolf, 1877-1937）が詳しく論じている［Ameseder, 1904: 488］。ベヌッシも同じ論集で、ミュラー＝リアー錯視の研究において、この錯視は感性における感覚の個々の構成要素からも、また知性における判断からも説明されないとして、表象を産出する働きを引き合いに出した。

錯視が特定の刺激（状態）にも、判断にも結びつけられていないように思われるということから、その原因は感覚とも判断とも異なる領域に求められなければならない、ということが帰結する。そのような領域として、「表象産出」の領域が、〔……〕承認されてよい。［Benussi, 1904: 88］

コフカとの論争の直接のきっかけとなったのは、奇しくもヴェルトハイマーの仮現運動実験と同じ

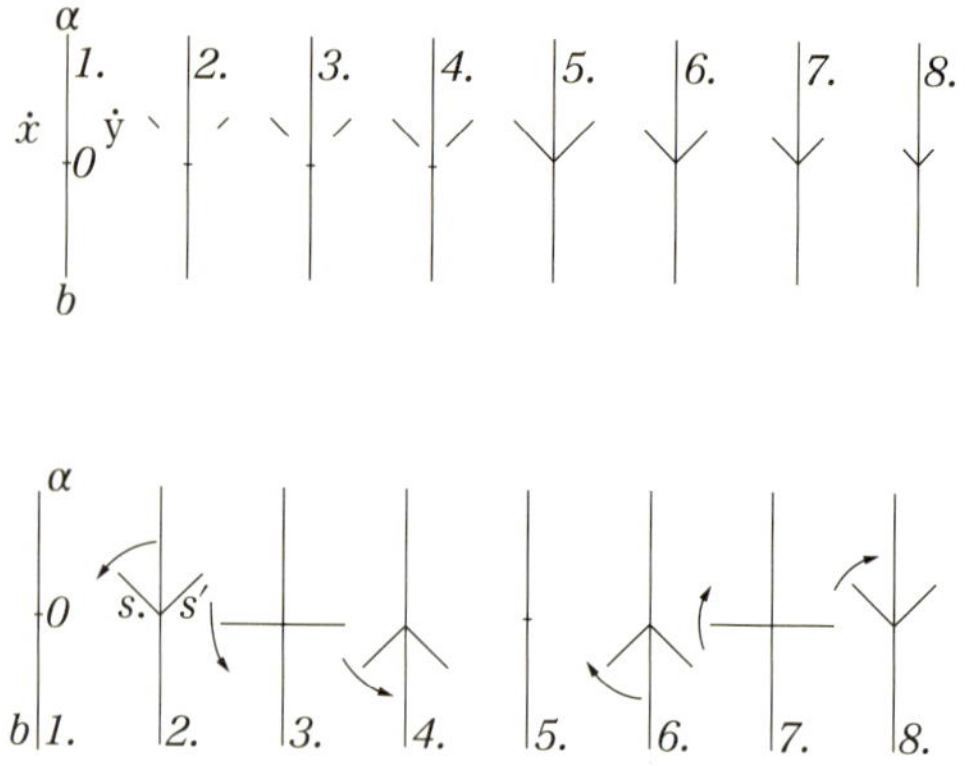

上図（Benussi, 1912: 312）、下図（Benussi, 1912: 322）

一九一二年に発表された研究である。ベヌッシはそこでもミュー＝リアーの錯視を下敷きとして、図のように縦線に付された斜線が伸び縮みしたり、角度を変えたりする運動をストロボスコープにより作り出し、錯視が生じるかどうかを調べた。いずれの実験においても、斜線の運動にあわせて、斜線が縦線に交わる中心の点が上下するように見えた。

斜線の運動はs－運動、その効果としての縦線の見かけの運動はS－運動と呼ばれるが、このS－運動は、非感性的な由来をもつ表象作用によるものだとベヌッシは考えた。s－運動に集中し、中心点を短線を支える点とのみ見るならば、S－運動は現れない。しかしs－運動と縦線の全体を見るならば、S－運動が現れる。S－運動は、見ようと思えば見え、見ようと思わなければ見えないことから、ちょうどルビンの壺やネッカーキューブのような多義図形と同じとされる。このような多義性をベヌッシはすでに一九〇六年の論文でゲシュタルトの本質的特徴として挙げていた［Benussi, 1906: 155-156］。主体の心的な態度に応じて運動が見えたり見えなかったりするのであれば、その運動は外界から感性を通じて与えられるのではなく、主体の側から与えられたものだというわけである。

さてコフカは翌一九一三年、ケンケル（Kenkel, Friedrich, 1885-1948）と連名で論文を発表し[Koffka & Kenkel, 1913]、同時代の仮現運動研究を概観しながら、ベヌッシの議論にも批判を加える。ベヌッシのｓ－運動とＳ－運動（彼ら自身の名称ではβ－運動とα－運動）は、同じ種類の運動であって、一方が感覚に由来し、他方が非感覚的なものに由来するというのではないが、ベヌッシでは感性的表象に関して、恒常性仮説（後述）が暗に前提されていると指摘した。

この批判に対して、ベヌッシは一九一四年に応答し、コフカとケンケルは自分の立場を誤解しており、ｓ－運動とＳ－運動とが現れにおいてのみならず、両者を可能にする生理学的プロセスにおいても同種だとする彼らの主張は理解できないとしたが、共に研究ができることは喜ばしいとも述べている[Benussi, 1914: 338-339]。そこでコフカはさらに一九一五年、根本的な批判を企てることになる。

アントネリによれば、この時期のベルリン学派の標的はグラーツ学派の産出理論にとどまらず、ヘルムホルツの無意識の推論説や、Ｇ・Ｅ・ミュラーの注意の理論など、当時の知覚理論を広く断罪するものであった[Antonelli, 1994: 132-134]。標的となったのは二位相理論とも言うべきもので、一、まず、感覚プロセスが刺激の多様に対応する没形式な感覚のまとまりを提供し、二、次に、主体が能動的に関与し、感覚を加工して要素間の関係を作り出す、という二つの位相が区別される。この区別により、いずれの理論も、網膜像から伝導路を通じて感覚を生じさせる経路を一本の単線的経路のように捉える恒常性仮説を前提することになるというのがベルリン学派の言い分である。たとえばヘルムホルツは知覚のなかで、無意識ではあるが能動的な推論が働いて、感性的な与件からなる素材を構造化しているとされ、またＧ・Ｅ・ミュラーにあってはそれがさまざまに注意の配分がなされることで行われる。

ベヌッシへの批判も同じく彼が恒常性仮説を温存しているというものだったが［Koffka, 1915: 19］、アントネリはこの批判にはいくつか不当な点があるとしている［Antonelli, 1994: 134-138］。まず、先の二位相理論の第二の位相にベヌッシの言う産出が相当するとされるが［Koffka, 1915: 27］、そもそもベヌッシは一九〇四年以降、産出理論を放棄しつつあった。次に、恒常性仮説は刺激と感覚とをつなぐ伝導路に関するテーゼであり、生理学的領域に立ち入るものだが、ベヌッシ自身が困惑しているように、そもそも彼は生理学的領域にそれほど関わっていない。最後に、ベヌッシが知覚的に与えられたものを感性的由来をもつ表象と非感性的由来をもつ表象とに分析する方針をとるとしても、そこで上述の二位相理論を実質的にとる必要はない。あたかも感性的な与件の層がそれ自体でまずは成立しており、そこに後から主体が関与して、その与件を加工するかのような理解は誤りであり、ベヌッシ自身が後年そう回顧している。「まず最初に与件が存在し、しかるのちにこの知覚が存在する、という具合にはなっていない（ベルリン学派が誤ってそう解釈したようには）」［cf. Antonell, 1994: 137］。目の前にある具体的なゲシュタルトから出発して、現実には切り離しえないものを概念のうえで区別するだけにとどめるならば、分析されたものを生理的プロセスに実質的に対応づけているわけではない。じっさい、ゲシュタルトの何が要素に還元不可能なのかを明確化するためだとすれば、こうした分析は必要である。

他方、コフカの批判で見るべきなのは、多義性基準の批判であろう。ベヌッシにあって多義性はゲシュタルトの本質的特徴とされていることを見た。たしかに一見すると、ルビンの壺のような多義図形は、感性的な与件が変化していないにもかかわらず主体の態度によって現れ方が変わるように思われ、産出理論を正当化すると考えられるかもしれない。しかしこの多義性がゲシュタルトを識別する徴表と考えたとして、では他方で多義的ではない一義的な知覚とは何か。そこで純粋な感覚の現れのようなものを想定することにならないだろうか。コフカが問題にしているのはこの点である。「一義性が端的に感覚にとっての特徴になるわけではないし、多義性が端的にゲシュタルト表象にとっての特徴になるわけでもない」［Koffka, 1915: 31］。むしろ、知覚対象の現れは程度の差はあれ原則的に多義的だと言うべきである。人間だと思っていたものが蠟人形であったり、蛇だと思ったものが単なる紐だったりする。目の前の知覚対象も、ひょっとすると別のものかもしれないし、裏返してみれば思っていたのと異なる様子を見せるかもしれない。知覚とは世界の奥行きにおいて対象と出会わせるものであり、世界へのこの超出には不確定性があるのである。

この論争により心理学史ではグラーツ学派はベルリン学派と対立的にとらえられることになったが、この歴史にも別の道がありえたかもしれない。コフカの再批判の一年前、ゲッチンゲンでの実験心理学の会議でヴェルトハイマーはベヌッシに出会い、彼の研究報告に触発され、論文発表に一〇年ほど先立って口頭でプレグナンツの法則のアイディアを述べた、というエピソードがあり［Ash, 1998: 132f］、アントネリはこの挿話にも注意を促している［Antonelli, 2018: 216ff］。このとき二人は非常に友好的であり、そこから統合的な理論的発展がありえたかもしれない。

しかしまた、この図式的対立を実情に照らして緩和したうえで、あらためて主体からの働きかけに注目しても面白いかもしれない。グラーツ学派とともに批判されたヘルムホルツの無意識の能動的推論の理論は、現代でも依然として関心を集めているし、認知科学でもプロジェクション・サイエンス〔鈴木、二〇二〇年〕など、主体からの能動的な投射として知覚や認知プロセスをとらえるモデルが提唱されている。ベヌッシは後年パドヴァに移り、そこからムサッティ（Musatti, Cesare, 1897-1989）、カニッツァ（Kanizsa, Gaetano, 1913-93）とイタリア系ゲシュタルティストの系譜が連なっていくが、カニッツァの「一次過程」と「二次過程」との区別などに〔カニッツァ、一九八五年、二四七頁〕、グラーツ学派の改訂版を見ることができる。

（3）ベルリンのゲシュタルト心理学

ゲシュタルト心理学に言及される場合、ヴェルトハイマー（Wertheimer, Max, 1880-1943）、ケーラー、コフカの三人が紹介されるのが常であるが、彼らはみなベルリン大学のシュトゥンプ（Stumpf, Carl, 1848-1936）の弟子である。ブレンターノの弟子としてオーストリア学派の一員でありながら、プロイセンの首都ベルリンのポストを得たというシュトゥンプの立場について、ボーリングも含みのある言い方をしている［Boring, 1950: 352］。彼は哲学と心理学の双方に精通しており、だからこそ両者の抗争の激しかったベルリン大学の地位を得たとも考えられよう。

彼は感覚によって直接与えられる現象と、知覚作用、欲求作用、意志作用などの心的機能とを区別し、前者を扱う学は予備学としての現象学であるが、心理学が扱うのは機能であるとした。この機能がブレンターノ学派の言う作用に相当し、シュトゥンプも作用心理学に分類される［Boring, 1950: 368］。この機能への注目という点はゲシュタルティストたちも受け継いだが、しかしそれはおそらく若干異なる意味においてであった。

ゲシュタルト心理学の出発点は、一般に一九一二年に発表されたヴェルトハイマーの仮現運動の研究だとされる。さまざまな角度の二本の線を相互に点滅させ、速度を変えていくと、ある適切な一定の速度では一本の線が滑らかに移動しているように見える。このような見かけの運動はファイ現象φ-Phänomen と呼ばれる。ファイ現象は二本の独立した線の刺激の効果として現れるが、運動そのものに対応する刺激を欠いており、要素主義的前提からは説明できない。

ゲシュタルト心理学の従来の心理学に対する批判点として、恒常性仮説と束仮説の批判が挙げられる［Käufer & Chemero, 2015: 80］。ここではすでにコフカ－ベヌッシ論争でも登場した恒常性仮説批判を掘り下げながら、ゲシュタルト心理学の性格を浮き彫りにしていきたい。

コフカの恒常性仮説の定式化を見てみよう。

> 感覚が探究される方法に沿うように、この〔感覚の〕概念の下敷きになるような原則を定義することで刺激の側に言及することが必要とされた。より明示的には、感覚の刺激に対するこの関係は、一般に受け入れられている、ケーラーが「恒常性仮説」と呼んだ規則によって表現される。すなわち、感覚は刺激の直接的で確定的な関数である、という規則である。一定の刺激と一定の標準的な感覚器官が与えられれば、われわれは主体がどのような感覚を持たなければならないかがわかり、あるいはむしろ、その感覚の強度と質がわかる。［Koffka, 1922: 534］

この恒常性仮説の批判は現象学者にとって馴染みのある論点である。現象学者グールヴィッチは、この仮説の棄却が

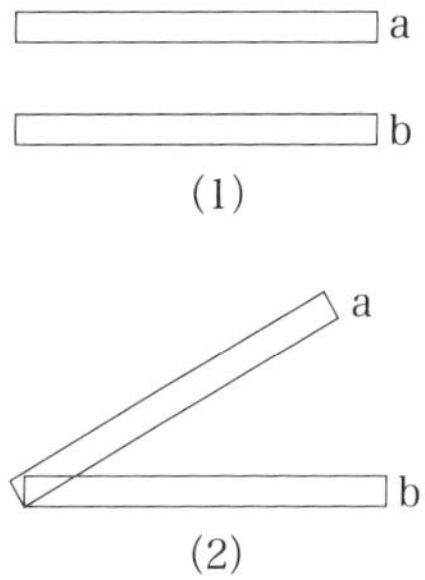

(cf. Wertheimer, 1912, 264)

「潜在的あるいは初期段階の、あるいは萌芽的形式での現象学的還元」［Gurwitsch, 1955: 115］とみなしうると述べていた。つまり原初的な意識である感覚を、刺激との結びつきにおいて扱うことをやめることで、それを物理的世界との因果的関係から解放し、現れないし意味として受け取ることが可能になる。それは世界が主観から独立に存在しているということを括弧に入れ、主観との相関のもとで現れるがままに受け止めるという現象学的還元と同じ趣旨の措置と考えられる。これを受けてメルロ＝ポンティも、「恒常性仮説の批判は、これを徹底しておこなえば、真の「現象学的還元」の価値をもつ」と言っている［Merleau-Ponty, 1945: 58］。

ところがこの道筋で理解しようとすると、同じベルリン学派が唱える「心理物理同型説」によって困惑させられることになる。このテーゼによれば、知覚におけるゲシュタルトには、神経組織におけるゲシュタルトが対応するという。「心理学的事実とその基礎となる大脳内の事象とは、そのすべての構造的性質の上で互いに類似している」［Köhler, 1969: 68］。

ケーラーによれば、心理学者が利用可能な学的資源には、機能的依存関係の諸法則、神経系について心理学者がもつ知識、物理学や化学の適用できそうな心理学者の知識の三つがあり、これらを使用することで、たとえば心理的事実AとBとのあいだに帰納的に立てられた関係Rは、その対応物として、A、Bそれぞれを可能にする生理学的事実α、βのあいだの生理学的・物理学的相互作用ρを想定することができるという［Köhler, 1940: 68］。しかしこれだけでは、なぜ恒常性仮説を退けながら、Aとα、Bとβ、Rとρの対応関係を想定することができるのか理解しがたい。

おそらくベルリン学派を理解するうえでは、彼らの生理学主義的な側面を見ておく必要があるだろう。ファイ現象も大脳皮質においていわば「生理学的なショートカット」［Wertheimer, 1912: 248］が生じ、そのことの効果として現れるとされていた。またコフカがグラーツ学派に対して、彼らの言う「産出」とは記述的なのか機能的なのか、という問いを立てたとき、機能的ということで、生理学的過程と結びついた心的活動を念頭に置いているふしがあり、だからこそそこから恒常性仮説を前提しているという批判に直結したと考えられる。

しかしそこで、かりに記述的な議論に徹し、直接的に経験されるもの、シュトゥンプの言う現象にとどまることによって、恒常性仮説を回避したとしても、そのような議論は恒常性仮説の積極的な反論にならず、それを温存させることも同じように可能だろう。そう考えるとベルリン学派の心理物理同型説の動機を理解することができる。彼らは恒常性仮説を前提しないという消極的な回避ではなく、この仮説と両立不可能な、強いテーゼとして同型説を唱えていると思われる。生理的次元でもゲシュタルトが成立し、ある種の全体論的機序が働いているとすることで、要素主義の残滓はもはや存続しなくなる。したがって恒常性仮説批判と、心理物理同型説とは、互いに緊張するものではなく、むしろ補い合うものだと言えよう。

しかし全体論的な構えを貫徹させるという動機は理解できても、依然として私たちは、少なくとも目下のところこの同型説に同意することができない。もしこれを受け入れ、物理的ゲシュタルトを認めるのならば、結局のところ物理的還元主義になってしまうのではないだろうか。「究極において物理的ゲシュタルトが人間の行動を説明するということは、物理的ゲシュタルトしか存在しないということに他ならない」[Merleau-Ponty, 1942: 146]。

知覚における対象の現れが不思議さを湛えていることを、私たちに教えてくれるのはまさにゲシュタルト心理学である。しかしこの不思議は、別の科学的現実から出発して還元的に説明されなければならないものではない。私たちは目の前の現実から眼を逸らして別の原理に向かうべきではなく、むしろ、知覚の現れというういわば表層的なものの奥深さにもっと沈潜すべきなのである。というのも、そのことは世界や存在そのものと向き合うことと矛盾しないのであって、これこそがおそらく現象学のもっとも重要なメッセージである。

カニッツァも同型説について、それはあくまで仮説であり、現象学的な領域において確証・棄却されるべきものと述べている〔カニッツァ、一九八五年、三八頁〕。私たちは知覚される生活世界のうちに生きており、結局のところここに依拠するしかない。たとえば私たちは万有引力の法則と地動説を信じながら、太陽が「昇る」とか「沈む」と言い、この言語使用は事実に反するわけでも、地動説と矛盾するわけでもない。ところでなぜ地動説を信じるかといえば、惑星の逆行などの観測される天文学的事実をよりうまく説明でき、かつ幾つかの天文学的事実と整合的であるからである。さらに巨視的な考察からすれば相対性理論に包摂され、この理論がまたGPSの位置補正など高度な技術とともに生活世界にも関わってくる。しかしニュートン力学は依然として生活世界内の中規模の事象においては十分な説明能力をもっており、木からリンゴが落ちたぐらいの事実を説明するのに相対性理論を引き合いに出すのはむしろ不適切であろう。しかし逆にこの事実だけならば、土の元素に属するものは大地に帰ろうとして落ちるというアリストテレスの説明でも結構だろう。どの仮説を採用するかは観測される事実の範囲に左右される。その仮説の妥当性の基準になるのは私たちの知覚であり生活世界であって、その逆ではないだろう。

参考文献

Ameseder, Rudolf, (1904). “Über Vorstellungsproduktion”, *Untersuchungen zur Gegenstandstheorie und Psychologie*. (hrsg.) A. Meinong, Verlag von Johann Ambrosius Barth. 1904, 481-508.

Antonelli, Mauro, (1994). *Die experimentelle Analyse des Bewusstseins bei Vittorio Benussi,* Rodopi.

Antonelli, M., (2018). *Vittorio Benussi in the History of Psychology*, Springer.

Ash, Mitchell G. (1998). *Gestalt Psychology in German Culture, 1890-1967,* Cambridge University Press.

Benussi,Vittorio, (1904). “Zur Psychologie des Gestalterfassens”, *Psychologische Schriften,* Bd.1, *Psychologische Aufsätze (1904-1914),* (hrsg.) M. Antonelli, Rodopi, 2002, 3-138.

Benussi, V., (1906). “Experimentelles über Vorstellungsinadäquatheit”, *Psychologische Schriften,* Bd. 1, *Psychologische Aufsätze (1904-1914),* (hrsg.) M. Antonelli, Rodopi, 2002, 155-228.

Benussi, V., (1912). “Stroboskopische Scheinbewegungen und geometrisch-optische Gestalttäuschungen”, *Psychologische Schriften,* Bd. 1, *Psychologische Aufsätze (1904-1914),* (hrsg.) M. Antonelli, Rodopi, 2002, 297-328.

Benussi, V., (1914). “K. KOFFKAS und F. KENKELS ‘Beiträge zur Psychologie der Gestalt- und Bewegungserlebnisse’”, *Psychologische Schriften,* Bd.1, *Psychologische Aufsätze (1904-1914),* (hrsg.) M. Antonelli, Rodopi, 2002, 329-339.

Boring, Edwin G., (1950). A *History of Experimental Psychology,* 2nd Edition, Prentice Hall Inc.

von Ehrenfels, Christian, (1890). “Über ‘Gestaltqualitäten’”, *Vierteljahrschrift für wissenschaftliche Philosophie,* XIV, 1890, 249-292. 〔エーレンフェルス、C・v（二〇二〇年）「「ゲシュタルト質」について」村田憲郎訳、『こころの科学とエピステモロジー』vol. 2, 2020, 30-66〕

Gurwitsch, Aron, (1955). “The Phenomenological and the Psychological Approach to Consciousness”, *The*

Collected Works of Aron Gurwitsch (1901-1973), Vol. II, (ed.) F. Kersten, *Studies in Phenomenology and Psychology*, Springer, 2009.

Käufer, Stephan & Chemero, Anthony, (2015). *Phenomenology: An Introduction,* Polity Press.〔コイファー、S＆チェメロ、A（二〇一八年）『現象学入門』田中彰吾・宮原克典訳、勁草書房〕

Köhler, Wolfgang, (1920). *Die physischen Gestalten in Ruhe und im stationären Zustand,* Friedrich Vieweg & Sohn.

Köhler, W., (1940). *Dynamics in Psychology,* Liveright Publishing Corporation.〔ケーラー、W（一九五一年）『心理学における力学説』相良守次訳、岩波現代叢書〕

Köhler, W., (1969). *The Task of Gestalt Psychology*, Princeton University Press.〔ケーラー、W（一九七一年）『ゲシタルト心理学入門』田中良久・上村保子訳、東京大学出版会〕

Koffka, Kurt & Kenkel, Friedrich, (1913). “Beiträge zur Psychologie der Gestalt- und Bewegungserlebnisse, I. Untersuchungen über den Zusammenhang zwischen Erscheinungsgröße und Erscheinungsbewegung bei einigen sogenannten optischen Täuschungen”, *Zeitschrift für Psychologie und Physiologie der Sinnesorgane, I. Abt. 67* (1913), 353-449.

Koffka, K., (1915). “Beiträge zur Psychologie der Gestalt- und Bewegungserlebnisse, III. Zur Grundlegung der Wahrnehmungspsychologie , Eine Auseinandersetzung mit V. Benussi”, *Zeitschrift für Psychologie und Physiologie der Sinnesorgane, I. Abt. 73* (1915), 11-90.

Koffka, K., (1922). “Perception: An Introduction to the Gestalt-Theorie”, The Psychological Bulletin, Vol. 19, No. 10, October, 1922, 531-584.

Meinong, Alexius, (1882). “Hume-Studien II: Zur Relationstheorie”, bearbeitet von R. Haller, *Gesamtausgabe* II, *Abhandlungen zur Erkenntnistheorie und Gegenstandstheorie*, Akademische Druck und Verlagsanstalt, 1971, 1-183.

Meinong, A., (1891). “Zur Psychologie der Komplexionen und Relationen”, bearbeitet von R. Haller,

Gesamtausgabe I, *Abhandlungen zur Psychologie*, Akademische Druck und Verlagsanstalt, 1969, SS. 279-303.

Meinong, A., (1899). "Über Gegenstände höherer Ordnung und deren Verhältnis zur inneren Wahrnehmung", bearbeitet von R. Haller, *Gesamtausgabe* II, *Abhandlungen zur Erkenntnistheorie und Gegenstandstheorie*, Akademische Druck und Verlagsanstalt, 1-183.

Merleau-Ponty, Maurice, (1942). *La structure du comportement*. Presses Universitaires de France.〔メルロ＝ポンティ、M（一九六四年）『行動の構造』滝浦静雄・木田元訳、みすず書房〕

Merleau-Ponty, M., (1945). *Phénoménologie de la perception*, Gallimard.〔メルロ＝ポンティ、M（一九六七年）『知覚の現象学』竹内芳郎・小木貞孝訳、みすず書房〕

Wertheimer, Max, (1912). "Experimentelle Studien über das Sehen von Bewegung", *Zeitschrift für Psychologie und Physiologie der Sinnesorgane, I. Abt.*, 61 (1912), 161-265.

ジョンストン、ウィリアム・M（一九八六年）『ウィーン精神　2　ハープスブルク帝国の思想と社会　1848-1938』井上修一・岩切正介・林部圭一訳、みすず書房。

カニッツァ、ガエタノ（一九八五年）『視覚の文法——ゲシュタルト知覚論』野口薫監訳、サイエンス社。

村田純一（一九九五年）『知覚と生活世界』東京大学出版会。

直江清隆（二〇〇二年）「現象学とゲシュタルト学派」渡辺恒夫・村田純一・高橋澪子編『心理学の哲学』北大路書房。

鈴木宏昭編（二〇二〇年）『プロジェクション・サイエンス——心と身体を世界につなぐ第三世代の認知科学』近代科学社。

コラムⅡ　意志と行為の構造化

直江清隆

ゲシュタルト心理学においては、知覚の問題について心理学と現象学の相互関係、平行関係が見られるが、形ないしゲシュタルトをめぐる議論は知覚に限られたものではない。ここでは、意志と行為に着目して、ゲシュタルト心理学から現在に及ぶ議論の一端を紹介することにする。

レヴィンにおける場の体制化

まず、ゲシュタルト心理学における意志や行為について検討しておこう。この学派による行動に関する研究としては、ケーラーの『類人猿の知恵試験』（一九一七年）がよく知られていよう。なかでも有名なのは、高い天井からひもでバナナが吊された部屋に入れられたチンパンジーが、何回かの失敗の後に、部屋の隅にあった木箱に気づいて、それを積み重ねてバナナを取ったという観察であり、ケーラー（Köhler, Wolfgang, 1887-1967）はそこに全体状況に対する洞察を見いだしている。しかし、ケーラーの業績とならんで、この方面でのより体系だった探究としてレヴィン（Lewin, Kurt, 1890-1947）の場の理論がある。以下、この理論を中心に、心理学と現象学の関係をめぐる議論を見ていくことにする。

まず、論文「企図、意志、欲求」（一九二六年）にしたがって議論の概要を眺めておこう。ここで取りあげられるのは、行為がなされる状況をなす、一定のあり方での環境世界である。レヴィンもまた、環境世界として私たちに与えられるのは、要素主義のいうような視覚、聴覚、触覚の総和ではなく、事物や出来事であるとする。そしてさらに、それらの事物や出来事は、行動する存在としての私たち自身にとって、決して中立な振る舞いをするものではない、と主張する。「私たちが遭遇する多くの事物や出来事は、多かれ少なかれ私たちに対する明確な意志を示している。よい天気や風景は、私たちを散歩に誘う。階段の段差は二歳の子供を登ったり飛び降りたりするよう誘惑し、ドアはバタンと開閉するよう誘い、小さなパンくずは拾いたくさせ、犬は一緒に遊びたくさせ、チョコレートやケーキは食べられようとする、など」[Lewin, 1926: 350]。事物や出来事がもつこうした「一定の仕方で行動することを要求する」ことを、彼は「要求性格（誘意性）」と呼ぶ [*ibid.*: 350]。こうした要求性格には、「抗しがたい誘惑」から微弱な誘惑に至るまでの強弱であるとか、人を誘ったり、退けたりするようなプラスとマイナスの性質であるとかがあるとされる。

注意すべきなのは、こうした要求性格が内的な緊張状態と連関していることである。レヴィンはここで、心的システム全体のエネルギーや緊張との関係を想定している [*ibid.*: 334]。ここには、ある方向に向かわせる内なる圧力、つまり、企図の実行へと駆り立てる内なる緊張状態があるというのだ。私たちが何かをしたい（例えば、リンゴを食べたい）と思い、その実行に向けた何かを行うとき、企図と対象との間には一連の緊張状態の体系がある。そして企図の実現（リンゴを食べること）は緊張関係を平衡状態へと変容させることになる。別の例を用いれば、郵便ポストがそれまで意識していなかった手紙の投函へと私たちを誘引するという場合、いったん手紙を投函してしまった後にはこうした誘引は消えていくのである。企図の実現とともに緊張が解消されるためである。他にも、企図の実現が阻止された場合や中断された場合などにも緊張関係の変容は生じる。かくして、要求性格は一定のものではなく、当事者が置かれている内的・外的状況に大きく左右されるといわれることになる。こうした全体状況は後になると「生活空間」と呼ばれ、そこにおける状況と行為との関係は B=*f*(P,E)（Bは行動、*f*は関数、Pは人格特性、Eは環境）と定式化されることになる［Lewin, 1935］。

行為という点から見てみることにしよう。私たちは行為というと、意志によって統制された一連の動作を考え、衝動的行動と対比しがちである。だが、ここで全体状況に誘われて実行される行為は、このいずれでもない。郵便ポストに誘われて手紙の投函へと至る行為には、少なくとも観察者の目からすれば何らかの企図がある。この意味でこの行為は衝動的とはいいがたいが、とはいえ明確な意図によって導かれ、制御されたものでもない。こうした行為を表すために、レヴィンはここで「統制された行為」と「統制されていない行為」という区別を設ける。後者はまた「場に従った行為」とも言い換えられる［Lewin, 1926: 378］。ここで「場」という言葉が使われたのは、行為がなされる状況がさまざまな緊張関係とその解消とを含んだ全体的な体系をなしており、それを力学的なダイナミックスとして捉えたことによるものである。もちろんさまざまな葛藤も生じ得ることもあり、その場面でどの方向を取るか選択するときには意志が発動する。しかし、多くの行為はそうした意志による統制なしに発動している。以上のようにして、行為の全体の「体制化」が、外的環境と内的環境との界面で生起する事象として把握されることになる。

慧眼な読者はここですぐにギブソン（Gibson, James J., 1904-79）のアフォーダンスとの関連を云々しようとするかもしれない。しかし、このような理論をどのように捉えたらよいかについてはより慎重に議論を進めるべきであろう。現象学との関係に関して、近年、より立ち入った見方ができることがいわれている。つまり、レヴィンの初期の「戦争風景論」（一九一七年）をみてみると、彼の場の理論の主たる概念がすでにこの小論の中に現れているとともに、レヴィンが精読していたフッサールの『論理学研究』や『イデーン』の影響が見てとれることが指摘されているのである［Bogner, 2021; Kraft, 2021］。「風景の現象学」とされたこの論文では、次のような叙述がなされている。丘陵地を歩く者には平時の風景は果てしなく四方八方に開けたものに見えるのに対し、前線へとしだいに近づくにつれ兵士には風景に境界が生まれ、方向が定まり、表と裏ができてくる［Lewin, 1917: 315］。兵士が危険地帯に入ると、あるものの性格が変わり、窪地はもはやそれ自体としてではなく、避難所を見つける機会として認識されるようになる［*ibid.*: 319］、などなどである。こうした変化は、一方ではもちろん、歩くということに伴って風景をなす現実の丘陵地が変化することである。しかし他方、新たな風景は表象の変化である。現実にある丘陵地ではなく、志向された丘陵地が変化するのである。このような空間の構造化に影響を与えるのは「兵士の欲求」の機能である。風景は単なる知覚の風景ではない。「兵士の欲求」に応じて平和のうちにあるものから戦争のためのものへと性格を変え、「そのためにしばしば、私たちはそれらをまったく異なる概念的カテゴリーに分類することになる」［*ibid.*: 320］のである。言い換えれば、私たちは、自分たちを取り囲む風景空間の中に不可分に埋め込まれ、織り込まれているが、この関わりがこの風景空間をどのような意味において捉え、そこからどのような行動が生じるかを本質的に決定するのである［Bogner, 2021: 4］。論者の中には、レヴィンの場の理論とフッサールの領域存在論との関係を問題にする人もいるが［Kraft, 2021: 34］、その点には後でやや違った視角から立ち返ることにしよう。

さて、レヴィンの場の理論に現象学からの影響を見ることはたしかに可能であろうが、場の理論そのものが現象学的であると言うことには困難がある。その原因の一つは、レヴィンが、ガリレイにならって導入した力学的な概念構成にある。彼はカッシーラー（Cassirer, Ernst, 1874-1945）の影響のもとに、アリストテレス的概念構成と対比的に力学的な概念構成を提唱するのだが［Lewin, 1935］、そうして導入される場の理論は検討の余地がある。「場」は力の相互作用と平衡と捉えられるわけだが、そうした「場」におけるとりわけ自我と対象、自我と環境の間の関係の性格付けをめぐっては、いくつかの方向が見いだされることになる。

その一つは、自我の関与に着目する見方である。コフカ（Koffka, Kurt, 1886-1941）は『ゲシュタルト心理学の原理』（一九三五年）において、直接に経験・知覚される「行動的環境」を実在的・物理的な「地理的環境」から区別し、それを有機体の運動が生起する環境とみなしている。行動的環境は「行動の場」として捉え返されることになるが、そこには自我と環境の関係が編み込まれている。コフカは、レヴィンを援用しながら行為・行動に関する叙述を進めるが、その際には、自我の関与が大きな問題になる。彼は力の執行に関して次のように述べている。

力学的に述べれば、自我がその中で演じる役割のために、この事例は非常に複雑になる。まず最初に自我の下位系の一つの緊張によって、自我が場の体制を決定する。次に自我が誘引的（拒絶的）な力を付与した対象によって、自我の行為は共同決定される。しかしながら、この事例においてさえ、対象が現れる前にすでに存在している自我緊張が、主要な駆動者、つまり、執行の主要な支配者であるけれども、自我と対象間の力の執行に及ぼす影響を認めずに事態を記述することはできない。［Koffka, 1935: 355］

自我の関与が問題になる限界事例として、「凝視」や「追視」、「輻輳《ふくそう》」を付け加えておこう。細かくいえば、コフカ自身は、これらを要求性格とやや分けて論じているが、自我の関与という点では一致している。例えば「凝視」とは、ある対象に自分の目が釘付けになる場合である。このとき私たちはなかば強制的に対象に惹きつけられることを体験する。コフカによれば、そうした眼球運動は、読書のときに行の上を走査する眼球の運動のように、私たちが気づかないうちに知覚の場全体の体制化によって生じる運動ではない。もちろん、自我がそもそも関与しない反射的な運動でもない。むしろ、凝視は私たちにかろうじて体験されているのであって、眼球はこの場合、「中性な受容器官ではなく、明確に自我の一部であり、単に眼だけでなく、自我全体が魅力的な対象の方向に引き寄せられる」[Koffka, 1935: 318] と理解される。かくして、眼球運動に関して、行動的環境に属する場合と、行動する自我に属する場合とが区別されることになる。コフカはここでは性急に生理学的な心理物理学的場に議論を還元することは避けている。

以上のようにして、自我の体験をもとにする主観主義的な解釈が成立することになる。この場合、自我—対象の関係を心理的な因果関係とみるかどうかは、立ち入った議論を要する問題である。

他方、レヴィン自身も緊張体系の発生、変化、消滅を現象学的に捉えることに留まろうとしなかった。よく知られたように、数学や数学的定式化に対する強い関心と信念もあって、彼は後に生活空間におけるさまざまな運動をヴェクトルというトポロジー的な表現を用いるようになる。日常用語ではなく、トポロジーという数学的な概念を用いることで、$B=f(P,E)$ という関係は独特の客観的な経験科学に組み込まれることになる [Lewin, 1935]。トポロジーの内容にはここでは立ち入らないでおきたいが、いずれにせよ、こうして要求性格をめぐる客観主義的な解釈が導かれることになる。

これまで垣間見てきたのはレヴィンとその周りのゲシュタルト心理学における意志や行動の場の体制化をめぐる議論である。この議論に関連して、『行動の構造』におけるメルロ＝ポンティは、環境における有機体の行動について、「それぞれの有機体は、与えられた環境に直面すると、そのつど自己の活動に最適な条件や固有の平衡実現のあり方をもつ。しかも、この平衡を内的に決定する要因は、複数のヴェクトルから与えられるのではなく、世界に対する有機体の〈一般的態度〉から与えられる」［Merleau-Ponty, 1964: 39］と述べている。有機体の一般的態度が何であるかはさておくとして、ここはレヴィンやその周辺の「場」の概念からいったん視点を移して、議論を広げる必要があるように思われる。いまや意志や行為が生起する環境と有機体・身体の対立と媒介についての現象学的な議論に分け入っていく段であろう。とりわけ自我や身体の関与をめぐってフッサール、シェーラー、シュッツといった論者によりそれぞれの議論が展開されることになるが、この点についてはとりあえず以下のような書物が参考になるであろう。

参考文献

Bogner, Dirk P., (2021). “Das Grundkonstrukt der Feldtheorie Kurt Lewins”, Bogner, D. P. (Hrsg.) *Kurt Lewin reloaded Band 1: Innovative feldtheoretische Perspektiven für die Schulpädagogik*, Springer VS.

Koffka, Kurt, (1935). *Principles of Gestalt psychology*, 1935.〔コフカ、K（一九八八年）『ゲシュタルト心理学の原理』鈴木正彌訳、福村出版〕

Kraft C., (2021), “Kriegslandschaft” - Die Einflüsse der Phänomenologie Edmund Husserls auf das Frühwerk Kurt Lewins, Bogner, D. P. (hrsg.) *Kurt Lewin reloaded Band 1: Innovative feldtheoretische Perspektiven für die Schulpädagogik*, Springer VS (2021)

Lewin, Kurt, (1917). Kriegslandschaft. In Lewin, K. (1982). Graumann, C.-F. (hrsg.) *Kurt-Lewin-Werkausgabe: Bd. 4. Feldtheorie* , S. 315-325, Huber, Klett-Cotta.

Lewin, K., (1926). “Vorsatz, Wille und Bedürfnis”, *Psychologische Forschung*, vol. 7, 330-385.

Lewin, K., (1935). *A dynamic theory of personality : selected papers*,1935.〔レヴィン、K（一九五七年）『パーソナリティの力学説』相良守次、小川隆訳、岩波書店〕

Malone, John. C., (2009). *Psychology: Pythagoras to Present,* MIT Press.

Merleau-Ponty, Maurice, (1942). *La structure du comportement*.〔メルロ＝ポンティ、M（一九六四年）『行動の構造』滝浦静雄、木田元訳、みすず書房〕

直江清隆（二〇〇五年）「状況に〈しかるべく〉応じた行為」東洋大学哲学科『哲学をつくる』知泉書館所収

第二章

心の科学・心の哲学・身体の現象学

――内観・行動主義から心と身体への展開

長滝祥司

心の哲学は、心の本性を解き明かすことがテーマである。同時に、心の本性を問う際、プラトン(Plato, B.C.427-B.C.347)やアリストテレス(Aristoteles, B.C.384-B.C.322)の昔から、そしてR・デカルト(Descartes, René, 1596-1650)以来、心と身体との関係はどのようなものかという問題がくり返し議論されてきた。この問題をめぐって、少なくとも一九世紀までは、心身あるいは心物二元論が優勢であった。曰く、心は非物質的な存在で、ときには不死である、と。二元論者は、存在するすべてのものは心であるか物理的事物であるかのいずれかである、とみなす。とりわけデカルトは、人間の心以外のものはすべて物理的事物だと考えていた。したがって、犬とか猫、猿のような哺乳類も魚類や鳥類、昆虫なども、すべて機械のような物理的事物に分類された。人間にのみ特権的に与えられていた心の本性は、デカルトにとっては思考できることであり、それに付随して言語を操れることであった。もっとも、数学の難問を解き、言語を操るかにみえる現代のコンピュータをデカルトが目の当たりにしたら、その考えも変わる可能性は大いにあるだろう。もちろん、デカルトとその後継者たちが心の本性に意識や自由意志を加えたことは、人間と、そして哲学にとって、最後のサンクチュアリを残す意味をもっていたのかもしれない。なぜなら意識は、現代の心の哲学においても、一人称の私秘性、クオリア、現象的意識といった概念によってさかんに論じられているからである。

本章の議論を進めていくにあたって、つねに念頭に置かねばならないのは、心の哲学と心の科学との関係であるが、両者はときに近づき、ときに反発し合ってきた。また、互いを意識していることを表に出さないようにすることもあった。特に本章で大きくあつかうことになる「内観」(introspection)は、心理学が科学になるための鍵であるとともに、両者の微妙な関係を彩る重要な概念でもある。

われわれは、多くの心理学の教科書に記されている、以下のような歴史記述に諸手を挙げて同意するわけではない。それは、科学としての心理学が内観から始まり、それを否定したJ・B・ワトソン(Watson, John B., 1878-1958)の行動主義が覇権をにぎり、やがて認知革命に至ったという歴史である。この見方によれば、内観は過去の遺物ないし古色蒼然とした哲学の方法でしかない、とされてしまう。

本章では、実験心理学の揺籃期の内観主義から行動主義を経て、心理学から現代の心の哲学へと探索の歩みを進めていく。そこでは特に、一九五〇年代以降の心脳同一説やその対抗仮説としての機能主義などをあつかいながら、心の哲学における論争を瞥見しつつ若干の私見を述べる。そして、機能主義批判を身体性という概念からとらえ直し、この概念を軸に現象学と認知科学の関係へと議論を展開していく。最後に、内観リバイバルとも呼べるような二一世紀初頭以降の動向についてやや立ち入って論じることとする。

第一節　内観主義の興亡

(1) 心理学と内観

心理学が近代の自然科学に範をとり、実証的学問を志向して始まったのは一九世紀中盤を過ぎる頃のことであった。一九世紀終わりの二元論の終局から物理主義の台頭へと向かうあいだ、心の哲学とその周辺ではいくつかの出来事があった。最初の大きな出来事は、心理学が哲学から独立して自然科学をめざしたことである。科学的心理学が成立していく基盤は、G・T・フェヒナー（Fechner, Gustav Theodor, 1801-87）やH・L・F・ヘルムホルツ（von Helmholtz, Hermann L. F., 1821-94）によって築かれていく。前者は精神過程を精密な自然科学の手法によってあつかおうと試み、それを測定し量的に示す実験的手法の開発に成功したと言われている。後者は、視覚と聴覚の過程を自然科学的に研究する可能性を拓いた。この文脈における自然科学は、実験によって仮説を検証するという方法をとっている。実証主義の精神のもとに、実験心理学との基礎が作られていったのも、この時代にほかならない。

実験心理学の確立に最も大きな寄与をなしたとされるのがW・M・ヴント（Wundt, Wilhelm M., 1832-1920）である（じっさいは、ヴントはかなり思弁的な心理学者であったという）。ヴントがドイツのライプツィヒ大学に心理学実験室を開設したことが、その始まりとされる。そして、W・ジェームズ（James, William, 1842-1910）は一八七五年にハーヴァードで、E・B・ティチナー（Titchener, Edward B., 1867-1927）をはじめとするヴントの弟子たちはアメリカのいろいろな大学で、実験室の創設と発展にたずさわった。

心理学が科学たらんとしたことは、時代の雰囲気と無縁ではなかった。一九世紀は、人文科学の方法論すら精密な自然科学を模範とするべきだという科学主義が支配的になりつつあったからである。A・コント（Comte, Isidore Auguste M. F. X., 1798-1857）の社会学なども、こうした風潮のなかから出てきたものと言えよう。これらの学問を主導したのは、数学的に表現される自然法則によって対象を数量的に把握するという態度に代表される方法論である。実証科学としての心理学は、人間の心理的現象までも数量化することで説明できると考えた。その点で、実証科学が人文科学の領域に与えた影響の極限形態のひとつを見てとることができる。

時代の潮流に合わせて、ヴント心理学も自然科学をモデルにしていた。ヴントは特に、化学をモデルにして「感覚」(sensation)や「感じ」(feeling)を心理学的原子と呼んだ。いわばそれらは、心の要素である。ヴントは、人間の意識は心的複合体であり、それは心的要素に分解できると考えた。とりわけティチナーは、心理学にとっての課題はこの要素の結合法則を明らかにすることだと考えた。

そうした立場は、要素とその構成の仕組みを問題にするので、要素主義とか構成主義などと称された。ヴントが心の内容をデータとして収集し、その構成要素を明らかにする際にとった実験方法は、いわゆる内観である。これはデカルトなどの伝統的な主観性の哲学に見られる方法と似た面もあるが、揺籃期の心理学に強い影響を与えたのは、心身二元論を前提とした意識概念を軸とするイギリス経験論であった。

この時期の心理学の方法は、典型的には、実験室において刺激を提示し、それに対する心的変化を内観によって把握し、報告するといったものである——のちに、内観主義心理学と呼ばれるようになるのは、この方法のためである。じぶんの心のなかをのぞき込めば、少なくともじぶんの心についてはなんらかのデータが得られるはずである。これは、われわれが日常的に経験している心についての振り返り——日常的内観——に基づく素朴な直感である。じぶんの心の状態を最もよく知ることができるのはほかならぬ当人である、という日常的な直感に合致した戦略なのだ。内観主義心理学の代表的論客は、先のヴントとかれの実験室で学んだティチナーである。ティチナーが著した『実験心理学——実験実習マニュアル』は、長いあいだ、実験心理学の標準的テキストとして使われていた。かれはヴントの継承者とされるが、内観という方法の理解について、両者は趣を異にしていた。後者が内観によって得られるデータを数量的にあつかうことを主としていたのに対し、前者は数値に還元できないデータの質的側面にも注目した。ティチナーは、内観をするとき記憶あるいは想起に依拠することも許容し、質的に内容豊かなデータを求めようとした。行動主義が興隆するアメリカを研究の拠点としたティチナーは、特異な存在であり、ヴントと論争していたヴュルツブルク学派の「系統的内観」(systematic introspection)［Boring, 1953: 185; Danziger, 1980: 241; Kusch, 1995: 432］なる方法を採用した。この内観は、より具体的で豊かな心の内容を記述していこうとするものである。

ただし、具体的な心の内容を追い求めることは、科学の要件である客観性や再現性とは、トレードオフになりかねない危険をともなっている。じつは、ヴントは心理学を二つの領域に分けていた。ひとつは感覚や知覚のような低次の認識を問題にする実験心理学であり、もうひとつは高次の精神過程をあつかう「民族心理学」(Völkerpsychologie)である。前者が自然科学を志向したのに対し、後者は系統的内観によっても得られないような人間の豊かな精神生活や社会生活を対象としている。だが、系統的内観の主導者であるヴュルツブルク学派は、「ヴントの民族心理学をより直接的に攻撃し、その計画全体はスコラ哲学とドイツの思弁的観念論の時代遅れの残渣にすぎないと言った」［Kusch, 1995: 433］。

揺籃期の心理学は、内観による一人称報告によって得られるデータに探究の土台を求めようとした。とはいえ、ヴントをはじめとする心理学者たちが、実験参加者の内観をそのまま信じていたわけではない。日常的内観は理論的ではなく、それによって得られるものは、組織化もされておらず、科学研究には役立たないものだからである。内観では、だれを実験参加者にするか、どのような状況で実験を遂行するか、などによってデータにばらつきがあった。つまり、内観には誤りを犯す可能性がつねにつきまとっていた。そこで心理学者は、より注意深い反省的な内観方法を構築することによって、心理学の地位を科学のレベルにまで押し上げようとした。だがコントは、「二〇世紀の行動主義者のいうように、内観は信頼できない、（中略）多くの仕方で科学に必要な実証的性格を欠いている、と不平をこぼしていた」[Boring, 1953: 171]。ここで登場するのが、実験参加者の訓練なる発想である。「ヴントの研究室は、内観による観察と意識の正確な記述の訓練をきわめて重視した」[*ibid.*]。この実験参加者の訓練は、同時代のＪ・Ｓ・ミル（Mill, J. S., 1806-73）やヴントの弟子のティチナーにも受け継がれた。信頼できるデータを得るためには、ほかの自然科学と同様に再現性がなくてはならない。ミルは先のコントの難癖に抗して、「内観はひとつのプロセスなので、信頼を得るには訓練が必要である」[*ibid.*] と述べている。

訓練された実験参加者は、人間の心理の探究にとっていかなる意味をもったか。少なくともそうした実験参加者は、一種の機械のような精密さを求められていた。人間ないし人間の身体は、外部刺激を受容する機械となるのである [Merleau-Ponty, 1945: 68, 112, et al.](1)。心の探究における実験参加者の訓練という方法の背景には――デカルトを凌駕する意味で――ラディカルな人間機械論への志向を見てとることもできる。ディルタイやフッサールのような同時代の哲学者たちが、心理学の進む方向に人間性の危機を感じたことも無理からぬことであろう。実験参加者の訓練の方法には、データの信頼性に対する責任の多くを実験参加者に委ねるという、ある意味で奇妙な事態が生じている。内観主義心理学では、研究者自身がしばしば実験参加者にもなった理由がここにある。

もっとも、内観のもつ原理的な欠陥も二つ指摘できる。ひとつは、あるひとが内観した内容は、ほかのひとにとっては、当人がアクセスできるような仕方では利用できない、というものである。ただしこれは、哲学的独我論につながる込み入った問題であるので、ここでは深入りはしない。もうひとつは、たとえば、ある対象――眼の前のコップ――を見ている意識的な経験を注意深く反省すると、それまでのコップへの視覚的な関心は途絶えてしまうか、少なくとも重大な変更を被るはずである。つまり、コップについて知るためには、感覚の原因である外部の対象（コップ）から意識経験を感覚自体に向けねばならない。これによって、外部の対象と関係づけられていた経験が消失することになる。すると、もともとの内観自体が消失してしまうことになる。また、実験参加者が内観の内容を言葉で報告すること自体、その内容を歪めてしまうのではないか、という危惧もある。

ヴントも内観に対する批判には敏感で、自己観察の場合、心的過程が複雑であることや観察の意図が、心の内容自体に大きな影響をおよぼすと考えていた［Wundt, 1896: 25］。ヴントは「自己観察」（Selbstbeobachtung）と「内的知覚」（innere Wahrnehmung）の区別を主張していただけでなく、（自己観察を含んだ古典的な意味での）内観主義者をじぶんの弁髪を引っ張り上げて沼地から抜け出そうとしているミュンヒハウゼン男爵になぞらえて批判している［Danziger, 1980: 244］。したがって、古典的な意味の内観は退けられることになる。「ヴントにとって、古典的な内観に代わって、実験的条件下での内的知覚を採用する際に重要な役割を果たしていたのは〔心的過程に影響をおよぼすと考えられた〕想起を退ける」［*ibid.*: 251］ことであった。ダンジガーによれば［*ibid.*: 244］、英語圏へのヴントの翻訳では、自己観察と内的知覚のどちらも内観（introspection）と訳されていた。そのために生じた誤解も少なくない。ヴントは、知覚（観察）とその再現（報告）との時間間隔を最小化し、想起の介在を避けるように、つまり自己観察を入れないように、実験をデザインした。実験室内で統制された刺激を提示すれば実験参加者が異なっても原理的に反復可能な実験状況を再現できる、ということである。

しかし、こうして統制された実験は、人間の心について何を解明してくれるのであろうか。ヴントが民族心理学を構想したことからも分かるように、客観的・科学的であることとひきかえに、実験心理学から得られる果実はかなり貧弱なものになってしまうのではないか。しかも、この内的知覚にも、内観をめぐる原理的問題は依然としてつきまとっている。

内観に関するこれまでの考察を整理しよう。自己の心のなかにアクセスする方法には、能動的な自己観察と受動的な内的知覚の二つの種類があり、前者は内観の対象となる心的内容を壊したり歪めたりすると考えられた。内的知覚は、「意識経験に注意を向けようとする意図的な試みをともなわない受動的なかたちの内観」であり、われわれが日常的に経験し、「じぶん自身の意識的経験について知ることのできる」[Spener, 2019: 158] 手段である。だがそれは体系的なものではなく自然に生じるものなので、科学的なデータにはなり得ない。とはいえ、そこから科学的研究での使用に耐えうるデータを得ようとして意図的にアクセスすれば、その内容はそうした自己観察によってただちに歪められてしまう。

逆さ眼鏡の実験で有名なG・M・ストラットン（Stratton, George M., 1865-1957）も、内観について所見を述べている。かれは、学部生時代も含めてその経歴の大半をカリフォルニア大学バークレー校で過ごしているが、ヴントのもとに留学し、博士の学位はライプツィヒ大学から授与されている。ヴントの影響によって、アメリカで実験室を開設した心理学者の一人である。ストラットンによれば、内観と自己観察は基本的に同義の概念としてあつかわれてきた [Stratton, 1903: 2]。そこでかれは、「自己観察はつねに、心理学の根本的な方法でなくてはならない」[*ibid.*]と述べている。その一方で、このくだりを含む節の小見出しを、「内観の難しさ」としているように、「この方法だけに頼るかぎり、心理学は、自然科学に比して、決定的に不利なことになるという歴史的事実を見逃してはならない」[*ibid.*: 3f.]とも記している。かれによれば、自己観察によって得られるデータは、個人的で主観的なものであり、心に関する事実には共有できない部分もある。したがって心理学は、物理学や化学とまったく同じ意味で普遍性をもつとは言い難い。ストラットンは、将来は実験の方法がより客観性を重視するように進歩していくという期待も述べている。これが、内観主義心理学を批判した行動主義心理学への期待であったかどうかは定かではない。とはいえ、先に述べたように、ストラットンが内観を心理学の方法として擁護する姿勢は明確であった。それは、内観の批判者に対するかれの興味深い指摘からもうかがうことができる。「モーズリーのような内観の批判者は、その不備の証拠として提示している事実のほとんどをまさに自己観察によって得ている。まさに、この点に気づいていないのである」[*ibid.*: 3]。

これまで述べてきたように、科学としての心理学成立の切り札であったはずの内観は、問題を含んだ方法論ないし概念だと受け取られた。内観はいったいどうなっていくのか、という疑問については、一般的には二つの回答があった[Boring, 1953: 169]。おなじみの答えは、内観は徐々に使われなくなっていくというものであった。だがもうひとつは、内観は実質的に存続し、さまざまに名称を変えつつ使われ続けるというものである。たとえば、ヴントからは徹底的に否定されることになるが、先に言及した「系統的内観」は、アメリカにおける行動主義の隆盛期にも一時的に流行した。再現性や客観性にこだわるあまり研究対象を機械的な反応のようなものに限定するか、われわれが心の活動として興味をそそられるもっと豊かなものにまで研究の対象を広げるかという選択で、後者をとったのが系統的内観を採用した心理学者たちであった。では、かれらは客観性を犠牲にしなくてはならなかったのだろうか。これについては、本章の最後であらためて問題にしたい。

（2）哲学と内観

内観はさまざまなかたちで使われ続けてきたし、今後もそうなる可能性について述べたが、じつは、その最たる事例が哲学である。心理学が内観を使うことに多くの批判が浴びせられていた一九世紀終わりから二〇世紀初頭においてだけでなく、知覚の哲学や認識論などでは二〇世紀を通して「理論構築する際に、お気軽に内観を使い続けていた」[Spener, 2019: 149]。行動主義が内観主義を葬り去ったとされる物語が心理学界の常識になりつつあったその時代に、哲学研究において内観は大手を振っていたのである。これは、哲学と心理学の近さを考えると奇妙なことかもしれない。だが、両者の大きな違いはその方法論だけでなく、対象であった。哲学は主としてじぶんの心的状態を対象としながら心の一般性に迫ろうとするのに対し、心理学のような心の科学は基本的に他者の心的状態を観察対象としているからである。

先に言及したモーズリーの内観批判に対するストラットンの皮肉をこめたコメントを見ると、前者にはある種の「哲学的」素朴さが感じられる。つまり、モーズリーの内観批判は方法論的、哲学的な意味合いをもつが、その批判自体を内観に訴えてしまっているのである。とはいえ、前述の「気軽さ」からも分かるように、哲学の伝統において自己反省的に内観を用いて議論を展開するやり方自体、そもそも疑われるものではなかった。たとえば『省察』のデカルトは、じぶんの心の内部を振り返ってとらえることのできる内容が、その振り返りの作業によって影響を受けるなどとは思いもしなかった。むしろ、その作業によって日常の認識における夾雑物が取り払われて、じぶんの心の真なる姿を認識できると考えていた。

科学としての心理学において、内観の信頼性が揺らいでいたのと同じ時期、哲学、特に知覚の哲学と呼ばれる領域で明示的に内観という言葉を用いた分析もなされていた。二〇世紀初頭に知覚の哲学などの分野で活躍した論客として、G・E・ムーア（Moore, George E., 1873-1958）やC・I・ルイス（Lewis, Clarence I., 1883-1964）、H・H・プライス（Price, Henry H., 1899-1984）などを挙げることができる。ムーアは「観念論論駁」のなかで、「内観」という語を積極的に使って知覚分析を展開している。かれは、青の感覚と緑の感覚に共通するのが意識であるとして、そうした意識と青とを明確に区別することをめざす。これは、観念論者G・バークリ（Berkeley, George, 1685-1753）の格言「存在するとは知覚されることである」を根本的に否定するためである。こうしたことを内観に訴えて確認していくのであるが、ムーアはその誤りやすさにも気づいており、次のように述べている。

次の事実を鑑みれば、哲学者たちがそう〔青の感覚と青とを同じものと〕考えてしまったのも当然といえば当然だろう。すなわち、内観に頼って青の感覚がどういったものかを知ろうとすると き、じぶんの前にはただひとつのものしかないと、たやすく思ってしまうという事実である。青なるものはたやすく識別できる。しかし、私が「意識」と呼んだもうひとつの要素——青の感覚が緑の感覚と共有しているもの——は、とらえることがきわめて難しい。［Moore, 1903: 446］

同時に、内観を注意深く用いれば、求めるものへとたどり着くことが可能だとも主張する。

> 青の感覚を内観しようとするとき、見ることのできるのは青に尽きるのだ。ほかの要素はあたかも透明であるかのようである。しかし、十分に注意して見るなら、そして、探し求めるものがそこにあることを知っているなら、そうしたほかの要素も、見分けることができるのだ。[*ibid.*: 450]

このように、内観に訴えることによってムーアの観念論批判が遂行されていく。

> 青の感覚がある場合、意識や気づきがそのように青いか否かを、内観によって確定することはできない。（中略）しかし、意識や気づきが青かろうと青くなかろうと、そのことは重要ではない。というのも、（中略）青に気づいているのだとの結論を下すことが、内観によって可能だからである。（中略）気づきが青についてのものであるばかりでなく、気づき自体が青であることも可能である点は私も認めよう。しかし確かに言えるのは、気づきが青についてのものだということなのである。すなわち、青の気づきは青に対して単純だが独特な関係をもっており、その関係が存在することのみが、事物についての認識と認識された事物とを区別し、それどころか、心と物質とを区別することを正当化しうるのだ。[*ibid.*]（強調原文）

この引用で語られているのは、感覚された対象と感覚との明確な区別である。注意深い内観を通じてこの区別を確証することによって、観念論が批判される。一人称的記述によって心を研究することから脱皮して、科学の三人称的方法へと進んだ行動主義心理学の勃興期における知覚の哲学は、時代に取り残されるかのように、「経験への一人称のアクセスが、現象的経験の適切な記述を可能にすると仮定していた」[Spener, 2019: 155] のである。

知覚の哲学の文脈において、内観とともに論じられていたのが、「センス・データ」(sense data) である。それは、「観念論論駁」の「青は、私の経験の対象であるが単なる内容ではない(中略)最も高度に独立したものと同じ」[Moore, 1903: 451] というくだりにも予示されている。T・ボールドウィンが指摘しているように、ムーアはすぐに「現実には青でないものが青に見える場合をあつかうには、さらなる議論の必要がある」[Baldwin, 2010] ことを理解する。ムーアはここから、「経験の対象――彼が「センス・データ」と呼ぶもの――が心から独立しているのか、それとも心に依存しているのかについて長期にわたる探究に導かれた」[Crane, 2019: 80]。

センス・データの歴史を繙《ひもと》くと、古くは『テアイテトス』のなかで、この概念に比せられる「要素」について語られている。「ものの要素(字母)となるものは言い表せないものであり、不可知なものであって、ただ感覚されるにすぎないものなのである」(プラトン、一九七四年、三七二頁)。とはいえ、この概念の直接的な起源は、揺籃期の科学的心理学に影響を与えたとされるイギリス経験論のD・ヒューム (Hume, David, 1711-76) の「印象」(impression) だと考えていいだろう。近代におけるデカルトの存在論的二元論は、存在するものを二つの実体(レース・コギタンスとレース・エクステンサ)に区分した。その結果、人間精神と世界とのあいだに明確な亀裂が生じ、主観―客観図式の認識論が採用されることとなる。同時に、認識主観が実在（客観）を直接認識することはできない、という認識論的困難が生み出された。つまり、たとえばリンゴの認識はリンゴについての表象によって媒介され、精神が真の実在をとらえるときには数学（幾何学）を媒介することになった〔デカルト、二〇〇一年、一三八頁以下、アイディ、二〇〇四年、二二〇頁、など〕。身体から切り離された心は、実在世界にじかに触れることはない。心のなかの観念は、外的実在についての内的表象とされ、世界から分離される［Lakoff & Johnson, 1999: 94］。ヒュームはこうした観念を「印象」と呼び、二〇世紀には、これにセンス・データなる新しい呼称が与えられることとなった［Searle, 2015: 21］。以上の経緯を経て登場したセンス・データは、感覚や知覚、あるいは知識を問題にする際、内観を通じて意識に直接与えられるもの、あるいは最も基礎的な心的所与とされた。

前述のプライスは、主著『知覚』で内観を軸にすえた理論構築を試みている。しかも、生理学に対して現象学的な趣をもった批判も述べている。

生理学者は、人間がトマトについてある信念、たとえばそれが「球形」だという信念を持っていることを、視覚的観察がどのように正当化するのか、まったく説明していない。生理学者がしてきたことは、網膜と脳に関するべつの信念を提案することだけだ。（中略）科学は、視覚や触覚の原因がなんであるかを教えると公言しているだけである。しかし、見たり触ったりすること自体を知りたいのだ。［Price, 1932: 2］（強調引用者）

プライスは、センス・データを意味する感覚経験について語っている。

> トマトを見ているときも、私は多くのことを疑うことができる。（中略）しかし私には疑いえないものがひとつある。すなわち、円くて少々ふくらんだ形をした赤色の部分（強調引用者）が存在し、それが他の色のつぎはぎを背景にして浮かびあがり、奥行きがあること、そしてこの色のついた部分全体が私の意識に直接現れていることである。（中略）赤い部分が何なのか、物質なのか、物質の状態なのか、出来事なのか、物理的なのか、心的なのか、どれでもないのか。こうした問いを投げかけてもいい。だがそのとき、そこに赤くて丸い何か（強調引用者）があることは疑うことができない。（中略）それがいまそこにある（強調原文）こと、そして私がそれを意識している（強調原文）こと、少なくともそれを意識している私がそれを意識していることは、疑いえない。[*ibid.*: 3]

プライスが、表現に困りながらも、「円くて少々ふくらんだ形をした赤色の部分」、「赤くて丸い何か」などと言っているものは、センス・データである[*ibid.*]。われわれが直接に気づいているのはセンス・データだけであり、それを通してのみ外界に気づいていると主張するならば、われわれは外界からじぶんを切り離す「ヴェール」に覆われていることになってしまう。それゆえ、J・ベネットはこの考えを「知覚のヴェール説」[Bennett, 1971: 68]と呼んだのである。ここからイメージされるのは、心が世界に向けて放つある種の認知的な「光線」が、センス・データによって「遮断されている」というイメージである。しかし実在論的な立場をとるセンス・データ説論者のほとんどが、知覚しているときに気づいているものが外的対象でありうることを否定しない。彼らが主張するのは、そのような対象に気づくことが心のなかのセンス・データによって媒介されている、ということだけである〔フィッシュ、二〇一四年、三〇頁〕。

内観あるいは一人称的アプローチに登場するセンス・データは、B・A・W・ラッセル(Russell, Bertrand A. W., 1872-1970)が擁護したのを最後に、批判に晒されることが多い。たとえば、L・J・J・ウィトゲンシュタイン(Wittgenstein, Ludwig J. J., 1889-1951)や現象学(特にM・メルロ゠ポンティ〈Merleau-Ponty, Maurice, 1908-61〉)は、センス・データ概念に対して否定的であった。ウィトゲンシュタインの二段階知覚説批判、フッサール現象学の影響を受けたゲシュタルト心理学におけるセンス・データ批判や、メルロ゠ポンティによる類似の批判などである。メルロ゠ポンティは、ゲシュタルト概念を援用しながらセンス・データとおぼしき感覚印象を批判している[Merleau-Ponty, 1945: 9f.]。N・R・ハンソン(Hanson, Norwood Russell, 1924-67)は、ウィトゲンシュタインの考えかたを援用しつつ、センス・データ説に基づく次のような見解を否定する。「Xを見ることはXに対する正常な網膜反応にすぎない。またべつの言いかたをすれば、Xを見ることはXの視覚的センス・データ、つまりXの見えや現れを経験することにすぎない」[Hanson, 2018: 63]。知覚対象はそもそも有意味なものとして現れるので、センス・データとその有意味な解釈といった分離ができない。以上が、ウィトゲンシュタイン‐ハンソン流の見解であろう。

「〈センス・データ〉という言いかたは、いい加減もう批判すべきだろう」[Wittgenstein, 1964: 270]と、ウィトゲンシュタインは述べている。さらに、センス・データに依拠して知覚を説明することをこう断じている。物事を現実のありようから逸脱して必要以上に単純に見ようとすることであり、そこには「最高度の危険」[*ibid.*: 281]がある。たとえばメルロ゠ポンティやウィトゲンシュタインのセンス・データ説批判は、それが知覚経験を捏造してしまっている、という趣旨のものであった。それ自体意味をもたないような感覚刺激のごときものは、じっさいは経験されていない、との批判である。

だが、センス・データを肯定するにせよ否定するにせよ、哲学における理論構築は一人称の方法に依拠していたのである。心理学から見ると、これは奇妙なことであったであろう。なぜなら、心理学におけるセンス・データのような概念への疑義は、内観の使用そのものを脅かすことになっていたからである——典型的には、行動主義による内観主義の批判であり、たとえばワトソンは、実験参加者が実験者の望んでいる意味だけで報告の際の言葉を使っている［Boring, 1953: 185］と論難している。

ここで、センス・データには二つの側面があることに注意を促したい。ひとつは、内観と結びつき、意識に直接与えられ経験されるものという側面である。もうひとつは、（ときには、内観と関係しつつ）理論構築上の要請（論理的一貫性を維持するためとか、他の理論——たとえば自然科学——との整合性を保つため）から措定されるという側面である。

かつては哲学的内観とともに有力な理論であったセンス・データ説であるが、現代の知覚の哲学ではあまり人気がない。おそらく今最も有望視されているのは、知覚（意識経験）の志向説（表象説）(2)であろう。この説によれば、知覚は対象を表象しない内的なセンス・データをもとに構成されるものではなく、世界やそのなかの事物を志向的に表象する。至極もっともな主張である。センス・データ説と志向説には、類似した部分もある。どちらも、「共通要素原理」（common factor principle）〔フィッシュ、二〇一四年、四頁〕を採用している点である。「共通要素原理」によれば、〔真正の〕知覚や錯覚や幻覚がたがいに区別のつかない状況では、視覚経験がどれであったとしても、そこで生じる心的状態あるいは心的出来事は同じである」〔同、五頁〕。センス・データ説は、心の外にある対象を表象していないので、真なる対応物をもつ知覚も錯覚も同じ内容のセンス・データから成り立っているとし、志向説は、真なる対応物をもつ知覚であれ錯覚であれ、その表象内容は同じだと説明する。

知覚（意識経験）の志向説は、志向性（ひいては意識）の自然化なるプロジェクトと結びついている。これを成功させるためには、たとえば知覚表象の志向的対象である赤いトマトや緑のピーマンの知覚的性質は、それらの「物理的存在者」〔鈴木、二〇一五年、六七頁〕あるいは「外的事物」〔同、六八頁〕がもっている、と主張できなければならない。これによって、意識経験の性質――赤いトマトや緑のピーマンを知覚する経験にともなう性質――を心のなかから外界（物理的世界）に追い出すことになり、自然化へと踏み出すことができるからである。自然化の重要な利点は、物理主義を維持できることや自然科学との整合性を確保できることである。

ところが、知覚のような意識経験を志向説で処理しようとするとき、じつは、やっかいな問題がもちあがる。たとえば、視覚ではなく痛みのような経験では説明が難しい。痛みは外的事物の性質だとは考えにくいからだ。もちろん、痛みは身体のある部位で生じる性質だという主張もある。だが、緑のピーマンはそれを見ていないときでも緑色の性質をもちつづけるが、「痛み経験の場合には、経験と独立に、ある身体部位が痛みという性質をもつようには思えない」〔同、六九頁〕。これは大きな違いである。すると、志向説は痛み経験をうまく説明できないのではないか。

これに対する志向説の反論は二つある。まず、個々の痛みは、その経験自体に内在する性質ではなく、外在する特定の身体部位で経験される性質である、というものである。ここで気になるのは、身体を意識外在的なものととらえている点である。英語圏の「心の哲学」でも、最近、身体（性）概念をよく目にするようになったが、たとえばメルロ＝ポンティやフッサールの現象学、ギブソンの生態心理学などに登場する身体概念とは少し趣が異なるようである（この点については、本章第三節で掘り下げることとする）。もうひとつは、「実際に経験される痛みだけが痛みとされることは、われわれの身体の構造に由来する、偶然的な事実にすぎない」（同、六九頁）とする反論である。ここで、以下のような思考実験が登場する（同、七〇頁）。じぶんと他人がお互いの神経を自由に接続して、さらに他人の感覚野を人工的に作ることができれば、ある身体の痛みをその身体の持ち主の占有から解き放つことができる、というものである。しかし、この思考実験は成功しているのだろうか。他人の身体に生じている痛みを私が感じることと、他人が感じることは依然として異なっているのではないか。

また志向説は、眼の前のピーマンを見たときの経験にともなう性質は心のなかにではなくピーマンのほうにあると主張するのだが、この場合、幻覚や二重視のような錯覚をどうあつかえばいいのだろうか。たとえば、じっさいにはひとつしか存在しないピーマンが、眼球を圧迫することで二重に見えたとしても、その経験にともなう性質――ピーマンが二重に見えるという性質――は志向的対象であるピーマンの性質だというものである。その根拠は、「一瞬一瞬のピーマンの視覚経験を取り出せば、二重視のケースと、二個のピーマンを見たときの視覚経験に本質的な違いはない」（戸田山、二〇一六年、三九〇頁）という見解である。これはなかなかの強弁に思える。一瞬一瞬のピーマンの視覚経験を取り出すことは、われわれの知覚能力では不可能だからである。したがって、志向説や物理主義を維持するうえでこうした説明が要請されるのであろう。

ちなみに、志向説は、知覚を視覚（遠隔）モデルで説明しようとする理論だ。視覚経験という最もこの理論に合致した事例を起点にして、聴覚や嗅覚、さらには温度の感覚や痛みのような接触感覚へとその説明をあてはめていくからである。このモデルの特徴のひとつは、認識される対象と認識主観を分離するので、意識（主観）を説明から排除しやすいという点にある。したがって物理主義者が志向説をとるのは、ある意味もっともなことである。

本節を締めくくるにあたって、現象学的知覚論について簡単に触れておこう。それは、これまで考察してきた英語圏の心（知覚）の哲学とは趣を異にしている。まず、志向説による視覚経験の分析とは真っ向から対立するような主張を紹介する。

ジェリコの描いた馬たちが画布のうえで、それも疾走する馬にはおよそありえないような姿勢で走っているのはなぜだろうか。（中略）ロダンは深みのあることばを洩らしている。「芸術家こそ真実を告げているのであって、嘘をついているのは写真のほうなのだ。というのは、現実では時間が止まることはないからである」。時間が駆り立てて、たちまち閉じてしまうはずの一瞬を、写真は開きっぱなしにしておく。写真は時間の超出や侵蝕や「変身」を打ちこわしてしまうが、絵画は逆にそれを見えるようにしてくれる。[Merleau-Ponty, 1964: 80f.]

ジェリコの描いた『エプサム競馬』の馬たちが疾走するときの脚のかたちや姿勢は、写真とは決定的に異なっている。写真で撮影された馬たちがその場で飛び上がっているようにしか見えないのは、それが知覚の一瞬一瞬をいわば固定して取り出すことができるからである。しかし、現実の視覚経験やそれをとらえたジェリコの絵においては、馬は時間をまたぎ、「それぞれの瞬間のなかに脚を踏み入れている」［Merleau-Ponty, 1964: 81］。したがって、視覚経験の一瞬一瞬を取り出すことは、P・F・ストローソン（Strawson, Peter F., 1919-2006）が言う意味で「経験の性格を改竄すること」［Strawson, 1979: 43］になるのである。

メルロ＝ポンティは色の経験を次のように描写している。

青という感覚は、幾何学者の描く円がパリでも東京でも同じであるように、私がそれについてもついっさいの経験を通じて認められるある種の純粋質の認識あるいは指定ではない。それはおそらく志向的なものである。言い換えれば、それはひとつの物のように即目的に存在するのではなく、じぶん自身を超えて何かをめざし、意味するのである。けれども、青の感覚がめざしているものは、私の身体とそれとの親密さによって盲目的にしか認識されない。それは十分な明瞭さにおいて構成されるのではなく、潜在的なままにとどまる一種の知によって再構成され、あるいは取り戻されるものであって、その不透明さや個体性はなおもそのまま残されている。感覚が志向的であるというのは、（中略）私が外部の存在に関わっていくからであって（後略）。［Merleau-Ponty, 1945: 247］

現象学は、英語圏の知覚の哲学の分析とはスタイルがかなり異なっている。それでも、感覚（知覚経験）が志向的であり、外部の存在（être extérieur）に関わると述べている点では、「知覚の志向説」と類似の視座をもっていると言っていい。

『知覚の現象学』という題名のこの本の終盤で、メルロ＝ポンティは以下のように述べている。

私は今デカルトのことを考えており、またこの仕事を終わりたいとも思っている。手のひらでは紙のまあたらしさを感じており、窓枠のむこうには大通りの並木が見える。私の生活は、いつもそのつど超越的な諸物のなかに没入し、すっかり外部へとひきわたされている。

[Merleau-Ponty, 1945: 423]

色の経験やデカルトのコギトについての考察が始まるこのくだりでも、明確なのは、現象学が一人称の語りという形式をとっている点である。この点でも、二〇世紀初頭の英語圏の知覚の哲学者たち以降の伝統と軌を一にしている。両者を隔てているのは、自然科学との結びつきを重視するか、現象(生の経験)に忠実になるか、といった哲学的スタイルの違いである。もっとも、このスタイルの違いには色のそれのように明確な境目はない。前者を自任する哲学者のなかにも、現象学寄りの者もいれば、現象学者のなかにも自然化に関心をもつ者もいるからである。

第二節　行動主義・同一説・機能主義——心理学から心の哲学へ

内観主義心理学が科学の要件を満たさないとのかどで批判され勢いを失っていくとともに、観察不可能な行動の内的原因ではなく、観察可能な行動それ自体を研究の対象にするべきという考えが台頭してきた。こうした立場は、ワトソンが「行動主義者の見る心理学」[Watson, 1913] で明確にしたもので、行動主義心理学と呼ばれる。行動の観察可能性は、心理学を科学的な水準に引き上げることを大いに期待された。

内観主義心理学が科学になることをめざしながらも、内観を採用したことには、心身二元論からの影響もあるだろう。この方法自体、心の中と外、主観‐客観の認識モデルを前提にしているとも考えられるからである。哲学において心身二元論は、一九世紀末まで優勢を保っていた。忘れてならないのは、「「内観主義心理学」(introspectionist psychology) という概念自体が、行動主義の産物である」[Danziger, 1980: 241] ことである。E・G・ボーリング (Boring, Edwin G., 1886-1968) は次のように記している。「内観主義がひとつの学説となったのは、これに異を唱える新興の学派がじぶんたちの新しさを際立たせるための背景を必要としたからなのだ。じっさい、心理学の基本的な方法として内観を採用する者に、内観主義者を名乗る者はひとりもいなかった。ふつうは、心理学者を自任していたのである」[Boring, 1953: 172]。ヴントを領袖とする心理学に、「内観主義」のレッテル貼りをする戦略で自説を展開した行動主義心理学者たちは、アメリカにおける系統的内観主義も駆逐して、大きな勢力をもつようになった。内観は実験心理学において主要な証拠を提供する方法とされてきたが、その考えは「二〇世紀半ばには、行動主義者の攻撃を受けて、哲学においても心理学においても衰退していった」[Hatfield, 2005: 259]。

哲学的観点から内観主義心理学の衰退を促したのは、G・ライル (Ryle, Gilbert, 1900-76) やウィトゲンシュタインであった。行動主義の隆盛と同じ二〇世紀の半ばには、心的状態を傾向性のような行動性質とみなすのではなく、脳の物理的状態と同一視する哲学者たちが現れてきた。かれらは「心脳同一説論者」(mind-brain identity theorist) と呼ばれている。U・T・プレイス (Place, Ullin T., 1924-2000)、H・ファイグル (Feigl, Herbert, 1902-88)、J・J・C・スマート (Smart, John J. C.,

1920-2012）などが、同一説論者として名を馳せた。これらのひとびとは、同時期に心脳同一説を主張する論文を相次いで発表した［Place, 1956; Feigl, 1958; Smart, 1959; Place, 2004］。その一方、一九六〇年代頃には、行動主義心理学の勢いに早くも陰りが見え始めていた。

現代においては、デカルト的な心身（物）の実体二元論を信奉する哲学者はほとんどおらず、存在論的には一元論、つまり物理主義が優勢であるが、本節では、内観主義心理学以降の、広い意味での物理主義に属する三つの立場――行動主義、（心脳）同一説、および機能主義――を瞥見し、現代の心の哲学に見られる論争について私見を述べることとする。

（1）行動主義とその挫折

「心の哲学史」という観点から行動主義について語るにあたって、二つの区別――論理的行動主義と方法的行動主義――について触れておかなくてはならない。前者は哲学的概念に関わるもので、後者は心理学の方法に関わっている。両者はともに内観を批判している。前者の場合、その批判の眼目は、デカルト的な心身二元論とコギト（考える私）の存在を否定し、いわゆるホムンクルス問題を克服することにあり、後者の場合、それは心理学を科学に格上げすることにあった。「方法的行動主義は、心についての科学的研究は行動とその刺激条件の研究を通じてのみ進めることができる、という心理学的な見解である。この見解は当然、心には科学が研究することのできない側面があるという考えと両立する」［Crane, 2019: 83］。

ホムンクルス問題にも簡単に触れておこう。デカルトは、コギトを意識している（内観している）

まさにその瞬間にコギトをとらえたと確信した。そして、この確認に基づいて、コギトの存在の確実性を立証できたと考えた。内観を通じたコギトの存在証明は、心と身体の存在論的二元論を打ち立てるための出発点でもある。コギトの存在について立証したのち、神の存在証明と数学の確実性の証明を経由して、身体を含む物理的事物が心からは独立に存在していることを論証したからである。だが、内観を行っていることを確認しようとするなら、何かを内観すると同時に内観を内観しなくてはならない。この内観ないし意識の無限後退は、のちにホムンクルス（小人）問題と呼ばれることになる。つまり、意識をとらえるためには、意識のなかに小さな意識――ホムンクルス――を想定する必要が出てくるが、小さな意識を把握するには、さらに小さな意識が必要になる。デカルトによるコギトの存在証明は、じつは、ホムンクルスの陥穽にはまり込んでしまっていたのである。

論理的行動主義は二つに分けることができる(3)。ひとつは、R・カルナップ（Carnap, Rudolf, 1891-1970）やC・G・ヘンペル（Hempel, Carl G., 1905-97）のようなウィーン学団（論理実証主義）の哲学者たちによって提案されたもので、還元主義と意味の検証主義の副産物であった。それは、心的な語彙を含む言明と行動的な語彙を含む言明とのあいだには密接な論理的関係があるという仮定に基づいている [Kind, 2019: 53]。べつの言いかたをすれば、心的状態について語っている文は、行動について語っている文に正確に置き換える（還元する）ことができる、という立場である。そして、行動についての文は検証可能でなければならず、そのために有意味であることが求められる。こうした考えは、ウィーン学団の夢見た科学の統一というプロジェクトの一部ととらえることができる。

科学の統一は、還元に関する二つのタイプの見解に基づいている。ひとつは、さまざまな分野の科学の主張は、観察によって真偽が決定できるような基礎的な文に還元可能であるとする見解である。

心理学に関していえば、心理的な文は、意味を変えることなく身体行動についての文に還元可能だということだ。この見解は、当然、心理学における方法的行動主義を擁護することとなった。

二つ目は、科学の主張はより基礎的な科学の主張に還元可能だという見解である。たとえば、心理学の法則は神経科学の法則に還元できる。こうした還元は、最終的には、科学のひな形としての物理学に収斂していくと考えられた。あらゆる科学は物理学の基礎理論へと統一される、というわけである。たとえば、ハラスメントにあって「胃が痛い」という主観的心理的出来事の検証条件は、以下のような検証文で構成される。胃を押さえてうめき声をあげ、カメラを飲んで検査をすると胃潰瘍が見つかる。そのとき、胃では消化過程があり、血圧の変化が生じている。こうした一連の状態変化は、痛みを感じているひとの神経系で生じている。神経系で生じていることは、物理現象に関する物理学的な記述で表現できる。つまり、「胃が痛む」という主観的心理学的現象は、最終的には、物理的事物の振る舞いにまで還元される。ヘンペル自身はこうしたことに関連して、次のように記している。

有意味な心理学的言明、すなわち原理的に検証可能な心理学的言明はすべて、心理学的概念ではなく、物理学の概念のみを含む言明に翻訳可能である。したがって、心理学の言明は物理学の言明になる。心理学は物理学に統合されるわけである。[Hempel, 1980: 18]

もうひとつの論理的行動主義は、デカルトを標的としたライルのそれである。ライルには、検証主義による動機づけはなかった。主要な目的のひとつは、心身二元論の否定と心身問題の解決であった。その際かれが注意を促すのは、行動主義は還元主義をとるわけではない、という点である。心と物質の対立は消え去ることになるが、それは心が物質に同化されるのでも、物質が心に同化されるのでもない。唯物論や観念論とはまったく異なる方法によるのだ、とライルは宣言する［Ryle, 1949 (2009): 12］。したがってライルは、この点では、物理主義者ではない。

ライルは、心身問題の起源を観察不可能な心の内部と観察可能な身体的行動という二つの次元を区別するデカルト的なドグマに見る。かれはこれを「公式教義」(official doctrine) と皮肉をこめて呼んだあと、「機械のなかの幽霊」なる蔑称を使う。ライルによれば、デカルトの公式教義は、とらえどころのない幽霊のような心を、機械論的法則に従う身体（物理的事物）のなかに、無理矢理、押し込めるものである。心と身体はまったく異質な存在者であるのに、どのようにして両者は関係をもつのか。現代まで心身問題としてさかんに論じられてきたこの難問に対するデカルトの答えは、あまり説得力のあるものではなかった。両者は、脳のなかの特別な器官である松果腺において交流し合うというのがその答えである。心がなんらかのエネルギーを松果腺におよぼすことで、それが全身に行き渡って身体の各所が動くという。だが、なぜ松果腺だけが心とつながり合うのか、それは物理的事物ではないのか、ある種特殊な第三の存在者なのか、といった疑問は残る。

ライルはこうした問題にまったくべつの観点からアプローチする。かれは心身問題の原因となっているデカルト的な存在論は、言語ないし概念の誤用からくる擬似問題であると断じる。そもそも、べつのカテゴリーに属している心と身体（物理的事物）を同列にあつかったことに混乱の原因がある。ライルはこれをカテゴリーの誤りと呼び、具体的な例で説明している。大学という言葉の概念を知らない人間が猿投大学豊田キャンパスを訪問し、いろいろな施設を案内される場面を考えてみる。図書館や学部棟、サッカー場、体育館、スポーツ・ミュージアムなどを案内されたあと、その人物がこう尋ねたらどうであろう。「猿投大学豊田校の図書館や学部棟、サッカー場、体育館、スポーツ・ミュージアムなどは分かりました。ところで、肝心の猿投大学豊田校はどこにあるのでしょうか」。ライルによれば、心身問題の起源はカテゴリーの誤りという言語用法上の混乱のなかにあるのだ。心身二元論は、デカルトの伝統に基づく日常言語の用法の誤りからきた幻想なのである。

ライルの方法は、心と身体の二つの次元を区別するという問題の多い出発点を巧みに避けるものであった。かれは、人間の心理的な側面も物理的事物のもつ傾向性と類比的に考えることができるという提案をする。たとえば、砂糖は水に溶けやすい性質をもつが、それは水に溶けた状態や溶ける前の状態を指すわけではなく、水に入れれば溶けるという性質のことである。つまり、ある条件のもとでは、水溶性という性質が発現するということである。砂糖が溶けやすいのは、ある種の傾向性と言える。論理的行動主義によれば、これと人間の心を類比的にとらえることができる。たとえば、太郎が怒りっぽいという不可視の心をもっていて、それが原因で太郎が怒るのではない。太郎の心とは、一定の条件がそろえば――たとえば、チビと言われれば――怒鳴りつけるという行動パターンをとる傾向性の集合のことなのだ。

傾向性とは、以上のように、心と言われていたものと行動とを結合する概念である。論理的行動主義はこの概念を用いることで、私秘的で不可視とされていた心を観察可能な行動の集まりとしてとらえ直す。ウィトゲンシュタインは、言葉の使いかたに注意すれば、心的な語彙の文法的機能が心的状態を指示しているとみなすのは誤りだと分かるという見解を示した。たとえば、「痛み」という語を含む表現は単なる痛みの行動の事例であり、その語を学んだあとでは、泣くといった痛みを意味する行動の代わりになることがあるにすぎない。前者が後者の説明になるわけではない［Wittgenstein, 1953: §244］。

論理実証主義に由来するにせよ、日常言語学派に親和性があるにせよ、論理的行動主義は、方法的行動主義を概念的に擁護していることになる。心的言明が物理的言明に翻訳可能であり［Hempel, 1980］、心ないし心的現象についての文を現実の行動や可能的行動についての文に言い換えることが論理的に正しい［Ryle, 1949 (2009)］のなら、心の科学は行動科学だということになるからである。

ところが、論理的行動主義に対して多くの疑問が噴出した。たとえば、太郎はこれから外出しようという意図と、まもなく雨が降ってくるという信念をもっている、としよう。太郎の心の内容に言及したこの文は、論理的行動主義によれば、「太郎は天気予報を見て傘をもって外出する」という行動文に翻訳可能である。だが、この行動文を理解するには、暗黙のうちに心に言及した仮説が必要になる。たとえばそれは、外出しようと思っているという意図や雨に濡れたくないという欲求や、傘は雨に濡れることを防いでくれるといった信念などを太郎がもっているといったことである。

そもそも、観察可能な行動のみでは人間の心理的側面のすべてをとらえることなどできないのではないか、といった素朴な疑問を無視することはできない。行動に現れない心のなかの状態や変化があるといった感覚は、われわれにとって日常的なものだからである。面白くもない上司のジョークを聞いて楽しそうに笑っている部下とか、どこかの偉いひとの演説を聞いて拍手喝采している腰巾着たちとか、痛みなど感じていないのに痛みを感じているひとの行動を完璧に演じてみせる俳優など、日常には行動主義で説明できない出来事があふれている。内観に批判的な行動主義者をからかうジョークがある。たとえば、二人の行動主義者が親密な関係になり、そのあとに感想を言い合う。「君にとって今日はとてもすばらしいものだったよ。ところで、ぼくにとってはどうだった？」と。ほかにも、H・パトナム（Putnam, Hilary, 1926-2016）の超スパルタ人あるいは超禁欲人間からなる共同体の思考実験が有名である［Putnam, 1979: 332］。この共同体の住人たちは、たとえ地獄のような苦しみをともなう痛みを経験していても、それをまったく表情や行動に出さないように、生まれたときからずっと訓練されている。歯を食いしばったり、こぶしを握りしめたり、汗の玉を見せたりすることはない。要するに、痛みを感じているように見えることもなく、痛みに関わる反応を隠しているように振る舞うことさえない。だが、われわれと同じように痛みを感じるし、それを辛いとも思っている。そのひとたちは、じぶんたちのようになるには途方もない努力が必要だとさえ認めている。ただ、そのように行動するイデオロギー上の重大な理由があって、何年もの訓練を経てそうすることができるようになった。ちなみに、子どもやあまり成熟していないメンバーは、さまざまなレベルはあるが、痛がるような反応を示す。この共同体の大人の住人は、言葉で痛みを訴えることさえしなくなり、問われても痛みを認めようとしない。こうした思考実験で、痛みの行動や痛みの行動への傾向性さえない痛みの事例を想像できるので、論理的行動主義は重大な誤りを含んでいる、というわけである。

心理学の領域では、一九一三年にワトソンが行動主義を提起したことをきっかけに、行動主義心理学が特にアメリカで急速に覇権をにぎり、その勢いは一九五〇年代まで続いた。すでに述べたように、この心理学は方法的行動主義という基本戦略をとり、その発想は、観察のできない心の内部（意識）から離れ、人間（の心的性質）を外部からの刺激入力に対する多様な「行動出力の集合ないしレパートリー」（behavioral repertoire）としてとらえるというものである。

行動主義心理学の目的は、知覚のような刺激入力と行動出力とのあいだの相関関係を詳細に解明することにほかならない。その繁栄を支えたのは、個人でまちまちな内観やその報告に別れを告げ、観察可能なデータに依拠することが、心理学を真なる科学に格上げさせるという期待であった。この方法論によれば、心理学は行動の内的原因ではなく行動自体を研究すべきということであるが、二〇世紀後半のB・F・スキナー（Skinner, Burrhus Frederic, 1904-90）には、この内的原因を完全に否定する消去主義的傾向があった。この点でワトソンとは対照的に語られることがある［Kind, 2019: 53］。行動主義の戦略は、動物に関しては成功をおさめた。それは、刺激と反応の関数によって動物行動を因果的にとらえようとするものである。そこでは、明確に定義された「刺激」（stimulus）、「強化」（reinforcement）、「摂取制限」（deprivation）といった概念が使用された。

しかし、複雑で高度な思考をともなう人間行動について、行動主義は真なる説明を与えることができるのだろうか。こうした疑義は、とりわけ言語に焦点があたるとき先鋭化した。スキナーは、行動主義の観点から言語行動を説明することでこの疑義に答えようとした（『言語行動』［1957］）。同著では、動物行動を説明する際に成功を収めた先述の概念群による言語行動の説明が試みられた。N・チョムスキー（Chomsky, Noam, 1928-）の表現を借りれば、「この著作の目的は、発話主体を取り巻く物理的環境を観察し操作することによって、言語行動を予測し制御する方法を与えることである」［Chomsky, 1959: 26］。その方法では、人間が内的に装備している言語のメカニズムは無視されている。たとえば行動主義心理学は、食物の摂取制限時間の長さや条件づけが、ラットがレバーを押すというオペラント行動の生起率に影響を与え、そこに一定の法則性を見出したとする。しかし、レバー押しのような単純な行動を、人間の複雑な行動へと類推的に拡張することは危険である。

チョムスキーは、スキナーの行動主義的思考法が生物の「内的構造」（internal structure）や「生得的構造」(inborn structure)［*ibid.*: 27］に配慮しないことに疑義を唱える。特に言語行動を予測するのに、「下等な生物を使って実験的に分離した少数の外的要因を特定するだけ」［*ibid.*: 28］で言語行動を十分予測できると自信をもって主張するスキナーを非難する。チョムスキーは、言語獲得における経験や環境の重要性を否定するわけではない。だが、子どものもつ仮説形成や一般化のおどろくべき能力について、生得的か学習によるものか明確には分かっていないとしながらも、それが重要な点で生得的であると考えている［*ibid.*: 44］。スキナーの独断的な主張に対して、チョムスキーの物言いは慎重である。それがかえって、言語行動や言語獲得を行動主義的にとらえることが「うわべの議論」［*ibid.*］、「うわべの説明」［*ibid.*: 58］にすぎないと、説得力をもって示す結果になっている。

チョムスキーの指摘で重要なのは、制御された実験状況で刺激と反応という概念をかなり限定的に使用しなければ、行動が法則的にはなり得ないとする点である［*ibid.*: 30］。チョムスキーは、「現実の行動と実験室での行動の説明に使われている用語は同音異義語にすぎない」［*ibid.*］と断じている。「行動」を「心」という言葉で置き換えれば、じつはこれは行動主義だけでなく、内観主義心理学、そしておそらく、現代の心の科学全般をも広く覆う問題になる可能性がある。

チョムスキーの穏やかな口調による辛辣な批判は、行動主義の失敗を暴いてみせた。要するに、観察可能な行動はデータとしては貧弱すぎて、人間の心を解明するには荷が重かったのである。とりわけ、複雑で高度な精神生活ないし思考のすべてなど、行動に現れるわけもなかったのだ。

（2）同一説と機能主義

二〇世紀以前、脳科学が進歩するはるか前にも、唯物論者、あるいは機械論者たちは心的状態と身体の物理的状態を同一視するような考えをもっていた。たとえば、古くは古代ギリシアのレウキッポス（Leukippos, B.C.440?-B.C.430?）やデモクリトス（Demokritos, B.C.460?-B.C.370?）、T・ホッブス（Hobbes, Thomas, 1588-1679）、J・O・ラ・メトリ（La Mettrie, Julien Offray de, 1709-51）などを挙げることができる。デモクリトスによれば、魂は分割不可能な球体から構成されており〔デモクリトス、一九九八年、九一頁〕、身体といっしょに滅び去る〔同、九三頁〕という。ラ・メトリは以下のように書いている。

> 魂と身体はいっしょに眠る。血液の流れが静まると、身体機械の全体に甘い安らぎと静寂の感覚が広がっていく。魂は、まぶたといっしょに心地よく重くなり、脳の神経線維といっしょに沈んでいくのを感じる。［La Mettrie, 1865: 35］

本節のはじめに述べたように、行動主義の繁栄と時期を同じくして、もうひとつの物理主義である心脳同一説という立場が出てきた。それは、プレイス、ファイグル、スマートらによって脚光を浴びることになった。心脳同一説にとって重要なのは、ほかの科学的発見と心と脳の同一性に関する主張を同質のものととらえている点である。つまりそれは、経験的に確認されるものであり、稲妻が放電と、熱が分子運動と、水がH_2Oと同一であるのと類比的に理解できる。それらの同一性の主張と、中枢神経系と末梢神経系にある有髄線維であるC線維の興奮は痛みや暖かさや痒みであるという主張は、同じものだというわけだ。

二〇世紀中盤の有力な論者たちは、一般に、心脳タイプ—タイプ同一説(以下、心脳タイプ同一説と表記)をとった。たとえば、痛みや痒み(を感じている)という心的状態(心的性質)一般は、C線維の興奮という物理的状態(物理的性質)一般と、前者が後者に還元できるという意味で、同一であるというものである。この説によれば、痛みや痒みについての心理学的法則は、脳状態についての物理的法則によって書き換え可能であるとされる。もちろん、C線維の興奮が痛みや痒みであるという主張は経験的なもので、将来の脳科学の進展によっては、べつの線維であるとか、いくつかの線維の組み合わせであることが明らかになるかもしれない。この脳科学的事実の経験的な更新は、同一説にとって脅威となることはない。なぜなら、「C線維説」が廃棄されただけで、「線維組み合わせ説」による心脳タイプ同一説は維持されているからである。

経験科学である心理学から見ると、心脳同一説の勃興はどのような理論的影響を受けるのであろうか。心脳タイプ同一説を受け入れ、その帰結である還元的物理主義をとった場合、心理学の身分は危ういものとならないのか。地震や落雷の説明から超自然的なものが消えていったように、心理学も似たような運命をたどることになりはしないか。こうした懸念を正面から受け入れる最も思い切りのない見解は、心の科学一般は脳科学へと発展的に解消されることになる、というものである。特に、知覚などの基礎的な研究の場合、じっさい、心理学者と脳科学者は所属の違いがあっても、fMRIやEEG、PETといった脳活動の計測機器を使って研究を遂行している研究者は似たようなジャーナルに論文を投稿しているのが実情である。心理学者のなかには、脳科学者を自任する者もいるだろう。もっとも、ここで言及しているような心の科学とはやや異質なアプローチをしている臨床心理学などは例外で、独自の領域で強みを発揮している。

初期の同一説論者によれば、内観によってとらえられるのは、心的状態が関係的性質をもっているという側面である。たとえばそれは、左手にピンが刺さるのを見ればそこに痛みを感じたり、右手に痒みを感じたらその場所をひっかいたり、喉が渇いたらボトルの水に手を伸ばすなど、といったことである。心的状態の関係的性質に言及している点で、同一説論者は、「機能主義的な心の理論の先駆者」[Jackson, 2005: 678] だと言える。機能主義は当初、心脳タイプ同一説を擁護する強力な議論とされた。なぜなら、脳の物理化学的状態は、心的状態がもつようにみえる機能の担い手として最も適したものと考えられたからである。機能的還元を受け入れるかどうかも含めて、心脳タイプ同一説が正しい学説であるなら、心の自然科学的な解明が理論的な土台を得ることになる。

だが、機能主義は心脳タイプ同一説にとって諸刃の剣であることがすぐに露呈してしまう。これを理解いただくために、機能主義について少し一般的な文脈で説明しよう。たとえば、時計には、日時計とか砂時計とかゼンマイ式とか水晶発振とか、いろいろなタイプのものがある。時計であることにとって重要なのは、それが何からできているかではなく、何をするかであることは言を俟たない。すなわち、それが果たしている機能が時を刻むということである。時計は、いろいろな部品間で実現されている因果的ネットワークが機能（因果的役割）を果たすことによって時を刻んでいる。心、たとえば個々の心的状態の機能も時計の部品の機能のようなものである、と考えることもできる。ある心的状態は、入力（知覚など）や出力（行動、発話など）、他の心的状態と因果的ネットワークを形成し、そのなかで一定の機能（因果的役割）を担っている。

心脳タイプ同一説が正しい学説になるには、痛みにせよ痒みにせよ、それらのタイプのすべてのトークンが、同じタイプの物理的状態のトークンでなくてはならない。ところが、時計の二つのトークン（たとえば、この砂時計とあのゼンマイ時計）がまったく異なるタイプの素材で構成されているように、私の痛みのトークンと、昨日、家の近所の櫟《くぬぎ》の樹で捕まえたカブトムシの痛みのトークンは、異なるタイプの物理的状態で実現されている(4)。なぜなら、人間と昆虫の神経機構がそもそもまったく異なるものだからである。つまり、時計の機能がいろいろなタイプの形式で実現可能であったように、心的状態も「多型実現可能性」(multiple realizability) をもちうるのだ。生物種は多様でありそれらの神経機構もさまざまである。とはいえ、多くの生物は痛みや苦痛を経験しているように見える――殺虫剤を噴射されたキッチンのゴキブリや靴の端でふまれた庭の蟻などを見ると、痛みを感じているように思えてしまう。エイリアン（火星人）に関するD・K・ルイス (Lewis, David K., 1941-2001) の思考実験を紹介しよう。

火星人の油圧式の心には、神経細胞のようなものはまったくない。数多くの膨張式の腔にいろんな量の液体が入っているだけだ。腔のひとつが膨張すると、どこかの弁が開いたり閉じたりする。心の管は、身体のほとんど――正確に言うなら、頭部の熱交換器をのぞく全身――に延びている。皮膚をつねってもC線維が発火することはない。そもそもかれらにC線維はない。代わりに、足の小さな腔がいくつも膨張する。そこが膨らむとかれらは痛みを感じるのだ。すると、痛みの結果と呼ぶにふさわしいことが起きる。思考や行動が乱れ、うめいて身もだえし、つねるの

をやめさせ、二度とさせないようにするのである。［Lewis, 1980: 216］

以上のように、機能主義と多型実現可能性の組み合わせは、心脳タイプ同一説にとって致命的であると考えられた。上記のルイスをはじめ、パトナムやＪ・Ａ・フォーダー（Fodor, Jerry A., 1935-2017）などが機能主義を支持した。

心脳タイプ同一説には、もはや見込みはないのだろうか。生物種ごとのタイプ同一説という、少しトーンダウンした同一説の可能性はどうだろうか。ルイスの思考実験が手がかりにしているのは、火星人の振る舞いである。その振る舞いの意味は、われわれ人間の日常から類推されている。これに対しては、人間の痛みのタイプ自体がゴキブリやタコ、火星人のそれとはまったく異なるのではないか、という反論もありうる。その場合、痛み一般が、たとえば生物種ごとで多様な選言的性質になってしまう。こうした性質を認めるなら、痛み一般に関する従来的な意味での科学は成立しないだろう。ただし、経験的には、人間の痛みを探究する際に、動物に関する研究にまったく意味がないとは考えられない。火星人のような突飛な存在者を脇に置けば、生物種間では痛みの物理的基盤について一定の類似性があるはずだからである。

他方で、他人の痛みにせよゴキブリの痛みにせよ火星人の痛みにせよ、それらが痛みを感じているとわれわれが判断できるのはなぜか、という疑問もあるだろう。ルイスの思考実験は、そうした問題に触れることはないが、本章の第四節で主題的にあつかうことにする。私見によれば、痛みにともなう言動（身体動作や表情、うめき声など）は一種の内観による報告であり、そうした報告を理解するマインド・リーディングの能力によって、われわれは痛みをいわば観察するのである。

（3）心的因果・性質二元論・エピフェノメナリズム

本節の最後で、同一説や機能主義をふまえて展開されてきた少し込み入った問題に触れておく。問題に対する解決案を提示できるわけではないが、『心の哲学史』という本書の性格に鑑み簡潔に紹介することとしたい。

私はいま喉が渇いており水を飲みたいと思っている。こうした欲求が引き金となって、私は水の入ったボトルに手を伸ばして口にもっていく。これは、日常にあるあたりまえの出来事を少し回りくどく表現したにすぎない。欲求という心的状態が身体やボトルといった物理的事物を動かしているところに、数百年前から現代の心の哲学に至るまでさかんに議論されてきた問題が潜んでいる。デカルトによって、心と身体（物理的事物）は「接点」(nexus) のないものとなった。両者は、それ以来、明確に異なる存在論的身分をもつものになったのだ。デカルトは、それらを互いに関係することのない「二つの実体」(substantia) であるとした。実体とは、ほかの何ものにも依存せずに、それだけで存在できるもののことである。存在論的に独立した実体同士は因果関係も持ち得ない、とするのが妥当な見解であろう。だが、いま描写したような日常の出来事の記述のなかには、欲求という心的存在者が原因となって、物理的な存在者である身体に影響を与えているという事態が含まれている。実体二元論からすれば、これはゆゆしき問題である。ところが、デカルトは心身のあいだに因果関係があることを認めていた〔デカルト、二〇〇六年、一一四―一一五頁、一三二頁ほか、デカルト、二〇一三年、二六五―二六七頁、三〇一頁〕。そして、心身の相互作用をなんとか説明しようとして「松果腺」なる接点を設定する。だが松果腺が物理的なものであり、かつそれが心的なものと接点をもつとすれば、実体二元論に矛盾してしまう。デカルトはかくして、現代的な言いかたで心身問題と呼ばれる袋小路にはまり込んでいく。

現代の心身問題にはいくつか難問があるが、上述のような事態、つまり「心的因果」(mental causation) をどうあつかうかはその代表的なもののひとつである。まず大前提として、デカルト的な実体二元論を土台としてこの問題に挑むわけにはいかない。なぜなら、物理的基盤なしに (どこか非物理的、非空間的世界に浮遊している)「不死の精神 (心)」(デカルト、二〇〇六年、二九頁) があると考えるわけにはいかないからである。現代の心の哲学者たちの基本的な立場は、物理主義を是とするということである。物理主義 (われわれの世界は物理的事物を基盤として成立しているとする立場) をとる場合、受け入れざるを得ないとされる原則がある。「物理領域の因果的閉包性の原則」(*principle of causal closure of physics*) である。これによれば、どんな物理現象も、物理現象のほかにはいっさいの原因をもたない。つまり、すべての物理的出来事 (結果) には必要十分な物理的原因がある、ということである。

ところが、前述の事例からも分かるように、身体の物理的な動きを含むわれわれの行動では、心的原因が重要な役割を果たしている。空腹を感じて腹持ちのいいものを食べたいと思えば、付近のトンカツ屋なり焼き肉屋なりの情報をネットで検索するかもしれない。登山道で熊に出くわせば、静かに後ずさりをするだろう。感染症で耐え難い高熱と呼吸困難に見舞われたら、救急車を呼ぶかもしれない。欲求や恐怖、苦痛といった心的状態が因果的な作用によって物理的身体を動かしている。これは至極あたりまえの日常の感覚である。もちろん、それらの心的状態の性質が脳状態の性質にきれいに還元可能だとすれば、物理領域の因果的閉包性に抵触することはない。なぜなら、心的状態の因果的作用は文字どおりの意味で、物理的状態の因果的作用のことだからである。

だが、心脳タイプ同一説を否定すると、心的因果に関わって不都合な事態を招くことになる。蚊に刺された右腕をかく、という行為について考えてみる。右腕を左手でかく行為（A）の原因として考えられるのは、痒いと感じているときの心的状態の心的性質（M）か、そのときの脳状態（ないし脳を含む身体状態）の物理的性質（P）であろう。心的性質が物理的性質に還元されないのであれば、問題はPとMのどちらがAの真正の原因であるのか、ということである。あるいは、PだけでなくMも原因として必要であるのか。もしそうであれば、先に述べた物理領域の因果的閉包性の原則に抵触してしまう。また二つの十分な原因があるということであれば、「過剰決定」（overdetermination）なる事態を引き起こす。過剰決定はあったとしてもきわめて稀な事例であるので、心的性質と物理的性質による過剰決定であれば、前者を余計者としてあつかわざるを得ない「因果的な排除問題」（causal exclusion problem）に行き着くことになる。こうした議論の前提には、一階の性質である物理的性質だけが因果的作用をおよぼすことができるので、高階の性質である機能的性質とか心的性質にはそれを認めるべきではない、という禁欲的な物理主義がある。

排除問題を回避するには、①心的性質と物理的性質の存在を認め（性質二元論 property dualism）、前者の因果力を認めないか、②心的性質の物理的性質への還元主義をとる（性質二元論を認めない）か、③従来の物理主義を諦める（心的性質による過剰決定を受け入れるとか、物理領域の因果的閉包性を認めないなど）のいずれかであろう。①はわれわれの日常の直感とは相容れない。②は心脳タイプ同一説を受け入れることなので、これまでの議論からあまり見込みがない。これらすべてを詳細に検討する余裕はないが(5)、①について少し考えてみよう。

心的状態の性質を脳状態の物理的性質に還元する心脳タイプ同一説をとらない場合、心的状態と脳の物理的状態はどのような関係として考えられるか。論者たちが出した答えは、スーパーヴィニエンス（付随）関係なるものである。スーパーヴィニエンス関係とは、物理的性質の変化は心的性質の変化を引き起こすが、逆はないというものである。ただしこれは因果関係ではない。物理的性質の変化とそれにスーパーヴィニエンスする（付随する）心的性質の変化は同時であり、両者は非対称的な共変化関係にある。たとえば、二つのサッカーボールQとRが目の前にあって、Qを蹴飛ばしてRにあてたとしよう。Rの運動の原因はQの運動である。またQにもRにも影（Q′とR′）があり、それらはボールの動きに応じて動いていく。だが、Q′とR′は因果的には作用しない。脳の物理的状態と心的状態はボールと影のような関係にある。こうした見解は、エピフェノメナリズム（随伴現象epiphenomenalism）と呼ばれている。もし物理世界の因果的閉包性（物理学の完全性）を受け入れ、心脳タイプ同一説を否定するなら、過剰決定かエピフェノメナリズムという「二つのいただけない選択肢」(two unpalatable alternatives)〔Kind, 2019: 61〕しか残されないことになる。こうした論評からわかるように、心の哲学者たちのあいだでエピフェノメナリズムは、過剰決定と並び称されるほど評判がよろしくない。柴田正良によれば、エピフェノメナリズムに対するこうした忌避感は「エピフェノメナリズム恐怖症」(epiphobia)〔柴田、二〇〇四年、七七頁〕と言いうるようなものである。エピフォビアを克服できるなら、心的性質は因果的にはめでたく「インポテンツ」〔同、七四頁〕になってしまうので、過剰決定とはならず、排除問題も出てこない。

エピフェノメナリズムを前提とする性質二元論に批判的なJ・R・サール(Searle, John R.,

1936-）は、物理世界で原因は結果に時間的に先行するという一般則を否定する。かれは、低次レベルの過程（たとえば、ニューロンとかシナプスによって構成される過程）が高次レベルの過程（意識とか志向性など）を因果的に引き起こしている、と主張している。サールの言う低次レベルと高次レベルのこうした「因果関係（と言えるとすればだが）」は、時間的に前後する関係ではない。しかも、高次レベルの過程は低次レベルのそれに「因果的に還元可能」［Searle, 2008: 155］だとされる。これが性質二元論との「決定的な違い」［*ibid.*］である。サールはじぶんの立場を「生物学的自然主義」(biological naturalism) と呼んでいる［*ibid.*: 152］。もちろんサールの説が特殊であることは否めないが、物理世界の因果関係にはつねに時間の前後がともなうとする見解がまったく正しいかというとそうでもない。たとえば、「作用反作用」のような現象は、時間的に同時に生起している可能性もあるからである。

「エピフォビア」の根っこにあるものは何であるのか。じぶんの信念や意図が作用してじぶんの自由な行為を引き起こしている、ということが幻影ないし人間の勝手な思い込みのようなものだとすれば、どうであろうか。ここには自由意志に基づく行為とか、その責任といった問題が絡んでくる。私の決意といった心的状態のもつ性質が、私の行為を引き起こさないのだとすれば、行為の結果生じることへの責任はだれがとるのか。（西洋の）哲学者たちが柴田の言うエピフォビアになるひとつの原因がここにある。

物理的性質に加えて心的性質の存在を認める性質二元論は、日常の直感にも合致している。還元主義は自然科学との整合性がうまく確保できる可能性があるという点で、すぐれて正統派の物理主義であろう。だがそれが、われわれに特有の主観的現象を説明することを放棄している（現象を救えない）のなら、哲学にとってゆゆしき事態に思える。心的性質の因果的作用を認めないエピフェノメナリズムも、もし自由や責任といった倫理的事象を幻として葬り去ってしまうなら、批判のそしりは免れない。ガリレオの数学的自然とデカルトの物心二元論的な存在論に基づく従来型の物理主義の枠組みのなかで心の哲学を議論するかぎり、哲学者たちのすべてが納得する結論に至ることはないのであろう。

心的性質のような高階の性質を実質的に認めるとともにそこに因果的作用を認めたいのであれば、多様なレベルの因果を受け入れればよいという考えもある。つまり、因果は文脈に応じてさまざまなレベルで現象するということである。この方針は、先に挙げた③とほとんど同じと言っていい。

たとえば、フェニルケトン尿症（ＰＫＵ）は、蛋白質に含まれているアミノ酸、フェニルアラニンをチロシンなる別のアミノ酸に変える酵素のはたらきが生まれつき弱いために起こる病である。身体にフェニルアラニンが蓄積しチロシンが少なくなると、精神発達に障害が出る。この病では遺伝的要因は明瞭である。だが、現代の米国ではＰＫＵの検査が行われるようになってきており、脳に非可逆的な障害が生じる前に診断され治療も成功している。つまり、「その発症に環境条件も一役買っている」〔ジェンキンズ、二〇二一年、一五九頁〕。「遺伝学、生化学、生理学によるＰＫＵ」の解明が進むことで、「もはや厳密な意味での遺伝病ではなく、特定の遺伝的条件と環境条件が揃ったときにだけ発病する疾患になった」〔同書、一六〇頁〕(6)。これらの因果はさらにミクロなレベルでとらえることもできるし（もっとも、その下限は無際限かもしれない）、この病によって引き起こされる心的現象について語ることもできる。

物理世界において基盤となるのは、ミクロな物質の引き起こす因果的運動だとしよう。現代の脳科学やそれに依拠する哲学者によれば、脳細胞の活動、脳内物質の物理化学的な過程が意識のような心的なものを因果的に生み出している。だが、脳細胞や脳内物質よりももっとミクロなレベルの基礎的な物質（現代の科学の基準からは物質と呼べないようなものが発見されるかもしれないが）による過程が、心的過程の基盤だという可能性もある。また、心的過程は個人を基本として使われるが、社会現象に見出すことも可能である（社会心理学なる学問分野さえある）。

社会心理の（物理）基盤はいかなるものか、というのは難しい問題である。個人の脳内の物理的過程に、そうした心理過程がきれいにスーパーヴィニエンスするとは考えられないからである。心的過程にせよその基盤である物理的過程にせよ、ミクロな方向にもマクロな方向にも因果関係を形成する存在者の可能性は広がっており、物理的性質とか心的性質といった手垢のついた用語で呼ばれているのは、あくまでもその一側面にすぎない。ブロックは、ミクロ方向に究極の因果的基盤があるという考えかた自体に疑念を抱いている［Block, 1990: 168, n. 9.］。これは至極まっとうな見解である。

われわれは、さまざまなレベルにおいて因果的に見える現象を認知している。だが、手垢のついた物理主義は、たとえば、ミクロなレベルの物理状態を基礎的なものと考え、それらが形作る関係のみに真なる因果があるとしている。マクロな生命現象や心的現象は、単に因果的に見えるだけとする。しかし、あるレベルの存在者（たとえば、究極ミクロの存在者）のみに真正の因果を認めるのは、ガリレオやデカルトを起源とする物理主義的な存在論の遺物にほかならない。そこで思い描かれているのが、あらゆる存在ないし現象を可能ならしめる、数学的構造をもった存在の岩盤のようなものだからである。濃淡の違いこそあれ、あらゆる存在や現象レベルに因果（やそれに類したもの）を認める存在論を選択すればいいのである。

一見過剰決定に見える複数の原因は、ひとつの存在や事態の多様な姿にすぎない、と考えてはどうか。デカルト的な意味での心理的なものも物理的なものも、あるいはアリストテレス的な意味での生物的なものも包摂するような存在論を構想するということである。そうした存在論では、脳の物理的状態に基づく物理的因果やあるいはもっとミクロなレベルの物理的因果も、生物学的な因果や個人の心を基本とする心的因果や集団の心理を基本とする社会心理的因果、あるいは文化現象に認められるような因果など、ありとあらゆる階層に因果を認めることが可能である。もちろんこうした見解は、ミクロレベルに究極の物理基盤を求め、そこで因果的に閉じている世界像を描く論者からすれば、物理学の完全性の原理に照らし合わせても、容認できるものではない。真正の因果が存在するのではなく、擬似因果が認識されているにすぎないということになろう。換言すれば、これらの擬似因果は存在論的なものではなく認識論的次元のものである、と。

ここに垣間見えるのは、存在論と認識論という古典的な区別に固執する姿である。こうした区別を取り払うことによって、新たな形而上学の可能性が開けると考えてはどうか。つまり、世界を物理因果的・決定論的ネットワークとして解釈するだけでなく「意味的論理的」〔大森、一九九四年、二一九頁〕とみなすことで、心的現象や生命現象も含めた豊かな存在をとらえることができるのではないだろうか。

第三節　現象学と認知科学——身体論的観点から

（1）コンピュータ機能主義と中国語の部屋

第二節で論じた機能主義のなかに、コンピュータ機能主義と呼ばれる立場がある。これによれば、脳（あるいは脳を含む身体全体）の物理的過程と心的過程との関係は、コンピュータのハードウェアとソフトウェアとのそれとして理解できる。この類比が成り立つなら、コンピュータのような物理的事物も心的内容をもつことができる。端的に言えば、コンピュータは人間（の心）がものごとを考えることができるのと同じ意味で、思考できるというわけだ。

この見解は、天才数学者の名前を冠したチューリング・テストと呼ばれる思考実験（図2—1参照）によって擁護される。このテストには、判定者（J）とその対話相手として機械（M）と人間（H）が登場する。三者はたがいに相手が見えないよう、べつべつの部屋にいる。JはMとHのいる部屋と、それぞれテレタイプで会話できるようになっている（現在の状況にあてはめれば、電子メールやメッセージアプリで、文字や絵文字のみで会話できる、と考えてもらえばいい）。JはMやHに自由に質問することができ、MやHはその質問に答えなくてはならない。Jに課された課題は、自由

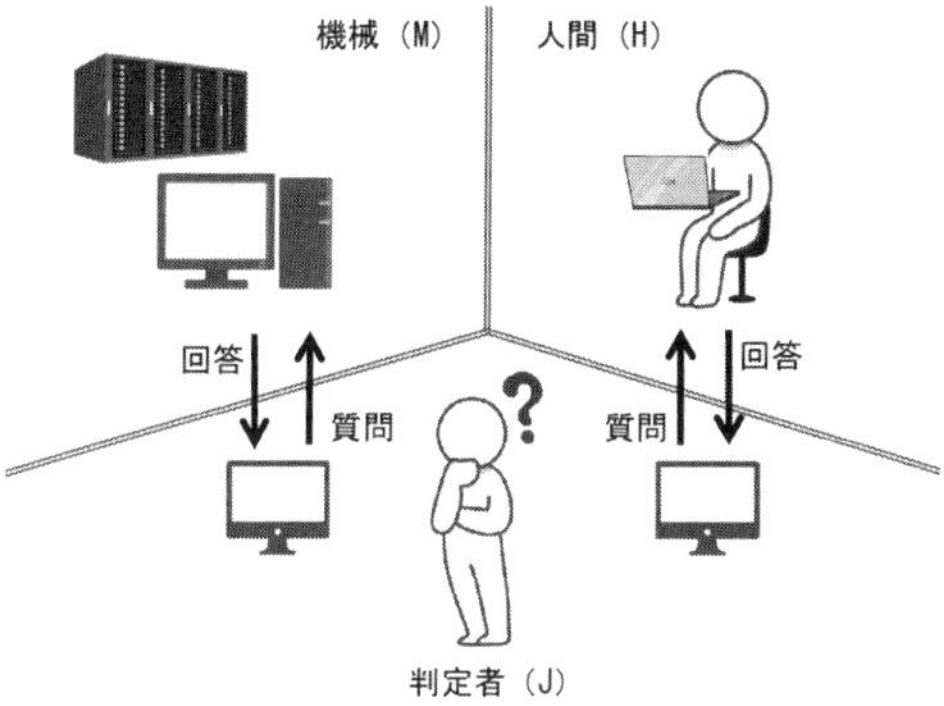

図2—1

に質問したり会話したりすることで、どちらがMでどちらがHかを見破ることである。もし見破ることができなければ、その機械は人間と遜色ない会話能力をもつ、つまり、人間のように思考できる、という評価を得ることになる。

だが、表情やしぐさ、身体動作を見たり、口調などを聞いたりせずに、相手の心のうちが分かるのだろうか。チューリング・テストのポイントはそこにある。純粋に思考することだけなら、物理的身体をさらす必要はない。言語だけがモニター越しに交流できれば十分である。身体性を捨象された対話可能なデカルト的コギトが、このチューリング・テストの主役なのだ。

文字言語による相手の反応だけで思考できるか否かを判定するということなので、このテストはある種の行動主義、つまり言語行動主義をとっていると考えることができる。また、「もし○○と質問すれば、××と回答する」という会話をたくさん重ねて判定をする形式になっているので、判定されるものはプログラムの能力だとも言える。さらに付け加えると、この思考実験では、被判定者のほうは金属でできたものであろうが、火星人のような未知の生命体であろうが、対話可能なら何でもいいのである。つまり、入力に対して適宜内部状態を変化させて適切に出力をできれば、どんな素材ででできたものでもかまわない。対話のかたちは、いろいろな形式で実現できる——つまり、多型実現可能なのである。

コンピュータは、計算や一定の問題を解決するために必要なある種の思考という機能を実現することについては、脳に匹敵する機械だと言っていい。言語行動主義でありコンピュータ機能主義であるのが、チューリングの立場である。サールはこれを「強いＡＩ」(strong AI) と呼ぶことがある。それは、「適切にプログラムされ、チューリング・テストに合格するような正しい入力・出力が行われるデジタル・コンピュータは必然的に心をもつという見解」〔サール、二〇一二年、九二九頁〕である。

サールは、チューリング・テストに合格するくらい巧妙にプログラムされたコンピュータでも、現実には、言語を理解しているとは言えない、と「強いＡＩ」に対して否定的な見解をとった。かれはこれを証明するために、「中国語の部屋論法」（Chinese room argument）なる奇妙な思考実験を提案した（図２―２を参照）。これは、変形版チューリング・テストだと考えていい。英語しか理解できないアメリカ人が、ある部屋に閉じ込められている。部屋には自由に出入りすることもできず窓もないため、外部との直接的な接触は断たれている。部屋のなかには、「もし○ち≀〆×▲と表示されたら、×⊙◉❖×■×と答えなさい」といった形式の文が無数に載った、分厚い規則集とデータベースが置いてある。ここでは、○☁×■⊙などは中国語の文字を表していると考えてもらいたい。部屋のなかのアメリカ人はこれまで一度も中国語に触れたことがないので、かれにとって中国語はこうした模様と同じようにしか見えない、ということである。部屋には模様を打ち込むための巨大キーボードを装備したパソコンが置いてあり、モニターに模様列が表示され、回答をするように英語で促してくる。男は指示どおりに模様に対して模様で返答をする。際限のない作業が続くが、それらが何を意味するものであるのか、男は永遠に理解することはない。

図２―２

部屋の外に視線を移すと、モニターを介して部屋とつながっているのは中国人で、そのひとが中国語で質問を送り続けていたのだ。その中国人にとっては対話が成り立っており、相手はじぶんの言ったことをしっかり理解しているようにしか思えない。まさか、モニターを通じて返答してくる何ものかが、部屋のなかのアメリカ人のような作業をしているとは想像だにしない。部屋の男は、中国語を使ったチューリング・テストに見事に合格している。

この思考実験が示唆しているのは、単に対話（思考）をシミュレートするだけでは、心があるとは言えないということである。なぜなら、そこには意味の理解がないからである。部屋のなかの男は模様を適切に処理するプログラムを実行していただけであり、意味を理解してはいない。かれは中国語に関する「統語論」(syntax) のみをもっており、「意味論」(semantics) をもっていなかった。対話能力を装備したデジタル・コンピュータは、中国語の部屋に閉じ込められた男と実質的に同じことをしている。したがって、コンピュータには言語を理解する心は永遠に宿ることはないのである。サールは、以上のように主張するのだ。

（2）身体性と意味理解

では、どうすれば、「中国語の部屋」の男が中国語の意味を理解できるようになるのか。言語の意味を理解する力とはいかなるものなのか。これについては、子どもが言語を習得するときの具体的なプロセスや状況を参照することで、ある程度の手がかりをつかむことができる。生後まもない赤ちゃんにとって、言語は、ほとんど意味不明の音であろう。もちろん、母親が話しかけるときのトーン――マザリーズに特有のトーン――が赤ちゃんにとって重要な意味をもつことは、最近の発達心理学の研究でも明らかになってきている。だが、具体的にある単語、句や文などがいかなる事物や事態を意味しているか、ということになれば話はべつである。

赤ちゃんが最初の言葉を理解し発話し始めるのは生後一二ヵ月くらいとされている。M・トマセロ(Tomasello, Michael, 1950-)をはじめとする多くの発達心理学者や言語学者によって明らかにされてきたことであるが、言語を獲得するための準備が始まるのが生後九ヵ月頃とされている。これは「九ヵ月革命」〔たとえば、トマセロ、二〇〇六年、七八―一〇四頁〕などと呼ばれる。それまでひとは、じぶんと他人――とりわけ親――や、あるいはじぶんと事物とのあいだの二項間の閉じられた関係だけをもつ。ところが、月齢が九ヵ月になる頃、じぶんと他人との関係の外部にある第三項を組み込んだ三者関係を形成するようになる。要するに、じぶんと他人が、第三項である事物をいっしょに見ているといった意識を共有するのである。これを「共同注意」(ジョイント・アテンション joint attention)と呼んだりする。この頃赤ちゃんは、対象を指さすことの意味を理解できるようになる。他人の指さしを理解し、じぶんでも対象を他人に気づいてもらおうとして何かを指さす。ほかには、他人が見ている視線の先にある対象を見てみたり(視線検知)、あるいは他人の意図を理解したり(意図検知)といったことも出てくる。これらは、先に説明した三項関係を形成できていることの具体的な証拠である。ただし、自閉症とされる子どもには、たとえば他人にじぶんの見ている対象を指さして示すとか他人の視線を追いかける、といった行為が見られない。

事物を他人と認識的に共有できる三項関係を形成し、指さしを理解することで、母親が犬を指さして「わんわん」と発話したり、りんごを指さして「りんご」と発話したりすれば、「わんわん」や「りんご」といった音が何を〈意味=指示〉しているかを理解できるようになる。このとき、指示対象となる事物が知覚的にほかと区別が容易であることも重要な点になる。認知意味論によれば〔レイコフ&ジョンソン、一九八六年、レイコフ、一九九三年、などを参照〕、言語的に習得のしやすい事物は「基本レベルのカテゴリー」と言われる〔たとえば、レイコフ、一九九三年、五三頁〕。そのカテゴリーは、哺乳類（上位レベル）、猫（基本レベル）、三毛猫、エジプシャンマウ（下位レベル）といった階層構造の中位のものである。幼い子どもにとって、上位レベルのカテゴリーである哺乳類という概念を理解したり、白猫やハチワレ猫といった下位レベルのカテゴリーを区別したりすることは非常に難しい。だが、基本レベルのカテゴリーである犬や象やヘビやイルカなどと、猫とを区別するのは相対的に容易である。つまり子どもは、知覚的に認知しやすい事物の名称から先に習得していく。

言語の意味を理解する人間は、たとえば指さしという身体的活動を通じて、周囲にいるじぶん以外のひとびとと状況を共有できる。この身体的な状況共有が、適切にプログラムされたコンピュータにも、中国語の部屋にも欠けている。また、身体をもつということは、ただ居合わせるだけでなく、事物をとらえていることを身体的―知覚的に共有できているというある種の実感の基盤である。たとえば、そうした実感の基盤のために、いっしょにりんごを食べるといった行為によって、りんごの味を共有しているという感覚がめばえるのである。いくら優秀な人工知能（ＡＩ）であっても、食べ物を話題にしたときの会話は統語論的遊びにすぎない。サールが、中国語の部屋の男やコンピュータは統語論のみをもっていて、意味論をもたないと断じたゆえんである。

以下では、この身体あるいは身体性概念について、さらに立ち入って考えてみることとする。

（3）身体性をめぐる哲学と認知科学

GOFAIから第三世代認知科学(7)へ

認知科学あるいは認知科学の哲学と呼ばれる分野では、過去三〇年あまりにわたって「身体（性）」概念が注目を浴びるようになってきた。「人間知性の発現には、身体が不可欠である」というアイディアが提案され、身体は意味理解の基盤、あるいは意味の源泉である、という認知に対する考えかたへとつながっていく。

一方、それまでの一般的な認知観は、心的表象を通じた計算的な処理というものであった。これは、言うまでもなく、心が行っている認知過程をコンピュータが再現できるという考えと親和性が高い。そうした考えの基本にあるのは、認知は記号処理である、という前提にほかならない。特に、コンピュータの処理能力の飛躍的進歩と一体となった人工知能研究は、たとえば、課題解決の過程という側面から認知を解明しようとしてきた。この課題解決に関するとらえかたにはいくつかの要素がある。それらは「タスク環境」、「内的表象」、「探索」、「選択」といったものである。問題解決プログラム（要するに人工知能）の働きは、課題環境とその記号構造の集まりである内的表象によって決まる課題空間を探索することである。こうした古典的アプローチによれば、すべての認知システムは記号処理システムであり、知能（心）は外部環境や内的状態を記号化してそれを操作することで実現される。また、認知主体は世界について情報を処理しそれについて内的表象を作り（記述系統）、この内的表象に基づいて行動を決定する（命令系統）。この主体には、基本的には、情報を集めて処理し命令を下すデカルト的な自己に似た中央システムが装備され、一連の記述命令系統は記号によって明示的に記述されている。こうした認知観には、人間もコンピュータのように記号を操作しており、この操作能力が認知と行為の基盤であるという共通理解がある。

より広い文脈では、あるいは特に心理学的な文脈では、この記号は表象と言い換えることができる。したがってそれは、記号主義あるいは表象主義、計算主義といった概念でとらえることができ、認知主義はこれらを前提にしていると言っていい。こうした観点は、哲学的には、合理主義の伝統の延長線上にある（ウィノグラード&フローレス、一九八九年、三四―三五頁、三八頁）。当初の認知科学（第一世代と第二世代）においては、デカルトに代表される合理主義哲学と同じように、身体は捨象されていた。身体性認知科学なる概念が登場したのは、人間や動物の認知行動プロセスが従来の認知科学の古典的アプローチでは説明がつかないという認識がもとになっている。

合理主義哲学の伝統に根ざした、「古き良き人工知能」（good and old fashioned artificial intelligence: GOFAI）にいち早く異を唱えたのは、H・L・ドレイファス（Dreyfus, Hubert L., 1929-2017）であった。米国の哲学者にしては珍しく、分析哲学だけでなくメルロ＝ポンティやM・ハイデガー（Heidegger, Martin, 1889-1976）、M・フーコー（Foucault, Michel, 1926-84）などにも造詣の深かったドレイファスは、現象学的な視座に根ざした人工知能批判を展開した。かれは、一九六〇年代から七〇年代にかけての人工知能研究やロボティクス研究などを参照しながら、『コンピュータには何ができないか』を著して、知的能力にとって重要なのがほかならぬ身体であることを明確に指摘した。本書は、マサチューセッツ工科大学の人工知能開発プロジェクトの哲学アドバイザーだった当時のドレイファスがまとめた研究レポートをもとにしたもので、今では人工知能の哲学の古典となっている。やや長いが引用しておこう。

〔人間の振る舞いがデジタル・コンピュータのヒューリスティック・プログラムによって形式化できると考える〕これらの論者は、プラトンからデカルトに至る伝統——知性や理性にとって身体は不可欠なものではなく、むしろ邪魔なものであるとする伝統——をここでもまた引き継いでいるのだ。身体が知的な振る舞いには不可欠であると判明した場合、ヒューリスティックスをプログラムされたデジタル・コンピュータ上で身体をシミュレートできるかどうかを問わなければならない。そうでなければ、人工知能のプロジェクトは最初から失敗する運命だということになる。〔ドレイファス、一九九二年、四〇一頁〕

このような〔人間と同等のことをできるような〕機械をプログラムすることを試みたのち、どんなに巧妙に作られたとしても、ひとと機械を区別するのは、状況から切り離された普遍的で非物質的な魂ではなく、状況に関わってみずから動く物質的な身体であることが明らかになるかもしれない。〔同書、四〇三頁〕

ドレイファスと同じように、認知における身体の役割を重視する陣営には、「表象なしの認知」(cognition without representation) を唱えたロボット工学者のR・A・ブルックス (Brooks, Rodney Allen, 1954-) やF・J・G・ヴァレラ (Varela, Francisco J. G., 1946-2001) などがいる。特に、認知科学の哲学が本格的に身体性に焦点をあて、4EA (Embodied, Embedded, Extended, Enacted,

Affective）と呼ばれる動向（本書第六章参照）が始まったのは、ヴァレラらが一九九一年に世に問うた『身体化された心』からだと言っていい。本書は、フッサールやハイデガー、メルロ＝ポンティのような現象学者、認知意味論や複雑系科学、さらには禅的な仏教思想にまで思考の触手を伸ばして、認知に対する新しい観点を提案している。このことは、「認知は記号処理のプロセスである」といった記号主義・認知主義的な考えかたへの疑念がわきおこるきっかけともなった。

ヴァレラたちの仕事ほど過激ではなかったが、A・クラーク（Clark, Andy, 1957-）が一九九七年に出版した『現れる存在――脳と身体と世界の再統合』は、「身体化された」（embodied）という形容詞を冠したさまざまな用語をちりばめ(8)、身体性認知科学の哲学が人口に膾炙するのに大きな役割を果たした。なかでも「身体化された心」というキーワードは、クラークが本書を著すにあたって最も影響を受けたと告白しているヴァレラらの著作のタイトルそのものである〔同書、xvii頁〕。認知科学に対する著者の造詣の深さもあって、この書はフォーダーを中心とする認知主義的な認知科学の哲学には少なからず衝撃を与えたに違いない。D・C・デネット（Dennett, Daniel C., 1942-）はクラークを「最も認知科学をよく知る哲学者」と評し、ドレイファスはかれを、「認知科学者」と考えていたほどである(9)。フォーダー流の認知主義が、心をモジュール化された領域特異的な知覚と運動プロセスと、理性と思考を司る汎用性の高い中央の認知システムとに明確に区分した〔Fodor, 1983〕のに対し、クラークは知覚、行動、認知の区別を相対化し、脳を含む身体と他者を含む環境との相互作用のなかで心的活動をとらえようとした。

日本における認知発達ロボティクスの展開

クラークが『現れる存在』を発表した頃、日本でも第三世代認知科学が始まろうとしていた。『日本ロボット学会誌』の特集で久野義徳が「知能の実現における行動する身体をもつロボットの必要性」〔久野、一九九六年、四七一頁〕に言及し、中島秀之は「手足をもった人工知能」〔中島、一九九六年、四八二—四八四頁〕について論じた。日本においてロボット工学と人工知能研究が有機的に結合され、認知ロボティクスなる分野が明確に姿を現してくるのもこの頃である。浅田稔が、身体性が知能の発現にとって本質的であると訴えた時期も、これと重なっている〔浅田、一九九八年〕。

古典的な人工知能においてチェスが課題となり、チェス・プログラムのディープ・ブルーがチャンピオンのカスパロフに勝利するという象徴的な出来事があったが、それはあくまでも規則によって完全に固定されたチェスボードという仮想空間内のことである。この仮想空間では、メンバー（チェスの駒）の動きに例外はない。だが、現実世界はこうした空間と異なり、人間をはじめとする多様な生物が自由に動き回るため、そこには、規則には収まらない無数の例外が出てくる。両者の違いに気づいた研究者たちが、「トーイワールドからリアルワールドへ」あるいは「リアルワールドコンピューティング」〔大津、一九九四年〕といったかけ声とともに、現実の環境世界でうまく機能する人工知能の開発を目標に掲げるようになった。そのなかに、人工知能研究における身体の重要性を唱える者が出てきたのである。ここにあったのは、知能のいわば原型をもったロボットが物理環境とインタラクションするプロセスにおいて、より高度な知能が創発してくるという予測あるいは期待である。人工知能やロボティクスにおける以上の見通しの背景には、進化論や発達心理学の知見があることは言うまでもない。ここから、「認知発達ロボティクス」なる研究プロジェクトが登場する〔たとえば、けいはんな社会的知能発生学研究会、二〇〇四年〕。

認知発達ロボティクスの研究者たちの身体観、知能観、そして世界（環境）観は、具体的で明確である。身体も環境世界も物理的なものが想定されており、人工知能やそれが組み込まれたロボットの設計、そしてロボットを取り巻く環境世界の設計という課題が基本的に共有されている。浅田らは、身体性について「行動体と環境との相互作用を身体が規定すること、およびその内容、環境相互作用に構造を与え、認知や行動を形成する基盤となる」〔浅田・國吉、二〇〇六年、一一頁〕と述べている。また浅田はこれを、（1）環境世界と相互作用できる認知能力と運動能力と情報処理能力といった三者の不可分性、（2）学習、（3）発達、という三点から規定している〔浅田、二〇二〇年〕。さらに、これら三つを「身体性の意味」としている〔浅田・石黒・國吉、一九九九年〕。特に発達は、学習の経時的蓄積ととらえられている。認知発達ロボティクスにとって、高度な知能をもつことの証しは、物理的で可変的な環境世界で柔軟に課題をこなすことなのだ。

以上は、身体性に対するすぐれて工学的なアプローチであるが、浅田は次のようにも述べている。「重要なポイントは、獲得すべき行動をロボットの脳に直接書き込むのではなく、他者を含む環境を介して（社会性）、ロボット自身が自らの身体を通じて（身体性）、情報を取得し解釈していく能力（適応性）と、その過程を持つことである（自律性）」〔浅田、二〇一一年、一二頁〕。ここで注目すべきは、他者や社会性といった概念である。認知発達ロボティクスが、物理的身体が物理的環境世界における課題をこなすための知能から、次なる段階へと歩を進めていることの表れだからだ。身体性は、単に物理的に課題をこなす知能の基盤となるだけでなく、間主観的側面を帯びたものととらえられる。ロボット工学はここで、二〇世紀の現象学が探究した身体（性）に最も接近したことになる。

哲学の身体

では、現象学の探究した身体（性）とはいかなるものであるのか。哲学の歴史を振り返ると、身体あるいは身体性概念がとりわけ脚光を浴びるようになったのは、後期フッサールとその影響を受けたメルロ＝ポンティ以後である。それは、「身体性認知科学」という研究テーマが市民権を得るよりも五〇年近くも遡る。先のヴァレラらは、じぶんたちの研究の先駆者をメルロ＝ポンティであると表明している。以下では、メルロ＝ポンティの身体論とその源流であるフッサールの身体概念について分析をくわえる。

身体はラテン語ではcorpus、フランス語ではcorps、英語ではbodyであるが、ドイツ語では「生きられた身体」(Leib)と「物理的身体」(Körper)という二つの語がある。前者は「生きる」(leben)と語源を共有している。後者は、物体や天体といった意味でもあり、物理的身体ないし客観的身体だと言える。フッサールはこの区別に哲学的な意味づけをしており（たとえば、『デカルト的省察』第四四節〔フッサール、二〇〇一年、一六七―一七八頁〕）、デカルトの「私は考える」(cogito)に対置させた「私はできる」(Ich kann)という概念に関連づけている。「私はできる」の私こそ、知覚し行為する主体としての身体、つまりLeibなのだ。メルロ＝ポンティは、「現象的身体」(le corps phénoménal)と「客観的身体」(le corps objectif)という区別を立て、「客観的身体は現象的身体の真理、つまり生きているがままの身体の真理ではなく、その貧しいイメージでしかない」〔Merleau-Ponty, 1945: 493〕と述べている。現象的身体は、知覚と行為の主体としての生きられた身体、主観的あるいは間主観的に感じられる身体であり、客観的身体は、科学の対象としての物理的身体である。現象学は、主として、「生きられた身体」に焦点をあてて哲学的探究を行ってきた。「現象的身体」

は、「間身体性」(intercorporéité)〔Merleau-Ponty, 1960: 213〕へと概念的に深化され、『デカルト的省察』などにおけるフッサールの他者論を引き継ぎ、それをさらに展開させる軸となった。主観的に生きられるだけでなく、他者との間主観的なコミュニケーションの場面で大きな役割を果たす点で、身体は社会的・文化的意味を帯びている(10)。

デカルトにとって、身体は単なる「機械」、つまり物理的事物で観察可能なものであり、他方で心の本質は、考えるもの、つまり理性であり不可視のものである。とはいえ、感情は、心的状態のなかでも身体に現れるもの、あるいは身体表現そのものだと言ってもいい〔Scheler, 1973: 254を参照〕。くわえて感情は、身体的に表現されるとき、社会的・文化的側面をもつ。身体と感情との関係はデカルト的な心身二元論への反例となるだけでなく、感情自体が間身体性の重要な要素となっている。もっともデカルトでさえ、心身の結合という視座と無縁ではなかった。それは「第六省察」〔デカルト、二〇〇六年、一一三―一二三頁〕やそれに続くエリザベト王女との書簡のやりとりで顕在化し〔デカルト、二〇一三年、二八八―二九〇頁、三〇〇―三〇三頁〕、『情念論』において深化される。そこでは、情念(passion)ないし感情(émotion)は身体状態に関連づけられている。『情念論』第二部〔デカルト、二〇〇八年、五一―一二九頁〕は、驚き、愛、憎しみ、喜び、悲しみ、欲望の六つの基本情念を挙げている。そのなかで、驚きのみは脳との関わりにとどまり、その他の五つは心臓や肝臓や血液など、身体臓器と結びつけて語られる。デカルトにとってさえも、感情という心の状態は、身体と不可分と考えられていたということだろう。

また、現代の脳科学や心理学、英語圏の哲学で行われている感情研究は、身体と感情を強く関連づけている。その嚆矢《こうし》はジェームズやC・G・ランゲ(Lange, Carl G., 1834-1900)であり〔James,

1884; Lange & James, 1922]、現代におけるその後継者が脳科学者のA・ダマシオ（Damasio, Antonio, R., 1944-）である。ジェームズは、「身体変化が起こるときそれを感じることが感情である」[James, 1884: 189-190]と記している。J・J・プリンツ（Prinz, Jesse J.）はこうしたひとびとの理論を、「身体感じ説」（somatic feeling theory）[Prinz, 2004: 5]と名づけている。プリンツは、認知科学と英語圏の心の哲学者であり、身体性に依拠した感情の理論を展開して注目を集めている。かれは、感情と身体に関して次のように述べている。これらの感情研究を遂行するひとびとは「身体的（somatic）を広い意味で使うことが多い」[*ibid.*]し、「身体状態は、呼吸器系・循環器系・消化器系・筋骨格系・内分泌系も含み、身体変化は、表情の変化・鼓動の速まり・ホルモンの分泌なども含むのだ」[*ibid.*]と。

以上を見ると、この文脈で感情と関係づけられている身体は、基本的には自然科学の対象としての身体、フッサールの「物理的身体」、メルロ＝ポンティの「客観的身体」である。とはいえ、現代の認知科学や認知科学の哲学において身体が論じられるとき、主観的に経験される身体（Leib）と物理的身体（Körper）の区別は必ずしも意識されていない。先の引用のなかの「表情の変化・鼓動の速まり」は、主観的に経験される身体状態とも解釈できるからだ。そこには、身体のような日常的になじみのある用語が学問的概念へと転用されていくことにともなう問題がある。次の小節では、日常経験と学問との関係を、使用される概念という観点から考察することを通じて、身体概念を掘り下げてみたい。

日常経験と学問をつなぐ身体

日常経験を参照し、そこにあるメタファーを援用することによって主題を設定するのは、多くの学問に見られる常套手段である。たとえば教育学では、鍛冶や農耕で使われるようなメタファーを使って、教育者が児童を「陶冶する」(formen)や「形作る」(gestalten)、児童に注意深く寄り添い「成長させる」(wachsen zu lassen)などと表現される。もちろん、文字どおりの意味では、鍛冶職人が鉄を成形したり、農業生産者が作物を育てたりすることと同じではない［Fink, 1976: 187を参照］。だが、この種のメタファーは直観的に理解しやすい。学問において主題を設定したり、探究したりする過程においては、ときには無意識になされる日常経験と概念とのこうした関係づけがある。とりわけ、哲学や認知科学において、それは顕著であろう。哲学や認知科学が、人間の認識や心のプロセスに焦点を当てる学問だからである。

プリンツは、「認知」という概念について興味深いことを述べている。少し長いが引用しよう。

> 認知科学で認知の定義がいまだに定まらないのは、あきれた事態である。あえて言うなら、現場の認知科学者はめったに認知の定義を問いただすことはない。(中略)認知の定義を問うことには発見的価値がある。第一に、科学的洞察と世界についての日常の理解とを対応づける助けになる。科学は世界を理解するためのものであるので、われわれは科学の言葉を日常の言葉にどう翻訳できるかに強い関心がある(Sellars, 1963)。(中略)第二に、定義が確立されると、興味深い問いが提示され、研究が前進する可能性が開けてくる。［Prinz, 2004: 41］

認知科学において「認知」はおそらく主題的に探究されるテーマではなく、個々の具体的な研究の前提となる概念である。プリンツも言うように、認知は日常的になじみのある語ではない。だが、認知と「緊密な関係のある『考える』」[*ibid.*]という日常的な語に言い換えるのも可能で、それによって認知科学と日常的な人間理解とを結びつける一助となる。

本節で主題にしてきた「身体」は、二〇世紀末以降の哲学や認知科学で最も頻繁に使われる日常語のひとつにほかならない。現在この語は、人文科学や社会科学のあらゆる領域にあふれている〔長滝、二〇二二年、一頁以下〕。感情に関するプリンツの説においても、身体概念は重要な役割を果たしている。それは、かれが自説を「身体化された評価説」(embodied appraisal theory)[Prinz, 2004: 52]と名づけていることからも明らかである。この説が披瀝されるプリンツの著作では、身体について饒舌に語られている。かれは、感情は身体の変化を経験することだというジェームズ＝ランゲ説を支持している。それによれば、「感情の経験とは、身体に起きるさまざまな変化を経験することである。そのとき感じられるのは、心臓の鼓動の速まり、相好の崩れ、肺の収縮、筋肉の緊張、手のひらの発汗などといったことである」[*ibid.*: 4]。新ジェームズ主義者のダマシオについて、プリンツはこう書いている。「ダマシオはまた、感情の根底にある身体の変化には、表情の変化や神経系統に作用する物質の変化も含まれるとも述べている」[*ibid.*: 58]。

これらのくだりには、身体についての日常的な経験と科学的知見が混在している。プリンツは、ジェームズ＝ランゲやダマシオの議論を検討したあとで、以下のように結論づける。「感情は、外的状態とじぶんとの関係を表象していると考えられるのだ。感情が表象しているのは、生物と環境との関係なのである」[*ibid.*: 60]。プリンツの支持者である戸田山和久は、「自分にとって何が価値あるものかという観点から捉えられた、外的な対象と自分との関係」〔戸田山、二〇一六年、一五〇頁〕を感情が表象している、と述べている。注目したいのは、「生物」とか「自分」といった用語である。こうした用語で表現されているのが、心的存在としての生物やじぶんではないことは明らかである。ただし、それが身体的なものであるとしても、主観的に経験される身体なのか客観的身体なのか、あるいは心身の混在したものなのか、多様な解釈が可能であろう。

脳科学や心理学などの「科学的」研究の知見を存分に使いながら、感情に関する「身体化された評価説」を展開する論者たちにとって、身体はフッサールの「物理的身体」あるいはメルロ＝ポンティの「客観的身体」の様相を色濃く帯びる。これは、ある意味必然であろう。なぜなら、科学研究があつかうのは、実験室のなかで計測された非人称的身体であり、社会的・文化的文脈から離れいわば脱感情化された身体だからである。もちろん、ここで、筆者は安易な科学批判に走るつもりはない。注目すべきは、客観的に観察可能な（脳状態も含めた）身体の物理的状態についての描写のなかに、身体経験についての一人称報告と解釈できるような記述も垣間見られるということである。

これまで取り上げてきた概念は――身体にせよ、感情にせよ――フィンクが指摘しプリンツも自覚していたように、日常（現象学の対象）と学問（哲学や自然科学）を往来する。したがって、身体や感情に関する記述には、内観などを通じて得られる自己の身体についての経験的内容と、科学的計測や分析の対象として得られるデータとが混在する。科学的データのなかに日常経験がいわば流れ込むのである。日常経験の知見が学問のなかに流れ込むのは、哲学者や科学者が理論構築する際に、また心理学や脳科学の実験参加者が実験に参加し報告をする際に、自己の経験を、ときにはそれと自覚せずに内観しとらえ直すからである。われわれに内観の能力がなければ、そもそもそうした「流れ込み」

(Einströmung) は起こらないだろう(11)。「流れ込み」は、フッサールが生活世界論を展開した際に用いた概念である。フッサールによれば、いかなる科学的な知見も、われわれの日常の直観の世界(生活世界 Lebenswelt)を土台に形成される。この考えは、メルロ=ポンティの「科学の全体は生きられた世界のうえに構築されている」[Merleau-Ponty, 1945: III] という主張に受け継がれている。同時にフッサールは、科学の営み、その成果はそのつど、生活世界に流れ込んで(移動して)、そこに加わり、生活世界自体を変更させていく、と論じた [Husserl, 1954: 133-134, 466]。科学の営みや成果は、科学技術への応用や教育をつうじて、生活世界へと流れ込んでくるのである。

哲学の哲学たるゆえんは、科学的知見を単に理論構築に利用するだけではなく、上記のような「流れ込み」がみずからのターミノロジーにおよぼす影響に自覚的であるという点にある。こうした自覚は、哲学や心理学がたとえ無意識にせよ、依拠せざるを得ない内観について再考することをわれわれに促すこととなる。次節では、二一世紀以降の内観リバイバルと呼びうるような状況を検討しながら、この概念についてさらに立ち入って論じてみたい。

第四節　方法としての内観あるいは一人称報告

心の科学の中心的なテーマのひとつは、主観的な経験をどのようにとらえ、どのように説明するか、ということである。そこで実験心理学の黎明期には、内観による一人称報告が心の状態、主観的経験にアクセスする方法となった。ところが、内観あるいは一人称報告の信頼性は、行動主義的心理学によって引導を渡され、広い意味ではライルやウィトゲンシュタインなどによって批判された。その最も原理的な根拠は、哲学的独我論にも関わるものである。いわく、内観はそれを遂行している当人だけが特別な権利をもってアクセスできるデータソースであり、研究者も含めてほかのだれも、この内観データに関して当人に匹敵する認識論的な特権を有していない、と。ありていに言えば、心のうちはその当人しか近づき得ない私秘的な領域であり、それについてのデータへのアクセス権が万人に平等に担保されていない、だから科学になり得ないのだというものである。一方、ヴントらを内観主義心理学と批判し、だれからも観察可能な行動をデータソースとした行動主義は、科学としての信頼性をもつかに見えた。ところが、ただちにべつの問題に直面することになる。やや強めの言いかたが許されるなら、行動主義は、心の私秘性を乗り越える理論を提示したのではなく、心の内容を矮小化して行動に還元してみせたということになるだろう。

過去において内観や一人称報告を否定したにもかかわらず、それは最先端の心理学や脳科学のデータ収集の現場で使われ続けてきた。それでも内観という言葉自体、古色蒼然とした過去の概念としてあつかわれているように思える。「最先端の」科学者たちが、この語に言及することはほとんどないからである。だが、少なくとも今世紀の初頭には、哲学者や認知科学者のあいだで内観や一人称報告を再評価する動きが高まってきた。

次のような意見もある。「心理学の方法としての内観の使用について、これを刷新する議論がなされてきている」[Gallagher & Sørensen, 2006: 120]、「そうした一人称的アプローチを使うことが科学的、方法論的に疑わしいと考える理由はまったくない」[Price & Aydede, 2005: 243]。このような見解を披瀝する論者たちによれば、心理学や脳科学の研究の多くの部分において、一人称報告は、三人称的な科学の方法論と組み合わせて使用されるべきであるだけでなく、実際に使用され、必要不可欠のものとなっている。以下では、これまでの議論をふまえつつ内観を再考し、それによって得られるデータの信頼性について、客観性概念を媒介に検討を加える。その際、マインド・リーディングの実践と内観との関係についても考えてみたい。

(1) 内観を再考する

自然科学の対象である自然的世界については、だれにとっても原理的には同じ権利でアクセスできる可能性が開かれている。もちろん、観察や実験の技能、さらには設備によって、個々の科学者のあいだで事実上の違いはある。ところが、人間の心の内面には、当人の内観によってのみ近づきうる不可侵の領域がある、と考えられている。内観による報告は、内観をしている当人を除いては、だれもその真偽を決定できる立場にない。心が私秘的だとされるからである。したがって、その報告の真偽は原理的に検証不可能であり、内観には不可知論の態度をとるしかない[Piccinini, 2003: 142]。以上が、内観に否定的な論者の結論である。しかし他方では、「内観による報告は、他の方法では収集できない証拠を提供してくれる」[*ibid.*]とする見方もある。では、内観による一人称報告が信頼できるデータ、エビデンスたりうるには何が必要なのか。この問いへの回答は本節の後半で詳らかにすることとして、その前に、内観についてもう少し議論を進めることとする。

古典的な意味での内観は、自己観察であり、意識へのアクセスである。したがって、そこには想起などが付随しているとされる(たとえば、ヴュルツブルク学派)。だが、第一節でも触れたようにヴントは、内観に想起などがともなうと、心の内容にそのつど主観的な変更（解釈）が加わると考え、このことを危惧して、知覚（観察）とその再現（報告）とのあいだを最小化し、想起の介在を避けるような実験などをデザインした。一方ジェームズは、内観はほとんど定義する必要のない概念だと付言したうえで、「じぶんの心をのぞき込み、そこで発見するものを報告すること」［James, 1890: 116］と規定している。ジェームズの内観は古典的なそれに近い。

現代における内観再考の動きのなかでは、以上のような議論をふまえて、「弱い内観」（weak introspection）と「強い内観」（strong introspection）の区別が提案された［Gallagher & Sørensen, 2006］。前者の事例は、「ライトが点くのが見えたらボタンを押してください」という指示に対してボタンを押す、といった単純な反応報告などである。先に触れたヴントの実験デザインの内観に近い。後者は、知覚対象ではなく対象を知覚しているじぶんの心のありかた、つまり意識に注意を向けることである。したがってそれは、意識についての想起や観察を含む豊かな内容をもつ内観のことであり、ジェームズの考えに近い。現代の心の科学は主として「弱い内観」を使っている。しかし、「弱い内観はより強い厳密な意味での内観ではない」［*ibid.*: 120］。「弱い内観」に注力する心の科学は、実験参加者の内的経験には興味をもっていないという見解もある。S・ギャラガー（Gallagher, Shaun）らは、心理学者が採用すべきは、「強い内観」だと主張している。

とはいえ、じぶんの意識に注意を向けたり、想起をともなったりするような強い内観には、その対象である心の内容ないし意識に変更を加えてしまい、データにばらつきが出てしまうのではないか、というおなじみの――内観による報告が科学的データに値しないという――批判がある。一方で、弱い内観によって得られるデータは、心の内容としては貧しいものにとどまる。（強い）内観を否定した行動主義が、心をひどく切り詰めたものにしてしまったことと同じ陥穽にはまり込むのだ。チョムスキーによる行動主義批判を思い起こしてほしい［Chomsky, 1959］。われわれが解明したいと考えている心は、弱い内観や行動主義がめざしたような貧弱な内容しかもたないものではない。めざすべきは、主観的解釈を可能なかぎり排除しながら（客観性の実現に向かいつつ）、意識に表れる豊かな内容に迫ることのできるような内観である。

どのようにすれば、スキュラとカリュブディスの待ち受ける隘路を通過できるのか。現象学に造詣の深い一部の論者たちは、強い内観を使うことを推奨する。しかし、現象学という用語には注意が必要である。英語圏で心の哲学や認知科学などは、この言葉を意識の主観的経験を指すものとして使っている。たとえば、現象学は「経験にともなう独特の感じ」（what it is like to have an experience）〔フィッシュ、二〇一四年、一〇〇頁〕などと言い換えられる。したがって、現象学の伝統のある日本では、この文脈で使われる場合、現象学ではなく「現象性」といった訳語が適切かもしれない。オーヴァーガードは一五年以上も前に、こう述べている。「「現象学」「内観」「主観的報告」などを大なり小なり同義語として理解するべきか、現象学はフッサール現象学に近いものとして理解されるべきで、それゆえ内観とはかなり異なるものだと理解すべきか、現時点では不明瞭である」［Overgaard, 2006: 629］。

この状況は、現在もさほど変わっていないようである。それは、特に英語圏で心の哲学や認知科学に関わる哲学者らの現象学に対する無理解に起因するものであろう。「現象学」を意識の主観的経験を表現する概念として使用することが習慣となっている英語圏の哲学者から見れば、フッサールの理論に共感することは難しいのかもしれない。だが本章では、断りのないかぎり、現象学をフッサールに起源をもつ哲学の流派としてあつかう。

「ヴントにとって内観は調査方法であった。それは、訓練された実験参加者が主観的解釈をすて、それに代えて意識に現れるとおりの「純粋」知覚を記述することであり、こうした指示は現象学の手続きに近づく」[Gallagher & Sørensen, 2006: 121]。ギャラガーらは、ヴントの方法の現象学的転換を試みようとしている。それは、ヴントの実践に近いと同時に、ジェームズの内観にも近い。つまり、「弱い内観」と「強い内観」それぞれのストロング・ポイントのみを取り入れた内観になる、というわけである。ギャラガーらは、ヴントによってなされた実験参加者の訓練に代えて、実験参加者に現象学的還元を実践してもらうことで、そうした内観を実現できると考えている[*ibid.*: 122]。それは、内容豊かで、かつ、ぶれの少ないデータを得ることのできる内観となることが期待されるのだ。

現象学的還元を理解いただくための前提として、現象学のそもそもの動機に触れておきたい。それは、存在論的には、デカルト的二元論を否定することで、認識論的には、この存在論を前提として帰結する主観—客観の認識モデルを否定することであった。デカルト以降の存在論とそこから帰結する認識論は、J・ロック(Locke, John, 1632-1704)やバークリ、ヒュームといった近代の哲学者たちを悩ませる問題を招来した。その認識論は、われわれは心(ないし意識)の外に実在する事物などを直接認識することはできず、心の中にできるその事物の写し、あるいは像を認識するというものである。この像はメンタル・イメージとか心的表象などと呼ばれることになる。だが、心の外の実在と心の中の表象とがどうして対応していると言えるのか、という難問に直面してしまう。この難問に対処しようとするなかで、バークリは観念論をとり、ヒュームは懐疑論者になる。前者は心の外の実在という考えを否定し、「存在することとは知覚(認識)されることである」と宣言した。つまり、世界はすべて心の中にあるということである。後者は、事物や世界が心の外に実在するかどうかは謎だという結論に達した。現象学的用語法では、心の外の事物や世界は意識を超えているという意味で「超越」と言われる。そして、超越的なものに関わるときの意識のありかたが、「超越論的」と形容される。このように現象学は、超越への意識の関わりかたを主題とするので、「超越論的現象学」と呼ばれることもある。現象学においては、心の外の超越（実在）はつねに意識との関係においてとらえられるため、デカルトに起源をもつ問題を避けることができる。

　現象学的還元とはいかなる方法なのか。これがフッサール現象学の最も重要な概念のひとつであり、現象学的思考を実践するうえでのアルファにしてオメガであることは間違いない。詳細な説明は本書の第一章にゆずるが、行論の都合上、必要な範囲で説明することとする。まずそれは、日常あたりまえに事物や世界が実在しているというわれわれの認識（フッサールはこれを「自然的態度」という）を停止することから始まる。自然的態度は、科学者のような精密な思考に関わる者たちも共有している。この態度の停止は、事物や世界の実在措定を「エポケーする」とか「括弧に入れる」などと言い換えられる。この作業の結果、現象する事物や世界は、意識にとっての事物や世界としてとらえ直される。これによって、心の中と外という分断は回避され、超越は意識に内在する超越、すなわち「内在的超越」となる。では、バークリ的な観念論との違いはどこにあるのか。違いは、実在世界があることが否定されているわけではない、という点にある。メルロ＝ポンティは、現象学的還元やハイデガーの「世界内存在」に触れながら、「世界の動機づけられない湧出」［Merleau-Ponty, 1945: VIII］と述べているが、これを観念論との違いととらえることもできるだろう。

　現象学的還元を内観に応用する方法は、いわば自由記述であると考えていい。可能なかぎり先入観

（自然的態度に基づく見解や仮説など）を取り払って――世界が実在するか否かさえ判断を控える――意識に現れるままを記述するというものである。

こうした内観で得られるデータは、いかなるものになるのか。それは客観的なものになりうるのか。ギャラガーらは、こうした質的データは「統計学の手法によって平均化したり、三人称の定量的データに還元したりするものではない」［Gallagher & Sørensen, 2006: 122］と言う。では、質的なデータをどうあつかえばいいのか。現象学の関心が経験の共通の構造にある、ということを思い起こしてみれば、質的側面をもつこれらのデータをめぐっては、粗めの間主観的共通性に焦点をあてるべきであろう。ギャラガーらは、次のような危惧を述べている。「実験者が科学的な客観性を求めるあまり、客観的方法を用いて内観による一人称報告を変質させ、単に平均化するだけでなく、一人称の主観的要素をも消し去ってしまう」［*ibid.*］。

以上のような議論を念頭に置きつつ、科学が重視する客観性という概念について少し立ち入って考察してみよう。

（2）データの信頼性と合意形成

科学的データやそれに基づく科学理論、あるいは科学的知識は客観性を有している、とされる。「科学が公共的あるいは間主観的方法」［Piccinini, 2003: 142］に依拠するからである。たとえばそのためには、対象とするデータの収集に関して、だれもが原理的に平等にアクセス可能であることが担保されていなくてはならない。つまり、特定の個人に認識的特権があることは許されない。

では、客観性とはいかなるものか。ひとつは、①実在する事物ないし事象と、観察や実験によって得られるデータやそれによって検証される科学理論が対応（correspondence）しているというものである。それは、対象を「曇りなく見ること、誠実に見ること」［Daston & Galison, 2007: 120］によって実現する。あるいは、対象を「として見る」のではなく、つまり解釈するのではなく、もっぱら「それを見ること」［*ibid.*: 122］に終始することで到達する客観性である。それは、「高度に訓練された」［*ibid.*］技能を持つ「意志をもたない機械のように振る舞う人間」［*ibid.*: 120-121］に依拠している。この対応は、鍛え上げられた曇りのない観察眼によって、繰り返し確認することができる。こうして、科学的客観性にとって重要な再現性が手に入ることになる。もうひとつは、②条件をそろえれば、異なる科学者が観察や実験を行っても、同じデータを得ることができ、それによって同じ理論に到達することができ、その結果科学者たちのあいだで見解が一致するというものである。R・M・ローティ（Rorty, Richard McKay, 1931-2007）にならって［Rorty, 1979: 333-341］、前者（①）を「実在との一致（対応）」（correspondence）としての客観性、後者（②）を「意見の一致（合意）」（agreement）としての客観性と呼ぶことにする。

もちろん、二つの客観性は無関係ではない。科学者たちの意見が一致するためには、データや理論が実在と対応していることが前提になるからである。曇りのない観察眼を共通してもつことができれば、客観性②は成立する。一方、既存のデータや理論が実在の事象と対応していないという疑義があれば、そのデータや理論について合意がくずれる可能性もある。もっとも、実在との対応について確証が得られなくても、意見が一致する場合はある。たとえば、電子は通常の意味では観察できない。観察できなくても、電子に関わる理論——電子がマイナスの電荷を帯びている、など——が観察可能なマクロの現象を説明する以上、それは実在世界に一致しているとされることも多い。もちろん、これに対しては、今は知られていない科学理論やデータでも、マクロの現象を予測できる可能性があり、そうした複数の理論やデータのあいだで競合が起き、どれが実在に対応しているか確定できないという反論がある。それでも、科学が手にしているいろいろな概念や理論で、見える現象を説明したり予測できたりすることは、それらの概念や理論が実在に対応しているという見解に関する合意形成に大きな役割を果たしている。

以上のような客観性の獲得過程を、日常的な場面にあてはめて考察してみよう。われわれが中学校や高等学校で経験するマグネシウムの燃焼実験がある。わたしがこのマグネシウムを使って実験を行っても、あなたが手にしているそのマグネシウムを使って実験をしても、ほぼ同じ結果が得られる可能性が高い。客観性が担保されるのだ。内観の場合、事はやっかいである。たとえば、わたしの心を内観するのはわたしであり、あなたの心をわたしが内観することはできない。わたしの心をあなたが内観することもできない。しかも、わたしの心とあなたの心は、わたしがもっているマグネシウムとあなたのマグネシウムほどは似ていないかもしれない。

では、科学のデータや理論は、手放しで客観性が認められるのか。少なくとも、科学者共同体という限られた集団のなかでは、客観性②は獲得される。しかし、科学の説明は日常の直感からはかけ離れ、理解が困難であることが多く、科学理論が科学者共同体を超えて、一般のひとびとを含む社会的合意形成（客観性②の成立）を得るにはべつのプロセスが必要である。たとえば、SARS-CoV-2はスパイク糖タンパク質を利用して宿主細胞へ侵入する。このタンパク質には二つの機能ドメイン──S1受容体結合ドメイン（RBD）と、ウイルスと宿主細胞の膜の融合を仲介する二番目のS2ドメイン──

が含まれる。SARS-CoV-2スパイク糖タンパク質は、まずS1受容体結合ドメインを介して宿主細胞のACE2受容体に結合し、次にS1ドメインがウイルス表面から剝がれ、S2ドメインが宿主細胞膜に融合できるようになる。こうした科学的説明について、ほとんどのひとびとがその意味を理解していない。ただ受け入れるだけである。ではなぜ受け入れるのか。これらの知見が現象を予測し技術に応用され、その成果がメディアや科学者共同体の権威や科学教育などによって、一般のひとびとに伝わっていくからである。こうして、合意形成が図られる。

マグネシウムの燃焼実験の例にもう一度戻ると、物質は燃えると軽くなるというのが、日常的な感覚であろう。多くの場合、燃焼によって大量の水分が蒸発するからである。だが、マグネシウムは理論的にはもとの重さの一・七倍くらいになる。燃焼によって、酸素と結びついて酸化マグネシウムができるからである。ただし、中学校などの理科実験ではたいてい、一・七倍より軽い酸化マグネシウムができる。酸素の代わりに窒素と結びついてしまった窒化マグネシウムが混在したり、一部のマグネシウムが燃焼中に気化したりするからである。このように、もとの日常の理解――物質が燃えると軽くなること――に合わないような現象に出会っても、秤に酸化マグネシウムをのせ、示された数値を見れば、ただちに納得し、直感の誤りを修正する。合理的に物事をとらえる教育や、秤の機能や質量の概念についての教育を受けているためである。

これに対して、内観による報告も利用して得られる心理学理論の利点は、日常の感覚によって合意が形成されやすいという点である。たとえば、参加者を怒らせるようにデザインされた実験で、「怒りを感じたらそれを報告してください」という指示があり、それを複数のひとびとが見ているとする。実在（怒りをもった実験参加者の心的状態）とデータ（当該の報告）との対応に関するひとびとのあいだの合意は、比較的容易に成立するだろう。これをサポートする大きな要因のひとつは、他人の心を理解する能力、あるいはマインド・リーディングの技能である。

本節の（1）で、現象学的還元の内観への応用というプログラムを紹介した。それによれば、「弱い内観」と「強い内観」のストロング・ポイントのみを取り入れた内観を実現することが可能であるとされた。現象学的還元の実践は、一人称報告をする当人の技能を磨き上げるというもので、ヴントの行った実験参加者の訓練と類似した点がある。もちろん、ヴントが「推論、解釈、あるいは知性を抜きにした」[Daston & Galison, 2007: 17] 機械が記録するような内観をめざしたのに対し、現象学的還元には方法論的知性がともなっている。内観による報告の信頼性を高めるには、この現象学的還元に、マインド・リーディングの技能を加えるべきというのがわれわれの見解である。以下では、内観とマインド・リーディングの関係について考えてみたい。

（3）内観とマインド・リーディング

本節の重要な問題のひとつは、内観による報告が科学の名に値する研究に利用可能なデータないしエビデンスになりうるのか、という論点である。では、他人の心の内容を理解しようとする日常の行動のなかで、われわれは何に依拠しているのか。ターゲットとなる他人の心は、そのひとの表情や身体動作、そして何よりもそのひとが折に触れて口にする心のうちなる報告によって理解していると言えるのではないか。「喉が渇いた」、「イライラする」、「その難問が解けてほっとした」、「君に会えてうれしい」、「今シーズンは、学会でミラノに行くつもりだ」。これらはすべて、ある意味で内観による一人称報告である。もちろん、「イライラする」と発話することには、周囲に圧力を与えたり部下に仕事を急がせたりといった目的があるかもしれない。だが、それが同時に内観による報告であるということは明らかである。「内観による報告から学ぶ能力は、マインド・リーディングの一部、つまり他人の心の内容を発見する能力でもある」[Piccinini, 2003: 143-144]。したがって、内観による報告から得られるのは、私秘的データではなく、素材としてはすぐれて公共的なデータなのである。

マインド・リーディングの能力を考慮すると、当人の報告がそのひとの心的状態と対応しているかどうかを決めるのは、当人だけではない。当人とそれを取り巻く状況に参与している他者の報告――そのひとの心を理解しようとする周囲の他者の報告――がもうひとつの判定基準になりうるのだ。内観による報告をするひとよりも、その周囲のひとびとの見解がより正確である場合もある[*ibid*.: 146]。それは、当人の行動を含めた状況証拠の積み重ねによって確認できる。つまり、あるひとの心の内容についての当人の表情やしぐさ、報告などは、そのひととコミュニケーションをしている周囲のひとびとによって報告可能である。これは二人称報告であるが、周囲のひとびと各人の観点からすれば、他人の心的状態を理解するじぶんの心の内容についての報告――一人称報告――でもある。ただしそれは、ターゲットとなる「あるひと」自身の報告とは階層が異なっている。あるひとの心の内容とその報告は、観察対象とそれを記述する言語である。その真偽を確認できる立場にあるのが、周囲のひとびとである。

電子という観察できない対象について、「電子はマイナスの電荷を帯びている」という命題が事実と対応しているかどうかを確認するのは、電子の周囲にいるひとびと（科学者たち）である。複数の科学者が、その命題が事実と対応していることを確認できれば、それについて合意形成がなされる。

あるひとが「私は怒りを感じている」という心的状態を報告したとする。その真偽決定（報告が心的状態という事実と対応しているかどうか）と合意形成に関与できるのが、そのひとを取り巻く状況に参与しているほかのひとびとなのである。

以上を考慮すると、内観による報告を内容豊かでぶれの少ないデータを得る方途へと格上げするためには、現象学的還元のような一人称的アプローチだけでは足りない。報告をする周囲のひとびとを含めた、いわば二人称複数のアプローチを加えるべきなのだ。では、現象学的還元と一人称および二人称複数のアプローチをどのように用いるべきなのか。先に挙げたような報告の事例――「喉が渇いた」、「イライラする」、など――では、当人は経験について素朴な一人称報告をしているだけである。一方、そのひとの内心を理解しようとする周囲のひとによる報告はメタレベルのものである。つまり、現象学還元を必要とするのは、そのひとの表情、動作、ことばなどを理解しようとする周囲のひとたちなのだ。現象学還元によって、そのひとに隠れた心があるといった素朴な前提さえも保留されることになる。本章の最後で紹介する仮想実験は、こうした状況を想定したものである(12)。

（4）仮想実験

これまでの議論を念頭においた仮想実験（図2―3）を提案することで、本章を締めくくりたい。

ある集団、たとえば一〇人の参加者で、ある作業――何かを作るといった手作業――を、楕円状の机で行ってもらう。参加者は互いに顔が見えるように向き合い、ほかのひとの表情などを確認できる距離で着席する。そのひとたちは、自由にコミュニケーションをとりながら作業を進める。当該の作業はやや手間のかかるもので、不器用なひとには、少し難しいと感じられる。

その集団のなかで、ターゲットをあらかじめひとり決めておく。ターゲットの人物は、数百人規模で事前のアンケート調査を行って、そのなかから選定した特徴的な性格傾向をもつひととする。ほかの九人の参加者たちには、実験を説明するときにターゲットについて知らせ、そのひとの心的状態や性格傾向をマインド・リードするよう依頼する。各マインド・リーダーがターゲットを適切に見ることのできる視角に合わせてカメラを設置し、作業やコミュニケーションの状況を記録する。ターゲットには、作業中の心的状態について、じぶんの作業活動やコミュニケーションの様子が記録されたカメラ映像を見ながら事後的に報告をするように依頼する。

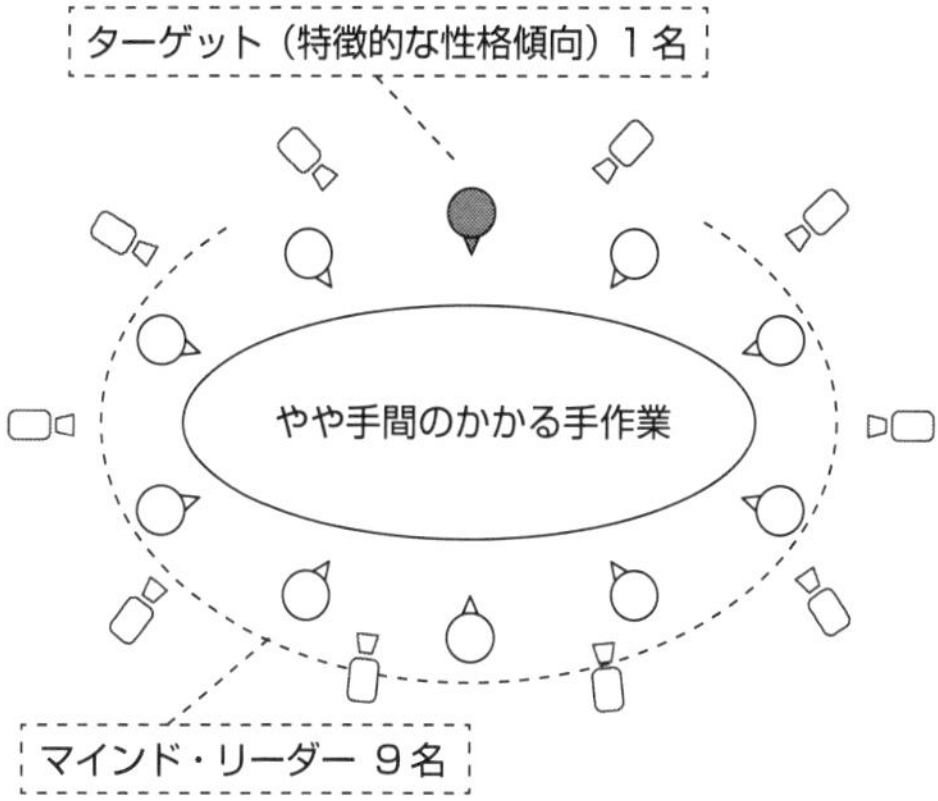

図2—3
・各10名が製品を作る（手作業）
・自由にコミュニケーション

カメラ：作業やコミュニケーションを記録
ターゲット：じぶんの様子を報告
マインド・リーダー：ターゲットの心的状態や性格をマインド・リード

マインド・リーダーたちには、作業中、ターゲットの表情や身体動作、発話を通じたコミュニケーションなどからその心的状態を読み取るよう努めてもらう。その内容については、じぶんの視角からターゲットが映されているカメラ映像を見ながら事後的に報告してもらう。また、たとえば、「ターゲットは、じぶんと世間話をしながら少し複雑な工程に入って○○と発話したときにちょっとイライラしたと思う」という報告があれば、その発話したときの時間を特定できるようにしておく。これによって、九人のマインド・リーダーたちの報告についてより細かく正確な比較を行うことができる。

参加者たちが報告する際は、ギャラガーらの言う意味での現象学的還元を実践してもらう。ターゲットの心的状態や心的傾向性に関して得られる記述(ターゲット自身の内観による報告とターゲットを観察して得られたマインド・リーダーたちの報告)は、「水の分子構造はH_2Oである」とか「電子はマイナスの電荷を帯びている」のように画一的なものではない。多様で質的な日常言語の記述の集積である。われわれはその記述を比較しそこから緩やかな一般性、つまり「共通の質的特徴」(common qualitative features)、経験の不変の構造(the invariant structures of experience)[Gallagher & Sørensen, 2006: 122]を取り出すことを目標とするべきである。こうして、メルロ=ポンティが「スティル」[Merleau-Ponty, 1945: 378, 393, 418, 462, 506, 514-515, 519]という概念を用いて語ろうとした世界の共通の構造や、世界とわれわれとの共通性にも比せられるような心的内容の一般的構造に至るのである。それは、内観のもつ主観的要素を消し去ることのない緩やかな普遍性、あるいは間主観的客観性にほかならないのだ。

注

(1) 身体の機械化という観点から歴史に眼を向けてみると、一九世紀末頃の競技スポーツの誕生と関係が深い。競技スポーツとは、明確なルールが整備され、一定の管理下で記録が測られ勝敗が決定されるスポーツである。これ以降、身体(技能)は、計測され、理論化され、「テクノロジー化」[Vigarello & Holt, 2006: 177] されていく。心理学において人間が計測器になっていったことと、スポーツにおける人間身体のテクノロジー化の時期とが重なり合っていることは、興味深い歴史的事実である。

(2) 志向説というのが上位概念で、表象説はそのなかの有力なひとつであるがここでは区別しない。詳細については、フィッシュ、二〇一四年、九七頁以下を参照。

(3) カルナップやヘンペルなどの論理実証主義者から出てきた行動主義を「論理的行動主義」と呼び、ライルやウィトゲンシュタインのそれを「日常言語の行動主義」と呼ぶ論者もいる [Kind, 2019: 53]。以下では、多くの慣例にならって、ともに論理的行動主義と言うことにする。また、ライルもウィトゲンシュタインも行動主義者ではない、といった見解もある [Ryle, 2009[1949]: 17, Crane, 2019: 84f.]。だがここでは、そうしたライル解釈には立ち入らない。

(4) ぼくの iPhone はあなたの iPhone とおなじだと言ったとき、それはタイプがおなじという意味で、トークンはべつである。要するに、トークンとは個物あるいは個体のことである。

(5) これらについては、さまざまな議論や見解がある。興味のある方は、さしあたり文献表にある以下にあたられたい。金杉(二〇〇七年)、キム(二〇〇六年)、美濃(二〇〇八年)、太田雅子(二〇一〇年)、柴田(二〇〇四年)、Kind (ed.), (2019)、Searle, (2008)

(6) 遺伝的条件も環境的条件もすべて、原理的にはそれらの物理的基盤を確定し、後者にのみ因果的作用を認めることができる、といった見解もあるかもしれない。だが、環境にはひとびとの多様な社会心理学的要素もふくまれているはずであり、こうした要素が、たとえば人間の脳のような物理基盤にきれいにスーパーヴィーンすることは不可能であろう。とすれば、ここで言われる環境条件のように、多様な物理的条件と人々の社会心理学的条件が混合した状態について、そこで生じる因果的作用を古典的な物理主義にもとづく物理基盤に限定して語ることは説得力を失うのである。

（7）本章では、GOFAIを第一世代、コネクショニズムを第二世代、身体に焦点をあてはじめたものを第三世代と呼んでいる［Nagataki & Hirose, 2007］。一方、GOFAIとコネクショニズムを第一世代、身体性認知科学を第二世代、認知主体と社会との関係に注目する認知科学を第三世代とする用語法もある（横澤・鈴木・川合・嶋田、二〇二二）。

（8）「身体化された」は、以下のように非常にさまざまなかたちで使われ、本書の議論の中核を形成している。「身体化された思考」、「身体化された行動」（クラーク、二〇一二年、xiii頁ほか）、「身体化された行動選択」（同、xiv頁）「身体化された心」（同、ほか）、「身体化された有機体」（同、五頁ほか）、「身体化された存在者」（同、六頁ほか）、「身体化された知識」（同、九頁ほか）、「身体化され、環境に埋め込まれた行為者」（同、一〇頁ほか）、「身体化された計画する行為者」（同、一一頁ほか）、「身体化されたシステム」（同、二八頁ほか）、「身体化された認知」（同、三三頁ほか）、「身体化された行為者」（同、六九頁ほか）、「身体化された能動的認知」（同、一一〇頁ほか）、「身体化された知性」（同、一二四頁ほか）、「身体化され、環境に埋め込まれた認知」（同、一二九頁）、「身体化されたパースペクティブ」（同、一四四―一四五頁ほか）、「身体化され、環境に埋め込まれた行為」（同、一六八頁ほか）、「身体化され、環境に埋め込まれての適応的成功」（同、一七五頁）、「身体化され、環境に埋め込まれて、創発の負荷がかかった認知」（同、一七六頁）、「身体化され、環境に埋め込まれた認知者」（同、一八八頁）、「ラディカルな身体性認知」（同、二〇六頁ほか）、「身体化され、環境に埋め込まれたアプローチ」（同、二三六頁ほか）、「身体化され、社会と環境に埋め込まれた心」（同、三〇九頁）、「身体化され、社会と環境に埋め込まれたパースペクティブ」（同、三一〇頁）。

（9）筆者がUCバークリーのドレイファスのもとで在外研究を遂行していたときに、かれと議論するなかで出てきたことばである。ドレイファスは、古典的人工知能にもニューラルネットワークにも批判的であったが、第三世代認知科学と称される身体性認知科学に対しては肯定的な評価をしており、「認知科学における現在（二〇〇〇年）の動向は、われわれの人工知能批判の勝利（victory）を証明するものである」と語っていた。その勝利の証拠として、認知科学に関する広範な知見に依拠したクラークの研究に言及していた。

(10) 詳細については、長滝祥司『メディアとしての身体』東京大学出版会、第5章を参照されたい。

(11) 現象学者が「内観」ということばを避けたいということであれば、「自分の経験に関する反省的な記述」と言ってもいいだろう。この文脈において、両者は同じ意味である。

(12) 実験参加者の内観による一人称報告に暗黙裏に依拠しながら心の科学や脳科学を遂行している研究者たちは、実験参加者たちと実験者（研究者）たちの相互理解という二人称複数の状況をやはり暗黙裏に前提にしている、という事実を指摘しておきたい［Jack & Roepstorff, 2002: Box 2］。

参考文献

Baldwin, Thomas, (2010). https://plato.stanford.edu/entries/moore/

Bennett, Jonathan, (1971). *Locke, Berkeley, Hume : Central Themes*, Oxford University Press.

Block, Ned, (1990). "Can the Mind Change the World?", Boolos, G. (ed.), *Meaning and Method : Essays in Honor of Hilary Putnam* (pp.137-170), Cambridge University Press.

Boring, Edwin G., (1953). "A History of Introspection", *Psychological Bulletin*, 50(3), 169-189.

Chomsky, Noam, (1959). "A Review of B. F. Skinner's *Verbal Behavior*", *Language*, 35(1), 26-58.

Crane, Tim, (2019). "A Short History of Philosophical Theories of Consciousness in the 20th Century", Kind, A. (ed.), *Philosophy of Mind in the Twentieth and Twenty-first Centuries : The History of the Philosophy of Mind,* vol. 6. 77-103, Routledge.

Danziger, Kurt, (1980). "The History of Introspection Reconsidered", *Journal of the History of the Behavioral Sciences*, 16, 241-262.

Daston, L. & Galison, P., (2007). *Objectivity*, Zone Books.〔ダストン、L&ギャリソン、P（二〇二一年）『客観性』

瀬戸口明久・岡澤康浩・坂本邦暢・有賀暢迪訳、名古屋大学出版会〕

Feigl, Herbert, (1958). "The 'Mental' and the 'Physical'", *Minnesota Studies in the Philosophy of Science*, 2, 370-497.

Fink, Eugen, (1976). "Operative Begriffe in Husserls Phänomenologie", *Nähe und Distanz. Phänomenologische Vorträge und Aufsätze*, 180-204, Verlag Karl Alber.

Fodor, Jerry A., (1983). *The Modularity of Mind : An essay on Faculty Psycholory*, MIT Press.

Gallagher, S. & Sørensen, Jesper B., (2006). "Experimenting with Phenomenology", *Consciousness and Cognition* 15, 119-134.

Gallagher, S. & Zahavi, D., (2008). *The Phenomenological Mind : An Introduction to Philosophy of Mind and Cognitive Science*, Routledge.〔ギャラガー、S&ザハヴィ、D（二〇一一年）『現象学的な心――心の哲学と認知科学入門』石原孝二、宮原克典、池田喬、朴嵩哲訳、勁草書房〕

Hanson, Norwood R., (2018). *Perception and Discovery : An Introduction to Scientific Inquiry* (Second Edition), Synthese Library, Studies in Epistemology, Logic, Methodology, and Philosophy of Science 389, Lund M. D. (ed.), Springer.〔ハンソン、N・R、ハンフリース、W・C編（一九八二年）『知覚と発見――科学的探究の論理』〈上・下〉、野家啓一・渡辺博訳、紀伊國屋書店〕

Hatfield, Gary, (2005). "Introspective Evidence in Psychology", Achinstein, P. (ed.), *Scientific Evidence : Philosophical Theories and Applications*, 259-286, Johns Hopkins University Press.

Hempel, Carl Gustav, (1980). "The Logical Analysis of Psychology", Block, N. (ed.), *Readings in Philosophy of Psychology,* vol. I, .14-23, Harvard University Press.

Husserl, Edmund, (1954). *Die Krisis der Europäischen Wissenschaften und die Transzendentale Phänomenologie,* Husserliana Bd. VI, Martinus Nijhoff.〔フッサール、E（一九七四年）『ヨーロッパ諸学の危機と超越論的現象学』細谷恒夫・木田元訳、中央公論社〕

Jack, A. I. & Roepstorff, A., (2002). "Introspection and Cognitive Brain Mapping : From Stimulus-response to

Script-report", *Trends in Cognitive Sciences* 6(8) 333-339.

Jackson, Frank, (2005). "Identity Theory of Mind", Craig, E. (ed.), *Encyclopedia of Philosophy*, 675-679, Routledge.

James, William, (1890). *The Principles of Psychology*, Henry Holt and Company.

James, W., (1884). "What is an Emotion?", *Mind,* 9(34), 188-205.

Kind, Amy(ed.), (2019). *Philosophy of Mind in the Twentieth and Twenty-first Centuries : The History of the Philosophy of Mind,* vol. 6. Routledge.

Kind, Amy, (2019). "The Mind-body Problem in 20th-century Philosophy", Kind, A. (ed.), *Philosophy of Mind in the Twentieth and Twenty-first Centuries : The History of the Philosophy of Mind,* vol. 6, 52-77. Routledge.

Kusch, Martin, (1995). "Recluse, Interlocutor, Interrogator : Natural and Social Order in Turn-of-the-century Psychological Research Schools", *Isis*, 86(3), 419-439.

La Mettrie, Julien Offray de, (1865). *L'homme Machine : Avec une Introduction et des Notes de Assézat*, F. Henry.〔ド・ラ・メトリ、J・O（一九五七年）『人間機械論』杉捷夫訳、岩波書店〕

Lakoff, G. & Johnson, M., (1999). *Philosophy in the Flesh*, Basic Books.

Lange, C. G. & James, W., (1922). *The Emotions*, Williams & Wilkins Company.

Lewis, David K., (1980). "Mad Pain and Martian Pain", Block,N. (ed.), *Readings in the Philosophy of Psychology* vol. I (pp.216-222), Harvard University Press.

Merleau-Ponty, M., (1945). *Phénoménologie de la Perception*, Les Éditions Gallimard.〔メルロ＝ポンティ、M（一九六七年／一九七四年）『知覚の現象学』第一分冊・第二分冊、竹内芳郎・小木貞孝・木田元・宮本忠雄訳、みすず書房〕

Merleau-Ponty, M., (1960). *Signes*, Les Éditions Gallimard.〔メルロ＝ポンティ、M（一九七〇年）『シーニュ』第二分冊、竹内芳郎監訳、みすず書房〕

Merleau-Ponty, Maurice, (1964). *L'œil et L'esprit*, Les Éditions Gallimard.〔メルロ＝ポンティ、M（一九六六年）

『眼と精神』滝浦静雄・木田元訳、みすず書房〕

Moore, George E., (1903). "The Refutation of Idealism", *Mind*, 12, 433-453.

Nagataki, S. & Hirose, S., (2007). Phenomenology and the third generation of cognitive science: Towards a cognitive phenomenology of the body, *Human Studies*, 30(3), 219-232.

Overgaard, Morten, (2006). "Introspection in Science", *Consciousness and Cognition*, 15, 629-633.

Piccinini, Gualtiero, (2003). "Data from introspective reports : Upgrading from commonsense to science", Jack, A. I. & Roepstorff, A. (eds.), *Trusting the subject* vol. 1, 141-156, Imprint Academic.

Place, Ullin T., (1956). "Is Consciousness a Brain Process?", *British Journal of Psychology*, 47, 44-50.

Place, U. T., (2004). "From Mystical Experience to Biological Consciousness : a Pilgrim's Progress?", Graham, G. G. & Valentine, E. R. (ed.), *Identifying the Mind : Selected Papers of U. T. Place*, Oxford University Press.

Price, D. D. & Aydede, M., (2005). "The Experimental Use of Introspection in the Scientific Study of Pain and its Integration with Third-person Methodologies : The Experiential-phenomenological Approach", Aydede, M.(ed.), *Pain : New Essays on its Nature and the Methodology of its Study*, 243-273, Bradford Books.

Price, Henry H., (1932). *Perception*, Methuen & Co. Ltd.

Prinz, Jesse J., (2004). *Gut Reactions : A Perceptual Theory of Emotion*, Oxford University Press. 〔プリンツ、J（二〇一六年）『はらわたが煮えくりかえる――情動の身体知覚説』源河亨訳、勁草書房〕

Putnam, Hilary, (1979). *Mind, Language and Reality : Philosophical Papers*, vol. 2, Cambridge University Press.

Rorty, Richard M., (1979). *Philosophy and Mirror of Nature*, Princeton University Press. 〔ローティ、R・M（一九九三年）『哲学と自然の鏡』野家啓一監訳、産業図書〕

Ryle, Gilbert, (2009[1949]). *The Concept of Mind*, 60th Anniversary Edition, Routledge. 〔ライル、G（一九八七年）『心の概念』坂本百大・井上治子・服部裕幸訳、みすず書房〕

Scheler, Max, (1973). *Wesen und Formen der Sympathie*, Gesammelte Werke Bd. 7, Francke Verlag.

Searle, John R., (2008). *Philosophy in a New Century*, Cambridge University Press.

Searle, J. R., (2015). *Seeing Things as They Are : A Theory of Perception*, Oxford University Press.
Smart, John J. C., (1959). "Sensations and Brain Processes", *Philosophical Review*, 68, 141-156.
Spener, Maja, (2019). "Introspecting in the 20th Century". Kind, A. (ed.), *Philosophy of Mind in the Twentieth and Twenty-first centuries : The History of the Philosophy of Mind*, vol. 6, 148-174. Routledge.
Stratton, George M., (1903). *Experimental Psychology and its Bearing upon Culture*, Macmillan.
Strawson, Peter F., (1979). "Perception and its Objects", Macdonald, G.F., *Perception and Identity : Essays Presented to A. J. Ayer with his Replies to Them*, 41-60, The Macmillan Press Ltd..
Vigarello, G. & Holt, R., (2006). Corbin, Dns A. (ed.) *Histoire du corps 2 : De la Révolution à la Grande Guerre* (pp.321-388), Éditions du Seuil.〔ヴィガレロ、G&ホルト、R（二〇一〇年）「鍛えられた身体」築山和也訳、小倉孝誠監訳、『身体の歴史』〈II〉藤原書店〕
Watson, John B., (1913). "Psychology as the Behaviorist Views It", *Psychological Review*, 20, 158-177.
Wittgenstein, Ludwig J. J., (1964). *Philosophische Bemerkungen*. R. Rhees (ed.), Basil Blackwell.〔ウィトゲンシュタイン、L（一九七八年）『ウィトゲンシュタイン全集』〈2〉奥雅博訳、大修館書店〕
Wittgenstein, L. J. J., (1953). *Philosophische Untersuchungen*. Anscombe, G. E. M. (ed.), Basil Blackwell.〔ウィトゲンシュタイン、L（一九七六年）『ウィトゲンシュタイン全集』〈8〉藤本隆志訳、大修館書店〕
Wundt, Wilhelm M., (1896). *Grundriss der Psychologie*. Wilhelm Engelmann.
（以上、訳書を参照しその頁数を記した文献もあるが、著者の都合で訳文に変更をくわえたものもある。訳者のご寛恕を乞う次第である）

アイディ、ダン（二〇〇四年）「物質を取り込む——現象学と技術の哲学」廣瀬覚訳、長滝祥司編『現象学と二十一世紀の知』二一六—二四三頁、ナカニシヤ出版。

浅田稔（一九九八年）「身体性による知能の発現」『人工知能学会誌』一三巻一号、一四—一五頁。

浅田稔（二〇一一年）「認知発達ロボティクス——構成的理解が導く身体性情報学」『情報・システムソサイエティ誌』

一六巻三号、一一—一二頁。

浅田稔（二〇二〇年）『浅田稔のＡＩ研究道——人工知能はココロを持てるか』近代科学社。

浅田稔・國吉康夫（二〇〇六年）『ロボットインテリジェンス』岩波書店。

浅田稔・石黒浩・國吉康夫（一九九九年）「認知ロボティクスの目指すもの」『日本ロボット学会誌』一七巻一号、二—六頁。

クラーク、アンディ（二〇一二年）『現れる存在——脳と身体と世界の再統合』池上高志・森本元太郎監訳、ＮＴＴ出版。

デカルト、ルネ（二〇〇一年）「屈折光学」青木靖三・水野和久訳、『デカルト著作集　１　増補版』アダン、Ｃ、タヌリ、Ｐ編、一一一—二二二頁、白水社。

デカルト、Ｒ（二〇〇六年）『省察』山田弘明訳、ちくま学芸文庫。

デカルト、Ｒ（二〇〇八年）『情念論』谷川多佳子訳、岩波文庫。

デカルト、Ｒ（二〇一三年）『デカルト全書簡集』第五巻、アダン、Ｃ、タヌリ、Ｐ編、持田辰郎・山田弘明・古田知章・吉田健太郎・クレール・フォヴェルグ訳、知泉書館。

デモクリトス（一九九八年）「デモクリトス」『ソクラテス以前哲学者断片集』第Ⅳ分冊、ディールス、Ｈ、クランツ、Ｗ編、山田道夫・内山勝利・中畑正志・三浦要・高橋憲雄・角谷博訳、二六—二七四頁、岩波書店。

デイヴィドソン、ドナルド（一九九〇年）『行為と出来事』服部裕幸・柴田正良訳、勁草書房。

ドレイファス、ヒューバート・Ｌ（一九九二年）『コンピュータには何ができないか——哲学的人工知能批判』黒崎政男・村若修訳、産業図書。

フィッシュ、ウィリアム（二〇一四年）『知覚の哲学入門』山田圭一監訳、源河亨・國領佳樹・新川拓哉訳、勁草書房。

フッサール、エトムント（二〇〇一年）『デカルト的省察』浜渦辰二訳、岩波文庫。

ジェンキンズ、スティーヴン・Ｈ（二〇二一年）『あなたのためのクリティカル・シンキング』廣瀬覚訳、共立出版。

キム、ジェグォン（二〇〇六年）『物理世界のなかの心——心身問題と心的因果』太田雅子訳、勁草書房。

けいはんな社会的知能発生学研究会編（二〇〇四年）『知能の謎——認知発達ロボティクスの挑戦』講談社。

金杉武司（二〇〇七年）『心の哲学入門』勁草書房。

久野義徳（一九九六年）「知能の実現における行動する身体を持つロボットの必要性」『日本ロボット学会誌』一四巻四号、四七一頁。

レイコフ、ジョージ（一九九三年）『認知意味論――言語から見た人間の心』池上嘉彦・河上誓作他訳、紀伊國屋書店。

レイコフ、G&ジョンソン、マーク（一九八六年）『レトリックと人生』渡部昇一・楠瀬淳三・下谷和幸訳、大修館書店。

美濃正（二〇〇八年）「決定論と自由――世界にゆとりはあるのか？」『岩波講座　哲学　02　形而上学の現在』一六一―一八六頁、岩波書店。

中島秀之（一九九六年）「手足を持った人工知能」『日本ロボット学会誌』一四巻四号。

長滝祥司（二〇一二年）『メディアとしての身体――世界／他者と交流するためのインタフェース』東京大学出版会。

大森荘蔵（一九九四年）『時間と存在』青土社。

太田雅子（二〇一〇年）『心のありか――心身問題の哲学入門』勁草書房。

大津展之（一九九四年）「リアルワールドコンピューティング研究計画――実世界における柔軟な知能を目指して」『人工知能学会誌』九巻三号、三五八―三六四頁。

プラトン（一九七四年）『プラトン全集』第二巻、田中美知太郎・藤沢令夫編、岩波書店。

サール、ジョン（二〇一二年）「中国語の部屋論法」佐藤英明訳、ロバート・A・ウィルソン、カイル・C・フランク編『MIT認知科学大事典』共立出版。

柴田正良（二〇〇四年）「The Exclusion Problem とエピフェノメナリズム」『理想』六七二、六九―八二頁。

鈴木貴之（二〇一五年）『ぼくらが原子の集まりなら、なぜ痛みや悲しみを感じるのだろう』勁草書房。

戸田山和久（二〇一六年）『恐怖の哲学』NHK出版。

トマセロ、マイケル（二〇〇六年）『心とことばの起源を探る』大堀壽夫・中澤恒子・西村義樹・本多啓訳、勁草書房。

横澤一彦・鈴木宏昭・川合伸幸・嶋田総太郎（編）（二〇二二年）『認知科学講座』全四巻、東京大学出版会。

ウィノグラード、テリー&フローレス、フェルナンド（一九八九年）『コンピュータと認知を理解する――人工知能の限界と新しい設計理念』平賀譲訳、産業図書。

第三章

認知システムと発達の理論展開

——他者論から現代発達研究へ

柴田健志

第一節　視線・羞恥・超越性・対他存在——サルトルの四基本概念

サルトル（Sartre, Jean-Paul, 1905-80）の他者論は「見られる」という経験の存在論的な意味を掘り下げるという独特の論理に基づいて構築されている。その射程は発達研究の領域にまで広がっていると考えられる。この観点から、サルトルの他者論の理解をもとにして、幼児の他者理解に関する現代の発達研究を批判的に検討することが以下の論考の主題である。そこでまず始めに、『存在と無』第三部第一章における「視線」（regard）と題されたテキストを分析して、サルトルの他者論を主要な四つの概念すなわち「視線」「羞恥」「超越性」「対他存在」にまとめてみたい。

（1）「見られる」という意識の分析

私は公園のベンチに腰掛けて芝生の緑を眺めている。そこに誰かがやってきたことに私は気づく。サルトルは「視線」と題されたテキストをこのように語り始める。私はその人の存在を芝生とは異なる次元でとらえるが、彼を異なる次元においているのはその主観性にほかならない。他者を認識するということは、私の世界のなかへ別の主観性が出現したことを認識することである。私とは別の主観性としての他者の存在を示すものがサルトルのいう「視線」にほかならない。それゆえ、公園に誰かがやってきたことに私が気づくということは、私の「視線」とは別の「視線」がそこに感知されたということを意味している。

では、たまたま私の視野に現れた通行人は、私に対してどのような意味を持つのであろうか。私が世界（公園の芝生）とのあいだに保っていた関係は、見知らぬ他者の侵入によって何か変化を被るのであろうか。他者の「視線」が私の見ている公園の芝生に向けられたとしても、芝生の緑それ自体に変化が生じるということはありえない。しかし、芝生の緑を見ている私にとってはそうではないとサルトルはいう。なぜなら、他者の出現によって、私の見ているこの芝生は私のパースペクティヴとは異なったパースペクティヴのなかにおかれることになるからである。芝生の前に事物をおいたとしても、それによって生じることは、たとえば芝生の眺めが遮られるというようなことである。これは基本的に私のパースペクティヴのなかでの変化にすぎない。しかし、他者の出現という事態はこれとは事情が異なる。新たに出現したパースペクティヴのなかでは「私の空間性ならざる空間性が繰り広げられる」[Sartre, 1943: 293] からである。私は彼のパースペクティヴからものを見ることができないのだから、彼の出現によって、私の目の前に広がる世界は私が見ることのできない次元を持ってしまうことになる。私の「視線」は他者の「視線」のもとにある芝生の緑を決して「見る」ことができないのである。この意味で、他者の出現によって世界は私から「逃げ去る」[*ibid.*] のだ。「この〈芝生の〉緑は、私の手からはすべり落ちていく顔を他者の方に向ける。私は他者に対するこの緑の関係を対象的な関係としてとらえるが、私はその緑を他者に現れるようにはとらえることができない。こうして、突然、私から世界を奪い去る対象〈他者〉が出現したのである。すべてはもとのままであり、すべてはいまも私にとって現実に存在しているが、すべては不可視の逃亡に貫かれ、新たな対象〈他者〉に向けて凝固してしまう」[*ibid.*: 294-295]。

このように、サルトルの他者論は世界に向けられた他者の「視線」の分析から始まっている。「視線」とは主観性の存在そのものである。ところが、サルトルは、外的な対象に向けられた「視線」から結論づけられる主観性の存在は蓋然的なものにすぎない、という。なぜなら芝生を見ているのはじつはロボットの機械の眼ではないかという懐疑が可能だからだというのだ。それゆえ、主観性すなわち他者の存在をわれわれが確信しているのであるとすれば、その確信はいったいどこから得られているのかが問われなければならないというのである。そしてサルトルはこの問いかけに対して次のように答えることができるという。他者の「視線」を何かに向けられた「視線」として考えているかぎり、他者の存在は蓋然性の域を出ない。それなら、他者の「視線」がほかならぬ自己に向けられている場合ならばどうであろうか。その場合には、主観性の存在がもはや懐疑を差し挟みうる余地なしに認められうるであろう。「もし対象としての他者が、世界とのつながりの中で、私の見ているものを見ている対象として定義されるならば、主観としての他者と私との根本的なつながりは、他者によって見られるという不断の可能性へと帰着させることができなければならない」[*ibid.*: 296]。

では、私の見ているものを見ている存在と、端的に私を見る存在との差異は何であろうか。他者の主観性の存在に関する認識の可能性のすべては、この問いのなかにあるといってよい。サルトルは、私を見るものとしての他者の存在は確実であるという。言い換えれば、私が主観性の存在を確信するのは、他者によって「見られる」という経験によってである。では、「見られる」という経験はどうしてそのような確信をもたらしうるのであろうか。この問いかけに対する答えがサルトルの議論を理解するポイントである。外的な対象に向けられた「視線」のもとに主観性を察知できたとしても、その判断は蓋然的なものであった。その「視線」はロボットの機械の眼なのかもしれないという可能性を排除しえないからである。それなら、自分に向けられた視線からは、この可能性が排除されうるのであろうか。無論、排除しうるのでなければならない。では、いったいなぜそのように考えうるのであろうか。この点に答えるのが「羞恥」(honte) という情動に関するサルトルの論理である。

サルトルの議論において最も重要な点は、他者によって見られているという意識が「羞恥」という情動をもたらすという点である。この情動の特質は、もし他者が存在しなければそのような情動は私のうちに発生しえないという点にある。言い換えれば、「羞恥」という情動の意味は、他者によって「見られる」ことから決して切り離しえないものである。「羞恥」という情動には必然的に他者の存在が含意されていると考えられるのだ。「実際、誰かが私を見ていると思うのは、私が自分は対象であるという意識を持つからである。しかし、この意識は他者の現実的な存在において、またそれによってでなければ生み出されえないものなのである」[*ibid.*: 310]。「羞恥」に関するサルトルの分析を以下で再構成することによって、サルトルの洞察の深さを具体的に確認していこう。

サルトルによれば、他者の「視線」を感じるという経験は、「羞恥」という情動がおのれの存在を覆い尽くしてしまう経験である。たしかに、日常の経験においても他者の眼差しはしばしば「羞恥」を感じさせるものである。しかし、見られるということはそもそもなぜ恥ずかしいのであろうか。鍵穴から部屋のなかを覗くという、哲学史上でも傑出した例が『存在と無』に登場している [*ibid.*: 298-299]。そんな行為を誰かに見られるのが恥ずかしいことであることはいうまでもない。しかし、この例のみに固執することは誤解を招きやすい。なぜならサルトルがこの例を使って示そうとしていることは、このような恥ずべき行為をじっさいに見られるということよりも、むしろ自分が見られていると感じること自体が「羞恥」をもたらすという点だからである。すなわち自己が誰かの対象になっていると感じること自体がこのような情動をもたらすと考えられるのである。

では、サルトルのいう「羞恥」とは、厳密にはどのような情動を指しているのであろうか。私にとって私は対象ではない。ところが他者にとっては、私は対象となりうるであろう。いや、他者にとってのみ、私は対象となりうる。しかし、他者にとっての私は他者にとってのみ存在するものなのであり、したがってそれは私自身には本質的な関係を持たないと考えられないであろうか。サルトルは、そのような考えは成立しないという。たとえば、自分の性格についての他者の評価を自分に関係のないものとして無視しうるであろうか。一見すると、それは単なる他者の意見であり、その人には私がそのように見えているというにすぎない。にもかかわらず、私はその意見を完全に私から切り離して冷静に聞くことは難しいだろう。なぜなら、その意見とはまさしく私についての意見なのだから。「他者が私の性格について記述したものを私が見せられるとき、私は決して自分の姿をそこに認めるわけではないが、それにもかかわらず私はそれが私であることを知る。人が私に提示するこの見知らぬ姿を、私はただちに引き受けるのであるが、しかしそれが見知らぬ姿であることに変わりはない」[*ibid.*: 314]。

サルトルのいうように、われわれは他者のみが知っている私を自分のものとしている。そうしないわけにはいかないのだ。ここに「羞恥」の真の意味があるのだ。われわれは何か非難されるべき行為を人から見られた場合にのみ「羞恥」を感じるわけではない。むしろ、そのような「羞恥」の理解は表面的なものである。じっさい、非難される場合とは正反対に、人から褒められたとき（「彼は優秀である」等々）に感じられるのは紛れもなく「羞恥」（通常は「照れ」と呼ばれる）なのだから。

サルトルは「羞恥」を分析するなかで「恐怖」（crainte）[*ibid.*: 327] と「自負」（fierté）[*ibid.*: 329] に触れている。というのも、サルトルによれば、これらもまた他者の「視線」を感じることによって発生する情動であり、その点で「羞恥」の一種であると考えられるからである。「恐怖」とは、私にとっての私の存在（サルトルのいう「対自」）が、他者の「視線」に晒されることで脅かされているという情動である。他者の「視線」がもたらす私はいわば私ならざる私である。しかしこの私ならざる私を、私は自分の存在次元として引き受けざるをえない。私ならざる私とは対象としての私（サルトルのいう「即自」）であって、そのような存在の仕方は、私にとっての私の存在の仕方と異なる。私にとっての私（「対自」）の意味は、つねに自己の諸可能性に向けてその存在の所与性を超出していくことにあるからである。これに対して、対象として存在するということはある性質を持つものとしてその所与性を凝固させてしまうことなのである。「恐怖」とは、私にとっての私（「対自」）が、他者にとっての対象としての私（「即自」）に飲み込まれ、後者が崩壊すると同時に前者も崩壊してしまわないかという危惧の念にほかならない［*ibid.*: 327］。このようなサルトルの考察には現実性がある。じっさい、人からもはや評価されなくなったとき、なお自己の諸可能性に向けておのれの存在を超出していくことは非常に困難なことであると感じられないであろうか。

続いて「自負」を考えてみよう。「自負」は「羞恥」とは正反対のものであるように見える。しかし、サルトルによれば、「自負は根源的な羞恥を排除するものではない」［*ibid.*: 329］。むしろ、「自負が打ち建てられるのは根源的な羞恥すなわち対象であるという羞恥の地盤の上においてである」［*ibid.*］。他者の対象となることで現れる私とは、本来は私の与り知らぬ私の姿である。ところがこの他者から与えられた自己の姿に対して「自分に責任があると認める」［*ibid.*］とすれば、そこから「自負」が発生する、とサルトルは指摘している。そしてサルトルはこの情動を「虚栄」（vanité）［*ibid.*: 330］と言い換えている。なぜなら自分の与り知らぬ自分を自分で所有しようとするということは、人の眼に触れる次元でのみ自己たることを欲するということを意味するからである。サルトルによれば「自負」ないし「虚栄」とは次のような情動である。「他者が私を対象として構成しているかぎりにおいて他者が私に付与するところのこの美、この力、この精神を、私はあえて逆用することによって、讃嘆の感情もしくは愛の感情を他者に受動的に帯びさせようとする」[*ibid.*]。「対自」が「即自」を引き受けざるをえないことが「羞恥」(および「恐怖」)を作り出していたのに対し、「自負」においては「対自」としての存在からあえて眼を背けることによって「対自」と「即自」の葛藤が避けられようとしている。この意味において、「自負」は「羞恥」からの「逃亡的な反応」[*ibid.*]として考えられるのである。「羞恥」「恐怖」「自負」、これら三つの情動は、他者の眼差しを感じるかぎりでのわれわれの存在を全体として規定するものとして言及されている。われわれが他者の存在を見出すのは、これらの情動を自己の内に経験することを通してである。

以上がサルトルの「羞恥」の論理である。結論をまとめておこう。他者の「視線」はロボットの機械の眼ではない。もしそうなら、「羞恥」など生じないであろう。それゆえ、ロボットの眼を根拠にした懐疑はこの場合には成り立たない。それゆえ、私が「羞恥」を感じるという経験から、ただちに他者の存在が結論しうるのである。このように、私が「羞恥」を感じるという経験において、他者は現前しており、かつそこに懐疑を差し挟む余地はないということになる。

以上から次の点を指摘しておくことができる。外的な対象に向けられた他者の眼差しに、蓋然的にではあれ主観性の存在を察知しうるのはなぜであろうか。その理由はすでに明らかであろう。その眼差しは、私に向けられる可能性を含んで知覚されているからなのである。「他者によって見られることは、他者を見ていることの真理である」[*ibid.*: 296]。このように、単なる事物とは異なる、私以外の主観の存在を私に知らせるのは「視線」である。しかし、「視線」がそのような力を持つのはそれが世界に向けられているかぎりにおいてではない。自己が「視線」の対象となることによって、言い換えれば自分が「見られている」という意識を持つことによって、私の世界を超越するもうひとつの主観の存在が顕現するのである。「私が視線を向けられていると感じるかぎりにおいて、他者の超世界的な現前が私にとって実現するのである」[*ibid.*: 309]。

最後に引用したテキストには「他者の超世界的な現前」というフレーズを読みとることができる。「羞恥」という情動の経験は自分が「見られている」という意識をもたらす。このような経験において現前するかぎりにおいて、他者とは私の世界を超越した存在であるという意味である。このことの意味を次に確認しておこう。

「羞恥」の論理には他者の「超越性」ないし「外部性」というサルトルの他者論の重要なポイントが含まれている。繰り返していえば、私が他者の存在を確信するのは「羞恥」という情動を経験することにおいてである。「羞恥」とは私が誰かに見られているという意識がもたらす情動である。言い換えれば、私が他の主観性にとっての対象となっているという意識によってもたらされるものである。いや、そのような意識それ自体がすでに「羞恥」であるといってよい。他者の存在がまず確認されたうえで、その「視線」が自分に向けられていることを意識するとそこに「羞恥」が生じるというのではないのだ。まったく逆に、「羞恥」を感じることにおいてはじめて他者が現前するのである。それゆえ、私が意識しうるのは自分が誰かに見られているということだけであって、その誰かを対象として認識することはできないであろう。見られるという経験においては、対象として認識されているのは私のほうであって、他者はどこまでも私を見る主観性として現前し続けるほかないからである。

このように、私を見る主観性としての他者とは、私が私の世界のなかに見出すことのできる対象ではない。この意味で他者の存在は私の世界を「超越」しているといわれるのである。同じ意味で、他者とは私の世界の「外部」であると言い換えることができるであろう。この認識には倫理的な観点が含まれている。なぜなら、他者とは私の世界のなかの対象のひとつではないということは、私は他者を自分の好きなように取り扱うことができないということを意味するからである。ただし、サルトル自身は『存在と無』の存在論の延長線上で倫理を語らなかったので、今回の考察においても倫理の問題にはこれ以上言及しないことにする。

今回の考察においてはむしろ次の点を重視してみよう。サルトルの論理が興味深い点は、それが他者の存在に関する論理でありながら、自己の存在の対象としての存在次元を明らかにしているという点である。すなわち、他者の存在を認めるということは、それと同時に、自己の存在に対象としての次元を認めるということを意味するのである。この次元が、サルトルのいう「対他存在」(être-pour-autrui)［*ibid.*: 293］にほかならない。ただし、対象としての自己とは、自分を見る他者のうちに、ただ単に表象される存在ではないという点に注意しなければならない。「私の対他存在すなわち私の〈対象＝私〉〈対象としての私〉は、私から切りとられて別人の意識のなかに生育する心像ではない」［*ibid.*: 325］。むしろ、それは、見られることによって自己に帰属することになった存在次元として理解されなければならない。「それは私の存在という存在であるが、まったく新たな存在次元と様相をもった私の存在である」［*ibid.*: 314］。

すでに述べたように、他者の「視線」の効果として、世界には私が見ることのできない次元がつけ加えられる。それまで透明であった私の世界は、他者の出現によって、不意に不透明さを帯びて知覚されることになるのだ。ところで、世界に向けられた他者の「視線」とは私に向けられうるものでなければならない。すると、他者の「視線」によって私の世界に生じるこのような事態はじつは私自身の存在にも生じているということになるであろう。他者が「私の見ているものを見ている対象」［*ibid.*: 296］として認められるものであるとすれば、その世界のなかに存在する私は、「他者によって見られるという不断の可能性」［*ibid.*］に晒されて存在していると考えられるのである。

では、じっさいに私が他者によって「見られた」とすると、私にはいったいどういう事態が生じるのであろうか。他者とは、私が決して見ることのできない仕方で世界を見る存在であった。すると、他者とは私自身が決して見ることのできない仕方で私を見ていることになる。すなわち、他者の「視線」を浴びることによって、私の存在そのものが私自身にとって不透明なものとなる。他者が見ているのはこの私のはずなのに、他者が見たその同じ私を、私自身は決して見ることができないのである。このように、他者の「視線」は私の世界から透明さを奪い去るばかりでなく、私自身にとっての私の存在からも透明さを奪い去る。それが「対他存在」という概念の意味である。

（2）発達の理論への応用

このように、『存在と無』第三部第一章の「視線」のテキストを分析することによって、サルトルの他者論を四つの概念にまとめることができる。

「視線」　　他者の存在は「視線」の存在そのものである。

「羞恥」　他者の存在は私が「見られている」という「羞恥」の情動において認められる。

「超越性」　他者の存在とは「私を見るもの」として認められる。他者とは私が見ることのできる対象ではない。この意味で他者は私の世界を超越する外部である。

「対他存在」　他者の存在を「私を見るもの」として認定した帰結として、私には対象あるいはものとしての存在次元が帰属することが認められる。

さて、これらの概念をさまざまな形で援用することによって、現代の発達研究を批判的に検討していくことがこの考察の主題であった。幼児の他者理解に関する現代の発達研究のなかから以下のような研究を取り上げて検討してみることにしよう。「マインド・リーディング」「身体化されたシミュレーション」「ジョイント・アテンション」「アフォーダンス」である。最後の「アフォーダンス」を除くと、これらはすべて幼児の他者理解の構造を解明するための研究である。

第一に「マインド・リーディング」を検討する。サルトルは、他者という主観性の存在は私の世界を超越する外部であるという。このような存在論を基本的に受け入れるとすれば、「マインド・リーディング」すなわち他者の「心を読む」という考えは、他者の主観という私の世界の外部にあるものを、あたかも私の世界の内部にあるものとして取り扱っているという点において、端的に誤りであるとみなしうるであろう。

第二に「身体化されたシミュレーション」を検討する。この考えは「ミラーニューロン」の研究から出てきたもので、上述の「マインド・リーディング」という考えを根本的に否定する論理となっている。すなわち他者を理解するということは、他者の主観についての推論によってなされているのではなく、他者の身体に自己の身体が共鳴することによってなされているとする説である。このような認識の重要性を強調すると同時に、メルロ＝ポンティの身体の哲学がこの点をすでに提案していたことを評価しなければならない。しかし、そのうえで次のような問題点を指摘することができる。すなわち、他者の身体はなぜ自己の身体の共鳴を誘発するのか。この点を鮮明に認識しないかぎり、存在論的な意味で根本的な理解には到達できないだろう。この点を理解する手がかりがサルトルの他者論のなかにある。すなわち、他者の身体がわれわれにとって特別なものとして存在するのは、そこに「視線」のはたらきが察知されるからなのである。

第三に「ジョイント・アテンション」を検討する。「ジョイント・アテンション」とは、他者の「視線」が向けられている対象に自分も「視線」を向けてしまうという現象である。自己―他者―対象によって形成される三項関係という構造がその特徴である。この現象は生後九ヵ月から一八ヵ月ごろに成立することが知られている。発達という観点からみるときわめて重要な段階である。しかし、「ジョイント・アテンション」が他者認知の始まりであるという見方がパラダイムとなっている点が問題である。なぜなら、そのように考えると、それ以前の時期に幼児は他者を認知していないことになってしまうからである。これは明らかに理論的な欠陥である。サルトルの他者論を援用すれば、この理論的欠陥が何に由来しているかを示すことができる。

「ジョイント・アテンション」の理論は、他者の「視線」という重要な存在に注目しているのだが、幼児自身に向けられた「視線」を見落としているのである。すなわち、九ヵ月以前の幼児にとって他者とは自分を「見る」もの以外の何ものでもないという点を。この見落としには「対他存在」という存在次元の見落としが含まれている。それゆえ、この見落としは重大であるといわねばならない。というのも、われわれは自己または他者の「視線」の先にあるものを「対象」として認めているが、「対象」という存在様態は根源的には「対他存在」として与えられていると考えられるからである。「ジョイント・アテンション」のような基本的な認知構造でさえ、存在論的には派生的なものなのである。つまり、「見られる」という独特の経験からすべてが始まっており、「見られる」ことなしには何ごとも経験されえないと考えられるのである。興味深いことに、これとまったく同じ論理で「ジョイント・アテンション」の問題点を批判し、九ヵ月以前からすでに自分を見るものとしての他者が認知されているという点を実証的に示した研究が発達心理学の分野で現れている。そこで、この研究の意義をサルトルの他者論に絡めて論じる。

最後に「アフォーダンス」の理論を検討する。「アフォーダンス」の理論は本質的に他者の存在を視野に入れていないが、他者の存在を前提して考えたほうが、少なくとも幼児における「アフォーダンス」の学習過程については実態に即した理解が得られるであろう。人間の認知システムは他者の「視線」を構造的に含意しており、したがって「ジョイント・アテンション」のような明示的な三項関係が観察できない場合にも、暗黙の三項関係が成立していると考えられるからである。この点もやはりサルトルの他者論をもとに指摘することができるのである。

第二節　対象としての他者という誤り

他者の心が観察不可能なものであるとしたら、他者が心のなかでいったい何を考えているかを読みとるには、外側から観察しうるものに基づいて観察不可能な心のなかを推論する必要があると考えられる。この発想の延長線上に、この種の推論を成立させている「心の理論」が存在すると考えることができる。これが「マインド・リーディング」に関する支配的なパラダイムである。この現状に対し、「心の理論」の整合性を批判しても意味はない。「シミュレーション」のような対抗理論も根本的な批判にはならないだろう。なぜなら、どちらも「マインド・リーディング」という考えを認めているからである。これに対し、むしろ「マインド・リーディング」というその発想そのものが誤りであるという視点を提案しなければならない。

この視点の正当性をサルトルの他者論に依拠して論じることが以下の趣旨である。他者の心のなかを推論するには、他者の心を対象として取り扱うことが前提されるが、この前提そのものが成立しないのだ。「マインド・リーディング」とは、他者の主観という超越的な存在を、直接的に知覚することが不可能な隠された対象という地位に引き下げたうえで、それは推論によってなら認識しうるという発想から出てきたものにすぎないのだ。

(1) 心の理論と誤信念課題

「マインド・リーディング」を代表する「心の理論」についてみていこう。「心の理論」派の心理学者たちは、他者を理解するとき人間は理論的な態度をとっていると主張している。他者の心の状態(意図、信念、欲求等)という観察不可能な存在に言及するということは、観察可能なデータ(身体所作、顔の表情等)に理論的な解釈を加えることにほかならない。そのような理論が「心の理論」(theory of mind)と呼ばれているのだ。科学者が物理理論によって自然を解釈するように、われわれもまた「心の理論」によって他者を解釈しているという発想である。したがって、他者の心の状態は理論的な措定物とみなされる。発達心理学を中心にこの発想が広まったきっかけはプレマック&ウッドラフが一九七八年に発表した論文「チンパンジーには心の理論があるか」である。この論文では、他者理解が理論的活動にほかならない点が明言されているからだ。「ある個体が自己および他者に心の状態を帰属させているとするならば、彼は心の理論を持っている。この種の推論のシステムが理論として理解されるということは次のような理由からして当然のことである。すなわちそれらの状態〔心の状態〕が直接的には観察できず、またそのシステム〔推論のシステム〕は他者の行動を予測するために用いられることができるという点においてである」[Premack & Woodruff, 1978: 515]。

このように、推論の目標が観察不可能な対象であるという点、ならびに推論によって未来の予測が可能であるという点、この二点を根拠にして、他者理解において機能していると考えられる「推論のシステム」は理論であると明言されている。この主張に、科学との類比という発想を読みとることは困難ではない。この考えは一九八〇年代の発達心理学の研究において急速に普及していくことになる。関心の中心は、いったい幼児がいつから心の理論を駆使できるようになるかという点である。

この点を実証するためにデザインされた「誤信念課題」(false belief task)とは、他者の行為を予測する能力をテストするための課題である。幼児が他者の行為の予測に成功することが「心の理論」が駆使されていることのメルクマールであるとみなされているのだ。この課題は次のように行われる。——サリーは自分のおはじきがバスケットのなかにあると信じているが、じっさいにはそれは箱のなかにある(サリーが不在のとき、アンが箱のなかに移動させた)。被験者である子供はこの状況をイラストによって示される。そこで問題は、おはじきで遊ぼうと思ったサリーはどこを探すでしょうか、というものである [Baron-Cohen et al.: 1985]。このように、この課題は誤った信念を持った他者がそれに基づいてどのような行動をとるかを予測する能力を検査するものである。驚くべきことは、四歳以上の健常児のほとんどがこの課題に合格するのに対し、この年齢未満の健常児のほとんどは逆に不合格となるという結果である。四歳未満の健常児のほとんどが、サリーは箱のほうへ行くと答えるのである。なお、ここで四歳以上とか四歳未満というのはあくまで目安であって、厳密に四歳の誕生日を基準にしているわけではない。

この結果をどのように解釈すべきであろうか。行為者の心の状態(信念、欲求)を行為の原因とみなせば、それらのあいだには一般法則が想定できる。それが「心の理論」である。この実験の場合、サリーの心の状態は「おはじきはバスケットのなかにある」という(誤った)信念および「おはじきで遊びたい」という欲求である。この状態が行為を生み出すという点が理解されていれば、サリーはバスケットのなかにおはじきを探しにいくだろうという行為予測が成り立つはずである。ところが、上述のように四歳未満の健常児のほとんどがこの予測に失敗している。したがって、この結果は、ほぼ四歳ごろまでは「心の理論」が駆使できないということを意味するものとして解釈されるのである。「心の理論」による他者理解が他者理解の基本的かつ普遍的な方式とみなされるとすれば、この年齢までは他者に心の状態があることを認め、それを前提としてコミュニケーションを図ることができないということになる。しかし、これは明瞭に現実に反するであろう。四歳に満たない幼児とわれわれとのあいだに相互理解が成立しているということに疑問の余地はないからである。

「心の理論」という理論の対抗理論として提案されているのは「シミュレーション」という理論である。この理論によれば、他者理解はもっと単純な原理にしたがっている。第三者には隠されている他者の心の状態を知るためには、他者に似たものをモデルにすればよい。では、そのようなモデルとは何であろうか。いうまでもなく自己自身がそのようなモデルである。「シミュレーション」とは、他者の心の状態を自己というモデルを用いて推論するという主張である。ややくわしく言い換えれば、「シミュレーション」による他者理解とは、他者がおかれている状況に自分自身をおいてみたときに自分に生じる心の状態の変化をとらえ、それをもとに他者の心の状態を推論するという発想である。すなわち、ここで主張されている「マインド・リーディング」の方式とは、自分があたかも他者本人になった「ふりをする」（シミュレート）ことに基づいている。――この状況におかれたら自分はこう感じる（あるいは考える）であろう、それゆえ彼もそう感じている（あるいは考えている）であろう。このような推論に基づいて他者の行為を予測することは可能であるはずである。これが「シミュレーション」派の主張する「マインド・リーディング」の方式である。

「シミュレーション」の理論においても、他者理解はやはり一種の解釈である。クワインの「根本的翻訳」に関する議論がシミュレーションに基づいて組み立てられていることはよく知られているが[Goldman, 2006: 18]、ここではそれが他者理解の基本的かつ普遍的な方式として主張されているのである。いうまでもなく、この主張は他者理解の基本的な部分が「心の理論」によってなされているという主張への反論である。ゴードン（Gordon, R. M., 1944-）が一九八六年に発表した論文「シミュレーションとしての民間心理学」は明瞭にそのような意図で書かれている。ゴードンは先に触れた「誤信念課題」を素材にして「心の理論」への反論を試みているのだ。この課題の実験結果は、四歳以上の健常児のほとんどがこの課題に合格するのに対し、この年齢未満の健常児のほとんどは逆に不合格となるというものであった。すでに述べたように、この結果は四歳未満ではまだ「心の理論」が駆使されていないことの証拠として解釈されてきた。これに対してゴードンは、この実験結果を「シミュレーション」を支持する結果として解釈し直しているのである。

ゴードンの主張をまとめると次のようなことになる[Gordon, 1995: 69-70]。他者のふりをするということは、自分とは異なった視点の存在を認めるということを前提している。これに対し、四歳未満の子供はまだ自己中心性（ピアジェ）を持っており、それゆえ他者の視点から世界を見ることが十分にはできず、ただ自己の視点から見ておはじきは箱のなかにあるのだからサリーは箱のほうへ行くと答えるのだという実験結果の解釈が成立するのである。すなわち、「心の理論」が駆使できていないのではなく、「シミュレーション」ができていないのである。さらにゴードンは、四歳以上であっても自閉症の子供はこの課題に合格する率がきわめて低い点に注目している[*ibid.*: 70]。すでに述べたように「シミュレーション」とは他者になった「ふりをする」ということを意味するが、自閉症の子供には「ごっこ遊び」(pretend play)ができないということは臨床的によく知られていることなのである。

このように、「誤信念課題」の実験結果の解釈としては、「心の理論」による解釈よりも「シミュレーション」による解釈のほうがより納得のいくものであるとゴードンは主張するのである。しかし、かりにそうであったとしても、そのことからして他者理解の基本的かつ普遍的な方式が「シミュレーション」によって構成されていると主張できるであろうか。明らかに無理である。以上から主張しうることは、「誤信念課題」の実験結果については「シミュレーション」がより納得のいく解釈を提出しうるということにすぎないからである。「シミュレーション」の理論によっても、四歳未満の幼児とわれわれとのあいだに相互理解が成立しているという直観は説明できないのだ。

理論と直観とのあいだにこのような齟齬が発生することはある意味で当然である。というのも、以下に示していくように、「誤信念課題」が実証しようとしている「マインド・リーディング」ということそれ自体が単なる虚構なのだから。私の世界を超越する他者の存在が私の世界のなかの対象へと引き下げられることによってこの虚構が成立しているにすぎないのだ。他者の主観性が私の世界を超越しているということは、それが私にとって到達不可能な存在であるということを意味している。そのような存在が私の世界のなかの対象の地位に引き下げられることによって、観察することは不可能だが推論によってなら理解することのできる隠された対象という虚構が作り出されるのである。ではなぜ人間はこんな虚構を作り出してしまうのだろうか。

(2) 他者の超越性

「マインド・リーディング」とは他者の主観的な意識内容を推論によって認識しうるという主張である。このような主張は、端的にいえば誤りである。しかも、この誤りは決定的なものである。なぜなら、主観性を対象として取り扱うことなどできないからである。何かを対象として認識するということは、〈見られる〉という次元から〈見る〉次元へと移行することである。ところで、他者の主観性とは私が〈見られる〉という次元に身をおくかぎりにおいて現前するものである。それゆえ〈見る〉という次元に移行したとたん、その主観性は消えてしまうであろう。この意味において、解読すべき他者の心とは幻影にすぎないのである。しかし、あらゆる幻影がそうであるように、この幻影もまた現実的な根拠を持っている。この幻影は他者との現実的な関係のなかで発生してくるのである。サルトルが明らかにしたのはこの点であるといってよい。

もういちど「羞恥」という感情に注目してみよう。「羞恥」とは自己についてのネガティヴな意識である。なぜなら、サルトルによれば、意識とはそれ自身の諸可能性へ向けてその存在の所与性を超越していく存在であるはずだが、すでに触れたように「羞恥」とはおのれが対象として認識されていることについての意識であり、つまりはその所与性を凝固した性質として承認せざるをえないことについての意識だからである。「純粋な羞恥とは、これこれの咎められるべき対象であるという感情ではなく、一般的にいって対象であるという感情なのであって、つまりは私が他者にとってそうであるところの下落した、依存的な、凝固した存在の中に、自分を認めるという感情なのである」[Sartre, 1943: 328]。

ひと言でいえば、「羞恥」とは、固定した性質を超越するという自己本来のあり方である「自由」が否定されていることについての意識である。しかし、そうであるとすれば、「羞恥」という情動はなんらかの仕方で乗り越えられなければならないものだということになる。では、私はいったいどのようにして「羞恥」を乗り越え、おのれの自由を回復するというのであろうか。いうまでもなく、他者を対象として取り扱うことによってである。「羞恥に対する反応は、まさに私自身の対象性をつかんでいた者を、対象として捕まえることに存している」[*ibid.*: 328]。

無論、このように他者を対象として取り扱うとき、他者が私に対して示した超越性は損なわれる。なぜなら、そのとき他者はすでに対象であるにすぎず、もはや純粋な主観性ではありえないからである。しかし、注意しなければならない点は、このように他者を対象化してしまうことによって、他者の主観性の存在が消去されてしまったわけではないという点である。主観性は消去されたのではなく、ただ単に対象として取り扱われることになったのだ。ただし、そのように対象として取り扱われた主観性はもはや主観性そのものではない。それは他者という対象が持つひとつの性質に下落している。「事実、他者が対象として私に現れると、その主観性は、眺められる対象のたんなる性質となる。主観性は下落し、原則としては私の手から逃れる対象的な諸性質の総体として定義される。対象としての他者は、この空箱が『内側』を持っているように、主観性を持っていることになる。こうして、私は私を回復するのである」[*ibid.*: 328]。

他者の主観性は、それ自体としてはなんら「性質」ではない。それは私に対して現前する他者の存在そのものである。したがって、それが「性質」としてとらえられるということは、すでにその存在が対象の地位へと下落しているということを意味している。では、性質という下落した形態においてとらえられた主観性とはどのようなものなのであろうか。それこそが「マインド・リーディング」が想定する他者の心、第三者には観察不可能な心理的な内面なのである。それは第三者の眼からはひとまず隠されている。しかし、推論という手段によれば、私はその隠された心の状態を読みとることができる。このように、他者の心、言い換えればその心理的な内面なるものは、他者との現実的な関係のなかで生み出されている。他者から見られているという「羞恥」の感情が、他者の心理的な内面を想定するようわれわれに強いるのである。しかし、そのようなものが虚構であることに変わりはない。じっさいには、箱の内側が存在するのと同じように他者の心理的な内面が存在するわけではないのである。そうであるとすれば、「マインド・リーディング」とは存在しない対象を読みとることである。いや、というよりもむしろ「マインド・リーディング」など現実には行われてはいないと考えなければならないのである。

しかし、われわれは他者の存在を認め、またさまざまな仕方で他者と関わりをもって生きている。それゆえ、われわれ各人と他者とのあいだにはなんらかの相互理解が成立しているはずであり、また事実としてそのような理解が成立していると感じられているであろう。この「感じ」が示唆しているものは「マインド・リーディング」のような知的な理解の方式ではない。それはむしろ身体的なものあるいは感覚的なものであると考えられる。じっさい、近年の心理学、神経科学、哲学においては、認知システムとしての身体への関心が高まりを見せている。そこで、発達理論における他者理解という観点からして特に注目すべき理論を選んで次に検討していこう。それは「身体化されたシミュレーション」の理論である。

第三節　ミラーシステムと身体化されたシミュレーション

いわゆる「ミラーニューロン」を基軸にした脳神経ネットワークとしての「ミラーシステム」は、一九九〇年代後半以降の神経科学においてさまざまな側面から研究されている。そんななかで、ヴィットリオ・ガレーゼ（Gallese, Vittorio, 1959-）は「ミラーシステム」を他者認知のシステムとして解釈しなおし、そのメカニズムを「身体化されたシミュレーション」と呼んでいる。「心の理論」の対抗理論として提案される「シミュレーション」が想像力を用いて他者の視点に自分をおいてみるという心理的な操作であるのに対し、「ミラーシステム」によるシミュレーションは身体によるある種の模倣だというのである。ガレーゼ自身が示唆しているように、この考えはメルロ＝ポンティの『幼児の対人関係』に遡って理解することができる。他者の意図あるいは行為の意味が理解されるときに生じていることは、他者の身体の運動に対する自己の身体の共鳴であるというのである。

このような考えは、他者理解を「マインド・リーディング」とは別の形でとらえていこうとする試みとして理解できる。またその意味において非常に重要なものである。では、他者の身体を前にしたとき、身体にはいったいなぜ模倣あるいは共鳴が発生するのであろうか。ガレーゼはこの問題点を迂回しているように見える。メルロ＝ポンティも同様である。しかし、この点はトリヴィアルではない。なぜなら、機械に対しては模倣も共鳴も発生しないからだ。人間身体に対してのみ模倣や共鳴が発生する理由があるはずなのである。では、それはいったい何であろうか。サルトルの他者論から得られる回答は、いうまでもなく「視線」の存在である。「視線」を持った存在に対してのみ、われわれの身体は共鳴すると考えられるのである。これはサルトルの哲学から理論的な水準で導き出される回答である。ところが、驚くべきことに、この回答が正しいと認めうるような実証結果が、模倣に関する現代の神経科学的研究からもたらされているである。サルトルの洞察はおそらく正しかったのだ。

(1) 混成系——ミラーシステムの発見と展開

「ミラーシステム」とは他者を「映す」はたらきを持った脳神経細胞の組織を意味している。この脳神経組織の中軸となる神経細胞が「ミラーニューロン」と呼ばれているものである。パルマ大学の研究チームは、「ものをつかむ」などの目的指向的な動作を行う際に活性化するニューロンが、他者が同じ動作を行うのを観察する際にも同様に活性化しているという驚くべき事実を発見した。これが

「ミラーニューロン」である。具体例を示すと、「ミラーニューロン」とは自分がコーヒーを飲もうとしてコーヒーカップをつかむときに活性化するだけでなく、他者が同じようにコーヒーカップに手をもっていくのを知覚したときにも活性化するというニューロンなのである。つまり、われわれは他人の動作を見るとき、単に見ているのではなく暗黙に同じ身体動作をしながらそれを見ているのである。暗黙に同じ身体動作をするということは、言い換えれば、あたかもそれを自分がやっているかのようにして見る、ということである。研究チームの一人であるガレーゼは、この現象を次のようにまとめている。

> 誰かがある行為を遂行しているのをわれわれが見るときには、様々な視覚野で活性化が生じるのに加えて、われわれ自身がその行為を遂行する際に用いられる運動回路が必ず同時に活性化するのが見られる。われわれは観察された行為をあからさまに再現するのではないが、それでもわれわれの運動システムは「あたかも」われわれが観察しているのと全く同じ行為をしているかのように活性化するのである。[Gallese, 2001: 37]

驚くべき発見である。では、他者認知に関してここからどのような解答が得られるのであろうか。いうまでもなく、われわれは他人の動作を自らのうちに暗黙に「映す」ことによってその意図を理解しているという解答がここから導き出されるであろう。このような他者理解の方式の特徴はそれが推論に依存していないという点に認められるであろう。自分も他者と同じことをやっているから、推論などしなくてもそのまま他者の意図が分かるのである。この帰結として、推論を基本にして組み立てられた「マインド・リーディング」の理論はいずれも「ミラーニューロン」の発見によって端的に退けられるだろう。この点が明確に表明されたテキストを引用してみよう。

われわれが他の人々の心を経験的に直接把握することができるようにしているのは、概念的な推論ではなく、観察された出来事のミラーメカニズムによる直接的なシミュレーションである。

[Gallese et al., 2004: 396]

このように、「ミラーニューロン」の発見は「マインド・リーディング」に代わるまったく新しい他者理解の方式が存在する理論的可能性を実証的な水準から示唆するものなのである。ところで、直前に引用したテキストにもあるように、これは一種の「シミュレーション」である。しかし、われわれは自己との類似をもとに他者を理解しているという従来型の「シミュレーション」とは異なる。なぜなら従来型の「シミュレーション」が最終的には「推論」という意識内での操作に基づくものであったのに対して、「ミラーニューロン」をもとに提案されているのは脳神経の水準での「シミュレーション」であり、われわれの意識の外で暗黙に生じている「シミュレーション」だからである。そこでガレーゼは「身体化されたシミュレーション」(embodied simulation)という用語を使用することによってこの相違を強調しているのである。ガレーゼはこの相違を次のように述べている。

私がシミュレーションを特徴づけるやり方は、シミュレーション理論を支持する人たちの議論するシミュレーションの概念とは異なっているという点は明瞭なはずである。シミュレーション理論によれば、行為者の振る舞いを理解するために解釈者が用いる擬似的状態は、解釈者の側で意図的になされたことの結果である。私が論じているシミュレーション過程は、むしろ自動的であり、無意識であり、前＝反省的なものなのである。［Gallese, 2003: 521］

以上の議論をまとめてみよう。他者の身体動作を知覚する際にその動作をあたかも自分が行っているかのように活性化するニューロンの機能は、他者の意図を理解することにあると考えられている。しかし、それは従来の「マインド・リーディング」とはまったく異なる「身体化されたシミュレーション」によってなされていると考えられるのである。このような発想の転換が持つ意味について、さらに掘り下げて考察してみなければならない。そこで次の点に留意すべきである。「ミラーニューロン」の発見は、従来の心のモデルを根本的に変えてしまうほどのものだったという点である。従来は知覚と運動は相互に独立した神経回路に基づくものであると考えられてきたのであるが、「ミラーニューロン」の振る舞いはそのような枠組みでは説明のできないものだったからである。「ミラーニューロン」が示唆するのは知覚と運動の混成系の存在である。そのような神経系の存在はメルロ＝ポンティが予測していたものである。そこで、メルロ＝ポンティを参照して、混成系という主題を哲学的に語り直すことによって、「ミラーニューロン」の意義をより鮮明に認識していこう。

（2）メルロ＝ポンティの知覚論再考

「マインド・リーディング」に関する説明として、従来から「心の理論」派と「シミュレーション」

派との理論的対立がある。これらについてはすでに述べた。ここではさらにこれらの背景に踏み込んでみなければならない。他者の意図が理解される仕組みを「マインド・リーディング」として解明しようとしてきた理論的な背景として、「知覚系」「運動系」「認知系」が脳内で機能的に独立した領域として設定されているという点がある。すなわち、外部世界からの刺激を処理する「知覚系」、知覚系で処理された情報を解読し、外部世界に対して動作を計画する「認知系」、そしてその計画を外部に向けて実行する「運動系」である。これは、一九七〇年代から八〇年代を通して、いわゆる認知科学に共通の枠組みであったといってよい。「心の理論」はこのような枠組みのなかで出てくる当然の結果として理解することができる。その点はじつは「シミュレーション」も同じである。すなわち、「知覚系」が処理できるのは「コーヒーカップの方に彼の手が近づいていく」という情報にすぎない。このような情報をもとに有効な仕方で外部世界の状況に対処するには、情報が認知系において解読されなければならない。この解読が心理学的な法則の知識に基づいてなされるか(「心の理論」)、あるいは自分の心理をモデルにした類推によるか(「シミュレーション」)、いずれにしてもそのような推論を経てようやく「彼はコーヒーを飲もうとしている」という理解が出てくる、というわけである。この理解が成立したあとで、そのような外界の状況に対処するための運動計画が作り上げられ、「運動系」によってそれが外界へ出力されると考えられる。このように、知覚と運動はまったく別の神経システムによって支えられていると考えられてきたのである。

これと対照させてみれば、ミラーニューロン理論が提案する「身体化されたシミュレーション」の枠組みは次のように述べることができるであろう。他者理解が身体化された自動的なシミュレーションの過程に基づくという主張の前提として、「知覚系」と「運動系」が相互に独立した領域としてはもはや考えられないという認識がある。他者の身体動作を「知覚」することがそのまま自己の身体動作を遂行するニューロンの活性化をもたらすという実証的なデータの存在が、そのように考えることを許さないからである。言い換えれば、「身体化されたシミュレーション」の枠組みとなっているのは知覚と運動の混成系というべきものである。

メルロ゠ポンティ（Merleau-Ponty, Maurice, 1908-61）はガレーゼのいう「身体化されたシミュレーション」という考えを哲学的に先取りしていたが、メルロ゠ポンティが次のように書くときにはやはり知覚と運動の混成系のようなものが想定されている。

> 例えば他者が絵を描いているのを見たとすると、私は絵を描くということをひとつの行為として理解できますが、それは絵を描くということが直接に私自身の運動性に語りかけてくるからです。[Merleau-Ponty, 1962: 30]

このように、「見る」ということがそのまま「運動性」へのはたらきかけ（「語りかけ」）としてとらえられている。「彼は絵を描いているのだな」という意図の理解はここから立ち上がってくるというのである。一般化していえば、他者の身体動作を知覚することが自己の身体を同様の動作へと誘導しており、その結果として他者の意図が理解されるということになる。意図の理解という点にスポットを当てて読み直せば、これこそ「身体化されたシミュレーション」である。メルロ゠ポンティがこの点をもっと鮮明に書いているテキストを引用しよう。

他者知覚においては、私の身体と他者の身体は対にされ、いわば二人でひとつの行為を成し遂げています。つまり、私は自分がただ見ているだけのその動作を、いわば離れたところから生き、それを自分のものとし、それを自分でやり直し（reprends）、つまりは理解する（comprends）のです。[*ibid.*: 32]

引用前半の部分はフッサールの「対の現象」への言及である。メルロ＝ポンティ自身が自己の発想の原点を指示しているのである。したがって、メルロ＝ポンティ独自の考察は引用後半の部分にある。そこでは、他者の行為をただ「見る」ことが、そのままその行為を自分で行うことであるという点が確信を持って主張されている。特に、他者の行為を「やり直す」（reprends）という語と「理解する」（comprends）という語が「つまりは」（ou）という語でつながれている点に注意すべきである。他者の行為を自分でやり直すことがすなわちそれを理解することであると主張されているのだ。しかも、それを推論ではなく身体がやってしまうというのである。メルロ＝ポンティにおいてこのような主張が成立するのは、知覚と運動の混成系が想定されているからであると考えられる。じっさい、「知覚と運動性との根本的対応」[*ibid.*: 69]という言葉で示唆されているのはそのような混成系の存在なのだ。

「ミラーニューロン」の発見が示唆することになるのもこのような混成系の存在である。言い換えれば、メルロ＝ポンティが哲学的に語ったことを実証的に示唆するようなデータが示されてしまったのである。そのような実証データとは、繰り返していえば、任意の目的指向的な動作、たとえば「コーヒーカップをつかむ」というような動作を行う際に活性化するニューロンが、他者が同じ動作を行うのを知覚する際にも活性化する、というものである。そのようなニューロンが「ミラーニューロン」である。このようなニューロンの活動が現実に存在するとすれば、「知覚系」と「運動系」という別個の脳領域が「認知系」といういまひとつの脳領域によって媒介されているという枠組みを採用することはできないであろう。他者の動作を「見る」ことが、暗黙にではあれただちにそれと同じことを「行う」ことになっているからである。むしろ、「知覚系」と「運動系」とがなんらかの仕方で融合しており、それを基盤にして他者理解が成立していると考えなければならないのである。

（3）身体なき視線／視線なき身体

以上のような考えが認知科学的にも哲学的にも非常に興味深いものであり、さまざまなアイデアを喚起するであろうことは確かである。しかし、そのことは、この考えが完全に納得のいく説明であるかどうかという点とは別の話であろう。というのも、以上の説明のなかでは、きわめて単純なことがまだ問われていないと思われるからである。端的にいえば、人間身体はどうして他者の身体にだけ共鳴するのかという点である。われわれの身体は、いったいどうやって他者の身体とその他の物体を区別しているのであろうか。他者の存在には必ず認められるのに、その他の物体にはすべて欠けているものとは、いったい何であろうか。サルトルの他者論から得られる回答はいうまでもなく「視線」の存在である。サルトルによれば、他者の存在は自分が「見られる」という根源的な経験のなかで学ばれるものであり、それゆえに他者とは「視線」の存在そのものであると考えられるのである。この延長線上で考えれば、他者の身体がその他の物体と区別されるのは、そこに「視線」のはたらきが認められるからだということになる。この考えを実証的な次元で確認していこう。

幼児が人間の行うことを機械の行うことから区別して認知していることを実証した研究がある。この分野の第一人者であるメルツォフ (Meltzoff, Andrew N., 1950-) によるものである。新生児が大人の顔の表情を模倣することを示した有名な研究と同様、発達研究に大きなインパクトを与えた研究である。実験の概要は次のようなものである。――実験者は生後一八ヵ月の子供の前で道具を用いた行為をしてみせる。たとえば、おもちゃのダンベルの両端の輪の部分を手で持ち、どちらか一方の端の部分を軸から引き抜くことを意図した行為である。しかしじっさいには実験者はわざと失敗してみせる。つまり、子供が見るのは手がすべって輪が引き抜かれなかったという結果である。その後、子供はその行為をこんどは自分で再演させられる。

実験はこのようなものであるが、問題は子供が何をするかである。子供は行為に失敗せず、ダンベルの輪の部分を軸から抜き取ってしまうのである。子供は失敗例しか見ていないのにそれが失敗だったと分かっており、自分は正しくその行為を遂行したのである。このことは、その行為の意図を子供が理解していることを示している。メルツォフはこの実験結果について次のように述べている。「この結果は、一八ヵ月の子供が他者の意図について何かを理解しているということを示唆している」[Meltzoff, 1995: 839]。

興味深いのは、実験者の代わりに機械を使用して同じ行為に失敗するのを見たあとでの子供の再演がまったく違った結果をもたらしたという点である。すなわち、子供は正しく行為を遂行することはできなかった。なぜだろうか。機械に対しては意図を読みとることができなかったからであると解釈できる。つまり、子供には機械に意図がないということも分かっていたのである。人間の行為には意図があるのに機械には意図がない。では、意図の有無はいったいどうやって検出されているのだろうか。メルツォフ自身はこの点には特に言及していない。そこで、サルトルの他者論をもとにして、そこに「視線」が感知できるかどうかによって意図の有無が判定されているという仮説を立てることができる。この仮説を支持するような実証データをあげてみよう。

トマセロ(Tomasello, Michael, 1950-)によれば、幼児は九ヵ月ごろになると他者の「視線」が事物に向けられていることに気づくようになる[Tomasello: 1995]。そして他者の「視線」になんらかの「意図」(intention)の存在を読みとるようになる。事物に「視線」を向けているということは、それに対して何かをしようとしているということが分かるようになるのだ。また、他者の「視線」を遮断した実験では、他者の行為を予測することができないという結果が出ている[Pierno et al., 2006, Pierno et al., 2008]。つまり、「視線」が感知されなければ他者の身体は機械と区別されないのだ。このように、「視線」は意図の認知に結びついている。この延長線上に、心を持った存在という他者認知が成立するのだと考えられている。

他者の「視線」に関する別の実証研究からも同じ結論を引き出すことができる。観察者の行為が他者の行為から影響を受けるかどうかに関する実験では、他者が実際には行為を行わず、ただ単に対象に「視線」を向けるのを観察するだけの場合にも、行為を観察した場合と同様の影響を受けることが確かめられている。これに対し、他者の「視線」が遮断された場合には、観察者の行為は他者の行為から影響を受けないのである[Becchio et al., 2007]。この実験から次の点が指摘できるだろう。ガレーゼもメルロ゠ポンティも、われわれの身体が共鳴するのは他者の身体に対してであると主張しているが、この主張は厳密ではない。じっさいには、われわれの身体は、身体なき「視線」には共鳴しうるのに対し、「視線」なき身体には共鳴しえないのだ。それゆえ、われわれの身体が他者の身体に共鳴するとしても、その前提として「視線」に対する共鳴があると考えなければならないであろう。

このように、「視線」とは身体よりも深い存在次元として認められるものである。「視線」の存在が認知されることによって他者の身体はまさに人間身体として知覚される。「身体を知覚する」という知覚経験は根源的な経験ではないのだ。したがって、少なくとも他者論に関するかぎりにおいては、現象学的な身体論は身体論の次元では自立しえない。「視線」の論理によって支持されることにおいてのみ、他者の理解についての完全な説明をもたらしうるのである。そこで次に、まさしく他者の存在を「視線」の存在と同一視することによって成立する発達理論である「ジョイント・アテンション」に注目しよう。この理論を検討した以下の部分がこの章全体の中心部分となるものである。

第四節　ジョイント・アテンション——「視線」の発達心理学へ

「ジョイント・アテンション」の理論では、他者の存在は「視線」の存在と同一視されている。ところが、幼児が他者の「視線」に気づく時期は生後九～一八ヵ月とされている。この見解は明らかに直観に反するだけでなく、新生児に関するメルツォフの実証研究にも矛盾している［Meltzoff & Decety, 2003］。幼児はもっと早い時期から他者の「視線」に気づいていると考えられるからだ。この矛盾は、「ジョイント・アテンション」の理論において問題とされるのが対象に向けられた「視線」にすぎないという点に起因している。この点を指摘したレディ（Reddy, Vasudevi）の研究に注目しなければならない。それは幼児自身に向けられた「視線」の認知が発達の初期段階にあるという直観に基づき、幼児における「見られる」という経験を重視するものである。サルトルの他者論を援用することでその重要性が明らかになるであろう。

(1) 九ヵ月パラダイムをめぐる問題提起

生後九ヵ月以降、幼児は自分のまわりにある事物に向けられた他者(大人)の「視線」を感受し、「視線」とその先にある事物に交互に注意を向けるようになる。事物を見るものとしての他者の存在が幼児の世界のなかに入り込んできているということが、この観察によって認められる。ただし、他者が一方的に幼児の世界に入り込んでくるだけではない。いったん他者の「視線」に気づくと、幼児は自分が注意を向けている事物を指差すことによって、今度は自分のほうから他者の注意をその事物に向けさせようとするのである。これが「ジョイント・アテンション」すなわち「共同注意」というタームの意味である。発達心理学の分野においては、「ジョイント・アテンション」はきわめて重要な発達段階として認められている。いうまでもなく、他者の存在に気づくということは、社会性の発達の基盤であると考えられるからである。それゆえ、「ジョイント・アテンション」が成立しない場合には、発達の障害が疑われることになるであろう。じっさい、自閉症児においては、「ジョイント・アテンション」の成立がきわめて困難であるということが知られている[Mundy et al., 1994]。「ジョイント・アテンション」が社会性の発達に直結しているという点は、この理論における第一人者であるトマセロが明確に表現している。

生後九ヵ月ごろから一二ヵ月になると、一群の新しい行動が発現しはじめる。その行動は初期の行動のような二項的なものではなく、対象や人との相互作用を調整することを含んでいるという意味で三項的なものである。そこから生じるのは、子供と大人、そして両者が注意を向ける対象ないし出来事から成る指示の三角形である。ジョイント・アテンションという用語は、ほとんどの場合、社会的スキルと社会的相互作用から成るこうした複合物全体を特徴づけるために用いられてきた。[Tomasello, 2000: 62]

大人が注意を向けている対象に、幼児が自分も注意を向けるという行為において、意図を持った存在としての他者理解が認められるというのがトマセロの主張である。しかし、ここで次の問題点を指摘しなければならない。「ジョイント・アテンション」が見られるのが生後九ヵ月以降であるというのは事実であろう。私はこうしたデータに異議を差し挟む気はない。また「ジョイント・アテンション」が意図の存在に対する幼児の理解を示すものであるという主張にも特に異議はない。問題は、この二点を認めても、この時期以前に幼児はなんらかの意図を持った主観の存在を認知していないという結論は出てこないという点である。じっさい、幼児は生後から継続的に大人の「視線」に晒されているし、また「視線」に対して情動的な反応をしているのが観察される。しかしこのような事実は発達研究のパラダイムのなかではほとんど問題にされてこなかった。トマセロにおいても同様である。しかし、この時期を理論的空白として残しておくことは、発達研究のパラダイムにとっては大きなリスクとなるであろう。なぜならこのパラダイムの内部で次のような問いが問われる余地があるからである。

「幼児はなぜ生後九ヵ月に突然他者と注意を共有するのか」
「幼児はどうして単なる眼の方向に意図の存在などを読みとりうるのか」

これらの問いかけを正面から受け止めるならば、生後九ヵ月以前を真剣に検討せざるをえないであろう。そうでなく、どこまでも九ヵ月以後の発達に固執するなら、九ヵ月以降に発現するようプログラムされた何らかの生得的能力を想定せざるをえないであろう。じっさい、バロン＝コーエンの「注意共有メカニズム」(shared attention mecanism)〔Baron-Cohen, 1995: 31-58〕などはそのような生得仮説にほかならない。しかし、このような抽象的な仮説によってでは幼児の他者認知はリアルにとらえられないであろう。

(2) ジョイント・アテンション以前の探求

ここでレディの優れた研究を参照してみなければならない。レディは、幼児が大人の「注意」(attention) を認知するのは生後九ヵ月以降に成立する「共同注意」(joint attention) においてであるという通説に対して、それ以前の「相互注意」(mutual attention) においてすでに注意は認知されていると主張している。

> 生後一年目の終わりに生じる外的対象への共同注意は、幼児が他の人々の注意を発見する段階の到来を告げるものであると一般には信じられている。〔これに対し〕私は、生後数ヵ月の間に生じる相互注意が、すでに注意の方向に関する認知を含んでいると主張したい。〔Reddy, 2003: 397〕

では、大人の注意はどのような仕方で認知されているのであろうか。重要な点は、幼児が認知すべき注意は、ほかならぬ自己に向けられた注意であるという点である。この点をまず鮮明に認識しておかねばならない。「他者の注意が何かに向けられているということは、生後わずか数ヵ月の時点ですでに理解されている。ただし、その目標が幼児〔自己〕であるという条件においてである」[Reddy, 2005: 95]。

このように大人の注意が自己に向けられたとき、幼児はそれをどのように認知していると考えられるであろうか。誰もがごく身近に経験しているとおり、大人が幼児に注意を向けると情動的な反応が見られるであろう。レディは、注意の存在はまさにそのような仕方で認知されていると主張するのである。「幼児は生後きわめて早い時期から他者達の注意を情動的に認知している」[Reddy, 2003: 399]。たとえば、「幼児は大人が彼らと眼を合わせたときの方が眼を逸らしたときよりもよく笑う」[*ibid.*: 397] であろう。しかし、ここで特に注目すべき反応は、大人から注意を向けられたときに幼児がしばしば当惑した反応を示すという点である。「彼ら〔幼児〕は、他者の視線（gaze）から逃れられない場合、あるいは彼らに向けられた視線が無表情なものであったり何か意味ありげなものであったりする場合には当惑を示すものである」[*ibid.*]。さらに幼児は「視線を避ける」[*ibid.*] ことによって自分に向けられた注意に対して「無関心を装う」[*ibid.*] こともある。また、幼児は自分が見られることに対して「照れた」（coy）[*ibid.*] 反応を示す。サルトルのいう「羞恥」である。

サルトルは「羞恥」とともに「恐怖」と「自負」に言及していた。サルトルによれば、「恐怖」も「自負」もじつは「羞恥」の一種だからである。注目すべき点は、これら三つの情動はいずれも幼児が生後九ヵ月以前に示すものであることがレディによって報告されているという点である。レディの研究では「照れ」(coyness)「当惑」(distress)「巧みな行為」(clever action) および「お道化」(clowning) が言及されている。このうち、「照れ」と「当惑」についてはすでに上で言及した。これらがサルトルの「羞恥」と「恐怖」に対応することはいうまでもない。同様に、「巧みな行為」および「お道化」はサルトルのいう「自負」に対応するものであると考えられるのである。「照れ」や「当惑」が生後二ヵ月から見られるのに対して、生後六ヵ月以降にはいくつかの新しい反応が見られるようになる。「巧みな行為」および「お道化」はそのなかのひとつである。これら以外に言及されているのは「見せびらかし」(showing off) と「焦らし」(teasing) である。幼児が反応する注意の対象が、自己そのものから自己によって遂行される行為へと移行しているという点に留意しておこう。以上をふまえ、「巧みな行為」および「お道化」の内容に注目してみよう。

「巧みな行為」——人から褒められた行為を反復し、再び褒められようとすること [*ibid.*: 298]。

「お道化」——人を笑わせた行為を反復し、再び笑わせようとすること [*ibid.*]。

ありふれた出来事である。しかし、これらが他者から見た対象としての自己の姿に自己自身を同化させるという構造を持っているという点に注意すべきである。それはサルトルのいう「自負」の構造にほかならない。もっとも、これらは厳密には情動的反応とはいえないかもしれない。しかし重要な点はむしろ、他者によって自己に与えられた性質を使って他者にはたらきかけるという、サルトルのいう「自負」の構造がここに明瞭に認められるという点であろう。

このように、用語のレベルまで同一ではないが、内容のうえではサルトルの他者論とのあいだに明瞭な対応が見られるのである。レディによれば、これらの情動的な反応からは、幼児が他者の存在理解を持っていることが読みとられる。しかも、「当惑」のような情動的反応には意図の存在についての認知が含まれていると考えられる。相手が何をしようとしているかが明瞭に読みとれないがゆえに、つまり「意図」がよく分からないがゆえに、幼児は「当惑」するのだと解釈できるからである。このような観点に立って、レディはさらに情動的な反応という仕方での他者理解が、それ以後の他者理解を条件づけていると主張している。「注意に対する情動的な反応は、有機体が注意の存在を理解しているということを決定的に示唆するものなのであって、それは相互注意において最も強力に生じ、おそらく注意に関するさらなる理解の媒介となっているものなのである」[Reddy, 2005: 106]。

以上のような視点に立つなら、注意を向けられていることに対する情動的な反応から「ジョイント・アテンション」への移行が想定されるであろう。サルトルの他者論においては、外的事物に向けられた他者の「視線」の認知は、自己に向けられた「視線」の認知から派生するものにすぎないと考えられていた。レディにおいても同様の思考の線を見出すことができる。いや、というよりも、レディの観察結果はサルトルの他者論を実証するようなものになっているのだ。幼児の他者認知の発達は、自己に向けられていた「視線」が自己から自己以外の事物に拡張していく過程として理解されるのである。「自己は、幼児が経験する他者の注意の第一の目標であって、まさにこの経験をもとにして、その他の主題に向けられた他者の注意は理解されうるのである」[*ibid.*]。じっさい、以下に矢印を用いて示すように、九ヵ月以前からそれ以後にかけて、幼児が大人（他者）の注意に対して示す反応を丹念にたどっていくと、幼児が反応する大人（他者）の注意の対象が徐々に自己という対象から離れていくのが観察されるのである[Reddy, 2003: 398; Reddy, 2005: 96]。

自己（二ヵ月以降）→自己の行為（七ヵ月以降）→自己が手に持っている対象（九ヵ月以降）→外的

対象（一〇ヵ月以降）↓過去の出来事・不在の対象（一五ヵ月以降）

心理学的観察として卓越しているのは、自己の行為へ向けられた視線を自己そのものに向けられた視線とは区別することで、自己という対象から本来の意味での自己以外の対象への移行がより連続的に理解できるようになっている点であろう。

以上のまとめとして、「視線」の経験が他者の存在認知にとって根源的な経験であるという点を確認しよう。個体発生の初期の段階ですでに、意図を持った主体の存在が視線のなかに認知されていると考えなければ、生後九ヵ月以降に生じる「ジョイント・アテンション」という現象はじつは十分に説明できないという点が問題であった。そこで、九ヵ月以前の幼児を取り扱った研究を参照してみると、幼児は自己に向けられた他者の視線に情動的に反応することが確認されているという点が明らかになった。このような情動的な反応こそがじつは根源的な意味における他者認知の様式であると考えれば、九ヵ月以降の発達はそれ以前の段階から連続的に説明できるであろう。このような視点の転回は、情動を存在論的な次元で考察することによってもたらされる。それこそサルトルの他者論の教訓である。すでに指摘したように、見られる経験から他者の存在が確信されるというサルトルの他者論において重要な役割を果たすのは、自分が見られている存在であるということが「羞恥」という情動によって意識されるという点であった。他者の存在認知は他者という対象の知覚によってではなく、おのれの存在が全身で経験する「羞恥」の情動を通して顕現するものなのである。ここから見直せば、「ジョイント・アテンション」の理論的な欠陥は、他者の「視線」に対する幼児の情動的反応を、単なる情動としてのみ理解し、他者の存在を認知する様式として理解できなかった点に起因しているとみなすことができるであろう。

以上の考察の結論として、われわれの自己意識および外的事物の認識がつねに他者の「視線」のもとで成立しているという事実を指摘することができる。ところが、発達理論はこの点に十分な注意を払っているとはいえない。そこで次に、発達理論における「アフォーダンス」の応用を具体例としてこの点を考察してみよう。発達理論が現実に即した理論となるには、「視線」というある意味ではとらえどころのないものを真剣に検討する必要があるという主張を前面に出すためである。

第五節　発達理論としてのアフォーダンス

ジェームズ・ギブソン（Gibson, James J., 1904-79）の「アフォーダンス」を発達研究に応用したのはエレノア・ギブソンである（Gibson, Eleanor J., 1910-2002）。その研究課題は幼児がいかにして対象のアフォーダンスを学ぶのかという問いかけに答えることである。しかし、ここで検討しなければならないことは、この問いかけに対する心理学的な回答そのものではない。むしろ、その理論的な前提である。ジェームズ・ギブソンの「アフォーダンス」の理論においては、知覚者が対象との二項関係のなかでアフォーダンスを知覚するという点が前提されている。エレノア・ギブソンもこの点をそのまま認めている。しかし、対象の性質は本当に二項関係のなかで知覚されていると言い切れるのであろうか。むしろ、対象の性質が知覚される構造は三項関係であると考えるべきなのではないか。

三項関係とは、自己と対象に他者を加えて形成される関係である。それは「ジョイント・アテンション」という構造にほかならない。言い換えれば、「ジョイント・アテンション」は幼児の他者認知における重要な発達段階であるばかりでなく、一般的に対象知覚が成立するための条件であると考えられるのである。事実、対象の性質が知覚されるためには、対象に向けられた他者の「視線」に対するアウェアネスが不可欠であるという点が近年の神経科学において研究されている。対象の性質は知覚者、他者、対象から成る三項関係のなかで知覚されていると考えられるのである。

ただし、このような構造が「ジョイント・アテンション」のような形でつねに現実化しているとはかぎらない。他者の身体が現前していなくても、私の意識に対して「視線」は現前しうるからである。つまり、外面的には二項関係しか観察しえない場合にも、構造的には三項関係になっていると考えられるのである。

(1) 他者の不在における「視線」の現前

「アフォーダンス」とは、人間が対象にはたらきかけることによって顕現するような性質である。たとえば、「缶切り」の「アフォーダンス」は缶のふたを開けることである。このような性質は単に「缶切り」を観察しただけでは知覚することができない。じっさいにこの道具を使用することで、はじめて知覚されるような性質である。ということは、「缶切り」のような対象の「アフォーダンス」を検出し、知覚する方法は二種類あるということになるはずである。

(a) 他者が「缶切り」を使用するのを見ることによって、その使い方を知る。

(b) 自分で「缶切り」を使用することによって、その使い方を知る。

では、これら二種類の方法の存在をどのように理解すべきなのであろうか。哲学および心理学における従来の知覚論は、知覚の問題をつねに対象と知覚者のあいだの二項関係として理解しようとしてきた。しかし、対象の性質は他者を介した三項関係のなかで知覚されているケースがある。典型的なのはここであげた道具の性質（「それは何をするものなのか」）である。多くの場合、道具の性質は他者がじっさいにその道具を使用するのを見ることによって知覚されていると考えられる。ただし、このようなケースは、従来の知覚論においては主要な問題とされてこなかった。なぜなら、従来の知覚論は対象の「アフォーダンス」の知覚ではなく、対象の形態や色彩の知覚をおもに考察してきたからである。対象知覚は基本的に二項関係において理解すべきものとして理解されており、三項関係はむしろ特殊なケースとみなされてきたのである。

「アフォーダンス」の概念はこのようなスタンスに対して疑問を投げかけるものであるように思われる。ところが事実としては「アフォーダンス」の生みの親であるジェームズ・ギブソンにおいても、「アフォーダンス」を発達研究に応用したエレノア・ギブソンにおいても、二項関係という枠組みが依然として維持されている。知覚者と対象の二項関係というのはそれほど強固な枠組みなのだ。そこで、前述の(a)、(b)がこの枠組みのなかで理解されると、以下のような論理になるだろう。――たしかに、道具の「アフォーダンス」は、誰かがそれを適切に使用しているのを見なければ、普通は知覚することができないであろう。じっさい、「缶切り」などの使い方はそんなふうにして学ばれている。これらの道具の性能としての「アフォーダンス」は、初心者が独力で検出することが困難なものなのである。言い換えると、二項関係においては容易に知覚されることができないものである。にもかかわらず、理論的には二項関係が優先される。すなわち、それはまったく他者の助けを借りずに独力の試行錯誤によって検出され知覚されることができるものなのだ、と。

これは事実を無視した非常に強引な主張ではないだろうか。ところがまさにこれがエレノア・ギブソンの主張していることなのだ。エレノア・ギブソンは「アフォーダンス」の知覚に他者が関わることがあるという点は認めたうえで、それが本質的なものであるという点を否定する。彼女にとって、対象の「アフォーダンス」は基本的に二項関係において検出可能なものだからである。じっさい、エレノア・ギブソンは、知覚の発達における模倣の重要性を示したメルツォフの一連の実験の意義を認めるが、他者の行為を見ることは、「アフォーダンス」そのものを知覚することであるよりも、むしろ「アフォーダンス」の知覚を促進するにすぎないものとしている［Gibson, E. & Pick, 2000: 71］。

このように、エレノア・ギブソンの「アフォーダンス」の知覚論においては、伝統的な知覚論においてとまったく同様に二項関係が自明のものとみなされている。しかし、以下に見ていくように、それは自明ということからは程遠いものなのである。

他者が対象にはたらきかけるのを知覚することでその対象の性質を知覚する場合を考えてみよう。具体例は前述の(a)である。この場合、他者が「缶切り」を使っているのを見て自然と「缶切り」の性能が学ばれているように考えられている。ところが、それが成立するには一定の条件があるということが、神経科学的に明らかにされているのだ［Castiello: 2003］。「缶切り」を使用している他者の「視線」が観察者から感知されないケースを実験的に作り出すと、そのケースにおいては「缶切り」の性能そのものも学ばれることができないのだ。対象にはたらきかけることによって検出される性質を知覚可能なものとしているのは、対象に向けられた他者の「視線」なのだ。驚くべき発見である。問題は、なぜ他者の「視線」がそのような力を持っているかである。サルトルの他者論を参照してこの問いかけに答えを出すことができる。

公園で芝生を見ている私の前に通行人が現れる場面のサルトルの分析を読み直してみよう。サルトルにおいては、私の世界のなかに他者の「視線」が侵入してくるというドラマチックな描写によって他者についての考察が進められる。私が見ていた芝生を今は他者も見ている。ただそれだけのことである。世界のなかにはそのこと以外に別に変化は起こっていない。しかし、世界を見る私にとって、この出来事の持つ意味は決して小さいものではないのだ。なぜなら、私にとって透明だった世界が、他者の侵入によってある種の不透明性を帯びることは避けられないからである。事実、私は他者の「視線」の下にある芝生の緑を決して見ることができない。いや、厳密にいえば、私に見えている芝生そのものが私には決して見ることのできない側面をもつことになるのだ。

この緑は、私の手からはすべり落ちていく顔を他者の方に向ける。私は他者に対するこの緑の関係を対象的な関係としてとらえるが、私はその緑を他者に現れるようにはとらえることができない。こうして、突然、私から世界を奪い去る対象が出現したのである。[Sartre, 1943: 294-295]

このように、三項関係における他者の存在の意味は、事物には私が見ることのできない側面があるということを私に認識させるという点に見出されている。世界のなかに見出される諸事物は、すべてなんらかの性質を持っているのだが、その性質がいかなるものであるかは私にはまだ見えていないのだ。他者の「視線」の効果として、事物は未知の性質を秘めたものとして立ち現れるのだ。「アフォーダンス」のような未知の性質が発見されるのはこのような状況においてである。つまり、他者の「視線」の下においてである。

このような論理によれば、前述の(b)の場合のような二項関係における知覚もまた、他者の「視線」

の効果の下に成立していると考えられるであろう。すなわち、他者の助けを借りずに私が独力で「缶切り」の「アフォーダンス」を検出している場合にも、そこには暗黙に他者の「視線」が介入しているのだ、と。(a)と(b)の違いは、じっさいに事物にはたらきかけるのが(a)は他者であり、(b)は自分であるという点にある。つまり、他者が事物の性質を発見する場合も、自分がそれをする場合もあるが、事物が他者の「視線」の下にあるということが、これらの成立する共通の条件として考えられるのである。さらに一般化すれば、「アフォーダンス」にかぎらず、対象のあらゆる性質は、知覚者（私）と対象の関係に他者の「視線」を組み込んだ三項関係を基本構造として成立していると考えることができるだろう。

以上の論理が成立する前提として、「視線」が眼という身体器官とは独立して感知されるということが承認されていなければならない。サルトルにとってこの点はきわめて重要な論点であった。なぜなら「視線」とは「見られている」という経験においてその存在が認められるものだからである。私は「視線」を見ることはできない。言い換えれば、それを眼という身体器官に結びつけることはできない。「視線」は人間身体からは切り離されることによって根源的に経験されるのだ。誰に見られているかは問題ではない。「見られている」ということそれ自体が問題なのである。「確実なことは、私が見られているということなのであって、単に蓋然的なことは、世界の内部に現前するこれこれの存在に視線が結びつけられることである」［*ibid.*: 316］とサルトルは述べている。

本当は誰もいなかったとしても、私が「見られている」と感じるかぎり他者は存在している。逆にいえば、いくら人間身体を知覚しても「見られている」と感じないかぎり他者は存在しないということになる。じっさい、自閉症児においては、他者の眼は知覚されているのに自分が「見られている」

という意識がないという〔別府、二〇〇二年〕。「見られる」という経験は「見る」という作用に還元することのできない独特の経験なのだ。

まとめてみよう。サルトルのいう他者とは非人称的な存在であり、その存在を認識するためには人間身体の現前はかならずしも必要とはされていない。「視線」が誰かの「視線」として知覚されることは「単に蓋然的なこと」であるといわれるのはこの意味においてである。むしろ、根源的な他者の経験とは次のようなものだ。「他者は、それによって私が対象となるものとして、いたるところで私に現前している」〔Sartre, 1943: 319〕。

（2）他者なき世界と対他存在

他者の「視線」は、「アフォーダンス」にかぎらずおよそどのような性質が知覚される場合にも不可欠の条件であるという点を示すことが以上の考察のねらいであった。では、対象の性質に先立つ対象の存在そのものはいったいどうやって認識されるのであろうか。他者の「視線」は対象の性質の知覚にのみ関連して要求されるだけで、対象そのものの成立には関与していないのであろうか。世界のなかの諸事物ははじめから対象として与えられていると考えられるのであろうか。以上の考察の延長線上でこの点を考えておかなければならない。

対象の成立に他者は関与しているのかどうかという点を考察するにあたって、ドゥルーズ（Deleuze, Gilles, 1925-95）の『ミシェル・トゥルニエと他者なき世界』を手がかりにしよう。ドゥルーズは、他者の存在を想定しない場合、知覚者（意識）と対象という二項関係そのものが崩壊するという。それが「他者なき世界」である。そのような世界においては、「意識は対象を照らす光ではなくなり、事物それ自体が放つ純粋な燐光となる」[Deleuze, 1969: 362]。つまり、二項関係において意識は事物と癒合してしまい、いわば事物それ自体が意識を持つことになる。このような癒合状態を解消し、事物から意識を分離することが他者の機能であると考えられる。この意味において他者とは知覚を成立させる「構造」であるとされるのだ。

このように、ドゥルーズにおいて、他者を含む三項関係は対象の性質が知覚される条件であるばかりでなく、諸事物が対象として成立する条件でもあると考えられている。このような認識を発達理論の次元で語り直してみよう。事物が「対象」として知覚されているということは自明のことであるように見えるが、発達という観点からすれば、事物がはじめから「対象」として知覚者の前にあるとは考えられない。というのも、クライン [Klein, 2018] が明らかにしたように、自我と外界との境界は幼児の意識にとってはきわめて曖昧なものであると考えられるからである。

このような意識と事物の癒合を解消するのが他者の機能であるということは「ジョイント・アテンション」という事象から読みとることができる。「ジョイント・アテンション」においては、幼児が他者(大人)の「視線」に注意するだけでなく、幼児が他者(大人)に向かって事物を指し示すことが知られている。他者に向かって事物を指し示すという行為に、事物が「対象」として認知されているという点を読みとることができるはずである。したがって、この時点では意識と事物の癒合はすでに解消していると考えられる。もともと自分に向けられていた他者の「視線」が世界にも向けられることが認知された時点で、意識と「対象」が区別され、それらのあいだに二項関係が成立するが、この二項関係は見かけのものであり、構造としては三項関係になっていると考えられるのだ。

ではなぜ他者の「視線」は意識と事物を切り離し、事物を「対象」の地位におきうるのであろうか。この点が重要である。「対象」の概念には、それが「私」の存在からは独立した存在であるという点が含意されている。したがって、「対象」とは現実に知覚されているものだけを指すのではない。むしろ「対象」とは知覚可能な存在という意味である。事実、「対象」とは「私」が知覚していないあいだも存在していると想定できるもののことである。

このように、事物が「対象」として与えられるにはそれが「私」から分離されていなければならないが、その分離が遂行されるには知覚可能性の概念が必要である。ここで他者の「視線」が意味を持つことになるだろう。世界に向けられた他者の「視線」を認知するということは、「私」以外にも世界を見ることのできる存在を認めることであり、それが知覚可能性の概念を与えると考えられるからである。他者の「視線」とは「私」が世界を見ていないときにも「私」とは異なる視点からそれを見ている存在なのだ。この点が了解されたまさにその瞬間に、世界は「私」にとって知覚可能な「対象」として与えられるであろう。それが生後九～一八ヵ月の幼児に生じる出来事であると考えられるのである。

ところで、サルトルの他者論において、他者とは「視線」であり、それはもともと私を見る存在として経験されるものであった。「ジョイント・アテンション」において出現するような世界に向けられた他者の「視線」は、もともと私に向けられていたものだったのである。他者によって見られることで、私は「対象」としての存在次元をもつことになる。それがサルトルのいう「対他存在」である。「対他存在」は世界のなかに与えられる諸「対象」のモデルであり、根源的な意味における「対象」であると考えられるのだ。以上の考察の締めくくりとして、このことの意味を考察しておこう。

世界に向けられた他者の「視線」の効果は、意識と事物との癒合を解消し、「対象」を成立させることであった。他者は私から世界を切り離す。ネガティヴにとらえれば、他者によって私と世界とのあいだの一体感が失われる。同じことが、私が私自身に対して持っている関係についていえる。すなわち、他者は私の存在に「対象」としての次元を付け加えることによって、私を私自身から切り離す。他者によって私が自分自身について持っていた一体感が失われるのだ。これが九ヵ月から一八ヵ月の幼児に生じる出来事であるとすれば、「鏡像段階」がなぜこの同じ時期に出現するかについても説明ができる。九ヵ月から一八ヵ月の幼児は鏡に映った自分の像すなわち「鏡像」に異様な関心を示すということが知られている［Lacan, 1966］。ありふれた光景である。しかし、「鏡像段階」が成立するにはもちろん条件がある。自分の存在には「対象」として人から見られるという側面があることが認知されていなければならないのだ。この点を幼児に認知させるのが他者の「視線」にほかならない。しかし、幼児が自分の「鏡像」に対して異様な関心を示すという点は、これだけでは十分に説明できないだろう。そこで、幼児が自分自身の存在に対して持っていた一体感が他者の「視線」によって損なわれているのだと考えれば、幼児が「鏡像」に惹きつけられる理由も納得できるはずなのだ。

まとめてみよう。他者の「視線」の効果として、世界は誰にでも知覚することのできる世界として私から分離される。ところが私もまた誰からでも知覚されることのできる存在として私から分離される。こうして、他者の「視線」の効果によって、世界も私もすでに独立した存在としてそこにあるという「対象」の概念が成立するのである。「対象」の概念と同時に「時間」の概念が成立するということが、この延長線上で指摘できる。「対象」とはそれが現実に知覚されているかどうかにかかわらず、すでに存在しておりまたこれからも存在する事物を意味するからである。つまり、過去・現在・

未来という時間体制を作り出しているのもまた他者の「視線」なのである。

ひとことでまとめれば、人間が諸「対象」（そこには「他者」も含まれる）との相互作用を「時間」のなかで展開していくフィールドは、他者の「視線」の効果として与えられるものなのである。そのような相互作用の能力の発達や学習過程が発達理論の研究対象であるとすれば、発達理論が他者の「視線」に対する考慮を欠くことはできないであろう。この認識を本章全体の結論としておきたい。

参考文献

Baron-Cohen, S., Leslie, A. M. & Frith, U., (1985). "Does the Autistic Child Have a 'Theory of Mind'?", *Cognition*, 21, 37-46.

Baron-Cohen, S., (1995). *Mindblindness : An Essay on Autism and Theory of Mind*, MIT Press. 〔バロン＝コーエン、S（二〇〇二年）『自閉症とマインド・ブラインドネス 新装版』長野敬・長畑正道・今野義孝訳、青土社〕

Becchio, C., Pierno, A., Mari, M., Lusher, D. & Castiello, U., (2007). "Motor Contagion from Gaze : The Case of Autism", *Brain*, 130.

Castiello, Umberto, (2003). "Understanding Other People's Actions : Intention and Attention", *Journal of Experimental Psychology*, vol.29, no.2.

Deleuze, Gilles, (1969). *Logique du Sens*, Minuit. 〔ドゥルーズ、G（二〇〇七年）『意味の論理学』上・下、小泉義之訳、河出文庫〕

Gallese, Vittorio, (2001). "The 'Shared Manifold' Hypothesis: from Mirror Neurons to Empathy", *Journal of*

Consciousness Studies , vol.8, no.5-7.

Gallese, V., (2003). "The Manifold Nature of Interpersonal Relations : The Quest for A Common Mechanism", *Philosophical Transactions of The Royal Society of London B*, 358.

Gallese, V., Keysers, C. & Rizzolatti, G., (2004). "A Unifying View of The Basis of Social Cognition", *Trends in Cognitive Sciences*, vol.8, no.9.

Gibson, Eleanor J. & Pick, Anne D., (2000). *An Ecological Approach to Perceptual Learning and Development*, Oxford University Press.

Goldman, Alvin I., (2006). *Simulating Minds : The Philosophy, Psychology, and Neuroscience of Mindreading*, Oxford University Press.

Gordon, Robert M., (1986). "Folk Psychology as Simulation", Davies, M. & Stone, T.(eds.), (1995). *Folk Psychology : The Theory of Mind Debate*, Wiley-Blackwell.

Klein, Melanie, (2018). *The Psychoanalysis of Children*, Franklin Classics Trade Press.〔クライン、M（一九九七年）『児童の精神分析』小此木啓吾・岩崎徹也責任編訳、衣笠隆幸訳、誠信書房〕

Lacan, Jacques, (1966). "Le Stade du Miroir comme Formateur de la Fonction du Je", *Écrits*, Seuil.〔ラカン、J（一九七二年）「〈わたし〉の機能を形成するものとしての鏡像段階」『エクリI』宮本忠雄・竹内迪也・高橋徹・佐々木孝次訳、弘文堂〕

Meltzoff, Andrew N., (1995). "Understanding The Intentions of Others : Re-Enactment of Intended Acts by 18-Month-Old Children", *Developmental Psychology*, vol.31, no.5.

Meltzoff, A. N. & Decety, J., (2003). "What Imitation Tells Us about Social Cognition : A Rapprochement between Developmental Psychology and Cognitive Neuroscience", *Philosophical Transaction of The Royal Society of London B*, 358.

Merleau-Ponty, Maurice, (1962). *Les Relations avec Autrui Chez l'Enfant*, Les Cours de Sorbonne, C.D.U..〔メルロ＝ポンティ、M（二〇〇一年）『幼児の対人関係』木田元・滝浦静雄訳、みすず書房〕

Mundy, P., Sigman, M. & Kasari, C., (1994). "Joint Attention, Developmental Level, and Symptom Presentation in Autism", *Development and Psychopathology*, 6.

Pierno, A. C., Becchio, C., Wall, M. B. & Smith, A. T., (2006). "When Gaze Turns into Grasp", *Journal of Cognitive Neuroscience*, vol. 18, no. 12.

Pierno, A. C., Becchio, C., Tubaldi, F., Turella, L. & Castiello, U., (2008). "Motor Ontology in Representing Gaze-Object Relations", *Neuroscience Letters*, 430.

Premack, D. & Woodruff, G., (1978). "Does the Chimpanzee Have a Theory of Mind?", *Behavioral and Brain Sciences*, 4, 515-526.

Reddy, Vasudevi, (2003). "On Being the Object of Attention : Implications for Self-Other Consciousness", *Trends in Cognitive Sciences*, vol.7 no.9.

Reddy, V., (2005). "Before the 'Third Element': Understanding Attention to Self", Eilan, N., Hoerl, C., McCormack, T. & Roessler, J.(eds.), *Joint Attention : Communication and Other Minds*, Oxford University Press.

Sartre, Jean-Paul, (1943). *L'Être et le Néant: Essai d'ontologie Phénoménologique*, Gallimard.〔サルトル、J－P（二〇〇七～二〇〇八年）『存在と無』全三巻、松浪信三郎訳、ちくま学芸文庫〕

Tomasello, Michael, (1995). "Joint Attention as Social Cognition", Moore, C. & Dunham, P. J.(eds.), *Joint Attention: Its Origins and Role in Development*, Psychology Press.

Tomasello, M., (2000). *The Cultural Origins of Human Cognition*, Harvard University Press.〔トマセロ、M（二〇〇六年）『心とことばの起源を探る』大堀壽夫・中澤恒子・西村義樹・本多啓訳、勁草書房〕

別府哲（二〇〇二年）「自閉症児と共同注意――他者理解、愛着対象の形成との関連から」『発達』九二号、ミネルヴァ書房。

コラムⅢ　心の理論パラダイムと発達研究

内藤美加

「心の理論」（Theory of mind）の概念とその測定方法が発達研究に君臨し続けてはや四〇年。本コラムでは、この研究パラダイムが定着していった経緯を辿ることを通して、それがもつ意味と限界を探る。心の理論とは、人の心の状態からその人の言動を理解すること、すなわち人の行動はその人の心――信念（belief）や考え――に基づいているのだと分かることを指す。この一見当たり前とも思える理解能力をなぜ「理論」などと大げさに呼ぶのか。それは科学者が、リンゴが木から落ちるのをみて目に見えない「万有引力の法則」という科学理論でリンゴの振る舞いを説明し予測するのと同様に、特別な科学的知識のないわれわれ一般人も、目に見えない「心」という素朴な理論（folk theory）で人の振る舞いを説明し予測しているからである。われわれ素人がもつ人の行為に関する素朴な理論、それが心の理論である。

（1）誤信念課題――実験パラダイムの誕生

心の理論を最初に心理学に登場させたのは、チンパンジーに心の理論があるとのプレマック＆ウッドラフの報告である［Premack & Woodruff, 1978］。この論文誌上で彼ら比較心理学者の主張に対する論争が巻き起こり、特にデネットなど認識論哲学者は類人猿にこの能力を付与することに強く反論した。デネットは、本当に心の理論があるというためには、知識ではなく誤信念（false belief）を理解していることを示す必要があると指摘した［Dennett, 1978］。現実についての相手の正しい知識は観察者本人の了解知識と一致し、しかも相手の行動もその知識と合致するため、あえて推論しなくても分かる。しかし、現実についての間違った知識や信念（つまり勘違い）は、現実とは合致しない行動を導くがゆえに、その行動を説明するためには背後にある誤った信念を推論し想定することが不可欠である。この間違った信念の推論こそが類人猿がヒトに比肩しうる心の理論をもっていることの証拠となる。そこでデネットは仮想実験を提案した。それが誤信念理解の実験パラダイムである。

このパラダイムをじっさいにヒトの子どもに適用したのがウィマー&パーナーの記念碑的研究である［Wimmer & Perner, 1983］。彼らは、三〜九歳の子どもにデネットの仮想実験をもとにした次のような人形劇を見せた。マクシという男の子がチョコレートを青い戸棚にしまう。彼が遊びに出かけているあいだに母親がケーキ作りでチョコを使い、残りを緑の戸棚にしまい直した。ここで子どもは、遊びから戻ったマクシがチョコを探すのはどこかを尋ねられた。この質問に正解するためには、「マクシはチョコが移ったのを知らない。（だから）まだ青い戸棚にあると思っている」と、チョコの場所に関するマクシの勘違いを推論する必要がある。実験の結果、三歳児は誰ひとりマクシの行動の原因を推論できず、チョコの現実のありか、つまり自分の知識（「緑の戸棚」）を答えるのに対して、四歳以上の子どもの大半がマクシの行動を彼の誤った信念（「青い戸棚」）に基づいて正しく予想できた。こうして、発達研究において、子どもは四歳で心の理論を獲得するという認知発達の理論パラダイムが出現し、そのリトマス試験紙として「誤信念課題」が誕生したのである。

さらに二年後、バロン＝コーエンらがこの実験パラダイムを自閉症児に用いた［Baron-Cohen,

Leslie & Frith, 1985]。登場人物がサリーとアンという二人の女の子になった以外、サリーが初めにおはじきをバスケットに置くが、彼女のいないあいだにアンがおはじきを箱に移してしまい、最後に戻ったサリーがおはじきを探すのはどこかを問う同じ筋書きの人形劇である。すると定型発達の四歳児と精神年齢が約六歳のダウン症児のほとんどが正答（「バスケット」）したのに対し、彼らよりも精神年齢が三歳以上も高い自閉症児はほとんどが誤答（「箱」）したのである。この実験を端緒に、自閉症の「心の理論の障害」（mind blindness）仮説［Baron-Cohen, 1995］が自閉症研究の一大テーマとなり、以降、このサリーとアンの課題は心の理論研究のほとんどで使われ、誤信念理解の標準課題といわれるようになった。

ここで一つ面白い逸話がある。誤信念理解を測定する課題を最初に子ども（しかも定型発達の一般的な子ども）に用いたのは前述のとおりパーナーらである。だから標準誤信念課題というなら彼らの課題がそれに当たって然るべきであろう。にもかかわらず、現在自閉症研究だけでなく発達研究でも、心の理論とか誤信念課題といえばサリーとアン課題を指し、他はまず参照されないしそれが一般にも流布している。じつはこれには訳がある。バロン＝コーエンは最初の報告ではウィマー＆パーナーに一応言及はしたものの、その後の彼らの論文ではもっぱら一九八五年の自分たちの課題のほうを引用した。確かに「サリーとアン課題」は「誤信念課題」よりもずっと可愛いし、覚えやすい。バロン＝コーエンの巧みな戦略が彼らの課題の大流行につながったのである（有名になるにはこういう手も必要なのですね）。そのことに気づいたパーナーは後になって誤信念課題を「マクシ課題」と呼び始めてみたものの、時すでに遅し。「標準課題」のお株は完全にバロン＝コーエンに奪われてしまったのである。

（2）心の理論の理論パラダイム

閑話休題。さて、心の理論の概念と誤信念課題の開発は、当時の発達研究あるいは自閉症研究のなかでどのように位置づけられるのだろうか。それを考えるためには、行動主義以降の心理学に遡る必要がある。心理学は一九五〇～六〇年代に、それまでの行動主義から認知科学を標榜する心理学へと一大パラダイム転換を経た。それがどれほどの大転換であったかは、その経緯と新知見をまとめた『認知革命』という本の表題に端的に現れている。認知心理学は人間を情報処理装置とみなし、人が外界から受け取った情報を表象として解読や加工する過程を解明する科学である。認知科学のパラダイムの特徴を著者のガードナーは次のように要約している。

> まず第一に、人間の認知活動について語る際に、心の表象について語ることが必要であり、その場合の分析のレベルは、生物学的、あるいは神経科学的な分析レベルでもないし、社会学的、文化的分析のレベルでもない。（中略）認知科学の第三の特徴は、（中略）認知科学の展開にとって不必要な混乱を引き起こしかねないという理由で、慎重に重点項目から外してあるものである。それらは、感情ないしは情動の要因、歴史的ないしは文化的な要因の影響、さらには特定の行為ないしは思考が発現するときの背景となる文脈の役割である。［Gardner, 1985/1987: 6］

つまり、認知科学の対象は表象であり、その方法はきわめて脱文脈的だということである。人の行動に予測不能な影響を与えるような要因、たとえば、感情や文脈、文化といった要因は除外され、代わりに統制可能な要因を組織的に変化させ、洗練された演繹的な実験手法で人間の認識活動を分析した。その結果、行動主義では不問にされた人間の知覚、記憶、思考、言語などの仕組みや機能が次々に明らかになった。人の行動に関する認知科学的な説明と方法は、他の心理学領域や精神医学に大きな影響を与え、それは発達研究も例外ではない。

発達心理学が認知科学的手法を学んだ一九七〇〜八〇年代は、ピアジェ（Piaget, Jean, 1896-1980）の発達理論が鋭く批判された時代であった。北米大陸の行動主義と同時代にありながら、ピアジェは独自に子どもの内的な認識能力とその発達に焦点を当てた。ピアジェの理論は、言葉や思考などの表象作用、数や量といった数学的概念、アニミズムに代表される生物概念、物の認識に関わる物理概念など子どもの広範な概念領域を包摂する領域一般（domain general）の包括理論である。これに対し、それぞれの概念領域の研究者たちから、領域ごとにつぶさに――統制された実験で――調べれば、子どもはピアジェがいうよりずっと幼いときからその領域に固有（domain specific）な熟達した概念や能力を示すという反論が巻き起こった［Hirschfeld & Gelman, 1994］。心の理論も、ピアジェが論じた自己中心性という素朴心理学的な概念発達に対する反証と見ることができる。

ピアジェは有名な三つ山問題で、幼児は自分とは異なる位置からは三つの山がどう見えるかが分からず、自分の視点を移動できない、つまり自己中心的な視点しか取れない（前操作期の素朴心理学をもつ）と論じた［Piaget & Inhelder, 1948］。この主張の妥当性を大きく揺るがすのが心の理論の概念と誤信念課題による証拠であった。心の理論は他者を含む人の信念＝視点を理解する能力であり、それが自己中心性によって自分以外の視点は取れないはずの四歳児に備わっているというのである。さらにピアジェは、五、六歳頃までは表象と外界の区別が曖昧で、頭のなかにある思考や言語（表象）を外的物理世界に帰属させる本源的実在論を取るとも論じていた［Piaget, 1947］。しかし心の理論は、人の考えや信念という心的状態が現実とは必ずしも一致しないことを理解する能力であり、信念という心的な（一次的）表象をさらに一段上から相対的（二次的）に理解し表象するという意味で、メタ表象能力とも呼ばれる。本源的実在論を取るはずの四〜六歳児にも表象と外的世界を截然《せつぜん》と区別するメタ表象能力があるという心の理論の議論は、認知発達研究においてピアジェ理論からのパラダイム転換の大きなうねりの一つとなったのである。

一方、自閉症研究でも一九六〇年代後半から七〇年代初頭におもにイギリスで、認知心理学の新興を背景にそれまでの精神分析学的な心因性や後天性の議論が一掃され、生物学的、認知的障害を強調する言語・認知障害説が主流となった。カナーが一九四三年に発見した自閉症は［Kanner, 1943］、精神分析論者からは不適切な養育環境に対する否定的な情緒的反応ととらえられていた（たとえば、「冷蔵庫のような母親」説）。これに対し言語・認知障害説は、自閉症児の言語の遅れや非言語的な認知能力の特異性などの実験的、実証的な検討を盾として、自閉症は愛情不足といった環境の要因による心因性症状なのではなく、子ども自身がもつ生得的で生物学的な言語や知覚、認知の障害だと考える［Rutter, 1968］。この説の延長として心の理論パラダイムが援用され、誤信念課題による実験とその結果を根拠に心の理論の障害仮説が唱えられたのである。

自閉症は社会性の障害とこだわりという二大特徴をもち、現在でもそれが診断基準となっている。とりわけ自閉症の中核症状と考えられたのが、前身の言語・認知障害説では説明できなかった社会性障害であり、たとえ言語に障害のない高機能自閉症でも相手の気持ちや心の理解に大きな困難を示す。心の理論は人の心的状態を理解する能力、つまり人の心を読む（mindreading）という認知能力であり、その障害（mind blindness）が自閉症の原因と考えられたのである。

（3）認知科学に通底する前提

心の理論の概念と誤信念課題の実験手法は、自閉症を含む発達研究にいかなる意味をもつのか。その答えには多少の反論があるものの、欧米主流派の研究者たちは、心の理論は子どもの認知発達の普遍的で正統的なパラダイムであると信じて疑わない。そこでまず、彼らの揺るぎない信念を確認しよう。それは単なる信念であるにもかかわらず自覚され疑われることがないゆえに、この研究パラダイムの暗黙の前提となっているものである。

その第一は、心の理論を子ども個人の頭のなかにある単独の認知的処理能力ととらえる視点である。それは、心の理論研究が一九七〇〜九〇年代に全盛を誇った認知科学の申し子であったことに由来する。前述したように、認知科学は脱文脈的な方法で頭のなかの表象を対象にする。心の理論をもつ＝心を理解するとは、現実世界を写し取った表象（たとえば、「これはバナナだ」のような命題表現をとる）に対する心的な態度（たとえば、「と思う」「と願う」「というふりをする」などの命題的態度）を理解すること、すなわちメタ表象の発達である。研究者たちは、この高次表象能力の獲得年齢の通文化的な特定に加え、その機序の説明に躍起になった。いわく、子どもは科学者同様に人の心に関する理論を構築するのだとか、いやそうではなく、じかに接近可能な自分の心を他者に仮想的に当てはめシミュレートするのだとか、いやいや子どもには心の理解に特化してはたらくモジュールが生得的に内蔵されているのだ、といった議論である。しかしながら、いずれの説明も子どもはメタ表象の情報処理を一人で完結して行っているという点では同じである。つまり、心に関する概念化は社会的文脈や状況からは孤立した子ども個人の内生的（intrinsic）特性ととらえられているのである。

先に見たように、心の理論はピアジェの領域一般的な認知発達理論への反証の一つととらえられた。しかし、表象理解を子ども個人の認知能力に帰属させる心の理論のパラダイム自体は、じつはピアジェの理論となんら異なるところはない。ピアジェが論じた実在論からの脱却という表象理解の発達も、心の理論すなわちメタ表象能力の獲得も、じつのところ子ども個人内の内生的な特徴とその変化ということでは同じ理論的枠組みをもち、認知科学が捨象したのと同様に、子どもが他者との関わりや社会的な文脈のなかで自らや相手の心を理解するようになるという視点は欠落している。だから、子どもの認知発達の社会的文脈を重視したヴィゴツキーがピアジェと論争したように、ヴィゴツキー派の認知発達心理学者からも心の理論の主流派への批判が提出されているのである［たとえば、Nelson et al., 2003］――ただし残念ながら影響力はほとんどないが。

この第一前提からはさらに、子どもが自他を截然と区別できることが所与とされているという第二の前提が導かれる。自分の正しい知識＝現実とそれとは分離した他者の間違った信念の二つを同時に表象し、その関係を理解できること、それが心の理論だからである。また誤信念課題では、子どもは自分とはまったく関係のない主人公の客観的な行動を第三者の視点――いわば神様の視点――で観察することが期待される。あくまでも全知の自己とは無関係な主人公＝他者の無知を脱文脈的に推論しその不合理な振る舞いを予測するよう求められるのである。さらに、課題の成否は二つの選択肢の一方を的確に選ぶか否かで決まる。このとき、子どもの推論能力を未熟な言語で過小評価しないためという理由で、子どもの回答理由はいっさい問わない。研究者が前提している他者の信念や知識に関する推論を子どもが本当に行っているかについて、なんの確認も取らないのである。統制された実験で得られた遂行結果だけを指標に、自己とは分離した他者の誤信念＝表象への理解の有無をリトマス試験する誤信念課題は、認知科学の方法論をまさに結晶化した実験パラダイムだといえる。

心の理論論者がもつ第三の前提は、心についての普遍的な概念の獲得が普遍的な過程を経て生じるというものである。たとえ変化の機序の説明は違えども、どの文化のどんな社会、教育、家庭環境の子どもでも、最終的に同じような概念へと変わってゆくという前提である。しかもこの変化は、それ以前とは質的に異なる一種の概念上の飛躍であり、その飛躍が四歳頃に成立する誤信念理解だというわけである。欧米諸国と日本を含む非欧米圏での誤信念課題遂行のメタ分析で、主流派はそれを端的に次のように表現している。

人の内的表象——人の信念——の感覚を含む人への心的な理解は広範に及んでいる。子どもは、それぞれが育つ文化的コミュニティや言語システムに応じてこうした概念を遅かれ早かれ獲得するが、ヨーロッパ、北アメリカ、南アメリカ、東アジア、オーストラリア、アフリカの子ども、また公的教育のない伝統的な文化でも教育のある近代的な文化でも同様に、すべての子どもがほぼ同じ発達経路でこれらの概念を獲得するのである。[Wellman, Cross, & Watson, 2001: 679]

心についてのこのような概念化は、認知心理学が人を情報処理装置と、また心を表象とみなし、その処理は人類普遍の能力であるととらえていることの反映である。人の行動はその個人の信念や欲求という表象を情報処理した結果であり、その行動の背後にある心＝情報処理過程を推測できるようになることが、文化や社会環境にかかわらず子どもが心を理解するということなのである。

（4）心の理論パラダイムの限界

心理学のご多分に洩れず、心の理論研究も相変わらず欧米圏のそれがほとんどであり（前記メタ分析でも非欧米圏の研究数は全一七八件のわずか四％、残りはすべて米、英、加、豪の研究）、暗黙の前提は追認されるばかりである。しかしながら、わずかとはいえ非欧米圏の報告をみるとこのパラダイムの妥当性はきわめて怪しいことが分かる。筆者らが日本の子どもに行った実験でも、誤信念課題の八〇％予測通過率は都市部で六歳、地方都市では七歳と、極端に遅い達成年齢のみならず地域差まで見られた。また通常は不問の回答理由を訊くと、子どもはたいてい「最初（自分が）そこに置いたから」と答え、パラダイムが想定する「主人公は物が移ったのを知らない（だから元の場所にあると思っている）」とは答えない（内藤、二〇一一年）。文脈から「（自分が）置いた」とは主人公の行為であり、日本の子どもはようやく六歳以降に、しかも主人公の行動を客観的に観察してその誤った信念を推測するのではなく、主人公になり代わりその振る舞い履歴によって、この課題を解いているのである。子どもにしてみれば、自分（＝主人公）がさっき物をそこに置いた以上そこを探すのは当然で、誰かがそれを別の場所に移そうと移すまいとそんなことは関係がなかろう。この理屈のどこに表象理解（メタ表象）が含まれているというのであろうか。

じっさい、こうした非欧米圏からの反証例があってもその数はあまりに少なく、欧米主流派には痛くも痒くもない。しかし同じ欧米圏の非主流派からは、主流派の前提に対する反論が少しずつ出始めている。その一つが現象学的な論点である〔詳細は、内藤、二〇一六年〕。心の理論パラダイムは先の三つの前提に立ち、人の心は目に見えずなんらかの推論をしないかぎり不可知であり、その推論は感情やそれを表出する身体、あるいはそれらを生じさせる状況などから切り離され、あくまで脱文脈的に頭のなかで行われると想定している。しかし現象学的には、人の心は、いちいち回りくどい推論をしなくても身体的、感情的に直接経験でき、自分と他者との相互主観的な（intersubjective）共鳴関係のなかから立ち現れ、両者のあいだで自ずと了解可能なものである［たとえば、Gallagher & Zahavi, 2008/2011］。人は、認知科学が想定するように単に刺激を受け取って頭のなかでだけ処理する受動的な情報処理装置ではなく、自律的に（脳を含む）身体を通じて環境を直接知覚してその意味を見出す（意味づけする＝sense-making）行為主体である。当然ながら、他者を含む環境との身体を通じたやりとりは四歳から突然生じるわけではない。生後直後から他者（特に養育者）との相互主観的なやりとりを通して、人（乳児）は長い時間をかけて自分の身体に根ざした自己とともに他者意識を徐々に体得していくのである。

現象学的説明によれば、三歳では誤信念課題が解決困難なのは、子どもと実験者との二人称的なやりとりに加え、課題の登場人物を外から観察する第三者の視点が同時に含まれ、それが三人称的視点を取ることにまだ熟達していない三歳児を混乱させるためだと解釈できる。課題の回答理由についても、心の理論パラダイムとは異なる予測がなされる。子どもが属する個々のコミュニティでこの課題場面をどのように語り意味づけるか、その意味づけの仕方の違いにより、課題への回答理由も異なって当然である。子どもは所属するコミュニティで大人との相互主観的な語り合いに加わり、その社会の規範や歴史、文化に特有の人の行為に関する語り方＝素朴心理学による意味づけを学ぶ。通常予想されるものから外れた他者の行為に遭遇したとき、そうした意味づけが動員される。心の理論パラダイムでは所与であるがゆえに子どもには不問にされた主人公の無知や誤信念は、別のコミュニティではまったく動員されない一つの語り方にすぎない。誤信念理解すなわち心の理論は、自他を峻別し頭のなかの見えない心的表象を絶対視する欧米社会でのみ共有されている単に一つの意味づけの仕方なのである。対して、それとは異なる社会・文化、たとえば日本の子どもは、日本の社会と文化に則したそれとはまったく別の（自らが物語のなかに入り、主人公になりきって「最初にそこに置いた」というような）意味づけをしている可能性が高い。

このように見ると、心の理論パラダイムと誤信念課題に通底する暗黙で強固な表象主義と自他の区別は、とりわけデカルト主義的な二元論と主知主義という特定の認識の枠組みに由来しているのだと考えることができる。すなわち合理性を人間の理想とし、日本語の「心」が含意するような気持ち(heart, feelings)ではなく、知的な頭(mind)のはたらきのみを人の行為の説明に据える枠組みである。これら表象主義と主知主義によるパラダイムはしかし、他の認識枠組みには適用できないし、適用してもうまくははたらかない。そのことに気づかないまま、無自覚に誤信念課題を心の理論のリトマス試験紙と呼び、心の理論の普遍性を標榜していることが、このパラダイムの最大の誤謬といえるのである。

参考文献

Baron-Cohen, S., Leslie, A. M. & Frith, U., (1985). “Does the Autistic Child Have a ‘Theory of Mind’?”, *Cognition,* 21, 37-46.

Baron-Cohen, Simon, (1995). *Mind Blindness : An Essay on Autism and Theory of Mind*, MIT Press.〔バロン＝コーエン、S（二〇〇二年）『自閉症とマインド・ブラインドネス』長野敬・長畑正道・今野義孝訳、青土社〕

Dennet, Daniel C., (1978). “Beliefs about Beliefs”, *Behavioral and Brain Sciences*, 4, 568-570.

Gallagher, S. & Zahavi, D., (2008). *The Phenomenological Mind : An Introduction to Philosophy of Mind and Cognitive Science,* Routledge.〔ギャラガー、S＆ザハヴィ、D（二〇一一年）『現象学的な心――心の哲学と認知科学入門』石原孝二・宮原克典・池田喬・朴嵩哲訳、勁草書房〕

Gardner, Howard, (1985). *The Mind’s New Science : A History of the Cognitive Revolution,* Basic Books.〔ガードナー、H（一九八七年）『認知革命――知の科学の誕生と展開』佐伯胖・海保博之監訳、産業図書〕

Hirschfeld, L. A. & Gelman, S. A. (eds.), (1994). *Mapping the Mind : Domain Specificity in Cognition and Culture,* Cambridge University Press.

Kanner, Leo, (1943). “Autistic Disturbances of Affective Contact”, *Nervous Child*, 2, 217-250.

Nelson, K., Skwerer, D. P., Goldman, S., Henseler, S., Presler, N. & Walkenfeld, F. F., (2003). “Entering a Community of Minds : An Experiential Approach to ‘Theory of Mind’”, *Human Development,* 46, 24-46.

Piaget, Jean, (1947). *La Représentation du Monde chez L’enfant,* Presses Universitaires de France.

Piaget, J. & Inhelder, B., (1948). *La Représentation de L’espace chez L’enfant,* Presses Universitaires de France.

Premack, D. & Woodruff, G., (1978). “Does the Chimpanzee Have a Theory of Mind?”, *Behavioral and Brain Sciences*, 4, 515-526.

Rutter, Michael, (1968). “Concepts of Autism : A Review of Research”, *Journal of Child Psychology and Psychiatry*, 9, 1-25.

Wellman, H. M., Cross, D. & Watson, J., (2001). "Meta-analysis of Theory-of-mind Development : The truth about false belief", *Child Development*, 72, 655-684.

Wimmer, H. & Perner, J., (1983). "Beliefs about Beliefs : Representation and Constraining Function of Wrong Beliefs in Young Children's Understanding of Deception", *Cognition*, 13, 103-128.

内藤美加（二〇一一年）「心の理論の概念変化――普遍性から社会文化的構成へ」『心理学評論』、五四巻、二四九―二六三頁。

内藤美加（二〇一六年）「〝心の理論〟の社会文化的構成――現象学的枠組みによる認知科学批判の視点」『発達心理学研究』、二七巻、二八八―二九八頁。

第四章

心理学の哲学を基礎づけたもの

――その認識論的背景と現象学的心理学

渡辺恒夫

現象学は心理学として、心理学は現象学として発展するはずだった？

もしかしたら、現象学は心理学として、心理学は現象学として発展する「はず」だったのかもしれない——

このようなことを言い出しても、心理学と現象学の、二〇世紀を通じてのまったく別個の歩みを知る読者にとっては、奇異に響くだけかもしれない。けれども、一九世紀末のある時期、正確には、科学的心理学の祖ヴント（Wundt, Wilhelm Max, 1832-1920）が主著『生理学的心理学綱要』を、そして現象学の祖ブレンターノ（Brentano, Franz, 1838-1917）が主著『経験的立場からの心理学』を、同じ一八七四年に公刊してからしばらくのあいだは、それは現実味のある話だったのだ。——ということを、本書「第一章」の読者なら、納得してくれるに違いない。そして、現在。二〇世紀末頃からの、人類学、社会学、心理学、医療福祉研究など、人間諸科学における質的研究の興隆の流れのなかに、質的研究の本流としての現象学が、徐々に浮上するのを私たちは目にしている（ちなみに質的研究とは、数量的研究に対比させた研究スタイルの潮流。後者が現象を実験やアンケート調査などによって数えられる量に還元して統計的に処理し、因果的な関係への推論を行うのに対し、現象の詳細をおもに言語的に記述し、そこでの直観を含めた検討を行うことによって現象を解明するのが質的研究である。くわしくは第二節で説明される）。いまや、心理学者が心理学者としてのアイデンティティを失うことなく現象学を用いて研究できる、という時代が到来しつつあるのだ。

とはいえ、楽観は許されない。二〇世紀を通じて現象学と心理学が、哲学と科学というまったく別個の分野として発展せざるを得なかったことには、たしかに認識論的な理由があった。のちに見るように、心理学・人間科学にとっての躓きの石があった。この認識論的理由を、この躓きの石の存在を明らかにしないかぎり、心理学はまたしても、堂々巡りの罠に入り込んでしまう恐れがある。ドレイファス（Dreyfus, Hubert L., 1929-2017）の皮肉な評言のように、「……単なる流行にすぎん。あっち行ったりこっち行ったり、心を理解するという面では何の進歩もありゃせん」〔ホーガン、二〇〇〇年、三一七頁〕という顚末になってしまいかねないのだ。

本章では、心理学と現象学、そして質的研究とを科学認識論上に位置づけることで、その歴史を解きほぐし現状を診断し、未来を占う。以下、本章のあらましを記しておく。

I 心の四つの窓——心理学と現象学のための認識論的解読格子

近代自然科学の大躍進に比べ、踵《きびす》を接して誕生した人間科学・心の科学の歴史は、分裂と迷走と堂々巡りに終始してきたかに見える。この混乱の元凶を歴史的に解明すべく、まず高橋澪子《みおこ》による心の科学史の解読概念である「認識論的革命×方法論的革命」に想を得て、「認識論的対立軸〈他者への視点vs.自己への視点〉×方法論的対立軸〈法則的説明vs.意味理解〉」から成る「認識論的解読格子」を構成しよう。その結果、格子上に析出した4象限は、それぞれ、「行動」「表現」「体験」「意識」と名づけることが可能になる。いわば「心の四つの窓」だ。そこで、歴史上に登場した心理学の各潮流は、4象限のなかの何を研究の対象とするかで、無自覚のうちに分立してきたことが判明するという仕掛けである。

II 三つの認識論的転回と質的心理学の興隆

一九六〇年代から勃興した質的研究・質的心理学の認識論的意義を明らかにする。自然科学的な科学性の規範が上記の4象限中の「行動」へと人間経験を制限したのに対し、クーン（Kuhn, Thomas

S., 1922-96）以後の認識論的転回である、解釈学的転回、言語論的転回、そしてもの語り論的転回（ナラティヴ・ターン）は、他の象限への越境や対立軸そのものの廃棄の試みによって、人間経験の全体性回復運動としての質的研究・質的心理学の発展を準備したというのが、その最大の意義となるだろう。

III　現象学から現象学的心理学へ

生物－医科学の驚異的発展を背景とした心の科学の新たな転回である自然主義的転回に直面して、真っ向からのオルタナティヴとしての現象学の意義を明らかにするときがきた。その源流から近年の現象学的心理学への発展の歴史をたどろう。フッサール（Husserl, Edmund, 1859-1938）の心理主義批判、ハイデガー（Heidegger, Martin, 1889-1976）やその影響下に発展した現象学的精神医学の心理学軽視等に象徴される現象学と心理学の不幸な関係を克服し、現象学が人間科学としての現象学的心理学へと展開するためには、アメデオ・ジオルジ（Giorgi, Amedeo, 1931-）以降の、現象学の質的研究としての技法上の発展が必要となったのだった。

IV　自然科学への解消か現象学化か

ゲシュタルト心理学の近接の法則、エリクソンのアイデンティティの概念を例にとり、心理学的説明が、現象学的な解明に取って代わられるか、生理学的概念に訴えることになるかの、二者択一となることを示す。前者の場合、心理学は現象学として発展するはずだったことになり、後者の場合、ヒト科生物の高次脳神経機能の自然科学へと解消することになる。

V　心の科学の過去・現在・未来

一七世紀科学革命において誕生した近代自然科学＝物の科学がバラ色の約束を実現させてきたのに対し、あとを追って誕生した人間科学＝心の科学は挫折を運命づけられた企てであった。自然科学が観察者の存在を排除することで客観性＝科学性の要件を確保してきたのに対し、心の科学は、観察者自身を研究対象に選ぶか、観察者の存在を排除して他者を対象とするかという認識論的選択を絶えず迫られてきた。しかも多くの人間科学者は自らの選択に無自覚であるがゆえの折衷主義という認識論的混乱に陥ったままである。可能なことは方法論的認識論的自覚に基づく多元主義であろう。

第一節　心の四つの窓——心理学と現象学の認識論的解読格子

心理学と現象学の歴史を、心の科学の歴史全体のなかに位置づけ、あまり幸福だったとも言い難いその関係を認識論的に解明するためには、道具立てが、「装置」が必要になる。この装置の名を「認識論的解読格子」と呼んでおく。図4—1は、この解読格子によって、一九世紀末から二〇世紀の前半にかけての心理学の代表的な諸潮流を、位置づけたものだ。

とはいえ、この図をいきなり見せられても、読者の目にはせいぜいが「諸潮流の交通整理」ぐらいにしか映らないかもしれない。そこで、この解読格子の成り立ちが以下の五段階から成ることを明らかに

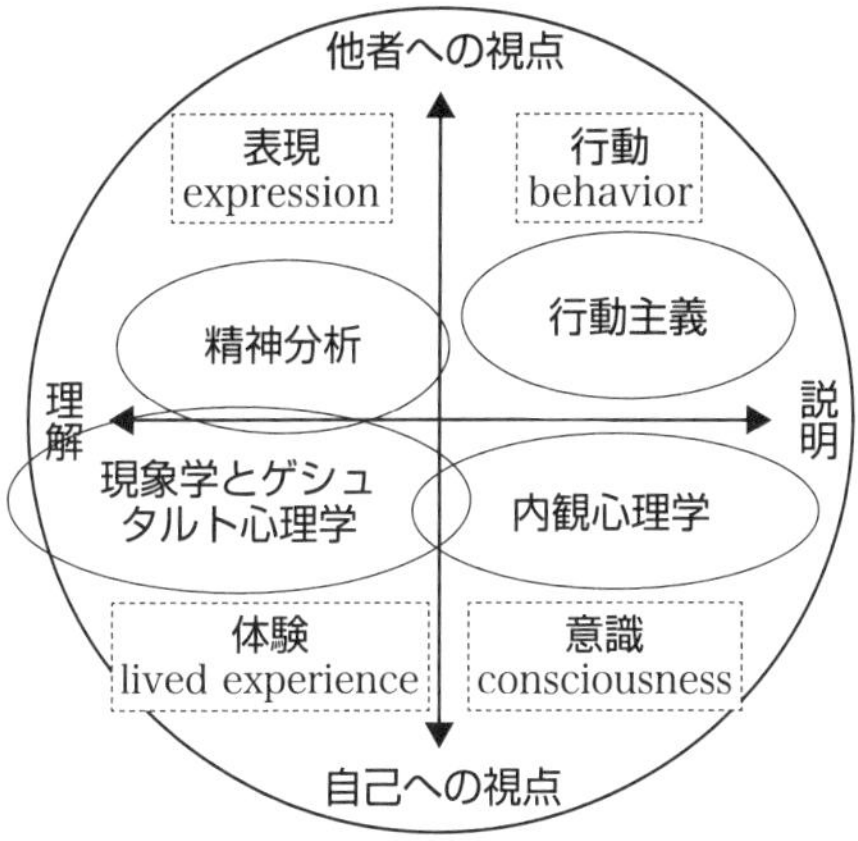

図４—１　認識論的解読格子（心の四つの窓）による心理学の諸潮流の位置づけ

しておく。

第一段階は、心理学史からの示唆である。

第二段階は、現象学的反省によるモデルの提示である。

第三段階は、いわゆる科学的心理学の認識論との対比である。

第四段階では、第二と第三の段階の各モデルを相互比較し考察することで普遍化・精緻化し、認識論的解読格子の構成に至る。

そして第五段階では歴史的な考察を加え、解読格子に具体的な意味内容を与えよう。

(1) 心理学史からの示唆

じっさいにはこれは、高橋澪子『心の科学史』(二〇一六年)からの示唆である。図4—2のように、高橋は、他の科学史と違って心の科学史には、「方法(論的)革命」だけではなく、より重要な「認識(論的)革命」があると言い、近代心理学の歴史を、認識革命と方法革命の繰り返しとしてとらえる構想を示している。認識革命は次の三弾から成る。

第一弾:一七世紀デカルト的「我(意識)の発見」に始まり、これを外的世界と並ぶもう一つの広がりのある「内的世界」として外的世界と類比的な分析的学問の対象に変えてしまったロックと連合心理学。

第二弾:二〇世紀初頭の「私秘性の排除」。それまで自明だった意識、内面世界を、操作的定義による構成概念と化してしまう認識論上の革命を実行して、実験心理学を自然科学=近代科

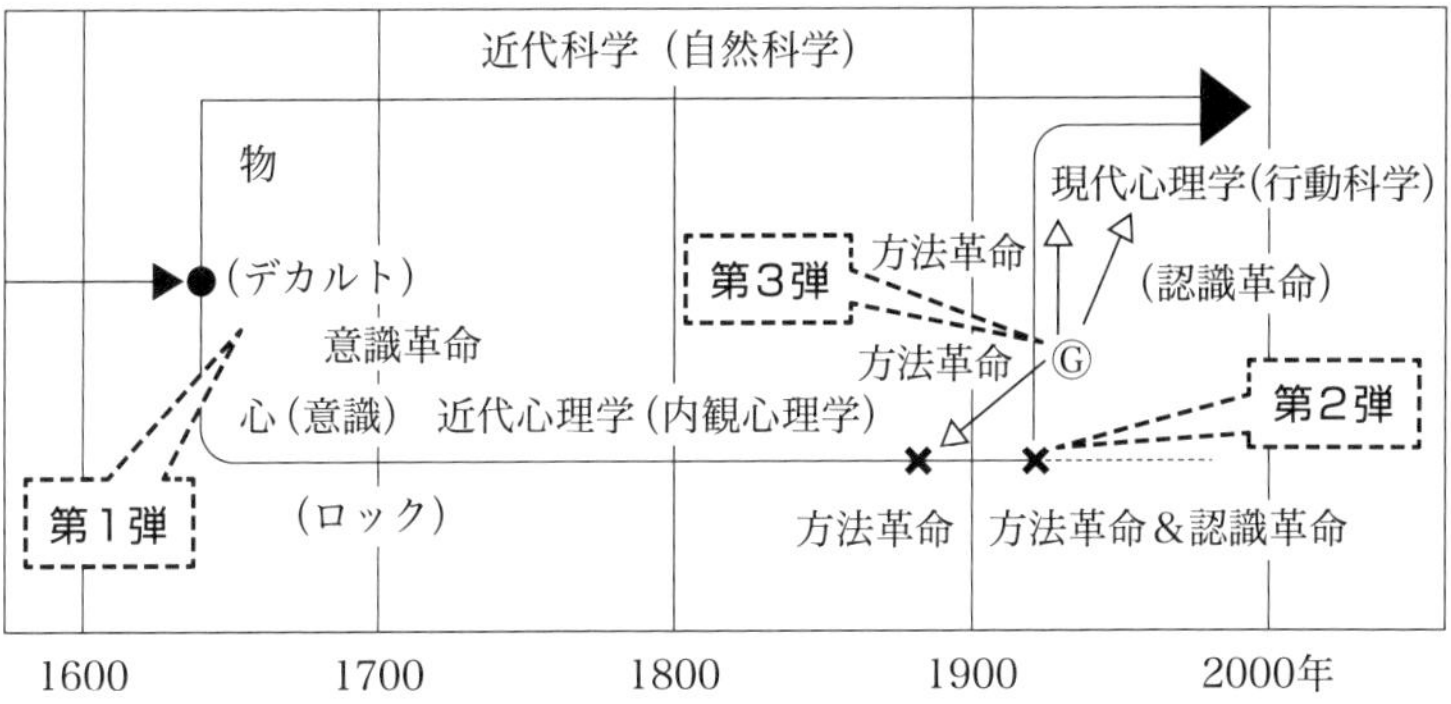

図４―２　高橋『心の科学史』の「序説」中の図４（p.49）を基に点線図を付加。図中Ⓖはゲシュタルト心理学。

学の仲間入りをさせた行動主義。

第三弾：ゲシュタルト心理学（図ではⒼ）による「立ち消えになった認識革命」。現象そのものから出発すれば、物的と心的の違いも視点の違いに解消され、心身二元論が乗り越えられるはずだ、と言う。

この、方法（革命）と認識（革命）の二つの軸によって心理学史を立体的にとらえる構想を筆者は受け継ぎ、時間軸上の断面を切り取ってその時代の心理学の諸潮流を二次元平面上に表現することを、まず、『心理学の哲学』〔渡辺・村田・高橋編、二〇〇二年〕のなかで試みたのだった。

（2）現象学的反省からの第一歩

メルロ＝ポンティ（Merleau-Ponty, Maurice, 1908-61）は『知覚の現象学』〔二〇一五年〕のなかで「真の哲学とは世界を見ることを改めて学ぶことである」〔二五頁〕と言ったが、それは現象学にこそふさわしい。現象学とは、自分自身の暗黙のものの見方を反省し、先入見を去って自分の

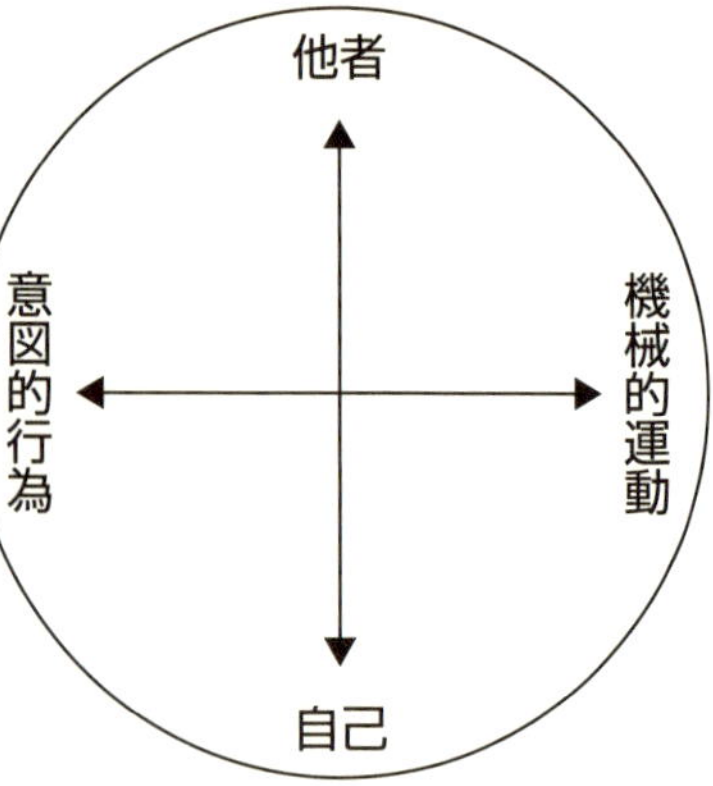

図4―3　体験世界（私が見ることを学び直した世界）の基本的構造

目で世界を見ることを改めて学ぶことである。したがって、第一段階でのヒントも、ひとまず「括弧入れ」し、ゼロから出発することにする。

図書館にいて読書にふけっていて、ふと頁から目を上げ、館内を眺めやる。本棚が並んだあいだに人影があり、窓の向こうでは青空に白い雲が浮かんでいる。

このような風景を、先入見を去って記述する第一歩は何だろうか。第一に、私がいてそして世界があるということは、先入見抜きに確実のように思われる。認識の第一歩は分類であり、構造化だ。今、見えている世界のなかでは、「私がいて世界がある」ということから、「私」と「私以外の世界」とに分けることが理にかなっているだろう。〈自己vs.非自己〉という分類であり、構造上の対立軸である。ただし、物理学ではなく心理学のための認識論だから、「非自己」の代表としては白い雲より人影のほうがふさわしい。〈自己vs.他者〉である。この最初の構造化を念頭に置いて、次の場面に進もう。

人影が近づいて向かいの席に座り、抱えていた本を机の上に置く。はずみで私の鉛筆が転がり、床に落ちる。その人は謝って鉛筆を拾い上げ、机の上に戻す。ここで世界は、運動の種類で分類されることになる。「人」の意図的行為と、振動で転がる鉛筆のような「物」の機械的運動だ。だから、〈意図的行為vs.機械的運動〉」が、構造上の第二の対立軸となる。

今までの考察をふまえ、縦軸に「自己、対、他者」、横軸に「意図的行為、対、機械的運動」をとり、二次元座標空間として描いてみよう（図4―3）。これで、私が見ることを学び直した世界の、最も基本的な構造が描かれた。現象学的反省と記述による、ゼロから始めた認識論の最初の成果だ。

（3）科学的心理学を基礎づけた操作主義

ここで比較に用いる科学的心理学の認識論としては、安易な解説などでなくオリジナルなその完成形態が望ましい。じつのところ心理学・心の科学の認識論の完成形態は、現象学にも、またどんな質的研究の認識論にもないが、科学的心理学にはあったのだった。一九三〇年代、行動主義の最盛期に、それを基礎づけるべく出現した、スティーヴンス（Stevens, Stanley S., 1906-73）の操作主義哲学がそれだ。

行動主義心理学が衰退しても科学的心理学・心の科学の認識論として操作主義の覇権が続いていることは、アメリカ精神医学会の『精神疾患の診断・統計マニュアル』（略称、DSM）が、一九八〇年の第三版以後、一貫して「操作的診断」を採用していることからも歴然としている。しかも、スティーヴンスの操作主義哲学は、あいまいな概念を操作的に定義することで科学的・一義的にするという、科学方法論の水準に留まるものではなかった。操作主義とは、本来、物理学者ブリッジマン（Bridgman, Percy W., 1882-1961）が、「一個の概念の意味は、一組の操作以外のなにものでもない」［1953: 36］として、時間や空間や電子の直径など、直接観察を超えていて抽象度も高い物理学的概念を明確にするための科学方法論として提起されたのだった。それを心理学に導入するにあたってステイーヴンスは、科学性への独自の反省に基づき、一組の認識論的選択を、決断を、行ったのだ。
操作主義の原理として挙げられている7ヵ条をもとに［Stevens, S., 1935］、この点を明らかにしよう（表4―1）。

まず第1条であるが、これは自然科学の世界では常識ともいうべき、「公共性」と「再現性」という科学性の要件を、言い直したものにほかならない。「観測」も「操作」だから、公共的、つまり原理的に「誰が行っても同じであるような観察」であってしかも、反復可能、つまり原理的に「いつ行っても同じであるような観察」で同じ結果が出れば、科学的知識の仲間入りを認められる、というわけである。

この科学性の要件は「常識」になりすぎて誰が最初に定式化したかがよく分からないが、化学者ボイルがすでに一七世紀に、公共性と再現性に相当する規範を提案していたという。「ボイルは王立協会から得られる証言の管理に大きく成功した。この証言管理の方法は次の特徴を備えている。／・名前を明かした個人による実験の目撃。／・これらの個人には、嘘を述べていたことがわかれば失うものがある（誠実さの評判など）。／・実験は追試できるため、証人の嘘が判明する可能性がある（現実的な可能性は低いにしても）。／・証人の増加」（クーパー、二〇一五年、二五〇―二五一頁）。このうち一番目と四番目の特徴が公共性、三番目が再現性の規範に相当するといえる（クーパーは科学史家ではないので、シェイピン&シャッファー（二〇一六年）を元にしているが）。なお、科学性の要件については、第二章第四節（2）「データの信頼性と合意形成」も参照のこと。

次に第2条に謳われているのは、きわめて重大な認識論的選択であり決断だ。

前述の「現象学的反省」の項で描かれた状況、図書館に私がいて向こうに人がいるという状況を振

表4－1　操作主義の原理として挙げられている7ヵ条（Stevens,1935をもとに作成）

第1条：科学は、社会の構成員によって同意された知識である。公共的（public）かつ反復可能（repeatable）な操作に基づいて構成された知識のみが、科学の仲間入りを認められる。
第2条：心理学ではすべての観察を、心理学者が自分自身についてなした観察をも含めて、「他者」についてなされた観察であると見なす。それによって、実験者と観察対象との間の区別が明確になる。
第3条：ある実験者と他の実験者がお互いに研究対象になり合う場合には、想定された第三の独立した実験者による観察であると、見なさなければならない。
第4条：用語や命題は、その適用可能性もしくは真理の基準が、遂行可能な具体的操作からなる場合にのみ、意味を持つ（何かを指示する）。
第5条：弁別（discrimination）、すなわち分化反応（differential response）が、根本的な操作である。何かを指示するという操作（つまり、指先で指し示すという操作）でさえも、この操作に基づいている。
第6条：弁別反応によって意味されているのは、生活体の（内的であれ外的であれ）環境状態への具体的な分化的反応のことである。したがって、弁別とは、“物理的”過程であり自然界の出来事の連鎖である。あらゆる知識は、この過程によって得られ、伝達され、検証される。
第7条：（付けたりにすぎないので省略する。）

り返ってみよう。心理学的観察は、私自身の感情や物の見え方を内省し自己観察することから始めることもできるし、向こうの人の行動や表情を観察するなど他者についての観察から始めることもできる。けれども操作主義は心理学研究を、後者、他者の観察から始めるという選択をする。たとえ、私自身の心理を観察したとしても、その観察データは、私以外の観察者の視点を想定し、その観察者の視点から見て「他者」である「観察対象X」についてのデータであると、見なさなければならないのだ。つまり心理学は、研究対象に対して常に他者への視点を取るという意味での、「他者の心理学」でなければならない。

なぜ心理学が他者の心理学でなけ

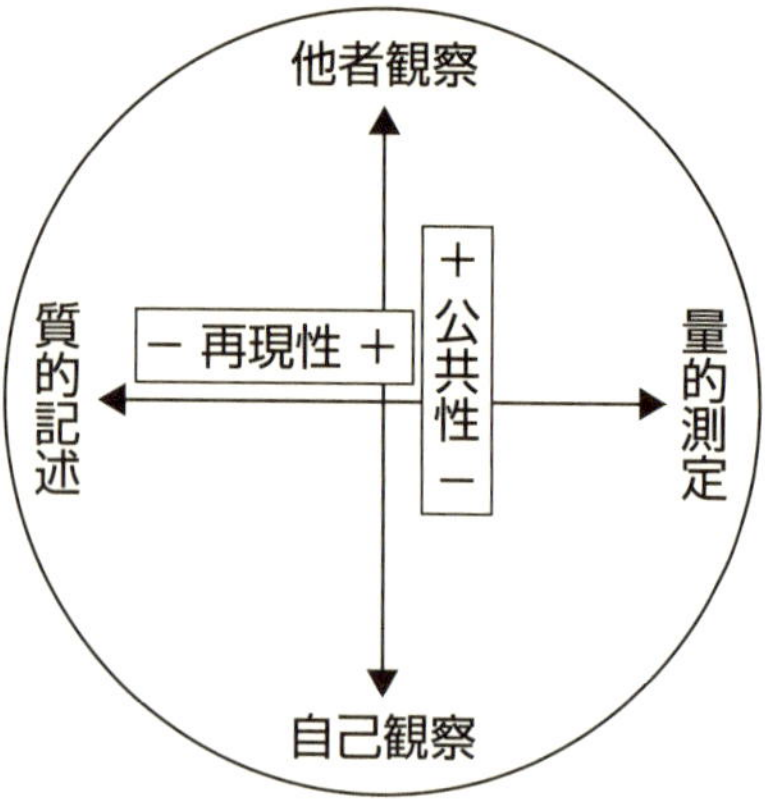

図4—4　操作主義の認識論的構造。再現性はX軸右側ほど勝り、公共性はY軸上側ほど勝る事態が＋と－の記号で示されている。

ればならないかは、第1条の、観察という操作における「公共性」の要請から直接導き出されよう。観察者が多いほど、観察の公共性は高まる。「他者」についての観察であれば、観察者の数は原理的に無限となりうるのだから。

第3条は第2条のいわば「系」であって、ヴント、ティチナー（Titchener, Edward B., 1867-1927）、さらには「無心像思考」の研究で有名なヴュルツブルク学派の実験的内観法では、実験が、研究仲間だけで実験者と被験者に交互になって行われるのが常だったという、歴史的経緯をふまえていると思われる［Danziger, 1994］。このような方法では、「自己の心理学」になってしまい「他者の心理学」にならないので、このような制約を設けたのである。

第4条は操作的定義について述べたもの。次の第5条と第6条には、もう一つの選択、決断が、ただし認識論的というより方法論的選択が謳われている。他者の心理学であるだけでは、科学性の十分条件とはならないのだ。

たとえば写真を見て、「美しい」などと発した言葉を録音し記述した質的データは、それだけでは科学的データとはいえない。科学的データとするには弁別反応に基づかなければならないから。そこで、美しさの段階を何段階かに分けて弁別をさせ、その結果を得点化して数値化するといった心理測定法が登場する。七段階評定法なら、非常に美しい+3、美しい+2、どちらかといえば美しい+1、どちらともいえない0……きわめて汚い−3、というぐあいだ。弁別反応を基本的な操作とすることは、測定し数量化するということだ。なぜ心理学は質的記述に留まらずに数量化されねばならないのかは、第1条が意図する「再現性」（再現可能性）の要請から導き出せる。日常言語による記述だけでは一義性が乏しく、再現可能性を持たない。弁別反応に基づき測定し数量化して初めて、共通のものさしに基づき再現可能となるのだから。

　このように操作主義の7ヵ条を、第1条を参照点として構成し直すと、操作主義とは、公共性・再現性という自然科学的な科学性の公準の、直截《ちょくせつ》な実現を意図したものであることが明らかになる。これを、図4―4として示そう。

（4）認識論的解読格子を組み立てる

　いよいよ認識論的解読格子の構成にかかる。まず第二段階の図（4―3）と第三段階の図（4―4）を比較照合しよう。両図の比較から浮かび上がってくるのは、Y軸における両者の共通性だ。体験世界（私が見ることを学び直した世界　図4―3）では、世界は〈他者／自己〉に構造化されていた。操作主義（図4―4）では、〈他者／自己〉の二者択一のうち、他者のみを観察の対象にせよ、というのだった。ただし、操作主義での〈他者／自己〉の区別は絶対的なものではない。自己を観察しても他者についての観察とみなせ、というのだから、これは「他者への視点」を取れというのに等しい。

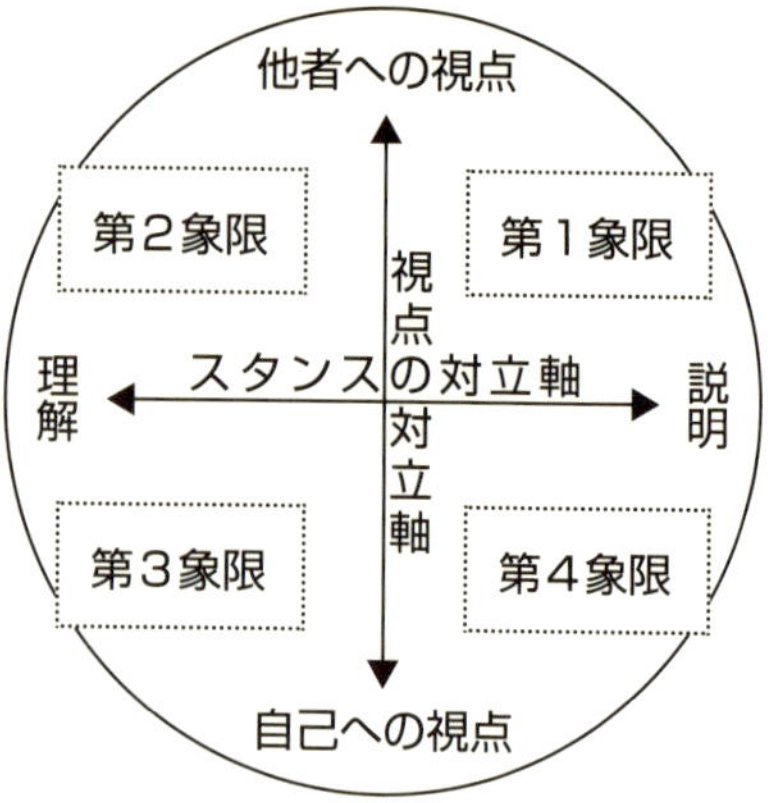

図4—5　認識論的な「視点の対立軸」と方法論的な「スタンスの対立軸」による認識論的解読格子の構成。

だから、Y軸を〈他者への視点vs.自己への視点〉と表記し、「認識論的な視点の対立軸」と名づけよう。

次に両図のX軸に目を向けよう。図4—3ではX軸の右側は「機械的運動」であり、図4—4は「量的測定」となっている。転がる鉛筆の機械的運動としての認識と、弁別操作（表4—1の第5条でいう「分化反応」）の量的測定との共通点は何だろうか。それはその目的に、法則的説明にあろう。そこで、X軸の右側を「法則的説明」（略称「説明」）と名づける。X軸の左側は図4—3では「意図的行為」であり、図4—4では「質的記述」となっている。ここでも目的に焦点を合わせると、両者の共通項として「意味の理解」が浮上してくる。意味を直観的に理解できる行為が意図的行為であり、意味を直観的に理解できるデータが質的記述である。だから「意味理解」（略称「理解」）として表記できる。

だから横軸X軸は〈説明vs.理解〉ということになり、「方法論的なスタンスの対立軸」の名が付けられる。のちにくわしく述べるが、この対立はいわゆる精神科学をめぐって二〇世紀を通じてなされた方法論争と照応している。スタンス（立ち位置）の語を用いることで、〈説明vs.理解〉の対立は、対象の性質の区分（物か人か）に由来するというより方法論的な構えの違いとして把握できるようになる。つまり、認識論的対立軸が「何を」認識すべきかの認識対象の対立だったのに対して、方法論的対立軸は、「いかに」認識すべきかの方法論の対立ということになる。これを図4―5として作図する。

すると、X軸とY軸の確定に伴って4象限が出現していることが図から分かる。いわば、「心の四つの窓」だ。次の作業は、窓に適切な名を付けることだ。そのためにまず、図4―5と第一段階の歴史的な図4―2とを比較考察しよう。

(5)「心の四つの窓」に名を付ける

図4―2(心理学史)を見ると、「認識革命」と「方法革命」とあるが、これは、図4―5において、「認識論的な視点の対立軸」と「方法論的なスタンスの対立軸」上の、ドラスティックな移動に相当すると解することができる。第一弾のデカルトらによる認識革命以前は、4象限という分化自体があいまいなものだっただろう。そこに、「内的世界」が、「外的世界と類比的な分析的学問の対象」になったのだから、心理学の対象が、「自己への視点」のもとに現れる世界、つまり、「意識」ということになったといえよう。もっとも、最初は「内的世界」とは、漠然と第3と第4象限を指していたのだが、ヴントの「方法革命」による実験的方法の導入によって明確に、「自己への視点」×「説明」という認識論的・方法論的パラダイムが確立し、心理学の対象は第4象限に限定されたといえる。

そこに認識革命の第二弾が来る。高橋の言う「内面世界を、操作的定義による構成概念にしてしまう認識論上の革命を実行して、実験心理学を自然科学＝近代科学の仲間入りをさせた行動主義」の出現だ。これは心理学の対象の、第4象限から第1象限へのドラスティックな移動以外の何ものでもない。したがって、第1象限には「行動」、第4象限には「意識」の名を与えることができる。

第2と第3象限は、図4―2ではやや分かりにくい。行動主義による「方法革命＆認識革命」（図中×印）によって、現代心理学の主流が右側・上方の「物＝近代科学」へと向かった際に、いわば取り残されて点線化した下方のルートがそれに当たるといえる。高橋の説明によれば、これは行動主義革命以後に行動科学として成立した現代心理学とは別系の、現象学的精神医学の流れ、ということになる。この流れについては次のコラムⅣで述べられる予定なので、ここでは繰り返さない。むしろ、図4―5の〈説明vs.理解〉とは、ディルタイ（Dilthey, Wilhelm. C. L., 1833-1911）をはじめとする解釈学（hermeneutics）の流れのなかで中心的に議論されてきたという対立軸であって、本章での名づけもこれをふまえている。けれども、高橋の本でも本書でもこれまで十分扱われていなかったテーマなので、補足的に説明する必要がある。

解釈学とはもともと、聖書の語句を解釈する学のことだったが、近代的な解釈学の始まりは一九世紀のシュライアーマッハー（Schleiermacher, F. D. E., 1768-1834）に帰せられる。彼の名は、とりわけ、解釈学的循環という概念に結び付けられる。ある文献の全体の意味が分からなければ個々の語句の解釈はできないが、個々の語句の意味が分からなければ全体の意味の解釈もできない。解釈学的循環の概念はそののち、ディルタイ、ハイデガー、ガーダマー（Gadamer, Hans-Georg, 1900-2002）らによる解釈学の発展のなかで洗練され、人間の、世界と自己についての意味理解のありかた一般にまで拡大された。

解釈学の流れのなかで人間科学論の構想を打ち出したのが、ディルタイだった。一九世紀なかば、コントやミルら経験論的実証主義者は、物理学を土台として自然科学の方法によって、いまだ形を成していない人間科学をも建設しようという、のちの論理実証主義者の言葉を借りるならば統一科学の構想を推し進め始めた。ディルタイはこの動きに反対し、「説明すること」(Erklären)を方法論的原理とする自然科学に対して人間科学独自の方法を「理解すること」(Verstehen)と呼び、理解を方法論的原理とする諸科学を「精神科学」(Geisteswissenshaft)と呼んだ。「われわれは自然を説明し、生を理解する」とは、この原理を端的に言い表した言葉である。そしてディルタイ以後、説明/理解の二分法の妥当性をめぐって、いわゆる「人間科学の方法論争」が、今日にいたるまでくりひろげられることになる〔丸山、一九八五年参照〕。

これまでの議論を、認識論的解読格子の完成のためにまとめよう。

すでに第1象限と第4象限に「行動」と「意識」の名を付けたが、残された象限にも名を付けたい。フッサールは現象学の研究領野を意識とも体験とも呼んでいるが、内観心理学における法則的説明の対象である「意識」と区別できるよう、「意味ある経験」という意味で第3象限は「体験」と名を付けよう。ちなみに現象学の対象をフッサールは Erlebnis(体験)と呼び、仏訳者が expérience vécu と訳し、それを英訳すると lived experience となり、「生きられる経験」(もしくは「生きられた経験」)と和訳されたのだった。

残る第2象限は「表現」と名づけたが、これにはディルタイが参考になった。表現に感情移入してその背後の体験を明らかにすることが、ディルタイにとっての理解であった。ただし、理解のこのような心理学的な図式は、のちに批判を招くことになる。たとえばヒステリーの症状といった「表現」

には感情移入は困難で、その無意識的意味が精神分析によって解釈されねばならないのだから。また第五節でも改めて取り上げるが、ウィトゲンシュタイン派の科学哲学者ウリクト（一九八四年）は、理解とは心理学的ではなく意味論的カテゴリーであるという。ともあれ、第3象限「体験」に位置づけられる代表的な心理学の潮流を現象学的心理学とすると（図4―1では「現象学とゲシュタルト心理学」としている。ゲシュタルト心理学が現象学にほかならないことについては第三節で論じられる）、第2象限「表現」には精神分析を位置づけることができよう。

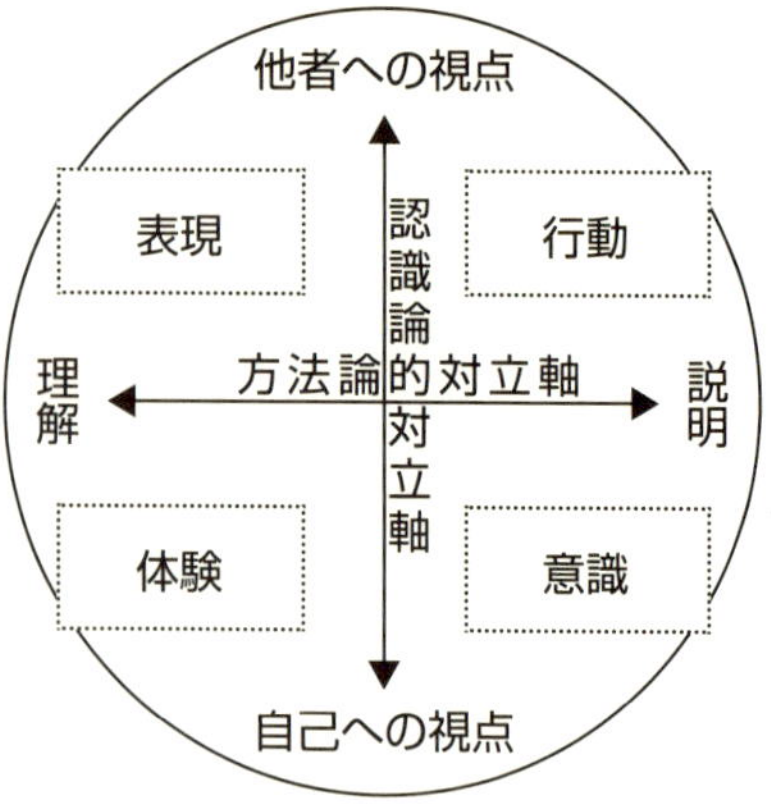

図4―6　心の四つの窓。認識論的解読格子によって析出した4象限に名前が付く。

こうして「四つの窓」に名前が付いたので、図4―6として掲げる。この四つの窓が、心理学にとっての「研究対象」を構成しているわけだ。心理学に統一的なパラダイムが形成されず、分裂と迷走を重ねてきた原因は、それぞれ「心」の名のもとに、別個の対象を研究してきたからだということが判明する。そして、今までの議論から、意識＝内観心理学、行動＝行動主義、体験＝現象学とゲシュタルト心理学、表現＝精神分析と対応づけたのが、最初の図4―1だ。これがそのまま、一九世紀の科学的心理学の誕生から二〇世紀前半の、行動主義、ゲシュタルト心理学、精神分析の「三派鼎立」の状況にいたるまでの心理学の諸潮流の、認識論的方法論的な「解読」となるのである。

　この認識論的解読格子を念頭において、次節以降では、現象学的心理学の近年の再浮上の背景となっている質的研究・質的心理学の興隆を解読してみよう。

第二節　質的心理学――科学的心理学への反発と対案

前節での議論から、二〇世紀以来主流となった科学的心理学とは、公共性・再現性という科学性を金科玉条とし、心という広大な領域をたった一つの窓（「行動」）に制限した結果、成立したことが明らかになった。このような不自然な制限には遅かれ早かれ反発が、人間経験の全体性回復への要求として起こるのは避けられない。そのような流れの最大のものの一つが、一九六〇年代から始まる質的研究・質的心理学の興隆であった。もう一つが、認知革命に端を発して意識研究の再興にいたる認知科学・認知心理学の流れである。これは、コンピュータ科学や神経科学を背景とした測定技術の発達と認知過程モデルの洗練によって、公共性・再現性をあるていど確保しつつ第4象限〔意識〕に探りを入れる試みであって、第1象限から第4象限への直接的な越境として特徴づけられよう。本書では第二章と第五章がこれに関連している。それはさておき、認識論的解読格子をじっくりと眺めていると、この流れには論理的に次のような選択肢がありうることが予想されてくる。

第一に、狭すぎる科学性の基準を批判し、スタンスの対立軸における左側（意味理解）の領域へと科学性を拡大することである。これは実際に一九六〇年代以降、科学認識論上で解釈学的転回として生じ、質的研究としては社会学者の手になるグラウンデッド・セオリー・アプローチを生み出した。第二の選択肢は、視点の対立軸自体を棄却するという方向である。これはじっさいに言語論的転回のなかで企てられ、質的研究としては社会的構成主義やディスコース分析（特にフーコー派の分析を意味する場合、英語圏でも日本でもディスクール分析と呼ぶ）に基づく心理学の流れを生み出した。第三はスタンスの対立軸を棄却する方向で、じっさいにナラティヴ・ターン（もの語り論的転回）によって試みられ、質的研究としてはナラティヴ心理学を生み出したのだった。

これらの流れの内部には現象学はいまだ直接姿を現すにいたってはいない。けれどもこれらの企て、これら「認識論的転回」の名で総称できる三つの転回があって初めて、現象学は現象学的心理学として、いわば忘却の彼方から蘇ることができたのだった。

（1）論理実証主義・行動主義・操作主義

認識論的転回の具体相に入る前に、転回以前に科学認識論の主流だった論理実証主義と、行動主義心理学、そして科学方法論としての操作主義の関係を一瞥しておこう。

一九二〇年代から二〇世紀の半ばにいたるまでの英語圏の科学認識論を支配した論理実証主義の「標準的見解」を表4—2に要約しておいた。ここで、⑥「統一科学」の項にあるように、「心理学も例外ではない」ことに注目しよう。科学的な言明の検証には観察における間主観的な一致が必要だとすると、「ポールは歯が痛い」といった、私秘的な心を含むことが少なくない心理学的言明が、どんな意味で検証可能な言明になりうるかには、特有な困難があるように思われるから。この問題に対して、論理的行動主義をもって答えた科学哲学者がヘンペル［Hempel, C., 1935］だった。

ヘンペル（Hempel, Carl G., 1905-97）の説は、指導的な論理実証主義者で物理主義者のカルナップ（Carnap, Rudolf, 1891-1970）の主張［Carnap, 1932-33］に基づいて、物理的身体運動と生理的現象こ

表4－2　論理実証主義の標準的見解

①経験論と実証主義の基本的テーゼ。科学的知識の基本的要素は、感覚与件（センス・データ）を反映する観察言明である。言明の真偽の検証は、感覚器官を用いた観察によってなされる。
②意味の検証可能性原理。検証可能な言明だけが意味がある。言明の意味とはそれの真偽が検証されうる方法のことである。
③観察の間主観性(intersubjectivity)。観察は、複数の主観のあいだでの一致がある場合のみ、正しいとされる。これは観察の公共性の原理に相当する。
④理論と観察の峻別。理論的な用語や表現が許容されるのは、それが観察から演繹されるものである場合のみである。理論と観察のあいだには明確な区別がある。
⑤仮説演繹法。科学は演繹的・法則定立的構造を有している。仮説的言明は理論から演繹的に導き出される。「この壜の中の水は100度で沸騰するだろう」という言明は、「水は100度で沸騰する」という理論（一般的法則）から論理的に引き出される。じっさいにこの壜の中の水が100度で沸騰することが観察されれば、言明は検証されたことになる。個別的事象を記述する言明を一般的法則へと包摂することが、「説明」である。
⑥統一科学。さまざまな科学が同一の方法を用いているので統一が可能である。統一とはじっさいには物理学による他の科学の併合を意味する。心理学も例外ではない。
⑦仮説や理論のような科学的成果の評価において重要なのは「正当化の文脈」という厳密に論理的かつ方法論的な、認識論的に堅固な基準であり、成果が発見され作られたときの歴史的・社会的・心理的過程や状況である「発見の文脈」とは関係がない。
⑧科学は累積的に進歩する。科学的進歩は社会に利益をもたらす技術的業績に反映される。
⑨科学と非科学の境界設定。科学哲学の課題は、科学の成功を説明し、科学と非科学・疑似科学を区別するための恒久的な基準を発見し擁護し推進することである。

そが、心に関する言明の検証の条件であると唱えるものだった。それによると、「ポールは歯が痛い」という心理的言明を構成する状況、つまり「ポールはしくしく泣く」「どうしたのと訊かれて『歯が痛いよう』という言葉を発する」「血圧や消化作用、反応速度などがこれこれの変化を示している」「中枢神経系でこれこれの過程が生じている」などの状況はすべて、物理的事実に関する言明で表現されうる。発せられた言葉もまた、「ハガイタイヨウ」という音列の発生として理解すべきである。

このように、ある人の「痛み」に関する言明は、上述のような物理的事実に関する諸言明の省略にほかならない。それゆえ、痛みに関する言明は、「『痛み』という語をもはや含まず、物理的な概念のみを含むある言明に、内容を欠くことなく、翻訳しなおすことができる」[*ibid.*: 33-34] ことになる。そして、このような翻訳プログラムは、心理学のいかなる言明についても適用できると、ヘンペルは考えたのだった。

この論理実証主義的な行動主義と、行動主義心理学との関係について一言しておく。測定可能な〈刺激→反応〉(S〈Stimulus〉→R〈Response〉)図式によってのみ心理学を構成するという行動主義心理学の研究プログラムは、たしかに論理実証主義の検証理論に従っているように見える。けれども、前者が後者の影響を受けたわけではない。ワトソン(Watson, John B., 1878-1958)の行動主義宣言が早くも一九一三年に出されたのに対し、論理実証主義がウィーン学団として旗揚げをしたのは一九二九年。前身のマッハ協会としての活動にしても、一九二八年のことであった。だから、心理学を統一科学へと統合するにはどうすべきかの問題にカルナップやヘンペルが関心を向けた際、すでに発足していた行動主義心理学の方法論に着目したのではないだろうか。少なくとも、行動主義心理学の興隆を目の当たりにすることが、心理学も統一科学へと併合できるという確信を促したのは間違いないところだろう。

なお、ヘンペルは、その後、操作主義の熱心な鼓吹者になった。一九八〇年以降、アメリカ精神医学会の診断マニュアル（「ＤＳＭ」と略称され、現在まで第5版が出ている）が操作的診断に基づくようになったが、これには、ヘンペルが一九五九年、精神科診断をめぐる国際学会で行った基調講演（分類学の基礎）の影響が大きいという〔佐藤・Berrios, 二〇〇一年〕。ヘンペルを介して、論理実証主義、操作主義、行動主義心理学という、もともとは別個の起源を持つ潮流が、一つにまとまったといえるだろう。

さらに、スティーヴンスの操作主義哲学が登場した一九三九年頃を心理学史の流れのなかでとらえると、ワトソンの古典的行動主義に代わって、ハル（Hull, Clark L., 1884-1952）やトールマン（Tolman, Edward C., 1886-1959）らの新行動主義の全盛期だったことに気づく。ワトソンの行動主義を表す図式がS―R（刺激―反応）だったとすると、新行動主義のそれは、S―O―R（刺激―生活体―反応）だった。たとえば子どもたちに同じ計算課題を与えても、できばえはいろいろとなる。それをO（organism: 有機体。心理学では生活体と訳されることが多い）の要因とみなすわけだ。この計算課題の例で典型的なO要因は、いうまでもなく「知能」である。

けれども、知能のような外部からは直接観察できない要因を、科学的心理学の体系にいかにして位置づけたらよいのかの問題が起こる。そこで威力を発揮したのが、操作的定義だった。「知能とは知能テストによって測定されるところのものである」というのが、その定義ということになる（知能の操作的定義を聞いてなにかの冗談かと思った人もいるに違いない。筆者もそうだった。ちなみに操作的定義への厳しい批判が、マリオ・ブンゲ『精神の本性について』〔一九八二年〕に見られる）。

この、操作的定義という最強のツールを使えば、たとえば「自己意識」のような、私秘的な意識の中核に位置するような概念でさえ、科学的心理学の体系に取り込むことが可能になる。心理学の研究に携わる者ならば、自意識尺度というものをどこかで耳にしたことがあるだろう。「1．自分が他人にどう思われているのか気になる」「2．自分の体調の変化はすぐわかる」「3．出かける前には、必ず身だしなみを確かめる」等の二六項目を七件法で自己評定し、公的自意識（人目を気にする傾向）と私的自意識（自分の内面を見つめる傾向）の下位尺度ごとに自意識の強さを「測定」できるという、一見便利な尺度だ〔菅原、一九八四年〕。つまりこれは、「自己意識とは自意識尺度によって測られるところのものである」と操作的に定義ができることを意味する。これが、第一節（1）で高橋が言う、「それまで自明だった意識、内面世界を、操作的定義による構成概念と化してしまう認識論上の革命」ということなのである。

心理学史のうえからいえば、操作主義の出現によって、行動主義を中心として一九三〇年代から一九六〇年頃まで、心理学史上例外的なことに、精神分析やゲシュタルト心理学までを連ねた統一的なパラダイムに近いものが、成立していたことは注目に値する［Madsen, 1988］。ユダヤ系が多くを占めていた精神分析家やゲシュタルト心理学者が、ナチス（国民社会主義ドイツ労働者党）政権に追われてアメリカ合衆国に移住してきて相互の交流が進んだという、歴史の偶然もあっただろう。けれども、他者として観察し測定して数値化できるかぎり、精神分析やゲシュタルト心理学の概念をも操作的に定義できるという操作主義の融通無碍さが、大きな役割を果たしたことは疑えない。

けれども、早くは一九五〇年代の末から、この見かけの統一パラダイムには、綻びが出てきていたのだった。綻びの一つは、一九五六年のダートマス会議に端を発する認知科学の流れとなり、もう一つはクーンらの新・科学哲学の登場を背景とし、解釈学的転回のなかで質的研究の興隆となっていく。本章で扱うのは後者のほうである。

（2）解釈学的転回——正当化の文脈から発見の文脈へ

すでに述べたように、一九六〇年頃からの「新・科学哲学」世代の登場によって、論理実証主義の覇権は挑戦されることになる。その中心となったのは、ハンソン（Hanson, Norwood R., 1924-67）、クーン、ラカトシュ（Lakatos, Imre, 1922-74）、ファイヤアーベント（Feyerabend, Paul K., 1924-94）らである。彼らの共通の関心は、理論の論理的構造よりも、科学者がその理論と仮説に到達する方法にあった。論理実証主義者も、その検証可能性理論を批判して反証可能性理論を唱えたポパー（Popper, Karl R., 1902-94）も、表4—2の⑦でいう「正当化の文脈」に焦点を合わせたのと対照的に、彼らは「発見の文脈」に光を当てるようになった。すでにハンソンが一九五八年の『科学的発見のパターン』で、（同表の④に反して）観察の理論負荷性を提唱していた。

この世代のなかでも最大の業績が、クーンのパラダイム論［Kuhn, 1962/1971］である。彼は、科学の社会的性質と知識の文脈依存的性質を強調し、ある共同体の内部における共通の実践的活動という基盤に立ってのみ、研究は可能であるとした。いまや科学は神のごとき合理性の支配する世界ではなく、きわめて人間くさい活動とみなされるようになった。すでにポパーもまた、仮説の形成を本質的に自由で創造的であって抑圧的でない、人間的な活動であるとしていた。次節で見るように、ウィトゲンシュタインも早く同様の結論にたどりついていた。知識は実際的で社会的な基盤から生まれ、反省以前の実践的活動に依存しているのだ。

こうしてみると、英語圏科学哲学におけるこの展開は、ヨーロッパ大陸における解釈学の流れと共鳴し、次第に収斂してゆくように思われる。とりわけ影響を及ぼしたのがガーダマーの解釈学的哲学であり、科学哲学者テイラーによって英語圏の科学哲学に紹介された[Taylor, 1979]。

けれども、大陸からの解釈学的哲学の導入以前に英語圏にはすでに、社会学と社会心理学の認識論としての解釈学的アプローチが存在していて、質的研究の興隆にもより直接の影響を与えていた。社会学者のブルーマー(Blumer, Herbert G., 1900-87)が発展させたシンボリック相互作用論[Blumer, H., 1969]がそれである。その主張を箇条書きにまとめると、

①人間は、ミード(Mead, George H., 1863-1931)の言う役割取得の過程によって「自己」を形成し、自己との相互作用というメカニズムを備えるにいたる。それによって、刺激に対する反応を行うのでなく、自分が直面したものごとを解釈し、この解釈に基づいて自分の行為を組織だてるようになる。

②行為の研究は、行為者の立場から、その行為にとっての状況を行為者がそれを見るように見ることで、行われなければならない。これは客観的アプローチの対極に位置する。

③対人的相互作用としてのシンボリック相互作用は、他者の行為や言葉の意味を解釈することと、自分がどう行為しようとしているかに関する指示を他者に伝達することからなる。

④社会的世界はシンボリックな相互作用によって構成されていて、物理的世界を観察することと同じ意味では直接には観察できない。したがって、数量化や仮説演繹法に基づく検証や操作的手続きと

いった標準的方法は、社会科学と心理学には不適切である。

このような観点からブルーマー〔一九九一年〕は、当時のアメリカにおける実証主義的な社会科学と心理学を手厳しく批判し、社会心理の研究とはまず「経験的社会的世界に直接行ってみることである」〔四一頁〕と述べている。仮説演繹法への批判は論理実証主義を、操作主義への批判は操作主義をターゲットとすることによって、解釈学的転回への道を先駆的にひらくこととなった。

このシンボリック相互作用論の流れは、弟子筋のゴフマン（Goffman, Erving, 1922-82）らを通じて、社会学におけるラベリング理論や、さらにはエスノメソドロジーの発展へと影響を与えた。質的心理学の発展にとって特筆すべきは、やはり弟子筋のシュトラウス（Strauss, Anselm L., 1916-96）を通じてのグラウンデッド・セオリー・アプローチ（GTA）への影響だった。ブルーマーは研究技法を具体化したわけではなかったが、それを実現したのだったとみなすことができる。

特に、ブルーマーが厳しく批判した仮説演繹法に代わり、仮説生成型の具体的研究技法を提案したところに、この方法の意義と普及があった。一九六〇年代に早くも登場しているGTAは、質的研究に厳密な技法論を提供するものとして、看護学、福祉学そして社会心理学と、広範な領域に歓迎された。質的研究の現代はGTAに始まるといってよい。このあたり、現象学とはかけ離れているためこれ以上の紹介は控えるが、質的研究の興隆については拙論「質的研究の認識論」〔渡辺、二〇一三年b〕の六三―六六頁に要を得た紹介がある。

解釈学的転回を、認識論的解読格子によって評価してみよう。図4―7で、科学的心理学の認識論（操作主義）からの「移動」を矢印で表した。ブルーマーでは説明vs.理解の二分法自体は温存したうえでの、前者から後者へのパラダイム移行となっている。次に、「理解」の軸の周囲を回転する矢印

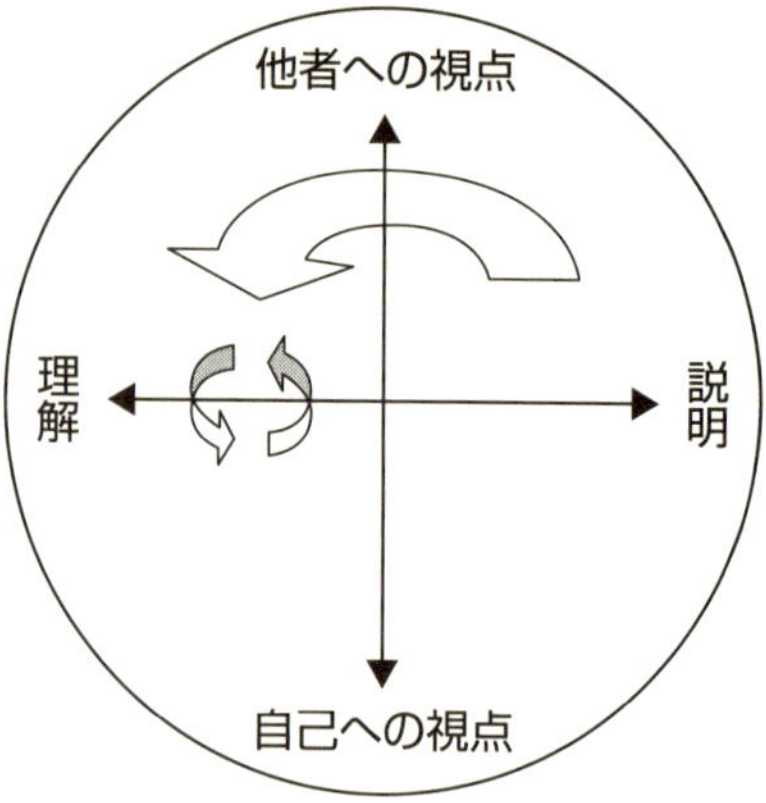

図4—7　解釈学的転回その1

は、研究者が他者である研究対象の意味ある行為（＝表現）を、行為者自身の視点で解釈するという、シンボリック相互作用論における他者への視点と自己への視点の往復運動を表している。

これは、第一節（5）で述べた、他者の表現に感情移入することでその体験を内側から明らかにするというディルタイ的な「理解」と基本的に変わらない構図であり、スタンスの対立軸と同様、視点の対立軸も温存されている。テイラーでも解釈学的転回とはあくまで人間科学に関することで、自然科学との違いが強調される結果となっている。正直言ってこれでは、わざわざ認識論的転回というほどのこともない気がする。やはりここで、ガーダマーに登場してもらわねばならない。

ちなみに「解釈学的転回」という自伝的なエッセイのなかでクーン〔一九九四年〕は、自然科学もまた「意味の解釈」に基づくというのがパラダイム論の帰結であるとして、テイラーの解釈学的人間科学の構想に不満を漏らしている。クーンも、ある意味で諸科学の二分法自体は認める。自然科学で「解釈」が問題になるのは、科学の歴史的発展の諸段階のうち、「革命」の段階だけだからであり、支配的なパラダイムの内部での「パズル解き」に従事するだけの通常科学の段階では、解釈が問題になることはないからである。したがって、「説明」と「解釈」（理解）の対立は、自然科学と人間科学のあいだにあるのではなく、単一パラダイムの支配する通常科学と、恒常的に危機に陥っては革命を繰り返す「危機の科学」とのあいだにある、ということになろう。けれどもこれでは、問題を別のかたちに置き換えただけということになってしまう。なぜ自然科学は単一パラダイムが支配しやすく革命の時期は例外的なのに、人間科学ではその逆なのかという疑問が起こるからだ。やはり「説明」と「解釈」の区別に対する正面切っての無効化攻撃は、二〇世紀末のもの語り論的転回（ナラティヴ・ターン）まで待たなければならなかった。いずれにせよクーンのこのエッセイは、彼がパラダイム論を、英米系科学哲学の流れで論理実証主義に取って代わる新科学哲学としてだけではなく、ヨーロッパ大陸系の解釈学の流れに位置づけようとしていたことを、証拠立てるものだろう。

さて、ディルタイ的な理解とは、「理解とは汝のうちに自己を再発見することである」（「記述的分析心理学」）というその言葉から窺えるように、理解の源泉は「体験」であり、自分自身の体験のなかに見出された「心的構造連関」を、他者へと「転移」することで理解が成立するとされる。別の言い方をすれば、他者の表現に感情移入してその背後の体験を解明することであった。ところがこのような、感情移入に与えられた心理学的原理は、のちに批判を招くことになる。第一に第一節で述べた精神分析の側からの批判があるが、より重要な批判がある。言語をはじめ道徳・習慣・法律などの「表現」の多くは、社会的歴史的なものであって、感情移入して個々の他者の体験に到達するというわけにはいかないし、そもそも意味理解に感情移入は一般に不要である。たとえば、「お花見の季節になりました」という文章を目にしたとする。日本人なら誰でも、この表現の意味を理解するだろう。表現、とりわけ記号表現の意味を理解するのに、いちいち表現を発した当人の体験に遡る必要はない。感情移入がはたらくのはむしろ、秋なのに友人が「お花見の季節になりました」と言ってきて、「この人はいったいどうしてこんなことを言ってきたのだろう」とあれこれ推測するという場合のように、伝統や慣習を逸脱した例外的な状況に限られるのだ。

つまり、私たちは感情移入のような能動的な心理学的作用によって「意味」を理解するのではなく、すでに意味の世界の真っただ中に生まれ落ちるのである。ディルタイのあと、解釈学は、ハイデガーやガーダマーの手でこのような、社会的に、つまり歴史的・伝統的・慣習的にあらかじめ構成済みの意味世界のなかの人間のあり方を解明する方向へと、展開していく。ガーダマーは、人間科学における理解と解釈の本質を、芸術作品の鑑賞を分析することで説明しているので、それにならって演劇の例を取ろう。

『ハムレット』の劇（映画でもよい）で、オフェーリアが泣いているのを見るとする。私たちはオフェーリアの悲しみを自らの悲しみとして涙を流すかもしれない。つまり、私たちは感情移入する。けれどもここで、いったい誰に感情移入しているのか、という問題が持ち上がる。オフェーリアを演じている役者に、というわけではない。作者のシェークスピアにか。それも違うような気がする。シェークスピアの脳内に作られたフィクションとしてのオフェーリア像にか。そもそもシェークスピアは実像がはっきりしない（二人いたという説もある）。『イーリアス』や『古事記』のような、本当の作者が不明である作品のなかの架空の人物にさえ、しばしば感情移入することを思えば、問題はいよいよ困難さの度合いを増す。他者の実在的な体験へと感情移入するのが理解だという心理学的カテゴリーとしての理解概念は、こうして破綻せざるを得ない。

ここでガーダマーに言わせれば、観客は役者とともに芝居に参加しているのである。アリストテレスが有名な悲劇論で述べたように、「演技にはそれを見る者が本質的に属している」のだ。こうしたことは上演のたびに起こり、しかも一度として同じ仕方で起こることはない。芸術作品は決してそれ自体が客観的対象ではなく、したがって上演の仕方もその解釈も、上演のたびに異なったものになるだろう。芸術作品と同様、人間科学におけるテクスト文献一般の意味を理解し解釈するにあたっても、あるテクストを理解することは、自分自身の状況から出発して理解する以外のものではない。その状況というものも歴史の産物なのだ。何かを理解することは、自分自身の状況のなかにそれを再演し、自分自身の問いへの答えを得るためにそれをいわば訊問することである。この、いってみれば弁証法的な質疑応答の過程で理解されたテクストの意味が、もとのテクスト作者の意図と一致する必要はない。

弁証法的な質疑応答、などと難しい言い回しをしているが、ひらたくいえば、意味理解とは対話によって作られるものだ、ということになるだろう。しかも対話は、真空のなかで進行するわけではない。先行‐理解を出発点とし、状況の意味を解釈しつつ状況を構成しなおしてゆくという解釈学的循環の過程にあるのだから。これが第一節（5）で触れたウリクトの批判、理解とは心理学的ではなく意味論的カテゴリーであるという主張の意味であると思われる。

ようやく解釈学的転回の意義が分かってきた。図4―7はいまだ転回以前だったのだ。新たに認識論的解読格子で評価しなおしたものを、図4―8として描こう。

図4―7と比べて何が変わったかというと、まず、自己視点と他者視点のあいだの往還運動がなくなった。そのかわり、〈説明〉から〈理解〉への移動の矢印が延長され、先端に稲妻型がついている。この稲妻は、〈他者への視点vs.自己への視点〉という視点の対立軸への無効化攻撃を表しているのである。

じっさいには、意味理解は対話によって作られるというまとめ方は、単純すぎるというものだろう。ガーダマーはまた、芸術作品の鑑賞とゲームへの熱中が似ていることを指摘する。両者とも、日常的な現実をいったん離脱して、新しい現実のなかに踏み入ることを必要とする。しかも、ゲームに参加することは、ルールという規範に、権威として服することを意味する。芸術も、ゲームも、そして言語もまた、個人が左右できない規範に服従しないかぎり、理解することも演じることも使いこなすこともできない。そのように、ゲームのルールは個人を超えたものだが、ルールを守ってなされる個人の行動のなかにしか存在しない。人間科学における意味理解もまた、個人を超えた規範に服従しつつ、解釈者と解釈対象との対話のなかで循環的に形成されてくるものなのだ。

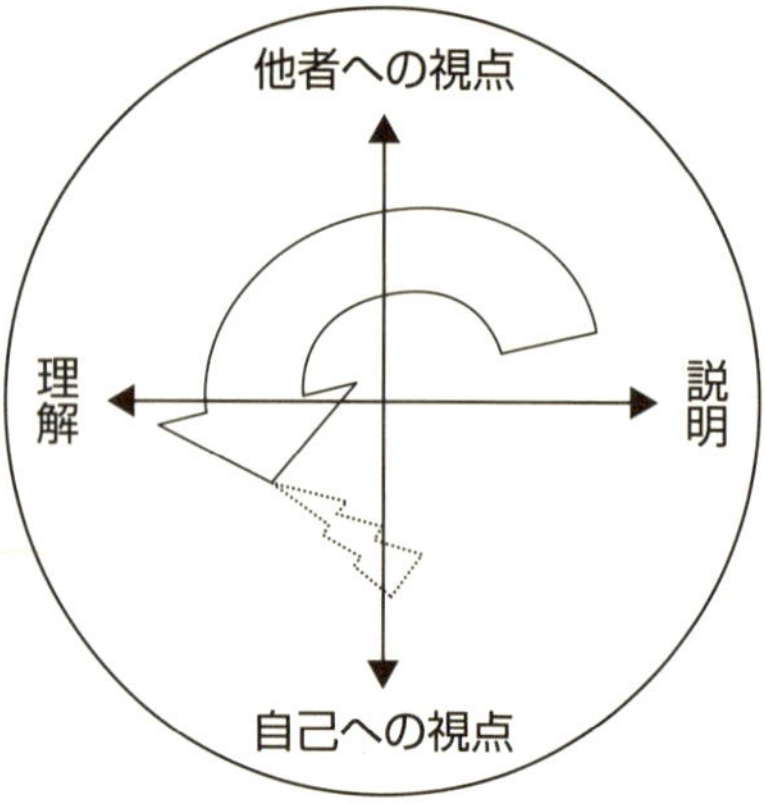

図4―8　解釈学的転回その2

ゲームのメタファーが出てくるところで、ガーダマーの議論は、次項で扱うウィトゲンシュタイン(Wittgenstein, Ludwig, 1889-1951) の言語ゲームの説に接近するように思われる。正直言って両者を比べると、例をおもに歴史と芸術に採って博引旁証で議論を進めるガーダマーよりも、「他人の痛みはどのような意味で存在するか」といった具体的な例を採って精緻な分析を進めるウィトゲンシュタインのほうが、本質をついているような気がする。そこで、図4―8では、視点の対立軸への無効化攻撃を示す稲妻は、点線にしておいた。

次の言語論的転回ではこの視点の対立軸への無効化攻撃を、そしてもの語り論的転回（ナラティヴ・ターン）ではスタンスの対立軸自体への無効化攻撃を、見ることになるだろう。

（3）言語論的転回――ウィトゲンシュタインから社会的構成主義へ

次に起こった重要な認識論的転回は、後期ウィトゲンシュタインや分析哲学の日常言語学派の影響下に生じた、言語論的転回である。心理学的概念を社会的言語行為によって構成されたものとみなすこの認識論のもとで、社会的構成主義が台頭する。ディスコース（言説）分析やポスト構造主義も、この流れに沿って理解できる。

ウィトゲンシュタイン［Wittgenstein, 1953/1976］によると、言語はチェスのようなもので、単語はチェスの駒のようなものである。語はそれが使われる「言語ゲーム」の文脈においてのみ、意味を持つ。ゲームは規則を守ってプレイしなければならず、規則とはプレイするものとは独立の実在物ではなく作り出されるものである。言語ゲームは活動であって、ゲームの要素の意味は活動のなかでのみ、明らかにされる。したがって、「語の意味とは言語内におけるその使用のことである」という、意味の使用説がウィトゲンシュタインの意味理論となる。

語も言明も文脈においてのみ意味を得るのであって、言明とは主張したり、命令したり、質問したりするための道具として使われるものである。したがって、意味を理解するためには、「生活形式」の習得が必要となる。意味とは生活形式の一部としての言語ゲームによって担われるのであり、ゲーム自体は真であったり偽であったりすることはあり得ない。ゲームは、事実という基礎の上にあるのではなく、逆に事実を構成するのだ。

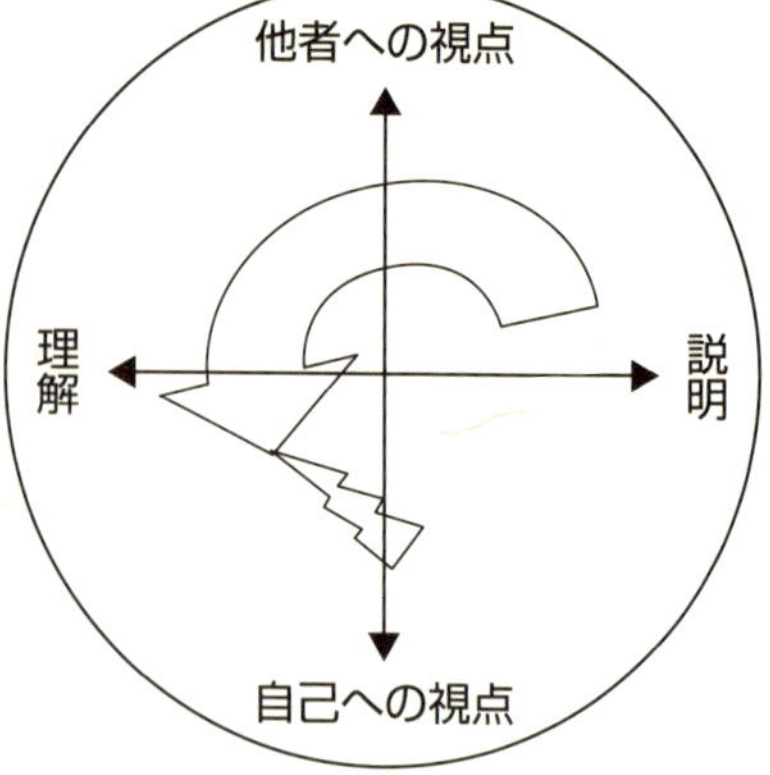

図4—9　言語論的転回

社会心理学のガーゲン（Gergen, Kenneth J., 1935-）、科学哲学のハレ（Harré, Rom, 1927-2019）らを代表とする社会的構成主義は、ウィトゲンシュタインを出発点の一つにしている。私たちが「悲しい」だの「期待する」だのといった心的概念を使うのは、他者を非難したり、称賛したり、協議したりすることで、実践的目的を遂げようとするためにほかならない。すなわち心的概念とは、言語ゲームのなかで実践的概念として社会的に構成されたものである、というのが社会的構成主義の答えであった。

それゆえ、心理学（これは自然科学でなく社会科学にほかならない）には客観的理解などというものは存在しないということになる。何が事実で何が真または偽なのかという認識論的基準が、共同体の内部で構成されている以上、社会科学には経験的根拠を与えることができない［Gergen, K. & Davis, K. E., 1985］。

この言語論的転回を認識論的解読格子上に表現したのが、図4—9である。言語論的転回では、〈自己への視点vs.他者への視点〉という認識論的対立軸が無効化される（図中の稲妻は無効化攻撃を示す）。心理学の対象は、言説もしくは言説を記録したテクストであるが、バルト（一九七九年）も早くから指摘しているように、テクストはいったん書かれれば「真の作者」という意味でのテクストの主体は存在しなくなる。そもそも言説の主体としての「私」が存在するための条件とは、自己の身体でもないし他者の身体でもない。「自己」もまた、他の心的概念と同じ、言語ゲームのなかで実践的概念として社会的に構成された概念にすぎない。それどころか、ハレ〔Harré, 1985〕によれば、語の誤用に基づいた間違った概念である。

視点の対立軸へのこの無効化攻撃の成否については、ウィトゲンシュタインまで戻っての詳細な検討を必要とするのでここでは省略するほかないが、成功していないというのが筆者の考えである。ウィトゲンシュタインは、自他の非対称性という難問に直面しながら、自他の非対称性に気づいていること自体を自らに隠蔽するために言語ゲームを創り上げた、という疑いがあるのだ。くわしくは拙著『他者問題で解く心の科学史』〔渡辺、二〇一四年〕第9章を参照のこと。また、この嫌疑に触れたウィトゲンシュタイン研究書として、永井〔二〇一二年〕、﨑川〔二〇二〇年〕を挙げておく。

付け加えれば社会的構成主義は、フランスの哲学者フーコーやデリダらに発するポストモダンの思想の影響をも受けながら、ディスコース分析や会話分析、さらにはエスノメソドロジーといった多様な技法を発展させつつ今日の質的研究の潮流の一つになっているが、本章では扱っている余裕がない（これらの技法については鈴木〔二〇〇七年〕参照）。

（4）もの語り論的転回（ナラティヴ・ターン）——リクールとブルーナー

ナラティヴ（narrative）とはナレーション（narration）とも類縁の語で、物語を語る行為のことである。より専門的に表現すれば、「経験を有機的に組織化する行為、つまり経験や人生を編集する行為」〔やまだ、二〇〇六年〕のこととなる。「語り」と訳されることが多いが、日本語になじまないので本章では「もの語り」と表記することにした。「り」を付けたのは、「物語」というと語られた作品の意味になってしまうからだ。また、「もの語り論的転回」とはナラティヴ・ターンに「論」を付けた意訳であるが、それは前節で「linguistic turn」を言語的転回ではなく言語論的転回と意訳したのと同じで、もの語りとは何かという認識論的反省こそが、この潮流の原動力になっているからだ。

もの語り論の淵源は、二〇世紀の初めにロシアで活躍したプロップの『昔話の形態学』〔一九八七年〕に始まるナラトロジー（物語学）にあり、映画『スター・ウォーズ』の作劇法にも影響を与えたというが〔大塚、二〇一三年〕、ここでは本書の趣旨にふさわしく、心理学と現象学的哲学から一人ずつ、ナラティヴ・ターンの立役者を紹介するにとどめよう。一人は、ブルーナー（Bruner, Jerome S., 1915-2016）であり、もう一人はリクール（Ricoeur, Paul, 1913-2005）である。

もともと、一九五〇年代末からの認知革命にも一役買った教育心理学者として、ブルーナーは日本でも知られた存在だった。認知革命へ賛同したのは、「意味」こそが心理学の中心テーマでなければならないのに、当時支配的だった行動主義心理学では、意味は、強化と弁別スケジュールという条件づけ操作によって定義されることになってしまっていたからだった。

ところが、認知科学において情報処理論的なアプローチが支配的になり、「心は脳というハードウエアに実装されたソフトウエア」といったコンピュータ・メタファーが幅をきかせ、「意味」が情報に取って代わられるに及んで、認知科学から離れた。そして、八〇年代に至って、ナラティヴの視点を明確に打ち出して、今度こそほんとうに意味を中心テーマとすべく心理学のパラダイム転換に乗り出し、ナラティヴ・ターンの指導的心理学者になったのだった。

ブルーナー〔一九九八年〕のめざすナラティヴ・ターンの核心は、二つの思考様式、論理‐科学

表4―3　ブルーナーによる思考の2つの様式（mode）（森岡〈2013〉を一部改変）

様式	論理－科学的・範例的様式 (logico-scientific, paradigmatic mode)	もの語り的様式（narrative mode）
目的	具体的事象に対して一般的な法則を探求すること	出来事の体験に意味を与えること
方法の特徴	カテゴリー分類 論理的な証明を追求 事実を知ることが目標 合理的仮説に導かれた検証と周到な考察	出来事と出来事のあいだをつなぎ筋立てる 説明の真実さ・信憑（believability）に依拠 体験を秩序立て、意味を与えていく一つの有効な手段 物語としての力はそれが事実かどうかということとは独立して論じられる
叙述の形式	単一の確定的な指示的意味（reference）が重視される	対象叙述は観察者を含む文脈が重視される 意味はその場で絶えず構成され多元的なものとなる
原理	すぐれた理論	すぐれた物語

的・範例的様式と、もの語り的様式の区別にある（表4―3）。

慧眼な読者のなかには、この表を見ていぶかる人もいるかもしれない。第二節（2）の最後では、〈説明vs.理解〉の対立軸への無効化攻撃をナラティヴ・ターンに期待したのに、ここではこの対立が温存されたままではないかと。じっさい、この点に関してブルーナーに教えられるところはあまり多くない。やはりここは、因果的法則的説明をもの語り《ナラティヴ》のなかへと包摂してしまえるか否かという、認識論的試みがほしい。そのような試みの代表が、ナラティヴ・ターンの哲学的基礎を築いたといわれる、リクールの『時間と物語』〔一九九〇年〕だった。

リクールの出発点のひとつは、説明とは法則による事実の包摂であるという論理実証主義的な法則モデルへの、ウリクト

(von Wright, Georg H., 1916-2003)、ドレイ（Dray, William H., 1921-2009）らによる分析哲学内部での批判だった。

私たちはたとえば「泥道を走ったから自動車が故障した」といったように、物理的出来事に関して因果的説明をしているつもりになっている。ところで表4—2⑤にあるように説明とは個別的出来事の一般法則による包摂であるとすると、そのようなものはここにはない。「すべての自動車は泥道を走ると故障する」などという一般法則が成り立たないことは歴然としているから。一般法則というためには、必要十分条件を満たさなければならない。けれども、泥道を走ったからといってすべての自動車が故障するわけではない以上、泥道の走行は十分条件ではない。だから、次に泥道を走ると必ず故障するという「予測」もできない。また、「もし泥道を走らなかったら故障しなかっただろう」とも、必ずしもいえない。泥道を避けて高速道路を走っていればスピードの出しすぎで故障していたかもしれない。だから必要条件でさえない。

このように、十分条件でも必要条件でもないような因果の説明は、個別的因果性というべきである。個別的因果性の極端な例は、「風が吹けば桶屋がもうかる」という江戸時代のジョークに見ることができる。日常の出来事や歴史の説明だけではない。生物学、地質学、宇宙論においても、事情は似たり寄ったりなのだ。東日本大震災ののち、テレビに専門家が出演して大地震が起こったメカニズムをアニメーション入りで説明するというのが、おなじみの光景となった。説明はおおむね明快で、納得させられるものだった。けれども、だからといって、日食のように予測ができるわけではないのだ。天体物理学と異なって、地質学において説明とされている事柄には、偶然的一回生起的要因がありすぎて、法則への包摂とみなすことは難しいのだ。

このような、個別的因果説明と呼べる説明のタイプは、たとえば「彼女が教室の窓を開けたのは、蒸し暑かったからだ」といった人間行動の理解においても行われていることなのである。ドレイは、人間行動の理解を「合理的説明」と呼ぶ。それは、「もしAにとってyはxをするためのよい理由であるなら、yは、それと十分によく似た状況で、Aに十分によく似た人なら誰でもxをするためのよい理由になるだろう」という蓋然的かつ普遍的な説明であり、「よい理由」を構成するのは習慣性に基づく事前の計算のことを指す。

もうひとつの批判は、やはり分析哲学の内部にダント(Danto, Arthur C., 1924-2013)を中心に生じた「物語派」の潮流だった。とりわけリクールが着目するのは、ホワイト(White, Hayden, 1928-2018)の筋立て(emplotting)の概念だ。筋立てとは、「あることがどのようにして別のことに導かれるか」を示すものだ。ちなみに「物語進行」(story)と「筋」(plot)との違いは、「王様が死に、それから王妃が死んだ」と、「王様が死に、そして悲しみのため王妃が死んだ」の違いである。ストーリーなら「それから?」と聞き、プロットなら「なぜ?」と聞く。リクール〔一九九〇年〕は筋立ての概念を、アリストテレスの詩学にまで遡らせてこう述べる。

Aの次にBが、は挿話的連続であり、したがってあまり蓋然的でない。AのゆえにBが、は因果的連鎖であり、したがって蓋然的である。(中略)筋を組み立てることはすでにして、偶然的なものから理解可能なものを、特殊なものから普遍的なものを、挿話的なものから必然的または蓋然的なものを生じさせることである。〔『時間と物語I』七三頁〕

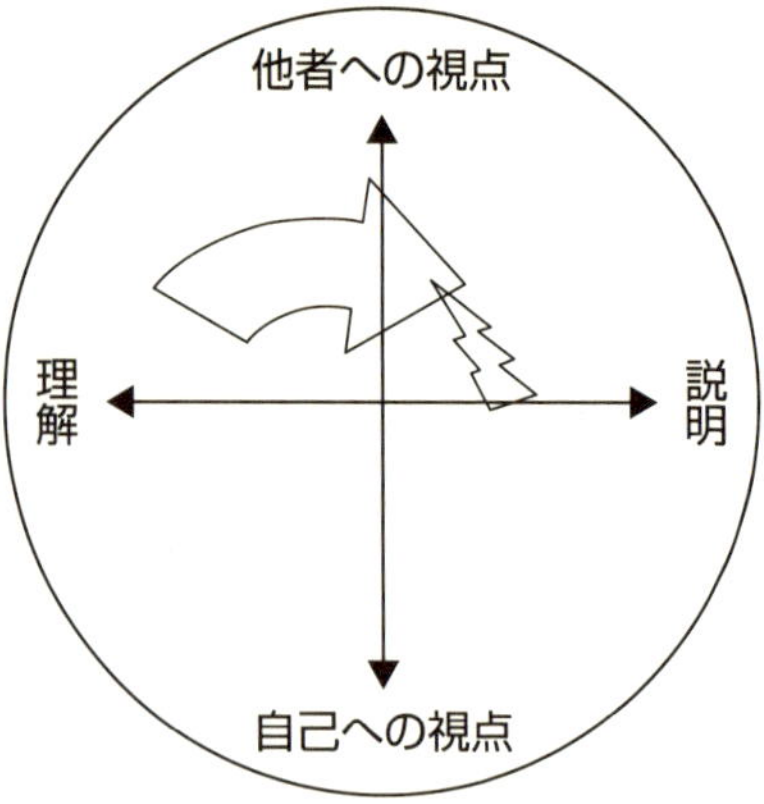

図4―10　もの語り論的転回。図中の稲妻はスタンスの対立軸への無効化攻撃をあらわす。

以上、まとめると、もの語り行為（ナラティヴ）とは、時間的に離れた複数の出来事を時間的秩序に沿って筋立てる行為として定義される。物理科学における法則的説明といえど、筋立て（plot）として物理法則を用いただけで、もの語り行為の特殊の場合、とみなせることになる。逆に「彼女は蒸し暑いので窓を開けた」といった人間行動の合理的説明もまた、筋立てとして習慣性に基づく事前の計算を用いたもの語り行為ということになる。かくして、一方の極に物理科学的法則的説明を置き、他方の極に実存主義風の「自由な一回かぎりの選択」を置くと、そのあいだには、「風が吹けば桶屋がもうかる」式の日常的因果説明を含む、さまざまな物語の連続的スペクトルが位置することになる。

ようやく、第二節（2）の末尾での予告に戻ることができる。言語論的転回には〈自己への視点 vs. 他者への視点〉という視点の対立軸を無効化しようという企てが認められたが、もの語り論的転回には図4―10で図解するように、〈説明 vs. 理解〉というスタンスの対立軸を無効化しようという企てが見て取れるのだ。この無効化の試みが成功したか否かは本章では論じきれないが、はっきりいって強引な印象を否定できない。くわしくは拙著〔渡辺、二〇一四年、一八九頁以下〕を参照していただきたい。

（5）現代の潮流――自然主義的転回に直面して

近代自然科学の発展のなかで形成されてきた科学性の規範が心理学に適用されると、人間経験を一部（他者視点・説明のスタンス）へと制限することになった。科学性の規範が目をつぶった人間経験の全体は、〈自己への視点vs.他者への視点〉〈理解vs.説明〉の二つの対立軸によって現出する四つの象限（心の四つの窓）として表される。質的研究・質的心理学を導く認識論的転回は、解釈学的転回に代表される他の象限への越境や、言語論的転回とも語り論的転回のような対立軸そのものを廃棄する試みによる、人間経験の全体性回復運動とみなすことができる。

けれども、いわゆるポストモダンの潮流の一翼を担いつつ発展したこの運動は、二〇世紀末から、自然科学的な心の科学からの手ごわい反撃に直面することになる。

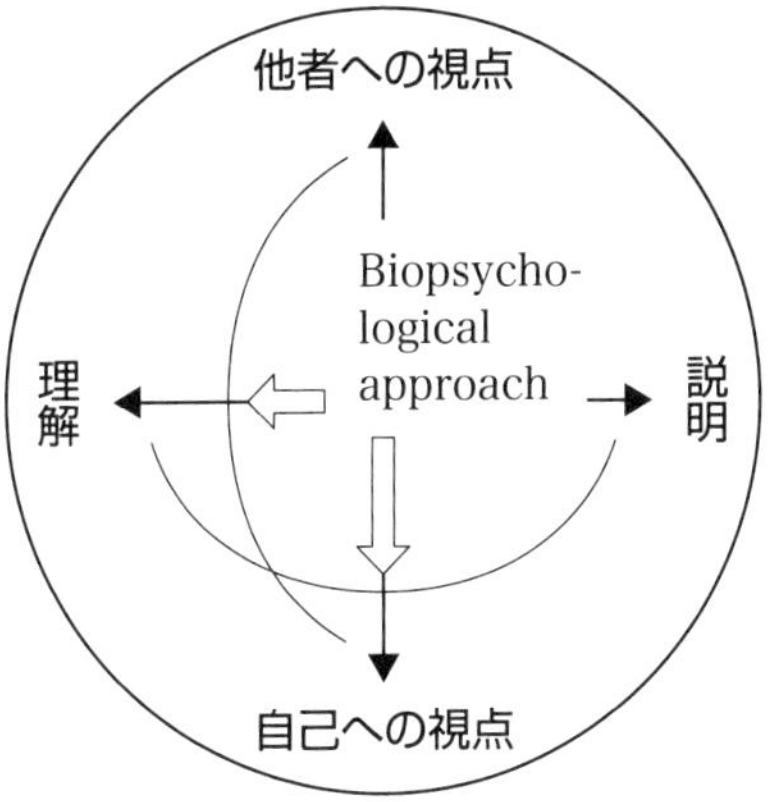

図4―11　自然主義的転回。第1象限がX軸とY軸の垣根を越えて他の象限に拡大している。

・一九八〇年にDSM-Ⅲ（アメリカ精神医学会編による『精神疾患の診断・統計マニュアル』）が登場して以来の生物学的精神医学の隆盛と、精神分析の衰退。
・脳画像法の発展にともなう脳神経活動の可視化。

・進化心理学の登場（一九八九年）による、心理学の生物学への編入傾向。
・これらを称して、いまや心理学と心の科学の全体が、自然科学へと再編されつつあるという意味で、自然主義的転回（Naturalistic turn）ということができるのである（図4―11）。

この転回の認識論的意味については第五節であらためて取り上げたい。次の第三節では、このような自然科学隆盛の時代に、時ならず浮上、否、再浮上しつつあるかに見える、人間科学における現象学的アプローチの源流をたどり、現代におけるその意義を明らかにしたい。

第三節　現象学の真価と現象学的心理学の再興

（1）ポストモダン脳科学から実感の回復へ

もう一度、第一節冒頭の図4―1（心の四つの窓と心理学の諸潮流）に戻り、次に前節末の図4―11と見比べよう。自然主義的転回とは、第1象限（行動）の拡大・他象限への進出の運動としてとらえられたのだった。それに対して現象学が位置するのは、まさにこの第1象限と相対する第3象限（体験）だ。この位置関係を見ても、現象学はいわば、自然主義的転回を、真っ向から妥協のすべなく受け止める立場にあるといえる。

そして本書のような、「現象学に始まる」心の哲学史・科学史を世に問う意義は、自然主義的転回とは、真っ向から妥協なく受け止める以外に対処のすべのない、強力な流れであることを認識したからだといえるのである。

解釈学的転回のように、人間科学の拠点を第1象限から第2象限へと単に引っ越してみたり、言語論的転回のように自他の区別は社会的に構成されたにすぎない、とヘリクツを捏ねてみたり、もの語り論的転回のように自己意識も物理法則ももの語りにすぎないと論じてみたりするだけでは、自然主義的転回の大波を押し戻すには力不足なのだ。

筆者が、それら言語論的転回やもの語り論的転回に属する、社会的構成主義やディスコース分析、エスノメソドロジーといった、ポストモダンと総称される人間科学の諸潮流にこの一〇年ばかり触れて分かってきたことは、それらの議論が、よくいえばソフィスティケートされすぎ、悪くいえばヒネクレすぎていて、誰も心から納得してはいないのではないかということだった。

たとえば、私は筆者として今、ここで、この原稿を書いているが、この事態における「私」を、言葉の誤用に基づく誤った概念だといったり、対話を通じて社会的に構成されているといったり、物語だといったりしても、実感としては、私は今ここにいる、としか表現しようがない。なるほど社会的構成主義やエスノメソドロジー〔その典型としてクルター、一九九八年〕のようなポストモダン的議論は、精緻なだけあって容易にはあらがい難い。けれどもそれは学界という「業界」内部の話であって、それらの主唱者をも含めて日常生活の実感としては、誰も信じていないのではないだろうか。

今、「実感として」という表現を二度繰り返したのに読者はお気づきだろうか。現象学はまさにこの、「私は今、ここにいる」という実感から、体験（Erlebnis）、生きられる経験（lived experience）から出発するからだ。そして今、自然主義的転回は、この「実感」をも脳科学的に、三人称的な法則的説明の視野に収めようとしている。何年か前、『こころの科学』という雑誌で、ある精神科医の方が、興味深い臨床経験を語っているのを読んだことがある。「前頭葉の血流が不足しているんです」と訴える患者さんに出会ったというのだ。「それは気分が重いとか、頭がはたらかない、といった感じなのですか」と問い返しても、前頭葉の血流不足をくりかえすだけだという。いろいろ問診してみても体感異常（セネストパチー）といった病理的症状ともいえないようだから、いわゆるお茶の間脳科学の影響か知らないがこのような「実感」を語る人々が現れているのだろう、というのである。

この話を読んで筆者は、これぞ、行動主義心理学以来、近代西洋の心の科学が、一世紀にわたって内観や内省を、つまりは実感を、自分自身の体験を、否定してきたツケが回ってきたと、思ったものだった。そしてその責任の一端は、体験から出発するという最もナイーヴで分かりやすい学問的立脚点に立っていたはずの現象学にもあった。現象学は、誰にでも分かるはずの心理学、こころの科学どころか、近寄りがたい専門用語をあやつる秘儀的な哲学になってしまっていたのだ。

本節（第三節）では、この一世紀来の、心理学と現象学の不幸な関係の歴史を一瞥したのちに、それでも一九七〇年代頃から、現象学を誰にでも使えるような心理学研究として発展させるべく細々ながら企てられている、現象学的心理学の歴史を明らかにしてゆきたい。

（2）現象学と心理学の不幸な関係

現象学と心理学の関係については、第一章からコラムを含めて第三章まで、各分野の専門家が論述をしている。ここでは、筆者自身の観点にしたがって、その関係を「不幸な関係」と呼んで、次のようにまとめよう。

フッサールが、その活動の後期、一九二〇年代から三〇年代の初めにかけて、二つの現象学を、哲学としての超越論的現象学と、心理学としての心理学的現象学（または現象学的心理学）を提唱していたことは（フッサール『ブリタニカ草稿』）これまであまり注目されていなかったように思われる（少なくとも日本ではこの事実は、今世紀に入るまで一般には知られていなかった）。その要因を挙げると

――

1．フッサール受容と研究が、もっぱら中期の『イデーンI』を中心になされたため、そこに認められる反・心理学主義（アンチ・サイコロジズム）の主張が、あたかもフッサールが反・心理学の立場に立つかのように受け取られたこと。

しかしながら、スピーゲルバーグ［Spiegelberg, 1972］によると、フッサールと心理学の関係は次のようにまとめられるのである――

「歴史上の心理学主義とのフッサールの闘いは、余りにもしばしば、すべての心理学への敵意の証拠と見なされてきた。（中略）彼の同時代の指導的心理学者たちとの関係は、一九一四年の実験心理学ゲッチンゲン会議への彼の関与の在り方で例証されるように、悪いか皆無かであった」［*ibid*.: 7］。とはいえ、フッサールの心理学に対する両義的な態度は、歴史的な発展の相でとらえなければならない。「算術の哲学の基礎を、師であるブレンターノの心理学のなかに見出そうとしていた最初の時期を通じて、フッサールが自身を記述的心理学者とみなしていたことは明らかだ」［*ibid*.］。次に『論理学研究』『イデーンI』に代表される反・心理学主義の時代が来るが、心理学への関心が中心的なテーマとして復活するのにそれほど時間はかからなかった。「一九二五年と一九二八年には現象学的心理学についての二つの講義が、フッサールによって講じられた。最後に、『危機』の最後の部分、と

りわけその未完成なB部では、心理学が新たなる哲学への〝途のひとつ〟として扱われている」[*ibid.*: 8]。フライブルク講義(1925)では純粋心理学を通じてすべての心理学に堅固な基礎を哲学的基盤の上に与えようと目論んだのだった。アムステルダム講義(1928)では、この(純粋に心的な現象への〝心理学的還元〟に基づいた)現象学的心理学を、(より徹底的な還元に基づいた)超越論的現象学への踏み台、第一歩、とみなした。そして「『危機』の最終段階では、現象学的心理学は超越論的現象学それ自体と合致すると主張される。(中略)いいかえれば、純粋心理学と哲学としての現象学の間には、種類の違いでなく程度の違いしかないことになる」[*ibid.*](この項、邦訳もあるが問題があるので原著より直接訳し、ページ番号もそれにしたがった)。

2.ハイデガーをはじめとする現象学の後継者たちが、超越論的現象学のみを強調したこと。例外はサルトル、メルロ＝ポンティらフランス現象学派であり、とりわけ後者の影響は、その後の現象学の心理学への展開への一つのきっかけとなっている。日本における現象学的心理学の先駆である鯨岡『心理の現象学』(一九八六年)も、メルロ＝ポンティの圧倒的影響下で書かれている。

3.先駆的にフッサール現象学を精神医学という経験科学に取り入れた現象学的精神医学者たちが、ビンスワンガー(Binswanger, Ludwig, 1881-1966)にしてもブランケンブルク(Blankenburg, Wolfgang, 1928-2002)にしても、ハイデガーの影響下に超越論的現象学を自らの方法として強調し、同時代の心理学を軽視したこと。

そのような超越論的現象学の立場から書かれた現象学的精神医学の通史であるタトシアンの著作から、極端な心理学軽視の評言を挙げておく。

現象学は心理学的理解とは異なった、もっと広く深い理解の方法を提示する。(中略)ところで現象学は心理学的な精神病理学ではない。たとえこの二つの関係の曖昧さのために、ヤスパースやブロイラーの場合のように、ある種の心理学的分析が現象学的射程を持つことがあったにしても、また、そのようなアプローチを装った心理学が、特に実存論的な現象学を引き合いに出すことがあったにしても、真の現象学はそのようなものではない。〔タトシアン、一九九八年、二頁〕

4. 現象学運動の一環として登場したはずのゲシュタルト心理学が、自らを「科学的心理学」と自己誤解したこと。ゲシュタルト心理学が方法として自然科学的説明を指向するのでなく、現象学的解明をめざすべきであったことについては、次の第四節でくわしく論じられる。

5. かくして現象学と主流派の「科学的心理学」は、二〇世紀を通じてまったく別々の歩みをたどることになった。とりわけ、行動主義や生物学指向の心理学、そしてのちには認知心理学もまた、現象学を「大陸哲学」に属するものとして完全に無視したのだった。このこと自体は、1〜4の結果、というよりもむしろ、「心の四つの窓」の第1象限に定位した主流の心理学にとって、第3象限に定位する現象学が、いかに遠い存在であったかを証拠立てるものにすぎない。これに関しては、最後の第五節で戻ることになる。

けれども、一九七〇年代末頃から、変化が少しずつ現れているように見える。

A. 第二節で概観したような質的研究の興隆に直面し、その刺激を受けて現象学的心理学も、現代心理学におけるアプローチの一つとしての方法論を構築しつつある。

B. DSM精神医学に見るような生物学的精神医学の隆盛のなかで、それを補完するものとして、特に看護福祉系で現象学的方法への期待が高まっていること。

精神医学の村井俊哉は『精神医学の科学哲学』(クーパー、二〇一五年)への監訳者解説でこう述べている。「今日の我が国の精神医学の現状を見ても、標準的な生物医学的観点に立つ精神科医が、たとえば、緩和医療の現場で現象学的アプローチをとる看護師や、個人面接を中心としたカウンセリングセンターで本格的な精神分析を方法論とする心理療法家と、基本的な概念を共有しないと感じることは、決して稀ではない」(同書、二七三頁)。つまりこの精神科医の感慨の背景で進んでいる事態とは、精神科医が患者の訴えに、行動データとして以上に耳を貸さなくなった分だけ、特に看護師のあいだでそのような傾向を補う必要性が高まってきて、それが現象学的アプローチとなって現れているということだろう。

C. 認知科学の領域では、現象学的認知科学の可能性が論じられるようになってきていること。

本節でもっぱら述べるのは、このうちAとその周辺的なトピックスである。Cは本章の次の第五章で扱われるし、Bについては筆者の専門とは離れているので、あまり扱えない。

(3) 現象学的心理学の再評価

現象学的心理学が二〇世紀初めから一九三〇年代にかけて、実験現象学として開花しかけていたことは確かである。たとえばデンマークのルビン(Rubin, Edgar J., 1886-1951)。その名をとどめた図地反転図「ルビンの盃(壺)」は心理学教科書に必ず載っているが、フッサール門下の実験現象学者であったことはまず触れられない。また、色彩や触覚での実験現象学的研究で成果をあげたカッツ

(Katz, David, 1884-1953)。因果知覚の実験研究で知られるベルギーのミショット（Michotte, Albert, 1881-1965）。第二次大戦後のアメリカでも長く活動した実験社会心理学のハイダー（Heider, Fritz, 1896-1988）。けれども実験現象学の流れは、なぜか十分な開花の季節を迎えることなく蕾のまま、行動主義から認知心理学へというアメリカ実験心理学の滔々たる本流のなかで、忘れられてしまったように見える（実験現象学が認知科学へ細々ながら影響を与えている例としては、拙訳だがミショット〔二〇二一年〕の「訳者解題」が参考になる）。

本節で扱うのは、心理学への質的アプローチの一つとして、というか長らくその登場が待たれていた本命として存在感を増している、アメデオ・ジオルジらデュケイン学派に発する流れのほうだ〔ジオルジ、二〇一三年〕。今日、心理学や医療関係の研究のなかで現象学的心理学といえば、ふつうこの流れおよび、その影響を受けたいろんな支脈を指している。

なお、『現象学的心理学への招待』という便利な本を出しているイギリスの臨床心理学者ダレン・ラングドリッジ（Langdridge, Darren）〔二〇一六年〕は、この流れを、現象学的心理学への三種のアプローチとして、次のようにまとめているので一部を紹介する。

①記述的現象学

現象学的心理学への最も伝統的なアプローチである。それは、一九七〇年代に、アメリカのデュケイン大学で、ジオルジと彼の同僚たちの手で生まれた。しばしば、フッサール現象学的心理学のデュケイン学派、と呼ばれている。最も古典的なフッサールの方法を受け継いでいて、エポケー（epoché 判断停止）と心理学的現象学的還元を通じて、現象の本質を見分けることに力点を置く。最初にジオルジと協力者によって唱えられたアプローチは現在でも支配的であるが、記述的現象学的心理学を行う唯一の方法というわけではない。

この領域にはほかに多くの重要人物がいて、このアプローチを理論的に発展させ続けている。そのなかでも比較的に最新の版として、シェフィールド学派（Sheffield School）がある。これはもっぱら、イギリスはシェフィールド・ハーラム大学のペーター・アッシュワース（Ashworth, Peter）らの仕事から生まれたものである。まだあまり広く知られるにいたっていないが、ジオルジの仕事に基づき、生活世界の実存的諸側面をより明確に強調するものだ。それは、実存主義の多くの概念を、（記述的現象学の方法に基づいた記述的現象学的な作業のあとに）段階を一つ付け加えて分析過程へと取り込もうとする。この段階で分析者は、第（5）項で紹介するように生活世界における七つの実存的諸条件を参照して、産出された記述について検討をしなおすというわけである［Ashworth, P., 2003; Ashworth, A. & Ashworth, P., 2003; Finlay, 2003］。

②解釈的現象学的分析と解釈学的現象学

これらのアプローチは、解釈学と解釈への強い関心によって、記述的現象学から区別される。解釈的現象学的分析（Interpretative phenomenological analysis: IPA）は、今日のイギリスで心理学者によって用いられている現象学的心理学の諸アプローチのなかでも、最も広く知られたものであろう。それは一九九〇年にジョナサン・スミス（Smith, Jonathan）の手で開発された。スミスら［Smith et al., 1999］によると、それは、解釈学的現象学という方法的源泉を強調するタイプの現象学的哲学によって、ヒントを与えられて出発した。だから記述的現象学に比べると、記述をあまり強調しないかわりに解釈を強調するし、加えて、心理学主流（主として社会認知的）によって得られた知見にも、より大きな関心を払う。それは、健康心理学をはじめとする応用心理学で、特に人気のあるアプローチである。ただし、質的記述を重視するわりには、今日までのところ、この現象学的哲学のなかの特定の方法を基礎づけるための理論的研究は、十分とはいえない。

解釈学的現象学（Hermeneutic phenomenology）は、解釈的現象学と呼ばれることもあるが、もう一つの解釈的方法である。それはデータのテーマ分析（thematic analysis）を用いており、後期フッサールの生活世界哲学と実存主義哲学（ハイデガー）、解釈学的哲学（ガーダマー）に基礎を置いている。このアプローチは、特に応用的研究者（看護と教育が多い）のあいだで人気が高まっている。カナダの教育学の教授マックス・ヴァン・マーネン〔二〇一一年〕が、このアプローチの発展のなかでは鍵となる重要人物の一人である。

③批判的ナラティヴ分析

現象学における解釈学的転回に関心が強まったことに促され、データ分析の現象学的ナラティヴの方法が発展してきた。この方法は、ガーダマーとリクールの哲学に原理的に基づいている。ラングドリッジ〔二〇一六年〕自身の仕事がこのようなアプローチの一例であって、その批判的ナラティヴ分析（Critical narrative analysis: CNA）は、もっぱらリクールの著作に基づき、経験の探究を、当人が物語る説明《ナラティヴ・アカウント》の批判的分析を介して推し進めるよう、組み立てられている。ＣＮＡは歴史というより現在に属するので、省略する（批判的ナラティヴ分析を用いた日本における研究例は、今のところ「コミュ障」に関する筆者自身の論考のみである〔渡辺、二〇一九年a、二〇二一年〕）。

ちなみにこの三種の現象学的心理学へのアプローチは、それぞれ、現象学哲学の歴史的な展開の各段階に対応している。

（1）フッサールの現象学
（2）ハイデガー、サルトル、メルロ＝ポンティら、現象学の実存的転回
（3）ガーダマー、リクールら、現象学の解釈学的転回

現代的な現象学的心理学の歴史的概観としては以上の紹介で留めておく。本節で焦点を合わせるのは①の記述的現象学的心理学である。上述のようにこれはフッサールの現象学的心理学とも呼ばれていて、フッサールの方法にできるだけ忠実であろうとする。だから本節でもまず、フッサール現象学の方法論的二本柱の話から入り、それが現象学的心理学の発展のなかで、心理学的研究実践にとってどのように活用可能なものになってきたかを、概観することにする。

（4）現象学的心理学の方法論――エポケーと本質観取

フッサール現象学的心理学の方法論的二本柱とは、『ブリタニカ草稿』にもあるように、現象学的還元と本質観取のことである。

①エポケーと現象学的還元

現象学的還元はエポケー（epoché）という手続きから始まる〔フッサール、二〇〇四年〕。これは判断を停止することという意味のギリシャ語から来ていて、「判断停止」と訳されている。つまり、あらゆる先入見を脇において、偏らない態度で現象それ自体に焦点を当てることである。しばしば「括弧入れ」とも呼ばれる。人間科学研究では次のようなことになる。――私たちは研究を、問題として

いるどんな経験であっても、純粋な現象とみなすことから出発しなければならない。すなわち、どんな説明や解釈への誘惑をも括弧に入れ、先入見なき偏らない態度でもって。

現象学的心理学の研究実践ではエポケーは、主観的経験を記述したテクストを読む段階で、すでに始まっているとみなされる〔ジオルジ、二〇一三年〕。テクストにどんな奇妙な体験が描写されていても、説明や解釈を控えてあるがままに受け取らなければならない。

このエポケーに続く現象学的還元の手続きはフッサールではあいまいに留まっているが、現象学的心理学者のムスタカス（Moustakas, Clark E., 1923-2012）はこの過程を次のようにまとめている。まず「地平化」（水平化 horizonalizing）の過程が来る。すなわちすべての言明は、最初は同等の価値を持つものとして扱われる。次に、主題と関係ない言明や反復や重複の部分が除去されて、問題になっている現象の、テクストの意味と不変項のみが残される。そしてそれを主題ごとにクラスターに分けて、最後に諸クラスターを現象の一貫したテクスト記述へと組織化する［Moustakas, 1994: 97］。

これだけではなんだかよく分からない説明だ。じっさい、筆者自身、現象学的心理学の研究実践に携わるようになって分かってきたことは、現象学的研究の方法にはマニュアル化できるような定まった手続きはなく、研究をするたびに自分で工夫しなければならないということだった。ムスタカスの説明を見て気がつく工夫としては、現象学的還元の過程が複数の段階から成っているからには、次の本質観取の段階も含めて段階進行表を作成すれば、具体的な手続きが理解可能になるだろうということである。事実、のちに見るようにジオルジの方法の成功は、この分析段階進行表という着想にあった。

②本質観取

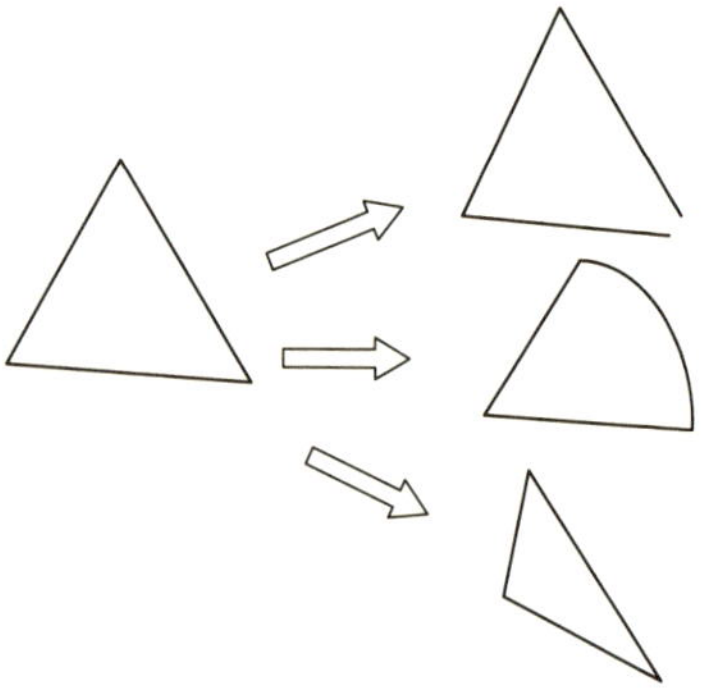

図4―12　三角形の想像的自由変更。右の図形で「三角形」として経験できるもの、経験できないものはどれだろうか？

本質観取（seeing an essence）とは、研究対象になっている経験に不可欠な構造的不変項を識別することである（第二章第四節〈4〉では、「経験の不変の構造」と表現されている）。ここで「不可欠」とは、「それなくしては経験がそのような経験として成立しないような」といった意味である。フッサールが本質観取の具体的方法として用いたのが、想像的自由変更（もしくは想像的変更）だった。分かりやすい例として幾何学を取り上げよう（図4―12）。

三角形の本質を観取するにはどうしたらよいか。まず、何か一つ三角形の具体例を、紙の上なり頭の中なりに描き出す。次にそのさまざまな特徴を、想像のうちに変更させてみる。たとえば図4―12で左側の三角形を、二辺の交わる角の一つで線分同士、離してみる。すると、もはや三角形とはいえないことに気づく。また、三辺を構成する線分の一つを、曲線にしてみる。これも、三角形とはいえなくなってしまう。だから、「三角形とは三本の線分に囲まれた図形である」というように、その「本質」が観取されることになる〔渡辺、二〇一六年、九六―九七頁〕。別な言い方をすれば、三角形の本質とは、三角形という経験が成立するのに不可欠な、以上のような構造的特徴のことである、ということになるだろうか。ただし、このような図解がフッサールにあるわけではなく、筆者の創意工夫による。そもそもフッサールは、有名な『内的時間意識の現象学』〔二〇一六年〕の経糸横糸の図を除けば、図を使わない。また、数学や論理学のようなアプリオリな学の場合、「本質直観」といって区別することもあるが、本章では区別にこだわっても仕方がないと考える。

このように幾何学の例をとれば比較的分かりやすいが、現象学的心理学ではデータは記述テクストである。テクストの「さまざまな特徴を、想像のうちに変更させてみる」とは、いったい何をすればいいのか。幸いなことに、「現象学的心理学者は本質というものを、多数の当事者による多元的な記述を通じて識別しようとする傾向があった。これは事実上、標本収集による想像的変更である。本質の真の性質は、研究対象となる経験の形態を多数の異なった観点から考察することによって開示されるのである」〔ラングドリッジ、二〇一六年、二六頁〕という手引きがある。つまり、複数の標本を収集することで想像的変更の代わりをさせるというのが、現象学的心理学者の方策であった。

この場合、当事者の多数性よりも標本の多数性のほうがより本質的なことであって、場合によっては一人の当事者からの多数の標本でもよいと思う。現に筆者は、一人の当事者（つまり筆者自身）の多数の夢テクストを用いて、現象学的研究を行っている。そして、本質観取の過程を、体験記述テクスト同士を比較して、体験構造としての差異項を抽出する分化（differentiation）と、共通項を抽出する普遍化（generalization）の手続きを重ねることで、最初の素朴な直観を精緻化（elaboration）してゆく無限の過程、と定式化している〔渡辺、二〇一六年、二〇一八年〕。

といっても、これだけでは依然として何のことやら分からないかもしれない。本質観取の手続きは、主流科学における、理論形成↓仮説の演繹↓観察による検証・反証、という標準的な手続きに当たる。現象学的心理学を経験科学として発展するのにかなめとなる部分なので、次に、エポケーから始まり本質観取にいたる過程を、ジオルジに学んだ分析段階進行表を用い、具体的な研究例として例示する〔自ら現象学的心理学の研究を行う予定がなく、しかも具体例としての「自我体験」のテーマにも興味が持てないという読者は、とばして次の第四節に進んでも全体の理解には差し障りはない〕。

（5）自我体験の現象学的分析段階進行表

研究例としては筆者自身が携わってきた、自我体験・独我論的体験の研究を取り上げる。なぜジオルジ〔二〇一三年〕が例としている「嫉妬体験」や、ジオルジの技法を紹介したラングドリッジ〔二〇一六年〕にある「急性疾患体験」といった研究例ではないのかというと、第一にそれらでは、取り上げられている体験記述テクストが長すぎるからだ。インタヴュー事例がもとになっているからなのだが、筆者は、インターネット世界に溢れるテクストというものがこれからの現象学的心理学にとっての肥沃なフィールドになると考えて実践もしているので〔渡辺、二〇一九年a〕、短いテクストからでも数を重ねれば本質観取に十分であることを示したい。

第二にジオルジでは、最初のテクストが一人称記述なら分析進行中に三人称に変換せよという、理解しがたい方針が掲げられているからだ。体験というものは一人称的にしかなされないのに、これはどういうわけか。ジオルジは、心理学とは他者を研究するものだからだという。これでは、スティーヴンスの操作主義〔心理学における観察とは常に他者についての観察である〔表4—1参照〕〕の残響を聴くことになってしまう。行動主義と操作主義の本場アメリカで一九七〇年代という早い時期にあって、科学としての現象学的心理学の方法を確立しようとしたジオルジの努力に敬意を表するにしても、少なくとも、行動主義の影響力がそれほどでもない今の日本では、テクストの三人称変換は必要ないというのが、ジオルジの主著が紹介された折の、日本の現象学的心理学者の反応であった。筆者は逆に、現象学的分析は、テクストが三人称で書かれていたら一人称に変換するという、「テクストの一人称的読み」で始まることを主張している〔渡辺、二〇一三年a〕。この一人称的読みという着想は、『質的心理学辞典』〔能智、二〇一八年、一一頁〕にも収録されているし、評価する現象学哲学者もいるので〔西、二〇一五年〕、ここでも一人称的読みを貫徹する。

分析段階進行表の解説に入る前に、自我体験研究の意義を紹介しておく。自我体験研究は一般にはあまり知られていないが、現象学的心理学の現代史において最も由緒ある研究テーマの一つなのだ。なぜならば、この研究を創始したのは、本章でも『精神医学・心理学と現象学』の著者としてしばしば取り上げてきた、ユダヤ系亡命哲学者で現象学者のスピーゲルバーグ（Spiegelberg, Herbert, 1904-90）だからである。それは一九六一年という早い時期に、それも日本の京都大学教育学部から刊行されている英文誌『*Psychologia*』に、一編の調査論文を発表したことから始まっている［Spiegelberg, 1961］。三年後、その増補版が、『実存的心理学精神医学評論』に掲載されたが［Spiegelberg, 1964］、両者ともに完全無視される結果に終わった。その業績が今世紀に入って、オランダのコーンスタム〔二〇一六年〕と、そして日本では筆者によって再発見されて、自我体験研究というテーマが成立することになったのである。なお、筆者は当初、スピーゲルバーグの論文のことは知らなかったが、二〇〇六年にジオルジが来日したときに教えられたのだった。

のちの著書ではスピーゲルバーグは、自我体験について次のように述べている。

多くの子どもたちと思春期の少年少女が、「私は私だ」（I am me）という、同語反復的に響く言明で表現される突然の体験に襲われる。そして、彼らの多くが、「なぜ私は私なのか」(Why am I me?) という疑問に悩まされる。(中略) すくなくとも我々のある者にとって、この、時空と歴史の中の特定の点への受肉 (incarnation) は、特有の眩暈の感覚をもたらす、と私は考える。このような体験の中で捉えられた自我は、もはや「自我というもの」(the ego) という普通名詞で表され得るのではなく、語の最も強い意味で個人的にして本来的な、内奥の私そのもの (I-myself) なのである。(中略) このことを自覚することで、人は、おのれの通常の確信ある自我の足元に、深淵を見ることがありえよう。[Spiegelberg, 1986: 57-58]

論文のほうではスピーゲルバーグは、この体験は「哲学でも心理学でも奇妙なことに無視されてきた」[Spiegelberg, 1964: 4] という。そして、文芸作品中からこの体験と思われるエピソードを紹介して考察したのち、心理学者の協力のもとに高校・大学生を対象に「質問紙調査」を行っている。スピーゲルバーグにとってこの研究のおもな目標は、この体験の「存在を経験的に確証し、より完全な心理学的かつ哲学的研究のために活用できるようにすること」[*ibid.*: 3] にあった。そして、「この経験的確証がなされれば、哲学的な解明と解釈が始まる。(中略) 謎めいた表現に潜む体験についての注意深い現象学的探求が第一に必要である。存在論的形而上学的解釈はそれまで待たねばならない」[*ibid.*: 20] と結論のなかで述べている。

スピーゲルバーグにとって不運だったのは、一九六〇年代初頭のアメリカでは、自我体験という現象を継承発展可能なテーマとして展開できるような質的研究の分析法が、見当たらなかったことにある。ジオルジらデュケイン学派の活動でさえ、やっと七〇年代に遡られる (ジオルジの『心理学における現象学的アプローチ』〔二〇一三年〕ではエポケーの具体的な方法に関して示唆を受けたとしてスピーゲルバーグから引用しているが、自我体験についての言及はない)。

次の表4―4が、自我体験の現象学的分析段階進行表である。前述のようにジオルジの創案になる分析段階進行表にヒントを得たものであり、現象学的分析というと雲をつかむような気がするものであるが、具体的な手順の枠組みを与えられると思う。

段階Ⅰが原テクストの提示とエポケー、段階Ⅱが現象学的還元、段階Ⅲが最初の本質観取、段階Ⅳがより高次の本質観取に当たる。

ここで、段階Ⅲに始まる本質観取の方法として用いたのが、「内的体験の構造図解法」である。これはジオルジの、想像的変更を用いて延々となされる本質観取の手続きが、甚だ分かりにくかったことから考案したものだ〔渡辺、二〇一三年a〕。分かりにくいのは筆者だけではないらしく、ジオルジを指導者とする国際会議(IHSRC)では、ジオルジの分析法のマニュアルを作って検討するセッションも現れていた。著書や論文以外にマニュアルが必要となるようでは、あまり実用的とはいえないだろう。

もっとも筆者には、内的体験の構造図解法をもって本質観取の手続きを代表させようなどという、大それた野心は毛頭ない(内的体験の構造図解法をもって本質観取の方法に代えることが可能という根拠としては、渡辺〔二〇〇八年、二〇〇九年、二二一―二三頁〕参照のこと)。そもそも、現象学的心理学者のズィーマンも言うように、現象学的研究を行うための一般的な段階の指示を越えた正確なステップバイステップ的手順は存在せず、「特定の研究手続きを確立するためにはその現象の特定の性質のほうがはるかに重要」[Seamon, 2000: 167] なのだ。ただし現象学の初学者にとっては、現象ごとに工夫

段階Ⅲ）内的体験の構造図解	段階Ⅳ）３事例を比較することによって本質観取された自我体験の構造図解
体験の本質観取の最初の段階に当たる。図解へのコメントは、「問題となる体験の構造に属する高次の不変的意味“higher-level invariant meanings that belong to the structure of the experience concerned”」(Giorgi, 2009)を示している。	事例１で図解された最初の直観が、比較によって精緻化されている。 ※この図解は事例１に似ているが、１と２の時間的因果的関係が明示されている。
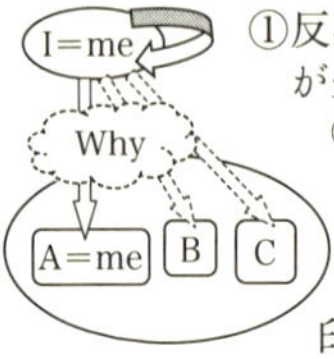 ①反射的気づき（私＝私）が生じた。 ②私はなぜ自分はAであって（実線矢印で示されるように）、誰か他の人（点線矢印で示されるような）ではなかったのか、という疑問が生じた。 ※①、②間の関係はあいまいに留まる。	①図解の上部で、反射的気づき（私＝私）が生じた。 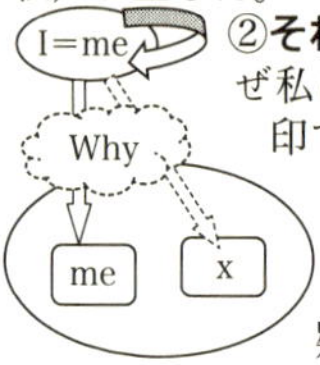 ②**それから**（その結果）、なぜ私は私であって（実線矢印で示されるように）、誰か他の人（点線矢印で示されるような）ではなかったのか、という疑問が生じた。
①図解の上部で、「なぜ私たちはアメリカ人でなくてドイツ人なのか」という疑問が生じた。 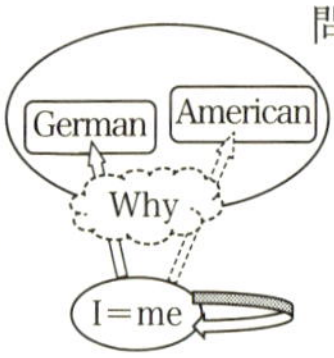 ②それから、反射的気づき（私＝私）が生じた。	
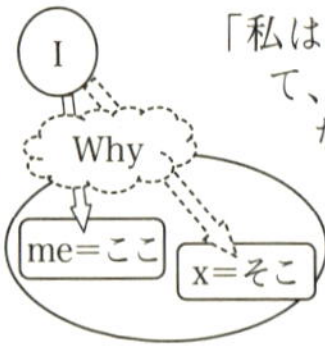 「私はどうして私でここにいて、あそこにいるXではないのだろう」という疑問が生じた。 ※反射的気づきは記述として明示的には表れていない。	

表4—4　自我体験（I-am-me experience）の現象学的分析段階進行表

段階Ⅰ）原テクストとエポケー	段階Ⅱ）現象学的還元
以下の事例は「多くの子どもたちと思春期の少年少女が、『私は私だ』という、同語反復的に響く言明で表現される突然の体験に襲われる。そして、彼らの多くが、『なぜ私は私なのか』という疑問に悩まされる」(Spiegelberg, 1986) という、問題となる体験の特徴づけに従って収集された。 すべてのテクストはエポケーの態度をもって読まれねばならない。	途中は省略し、Mustakasの言う「現象の一貫したテクスト記述」(1994, p.97) へ。
事例１（ハイスクール生徒／女性）私は私だということに気がついたのは、５歳くらいのある日、何もしないでただ座っているときのことだった。私は、なぜ自分は誰か他の人ではなかったのかと、自問自答を始めた。この疑問はその後一週間ほど続いた。その後もときどき浮かんだが、最近はあまり浮かばなくなった。(Spiegelberg, 1964, p.18)	①私は私だということに気がついた。 ※この気づきが独立に生じたのか、それとも次の②を解説しているだけなのか、記述上はあいまい。 ②私は、なぜ自分は誰か他の人ではなかったのかと疑問に思った。
事例２（４歳から５歳／どうして私たちはアメリカ人でないの？）私は、さまざまな民族があることを知っていました。なぜならいたるところに、アメリカの占領軍兵士を見かけたから。……だから私は、母に問うたのです。どうして私たちはアメリカ人でなくてドイツ人なのかと。「どうしようもないことなのよ。そういうことを自分で好きなように選ぶことはできないの」。それが答えでした。そのとき、ガーンと頭を殴られたようにして自覚したのです。自分が特定の国民に属していて、一回かぎりの、それでいて偶然に形作られた存在だということを。(コーンスタム, 2016, p.163-164)	①なぜ私たちはアメリカ人でなくてドイツ人なのかと母に問うと、「どうしようもないことなのよ。そういうことを自分で好きなように選ぶことはできないの」という答えだった。 ②私は突然、自分が特定の国民に属していて、一回かぎりの、それでいて偶然に形作られた存在だということを自覚した。
事例３（20歳／女性）６歳か７歳くらいの頃、ある晴れた日の正午ちょっと前、自宅の２階の部屋にいて、窓から射し込む日差しをぼーっと見ているときに、「私はどうして私なんだろう、私はどうしてここにいるんだろう」と思った。(渡辺、2009、p.2)	①「私はどうして私なんだろう」と思った。 ②「私はどうしてここにいるんだろう」と思った。

せよといわれても困るかもしれない。そんな場合筆者は、本節（3）①にも紹介のあるシェフィールド学派の方法を薦めることにしている。ジオルジの方法では取り出すべき体験の意味（＝観取すべき本質）があらかじめ分からないのに対し、この学派では、発見的手法（ヒューリスティク）として、晩期フッサール〔二〇〇一年〕の生活世界論から生活世界の七つの条件（自己性、社会性、身体性、時間性、空間性、企図、言語）を、「人間的経験に基本的な本質的構造」［Ashworth, P., 2003: 146］とみなして抽出し、「主題分析」［Finlay, 2003: 112］に用いる。たとえば重大な疾患の診断を受けた人の生活世界が、以前と比べどのように変容したかを、七つの条件（＝主題）ごとに本人の自己記述を分析して明確にする［Ashworth, A. & Ashworth, P., 2003; Finlay, 2003 等］。

もちろん、ヒューリスティクとしては、生活世界の七条件に限られない。筆者は夢体験を現象学的分析するのに、ヒューリスティクとしてフッサールの志向性の分類表を用いている〔渡辺、二〇一六年、二〇一八年〕。

現象学的分析段階進行表の解説も長くなったが、方法論的に必要なことを付け加えておきたい。まず、この表で「段階Ⅲ　体験の本質観取の最初の段階」として本質観取された構造図解が載っているが、これは「仮説」を生成したのではない、ということだ。そもそも現象学では仮説を作らない。実証的科学における「観察データ」と「仮説」とが互いに独立しているのに対し（ハンソン〔一九八六年〕は観察の理論負荷性を指摘しているが、独立性という建前があってこその指摘だろう）、観取された「本質」はデータから独立ではない。したがって最初に観取された本質がのちのデータによって訂正されることがあっても、仮説の交代とは違う。当初は気づかなかった重要な構造的特徴が浮上して最初の構造的特徴が目立たなくなるなどして、より精緻化されるということなのである。

次に、記述的現象学的方法で「本質が観取」されたからといって、それが何だというのかという疑問が起こるかもしれない。体験者にとってのその体験の本質的意味が明らかになった。では、その次のステップは？

次は、「なぜ」に答えることだろう。たとえば「なぜ自我体験を体験する子どもとしない子どもがいるのか」の問いや、「そもそもなぜ自我体験が（起こる子どもには）起こるのか」という問い。現象学的心理学もまた、「なぜ」の問いに答えられないのであれば、生物心理学的アプローチに拮抗するに足るような人間科学の体系を作るのに、力不足になってしまうのではないか。

もっともな疑問である。そこで次の第四節ではフッサールの「現象学的解明」という着想によって、現象学的心理学を、「なぜ」の問いに答えられる経験的人間科学の研究へと発展させる道を明らかにする。その際、心理学の歴史を少し遡り、ゲシュタルト心理学の説明様式、そしてエリクソンのアイデンティティ論の説明様式を検討し、これらの説明様式を現象学的解明へと発展させることが可能であることを示したい。

第四節　心理学は自然科学へ解消するのか、現象学として発展するのか

ゲシュタルト心理学の近接の法則、エリクソンのアイデンティティの概念を例にとり、心理学的説明が、現象学的な解明に取って代わられるか、生理学的概念に訴えることになるかの、二者択一となることを示す。前者の場合、心理学は現象学として発展するはずだったことになり、後者の場合ヒト科生物の高次脳神経機能の自然科学へと解消することになる。

（1）ゲシュタルト心理学の可能性

第一章とコラムⅠ、Ⅱでも見てきたように、ゲシュタルト心理学はブレンターノに始まる現象学的運動の一環として登場し、現在も心理学教科書に収録される多くの知見をもたらしたにもかかわらず、その後の認知科学、神経科学の発展の大波に埋もれて、過去のものとみなされている。その理由がゲシュタルト心理学の創始者たちが自らの方法を自然科学的「説明」であると自己誤解したことにあることを示したうえで、フッサールの現象学的「解明」という方法論的着想によって、現象学的心理学としての新たなる発展の可能性を探ろう。

群化・体制化の要因はどのような意味での「法則」か？

図4―13は標準的な心理学教科書の知覚の章でよく見かける図であって〔大山、二〇一六年〕、ゲシュタルト心理学の創始者ヴェルトハイマー（Wertheimer, Max, 1880-1943）の図に基づいている［Wertheimer, 1923］。群化の要因は体制化の要因とも呼ばれ、後年、ゲシュタルトの法則とも呼ばれることになった。

この図で(a)接近の要因とあるのは、近接したもの同士がまとまって知覚される、ということを述べたものである。1から6まで黒円に番号をふってあるが、〔1,2〕〔3,4〕〔5,6〕というように近接したもの同士をまとまりとして私たちは知覚するのであって、〔2,3〕〔4,5〕というように距離の離れた同士をまとまりとして知覚することはない、ということである。(b)類同の要因とは、白円同士と黒円同士というように似たもの同士がまとまって知覚されるのであって、隣り合っているからといって〔白、黒〕〔黒、白〕〔白、黒〕というようなまとまりとして知覚することはない、ということである。群化・体制化の要因が、ゲシュタルト心理学派の手になる心理学史上の最も基礎的な発見の一つとみなされ続けていることは、現代の権威ある教科書とされる『ヒルガードの心理学 第15版』〔ノーレン－ホークセマ他、二〇一二年、二三〇頁〕のなかでも、「群化のゲシュタルト決定因」の図としてこれら五つの要因が、やや趣向を変えてであるが原理的にはほぼそのまま出ていることでも分かる。

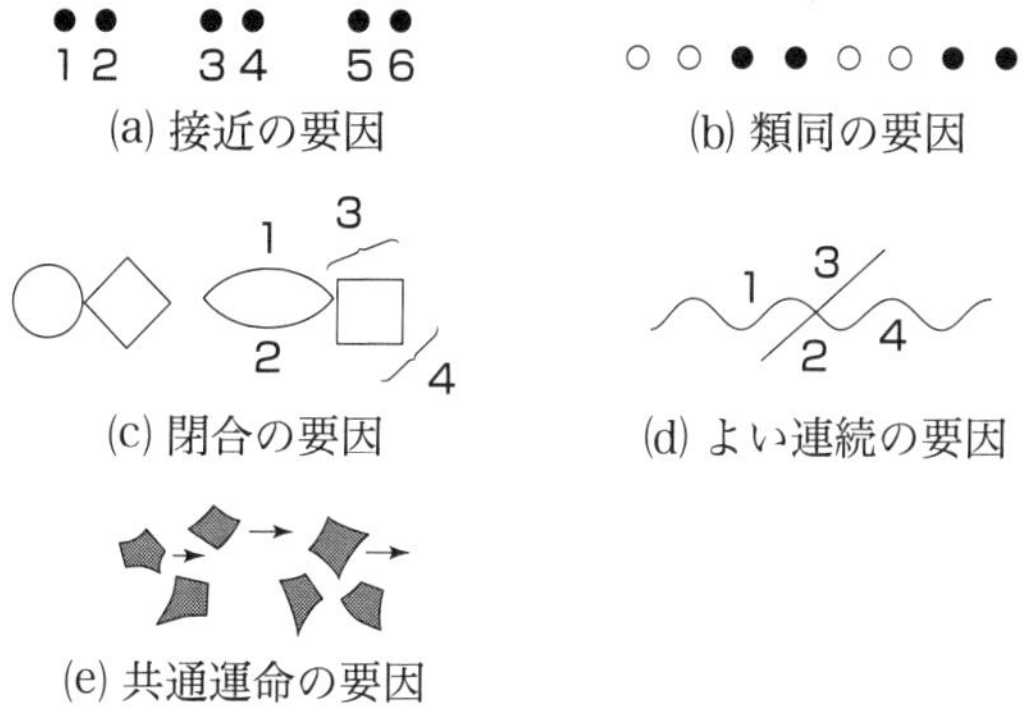

図4―13 梅本堯夫・大山正編著『心理学への招待 改訂版』「図2.15 群化の要因（Wertheimer, 1923)」より一部を改変引用。「接近」は「近接」のこと。

にもかかわらずこの群化の要因なるものには、なんとなく釈然としないところがある。近接したもの同士がまとまって知覚されるなど、なんだか当たり前すぎるではないか。もしこの「要因」を、AはBの要因であるといった場合の「原因→結果」の関係で解し、法則的関係をそこに見るのなら、たとえばニュートンがリンゴの枝から落ちるのを見ただけで「すべてのリンゴを含めた重いものは地面に落ちる」と定式化して万有引力の法則と名づけたといった類いのものになるのではないか。万有引力の法則が法則の名に値するのは、月や惑星の動きをも同じ法則で説明できたという、つまり当たり前でないことをも説明可能にした、というところにあるのではないか。

これが、現在、ゲシュタルト心理学の基本的な文献といわれているコフカ『ゲシュタルト心理学の原理』〔一九九八年〕となると、次のように説明されることになる。「以上の検討から、近接と同等の法則を次のように定式化できる。場の二つの部分は近接と同等の程度に応じて相互に引き付け合うと」〔一九二頁〕。ちなみにここで「同等」といっているのは、「類同の要因」でいう「類同」と同義とみなしてよい。

ここで「法則」という語が用いられているが、このコフカの説明には、当たり前でないことをも説明可能にするという、科学的説明への志向が窺われる。「近接と同等の法則」は、近接と同等の程度に応じて二つの部分が「まとまって見える」ということを言っているだけではなく、近接と同等の程度に応じて二つの部分が「相互に引き付け合う」ということをも述べているのである。つまりここには、「相互に引き付け合う」という、直観を超えた原理が想定されているように見える。それはたとえば、木から落ちるリンゴという直観的な現象の底に、「相互に引き付け合う」(=万有引力)という直観を超えた原理を想定することに似ている。事実、ゲシュタルト学派ではすでに一九二〇年にケーラーの心理物理同型説(という直観を超えた原理!)が登場していて、心理的ゲシュタルトには生理的ゲシュタルトが同型的に対応し、さらに後者は物理的ゲシュタルトに同型的に対応するという、心身並行論的な階層構造が想定されているのである〔ケーラー、一九七一年、二九頁など参照〕。

けれどもこれでは、哲学に造詣の深い生物学者のヴァイツゼッカー(von Weizsäcker, Viktor, 1886-1957)も批判しているように、ゲシュタルト心理学が本来めざしていた、性急な生物学的物理学的説明を退けて現象そのものを明らかにするという方向性からの、後退というほかない。

ゲシュタルト心理学はゲシュタルトの「超加算的《ユーバーズンマティーフ》」性格をひとたび明確にとらえておきながら、生物学の研究原理としての説明《エアクレールング》ということを充分な徹底さでもって捨て去らなかった。そしてこの態度が、ケーラーW. Köhlerの自然哲学において心身並行論への逆行という報いを招いたように思われる。〔ヴァイツゼッカー、一九七五年、四七頁〕

後年、ゲシュタルト心理学が、生理的・物理的ゲシュタルトによる説明だけではなく、図における「よい連続」や「よきゲシュタルト」の「よい」ということの意味を、情報量の多寡によって説明するなど〔アトニーヴ、一九六八年〕、要するに「意味」を「意味でないもの」によって説明する方向へと走り、認知科学・神経科学の大波のなかに雲散霧消してしまった遠因も、この辺にあると思われる。

では、ゲシュタルト心理学が本来めざすべきであった方向性とは何か。それを以下に二段階に分けて明らかにしていこう。

群化の要因とは？

そもそも「近接したもの同士がまとまって知覚される」という近接の要因における「近接」とは何か。これを「物理的に近い距離」と取れば、「まとまり」という主観的現象の底に現象を超えた物理的過程を想定して、自然科学的な説明を試みるという発想が出てきてしまう。が、事実は近接の要因とは、「近接して知覚されるという現象」と、「まとまって知覚されるという現象」とのあいだの、つ

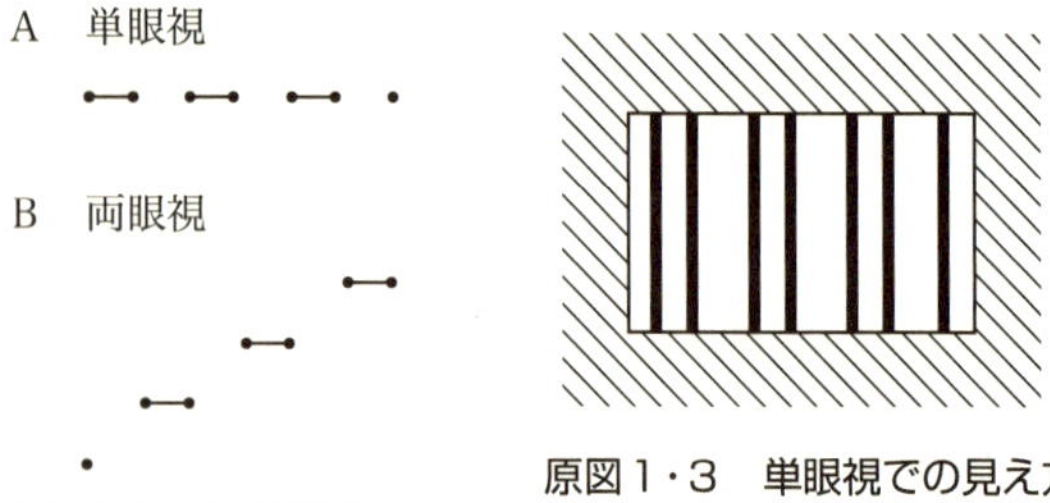

原図1・2　みかけの「まとまり方」

原図1・3　単眼視での見え方（実際は黒白逆）

図4―14　単眼視では原図1・3のように網膜上の距離の「近接」がまとまりのための要因となるが、奥行距離感が働く両眼視では原図1・2（上から見た刺激付置に基づくまとまり方）のように、奥行距離感上の「近接」が要因となる。柿崎(1979, p.283)より図引用。

まり主観的現象同士のあいだの連関を述べたものと解すべきなのである。

　このことはすでに現象学哲学者のアロン・グールヴィッチ（Gurwitsch, Aron, 1901-73）によって明確に指摘されているところである。「一般に現象的領野のなかでは、少なくとも当初は、解析幾何学的意味での質的に中立的な距離が問題なのではない。現象的〝距離〟は常に質的な特徴を呈している。それゆえ語の純粋な意味での距離ではない」［Gurwitsch, 2009: 219］。これに対して心理学サイドでの明確な指摘は少ないが、京都大学の柿崎は、東京大学の高木によって一九四〇年に発表された実験を引用しつつ（図4―14）、近接の要因における近接とは物理的距離（＝遠刺激）のことでもなければ網膜上の距離（＝近刺激）のことでもなく、「近接して知覚されるという主観的現象」のことであると説いている〔柿崎、一九七九年、二八三―二八五頁〕。「近接しているものはまとまって知覚される」とは、「主観的に近接して知覚されるものは主観的にまとまって知覚される」という、主観的現象相互のあいだの関係を述べたものなのである。同様にして高木の実験から、類同の要因における類同というものも物理的に定義されるような類似・同等ではなく、「主観的に類似・同等として知覚されるものは主観的にまとまって知覚される」ということであることが分かる、という。

主観的現象相互の関係を述べたものである以上、そこに物理的刺激と主観的感覚のあいだの法則的因果関係のようなものを想定することはできない。「近接して知覚されるものはまとまって知覚される」ならば「まとまって知覚されるものは近接して知覚される」という、逆の関係も可能になるはずだからである。事実、そのような知見はその後の実験的研究によっても得られている。「ゲシュタルトの決定因と結びついた確かな錯覚がある。人は異なる群の要素間の距離よりも、知覚群内の要素間の距離のほうを短く判断する［Coren & Cirgus, 1980; Enns & Girgus, 1985］。これらの結果のすべては、私たちが視覚経験を体制化するという点で、視覚的群化が大きな役割を果たしているということを示している」〔『ヒルガードの心理学　第15版』二〇一二年、二三一頁〕。

群化・体制化の要因とは自然科学的な因果的法則的説明などではなく、「近接」という主観的現象と「まとまり」という主観的現象のあいだの、つまりは「近接という意味」を担った現象と「まとまりという意味」を担った現象のあいだの連関を明らかにしているのだと、解されるのである。「二点間に成立する〈近接〉という意味が十分に強くなれば〈まとまり〉という意味へと転化する」というような。

けれども、意味現象相互間の連関を明らかにするだけでは、記述的現象学ではあっても、自然科学的な心理学と拮抗するだけの人間科学としての現象学の域には程遠い。人間科学としては、「なぜ?」の問いに答えうるだけの、説明の体系を備えなければならない。ここでの例でいうなら、「なぜ近接して知覚される二点同士はまとまりとして知覚されるのか」という問いに。「なぜ」ではなく「いかに」が科学的説明の目標ではないか、と言われるかもしれない。けれども、ニュートンはリンゴが木から落ちるのを見て「いかに落ちるか」という問いを起こしたわけではないであろう。「なぜ落ちるか」という「なぜ」の問いから出発して、「いかに万有引力がはたらくか」といった「いかに」で答えるというのが、科学的探求の順序であろう。そして、「いかに」の答えにはただちに「なぜそのようになっているのか」という「なぜ」の問いが立てられうる。だから科学的探求には原理的に終わりはないのである。

現象学的解明とは何か

「なぜ?」の問いに答えるには、自然科学的な因果的法則的説明以外に、人間科学に固有な方法として理解・解釈による方法があるというのが、ディルタイ以来のいわゆる人間科学の方法論争のなかで主張されてきたことだった。けれども筆者は、現象学的に「なぜ?」に答えることは、自然科学的説明とはもちろんのこと、人間科学的理解とも異なる、現象学的解明という方法に拠らなければならないと考える。この三者の違いは次のように簡潔にまとめられる。

説明(Erklären; explanation)——個別事象を一般法則に包摂すること。これによって過去へ向かっては「原因による説明」が、未来へ向かっては「予測」が、可能になる。

理解(Verstehen; understanding)——「理由」によって、たとえば「彼女が窓を開けたのは部屋が蒸し暑いからだ」と説明すること。理由による説明が原因による説明と異なることは、例文が「彼女は部屋の蒸し暑さを減じる〈ために〉窓を開けた」と、目的論的説明に変換可能なことから分かる。

解明(Aufklärung; elucidation)——個別的現象を、現象のより基底的・普遍的な構造に還元して理解すること。たとえば筆者は夢の現象学的分析において、「なぜほかの誰かに変身すると想像しても現実には不可能なのに夢のなかでは可能なのか」という問いに対し、現実世界と夢世界での志向的意識の構造上の差異に還元して答えたのだった〔渡辺、二〇一六年、一四五―一六〇頁〕。

自然科学的な説明と区別される現象学的解明について、フッサールは『論理学研究Ⅱ』をはじめとしていろんなところで語っているが、どれも難解で引用すればするほどよく分からないことになってしまう。そのかわり、『現象学の理念』〔フッサール、一九六五年〕から、訳者立松の「巻末訳注」より次の文章を引用しておく〔一五四頁〕。

> フッサールによると、説明とは個を一般的法則から、そしてさらに後者を根本法則から概念的に明らかにすることであり、そこではある出来事の自然法則的必然性が追及され、演繹ないし機能によって経験的理論が立てられるのである（それ故、説明には「因果的」という形容詞がつく場合がある）。（中略）したがって説明は事実の世界について、物理学や心理学などリアルな科学と形而上学の分野でなされるのである。それに反して解明は純粋経験とそれに属する意味成素の本質構造に関する認識現象学の枠内で、本質直観により、アプリオリなもののイデア的なものについて行われるのである。

これでも難解であって、一読して理解できる心理学者がいるとは思えない。『現象学の理念』の本文にしても、さらには「解明」（Aufklärung）の語が頻出するフッサール前期の代表作『論理学研究2』〔たとえば二八頁〕を読んでも同様に難解である。それゆえ「フッサール現象学における解明とは何か」という学史上の問題は哲学史家にゆだねることとして、心理学研究者としては、科学の方法論の意義はそれに基づいてその科学がどのくらい研究成果をあげるかにかかっていると考える以上、上述の定義による「解明」を用いて進みたい。研究成果があがるなかで「解明」という方法が、フッサール現象学本来の意味とは異なってきてしまったように哲学専門家の目には映じたとしても、具体的な心理学研究のなかでの「発展」とみなされることを期待したい。

「現象のより基底的・普遍的な構造」とは？

繰り返すと現象学的解明とは、「個別的現象を、現象のより基底的・普遍的な構造に還元して理解すること」なのであった。すると、たとえば「近接の要因」がそこから派生する現象のより基底的・普遍的な構造とは何であろうか。

それは図と地の分化であろう。『ヒルガードの心理学　第15版』でも図と地の分化は「知覚の体制化のもっとも初歩的な形」〔二二六頁〕として、群化の要因に先立って取り上げられているだけではない。ゲシュタルト心理学とは離れたところに位置していた生物学的心理学のドナルド・ヘッブ(Hebb, Donald O., 1904-85) でさえも、「図－地関係は、物体や空間領域を知覚する際に基本的なものである」〔一九七五年、三〇八頁〕としているのだから。

この図－地分化ということをふまえれば、近接の要因とは、「二点が十分に近接していると知覚される場合、それらは同じ図に属することになるため、まとまりとして知覚される」というように表現できる。ここにはすでに、「なぜ近接して知覚される二点同士はまとまりとして知覚されるのか」という問いへの答えが見出されている。繰り返しになるが、「近接して知覚される二点同士は、同じ図に属しているがゆえに、まとまりとして知覚される」のである。

ここで、「図」とは「まとまり」の言い換えにすぎず、「近接して知覚される二点同士は、まとまっているがゆえに、まとまりとして知覚される」としか言っていないことになるのではないか、という当然の疑問が生じるかもしれない。そこで、近接の要因に関して今まで出てきた三種の解釈を、以下に比較することでこの点を明確にしよう。

「近接」↓「まとまり」の矢印の解釈に関して——

①コフカらが暗に前提としている科学的説明。「近接」は物理的実在としての距離の近接のことであり、「物理的距離」が現象的まとまりを因果的に規定するという関係になる。より基底的な水準は上辺であり、上辺↓下辺と、因果的に規定する関係になる。

②記述的現象学的な説明。「近接」も「まとまり」も同じ主観的現象であり、現象というかぎりにおいて水準の差がない。ゆえに、じつは上辺↕下辺と表記されるのがふさわしいことになる。

③現象学的解明。主観的現象としての二点の近接感が強まれば、それは同じ図に属しているという、より基底的な現象の一例とみなされることになる（他の例としてただちに「類同」を挙げることができる）。「まとまり」を「同じ図に属する」ことと同義（だがより日常的表現）とすると、より基底的な水準は下辺であり、①とは逆転していることになる。この事態を、「近接して知覚される二点同士は、同じ図に属するという、より基底的な現象の構造の一例となるがゆえに、日常的表現でいうまとまりとして知覚される」と表現できる。言い換えれば、「近接している」という意味現象も、「まとまり」という意味現象も、「同じ図に属している」というより基底的な現象学的構造の、二つの側面ということになる。

これが、近接の要因という「個別的現象を、現象のより基底的・普遍的な構造」である図‐地分化体制に「還元して理解する」ことであり、つまりは近接の要因の現象学的解明を行ったのだと言うことができる。

以上、ゲシュタルト心理学における群化（体制化）の要因のなかで、近接（および類同）の要因を取り上げ、そこでの説明の形式を、自然科学的な因果的法則的説明の方向ではなく現象学的解明の方向へと精緻化してゆくほうが、より納得がいく説明になることを明らかにした。同様のことが、群化の要因中の他の要因を含めたゲシュタルト心理学の知見全体に対してもいえる可能性があると思われるが、くわしくは別の機会に譲りたい。

（2）現象学的解明の視点からの「心理学的説明」

心理学にあふれる無意味なトートロジー的説明

本節では、群化の要因を教科書で知った際に「なんとなく釈然としない」「近接したもの同士がまとまって知覚されるなど法則と称するには当たり前すぎる」と感じた個人的印象の経験を出発点としたのだった。このような印象は、じっさい心理学史上に現れた心理学的説明の多くに感じ取られるものではないだろうか。たとえば渡邊芳之（一九九五年）は次のような例を挙げて批判の俎上に載せている。「こうした無意味なトートロジー的説明は、心理学者のもっとも得意とするところである。「自分がどうやって生きていったらよいか分からないのは、あなたのアイデンティティが混乱しているからなのです」などという無意味な言説は日常いくらでも見ることができる」（八六頁）。

この例のように、心理学的説明では「アイデンティティ」といった観察不可能な「構成概念」（同書、八一頁〕が使われることが多いが、これを因果論的説明における原因として用いると無意味なトートロジーに陥ってしまう、というのである。渡邊が科学哲学［MacCorquodale, & Meehl, 1948］〔カルナップ、一九七七年〕をもとに論じるところでは、構成概念は「傾性概念」(disposition concept)と「理論的構成概念」(theoretical construct)に分けられるものである。「傾性概念は特定の状況下で観察された行動パターンを抽象的に記述しただけの概念であり、概念の意味内容は観察に完全に還元される。(中略)心理学で用いられる「行動傾向」、「行動特性」などの構成概念は傾性概念と考えられる」〔渡邊、一九九五年、八一頁〕。これに対して「理論的構成概念は、傾性概念とことなり、観察に還元できない剰余意味(surplus meanings)を持っている。(中略)剰余意味は多くの場合、観察された行動パターンを規定する生体の内的過程など、外的な状況要因と基本的に独立な理論的実体と対応している」〔同頁〕。

上記の例の「アイデンティティ混乱」などは傾性概念であって、「自分がどうやって生きていったらよいかわからない」といった項目を含む多数の項目に対する多人数の自己評価の結果を統計的に処理するなどの操作によって科学的・操作的に定義されるものなのである。つまり、このような因果論的説明においては「原因」は実のところ、「結果」から推論されるのでなく定義されている。だからトートロジーだというのである。

「アイデンティティ混乱」の現象学的解明

しかしながら、「アイデンティティ混乱」を、(渡邊の用語法をあえて借りるならば)傾性概念でなく理論的構成概念として理解する途はないのだろうか。その場合、「観察に還元できない剰余意味」

は、「観察された行動パターンを規定する生体の内的過程など」ということになるが、渡邊らが依拠する論理実証主義＝操作主義＝行動主義の流れのなかではこれは神経生理学的過程ということになろう。なぜなら、「内的過程」としては生理学的過程のみが、現在は他者から（三人称的に）観察されないが原理的に（計測技術の将来の発展などを想定すれば）他者から観察可能であって、論理実証主義＝操作主義＝行動主義的な意味で科学的に問題としうるからである。

これに対してゲシュタルト心理学＝現象学の流れでは「内的過程」には、当事者自身の、他者から観察される行動として表出される以前の「体験」が、本章の流れのなかでの用語にしたがえば「主観的現象」が、含まれることになる。

議論を混乱させないために、本章冒頭の「認識論的解読格子」の図4―1をもう一度見ておこう。操作主義・行動主義の潮流と現象学・ゲシュタルト心理学の潮流とは、「象限」つまり「心理学の対象」がそもそも異なっている。したがってここでの問題は、「アイデンティティ混乱」が「第1象限」では「傾性概念」にすぎないとしても、「第3象限」に置き直してみればなんらかの、他者から観察できないだけではなく当事者にとっても簡単には整理した形でそれと識別できないような、体験のより基底的な構造、といったものに対応していないかどうか、ということになる。そのような体験構造がもし見出されたとすると、「どうやって生きていったらいいか分からないのはアイデンティティが混乱しているからだ」という説明もまた、「なぜ」に答える現象学的解明として取り扱えることになる可能性がある。

周知のようにアイデンティティとは精神分析由来の概念である。精神分析は図4―1では第2象限に置かれているので、「他者への視点」を取っているとみなされることになる。けれどもフロイトが夢研究を自己の夢の解釈から始めたように、また「アイデンティティ」の生みの親であるエリクソンにしてもその発想の源が自らの複雑な出自にあって、「自分が目にしたことや彼自身の身近な出来事について自分が感じたことについて『調査研究』したのであり、そこから、さまざまな考え、論文、本へとつながっていったのであった」(コールズ、二〇〇三年、ⅱ)といわれるように、自己への視点の密輸入もしくは、自他の視点の往復運動なくして精神分析もあり得ないように思われる。したがって、アイデンティティの多様な形態を現象学研究の対象にすることは十分に可能と考えられる。具体的には、(これはエリクソン自身が行っていることだが)自伝や手紙などの自己記述記録を収集し、現象学の基本方法である「本質観取」によって、「アイデンティティ」「アイデンティティ混乱」などの基本的概念に対応する基本的体験構造を明らかにしてゆくのである。

(3) まとめと展望

本節(第四節)では、まずゲシュタルト心理学から「群化の要因としての近接(と類同)の要因」を取り上げ、科学的説明としての納得のいかなさの根源を追求し、めざされている科学的説明を現象学的解明に代えるべきことを主張した。次に、精神分析由来の「アイデンティティ」を用いた心理学的説明にも同様の問題があり、やはり現象学的解明に代える可能性があることも指摘した。「群化の要因」も「アイデンティティ」も、それぞれゲシュタルト心理学と精神分析の代表的知見である以上、これらのことは次の事実を示していよう。

①ゲシュタルト心理学か精神分析由来の心理学的概念を用いた心理学的説明の多くは、科学的説明

として「当たり前すぎる」「トートロジーである」といった納得のいかなさの印象を与えてしまう。

②これらの説明は説明項と被説明項にともに生理学的概念ではなく心理学的概念を用いている。

③したがって科学であることをめざすかぎり心理学は、説明項か被説明項を（つまり独立変数か従属変数かを）生理学的概念（つまり生理学的変数）に置き換えざるを得なくなる。

④これがまさに、現代、特に脳画像技術の飛躍的発展を背景として生じていることであり、心理学は認知神経科学のなかに雲散霧消してゆく恐れさえ出てきている。

⑤本節で行ったように心理学的説明の多くを現象学的解明へと置き換える――あえていえば深化する――ことができるならば、このような潮流に対する有力なオルタネィティヴを提供することになるだろう（なお、本節は渡辺〔二〇一九年b〕を元にしていることを付言しておく）。

ちなみに筆者自身、現象学的解明の例として、「なぜ未来の予期や期待が夢では現実になるのか？」「コミュ障がコミュ障として成立する体験の本質は何か？」等の問題を取り上げ、それぞれ、「現実世界での意識の志向性の二重構造が夢世界では一重になるからである」、「対人関係過敏が対人回避を招いている」と解明し、現象学的解明の一般的手続きも図解して示しているので参考にしていただきたい〔渡辺、二〇二一年、一七五頁以下。また、Watanabe, 2022 も参照のこと〕。

第五節　心の科学の過去・現在・未来

一七世紀科学革命において誕生した近代自然科学＝物の科学がバラ色の未来への約束を実現させてきたのに対し、あとを追って誕生した人間科学＝心の科学は挫折を運命づけられた企てであった。自然科学が観察者の存在を排除することで客観性＝科学性の要件を確保してきたのに対し、心の科学は、観察者自身を研究対象に選ぶか（＝自己への視点→現象学）、観察者の存在を排除して他者を対象とするか（＝他者への視点→自然科学）という認識論的選択を絶えず迫られてきた。しかも多くの人間科学者は選択に無自覚であるがゆえの折衷主義という認識論的混乱に陥ったままなのだった。それゆえ可能なことは、方法論的認識論的自覚に基づく多元主義ということになってくる。

ここで多元主義といっても、これまでの議論では自然科学的か現象学的かの二択しか与えられていないではないか、という疑問が出るかもしれない。ここで、「第二節　質的心理学——科学的心理学への反発と対案」を再検討するならば、そこでの三つの「転回」（解釈学的・言語論的・もの語り論的）はあまり成功を収めていなかったように本章では述べてきたのだったが、少なくとも一つは聞くべき批判的言説があった。本章では第一節（5）と第二節（2）でわずかに触れるに留まっていたのだったが、それは、ウリクトが、ディルタイの説明vs.理解の二項対立に対して行っている批判であり、「説明」に対比させられた「理解」とは、ディルタイの言うような心理学的カテゴリーではなく意味論的カテゴリーである、という指摘だった。

ところで第二節（2）の解釈学的転回の項で私たちが出会ったのは、「対話」という鍵概念だった。コミュニケーションといってもよいかもしれない。対話、もしくはコミュニケーションという鍵概念を手にして同節の「(3) 言語論的転回」を見直すならば、ウィトゲンシュタインの言語ゲームとはコミュニケーションのことだと納得がいく（ガーダマーの議論を徹底すれば、ウィトゲンシュタインに行き着く）。相手との言語ゲームのなかではいちいち感情移入しているわけではない。感情移入する間もなくコミュニケーションはもう始まっている。そして言語ゲームが成り立っているとき、私は相手を理解しているのである。このようにとらえれば、言語論的転回の項でも書いたような社会構成主義の影響力にも少しは納得がいく。

にもかかわらず、どこか釈然としないところが残っている。なぜなら、他者理解には、単に対話やコミュニケーションが成り立つか否かとは別に、感情移入が必要になる場面が必ずあるからだ。感情移入などという使い古された語を使うから誤解が生じるが、「ある他者Xを理解できるか否かは、自分がその他者Xであるような世界を想像できるか否かにかかっている」と、問題を言い直してもよい。「コウモリであるとはどのようなことか」という題のネーゲル（Nagel, Thomas, 1937-）の有名な論文（一九八九年）があるが、超音波を反響させながら飛ぶコウモリの世界を理解したといえるには、もしくは（現在では哺乳類に「心」があると認めるのが趨勢なので）、コウモリにも心があるといえるためには、自分がコウモリであるとはどのようなことかが想像できなければならない。

感情移入はまた、ミラーニューロンの発見とともに他者理解発達論の主流に躍り出た感のあるシミュレーション説としても、蘇っている。ちなみにマルコ・イアコボーニ『ミラーニューロンの発見』（二〇一一年）ではこう述べられる――「二〇世紀初頭のドイツの心理学者テオドール・リップスによる共感（empathy）についての画期的な研究が、いまにして思えばミラーニューロンに割り当てられる役割をずばりと言い当てているではないか」（一三八頁）。

筆者は、授業のなかで、「ある存在X、たとえばロボットに心があると認めるためには、どのような要件が満たされねばならないか」という問題を、学生とともに考えたことがある。その結果は、まず、ある存在に心があるか否かを判別するための絶対的基準は存在しないが、相対的基準としては感情移入しやすさ、つまり無意識に自己をその身体の内部にシミュレートしてしまうことが挙げられる。そして、感情移入のしやすさの基準としては、①自律的な動きをするように見えること（＝意図的行動）。②顔（二つの目と一つの口から成る）があって、視線方向が分かること、私と目と目を見合わせられること。③共同注意のできること。④表情があること、特に、相互的表情模倣ができること、の四条件があること、となった。言語ゲームを共有すること、といった意見はついに出てこなかった。

これは、現代の発達研究が、第一に言葉以前の新生児期・乳児期からの他者理解の発達に焦点をおいていること。第二に、比較認知科学という専門分野が成立して、ヒトの認知発達も霊長類、少なくとも大型類人猿の認知発達の一ケースとして研究されるようになっていることが影響しているのだろう。相手が乳児や大型類人猿の場合、むしろ、コミュニケーションが成り立つ条件として、無意識のうちに感情移入していることが必要になる。喃語という、言語ゲームを共有しているとはいえない段階ですでに養育者が、無意味な発声をあたかも有意味であるかのように感情移入して理解することは、乳児の精神発達にとって重要なことであろう。

長々と論じてきたが、つまりこういうことである。ウリクトの批判にもかかわらず、「理解」の次元は、三つの認識論的転回によってなされた批判によって「意味論的次元」へと還元されてしまうというわけではない。むしろ、意味論的次元と心理学的次元へと、分裂するのである。それにともない、今までの認識論的解読格子の四肢構造は、三肢構造へと縮減される。

この三肢構造を、分かりやすく説明するためには、今までの認識論的解読格子とは、発想を新たにして臨んだほうが分かりやすい。心理学・人間科学の対象である「人間」の名のもとに、何が了解されているのか、という問題を立てるのである。

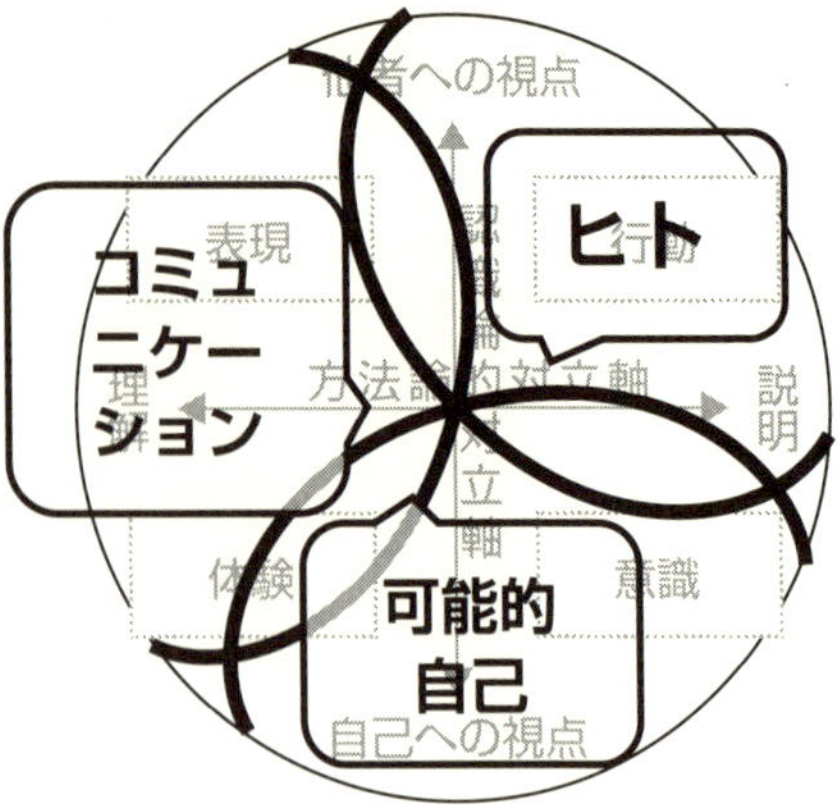

図4―15　「人間」の三肢構造

まず、「人間」と「ヒト」とを同一視するという、重大な勘違いを指摘することから始めよう。近年の心理学の教科書にも「人間」に代わって多用される「ヒト」とは、ホモ・サピエンス・サピエンスのことで、生物学的な種の一つのことである。あなたも私もホモサピエンスであることは疑うことができない。ヒトとは、アナグマやモンシロチョウと同じく、自然界において客観的に存在もしくは非存在が確かめられる、「自然種」なのである。ただし、ヒト一般を客観的に観察する場合、観測者の自己はきれいさっぱり捨象されてしまっている。その意味で、操作主義の項で明らかにしたように、「ヒト」とは、「他者」によって「人間」を代置するという操作によって得られる概念なのだ。

そのような「ヒト」に対して、「人間」とは、観測主体自身をそのメンバーとして含む集合である。観測主体が自分自身を参照しなければ定義できないという意味で、「人間」とは自己参照的集合であり、「自己参照種」であると言っておこう（自分自身と似たもの、自分を帰属させられる「同類」というのが、人間の自己参照的定義となる）。自己参照的集合としての「人間」の本質的な構造は、外部から観測できず、内部的に、「自己」と「他者」とに分化してしか観察がなされない、というところにある。

「人間」と「ヒト」とは、外延を同じくするとはかぎらない。歴史的にみて、「人間」の範囲は拡大する傾向にある。言葉も肌の色も違う異民族を奴隷にする風習があった時代には、「人間」の範囲は今よりも狭かっただろう。将来、チンパンジーやロボットにも「人権」が認められるようになれば（その日はいつか来る可能性があるが）、「人間」の範囲は今よりさらに拡大する。「人間」とは、観測主体が「なかま」として認めた、観測者自身を含む集合なのである。

「人間」の範囲を決めるものは何か。二つの道がある。ウィトゲンシュタインの道とフッサールの道である。

ウィトゲンシュタインの道では、コトバによるコミュニケーションが可能な範囲を、「人間」の範囲として定める。この意味で「人間」とはコミュニケーション共同体の成員である。お好みなら、アーペル（Apel, Karl-Otto, 1922-2017）に倣って「超越論的言語ゲーム共同体の成員」（一九八六年）と、哲学的に表現してもいい。図4―15での「コミュニケーション」がこれに対応する。

フッサールの道では、可能的自己の集合を「人間」の範囲として定める（「人間」を「自己」で代置するといってよいかもしれない）。英語では、アドヴァイスを求められた場合など、"If I were you,"（もし私があなただったなら）という文句で答える語法を、反事実的条件法という。ここで、「もし私がその存在であったなら」という反事実的条件法が不都合でないような「存在」が、可能的自己である。「人間」という可能的自己の集合のなかのただ一例のみが、「現実自己」であり、残りは「潜在的自己」つまり「他者」ということになる。図4―15での「可能的自己」がこれに対応する。

自然《ネイチャー》についての科学の赫々《かっかく》たる成功に刺激され、人間性《ヒューマン・ネイチャー》についての科学の建設をめざして始まった人間科学という壮大な事業が、三世紀にわたる混乱と失敗に帰したのはなぜか。ヒトとしての人間、コミュニケーション共同体のメンバーとしての人間、可能的自己の集合としての人間。これら三種類のまったく異なる「人間」を混同してきたところに、人間科学の、とりわけ心理学や精神医学など心の科学と総称される分野にとっての、混乱の元凶が、躓きの石があった。そもそも、人間科学者たちが勝手に観察と研究の対象と思い込んでいた「人間」など、決して直接には観察対象になりはしない。近代科学の精神では、知識は常に直接観察から出発しなければならないにもかかわらず。

朝、私は家族とともに食事をしながら、コミュニケーションを取る。昼、雑踏のなかを、群衆の人、匿名の一人として、他の匿名の人々を他者として観察する。夜、ベッドに入って自己と向き合う。直接観察されるのは、コミュニケーションか他者か自己かのどれかであって、人間一般など決して直接観察されはしないのだ。

とはいえ、この失敗も無理からぬことに思える。そもそも、自己参照的集合としての人間概念への反省は、一九三〇年代、後期フッサールと後期ウィトゲンシュタインの活動によってしか、本格的には始まらなかったのだから。

最近、ヤスパース(Jaspers, Karl, 1883-1969)がアメリカ精神医学界の一部で、時ならぬ評価を受けていることを知った。時ならぬというのは、『精神病理学原論』の初版が一九一三年に出て以来、一〇〇年もたった今頃に、ようやくアメリカで注目されるに至ったからだ。ヤスパースといえば、人間認識の三分法、科学的な説明、了解(理解)、現象学が、少なくともドイツと日本では有名で、『原論』もまた、この三分法に基づいて構成されている(詳しくはコラムⅣ参照)。これは、本章での、「ヒト」「コミュニケーション共同体」「可能的自己の集合」という、人間概念の三種に、ある程度対応しそうな気がする。ただし、一九一三年は他者問題の本格的な幕開け以前に当たることもあり、ヤスパースの三分法は方法論の水準に留まっているが。

このヤスパース再評価の動きと関連して、多元主義ということがアメリカの精神医学では唱えられている〔ガミー、二〇〇九年〕。現在、北米などで有力な精神医学のアプローチに、生物心理社会モデルというものがある。心の病気、たとえばうつ病は、遺伝的脆弱性のような生物学的要因と、職場での対人ストレスのような心理社会的要因が絡み合うことで発病に至る、というモデルだが、なんだか当たり前すぎて面白みがない。多元主義はこのようなモデルを折衷主義として厳しく批判する。

多元主義と折衷主義がどう違うかは微妙なところだが、筆者なりに理解すると、方法論的自覚の有無ということだろう。ここで、ヤスパースの三つの方法の出番となる。患者さんの心象風景をくわしく語ってもらうことで当人にとってどんな体験がストレスとなっているのかを突き止めるのが現象学的方法であり、なぜそれがストレスになるのかを生活歴に遡って理解して心理的な治療法を提案するのが了解的方法であり、同じようなストレスでも発病に至らない人も多いことから、この人特有の生物学的脆弱性として「扁桃体の過剰活動」といった脳神経過程を想定し、脳画像法による診断や薬物療法を試みるのが説明的方法、ということになるだろう。

ヤスパース風の方法論的多元主義は、ここでいう三タイプの人間概念についても、多元主義的に対処するためのヒントを与えてくれるかもしれない。結局、心理学や認知科学を含む心の科学の研究者、実践家たちもまた、問題領域に応じて適当に三つの人間概念を使い分けているという意味では折衷主義者なのだし、それを自覚することによって問題に適切な人間概念と研究方法を選択することが可能となり、多元主義へと向上していけるのではないだろうか。

避けなければならないのは、統一的な人間科学・心の科学がありうるという幻想だ。行動主義心理学をも抱え込んで進められた論理実証主義の統一科学プロジェクトはとうの昔に放棄されたし、質的研究の領域で似たような企てがあっても必ず失敗するだろう。ウィトゲンシュタインの道もフッサールの道も乗り越えがたいパラドックスに突き当たることは、拙著『他者問題で解く心の科学史』の第9章と付章で述べたとおりだ。だから本章冒頭で立てた問題——現象学は心理学として、心理学は現象学として発達すべきであったのではないのか——については、前半はそのとおりだとしても、後半は三分の一しか実現を要求できない。

それでも、前半だけでも重要なことではないか。

いずれにしても、現象学を心理学・人間科学として発展させるためには、何より具体的な研究例を示さなければならない。本章では筆者自身のささやかな試みも、示しておいた。むろん、心理学史と現象学史のなかで埋もれてしまった研究例もあるので、掘り起こす作業も必要となる。特に、第四節で示したように、独立変数も従属変数も心理学的概念を用いるタイプの研究については、現象学的方法に置き変えてゆかなければならない。

人間科学、心の科学としての現象学の歴史は、まだ始まったばかりである。

参考文献

Ashworth, Peter, (2003). "An Approach to Phenomenological Psychology : The Contingencies of the Lifeworld",

Journal of Phenomenological Psychology, 34(2), 145-156.
Ashworth, A. & Ashworth, P., (2003). "The Lifeworld as Phenomenon and as Research Heuristic : Exemplified by a Study of the Lifeworld of a Person Suffering Alzheimer's Disease". *Journal of Phenomenological Psychology,* 34(2), 257-278.
Attneave, Fred, (1959). *Applications of Information Theory to Psychology : A Summary of Basic Concepts, Methods, and Results,* Holt, Rinehart and Winston.〔アトニーヴ、F（一九六八年）『心理学と情報理論――基本概念、方法、結果』小野茂・羽生義正訳、ラティス〕
Barthes, Roland, (1961). *Introduction à L'analyse Struturale des Récits,* Édition de Seuil.〔バルト、R（一九七九年）『物語の構造分析』花輪光訳、みすず書房〕
Blumer, Herbert G., (1969). *Symbolic Interactionism,* Prentice-Hall.〔ブルーマー、H（一九九一年）『シンボリック相互作用論――パースペクティヴと方法』後藤将之訳、勁草書房〕
Bridgman, Percy W., (1953/ Original work published 1927) "The Logic of Modern Physics", Feigl, H., Brodbeck, M. (eds.), *Readings in the philosophy of science* , (pp.34-41), Appleton Century Crofts.
Bruner, Jerome S., (1986). *Actual Minds, Possible Worlds,* Harvard University Press.〔ブルーナー、J（一九九八年）『可能世界の心理』田中一彦訳、みすず書房〕
Carnap, Rudolf, (1932-33). "Psychologie in Physikalischer Sprache", *Erkenntnis,* 3, 107-142.
Carnap, R., (1956). "The Methodological Character of Theoretical Concepts", *Minnesota Studies in the Philosophy of Science,* 1, University of Minnesota Press.〔カルナップ、R（一九七七年）「理論的概念の方法論的性格」竹尾治一郎訳、永井成男・内田種臣編『カルナップ哲学論集』一九二―二三六頁、紀伊國屋書店〕
Coulter, Jeff, (1979). *The Social Construction of Mind : Studies in Ethnomethodology and Linguistic Philosophy,* Macmillan.〔クルター、J（一九九八年）『心の社会的構成――ヴィトゲンシュタイン派のエスノメソドロジーの視点』西坂仰訳、新曜社〕
Danziger, Kurt, (1994/hardback edition first published 1990). *Constructing the Subject : Historical Origins of*

Psychological Research, Cambridge Studies in the History of Psychology, Cambridge University Press.
Finlay, Linda, (2003). "The Intertwining of Body, Self and World : A Phenomenological Study of Living with Recently-diagnosed Multiple Sclerosis", *Journal of Phenomenological Psychology,* 34(2), 157-179.
Friedman, Lawrence J., (1999). *Identity's Architect : A Biography of Erik H. Erikson,* Simons & Schuster.
Gergen, K. & Davis, K. E. (eds.), (1985). *The Social Construction of the Person,* Springer-Verlag.
Giorgi, Amedeo, (2009). *The Descriptive Phenomenological Method in Psychology : A Modified Husserlian Approach,* Duquesne University Press.〔ジオルジ、A（二〇一三年）『心理学における現象学的アプローチ――理論・歴史・方法・実践』吉田章宏訳、新曜社〕
Gurwitsch, Aron, (2009). *The Collected Works of Aron Gurwitsch (1901-1973),* vol. II : *Studies in Phenomenology and Psychology,* Springer Science+Business Media B. V.
Hanson, Norwood R., (1958). *Patterns of Discovery : An Inquiry into the Conceptual Foundations of Science,* Cambridge University Press.〔ハンソン、N・R（一九八六年）『科学的発見のパターン』村上陽一郎訳、講談社学術文庫〕
Harré, Romano, (1985). "The Language Games of Self-ascription", Gergen, K., Davis, K.E., (eds.), *The Social Construction of the Person,* (pp.259-263), Springer-Verlag.
Hebb, Donald O., (1972). *Textbook of Psychology* 3rd ed., W. B. Saunders Company.〔ヘッブ、D・O（一九七五年）『行動学入門――生物科学としての心理学』第三版、白井常・鹿取広人・平野俊二・金城辰夫・今村護郎訳、紀伊國屋書店〕
Hempel, Carl G., (1935). "Analyse Logique de la Psychologie", *Revue de Synthese,* 9-10, 27-42.
Husserl, Edmund, (1950). *Cartesianische Meditationen*, Husserliana Bd.I, Martinus Nijhoff.〔フッサール、E（二〇一五年）『デカルト的省察』船橋弘訳、中公クラシックス〕
Husserl, E., (1953). *Die Krisis der Europäische Wissenschaften und die Transzendentale Phänomenologie,* Husserliana Bd.VI., Martinus Nijhoff.〔フッサール、E（二〇〇一年）『ヨーロッパ諸学の危機と超越論的現象

学』細谷恒夫・木田元訳、中公文庫〕

Husserl, E., (1950). *Die Idee der Phänomenologie : Fünf Vorlesungen*, Martinus Nijhoff. 〔フッサール、E（一九六五年）『現象学の理念』立松弘孝訳、みすず書房〕

Husserl, E., (1928). *Logischeische Untersuchungen*, BD.II : *Untersuchungen zur Phänomenologie und Theorie der Erkenntnis I , Teil, Vierte Auflage*, Max Niemeiyer. 〔フッサール、E（一九七〇年）『論理学研究 2』、立松弘孝・松井良和・赤松宏訳、みすず書房〕

Koffka, Kurt, (1935). *Principles of Gestalt Psychology*, Routledge & Kegan Paul Ltd. 〔コフカ、K（一九九八年）『新装版 ゲシュタルト心理学の原理』鈴木正彌監訳、福村出版〕

Köhler, Wolfgang, (1969). *The Task of Gestalt Psychology*, Princeton University Press. 〔ケーラー、W（一九七一年）『ゲシタルト心理学入門』田中良久・上村保子訳、東京大学出版会〕

Kohnstamm, Dolph, (2004). *Und Plötzlich Wurde mir Klar, Ich bin Ich! : Die Entdeckung des Selbst im Kindesalter*, Verlag Hans Huber. 〔コーンスタム、D（二〇一六年）『子どもの自我体験――ヨーロッパ人における自伝的記憶』渡辺恒夫・高石恭子訳、金子書房〕

Langdridge, Darren, (2007). *Phenomenological Psychology : Theory, Research and Method*. Pearson/Prentice Hall 〔ラングドリッジ、D（二〇一六年）『現象学的心理学への招待――理論から具体的技法まで』田中彰吾・渡辺恒夫・植田嘉好子訳、新曜社〕

MacCorquodale, K. & Meehl, P. E., (1948). "On a Distinction between Hypothetical Constructs and Intervening Variables", *Psychological Review*, 55, 95-107.

Madsen, K. B., (1988). *A History of Psychology in Metascientific Perspective*, North Holland.

Merleau-Ponty, Maurice, (1945). *Phénoménologie de la Perception*, Les Éditions Gallimard. 〔メルロ＝ポンティ、M（二〇一五年）『知覚の現象学』中島盛夫訳、法政大学出版局〕

Moustakas, Clark E., (1994). *Phenomenological Research Methods*, Sage Publication.

Nolen-Hoeksema, S., Fredrickson, B. L., Loftus, G. R. & Wagenaar, W. A., (2009). *Atkinson & Hilgard's*

Introduction to Psychology, 15th ed., Cengage Learning EMEA.〔ノーレン－ホークセマ、S／フレドゥリクセン、B・L／ロフタス、G・R＆ワーゲナー、W・A（二〇一二年）『ヒルガードの心理学　第15版』内田一成監訳、金剛出版〕
Ricoeur, Paul, (1985). *Temps et Récit,* Seuil.〔リクール、P（一九九〇年）『時間と物語　I－III』久米博訳、新曜社〕
Seamon, David, (2000). "A Way of Seeing People and Place : Phenomenology in Environment-behavior Research", Wapner, S., et al. (ed.), *Theoretical Perspectives in Environment-Behavior Research*, (pp.157-178), Kluwer Academic/ Plenum Publishers.
Shapin, S. & Schaffer, S., (1985). *Leviathan and the Air-Pump : Hobbes, Boyle, and the Experimental Life,* Princeton University Press.〔シェイピン、S、シャッファー、S（二〇一六年）『リヴァイアサンと空気ポンプ――ホッブズ、ボイル、実験的生活』吉本秀之監訳、柴田和宏・坂本邦暢訳、名古屋大学出版会〕
Smith, J. A., Jarman, M. & Osborn, M., (1999). "Doing Interpretative Phenomenological Analysis", Murray, M. & Chamberlain, K. (eds.), *Qualitative Health Psychology : Theories and Methods,* (pp.218-240), Sage.
Spiegelberg, Herbert, (1961). "On the 'I-am-me' Experience in Childhood and Adolescence", *Psychologia : An International Journal of Psychology in the Orient,* 4(3), 135-146.
Spiegelberg, H., (1964). "On the 'I-am-me' Experience in Childhood and Adolescence", *Review of Existential Psychology and Psychiatry,* 4, 3-21.
Spiegelberg, H., (1972). *Phenomenology in Psychology and Psychiatry,* North Western University Press.
Spiegelberg, H., (1986). *Steppingstones toward an Ethics for Fellow Existers : essays 1944-1983,* Martinus Nijhoff Publishers.
Stevens, Stanley S., (1935). "The Operational Definition of Psychological Concepts", *Psychological Review*, 42, 517-527.
Tatossian, Arthur, (1979). *Phénoménologie des Psychoses,* Masson, Editeur.〔タトシアン、A（一九九八年）『精神病の現象学』小川豊昭・山中哲夫訳、みすず書房〕

Taylor, Charles, (1979). "Interpretation and the Science of Man", Rabinow, P. & Sullivan, W.M. (eds.), *Interpretive Social Science : A Second Look*, (pp.34-81), University of California Press.

Watanabe, Tsuneo, (2022). "How to Develop Phenomenology as Psychology : From Description to Elucidation, Exemplified Based on a Study of Dream Analysis", *Integrative Psychological and Behavioral Science*, 56(4), 964-980

Weizsäcker, Viktor von, (1940/1950). *Der Gestaltkreis : Theorie der Einheit von Wahrnehmen und Bewegen*, Thieme.〔ヴァイツゼッカー、V（一九七五年）『ゲシュタルトクライス——知覚と運動の人間学』木村敏・濱中淑彦訳、みすず書房〕

Wertheimer, Max, (1923). "Untersuchungen zur Lehre von der Gestalt. II", *Psychologische Forschung*, 4, 301-350.

Wittgenstein, Ludwig,(1953). *Philosophische Untersuchungen*, Basil Blackwell.〔ウィトゲンシュタイン、L（一九七六年）『哲学探究』藤本隆志訳、大修館〕

アメリカ精神医学会（一九八八年）『DSM-III-R——精神疾患の診断・統計マニュアル』高橋三郎訳、医学書院。

アーペル、カール・O（一九八六年）『哲学の変換』磯江景孜他訳、二玄社。

ブンゲ、マリオ（一九八二年）『精神の本性について』黒崎宏・米澤克夫訳、産業図書。

コールズ、ロバート（二〇〇三年）「序文」、フリードマン、L・J、やまだようこ・西平直監訳『エリクソンの人生——アイデンティティの探求者　上』i—iv、新曜社。

クーパー、レイチェル（二〇一五年）『精神医学の科学哲学』伊勢田哲治・村井俊哉監訳、名古屋大学出版会。

ディルタイ、ヴィルヘルム（二〇〇三年）「記述的分析心理学」丸山高司訳、大野篤一郎・丸山高司編『ディルタイ全集　第3巻』六三七—七五六頁、法政大学出版局。

ガーダマー、ハンス＝ゲオルグ（二〇一二年）『新装版　真理と方法　I』轡田收・巻田悦郎訳、法政大学出版局。

ガミー、ナシア（二〇〇九年）『現代精神医学原論』村井俊哉訳、みすず書房。

ホーガン、ジョン（二〇〇〇年）『続・科学の終焉　未知なる心』竹内薫訳、徳間書店。

フッサール、エトムント（二〇〇四年）『ブリタニカ草稿』谷徹訳、ちくま学芸文庫。

フッサール、E（二〇一六年）『内的時間意識の現象学』谷徹訳、ちくま学芸文庫。

イアコボーニ、マルコ（二〇一一年）『ミラーニューロンの発見——「物まね細胞」が明かす驚きの脳科学』塩原通緒訳、ハヤカワ文庫。

ヤスパース、カール（一九七一年／原著一九一三年）『精神病理学原論』西丸四方訳、みすず書房。

柿崎祐一（一九七九年）『心理学的知覚論序説』培風館。

クーン、トーマス（一九七一年／原著一九六二年）『科学革命の構造』中山茂訳、みすず書房。

クーン、T（一九九四年／原著一九九一年）「解釈学的転回」佐々木力訳、新田義弘他共編『岩波講座現代思想　10　科学論』九七—一〇八頁、岩波書店。

鯨岡峻（一九八六年）『心理の現象学』世界書院。

丸山高司（一九八五年）『人間科学の方法論争』勁草書房。

ミショット、アルベール（二〇二一年）「因果性の知覚　序論」渡辺恒夫訳・解題、『こころの科学とエピステモロジー』Vol. 3/1. https://www.jstage.jst.go.jp/article/epstemindsci/3/1/3_3/_article/-char/ja.

森岡正芳（二〇一三年）「ナラティヴとは」、やまだようこ他共編『質的心理学ハンドブック』二七六—二九三頁、新曜社。

永井均（二〇一二年）『ウィトゲンシュタインの誤診——『青色本』を掘り崩す』ナカニシヤ出版。

ネーゲル、トマス（一九八九年）『コウモリであるとはどのようなことか』永井均訳、勁草書房。

西研（二〇一五年）「人間科学と本質観取」、小林隆児・西研編、『人間科学におけるエヴィデンスとは何か』一一九—一八五頁、新曜社。

能智正博他編（二〇一九年）『質的心理学辞典』新曜社。

大塚英志（二〇一三年）『ストーリーメーカー』星海社新書。

大山正（二〇一六年）「知覚」、梅本堯夫・大山正編『心理学への招待　改訂版』二〇—四五頁、サイエンス社。

プロップ、ウラジーミル（一九八七年／原著一九二八年）『昔話の形態学』北岡誠司・福田美智代訳、白馬書房。

嵜川修（二〇二〇年）『他者と沈黙』晃洋書房。

菅原健介（一九八四年）「自意識尺度（self-consciousness scale）日本語版作成の試み」『心理学研究』vol.55、一八四―一八八頁。

鈴木聡志（二〇〇七年）『会話分析・ディスコース分析――ことばの織りなす世界を読み解く』新曜社。

佐藤裕史・Berrios, G. E.（二〇〇一年）「操作的診断基準の概念史――精神医学における操作主義」『精神医学』43(7) 七〇四―七一三頁。

高木貞二（一九四〇年）「『近接の要因』並びに『類同の要因』に関する実験的吟味」『心理学研究』vol.15、一―一六頁。

高橋澪子（二〇一六年）『心の科学史――西洋心理学の背景と実験心理学の誕生』講談社学術文庫。

ヴァン・マーネン、マックス（二〇一一年）『生きられた経験の探究――人間科学がひらく感受性豊かな〈教育〉の世界』村井尚子訳、ゆみる出版。

ウリクト、ゲオルク・H（一九八四年）『説明と理解』丸山高司・木岡伸夫訳、産業図書。

渡辺恒夫・村田純一・高橋澪子編（二〇〇二年）『心理学の哲学』北大路書房。

渡辺恒夫（二〇〇八年）「独我論的体験とは何か――自発的事例に基づく自我体験との総合的理解」『質的心理学研究』7、一三八―一五六頁。

渡辺恒夫（二〇〇九年）『自我体験と独我論的体験――自明性の彼方へ』北大路書房。

渡辺恒夫（二〇一三年a）『フッサール心理学宣言――他者の自明性がひび割れる時代に』講談社。

渡辺恒夫（二〇一三年b）「質的研究の認識論」、やまだようこ他共編『質的心理学ハンドブック』五四―七〇頁、新曜社。

渡辺恒夫（二〇一四年）『他者問題で解く心の科学史』北大路書房。

渡辺恒夫（二〇一六年）『夢の現象学・入門』講談社選書メチエ。

渡辺恒夫（二〇一八年）「他者になる夢の現象学的解明――フッサール志向性論に基づく主題分析」『質的心理学研究』18、六六―八六頁。

渡辺恒夫（二〇一九年a）「コミュ障（人づきあいが苦手）の批判的ナラティヴ現象学——インターネット事例に基づいた当事者視点の研究」『質的心理学研究』N・18、一七六—一九六頁。

渡辺恒夫（二〇一九年b）「ゲシュタルト心理学と現象学」『こころの科学とエピステモロジー』vol.1/1, https://www.jstage.jst.go.jp/article/epstemindsci/1/1/1_5/_article/-char/ja
渡辺恒夫（二〇二一年）『明日からネットで始める現象学——夢分析からコミュ障当事者研究まで』新曜社。

渡邊芳之（一九九五年）「心理学における構成概念と説明」『北海道医療大学看護福祉学部紀要』No.2、八一—八七頁。

やまだようこ（二〇〇六年）「質的心理学とナラティヴ研究の基礎概念——ナラティヴ・ターンと物語的自己」『心理学評論』49、四三六—四六三頁。

コラムⅣ　現象学的精神医学の興隆と衰退

渡辺恒夫

人間科学における現象学的アプローチの源流として見逃せないのは、一九一〇年代から中頃にかけて興隆した現象学的精神医学である。じっさい一九六〇年代から七〇年代の日本では、現象学的精神医学こそが人間科学における現象学的アプローチの唯一の例と思われていたほどであった（個人的な話になるが、日本最初の現象学的精神医学者ともいえる島崎敏樹〈一九一二―七五年〉の『心で見る世界』〔一九九四／一九六〇年〕に高校生のときにめぐりあったことが、筆者にとっても現象学入門となったのだった）。そのように重要なトピックスなので、筆者は専門の精神医学者ではないとはいえ、周辺領域を専攻する者として、読書案内も兼ねてコラムの形で紹介しておきたい。

（1）ヤスパースの精神病理学

現象学が精神医学の方法として登場したのはヤスパースの『精神病理学原論』が最初で、一九一三年のことだった。ヤスパースは後に実存哲学に転じて哲学者として知られるようになるが、この本を著したのは三〇歳のときというから驚くほかない。この本は改訂を重ねて第七版が『精神病理学総論』という名で一九五〇年代に早くも訳され〔一九五六～五八年〕、今なお大きな影響を日本の精神医学界に与え続けている（『精神病理学原論』というタイトルでの初版の邦訳は一九七一年）。

この本の重要性は、精神病理学の三つの方法を鮮やかに示したところにあった。三つとは現象学、了解、説明である。

現象学は、精神科の患者さんの訴えを、その主観的体験世界の描写とみなして記述することである。フッサールのように現象学的還元といった特別な方法を使わないので、記述的現象学と呼ばれる。それでも患者さんの内面世界の記述の豊富さは圧倒的で、いろいろ比較分類することで症状診断につながる多くの知見が得られたのだった。

次の了解と説明は、セットとして論じられることが多いので、ここでもそうすることにする。「了解」は、二〇世紀のはじめ頃、哲学者ディルタイや社会学者マックス・ウェーバー（Weber, Max, 1864-1920）によって、自然科学的な「説明」とは異なる人間科学独自の方法として唱えられたもので、「理解」とも訳される。両者を比較すると、

説明（Erklären、英訳 explanation）：個別事象を一般法則に包摂すること。これによって過去へ向かっては「原因による説明」が、未来へ向かっては「結果の予測」が可能になる。因果的説明ともいう。

了解（理解）（Verstehen、英訳 understanding）：「理由」によって、たとえば「彼女が窓を開けたのは部屋が蒸し暑いからだ」と説明すること。理由による説明が原因による説明と異なることは、例文が「彼女は部屋の蒸し暑さを減じる〈ために〉窓を開けた」と、目的論的説明に変換可能なことから分かる。このような了解には、ディルタイの言うように、説明と異なって感情移入と追体験がはたらいているのである。ちなみにVerstehenは精神医学では長らく「了解」と訳されてきたが、社会学や科学哲学では「理解」という訳が一般的になってきていて、『ディルタイ全集』（二〇〇三～二三

年、『ディルタイ全集(全一一巻)』西村晧・牧野英二編、法政大学出版局)でも「理解」の訳語が採用されている。

またヤスパースは、精神状態を了解可能と了解不能に分けたことでも知られている。失恋で落ち込むのはだれにでも追体験でき、したがって了解可能な心の動きである。ところが、本人にも周囲にも心当たりがないのに周期的に激しく落ち込むのであれば、それは了解不能で、病理と診断することになる。ひょっとすると脳の不調が疑われ、了解すべきことというより自然科学的に説明すべきこととなるのである。

ヤスパースはまた、この説明と了解という方法論的区別をふまえて、フロイトの精神分析を厳しく批判したことでも知られている。ヤスパースによると、精神分析理論は、フロイトがこれを自然科学と主張していたのに反して了解心理学の一種なのである。しかも、無意識的動機づけを持ちこむことによって、どんな不可解な思考や行動をも「了解(理解)可能」にしてしまい、それをもって「説明」が完了したとする。了解(理解)と説明とが混同されているのだ。無意識による了解とは、説明のように実証されることもなく、真の了解のように追体験されることもないので、これを、「かのようにの了解」(Als-ob-Verstehen)というのである。了解であるかのようでもあり、説明であるかのようでもあるが、了解でも説明でもない疑似了解である。了解のはたらきは、もともと一人一人の人間についてなされるべきであり、その人の固有の内容を持つべきなのに、精神分析ではこれを一般法則化してしまう。了解は、一個の実存の前にはその了解の完了するときがないことを自覚すべきであるのに、精神分析はこの限界を忘れ、完結した説明体系を求めて際限なく理論化に向けて突き進む。精神分析は、個人の精神史の解釈からその人を了解できるような、その人固有のものを理論化してとらえうると主張しているのである。これは神話を構成する空想に似たものであり、結局のところ、合理的心理学と見える精神分析も、神話の一種にすぎないのである（ヤスペルス、一九五七年、中巻、九一頁以下、三六五頁以下。懸田、一九九六年も参照）。

ヤスパースの記述的現象学は、精神病理学の方法として日本では高く評価されてきたが、現代精神医学の中心である英米諸国ではそれほど知られていなかったようである。ところが近年、英米で時ならぬヤスパース再評価の気運が盛り上がっている（ガミー、二〇〇九年）。現代の精神医学の主流である、心理・社会・生物的アプローチとは方法論を見失った折衷主義にすぎず、それを乗り越えるための方法論的多元主義として、ヤスパースの現象学・了解・説明の三分法に基づく方法論的自覚が求められているというのである（折衷主義と多元主義の違いについては第四章末尾を参照）。

（2）現象学的精神医学の興隆

通常、ヤスパースの記述的現象学は現象学的精神医学とはみなされない。ヤスパース自身、フッサールの弟子とみなされることを拒否していたことが伝えられている（重田、一九八二年、一五五—一五六頁）。むしろヤスパースの業績はシュナイダー（Schneider, Kurt, 1887-1967）による古典的な記述的精神病理学の確立につながってゆくのである。現象学的精神医学の真の開始は、一九二二年、スイス精神医学会において、ミンコフスキー（Minkowski, Eugène, 1885-1972）がベルクソン（Bergson, Henri-Louis, 1859-1941）の哲学から影響を受けてメランコリーの時間体験分析から精神病症状を「生きられる時間」の変容の顕われととらえたこと、そして同じ会議でスイスのビンスワンガー

(Binswanger, Ludwig, 1881-1966）が現象学に関する報告を行ったことにあるとされている〔タトシアン、一九九八年、八頁以下〕。なお、ビンスワンガーの報告「現象学について」は『現象学的人間学』〔一九六七年〕に収録されて邦訳が読める。

ミンコフスキーはロシア生まれのフランスの精神科医であるが、「早発性痴呆」の名で呼ばれていた慢性の精神疾患に、「統合失調症 Schizophrenie」（旧訳：精神分裂病）という名を与えたスイスのブロイラー（Bleuler, Eugen, 1857-1939）に師事して、一九二七年には統合失調症をテーマとした主著を出した〔ミンコフスキー、二〇一九年〕。ブロイラーが統合失調症の症状を理解するうえで重要視した「自閉（性）Autismus, autisme」を、ベルクソン哲学のキー概念である「生」に基づき、現実との生ける接触（contact vivante avec la réalité）の喪失として考察するものだった。この喪失とともに出現するのが「病的合理主義」「病的幾何学主義」である。また彼は自閉を「豊かな自閉」と「貧しい自閉」に区別したことでも知られる。豊かな自閉とは、受動的夢想状態やコンプレックスや空想などからなる内的生活に人格が支配されてしまっている状態を指すが、統合失調症性の自閉は、たとえ活動性を示すにせよ、現実との生きた接触の喪失ゆえに、状況と調和せず、行為の完遂を求めず、短絡的で脇道にそれたつかの間の行為に至るなどといった、活動性の形式にあるのであって、これを貧しい自閉という。たとえば、自閉的活動性における不適応、矛盾、異様さを示す例としてミンコフスキーは、夫の反対と家計状態にもかかわらず内職をして子供のために美しく高価で新しいピアノを購入したある妻の行為の結果に関して、次のように述べている。「ピアノは他の道具や、彼らの生活とはまったく調和せず、外国人のように、死人のように見える」〔ミンコフスキー、二〇一九年、一二七頁〕。なお、ここでいう「自閉（性）」は、一九四三年のカナー型小児自閉症の発見から始まり、現代の「自閉スペクトラム症」という疾患単位にいたる自閉症（autism）とは異なる概念なので注意が必要である（ちなみに村上仁訳では〈autisme〉は「内閉性」と訳されている）。

踵を接して一九二八年、ドイツのシュトラウス（Straus, Erwin W., 1891-1975）は、うつ病者の時間体験について体験内在的時間（自我時間）と体験外在的時間（世界時間）を区別して論じた。うつ病においては生物学的原因からの生命的抑止によって自我時間が阻害され、未来は可能性を失って過去によって規定し尽くされたものになり、過去は未済の性格を暴露して現在にとっての重荷になる。同じ頃ゲープザッテル（von Gebsattel, V., 1883-1976）は、死への不安を持つ強迫症患者の体験を分析してシュトラウスの説を敷衍するとともに、人の死にも体験内在的な死と体験外在的な死を区別し、生命の生成発展は体験内在的死の実現によって担われていると考え、うつ病において内在的時間が停滞するとした〔村上・木村、一九六六年参照〕。ミンコフスキー、シュトラウス、ゲープザッテルらの説は、現象学的哲学の概念装置にそれほど訴えることなく展開されているため人間学的精神病理学とも称されている。なお、シュトラウスとゲープザッテルには成書の邦訳紹介がないが、後者については離人症論の白眉と称される「離人症問題に寄せて」〔ゲープザッテル、一九八四年〕を挙げておく。現象学的精神医学の潮流はハイデガーの『存在と時間』［1927］が影響を及ぼす以前から始まっていたといえる。

しかしながらビンスワンガーの創始した現存在分析が、現象学的精神医学の真の幕開けとみなされることが多いようである。ビンスワンガーはフロイトに学んだ精神分析医であったが、前項で紹介したヤスパースによる、精神分析は了解不能な精神症状を了解可能であるかのように語る疑似了解であるという批判を受け、了解不能とされてきた精神病者の訴える症状を人間のあり方（現存在の存在様式）の変容として把握するために、現象学哲学の概念を活用したのだった。特にハイデガーの『存在と時間』の影響を受け、精神分析を発展させて現存在分析と称した。

（3）ハイデガーと現象学的精神医学

本書ではハイデガーを解説する場所がほかにないので最低限のことを紹介しておくと、『存在と時間』の衝撃と魅力は、その斬新な概念と言葉の体系にあった。ハイデガーもまた師のフッサールの現象学にしたがって世界の事実を現れるがままに記述しようとするが、フッサール現象学でなされるような「テーブルの上の花瓶の直接現れない背面が存在していると言える確信の条件は花瓶の知覚のどんな構造にあるのか」といった問題設定はしない。そのような特殊な認識論的な問いは、花瓶に対する特殊な態度から派生したのにすぎないのだから。私たちにとって、花瓶はまず「何かに使える」という「道具性」をもって現れるとする。花瓶は花を活けるのに使うし、強盗が押し入ってきたら武器としても使える、等々。このように道具性をもって現れるあり方を、ハイデガーは「手元存在」と名づけ、手元存在こそが事物の根源的な現れ方だとする。これに対して花瓶の背面存在の確信の条件云々の考察をする場合、花瓶の道具性に強いて目をつぶり、単に目の前にあるだけの存在にしてしまっている。「手元存在」から「目の前存在」が二次的に派生したのである。事物の根源的な現れは道具性を備えた手元存在であって、しかも世界は手元存在の単なる集合ではなく、「これはそれに使え、それはあれに使える」という道具連関から成っているのである。

また、ハイデガーは「意識」という伝統的な学術用語を避けて、意識する人間のことを現存在

(Dasein) と言った。「現da」とは「今ここ」ということである。意識する私のあり方を根源的に表現しようとするならば、「今ここ」から世界がひらけている、としか言いようがないから。「意識」とは、事物を「目の前存在」として取り扱うときに相関的に派生する概念にすぎないのだ。また、現存在の、世界における基本的なあり方を「世界内存在」(In-der-Welt-Sein) と言う。世界内存在とは世界に対して態度を取る存在である。現存在の主要な特徴と根源的態度は実存疇と呼ばれ、『存在と時間』のなかで詳細に分析されている。なかでも時間性(時間経験)が重要である。なぜならば「現在」の理解は、私たち自身の「過去」と、そして「未来」への自己投企をも巻き込むからである。

現存在は常に未来の諸可能性に向けて、自己を投企する。つまり、私たちはたえず将来に向かって何かを企て、企てによって新たな自己と成るのである。ただし、自己投企に限界を課す二つの条件がある。第一に、親は選べないと言われるように、私たちは、特定の状況(歴史、民族、文化、性別、その他の境遇)にすでに投げ出された者として世界のなかに自己を見出すのである。これを被投性という。第二に、私たちの寿命が有限である以上、無限に投企を続けるわけにはいかず、いつか投企できないときが必ず来るという自覚をせざるをえない。そのような死の自覚によって私たちは、日常生活における非本来的なあり方を脱却して、有限でしかも一回きりという、本来的な自己のあり方を回復する。非本来的あり方のことをハイデガーは、「誰でもないひと」と呼んでいる。私たちは日常的な生活のなかで、明日にでも死ぬかもしれない一回きりの存在という本来的自己を忘れ、まるで自分が統計学上の一サンプルであるかのように、平均寿命まであと何年は生きられる等と計算して生きるだけの、誰でもないひとへと「頽落《たいらく》」してしまっている。それでも、いつか死すべき定めということをどこかで私たちは感じ取っている。だから、世界内存在としての私たちの根源的な気分(「情態性」と言う）は「不安」なのである。不安を忘れるために私たちは、気晴らしに空談《おしゃべり》にうつつをぬかす。

現代世界にあふれるうわさ話やエンタテインメントは、死への不安という根源的な気分を忘れるためにあるのだ……。

このようなハイデガー哲学を背景としてビンスワンガーは、躁うつ病や統合失調症患者の内的世界を、世界内存在の構造変容、現存在の様式の変容として生き生きと描き出したのだった〔二〇〇一年／一九九五年〕。その著作は総じて難解であるが、初期の著作を含む『現象学的人間学』〔一九六七年〕は勧められる〔初期に属する『夢と実存』［1930］には、フランス語版へのフーコーの長い序文がついた邦訳も出ている〔ビンスワンガー、フーコー、一九九二年〕〕。一つだけよく引かれるくだりを紹介すると――「われわれは、古い詩や新しい詩のなかに、すべての時代・すべての民族の夢や神話のなかに、上昇し、または上昇しようとあこがれるわれわれの現存在、あるいはまた落下するわれわれの現存在の人格化としてくりかえし鷲や鷹、鳶や禿鷹などを見いだすが、これこそ、われわれの現存在のひとつの本質的な根本特徴が、上昇しそして落下するものとしての定めであることをしめしているにすぎない」〔同書、一〇〇頁〕。この、上昇と下降という現存在の様式の根本特徴をもとにして、躁病とうつ病の世界は「現存在分析的には、上昇と落下という現存在の二つの意味方向に応ずる統一的な世界構造として一元的にとらえられる」〔宮本、一九六六年、四一五頁〕。他方、統合失調症者の現存在分析の結果、統合失調症の現象は「現存在に本来そなわっている歴史的流動性の停滞、そして愛と友情の相互性の不能という意味で現存在の挫折の様式とみなされるのである」〔同書、四二四頁〕。

同じスイスのやはり精神分析医のメダルト・ボス（Boss, Medard, 1903-90）は、ハイデガーをスイスの自宅に招聘してツォリコーン・ゼミナール（Zollikoner Seminare）というセミナーを毎年のように開き、現存在分析をさらにハイデガー哲学的に深化すべく務めた。主著に『精神分析と現存在分析論』〔一九六二年〕、『東洋の英智と西欧の心理療法』〔一九七二年〕があり、日本でも多くの読者を獲得したが、『夢　その現存在分析』〔一九五七年〕は、古今の数多くの夢の実例に基づいて現存在分析論を展開していて、総じて難解な現象学的精神医学本のなかでは、第一番に勧められる。

（4）現象学的精神医学の衰退

次の時期の現象学的精神医学の大立者が、ともに南独ハイデルベルク大学に拠ったテレンバッハ(Tellenbach, Hubertus, 1914-94）とブランケンブルク（Blankenburg, Wolfgang, 1928-2002）であり、日本の木村敏〔一九三一―二〇二一年〕だった。テレンバッハ〔一九七八年〕はメランコリー親和型性格の研究で知られるが、その出発点はハイデガーの情態性（気分）にあった。また後者の二人は、「自明性の喪失」という現象学的精神医学の重要な概念によって知られている。

ブランケンブルクは、統合失調症の診断を受けた二一歳の患者アンネの詳細な訴えを検討して、その症状の本質を、普通の人が当たり前に分かっているという生活技術が分からなくなるという、「自然な自明性の喪失」にあるとした。そしてその根底に、諸事物や社会の仕組みがハイデガー哲学でいう道具的連関をもって現れるはずが、どのような原因からか「道具性」が括弧入れされ「エポケー」されて、無意味で不可解なものやメカニズムの集積に化してしまうという、「統合失調症性のエポケー」が生じていることを見て取ったのだった。木村敏もまた、統合失調症者の訴えの根底には、「私が私である」という自明な自己同一性の喪失があり、さらにその根底には、A＝Aという自己同一律の自明性の喪失があるとして、独自の現象学的統合失調症論を展開した。

ブランケンブルクも木村敏も、主要な著作は容易に手に入る。特に木村敏は、一九七〇年代という初期に出た新書版の『自覚の精神病理』(一九七〇年)、『異常の構造』(一九七三年)が素晴らしく、筆者も、第四章第三節(5)「自我体験の現象学的分析段階進行表」で述べている自我体験・独我論的体験のテーマを現象学的に開拓するにあたって参考にしたものだった。また、ブランケンブルクの「統合失調症性のエポケー」に想を得て、主として児童期に生じる自我体験・独我論的体験を、正常な発達過程のなかで生じる「発達性エポケー」として位置づけたりした(渡辺、二〇一二年)。なお、ブランケンブルクも木村も多面的相貌を備え、ここでの紹介は筆者の問題意識を通して切り取った一面にすぎないことを、断っておく。

そのように、筆者として個人的にも大きな影響を受けてきた現象学的精神医学だったが、一九八〇年代から退潮に向かうことになる。

その原因の一つは、世界の精神医学の潮流が、薬物療法を中心とした生物学的精神医学へとめどなく向かっていることにあった。決定的だったのが、病因論を排除し、操作的診断基準により信頼性を確保することを目指した、アメリカ精神医学会による『精神疾患の診断と統計の手引』第三版(DSM-Ⅲ)の発表だった(一九八〇年。邦訳は改訂版の『DSM-Ⅲ-R 精神障害の診断・統計マニュアル』高橋三郎訳、医学書院、一九八八年)。それとともに、「エビデンスに基づいた医学:EBM」ということが医療者のあいだで強調されるようになり、向精神薬のように臨床試験にかけられることの難しい精神療法・心理療法の類には、疑いの目が向けられるようになってしまったのだった。

特に大きな打撃を受けたのは、一九七〇年代までアメリカの精神医学に力動的精神医学の名の下に影響力を保ってきた精神分析だった。抑圧や同一化、投射、といった精神分析的な概念を用いた精神疾患の病因論は、エビデンスなき非科学的思弁として、厳しく退けられるようになってしまった。精神分析ですら非科学的として退けられるのだから、ましてその精神分析を科学主義として批判してきた現象学的精神医学に、出る幕がなくなってしまったのも当然だった。

けれども、現象学的精神医学の側にも責任の一端はあったと筆者には思われる。そもそも現象学的精神医学は独自の治療技法を展開できなかった。次に、端的に言って難解になりすぎてしまったことがある。とりわけ、フッサールの超越論的現象学とハイデガーの実存哲学を崇めるあまり、同時代の心理学・人間科学の潮流に背を向けてきた、そのツケが回ってきたのではないだろうか。たとえば、現象学的精神医学の定評ある通史であるタトシアン『精神病の現象学』〔一九九八年〕にも、第四章第三節（2）に引用したような極端な心理学蔑視の評言を見ることができるのである。結局、フッサールの考想になる現象学的心理学が現代心理学の方法として現実化するのは、半世紀近い空白期間を経てのことになってしまったのだった。

なお、前世紀末から今世紀にかけて、現象学的精神医学には新たな復興の兆しが見えるが、歴史というよりは現代に属するし、筆者はその方面には詳しくないので、田中〔二〇二一年〕による紹介を挙げておくにとどめて、本コラムを閉じることとする。

参考文献

アメリカ精神医学会（一九八八年）『DSM－Ⅲ－R——精神障害の診断・統計マニュアル』高橋三郎訳、医学書院（原著、一九八四年）。

ビンスワンガー、ルートウィヒ（一九九五年）『思い上がり、ひねくれ、わざとらしさ——失敗した現存在の三形態』宮本忠雄監訳、みすず書房（原著一九五六年）。

ビンスワンガー、L（二〇〇一年）『うつ病と躁病——現象学的試論』山本巖夫・森山公夫・宇野昌人訳、みすず書房（原著一九六〇年）。

ビンスワンガー、L（一九六七年）『現象学的人間学』荻野恒一・宮本忠雄・木村敏訳、みすず書房。

ビンスワンガー、L&フーコー、ミシェル（一九九二年）『夢と実存』荻野恒一・中村昇・小須田健訳、みすず書房。

ブランケンブルク、ヴォルフガング（一九七八年）『自明性の喪失——分裂病の現象学』木村敏・岡本進訳、みすず書房。

ボス、メダルト（一九五七年）『夢　その現存在分析』みすず書房。

ボス、M（一九六二年）『精神分析と現存在分析論』みすず書房。

ボス、M（一九七二年）『東洋の英智と西欧の心理療法』みすず書房。

ディルタイ、ヴィルヘルム（二〇〇三～二〇二三年）『ディルタイ全集（全一一巻）』西村皓・牧野英二編、法政大学出版局。

ガミー、ナシア（二〇〇九年）『現代精神医学原論』村井俊哉訳、みすず書房。

ゲープザッテル、ヴィクトル・v（一九八四年）「離人症問題に寄せて」木村敏・高橋潔訳、『岩波講座精神の科学別巻　諸外国の研究状況と展望』（岩波書店）所収。

Heidegger, M., (1927). *Sein und Zeit.*〔ハイデガー、M（二〇〇三年）『存在と時間　全三巻』原佑・渡邊二郎訳、中公クラシックス〕

Jaspers, K., (1923). Allgemeine Psychopathologie, 7 aufl. Springer Verlag.〔ヤスペルス、K（一九五六～五八年）

『精神病理学総論（上・中・下）』内村祐之・西丸四方・島崎敏樹・岡田敬蔵訳、岩波書店〕
Jaspers, K., (1913). Allgemeine Psychopathologie, 1 aufl. Springer Verlag.〔ヤスパース、K（一九七一年）『精神病理学原論』西丸四方訳、みすず書房〕
懸田克躬（一九六六年）「フロイトの生涯と学説の発展」、懸田克躬編『世界の名著 49 フロイト』中央公論社。
木村敏（一九七〇年）『自覚の精神病理』紀伊國屋書店。
木村敏（一九七三年）『異常の構造』講談社現代新書。
Minkowski, E., (1927/1953). *La schizophrénie: Psychopathologie des schizoïdes et des schizophrènes*, Nouv. ed. rev et aug. Paris: Desclée de Brouwer.〔ミンコフスキー、E（二〇一九年）『精神分裂病（改版・新装版）』村上仁訳、みすず書房（初版、一九五四年）〕
宮本忠雄（一九六六年）「ビンスワンガー」『異常心理学講座七』所収、みすず書房。
村上仁・木村敏（一九六六年）「精神病理学の潮流（一）ヨーロッパ」『異常心理学講座七』所収。みすず書房。
重田英世（一九八二年）『人類の知的遺産71 ヤスパース』講談社。
島崎敏樹（一九九四年）『心で見る世界』同時代ライブラリー（初版岩波新書版、一九六〇年）。
田中彰吾（二〇二一）「現代の現象学と精神医学」『臨床精神医学』50(7)、七二七—七三二頁。
Tatossian, A., (1979). *La Phénoménologie des Psychoses*, Masson, Editeur.〔タトシアン、A（一九九八年）『精神病の現象学』小川豊昭・山中哲夫訳、みすず書房〕
Tellenbach, H., (1974). Melancholie: Problemgeshichte Endogenität Typologie Pathogenese Klinik, 3te, erweiterte Aufl. Springer-Verlag.〔テレンバッハ、H（一九七八年）『メランコリー』木村敏訳、みすず書房〕
渡辺恒夫（二〇一二年）「自我体験研究への現象学的アプローチ」『質的心理学研究』11、一一六—一三五頁。

第五章　認知神経科学と現象学
——身体と自己の起源を探る潮流

田中彰吾

第一節　脳と身体の関係をどう考えるか——現象学と心身問題

(1) 一九九〇年代以降の変化

多くの読者は「fMRI」「NIRS」「PET」などの名称を聞いたことがあるだろう。これらはすべてひとの脳を計測する手法で、それぞれ「機能的磁気共鳴画像法」「近赤外線分光法」「ポジトロン断層撮影法」という正式な名称を持っている。いずれも、一九九〇年代に脳研究の現場に急速に普及したものだが、心の科学の研究動向を大きく変えるものになったし、ひいては人々の心の見方に大きな影響を与えるようになっている。

これらの計測装置は、すべて非侵襲的に脳機能を計測する（外側から生体を傷つけずに計測する）だけでなく、その結果を脳機能イメージングによって示すことができる。これ以前にも、たとえば一九五〇年代には脳波計を用いた研究が実用化されたが、局所的な脳活動を詳細に示すことはできなかった。あるいは、神経外科医のペンフィールド（Penfield, Wilder, 1891-1976）がかつて試みたように、脳の表面を電極で刺激する方法もあったが、これは病気治療の開頭手術にともなって実施される例外的なもので、きわめて侵襲的なものでもあった［Penfield & Rasmussen, 1950］。

非侵襲的な方法であれば、診断と治療の用途でなくても脳を計測してデータを収集することが可能である。そこで、医療的研究に加えて、脳機能の心理学的研究が一九九〇年代以降は大きなテーマになっていった。たとえば、知覚・思考・記憶・情動・注意・言語などの高次機能は、脳内の特定部位の活動と深く結びついている。さまざまな機能をはたらかせつつ活動している状態にある「心」について、外側から非侵襲的な方法で「脳」を計測することによって、脳のどこがどのように作動しているのか、それ以前に比べて格段にくわしくかつ正確に解明できるようになったのである。

このような研究は、思考や記憶など個別の心の機能が、脳の局所的な活動とそのネットワークによって支えられているという見方に、詳細な裏づけを与えるようになった。それと同時に、心のはたらきそれ自体も、究極的には脳活動に還元できるだろうという予測的な見通しを強化することにもなった。そして、二一世紀になって研究成果が一般社会に広まるようになると、「心は脳の活動によって生じる」とか「心と脳は同じものである」といった漠然とした信念が人々のあいだに広まっていった。たとえば、二〇〇八年に一般向けに出版された神経科学の新書は、冒頭で次のように述べている。

ですが、私たちがこのようなことを感じ、考え、行動しているときに脳のどの部分が働いている、という実験結果は単なる豆知識に過ぎません。脳研究が本当に目指しているのは、脳がこのような仕組みになっているから私たちはこのように感じ、考え、行動するのだ、というメカニズムを明らかにすることです。このためには私たちの心の動きの結果として脳活動があるのではなく、脳活動の結果として心が生まれてくるのだということを明確に意識する必要があります。〔坂井、二〇〇八年、ⅱ頁〕

神経科学の専門家がこう主張するのであるから、一般読者がそれを額面どおりに受け取っても無理はないだろう。その主張の是非は以下で論じることにして、脳研究者と一般読者のあいだで、このようなメッセージが書籍を介してやりとりされる社会的文脈は二〇〇八年当時すでに形成されていたということに注目しておこう。

他方、右の引用でも示唆されているが、「脳活動の結果として心が生まれてくる」という観点で、新たな科学的研究が推進されるようになる。「心」という言葉では焦点がぼやけてしまうので、知覚や思考といった個別機能の背景でそれら全体に通底している主観的作用としての「意識」という言葉を用いるほうがいいだろう。九〇年代は、脳研究によって意識を解明できるとの期待が高まり、科学研究が急速に展開した時期だった。

ひとつの重要なきっかけは、一九九〇年に早くも現れている。DNA研究で知られていたクリック(Crick, Francis H. C., 1916-2004)とコッホ(Koch, Christof, 1956-)が、脳研究を通じて意識現象を解明するための理論的枠組みについて提案したのである[Crick & Koch, 1990]。彼らは当時最も発展していた視覚研究に着目し、ひとが対象を見ているときに経験する視覚的意識を生み出すのに必要十分な神経細胞集団を見出すことで、「意識の神経相関」(neural correlates of consciousness)を特定することができると主張した。

脳活動についての科学的研究が意識現象の解明に画期的な進歩をもたらすだろうとの国際的な期待は、脳研究者だけでなく、認知科学者・心理学者・哲学者・宗教家なども巻き込んで「意識科学」と呼ばれる学際的な研究分野を生み出していく。たとえば、一九九四年にはアリゾナ州のツーソンで意識科学のための国際会議(通称「ツーソン会議」)の第一回が開催されているし、一九九七年には第一回「意識の科学的研究のための学会」(Association for the Scientific Study of Consciousness, ASSC)がオーガナイズされている。また、一九九四年に意識科学の専門誌『Journal of Consciousness Studies』の第一巻が発行され、現在まで定期的に刊行が継続している。脳研究の隆盛を受けて、「意識」の謎に迫ろうとする科学が起こったことが、九〇年代の大きな変化だった。

(2) 神経構成主義

もっとも、じっさいに脳科学ベースで意識現象を解明するのはそう簡単なことではない。哲学者のチャーマーズ(Chalmers, David, 1966-)が「意識のハードプロブレム」という概念で意識科学の困難について指摘したこともよく知られているだろう[Chalmers, 1995]。彼は、比較的やさしいイージープロブレムと、簡単には解けないハードプロブレムを区別している。イージープロブレムとは、知覚や思考や記憶など、個別の心的機能にともなって生じる情報処理過程と脳活動を明らかにすることである。彼によると、これらは神経回路の活動から因果的に生じる機能であって、研究を続ければいずれは解明される。しかし、ハードプロブレムは意識の主観性そのものに関わる問いである。単なる物質にすぎない脳は、どのようにして、何かを経験している「私」という主観性をともなう意識や、「私」が主観的にありありと経験している対象の質感(クオリア)を生み出しているのだろうか。たしかに、これは簡単に解決できる問題ではないだろう。

ただ、ここで注目しておきたいのは、ハードプロブレムがまさに研究に値する「問い」として成立することの背景である。ハードプロブレムは、客観的な物質であるところの脳が、どのようにして主観的な意識を生み出すのか、と問うている。この問いがまさに有効な問いであるには、その前段において、「私は対象を意識している」という主観的な意識現象を脳内の物質的過程が生み出しているはずだ、という認識論的な信念が共有されていなければならない。この点を検討することで、現象学の議論に入っていくことにしよう。

フッサール（Husserl, Edmund, 1859-1938）が創始した現象学では、ひとがそこで生きている世界のことを「生活世界」（Lebenswelt）と呼ぶ。生活世界におけるひとの経験には、もともと、客観的に把握できる側面と、主観的な性格の強い側面とが雑多に入り混じっている。たとえば、物体を知覚する経験ひとつをとってみても、数・大きさ・運動などは客観的で測定ができるが、色・音・香りなどは主観的で測定が難しい（たとえば畑で栽培している野菜の生育具合を確認する場面を考えてみるとよい）。前者を物体の側に属する「第一性質」、後者を主観的な「第二性質」として区別したのは一七世紀の哲学者ロック（Locke, John, 1632-1704）だった。

フッサール〔一九九五年〕によると、生活世界を、客観的・量的・物質的な側面と、主観的・質的・心的な側面に区別することは、もともと近代の自然科学の出発点に含まれていた立場である。ニュートンが一七世紀後半に確立した物理学（力学）は、前者の側面を数学的な言語で整理することで成立した近代科学の最初の成功例だった。フッサールは近代科学の起源をガリレイまでさかのぼっているが、いずれにせよ、近代科学の成功を支えたのは、定量的に測定できる観察データから自然現象の規則性を見出し、それを数学的に表現された法則として記述するという実証主義的な方法だった。

歴史的にみると、近代科学は、時代が下るとともにこのような方法が適用可能な領域を急速に拡大していった。一八世紀から一九世紀にかけて、熱力学・化学・生物学・生理学などへと実証主義的な科学の体系は拡大していくことになる。その過程で、生活世界にもともと含まれていた二つの領域のうち、客観的で物質的な側面を記述する実証科学の方法で、世界の全領域が解明できるかもしれないという期待も広がっていく。物質から生命の領域へと征服地を広げた近代科学は、一九世紀後半には生命から心の領域へとその前線を広げ、心理学を確立していった〔高橋、二〇一六年〕。

大雑把ではあるが、このように近代科学の歴史を回顧してみるなら、現在の神経科学が取り組んでいるのは、近代科学の成功を心や意識の領域においてさらに徹底する試みに見える。つまり、生活世界の全領域を客観的・量的・物質的な側面に還元できるだろうとの見通しに立って、最初に確立された実証科学の方法で、主観的・質的・心的な側面を説明することである。ハードプロブレムが、まさに研究に値する「問い」として脳研究者のあいだで受け止められたのは、背景でこのような時代の趨勢が広がっていたからであろう。

ただ、以上のような前提でひとの意識を理解しようとする試みは、仮説として次のような世界観をともなうことになる。それは、ひとが主観的に経験していることのすべてが、客観的かつ物理的な脳の神経過程によって構成されている、という見方である。「私」が内的に感じ考えることだけでなく、鮮やかな質感とともに知覚しているこの世界もまた、脳によって生み出されている。そもそも、知覚経験は、末梢の受容器から入力された刺激が、感覚神経と脊髄を経て脳へと伝えられ、そこで処理された結果だからである。「私」は、「世界そのもの」を知覚しているのではなく、脳が生み出した世界の表象を知覚しているのである。

知覚経験が神経過程によって構成されるとの考えを出発点として、知覚されるものの総体としての世界、また、知覚する主体としての自己を、脳が生み出した構築物へと還元するこのような哲学的立場を「神経構成主義」(neuroconstructivism) と呼ぶ。哲学者のフックス (Fuchs, Thomas, 1958-) が神経構成主義の見方をわかりやすく要約しているので、引用しておこう。

このような神経構成主義の着想によると、実在の世界は私たちが経験する世界とは劇的に異なっている。私たちが知覚しているのは事物そのものではなく、むしろ事物が私たちのなかに喚起するイメージにすぎない。私たちは暗い部屋のなかにいて、無数の神経細胞の塊の絶えざる仕事によって壁面に映し出されたショーを見ている。実在の世界はむしろ、エネルギー場と素粒子の運動から成る荒涼とした場所であって、性質などというものはどこにもないのである。私の前にある樹木は実際には緑色ではないし、その花にも香りはない。枝にとまっている鳥はメロディを奏でてさえずってはいない。これらすべては役に立つ幻想の世界、擬似的に仮想されたリアリティ、あるいは、むき出しの物理的な運動過程の代わりに脳が生み出したモデルにすぎない。実際のところ、私たちは、プラトンの洞窟人のように頭蓋骨の内部に閉じ込められているのである。
[Fuchs, 2018: 4]

もちろん、神経構成主義の考え方は筆者のとる立場ではないし、おそらく、本書の他の章の執筆者の考えとも相入れない。現象学の立場とは基本的に両立しないからである。その理由について、「身体」という論点に沿って以下で明らかにしてみよう。

（3）脳のなかの身体 vs. 世界のなかの身体

先に、生活世界がもともと客観的側面と主観的側面の両方を持ち合わせていると述べた。現在の神経科学が問題にしているのは、ひとが世界を認知する際に、物ではなく心の側に帰属すると思われていた色・音・香り・味などの質感（クオリア）が、脳内の神経過程によって生み出されているだろう、という点である。じっさいにそうだとすると、フックスが要約しているように、世界には主観的な性質というものは存在せず、むき出しの物理的な運動過程だけがあることになる。神経構成主義の立場からすると、「私」が知覚しているのは脳の神経過程が生み出した世界の「仮象」であって、世界それ自体ではない。空間的には自己の外部に広がっているように見える世界も、まさに脳が構成した仮想の現象空間であって、私は真の現実にはアクセスしていない。主観的経験すべてが神経系によって媒介されている以上、神経系に処理される以前の物質的刺激の世界を私は知りようがない。

神経構成主義の発想をさらに推し進めてみよう。すると、外界だけでなく、自己の身体についても同様の仕方で理解せざるを得なくなる。「私」は一方で、自己の胴体や四肢をリアルに感じることができるし、それがたしかに存在していると信じてもいる。だが、身体に由来する固有感覚や運動感覚や内受容感覚もまた、末梢で受容された刺激が脳で処理された結果だとすると、外的世界と同様に自己身体もまた、脳の神経過程が生み出した「仮象」だということになるだろう。じつは、一見したところこの考えを支持しているように見える事実がある。いわゆる「幻肢」がそうだ。事故や手術によって四肢の一部の切断を経験した患者は、たいていその部位に幻の腕や脚の感覚を感じる。何もない物理的空間に、いまだ自己の身体が残存しているかのような主観的経験が生じるのである。

患者が経験するのは、痛みだったり、腕や脚が動く感じだったり、さまざまである。ただ、客観的に確認できる物体としての身体部位はもはや存在していないにもかかわらず、そこに腕や脚が存在するかのように感じられる点は共通している。該当する末梢に受容器がないにもかかわらず、その部位に対応する感覚が生じているのだから、これには中枢の脳での情報処理が深く関与しているであろう。じっさい、幻肢研究で知られるラマチャンドラン（Ramachandran, Vilayanur S., 1951-）は、断肢後に大脳の体性感覚野で生じる神経系の再編が、こうした症状を生み出す原因であると指摘している。また、神経科学的な見方を徹底することで、「私」が経験している身体は、外界と同様に脳内で構成される一種の「幻」であると言い切っている〔ラマチャンドラン&ブレイクスリー、一九九九年、九四頁〕。このような身体のとらえ方は、「脳のなかの身体」と呼ぶことができるだろう。身体を表現するものが脳内の神経回路として保存されていれば、物質的な身体がなくても「自己の身体」を経験することはできるという見方である。

ところが、まさに幻肢それ自体に即して、このような見方は否定される。詳細は別の論考にゆずることにして〔田中、二〇二二年、三章〕、ここでは要点だけを論じておこう。近年、幻肢を用いた身体運動についての研究が進みつつある。幻肢患者のなかには、消失した腕や脚を意図したとおりに動かせる者が散見されるため、その種の患者の協力を得て、幻肢を動かすことに関連した各種の研究が行われている。ないはずの腕や脚を動かせるという主張自体、常識からすると奇妙ではある。ただ、いちおうその主観的な報告を受け入れたうえで推論するなら、患者はおそらく、イメージトレーニングにおいて自己の身体運動を想像するのと同じような仕方で、幻肢を動かしているのではないだろうか。さしあたり、そのように理解するのが自然であるように思われる。

だが、実態は異なっているらしいのである。一四人の患者を対象にして、幻肢を動かしているところを想像する状態と、幻肢をじっさいに動かしている状態とを比較した研究がある［Raffin et al., 2012］。それによると、患者はこの二つの状態を区別して実践することができるのである。また、幻肢の運動を想像する状態と、幻肢の運動を実行する状態とでは、重複する部位はあるものの、基本的には異なる脳部位が活動している。運動を想像しているときは、頭頂葉・後頭葉・小脳後葉がより強く活性化するのに対して、運動を実行しているときは、一次体性感覚野・一次運動野・小脳前葉がより強く活性化するのである。ここからわかるのは、単に運動をイメージしているか、じっさいの運動指令の生成に関与しているかの違いを反映する神経活動が生じているということである。つまり、「幻肢を動かしている」という患者の主張に応じて測定される神経生理学的状態は、健常肢を動かすのを想像するより、健常肢をじっさいに動かす場合に近いのである。

これはどういうことだろうか。幻肢と健常肢のあいだに本質的な差異はなく、物理的実体としての身体があってもなくても、「自己の身体」の運動は経験できるし、それは神経系の機能によってのみ成立する、ということを示唆するのだろうか。いや、そうではない。これも同じ論文で指摘されているのだが、幻肢を動かすのを想像しているときと、幻肢をじっさいに動かしているときでは、じつは中枢だけでなく末梢における反応も異なっているのである。幻肢を動かそうとすると、それに応じて、断端付近の筋肉がじっさいに収縮しているのを観察できるのだが、単に動かそうとイメージしているときは、筋肉の収縮は観察できない。すなわち、幻肢を「じっさいに」動かせるという患者の主張は、断端まで物理的実体として残存する身体と、そこから先の幻肢を一体として動かす経験に基づ

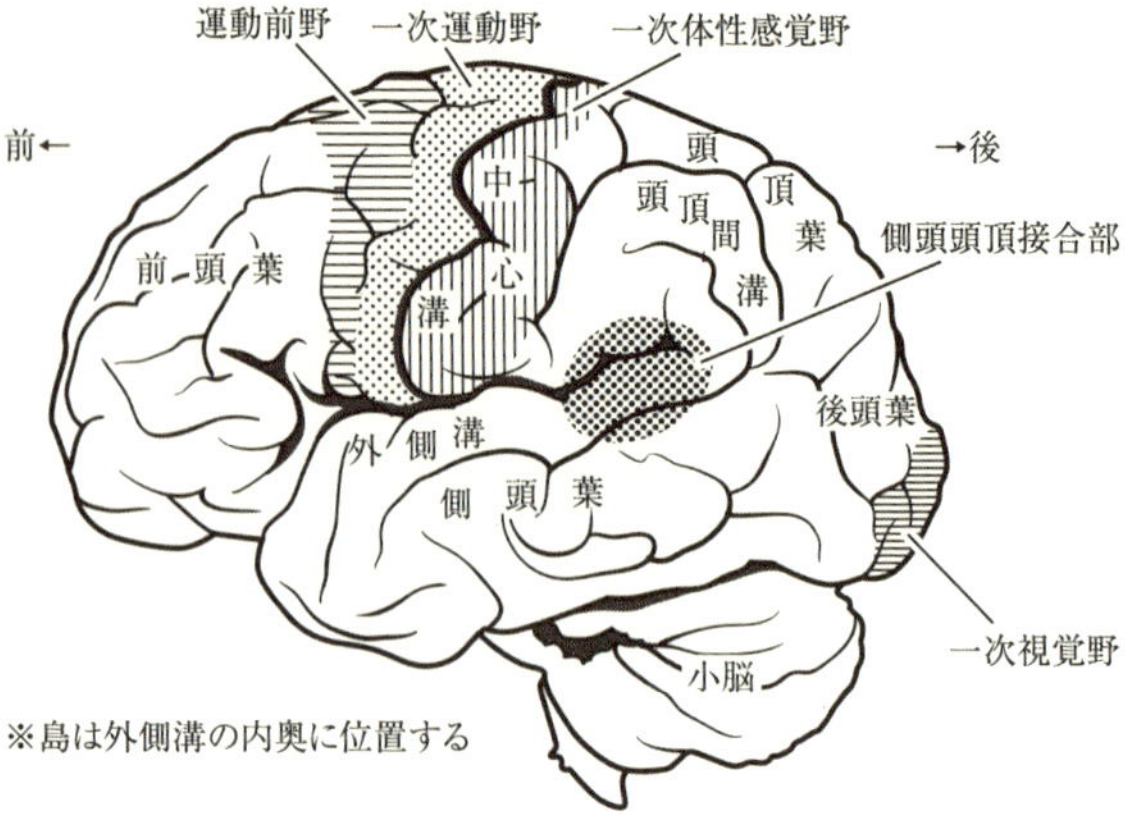

図5—1　脳の外側図

いているのである。不完全な姿かたちになっているとしても、物理的な次元で身体が残存していることこそ、幻肢を動かせるという主張の根拠になっている。

「幻肢を動かす」という言い方から連想されがちな誤解を解いておこう。幻肢を「動かす」という言葉づかいは、あたかも動かす主体としての自己と、動かされる客体としての幻肢が分離して存在するかのような印象を与える。ところが、日常的にひとが身体を動かす場面では、そのような自己と身体の二元的分離は生じていない。マグカップをつかもうとする場面では、行為の意図に反応して自然に手が伸びていくのであって、ひとはいちいち自分の手を対象化し、はっきり意識して手を動かすようなことはしていない。幻肢を思いどおりに動かせるのもおそらく同様の経験であって、「動かす自己」と「動かされる幻肢」は分離してはいないのである。

メルロ＝ポンティ（Merleau-Ponty, Maurice, 1908-61）は、このような運動の特徴に注目し、身体を動かす経験がその開始の瞬間から一挙に目標となる空間的地点へと導かれていくことを強調する［Merleau-Ponty, 1945］。物体を動かす経験と比べてみるとわかりやすいだろう。引っ越し先へ家具を搬入する場合、運搬の終点になる位置と家具の空間的配置を前もって計算したうえで、注意深くそれを動かすだろう。身体運動はこれとは明らかに異なる。ひとは自己の身体を「動かすべき対象」として外部空間の一点に発見し、運動の終点となる位置へとそれを持っていくような仕方で動かしてはいない。「動かす自己」と「動かされる身体」とは、つねに暗黙のうちに同一の空間において構造化されている。

さらにいえば、同じ関係は、自己と身体のあいだだけでなく、行為の対象となる物体へと拡がっている。ひとがマグカップに向かって手を伸ばすとき、伸びていく手とマグカップとは同じ空間的な相のもとで配置されており、同じ世界のなかに分布している。運動の始点である手と終点であるマグカップは、そこに向かって手を伸ばしうる同じ空間内に位置している。この意味で、身体は、世界から分離して脳の内部で構成されている表象ではなく、物体が現れるのと同じ空間的広がりとしての世界の内部に現れているのである。ひとが身体を動かすたびに経験しているのは、その身体が物体と同じ空間的地平のなかに埋め込まれているという事実である。身体は、神経構成主義がとらえるような「脳のなかの身体」ではなく、「世界のなかの身体」として理解すべきなのである。

（4）心身問題ではなく身－身問題（body-body problem）

問題の焦点がかなり明確になってきたのではないだろうか。つまり、ハードプロブレムを学術的な問いとして価値あるものに見せている神経構成主義的世界観を徹底しようとしても、「身体」は脳内過程へと還元しきれない存在として現れてくるということである［Fuchs, 2018］。もちろん、脳と身体を切り離し、身体からの求心的シグナルが処理される過程を解明することで、脳の生み出した神経表象として身体を理解できる側面はある。しかしながら、身体運動は、脳活動のレベルだけで理解できるわけではない。脳のしかるべき活動が、末梢に実在する神経・筋肉・関節と適切に連動することで身体運動は実現されるのであり、また、身体運動は全体として世界内の対象へと向かっていく行為を構成する。この点で、身体は、神経表象へと還元することができない性質を持っているのである。

現象学はもともと厳密な認識の基礎づけを求める学問であるが、そうした基礎づけの根拠を求めて意識へと遡行する〔フッサール、一九七九年／一九八四年〕。あらゆる認識が生じてくるところの起源に「意識」の作用を見出すため、現象学では、意識科学が「最初に脳ありき」という設定に立って意識の出現メカニズムを問うような仕方で問いを立てることはない。むしろ、神経科学が発展したことに対する現象学からの応答は、ハードプロブレムという問題設定を、「身体」に着目して仕切り直すことにある。

トンプソン（Thompson, Evan, 1962-）は、「身‐身問題」（body-body problem）という呼称でハードプロブレムを読み替えている［Thompson, 2007］。もともとドイツ語には「身体」を意味する二つの単語がある。ひとつはケルパー（Körper）、もうひとつはライプ（Leib）である。ケルパーはラテン語で「体」を意味するコルプス（corpus）に由来し、どちらかというと物体と同じ次元で身体をとらえることに力点がある。他方、ライプは英語の life（生命）とも同じ語源であることが示しているように、生命感や生き生きとした感じという主観的経験と連続する次元で身体をとらえることに焦点のある言葉である。

ハードプロブレムが問うているのは、脳という物質からいかにして意識という主観的過程が生じるかという論点である。しかし、すでに身体運動に即して見てきたとおり、身体は脳と連動しつつ主観的な意識を担っている。また、このような非還元的な見方に立って、私たちに直接経験として与えられているものから離れずに身体をとらえるなら、もともと身体には漠然とした「感じ」(feeling) と呼びうるような意識がともなっている (フックス [Fuchs, 2018] はこれを「生きている感じ」〈feeling of being alive〉と呼んでいる)。この「感じ」は、およそひとが目覚めた状態で何かを経験しているときには、その背景で暗黙にはたらき続けている。のみならず、視覚や触覚や味覚を通して対象を経験するときに、身体の側で準備され、対象の知覚にさまざまな主観的彩りを与えている。つまり、ハードプロブレムで問題の標識として設定されている「クオリア」という主観的な質感は、現象学的にみれば、ひとがみずからのライプを通じて経験している主観的な「感じ」にほかならないのである。

ひとが一人称的な観点から経験している「自己の身体」は、一方で、三人称的な観点からとらえれば、物体もしくは生命有機体である。それは、骨格・筋肉・内臓・四肢という解剖学的構造と、消化・血液循環・神経伝達などの生理学的過程を備えたケルパーである。そしてもちろん、脳という器官もまた、ケルパーの一部をなすものとして頭蓋骨の内部に収まっている。つまり、ライプとして意識とともに経験されるその同じ身体が、観点を変えればケルパーという物理的過程として現れてくるのである。とすると、ハードプロブレムが設定する「意識−脳」という対関係は、現象学的には「ライプ−ケルパー」としての「身体−身体」という対関係に設定し直されることになる。どのようにして、同じひとつの身体が、一方では主観的な「感じ」とともに経験されるライプとして現れ、他方では物理的過程として客観的に理解できるケルパーとして現れるのだろうか。トンプソンは、ハードプロブレムをこのような「身−身問題」として設定し直すのである [Thompson, 2007]。

身−身問題という問いの立て方は、デカルト (Descartes, René, 1596-1650) の残した心身二元論の仕切り直しにもなっていることに注意しておこう。近代哲学の祖であるデカルトは、「われ思う」という思考（＝意識）の作用を精神の本質として見出し、これを身体から区別した。身体は物体と同様に、延長、すなわち縦・横・深さという三次元の広がりを本質とするものであり、物理的な原理のもとで作動する一種の機械とした〔デカルト、二〇〇一年〕。デカルトの場合は、意識を脳と同一視はしていないため、脳から独立した実体としての精神が保たれており、またそのため、精神は身体とどのように相互作用できるのかが問題にもなった。ハードプロブレムは、物理的な原理のもとで作動する機械という身体の見方をいわば脳まで延長し、機械論的に作動する脳から、どのように意識の作用が発現するのかを問うている。

　だとすると、脳‐身体の物理的過程へと意識の作用を還元できるか否かという見方の違いはあっても、主観的な意識と客観的な物質という二つの属性を立て、両者のあいだに隔たり（ギャップ）を見出し、その隔たりがどう埋まるかという説明を考えようとしている点で、ハードプロブレムは依然としてデカルトの心身二元論の延長線上にある。しかし、「身‐身問題」の設定は、もともと異なる二つの属性をどう結びつけるかという点にはない。ライプもケルパーも、もともとは同じひとつの身体であり、両者のあいだに隔たりはない。隔たりを埋めることがここでの問題なのではなくて、どのようにして、同じ身体が、一方では主観的な意識経験として現れ、他方で客観的な物理的過程として現れるのかが問題なのである。

　なお、ライプは英語では「lived body」と訳され、日本語では「生きられた身体」と訳される。ケルパーは英語では「physical body」、日本語では「物理的身体」と訳される。現象学では、デカルトの心身問題を背景で引きずる現代のハードプロブレムを仕切り直し、同じひとつの身体であるライプとケルパー、生きられた身体と物理的身体が、ある経験に応じてそれぞれどのように現れるのかを問うのである。

(5) エナクティヴ・アプローチ

ここで少し迂回して、意識について補足しておこう。夢を見ず眠っている状態のように、意識がはたらいていない状態と比べるとわかりやすいが、意識がはたらいている状態とは、「何かが現れていることに気づいている状態」である〔田中、二〇一七年、四章〕。眠りから目が覚めるとき、子供の声が聞こえてくるのに気がつき、窓から差し込む明かりに気がつき、ベッドの上にいることに気がつく。つまり、意識がはたらくとは、今とここが開ける経験であり、その一瞬一瞬において、子供の声や明かりやベッドなど、なんらかの対象が現れていることに私が気づく経験である。

フッサール〔一九九五年〕は、「私が、何かについて、意識する」という基本的な三項構造を意識に見出し、「エゴーコギトーコギタートゥム」(自我‐意識作用‐意識対象)と表現している。意識がはたらいているとは、意識される対象があり、意識がそこに向かっていく志向性(intentionality)がはたらいており、なんらかの対象が現れるつど、その経験を「私の経験」として感知する自我(自己)がそこに生じている、ということである。志向性はしばしば「〜について性」(directedness)ともいわれるが、フッサールが見出した意識の根源的な性質であり、意識がなんらかの対象へと向かっていく性質を指す。

ここであらためて確認しておきたいのは、世界全体から物質的なものを取り除いたあとで残る主観的領域や内的領域として意識を考えてはならないということである。志向性という概念がよく表しているとおり、意識の根源的な性質は「何かに向かっていく性質」である。意識がはたらき始めることで、「いまとここ」という時空が開け、なんらかの主観的経験が始まり、向こう側に対象とその総体としての世界が現れると同時に、こちら側にその対象を知覚する自己が現れる。重要なのは、志向性、対象、自己という三項すべてが一体となって意識がはたらいており、どれかひとつを優先したり、どれかひとつに還元したりすることで意識を説明するのは不可能だということである。意識のはたらきの根幹は、世界という経験の地平を開き、自己と対象の関係それ自体を出現させることにある。

先に見たとおり、このような意識のはたらきを、「生きられた身体」(ライブ)に重ね合わせて理解し直すことが、意識科学の出現した一九九〇年代以降の現象学の新たな課題である。どのように志向性が発動することで、向こう側に対象という極が現れ、こちら側に自己という極が構成されるのだろうか。また、身体は、志向性の作用とどのような関係にあるのだろうか。この点について、メルロ゠ポンティ[1945]の影響を強く受けながら、認知科学におけるエナクティヴ・アプローチを新たに展開したのが、先のトンプソンと共闘したヴァレラ(Varela, Francisco J., 1946-2001)である。

ヴァレラとトンプソンは、身体性認知科学の確立を決定づけたといわれる『身体化された心』(二〇〇一年)において、初めて「エナクティヴ・アプローチ」(enactive approach)という方法論的観点を示した。「エナクティヴ」という観点で問題になっているのは「行為」である。行為を意味する「action」に、「~にする」という接頭辞「en-」がついた「enaction」(制定する、実現する)という言葉を彼らはキーワードとして用いている。ここから、エナクティヴ・アプローチでいう「エナクティヴ」は、「行為によって具体的な認知過程が実現する」ということを意味する。

従来の認知科学は、主体が活動を始める前から、あらかじめ世界が与えられており、その世界から刺激を受け取って主体が心の内部で世界の表象を作り上げる過程を「認知」と呼んできた。ここで「心」を「脳」に置き換えれば、この見方はそのまま神経構成主義の世界観とも共通する。ヴァレラらが批判しているのは、認知主体から独立に存在する世界を前提し、それを心のなかで（あるいは脳内で）表象することを「認知」とみなす態度である。これに対して、志向性がはたらくとともに自己と対象が出現することをフッサールが見て取ったように、ヴァレラらは、認知主体が行為することによって、その行為に相関して認知される世界が現れることを強調しているのである。

一例として、開眼手術を受けた先天盲者の視覚を挙げておこう（鳥居・望月、二〇〇〇年）。先天盲の当事者は、前後左右に動き回る行為と結びつけて視覚的認知を構成する経験を持ち合わせていない。そのため、開眼手術で目が見えるようになっても、当面のあいだは明るさや色だけしか知覚できず、奥行きのある視覚世界を認知することができない。つまり、眼球の表面で光の渦を受け止める「面」としての視覚を経験しており、動き回る行為とともに成立する「ここ－そこ」「近い－遠い」という遠近感と奥行きのある視覚経験が成立しないのである。これはまさに、生きられた身体の行為によって志向性が変わり、それに応じて対象の現れ方と世界の現れ方も変わるということを示唆している。

では、このような認知が生じるとき、物理的身体の側ではどのような過程が進行しているのだろうか。生きられた身体は、ある身体を「自己の身体」として経験している主体の一人称的視点に対して与えられる。これに対して、何かを経験している身体を、三人称的な他者の視点から記述するときに与えられるのが物理的身体である。生きられた身体の行為は、三人称的にみれば、物理的身体と環境とのあいだで進行する相互作用である。とすると、この相互作用の文脈に落とし込みながら、神経科学がもたらす脳研究の知見を再解釈することが「身－身問題」の具体的解決となるだろう。神経科学の研究成果を「脳－身体－環境」という系に位置づけ、物理的身体と生きられた身体の対応を読み解くこと、これが、ハードプロブレム以降の現象学にとっての課題なのである。具体的なテーマに沿って議論をさらに展開してみよう。

第二節　道具を使って身体は拡張する――現象学的身体論入門

（1）道具使用とバイモーダル・ニューロン

自転車に乗っているとき、路面のザラザラした感じやなめらかな感じや微妙な凸凹を感じることがあるだろう。あるいは、ナイフとフォークを使って肉を切るとき、肉の硬さや軟らかさ、ぎゅっと身が詰まった感じなどを区別することができるだろう。テニスの経験がある人は、スピンをかけてボールを打ち返すとき、ボールを下からこすり上げる感じをよく知っているはずだ。

ここに例示したのはすべて触覚的な経験だが、こうした経験をひとは必ずしも手のひらで感じているわけではない。むしろ、自転車のタイヤの表面、ナイフの縁、ラケットの表面など、使いこなしている道具の先端で感じていると記述するほうが、ありのままの経験をよくとらえている。これは、使い慣れた道具があたかも身体の一部になったかのように感じられる主観の変化とも対応しているように思われる。

道具使用については、日本の神経科学者である入來〔二〇〇四年〕の研究が世界的にもよく知られている。彼の研究は、小さな熊手のような道具を使うことをサルに学習させ、学習の以前と以後で脳活動にどのような変化が生じるかを調べたものである。サルは、直接手を伸ばしても届かない場所にエサが置かれていると、手元にある熊手を使ってエサを引き寄せて取る行為を学習する。

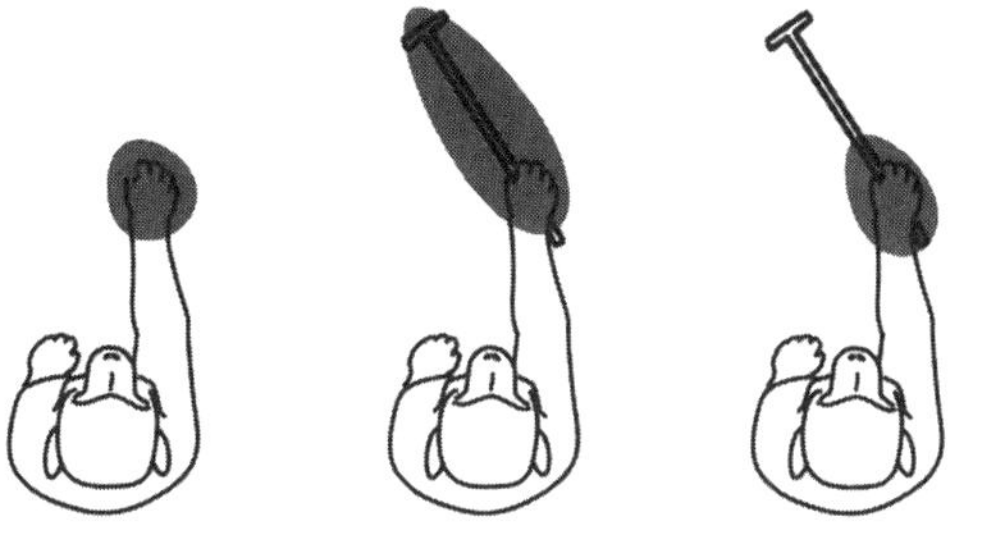

図5—2　サルの道具使用と脳活動（入來, 2004）

このような学習を二週間継続させたあとで脳活動を調べると、頭頂葉のバイモーダル・ニューロンに特徴的な変化を観察することができる。「バイモーダル」(bimodal) とは、二つのモダリティに反応するという意味である。頭頂葉の後方はもともと視覚野と体性感覚野の接点に位置しており、バイモーダル・ニューロンは、視覚と触覚という二つのモダリティの刺激に反応する性質を持っている。言い換えると、何かが目に見えるときと、何かが体に触れているとき、どちらの場合でも同じニューロンが反応するということである。

図5—2は、学習を経験したサルの視覚刺激への反応を図示したものである。灰色で表示されたエリアに視覚刺激が与えられるとバイモーダル・ニューロンが活動することを意味する。

図の左は道具を使用する前の何も持たない状態、中は道具を使った直後の状態、右は道具を使うことをやめて手に持っているだけの状態にそれぞれ対応する。中央の図が鮮やかに示しているとおり、サルの脳は、道具を使用する経験に応じて、手から道具の先端までのエリアにかけて、視覚的刺激に反応している。つまり、このエリアでは、単に目に入るだけの刺激であっても、手で触れているかのような状態を経験しているのである。少なくとも、脳活動はそのような主観的状態を示唆している。

興味深いのは、熊手の使用をやめて単に手に持っている状態では、バイモーダル・ニューロンの反応は道具を持たないときと大差ない状態に落ち着くことである。つまり、道具は、それを使うために身体を動かすとき、また、単なる身体運動というより外界にはたらきかける「行為」を全身で実行するときに、身体の一部になったように組み込まれるということであろう。

(2) 触覚はどこで生じるのか

この研究が示しているとおり、道具の先端で対象を触覚的に感じ分けることは、神経科学的にみても一定の根拠があるように思われる。視覚にも触覚にも反応する神経細胞が脳内には分布しており、文字どおりに皮膚表面で対象と接触していなくても、触れている感じを経験することは可能なのである。入來の研究を引用しながらブレイクスリーが指摘しているように〔ブレイクスリー&ブレイクスリー、二〇〇九年〕、たとえば、車高制限が低い駐車場に自動車を乗り入れようとして思わず首をすくめたり、熟練ドライバーが他の車にバンパーをぶつけないかどうかきわめて正確に判断できたりするのも、バイモーダル・ニューロンの反応に負うところが大きい。

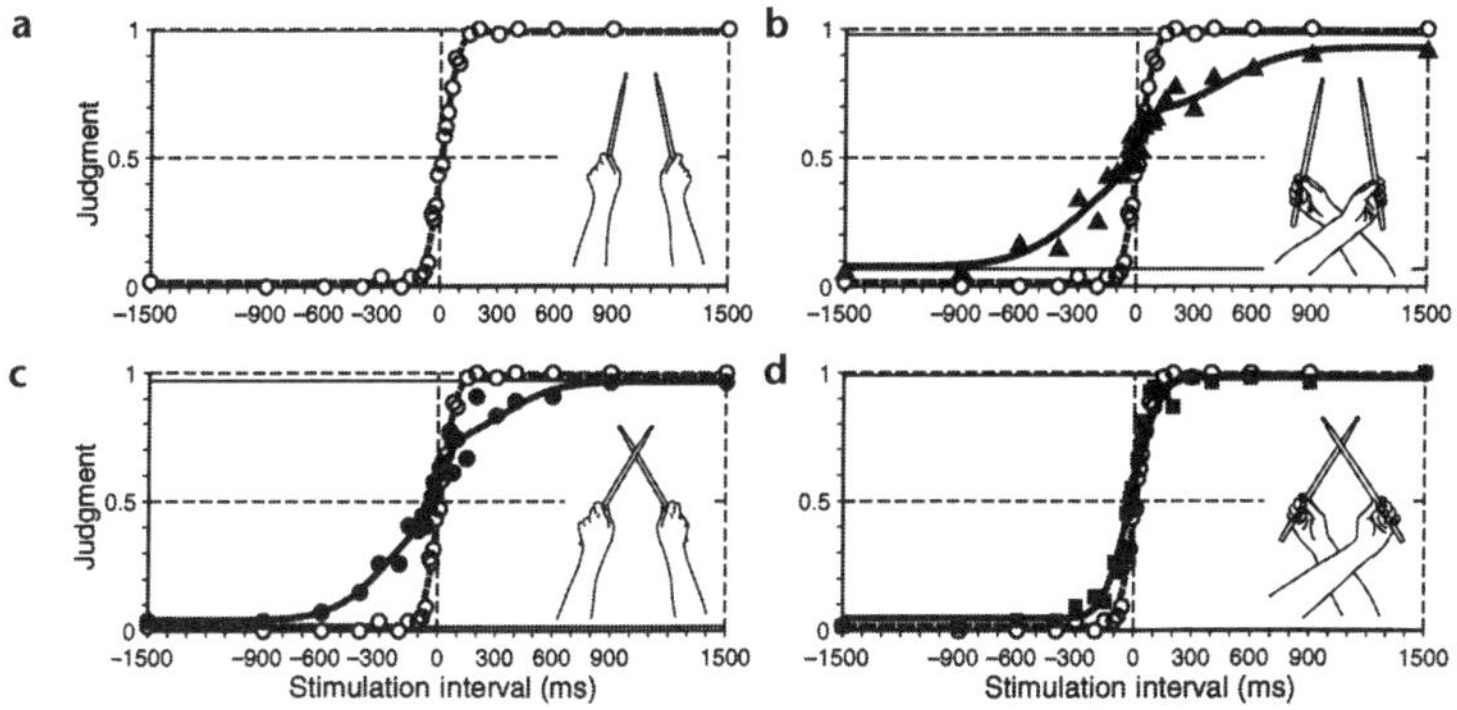

図5―3　触覚の左右判断エラー（Yamamoto & Kitazawa, 2001）

ただし、このような説明は、あくまで視覚的な刺激に対応して触覚が生じうると述べているにとどまる。一般論として、触覚それ自体が使い慣れた道具の先端で生じていることを肯定しているわけではない。たとえば次のような場面を考えてみよう。カボチャやジャガイモの煮え具合を確かめるため竹串を刺し込むと、内部での引っかかりの強弱から生煮えかどうかがわかる。あるいは、金槌を使って板に釘を打ち込むとき、釘が刺さっていくときの手応えから、板の硬さ、密度、乾き具合などを感じ分けることができる。こうした例では、視覚刺激は直接には与えられないにもかかわらず、道具の先端で対象の状態をかなり細かく感じ分けている。主観的には竹串や金槌の先端で対象に触れているように感じられるが、このような場合、バイモーダル・ニューロンだけに関連づけて説明するのは難しい。

この点に関連する興味深い行動実験があるので紹介しておこう［Yamamoto & Kitazawa, 2001］。実験参加者は、閉眼した状態で左右両手にドラムスティックを持ち、順次スティックの先端に与えられる刺激の順番を言い当てる（「右↓左」「左↓右」のように）。図5―3のとおり、実験は四条件で行われているが、興味深いのはスティックの持ち方を交差させる場合である。条件(a)のように、両手でまっすぐスティックを持つ場合、先端に与える刺激の時間差が短くても、左右の判断を間違える場合はほとんどない。

しかし、条件(b)または条件(c)のように、手を交差させるか、スティックを交差させた状態では、与える刺激の時間差が三〇〇〜四〇〇ミリ秒程度に短いと、左右の判断を間違える場合がきわめて多くなるのである。興味深いのは条件(b)でも条件(c)でも、左右判断の間違いが同じように生じていることである。条件(b)では、右手は左側、左手は右側にあり、右スティックの先端は左側、左スティックの先端は右側にある。つまり、感覚受容器とスティックは交差した状態で一致している。これに対して、条件(c)では、右手は右側、左手は左側にあり、右スティックの先端が左側、左スティックの先端は右側にある。ここでは、感覚受容器とスティックの先端は不一致である。加えて、条件(d)のように、両手とスティックをそれぞれ交差させて、スティックの先端が条件(a)と同じになるようにすると、条件は一見きわめて複雑に見えても、触覚の左右判断はほとんど間違えなくなる。

だとすると、末梢受容器の空間的位置よりも、スティック先端の空間的位置のほうが、触覚の判断にとっては重要な意味を持つということになるだろう。著者らも、次のように示唆している——「手で喚起される体性感覚シグナルは、皮膚で受け取るシグナルが時間的に秩序づけられる前に、スティックの先端の空間的位置へと差し向けられる」[Yamamoto & Kitazawa, 2001: 980]。言い換えると、触覚が生じる時間的関係からみても、触刺激を感知する経験は、手で生じているというよりもむしろ道具の先端で生じていると考えられる、ということである。

事態はやや異なるが、前節で取り上げた幻肢の場合も、末梢の受容器が存在しない空間的位置にかゆみや痛みのような固有感覚が生じていた。それと比較すれば、道具の場合は実在する手の受容器と物理的につながっているのであり、道具の先端で触覚が生じるとしてもさして不思議ではないのかもしれない（なお、神経生理学では固有感覚と触覚を合わせて体性感覚とも分類する）。だが、経験として生じうるということと、それを一定の観点から説明できるということは別である。もっと掘り下げて考えてみよう。

（3）媒質と動きから触覚を考え直す

神経生理学的に見ると、触覚は、皮膚表面付近に散在する各種の受容器（パチニ小体・ルフィニ小体・マイスナー小体・メルケル盤など）から入った刺激が末梢の感覚神経を通って中枢の一次体性感覚野で処理されることで生じる、と説明される。当然のことながら、このような枠組みにしたがって触覚をとらえる場合、道具の先端で触覚が生じるという主観的経験はうまく説明できない。それは、あたかも道具の先端で触覚が生じているかのように本人が感じているにすぎない、ということになるだろう。

だが、このような神経構成主義的発想で理解することが話のすべてではない。エナクティヴ・アプローチの先駆者であるギブソン（Gibson, James J., 1904-79）の知覚論に依拠して村田〔二〇一九年、六章〕が指摘しているように、触覚は「媒質」という観点から理解し直すことができるのである。媒質とは、視覚や聴覚にとっての空気のように、知覚主体と対象とのあいだに隔たりを作り、対象が現れてくることを可能にする媒介物質のことをいう。ギブソンはこの媒質の役割を重視した。たとえば視覚の場合、媒質である空気に光が満ちることで光学的流動が知覚主体を取り囲むように現れる。主体がそこで動き回ると、光学的流動のなかで変化しない何か（変化のなかの不変）として対象が現れ、対象が見えるという主観的経験が成立する〔ギブソン、一九八五年〕。媒質がまったくなければ、対象が眼球の表面に付着しているような状態になり、主観的には何も見ることができない。

村田によると、もともと、感覚一般における媒質の役割を不可欠なものとして位置づけたのはアリストテレスだった。アリストテレスは、今日の生理学でいう遠感覚と近感覚という区別を認めない考え方に立つ。遠感覚とは、視覚と聴覚のように、感覚器から離れた対象をとらえる感覚であり、近感覚とは、触覚・味覚・嗅覚のように、感覚器に密着する対象をとらえる感覚である。「近感覚」というカテゴリーは、対象が身体に密着し、媒質が存在しなくても感覚が成立するかのような見方に立っている。しかしアリストテレスの考えでは、媒質はどのようなモダリティでも必要とされる、感覚の普遍的な構成要素である。そのため、遠－近という対立軸で感覚を分類できるとは考えないのである。

では、この観点からすると触覚はどのように理解できるのだろうか。一見したところ、触覚は皮膚と対象との接触によって成立しているように見えるが、それでは媒質がはたらく余地がなく、対象が対象として現れてくることができない（眼球に密着した物が見えないのと同じである）。触覚において、手で物をつかむ場合のように、皮膚に何かが密着した状態で、それでもなお物のかたちを識別して一定の対象を知覚できるとすると、それはひとの身体（肉）が媒質の役割を果たしているからである。視覚や聴覚の場合、媒質である空気は、感覚器官である眼球とは分離して存在する。触覚の場合、媒質であるところの肉が、感覚器官である身体（皮膚）とは切り離されていない。しかしそれは、触覚を通じて対象をとらえる際に、媒質が不要であるということを意味しない。これがアリストテレスによる触覚の見方である。

このように考えると、道具と触覚の関係についても、かなり異なる角度から事態が見えてくるだろう。道具は、感覚器としての皮膚を延長しているのではなく、触覚の媒質としての肉を延長しているのである。ひとが使う道具は、扱い慣れていくことによって、肉に接続された触覚の媒質として機能するようになる。媒質が肉から道具へと延長して拡がっているのだとすると、道具を媒介してなんらかの対象を触知する経験も、ごく当たり前に生じるはずである。道具の先端で繊細に物を感じ分ける経験は、決して特殊なものではなく、むしろありふれた経験である。ジャガイモの煮え具合を感じる竹串、木の質感を感じる釘と金槌は、身体＝肉に接続された媒質なのである。

ギブソンは、「アクティヴタッチ」と彼が呼ぶ触覚によって、立体的な物のかたちの識別が可能になると指摘している［Gibson, 1962］。通常の生理学では、皮膚表面への受動的な刺激入力から触覚が派生するという見方を前提としているが、アクティヴタッチはこれとは対照的に、知覚主体の身体が動いている状態を前提とする触覚である。皮膚表面への受動的な刺激は、基本的には「面」で生じる二次元的なもので、それだけで三次元の触覚を説明するのは難しい。経験的にみても、閉眼した状態で手のひらを静止させてその上に物を置くと、物のかたちはうまく判別できない。しかし、同様に閉眼していても、手を動かして同じ物に探索的に触れるようにすると、そのかたちをはっきりと知覚できる機会が飛躍的に増えるのである。ギブソンは、さまざまな形状のクッキー型を使った実験で、触覚における能動的な探索運動の重要性を見出している。

ここで強調されているのは手の動きであり、動きによってさまざまに付加される皮膚以外からの同時的な入力、特に骨と関節に由来する入力である。ギブソンによると、「〔触覚的な〕知覚の統一性は皮膚だけに由来するものではない。骨と皮膚に関連する空間的な不変項という観点からみても、それら両者に由来するのでなければならない」〔Gibson, 1966: 126〕。すなわち、皮膚はさまざまな仕方で物に触れることで平面的な接触の情報をもたらし、関節はさまざまな角度に変化することで立体的かつ幾何学的な情報をもたらす。知覚する主体の身体が動く過程で、皮膚と骨は、肉という媒質を通じてさまざまな感覚的流動を生み出している。その流動のなかから不変な情報がピックアップされるとき、それが対象の三次元的な形状として知覚されるのである。空気という媒質を通じてもたらされる光学的流動のなかから視覚が不変項をピックアップするのと同様に、触覚は、身体運動から生じる感覚的流動のなかの不変項をピックアップし、物のかたちを識別しているのである。

アリストテレスとギブソンに沿って考えるかぎり、触覚は、単に対象が体表面に接触することで生じているわけではない。全身が動くことによって、肉という媒質において感覚的流動が巻き起こり、そのなかの不変項が対象として感知されるのである。だとすると、道具を介した感覚の拡張は、全身の動きと不可分な関係にある。入來の実験が示していたように、単に全身が動くということではなく、外界にはたらきかける行為という観点から、道具が媒質として身体に組み込まれる過程について考察せねばならない。

(4) メルロ＝ポンティと身体図式

現象学においても、道具使用の経験は以前から論じられてきた。特にメルロ＝ポンティ〔1945〕

は、彼が活躍した二〇世紀前半の神経科学（当時は神経科学neuroscienceではなく神経学neurologyという呼称のほうが一般的だったが）で導入された「身体図式」（body schema）の概念をみずからの哲学の体系に取り入れつつ、その文脈で道具使用についても言及している。身体図式は現象学的身体論における最も重要な概念のひとつでもあるので、ここで紙幅を割いて説明を加えておこう。

歴史的な経緯は別の論考に譲るが〔田中他、二〇一九年〕、身体図式はもともと二〇世紀初頭の神経学において導入された概念である。ヘッド（Head, Henry, 1861-1940）とホームズ（Holmes, Gordon M., 1876-1965）は、大脳皮質に損傷がある患者のあいだで、しばしば身体認知に異常が現れることに着目している［Head & Holmes, 1911］。患者はたとえば、閉眼した状態で腕だけを動かされると、腕がどこにあるのかわからなくなる。身体運動の方向と量が体感として認知できないのである。この症状はひるがえって、通常の状態におけるひとの身体認知の特徴をよく示している。ひとは、自己身体に生じた運動について、身体部位や姿勢全体が動いた方向と大きさを暗黙に認知しているのである。

ヘッドとホームズが用いたタクシーメーターの比喩を借りるとわかりやすい。メーターには刻々と変化する料金だけが表示され、乗客が直接に知ることができるのは金額でしかない。しかし、メーターは見えない場所で、走行した距離と経過した時間の双方を組み合わせて料金の計算を行っている。運動と姿勢の認知もこれと似ていて、ひとは今この瞬間の全身の姿勢を意識的に知ることができるが、これはメーターに表示された料金であって、それまでに生じた姿勢の変化については、意識下でそれらをすべて積分するような計算がなされているのである。このように、過去の姿勢の変化を統合しつつ、新たに生じる運動を全身との関係で位置づける図式的機能を指して、当時の神経学では「身体図式」と呼ぶようになったのである。

メルロ＝ポンティはこうした神経学の議論を、「生きられた身体」の観点からとらえ直す。日常生活におけるひとは、受動的に身体を動かされるわけでもなければ、その運動を身体だけで完結させているわけでもない。椅子に腰かけたりマグカップをつかんだりするように、環境内の対象にはたらきかける行為として身体運動を組織化している。つまり、身体図式の機能は、医師が患者を診察するように、環境から切り離されて個体内部での姿勢・運動の認知として必要になるわけではなく、あくまで、環境や対象との関係において自己身体の空間性を認知し調整することに焦点があるはずである。身体図式をめぐる彼の考察は、おおよそ次の三つの機能に区別して論じることができる［Tanaka, 2013］。

第一に、身体図式は単に身体部位の位置関係や姿勢の認知をつかさどるだけでなく、各身体部位の運動を統合しつつ環境に向かう行為を組織化する。今述べたとおり、姿勢と運動の認知は、環境へ向かう行為という文脈で機能しなければ意味がない。身体図式は、特定の行為を遂行する際、身体各部位がなすべき運動をそれぞれに割り当てながら、他方で各部位の運動を協調させつつ、環境との関係を調整するという機能を果たしている。

自転車に乗っている場面がいい例である。手でハンドルを握りつつブレーキを操作し、脚でペダルをこぎ、体幹は一定の範囲で前傾姿勢を維持し、顔は前方を向いている。上肢・下肢・体幹・頭部、すべてが別々の運動課題をこなしているにもかかわらず、「自転車をこぐ」という全体的な行為として統合されている。しかも、行為としての統合は、坂道やカーブといった環境条件が変化するのに相関して、そのつど身体部位の運動に調整が加わりつつダイナミックに変化している。こうした点をふまえて、メルロ＝ポンティも「身体図式は、有機体の計画に対する価値の比率にしたがって、身体諸部位を積極的にみずからに統合する」〔Merleau-Ponty, 1945: 116, 拙訳〕と述べている。

第二に、身体図式は、環境と関わるうえで習慣化された行為を堆積する機能を持つ。生きられた身体が日常生活において遂行する行為の多くは、安定した環境において求められるパターン化された行為である。歩くこと、走ること、つかむこと、投げることといった基本動作から始まり、自転車に乗ること、箸やフォークを使って食べること、キーボードを打つことなど、道具使用の方法も習慣化された行為の一部をなす。こうした基本的な行為が習慣として身体図式に堆積することで、ひとの身体は安定した仕方で環境に関わり、環境に適応することができているのである。

もちろん一方で、相互作用すべき環境はつねに同一ではなく、大小さまざまな変化が生じ、その変化に応じて、ひとは習慣的行為を柔軟に組み替えねばならない。そこでメルロ゠ポンティも、生きられた身体の二つの層として、習慣を堆積する恒常的な「習慣的身体」と、眼前の状況に柔軟に対処する「現勢的身体」とを区別している。先に取り上げた幻肢は、両者の不一致の例として考えることができる。断肢手術のあとで、患者はしばしば、それ以前にしていたのと同じように、習慣的な仕方で環境と関わろうとする。たとえば、ないはずの脚をふみだして倒れてしまったり、ないはずの手で電話の受話器をつかもうとしたりするのである〔ラマチャンドラン＆ブレイクスリー、一九九九年、五二頁〕。これは、脚や腕を失った現勢的身体ではもはや実現できない行為を、習慣的身体においていまだ実現しようとする実践的志向が作動するために生じる。幻肢の運動感覚の一部は、習慣的身体と現勢的身体の不一致として生じているのである。これは肯定的にみれば、身体図式はいわゆる「身体がおぼえていること」（手続き記憶）を堆積する機能を持っているということでもある。一般に「身体知」と呼ばれるものの多くは、身体図式の機能にその根拠を持っている。

第三に、身体図式は、習慣として堆積された行為に見合う仕方で、環境中の行為可能性を主体に知覚できるようにする。エナクティヴな観点からすると、そもそも知覚することは、環境に由来する刺激をただ受動的に受け取って脳内で像を構成する過程ではない。ひとは、自己の身体を通じて環境の特定の側面を意味あるものとして切り出しているのであり、受容器に入力される刺激そのものが最初から一定の取捨選択を経ている。メルロ＝ポンティの考えでは、習慣に支えられたさまざまなスキルが、こうした選択的機能を担っているのである。たとえば、私にとってプールは「泳げる場所」「心地いい場所」として知覚されるが、それは私の身体が「泳ぐ」という習慣的行為を身体図式に堆積しているからである。泳げない人にとってはむしろ「溺れそうな場所」「怖い場所」として知覚されるだろう。

環境との関係で学習された行為は、「泳げる」「歩ける」「自転車に乗れる」といった「〜できる」可能性として身体図式へと堆積される。ひとがある環境に出会うとき、身体図式はみずからに備わる行為可能性を先行的に投射（プロジェクション）し、その反響をひとは知覚するのである（田中、二〇二〇年）。だからこそ、いちど身についた習慣は、明確な意識を必要とせず「身体がおぼえている」ような仕方で、状況に応じて発動することができるようになる。この点について、メルロ＝ポンティは「身体図式の理論は暗に知覚の理論である」［Merleau-Ponty, 1945: 239, 拙訳］という印象的な一文を残している。

（5）世界内存在としての身体

こうしてメルロ＝ポンティの身体図式論を整理すると、当時の神経学が「脳のなかの身体」として身体図式を位置づけようとしたのとはまったく逆に、「世界のなかの身体」という観点から理論化していることがよくわかるだろう。ひとは自己の身体を通じて外界を知覚し、また、自己の身体とともに外界に向かって行為する。知覚と行為の主体であるひとは、最初から身体として世界のなかに投げ込まれている。そして、単に投げ込まれているだけではなく、みずからの身体によって世界のなかを動き回ることで生存している。

ひとの身体運動は、当初は母胎内での胎児の運動のように、単にランダムに生じているのかもしれない。しかし、環境の条件が運動にさまざまな制約を与えるし、逆に身体はその制約を利用することで環境に適合する動きのパターンを学習できるようになる。母胎内で羊水に浮かんでいる胎児は、外界に投げ出されて空気にさらされることで呼吸を始め、重力が作用する環境のなかで、自己身体の重さを重力に適合させつつ立つことや歩くことを身につけていく。また、移動するという根源的な行為を獲得する過程で、環境世界を「上‐下」「前‐後」という方向を持つ場所として知覚できるようになる。新たな行為が創発し、身体と環境の関係が調整されるたび、知覚される世界の様相もまた更新されていくのである。立つことや歩くことを学んだ幼児は、世界に奥行きと広がりを知覚するだけでなく、物体の平衡や傾きをそれ以前よりもずっと明瞭に知覚できるようになっていることだろう。

生きられた身体と世界とのあいだには、知覚と行為をめぐる不思議な関係がある。習慣として深く堆積した行為であればあるほど、ひとの知覚的意識は身体へと向かうことはなく、行為が差し向けられた世界の側へと向かう。駅に向かって歩いていくとき、歩行者や信号や往来する自動車が気になることはあっても、自分の足のふみだし方や膝の曲がり具合や腕の振りを気にすることはないだろう。

これはまさに身体図式のはたらきであって、「歩くこと」を習慣としてみずからに堆積することで身体を背景化し、逆に、「歩くための場所」として周囲の環境を浮かび上がらせているのである[Leder, 1990]。

自己の身体が知覚の焦点として前景化してくるのは、これとは逆に、行為に失敗する場面である。つまずいて転びそうになる、扉の押し引きを間違える、伸ばした手を何かにぶつける、といった場面では、習慣的身体がなかば自動的に処理していた環境との関係がいちど中断される。それと同時に、身体の側であらためて行為を調整しようとするため、一時的に身体の側に注意が引き寄せられる。緊張や痛みや息が止まる感じのように、違和感をともなう全身の感覚が一瞬意識にのぼってくる。このとき、知覚的意識の志向性は、環境に向かっているのではなく、自己の身体の側に向かっている。

つまり、身体と世界のあいだには、「図と地」のように反転するゲシュタルト的構造があるということなのである。具体的な行為を通じて世界に向かってはたらきかけようとするとき、行為を適切に導くべく知覚は世界をとらえている。逆に、行為がうまくいかず身体と世界との関係が適切に調整できないとき、知覚は身体そのものをとらえることになる。行為とともに意識対象としての世界が現れ、行為の失敗とともに意識対象としての身体が現れる。晩年のメルロ＝ポンティは「私の身体は世界と同じ肉でできている」[Merleau-Ponty, 1964: 297, 拙訳]という有名な言葉を残しているが、身体と世界がもともと行為の「こちら側」と「向こう側」でしかないとすれば、この言葉の含意も十分に理解可能であろう。

以上のように理解すると、道具を使うということは、単に手先の器用さや脳内の神経回路の問題ではなく、身体と世界の関係を全体として組み替えることだという点に気づくだろう。道具は最初のうち、使いこなせないひとつの対象として現れてくる（たとえば刃の大きな中華包丁をあつかう場面を考えるといい）。自己の身体のように背景化することがなく、かたち・重さ・触感などを通じて、触覚的対象として知覚の前景に現れてくる。そして、握る・揺らす・振る・突くなど、対象に備わるアフォーダンスに沿って道具を動かすことに慣れていくうちに、道具は徐々に手や腕の動きと連動するようになる。このとき、道具は背景化し始める。手や腕の動きと連動してなめらかに動くようになると、指・手・肘の関節に由来するノイズのような感覚的流動が低減するため、道具のかたちや重さが最初ほど気にならなくなるのである。

この第一段階に到達できると、こんどは道具を通じて対象のかたちをとらえることができるようになる。身体の動きと連動してなめらかに動くようになった道具は、その段階で肉に接続された媒質として機能するようになるからである。道具は腕や手と連動しながら感覚的流動を生み出し、そこに不変項としての対象を浮かび上がらせるようになる。使い慣れた包丁で素材を切るとき、硬さと軟らかさ、中身の詰まり具合、水気の多さ、弾力性などを容易に感じ分けることができるだろう。包丁は触覚受容器になっているのではなく、腕と手に連動することで触覚を伝える媒質になっているのである。メルロ＝ポンティは盲人の使う杖を例にして、道具が身体化されるようすを次のように記述している。

盲人の杖は彼にとってはひとつの対象であることをやめてしまっており、それ自体としてもはや知覚されることはない。杖の先端は、感受性のともなう帯域に変容している。杖は、触れるという行為の範囲と半径を拡張したのであり、まなざしの類似物になったのである。（中略）帽子や自動車や杖に慣れるということは、それらに住みつくことである。あるいは逆に、それらをして自己身体の嵩へと加わらせることである。［Merleau-Ponty, 1945: 167-168, 拙訳］

メルロ＝ポンティが「道具に住みつく」「自己身体の嵩へと加わらせる」という表現で意図していることはすでに明白であろう。道具は、皮膚という受容器を拡張しているわけではなく、触覚を媒介する肉の延長として、身体へと組み込まれるのである。これを支えているのは、ひとの身体に備わるたぐいまれな運動学習の能力である。

こうして道具が身体化されると、それはもちろん、身体部位の運動を全体として組織化する身体図式の機能のうちに取り込まれる。道具を使っていない状態での身体運動のレパートリーに加えて、道具を使っている状態での運動もまた、有機的な行為としてひとは遂行できるようになる。それにより、身体と世界とのゲシュタルト的な構造が新たなものへと更新される。道具を使わない状態で行為していたときとは異なる相貌のもとで、世界が前景化して現れてくるのである。

たとえば、自動車を運転する経験を考えるといい。自動車は、歩いたり走ったりするのとはまったく違う速度で前進することを可能にする。周囲の光景は次々と流れ去っていき、直近の路面や道端の状況ははっきり見えなくなり、視野の縁にぼんやりと感じるだけのものに変わる。目はむしろ、数秒から二〇秒程度かけて自動車がそこにたどり着こうとしている地点を次々と的確にとらえ、それをハンドル操作と連動させて経験している。また、カーブを曲がるたびに、山並みや海などの遠景の眺望がダイナミックに変化する。窓を開ければ耳元で空気の流れが音を立て、顔と上体の表面を揺らして次々と通りすぎていく。それでいて、運転中は走るときのように大きく身体を動かすことがないため、知覚世界が激しく動いているにもかかわらず身体感覚的にはある種の静けさを感じられる。いわば「動のなかの静」といった仕方で知覚世界が与えられる。

結局のところ、道具使用を通じてひとが経験しているのは、世界との新たな出会いなのである。身体はもちろん道具なしでも世界に出会い、世界という場所で行為し続けることによって生存している（ヒト以外の生物の多くはそうである）。道具は身体という媒質を幾重にも拡張し、ひとの世界との出会い方を重層的なものにし、世界で生存する仕方を豊かにするのである。

第三節　脳と機械を結ぶ――主体感の現象学

（1）主体感と所有感

身体と世界のあいだには「図と地」の関係があり、ひとが日常的な行為を通じて世界と関わっているかぎり、身体は背景で漠然と生きられるだけの状態に留まっている。その状態は、「無意識」と呼べるほど不明瞭なものではないが、かといって主題的かつ明瞭に意識されているわけでもない。このような状態は、現象学ではしばしば「前反省的」（pre-reflective）という概念で記述される〔たとえばギャラガー＆ザハヴィ、二〇一一年〕。行為する身体は、反省的な意識作用のもとではっきりと対象化されているわけではなく、反省以前の漠然とした意識作用とともに経験されるに留まっている。

日常場面で行為する身体にともなう意識を解明するうえで大きく役立つ概念が二つある。主体感

(sense of agency) と所有感 (sense of ownership) である [Gallagher, 2012]。両者はもともと自己をめぐる議論の文脈で提起されたものだが、自己との関係はあとで整理することにして、ひとまず私たちの身体経験を整理するために援用しておこう。たとえば、駅の階段を登っているときのように、日常的な行為を遂行している場面を思い浮かべてみる。このとき、私はなかば自動的に出口に向かって歩いており、みずからの一歩一歩の足取りを反省的に意識するような状態にはない。とはいえ、夢遊病のように意識なく歩いているわけでもなく、「私が歩いている」という前反省的な感じを保持している。この感じは、言葉にしようとすると反省的な意識作用が介入してうまくとらえられなくなるが、さしあたりやや丁寧に言い換えるなら、「自分で歩いている感じ」「歩くという行為を私が行っている感じ」と記述することができる。このように、私が主体としてある行為を引き起こしているという前反省的な感じのことを「主体感」と呼ぶ。

同じ場面で、もしも後ろから誰かに押されて倒れると、倒れていく最中の経験に主体感はともなわないだろう。倒れるという状態を自分で引き起こしたわけではないからだ（反射によって引き起こされる不随意運動のようなものである）。ただしその場合も、「私が倒れる」という前反省的な感じは依然として残っているだろう。私が引き起こしたのではなくても、倒れるという経験は依然として私の経験として生じている。このように、ある経験が私の経験として生じているという前反省的な感じのことを「所有感」と呼ぶ。この感じは、倒れているときだけでなく歩いているときにもじっさいには生じている。というのも、「歩くという行為は私の行為として生じている」と暗黙に感じられるからである。つまり、随意的な行為でも不随意な行為でも、あらゆる行為にともなっているのが所有感であるのに対して、随意的な行為にはともなうが不随意な行為では消失するのが主体感である。

現代の神経科学は、さまざまな仕方で主体感や所有感に迫っているし、技術的な介入によって両者を変容させることも可能にしつつある。具体的なトピックを通じて考察を進めてみよう。

（2）ブレイン・マシン・インタフェース（BMI）

ひとが使う道具の多くは、手や足で操作し、なんらかの様式で身体の末梢における運動機能や知覚機能を拡張する。ところが、神経科学の発展とその工学的応用は、過去二〇年のあいだに脳という中枢と外部の機械を直接的に接続することを可能にした。ブレイン・マシン・インタフェース（BMI）とは、脳と機械を接続する境界面（インタフェース）を構成する技術の総称である。たとえば、二〇〇九年にホンダ、ATR、島津製作所が共同で実施した研究では、実験参加者が頭のなかでイメージした身体部位の運動を読み取り、それをホンダのロボットASIMOに伝え、本人が考えたのと同じパターンでASIMOを動かすことに成功している。この研究では、脳波計とNIRS（赤外線を用いて脳血流の変化を計測する装置）によって実験参加者の脳活動を計測、解読している。つまり、脳波計とNIRSが脳と外部機器であるロボットとを結ぶインタフェースとして用いられたということである（ホンダウェブサイト、ニュースリリース、二〇〇九年三月三一日）。

この研究では非侵襲的な（生体を傷つけない）方法を用いているので、かえって本来のBMIが果たしている役割がはっきりと理解できない。より侵襲的な方法の医療技術として開発されたBMIである「ブレインゲート」についても紹介しておこう。ブレインゲートは、脊髄損傷やALS（筋萎縮性側索硬化症）のため四肢を動かせない患者の生活をサポートする技術である。最初の臨床例だった

M・ネーゲル氏は、二〇〇一年に頸部を刺されて重体となり、以後、脊髄損傷による四肢麻痺に陥った。随意的に動かせるのは頭部だけで、首から下は意図してもまったく動かせない状態である。二〇〇四年、ブレインゲートの臨床試験をみずから希望し、大脳の運動野に一〇〇本の電極からなるチップを埋め込む手術を受けた。動物ではなく人間の脳にBMIが設置されたのは彼の例が初めてだった（BBC NEWS ウェブサイト記事「Brain chip reads man's thought」二〇〇五年三月三一日）。

ネーゲル氏の場合、脳と身体を結ぶ運動神経が頸部で寸断されているため、身体は通常のようには動かせない。しかし、身体に向かって運動指令を発する脳の活動は保たれている。じっさい、頭部の動きは保たれているので、顔の向きを変える、声を出す、眼球を動かす、咀嚼するといった運動は可能である。そこで、本来であれば運動野から四肢に向かって流れるはずのシグナルをBMI経由で読み取り、外部の機器（この場合はコンピュータ）に接続すれば、いわば四肢を動かすのと同じようにそれらを本人の意志によってコントロールすることができるだろう。これがブレインゲートの設計思想である。図5—4は、開発者のドナヒューらによる論文に掲載されているもので、BMIの外観、電極、脳表面の設置部位を示している。

電極を設置して最初に行ったのは、手の動きに対応する運動野のニューロンの活動パターンを記録し解読することだった。つまり、手を動かそうとする意図が本人に生じているとき、それに対応する脳の活動を特定し、次にそれを解読して、外部のコンピュータをコントロールするデジタル信号に変換する。この状態でBMIを介して脳とコンピュータが接続されると、本人が手を動かそうと意図すれば、それに反応してモニター上のカーソルが動くようになるのである。ネーゲル氏はブレインゲートを設置した状態で訓練を続けた結果、カーソルを動かして簡単な図形を描いたり、文字盤をクリックして文章やメールを書いたり、画面上のスティックを動かしてビデオゲームを遊んだりすることができるようになった。

ここで確認しておきたいのは、ＢＭＩの設計に含まれる発想と前提である。ＡＳＩＭＯを使った研究の場合もブレインゲートの場合も、基本的には、身体運動の意図または指令に対応する脳活動を、インタフェースであるＢＭＩを介して記録かつ解読し、外部に接続された機器と連動させるという考え方に基づいて進められている。そして、一次運動野のように、具体的な運動指令に対応する特定部位のニューロンの活動を精緻に読み取ることができれば、本人が意図したことをそのまま外部機器で実現できる可能性が高まると考えられている。いわば、脳に接続されたデバイスが、四肢を動かすのと同じように思いどおりに動くような状態が究極的には目指されている。

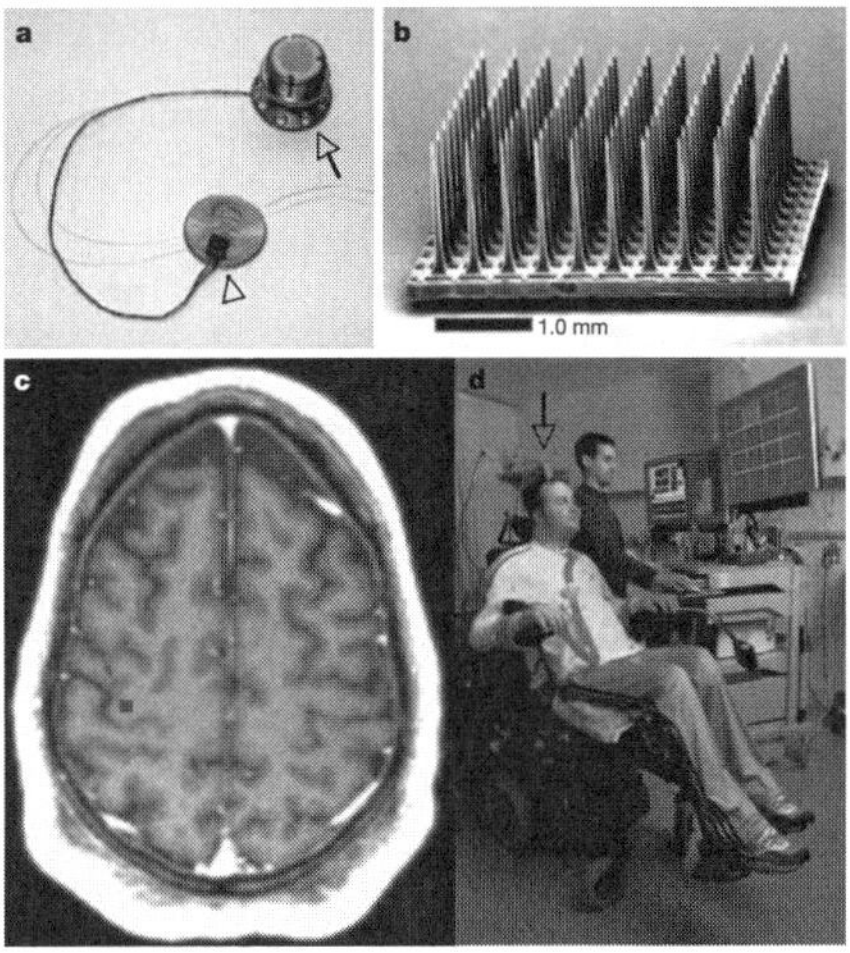

図５—４　ブレインゲート（Hochberg et al., 2006）

この点について、脳研究者である川人は「すでに「超能力」が実現しつつある」（川人、二〇一〇年、一四三頁）という刺激的な言い方で表現している。つまり、神経科学の成果を工学的に応用したＢＭＩによって、心のなかで念じただけで機械が動くような状態、一種のサイコキネシスが可能になりつつあるといっているわけである。しかし、「心で念じて機械を制御する」ようなものとしてBMIをとらえているとするなら、それは、もともと脳と身体の関係を同じように「心で念じて身体運動を制御する」関係として理解している、ということを示唆する。というのも、BMIはあくまで、脳と身体末梢の関係を、脳と機械の関係に置き換える装置として開発されているからだ。だが、このようなサイコキネシスのような見方で、脳と身体の関係や、身体を動かす経験をとらえても問題ないのだろうか。ここにはさらに追求すべき理論的課題が潜んでいる。

(3) ニューラル・オペラント条件づけ

もともと、BMIを可能にした直接の研究は「ニューラル・オペラント条件づけ」と呼ばれる動物実験にある。報酬や罰を与えることでなんらかの自発的行動を動物に学習させることを心理学では「オペラント条件づけ」と呼ぶ。古典的な例では心理学者のスキナー(Skinner, Burrhus F., 1904-90)が作った箱(スキナー・ボックス)がよく知られている。箱のなかに空腹な状態で入れられたネズミは給餌器のなかにエサがあることに匂いで感づくのだが、どうすればそれを開けられるか最初はわからない。しかし、近くに設置されたレバーを押すと給餌器が開いてエサを取ることができる仕掛けになっている。この関係をみずから発見して学習が成立すると、ネズミは安定してレバー押し行動を繰り返すことができるようになる。

チェーピンらは、このような古典的な学習実験をBMIと組み合わせて独創的な実験を行った[Chapin et al., 1999]。レバーを押して水を飲む行動を学習したネズミの運動野にBMIを設置してニューロンの活動を記録し、レバーを押す際の前肢の運動に対応するとみられるニューロンの活動パターンを特定する。この解読が可能になると、ネズミの動きは外部からも予測可能になる。ニューロン活動をモニター上で観察しているだけで、ネズミがこれからレバーを押すことが実験者にも読み取れるからである。そこでこんどは、レバーと水が出るチューブの連結を切り、ネズミのニューロン活動だけに対応して水が出る仕掛けに切り替える。この状態で実験を続けたところ、六匹のうち四匹が最終的にはレバーを押さずにチューブから水を飲むことができるようになったという。つまり、前肢を動かすことなく装置を操作して水を飲めるようになったのである。

のちに、もう少し複雑な実験がサルでも実施されている〔ニコレリス、二〇一一年〕。ジョイスティックを動かすと画面上のカーソルが連動して動く装置をサルに使わせる。画面上のターゲットに向かって正しくカーソルを動かすことができると、サルには報酬のジュースが一滴与えられる。この実験は、カーソルの視覚的フィードバックを与えて正しい運動になっているかどうかサル自身が判断できる点で、ネズミの実験よりも複雑になっている。また、脳活動の記録も、より精密に手の運動を予測できるようにするため、運動野だけでなく前頭葉や頭頂葉の他のニューロンの活動も記録した。こうして、ニューロンの活動からジョイスティックを動かす手の動きを予測できるようになった段階で、ジョイスティックとカーソルの連結を段階的に外していく。サルは最初、脳だけでカーソルを動かせるようになるわけではなく、手が同時に動いている。ところが数週間の学習を経ると、手の動きが消え、体を動かすことなくカーソルを動かすことができるようになるのである。

これらの実験は、ニューロンを対象にしてオペラント条件づけを行うものなので「ニューラル・オペラント条件づけ」と呼ばれる。つまり、レバーを押したりジョイスティックでカーソルを動かしたりする自発的行動の条件づけのあとで、さらにそれを置換するようなニューロン活動を条件づけによって形成するということである。他方、このような条件づけが可能になる技術的前提として、(a)ネズミが前肢でレバーを押す運動やサルがジョイスティックを操作する運動に対応するニューロンの活動が解読されていること、(b)それと同じニューロン活動が生じるとき、外部機器が自動的に作動してチューブから水やジュースが出てくる回路が実現されていること、が必要だった。

だとすると、このようなニューラル・オペラント条件づけを学習する際にネズミやサルが経験する心的状態は、次のようなものであると推測される。すなわち、「前肢でレバーを押そうとするが実際には押さない」、「ジョイスティックを動かそうとするが実際には動かさない」、という状態である。レバーを押すとかジョイスティックを倒すとか、ある運動行為をしようと「意図する」ことによって、その行為に対応するニューロン活動を発生させ、そのシグナルがBMIを通じて流れていくことで外部機器が作動する。「考えるだけで機器を操作する」という状態をよりていねいに言葉にすると、このように記述できるだろう。

ただし、BMIをめぐる論点がこれで尽きるわけではない。というのも、BMIを用いたニューラル・オペラント条件づけが確立されると、じっさいには脳のあり方が変化するからである。先のネズミの実験では、前肢に信号を送っていた運動野のニューロン群は、学習の成立後にはもはやその信号を送っておらず、前肢を制御することをやめてしまう。また、サルの実験では、手の運動を制御している運動野のニューロン群は、BMIでカーソルを動かし始める初期に活動が急激に上昇し、操作に慣れてくるとともに上昇が収まってくる。さらに、このような変化を経て、手の動きを制御しなくなっていく。つまり、身体を動かさずにBMIを介して外部機器を操作できるようになると、脳の機能的な――そして見方によっては構造的な――変化が生じるのである。

神経科学では一般に、学習に応じて脳の機能と構造が柔軟に変化していくことを「脳の可塑性」(plasticity)と呼ぶが、可塑性はBMIを用いた学習の場合にもあてはまる。この点について、櫻井は次のように端的に述べている。

BMIにより機械とつながった脳について、一つの重要な事実がわかっている。それは、脳はその活動で機械を操作するだけでなく、機械をより効率的に上手く動かすように脳自身の機能と構造を変えていくという事実である。すなわちBMIは脳を変えるのである。〔櫻井、二〇一三年、二七頁〕

このように可塑性をもって脳が変化するのだとすると、ニューラル・オペラント条件づけが成立したあとでは、BMIが設置されている脳の部位はラットの前肢やサルの右手を直接には制御しておらず、レバー押しやジョイスティック操作に対応する運動指令もその部位から発してはいないことになる。それにもかかわらず、学習が成立すればチューブは水を出すし、カーソルは目標に向かって動く。

この段階は、次のように記述できるだろう。ネズミはもはや、「レバーを押そうとするがじっさいには押さない」という偽りの意図を発動させてはいない。レバーを押す前肢の運動にもともと対応していたニューロン活動のみを発生させることで、チューブから水を出している。また、サルは、ジョイスティックの操作に対応していたニューロン活動を発生させることで、カーソルを動かしている。とはいえ、前肢や手指を動かすのと違ってニューロンそのものは運動制御の対象にならないことを考えると、両者の心的状態は、身体を動かすふりをするのではなく、より直接に「チューブから水を出そうとする」「カーソルを動かそうとする」という、環境の変化を引き起こそうとする意図であると考えられる。

また、学習の以前と以後とでは、同じニューロン活動が末梢における異なる指令を表現していることになる。ニューラル・オペラント条件づけ以前のネズミでは、BMIが設置された部位の運動野のニューロン活動は、レバーを押す前肢の運動指令を表現していたが、学習以後は、その同じニューロン活動がチューブから水を出すという指令を表現している。サルの場合、学習以前は、同様のニューロン活動がジョイスティックを動かす手指の運動を表現していたが、学習以後は、BMI経由でカーソルを動かすという指令を表現している。このように、関与しているのが同じニューロン活動であったとしても、学習の以前と以後とではまったく異なる指令を表現していることになるのである。

なお、運動出力と感覚入力の違いはあるが、幻肢の研究においても、同じニューロン活動が異なる内容を表現するものに変化する場合があることはよく知られている。前節で言及したラマチャンドランによると、手の喪失後、もともと手からの入力に対応していた体性感覚野の部位が、顔面から入ってくる刺激と混線するように対応する例が見られるという。この種の事例では、顔面に触刺激を与えると、患者は顔に触れられているだけでなく、幻の手指の感覚を覚えるのである〔ラマチャンドラン&ブレイクスリー、一九九九年〕。つまり、断肢経験の以前と以後とで、同じニューロン活動が末梢での異なる感覚を表現する場合があるということである。

脳の可塑性を考慮して、BMIの技術が何を可能にしているのかあらためて整理しておこう。BMIの技術は、(a)特定の身体運動に対応するニューロンの活動を測定し解読すること、(b)身体運動なしで同じニューロン活動の発生を動物やヒトに学習させること、両者が可能であるため、有効な技術として利用できる。注意してほしいのは、こうして論点を整理してみると、ＢＭＩは「身体を動かす意図」という心的状態を読み取り、それを機械へ伝達しているわけではない、ということである。すでに検討したとおり、ＢＭＩを用いたニューラル・オペラント条件づけが定着する以前と以後とでは、それを装着する側の意図の発動のさせ方が変化している。関与しているのは脳内の同じ神経活動だとしても、それが同じ心的状態を表現しているわけではないのである。

（4）脳の可塑性と身体図式の柔軟性

　このように考えると、脳と身体運動の関係をサイコキネシスのようにとらえるのはやはり不適切だということになるだろう。心で念じたことが脳の運動野で生成する運動指令として表現され、それが末梢の身体部位に伝達される結果として身体運動が生じる。このような見方は、私たちの身体運動の実態を正確にとらえてはいない。もちろん、中枢と末梢とのあいだにある程度固定的な関係があるのは確かである。ペンフィールドの古典的な研究が示したとおり、末梢から入ってきた触刺激は、顔や手といった末梢の部位に応じて体性感覚野の対応部位における活動を生じさせるし、逆に、運動野の特定部位の活動は、それに対応して口や手や足の運動を生じさせる［Penfield & Rasmussen, 1950］。この関係が局在的で安定しているからこそ、ペンフィールドは図5―5のような「運動ホムンクルス」（ホムンクルスは「小人」の意）を提示することもできたのではある。

　ただし、このような局在論的な発想だけでは、運動学習が示す脳の可塑性を説明できない（ちなみ

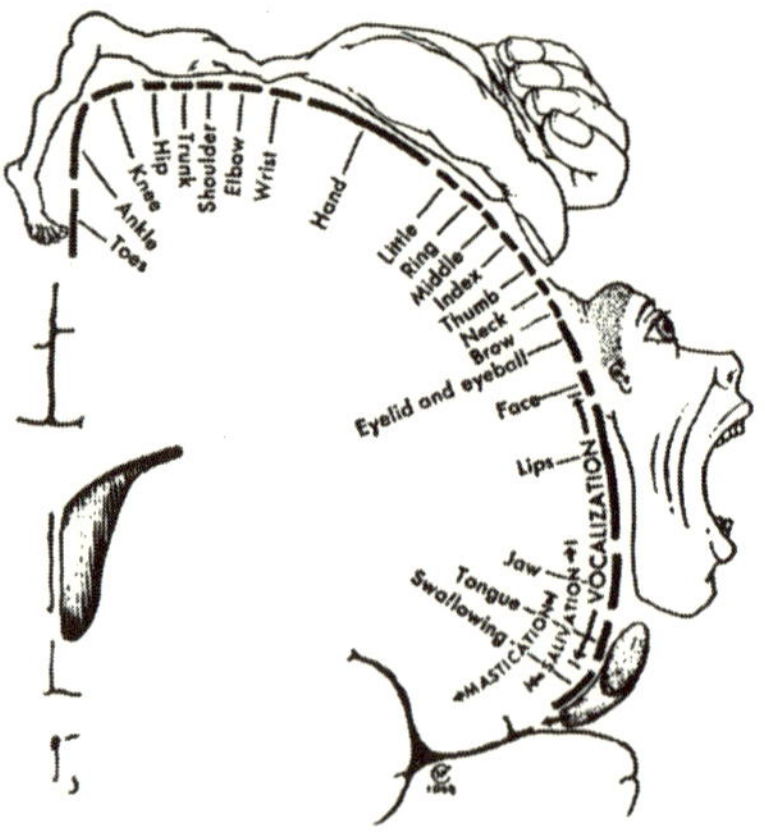

図５―５　運動ホムンクルス（Penfield & Rasmussen, 1950）

にペンフィールドの時代には脳の可塑性は十分に知られていなかった）。すでにみたとおり、ＢＭＩが取りつけられたネズミやサルの運動野の特定部位におけるニューロン活動は、レバーを押す前肢の運動や、ジョイスティックを操作する手指の運動を表現していたが、学習後にはそれを表現しなくなる。表現しなくなるのは、前肢を動かさなくてもチューブから水を出すことができ、あるいは手指を動かさなくてもカーソルを動かせるようになったからにほかならない。

重要なのは、脳と身体運動の関係が組み変わっても水を飲めたりカーソルを動かせたりするように、「脳‐身体‐環境」というより大きな系において、学習以前と同じ結果をもたらすことができるという事実である。学習以後も、環境の側に以前と同じ変化を引き起こすことができるのなら、「脳‐身体」という小さな系のなかで回路が組み変わっても問題ない。これが運動学習における脳の可塑性の意味するところである。

このような観点からみるなら、脳に接続する「ＢＭＩ＋外部機器」を「念じて動かす」ような特殊なデバイスとしてとらえるのは適切ではない。そうではなくて、身体と世界の関係を全体として組み替える役割を果たす一種の道具なのである。たとえば、床に落ちたペンを拾う場合、腰をかがめ手を伸ばしてつかむことができるが、マジックハンドを使えば腰をかがめずにつかむことができるだろう。前者と後者では、体幹の傾斜、膝の曲げ具合、手指の握り方と力の入れ具合など、全身各部位の運動は大きく異なっている。身体内部の運動を比較すると、個別部位の動かし方もその配列の仕方も違っており、いわば異なる回路を使っているといっていいような違いがある。もちろん、脳から身体末梢への個々の運動指令も大きく違っている。にもかかわらず、「ペンを拾う」という同じ結果をもたらすことができる。

道具を用いても用いなくても同じ結果を環境にもたらすことができる。これは、「生きられた身体」に備わる身体図式が、身体各部位の運動とその配列を道具に合わせて変化させるだけの柔軟性を持っているからである。おそらく、ネズミやサルやネーゲル氏が経験しているのも、同じ結果をもたらすために身体図式を通じて「脳-身体」という系の回路を組み替える一種の運動学習なのである。もちろん、「BMI＋外部機器」という道具は、一般的な道具のように四肢に接続して使うものではないため、かたち・重さ・触感など、触覚的フィードバックをもとにして道具使用のコツをつかむ経験を重ねることはできない。ただし、視覚的なフィードバックを介して、意図したとおりに環境が変化するかどうかモニターすることはできる。

運動学習の経験には、新たな身体運動のパターンを身体図式に定着させる、いわゆる「コツをつかむ」過程がともなう(田中、二〇一三年)。通常の運動学習とBMIとでは、コツのつかみ方に違いがあるだろう。すなわち、身体の動かし方を変えて目標とする結果を得るというコツのつかみ方ではなく、身体を動かさないようにして目標とする結果を得るというコツのつかみ方で、BMIの使用法は学習されるのである。ここで「身体を動かさないようにして」という部分が、いかにもBMIをして外部機器を動かそうとする「意図」を伝達しているように思わせるのだが、もともとBMIが測定し解読しているのは、ネズミの前肢やサルの手指の運動に対応するニューロン活動であって、意図という心的状態ではない。

一般に、意図とは、特定の行為を遂行しようとすることである。神経科学にもくわしい哲学者のパシェリー［Pacherie, 2007］は、時間的なスケールに沿って意図を次の三段階に区別する。(a)遠位意図：将来の行動について事前に計画される意図、(b)近位意図：現在の行為に関係し、知覚的なモニタリングを通じて現在の行為を修正し、行為の目標を達成できるようにする意図、(c)運動意図：進行中の身体運動に関係し、近位意図を具体的な運動へと変換するようにはたらく意図、である。ここでの議論に関係するのは(b)近位意図と(c)運動意図である。ひとが身体図式をはたらかせてなんらかの行為を実行するときは、たとえば「水を飲もうとする」という近位意図に合わせて、ペットボトルをつかむために手を伸ばす、という具体的な身体運動を展開する。

ここでの議論によせて考えると、近位意図と運動意図の蝶番《ちょうつがい》のような役割を果たしているのが身体図式である。近位意図は、環境にはたらきかける行為を通じて、一定の結果をもたらそうとする。たとえば、水道の蛇口をひねるのは水を出そうとするからであり、冷蔵庫を開けるのは食材を取り出そうとするからである。外界の対象を目指して身体が動き始めるとき、全身各部位の運動とその配列を調整しているのが身体図式である。行為を実行してみて、予測していた結果のフィードバックが得られなければ（たとえば蛇口をひねろうとしても固くて回らないような場合）、近位意図を調整し直すことで（もっと強く蛇口をひねろうとする）、同じ結果を得ようとして身体図式が全身各部位の運動を調整し直す（握りとひねりの動作により強く力を入れる）。

メルロ＝ポンティ［1945］は、身体図式が行為を組織化する際にはたらく意図のあり方を「運動志向性」(intentionnalité motrice) と呼んでいる。身体図式に堆積した習慣的行為は、慣れ親しんだ行為を通じてはたらきかけができる事物として、さまざまな対象を知覚的に浮かび上がらせる。たとえば水道の蛇口は、それをひねることで水を出すことができる、というアフォーダンスとともに知覚される。水を飲もうとする近位意図があるときに、このように行為可能性を示唆する対象の知覚が加われば、運動志向性がはたらいて「水道の蛇口をひねる」という行為が前反省的に引き起こされるだろう。もしも蛇口が固くてうまく回らなければ、その瞬間に反省が生じ始め、あらためて力を入れるように行為が再度組織化される。身体図式は、ここまでの行為の組織化‐再組織化を担っている。

前節で指摘したとおり、身体と世界のあいだには「図と地」の関係がある。行為とともに意識対象としての世界が現れ、行為の失敗とともに意識対象としての身体が現れる。ある行為の意図は、最初は前反省的な次元ではたらく。ある行為を通じて対象にはたらきかけ、目標が実現されなければ反省を発動させて行為を組み立て直す。意図は一種の心的状態であるが、身体図式とともに「身体‐環境」のあいだの知覚・行為の循環と絡み合って作用している。意図は、環境や身体から切り離された仕方で、あるいは脳内だけで生成しているわけではないのである。

(5) 運動志向性と主体感の拡張

「心で念じて機械を制御する」ようなものとしてBMIをとらえる従来の見方は、デカルト的な心身二元論を背後に引きずっている。デカルト〔二〇〇一年〕は、延長を本質とする物体(身体)と、思惟を本質とする精神(意識)とを明確に区別した。このような認識のもとで、外界と意識を分離し、物体としての身体と純粋意識としての精神とを分離する発想に立つと、意図は、明確で決然とした「意志」のようなものとしてしかとらえられなくなる。つまり、はっきりした意志決定に基づいて精神が身体を動かし、身体運動によって外界にはたらきかけて変化を生じさせる、という見方である。この見方では、習慣的行為のように、あいまいな意識のもとで遂行される行為は適切に位置づけられない。精神が身体そのものを対象として動かすような「運動」か、身体が外部の物理的刺激によって不随意に動かされる「反射」しか、身体が動く契機がなくなってしまう。

それだけではない。このように、意図を「意志」として純粋化するとらえ方に潜む問題は、神経科学それ自体によってずいぶん以前に明らかにされている。リベット（Libet, Benjamin, 1916-2007）は、一九八〇年代に、自由意志を問題にする次のような実験を行った。それ以前の運動研究を通じて、じっさいの身体運動に約八〇〇ミリ秒（〇・八秒）早く、「準備電位」と呼ばれる脳の活動が観察されることが知られていた。リベットは、身体を動かそうとする本人の意志が、この準備電位より早く現れるのかどうかを調べたのである〔リベット、二〇〇五年〕。

実験では、被験者に対して、自分の好きなときに手首を曲げるよう依頼する。また、被験者の目の前に二・五六秒で光点が一周する特殊な時計をおき、手首を曲げる意志を被験者自身が自覚した瞬間、光点がどこにあるかを記憶させる。その一方で、準備電位を検出するため被験者の脳波を測定し、腕の筋肉の活動を記録する。このような方法で、(a)被験者が手を動かす意志を感じる瞬間、(b)脳の活動、(c)腕の筋肉の活動、の時間的な順序を調べた。その結果わかったのは、(a)→(b)→(c)の順番で事態は推移していないということだった。準備電位は八〇〇ミリ秒ほど腕の活動より先に生じているのだが、意志を自覚する瞬間は、たかだか一五〇～二〇〇ミリ秒しか腕の活動に先立っていないことが判明したのである。

身体を動かす意図が、本人にもはっきりと自覚できるようなきっぱりとした意志のみであるとするなら、そのような意志は時間的な推移から見て、その六〇〇ミリ秒前に脳内で生じていた準備電位がもたらした結果にすぎないことになるだろう。じっさい、リベットの実験を受けて「自由意志は存在しない」という類の議論がかつて争われた。ここではその論争に踏み込まない。そもそも被験者側から事態を見れば、実験状況下で手首を曲げようとする「遠位意図」を事前に持っていたのであって、遠位意図と脳活動の因果関係が調べられていない点で、自由意志を云々する論争に発展させるのは無意味だからである。

ただ、ここで指摘したいのはそういうことではない。メルロ＝ポンティが「運動志向性」という概念でとらえようとしていたのは、デカルト流の心身二元論の構図ではかき消されてしまうような、ひとの運動の実態である。ひとは日常生活を構成する多くの身体運動を習慣的行為の一部として実践している。歩く運動は駅に向かう行為の一部として生じるし、腕を伸ばす運動は物をつかむ行為の一部として生じる。すでに見たとおり、こうした習慣的行為の文脈では、ひとは環境や対象のほうを意識するのであって、身体そのものは意識の対象にならず背景へと退いている。だから、ひとは身体そのものを動かそうとして動かすのではなく、行為の意図を持つとそれに応じて自然と運動志向性がはたらき、対象にはたらきかける身体運動が生じてくる。

メルロ＝ポンティは運動志向性について論じながら、「あらゆる運動は、不可分に運動であると同時に運動についての意識でもある」[Merleau-Ponty, 1945: 128, 拙訳]と指摘している。なんらかの行為を意図すると、運動志向性がはたらき始め、はっきりとした意志を持たなくても対象に向かって身体が必要な運動を始める。それが通常の場面での運動のあり方である。行為にともなう主体感が前反省的であるのは、まさにこうした理由からである。ひとは行為に失敗しないかぎり、反省的に、身体それ自体を対象として意識しながら動かすことはない。行為に失敗して初めて身体が意識の前景へと現れ、対象として動かさざるを得なくなるのである。

道具をうまく扱えるようになる以前、手と道具はともに反省的意識の対象として現れ、比較的はっきりした意志とともに動かさざるを得ない。だがいちど扱いに慣れてしまえば、道具の先にある対象へと運動志向性がなめらかにはたらき、前反省的な主体感だけで行為できるようになる。ニューラル・オペラント条件づけの以前と以後もそれに類似している。条件づけ以前、ネズミにとってのチューブ、サルにとってのカーソルは、反省的意識とともに動かそうとしてもまったく動かない対象として現れ、前肢を動かすふりやジョイスティックを倒すふりをするとかろうじて作動する。しかしこの状態で操作にいちど慣れてしまえば、身体を動かさなくても運動志向性がはたらき、水を飲んだりカーソルを動かしたりできるようになる。この操作にともなっているのは、習慣的行為にともなう漠然とした主体感であって、念じて動かそうとするような「意志」ではない。ＢＭＩは、「念」を伝達する装置ではなく、脳につながれた外部機器へと主体感を拡張する装置なのである。

第四節　「私の身体」を操作する——所有感の現象学

（1）身体の所有感

当たり前のことだが、誰か他の人の身体を見て「自分の身体」と感じることはない。新幹線や映画館でたまたま隣り合わせになった客の腕が肘掛けにおかれているのを見て、自分の腕と勘違いするなどということは決してない。自己の身体には所有感がともなっているが、他者の身体にはともなわないからである。では、使い慣れた道具の場合はどうだろう。包丁、箸、腕時計など、日頃から使い慣れている道具には、ある種の愛着とともに「私のモノ」という漠然とした所有感らしきものを感じるかもしれない。とはいえ、これもいわば擬似的なものであって、所有「感」と呼べるほど内実のある感覚ではない。

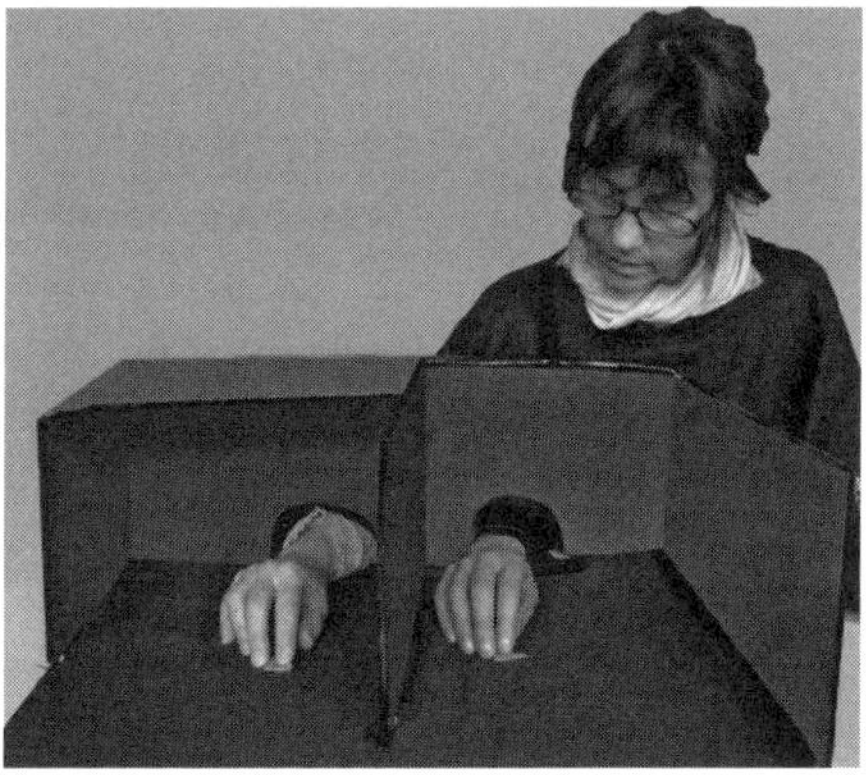

図5—6　ラバーハンド錯覚（Moguillansky et al., 2013）

　ところが、意外に簡単な仕掛けによって身体の所有感を物体に拡張できることが知られている。「ラバーハンド錯覚」(rubber hand illusion) と呼ばれる身体錯覚がそれである。ご存知の読者も多いかもしれないが、オリジナルの論文に沿って実験方法と錯覚の内容についてここで解説しておこう [Botvinick & Cohen, 1998]。実験参加者は図5—6のようにテーブルの上に腕をおいた状態で座る（写真では右腕だが元の実験では左腕）。腕より体幹に近い位置にそれと同じサイズのゴムの手を並べ、両者のあいだをスクリーンで遮蔽、参加者本人にはゴムの手しか見えない状態にする。ゴムの手に視線を集中するよう参加者に求め、この状態で向かいにいる実験者が本物の手とゴムの手を同じタイミングで筆を使ってなでていくと、参加者はゴムの手の上に触覚を感じる。

　このような状態で刺激を一〇分間繰り返すと、触覚だけでなく所有感にも錯覚は拡大する。実験後に質問紙への回答を求めたところ、次の三項目で参加者の錯覚は顕著だった。(a)私がゴムの手を見ているその位置に、筆の接触を感じているかのようだった。(b)私が感じた触覚は、ゴムの手に触れている筆によって引き起こされたかのようだった。(c)ゴムの手が自分の手であるかのように感じられた。

　わかりやすく整理すると、この実験で生じている錯覚の内容は、次の二点に整理できるだろう。(1)触覚の位置の錯覚：筆でなでられている感覚は、本物の手のある位置というよりは、ゴムの手のおかれている位置で生じているように感じられる。(2)所有感の錯覚：ゴムの手があたかも自分のものであるかのように感じられる。ここで、それぞれの経験の意味について考察してみよう。

　神経生理学的な観点からすると、(1)触覚の位置の錯覚については、第二節でみた頭頂葉のバイモーダル・ニューロンが重要な役割を果たしているとみられている。視覚と触覚という二つのモダリティの刺激に反応するため、ゴムの手に加えられる刺激を視覚的に経験することで、そこに触覚が生じているのと同様の反応をしている可能性がある。また、(2)所有感の錯覚については、運動前野、頭頂間溝、小脳の活動が関与することが明らかになっており、本物の手に由来する触覚の情報と、ゴムの手に由来する視覚の情報とが同時性をもって統合されることが重要だと考えられている [Ehrsson et. al. 2005]。

もともと、実験状況を離れて考えると、触覚の位置を認知するうえで視覚は必ずしも重要ではない。たとえば、背中がかゆい場合、「かゆい」と感じられる位置は目で見ることはできないが、孫の手などを使えばきわめて正確にその位置を特定することができる。これは、第二節で紹介したヘッドとホームズ［1911］が身体図式に見出した中核的な機能のひとつである。ひとは触覚的刺激について、目で見たり身体の視覚的イメージに頼ったりすることなく、正確にその位置を定位することができる。それは、身体図式がその刺激を定位するうえで必要な暗黙の地図、もしくは参照枠組みとして機能しているからである。

神経生理学の知見や身体図式の機能をふまえて考えると、ラバーハンド錯覚でゴムの手に生じる所有感が、視覚優位な仕方で触覚経験を再編することによって成立していることがわかるだろう。実験参加者は、なでられているゴムの手をじっと注視することで、そこが触れられており、その手が自分の手であるかのように感じ始めるのである。このような事情から、身体の所有感は、視覚中心に触覚を再編する多感覚統合（multisensory integration）によって生じると指摘されている［Tsakiris et al., 2007］。

視覚と触覚の主観的な経験の質にこだわって錯覚を記述するなら、次のようになるだろう。ひとは通常、触覚的経験を「ここ」という空間的な質とともに感じ取っている。「ここ」というのは、触れている私から隔たりのない位置のことである。目を閉じて物体に触れれば、それはつねに私と密着した「ここ」という独特の空間に定位される。ところが、視覚的経験は異なっている。こんどは目を開けて同じ物体を見てみると、それは私から微妙に離れた「そこ」に定位される。これは自己の身体で試しても同じことである。目を閉じて自己の身体に触れると、指先の当たっている部位が「ここ」として経験される。だがその手を離して同じ部位を目で見ると、こんどは「そこ」に位置づけられる。ラバーハンド錯覚における多感覚統合も、このような空間性の違いが大きな鍵をにぎっている。実験参加者は最初、「そこ」に定位されるゴムの手がなでられるのを見ている。それと同時に、見えない位置にあってなでられている自分の左手を「ここ」に経験している。錯覚は、じっと注視しているゴムの手のある「そこ」に、触れられている左手の「ここ」という感じが重なることで生じる。不思議なことに、視覚的な「そこ」が触覚的な「ここ」という位置感を吸い寄せるような仕方で知覚が生じるのである。

(2) 全身に拡大する試み

ラバーハンド錯覚が発表されたのは一九九八年だったが、その錯覚の新規さと再現のしやすさが相まって実験パラダイムとして急速に広まり、さまざまなヴァリエーションが試されることになった。なかでも、その極めつきというべき実験がスイスのO・ブランケらの研究チームによって行われている[Lenggenhager et al., 2007]。彼らはラバーハンド錯覚と同様の錯覚を、全身レベルで引き起こすことを試みたのである。主観的経験の意義を明らかにするため、ここでも実験の手続きをひもといて考えてみよう。

図5—7にみられるように、実験参加者はヘッドマウントディスプレイを装着して実験室内の特定の位置に立ち、二m前方に映し出された自分の背中を見る。映像中の背中はロッドでなでられているが、それと同じタイミングで本物の背中の同じ部位が実験者によってロッドで刺激される。なお、映

像は実験に先行して図中のビデオカメラの位置から録画されたものである。ラバーハンド錯覚では、錯覚の経験が手という身体部位に限定されていたのに対して、ここでは錯覚が全身を対象としているため「フルボディ錯覚」(full-body illusion) と呼ばれる。

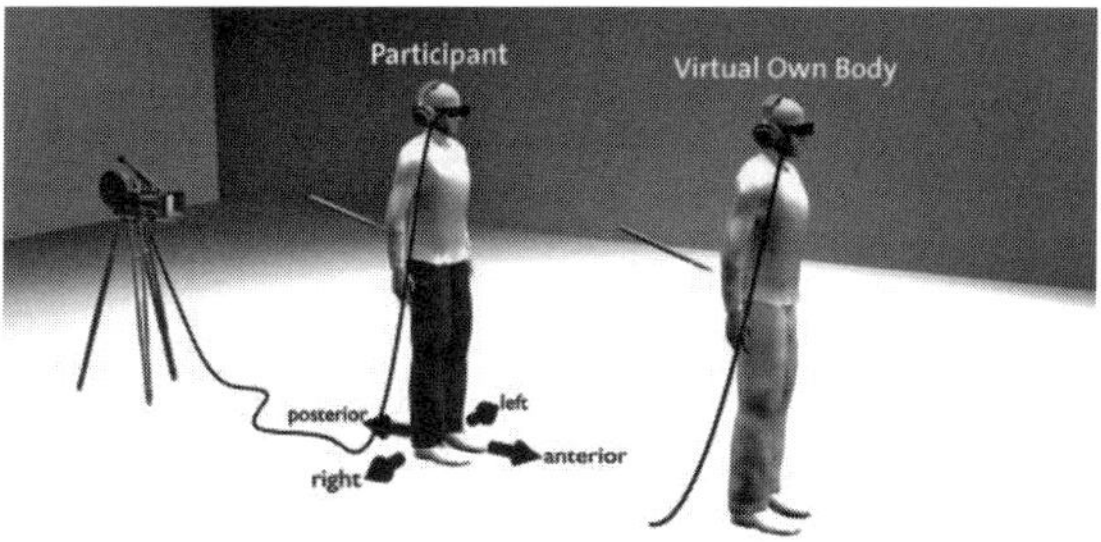

図5―7　フルボディ錯覚 (Lenggenhager et al., 2007)

参加者にはこの状態で一分間継続して刺激が与えられ、映像と同期する条件で刺激が与えられる場合と、非同期条件の場合とが比較された。実験終了直後に、目隠しをした状態で錯覚経験中の自己位置に移動するよう求めたところ、同期条件では前方に向かって有意に大きく移動する結果が得られた。その結果は、平均して二四・一±九・〇cm、実験時の立ち位置から前方だった。

ラバーハンド錯覚と基本的に同じ原理を用いている点からすると、実験参加者は、映像のなかの背中がロッドでなでられているのを注視しているうちに、その位置に触覚を感じ始めるだろう。触覚的に「ここ」に感じられていることが、視覚的に定位される「そこ」へと重ね合わされ、二m前方にありながら「ここ」で触れられていると感じる、という奇妙な知覚が生じるだろう。

では、このとき、実験参加者の「私」はどこにいるのだろう?「ここ」や「そこ」はあくまで空間を経験する主体である「私」との相対的な距離感で決まる位置価である。二m前方で「ここ」と感じている「私」は、まさに映像中の仮想身体のある場所で「ここ」

と感じていることになるのだろうか。すなわち、「私」は仮想身体の位置にいる、と感じるのだろうか。

じつは、もともとこの実験はこの種の効果を引き起こすことを企図してなされている。実験以前から、ブランケらは、側頭頭頂接合部（TPJ）の病変によって、身体外部の視点から自己の身体を目撃する「体外離脱体験」（out-of-body experience）が生じる事実を見出していた［Blanke & Arzy, 2005］。そこで、ラバーハンド錯覚の原理を全身に応用して、ディスプレイ中に表示される仮想身体の像に自己を同一化させることで、自己位置感（sence of self-location）を身体の外部に誘導することを試みたのである。本物の手と同期して触れられているゴムの手が「自己の手」として感じられるのなら、本物の身体と同期して触れられている全身像は「自己の身体」として感じられるだろうし、結果として主観的に経験される自己位置が前方にずれるだろう、という想定である。

じっさいはどうなのだろうか。実験が誘発する錯覚経験の内容について、同論文では以下のように主張されている。

・自己身体の外部の位置に向かっての錯覚的な自己局所化が示しているのは、身体的自己意識および自己性が、自己の物理的身体の位置から分離されうるということである。［Lenggenhager et al., 2007: 1098］

・われわれが見出したのは、多感覚コンフリクトを通じて、実験参加者は、自分の前方に見える仮想身体が自分自身の身体であるかのように感じること、また、自己身体の境界の外部の位置、仮想身体に向かって自己自身を誤って局所化するということである。［*ibid.*, 2007: 1096］

実験によって引き起こされるのが体外離脱の経験であると明確に述べてはいないが、錯覚についておおよそ次のような解釈がなされていることはここで確認しておこう。⑴主観的に「私がいる」と感じられる位置（自己位置感）は、現実身体ではなく、ディスプレイに映し出された仮想身体へと転移する。⑵仮想身体を見る視覚的パースペクティヴは、現実身体の側に残る（訳文中で著者らが「物理的身体」としているものは、現象学における物理的身体〈ケルパー〉とは区別するため、ここでは「現実身体」とする）。

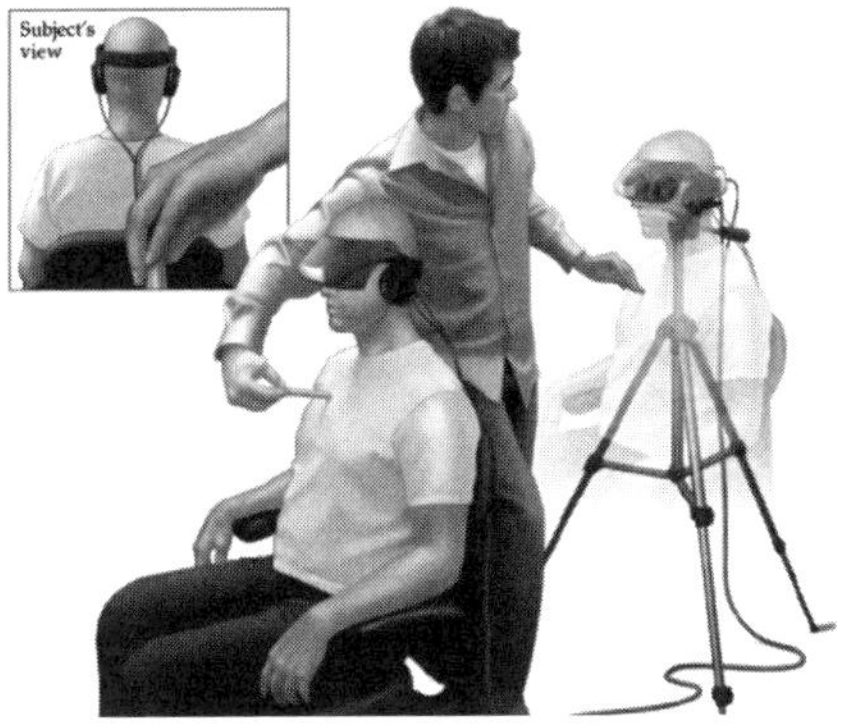

図5—8　体外離脱錯覚（Wolfe et al., 2018）

（3）もうひとつの体外離脱

興味深いことに、ブランケらの実験論文が掲載された『Science』誌の同じ号に、異なる方法で体外離脱を引き起こす実験についての報告が、H・アーソン［Ehrsson, 2007］によって発表されている。ブランケの場合との手続きの違いを含めて、ここで検討しておこう。

実験参加者は、図5—8のように椅子に座った状態で、二m後方に設置されたカメラで撮影されている。撮影中の映像は、参加者の装着するヘッドマウントディスプレイにリアルタイムで映し出される。したがって参加者は自分自身の背中を前方に見ている。この状態で、実験者がロッドで胸部に触れ、視覚的にそれに対応する位置（カメラの少し下）も同時にロッドで刺激する。刺激は二分間継続して与えられる。

読者にも予想できると思われるが、錯覚が生じると、参加者はカメラ位置から自分の背中を見ているように感じるだけでなく、カメラ位置でロッドに触れられているかのように感じる。そして、自己が身体の外部にいるかのような錯覚を経験する。アーソンは、この実験を通じて経験される錯覚について、次のように記述している。

私が報告するのはひとつの知覚的錯覚であり、その錯覚においては、個人の意識の中心または「自己」が物理的身体の外部に位置し、他人のパースペクティヴから自己の身体を見る。
［Ehrsson, 2007: 1048］

図が示唆しているように、この実験では、カメラによって与えられる視覚的パースペクティヴの位置に、空間的に整合性のある仕方で仮想の触刺激が与えられることで、あたかもカメラ位置で触覚が生じているかのような錯覚が生じる。また、それによって、「私がいる」と感じられる位置の感覚がカメラ位置へと転移して経験されるということである。それを示唆する事実として、カメラ下部に広がる「幻の胸」の位置をハンマーで殴る刺激を加えたところ、錯覚が生じやすい同期条件と錯覚が生じにくい非同期条件では、皮膚コンダクタンス反応（情動反応を皮膚表面の電流の抵抗によって測定する方法）に有意な違いが見られた。つまり、錯覚が生じている状態では、ハンマーは「私」に対するより強い脅威を引き起こしているのである。

先の実験との違いを整理しておこう。ブランケらの実験では、主観的な自己位置感がディスプレイ中の仮想身体に転移するものの、視覚的パースペクティヴは現実身体の側に残るとされており、両者は空間的に不一致である。アーソンの実験では、主観的な自己位置感と視覚的パースペクティヴはともにカメラのある後方に転移しており、空間的に一致して経験される。アーソンは、視覚的パースペクティヴを身体外部に移し、そこに視覚以外の刺激を整合的な仕方で与えることで、自己位置感を身体の外部に誘導できる、と解釈している。彼の主張はこうである――「この錯覚が立証しているのは、物理的身体の内部に局所化されているという感覚は知覚過程によって、すなわち、身体への多感覚的刺激と連結した視覚的パースペクティヴによって、完全に決定しうるということである」[Ehrsson, 2007: 1048]。

（4）体外離脱は誘発できるか？

以上のように、ブランケらの場合もアーソンの場合も、実験によって「私がいる」と感じられるその位置を身体の外部に誘導することを試みている。だが、そのような状態を本当に実現することができるのだろうか。脳の特異な損傷の場合はともかく、ここで紹介した実験によって、体外離脱と同様の状態を引き起こすことは難しい。ほぼ同様の条件で実験を追試しても、参加者に明確な錯覚を引き起こすのは現実にはきわめて困難なのである。体外離脱の錯覚を再現するのが難しい理由は別の論考でくわしく論じたが〔田中、二〇一九年〕、ここでも要点を振り返っておこう。

ブランケらの実験では、錯覚が生じている最中、触覚的な「ここ」は、仮想身体上の視覚的な「そこ」に擬似的に統合されるため、仮想身体の背中において触れられているような錯覚を参加者は経験する。ただし一方で、参加者の本物の背中にも、触刺激が持続的に与えられている。ヘッドとホームズに言及して先に述べたとおり、ひとは視覚を利用することなく、触刺激を空間的に定位することができる。これは、触覚的な刺激の入力に応じて身体図式が作動し、暗黙のうちに全身が参照され、触覚的な「ここ」が定位されるということである。

同じことが実験中にも生じているとすると、参加者は、一方で錯覚を感じながらも、他方では、「ここ」という位置価をともなう主観的な触覚の経験を、現実身体の背中の上で暗黙に感じ続けることになる。加えて、「ここ」という位置の感覚はあくまで「私」との隔たりのなさを示すものであるため、「私がここにいる」という自己位置感もまた現実身体の立ち位置に残ることになるのである。

ラバーハンド錯覚のように、所有感もまた仮想身体において生じるのだとすると、参加者は、ディスプレイ上に映し出される仮想身体の背中において触れられているように感じるだけでなく、その仮想身体が「自己の身体」であるようにも感じることだろう。ただし、「ここ」として経験される空間的位置は、触覚と身体図式の機能を通じて、現実身体の側にも残存し続けることになる。

そうだとすると、この実験では、自己位置感が現実身体から仮想身体へといわば「乗り移る」ような事態が生じているわけではなく、自己位置感が現実身体にも仮想身体にも同時に生じていると考えるほうが適切である。この錯覚を経験しているあいだ、「私」は、現実身体上で感じられる触覚的な「ここ」と、仮想身体上で錯覚的に感じられる「ここ」のどちら側にも存在するのである。

なお、生理的に測定した研究によって、錯覚を経験しているあいだ参加者の体温が下がることが知られている［Salomon et al., 2013］。だが、この事実だけをもって自己位置感が完全に仮想身体側に移っていることを示す証拠にはならない。むしろ、自己位置感は現実身体と仮想身体の両方で生じているが、錯覚が強まり、仮想身体の側で自己位置感が相対的に強まった状態になると、そのことを反映して現実身体の体温が下がる、という解釈をとることができるだろう。

アーソンの実験では、視覚的光景がそこから広がる視覚的パースペクティヴとしての「ここ」に、空間的に整合性のある擬似的な触刺激を与えることで「ここ」という感じを強化し、「私がここにいる」という自己位置感をカメラ位置へと局所化することに成功している。なお、視覚的パースペクティヴと空間的に整合性のある場所に触刺激を与えるという実験条件は、ラバーハンド錯覚と共通していることに留意されたい。ゴムの手の向きを一八〇度回転させ、不自然な位置に置くと、ラバーハンド錯覚は生じにくくなることはアーソン自身の実験でも明らかにされている。

問題は、この実験でも、現実身体の胸の上に触刺激が繰り返し与えられていることである。参加者は、錯覚が生じるとともにカメラ位置で「ここ」を経験するだけでなく、ロッドでつつかれる刺激を現実身体の側でも感じ続けている。さらに、実験は座った状態で行われており、臀部と大腿部を中心として実験参加者はイスの座面に触れている。参加者は、これらの触刺激を受け取りながら、触覚的に定位される「ここ」を全身との関係において暗黙に感じ続けているだろう。したがって、この実験でも、現実身体の位置とカメラ位置との両方において、主観的に感じられる「ここ」を参加者は経験していると考えられる。

錯覚が生じると、ハンマーで殴る刺激に参加者は情動的により強く反応する。これは、カメラ位置に不可視の仮想身体が成立しているからであろう。図5—8はウォルフェら［Wolfe et al., 2018］から引用したものだが、この図でもカメラ位置で経験される仮想身体を示唆する半透明の身体が描きこまれていることに留意してほしい。視覚的パースペクティヴに整合的な触覚を与えることで、空間的な広がりの感覚をともなう仮想身体が成立しているように思われる。ただし、ハンマーで殴る刺激への脅威の反応もまた、先の体温と同じで、自己位置感がカメラ位置のみに局所化していることを示す指標ではない。現実身体と仮想身体の両方に自己位置感が生じており、錯覚によって後者が相対的に強まった状態にある、という解釈をとることが可能である。

また、以上の考察からあらためてラバーハンド錯覚を振り返ると、錯覚で経験されていたのは、左手がゴムの手に「乗り移る」かのように、ゴムの手だけに触覚と所有感が生じるという経験ではないだろう。モグイランスキーらが、実験参加者にインタビューを行って確かめているが、参加者は錯覚経験中も、左腕が机の上に当たっている触覚を経験し続けている[Moguillansky et al., 2013]。本物の腕の位置にも「ここ」という位置感が暗にともなっているとすると、参加者はおそらく、本物の腕の位置でもゴムの手の位置でも、「自分の手がここにある」という感じを経験しているだろう。本物の腕の位置で感じる錯覚と所有感が相対的に低下し、ゴムの手の位置におけるそれが強まった状態にある、ということである。

要約すると、ラバーハンド錯覚を応用した全身錯覚については、次のように考える必要がある。ブランケとアーソン、どちらが実施した錯覚実験も、現実身体の外部に自己が離脱することを示すものではない。現実身体と仮想身体の両方に自己位置感が同時に存在し、仮想身体側での自己位置感が相対的に強まった状態にあることを示すものである。

だが、そうだとすると、ひとつの疑問が生じるだろう。これらの全身錯覚においては、主観的に「私がここにいる」と感じられる位置感は、現実身体と仮想身体の二つに分裂しているのだろうか、それとも、現実身体から仮想身体まで伸張しているのだろうか。メルロ゠ポンティ〔二〇一五年〕を参考にして考えるかぎり、答えは後者であるように思われる。メルロ゠ポンティは、自己の身体の内部が、その外側に広がる空間とは異なる仕方で構造化されていると指摘している。身体外部の空間では、さまざまな物体がさまざまな位置を占めており、それらの配列は偶然的なものにすぎず、物体の位置が互いに入れ替わったり、ある物体がなくなったりしてもなんら問題はない。

ところが、自己の身体の内部は、全身の各部位がしかるべき配列になっていることで運動を遂行し、触刺激を定位できるような、有機的な配列の関係において構造化されている。彼はいう――「私の身体全体も、私にとっては、空間中に並置された諸器官の寄せ集めではない。私は私の身体を、分割のきかないひとつの所有のなかで保持する」[Merleau-Ponty, 1945: 114, 拙訳]。全身錯覚においても、仮想身体が「私の身体」という所有感を拡大して経験されるのだとすると、錯覚経験中の「ここ」は、現実身体と仮想身体に分裂していると考えるのは難しい。むしろ、「ここ」という位置価を生じさせる「自己の身体」が、両者を含むような仕方で延び広がって成立していると考えるほうが適切だろう。

(5) 全身錯覚が問いかける身体的自己

全身錯覚の従来の研究では、錯覚を通じてあたかも自己を身体の外部に移行できるかのような解釈がなされてきた。ここには、自己と身体を別々の実体として区別するデカルト的な心身二元論の潜在的な影響をみてとることができる。というのも、自己は「魂」のように身体を離れて浮遊しうる存在であって、それが「乗り移る」ことのできる仮想身体を与えれば、身体の外部に自己を移植できると想定されているからだ。デカルトと違いがあるとしても、自己を実装する仮想身体が必要とされている点で、議論が一歩だけ身体化した方向へと前進しただけにすぎない。

本稿での考察は、決してこのような解釈を支持しない。考えておかねばならないことは、むしろ、通常は身体内部を中心とする「ここ」という漠然とした広がりとして主観的に経験されている自己位置感（sense of self-location）が、全身錯覚を通じて現実身体と仮想身体の両方に拡張しうるということである。特に、二つの実験を検討して判明したのは、⑴身体の所有感と一人称視点（first-person perspective）を分離しうること（ブランケらの実験）、また、⑵一人称視点にも自己位置感が付随しうること（アーソンの実験）である。

実験の再検討から導かれるこのような解釈は、他方で、従来の哲学的な自己意識論に対して再考をうながすものでもある。身体性に関連する認知神経科学の知見を整理する際、これまでの研究でしばしば言及されてきたのは、ギャラガー（Gallagher, Shaun, 1948-）のミニマル・セルフ論だった［Gallagher, 2000］。ミニマル・セルフとは、過去の記憶や将来の展望といった、時間的に拡張した次元を考慮しなくても、最小限の自己性として考えられるような自己のことである。前節で説明したとおり、ギャラガー自身は、ミニマル・セルフが「所有感」と「主体感」という二つの要因に区別できると指摘している。両者とも、あらゆる主観的経験にともなう前反省的な気づきのことを指しており、所有感は、ある経験をしているのが私であるという感じ（あるいは、その経験は私の経験として起こっているという感じ）、主体感は、ある行為を引き起こしているのが私であるという感じを意味する。

ラバーハンド錯覚は、身体経験に焦点をあてて所有感を解明する強力な実験パラダイムであり続けてきた。しかし、全身錯覚は、身体経験における所有感と一人称視点の分離可能性を示唆している。ここで求められているのは、実験パラダイムの創出を視野に入れつつ、従来の所有感および主体感とは区別されるものとして、一人称視点を適切に概念化する作業であろう。

この点に関連しそうな議論をひとつ挙げておこう。哲学者のM・ギュイヨは、意識経験の主観的性質を「mineness」「me-ness」「for-me-ness」という三つの側面に区別している [Guillot, 2017]。mineness は文字どおり訳すと「私のものということ」という意味になるが、これはおおよそ所有感に対応する。あらゆる意識経験が「私の経験」として生じているということについての気づきを指している。また、me-ness は「私が経験している」という事実に私自身が気づいていることを指しており、おおよそ主体感に対応する概念と考えてよい。ここで特に取り上げておきたいのは for-me-ness である。これは、あらゆる意識経験が「私に対して生じている」ということについての主観的な気づきを指す概念である。

意識という概念が、およそ「世界が私に現れてくる経験」を指すのだとすると、あらゆる経験には必ず for-me-ness がともなっているといえそうである。これを知覚経験に即して論じるなら、フッサールが「射映」(Abschattung) という概念によって問題にしたように、知覚対象は必ずある一定のパースペクティヴのもとで与えられ、そのパースペクティヴ以外からの知覚を地平としてともなっている [Husserl, 1973]。たとえば、私が雪だるまの顔側を見ているとすると、それと同時に背中側を見ることはできない。ただし、私はその雪だるまが顔側だけに膨らんだ絶壁状の雪の塊だとは思っておらず、やはり背中側があるだろうと暗黙に予期しつつ見ている。つまり、自分が知覚することのできない、潜在的には他者のパースペクティヴからの知覚内容にあたるものが、知覚内容を取り巻く地平として与えられている。

通常、このような知覚のパースペクティヴは、特に視覚に関していうと、眼球の位置に拘束されているように思われる。ただ、アーソンの実験が示しているように、カメラと視覚‐触覚の多感覚統合のメカニズムを利用すれば、自己位置感をともなう視覚的パースペクティヴを自己身体の外部へと移行することも可能である。今後探求されるべきひとつの課題は、自己位置感を随伴する視覚的パースペクティヴがどの程度の柔軟性を持っており、物理的身体の構造から自由になりうるか、ということである。

たとえば、仮想現実（VR：Virtual Reality）として構成された映像世界は、世界に存在しうる大半の視覚的パースペクティヴから見える光景を構成することができるだろうし、現実だけでなく架空の光景も構成できるだろう。そして、視覚以外のモダリティ（たとえば触覚）と組み合わせることで、再現された視覚的パースペクティヴに自己位置感を与えることができる。つまり、多感覚統合を利用することで「私がそこから見ている感じ」「そこにいる私に対して世界が現れてくる感じ」（for-me-ness）をVRに与えることができるのである。従来の視覚メディアに比べてもともとVRに強い没入感がともなうのは、加速度センサーを介して前庭感覚と連動するようなフィードバックを映像に持たせ、視覚と前庭感覚の多感覚統合をすでに部分的に実現しているからであろう。

こうした視覚的パースペクティヴにともなう自己位置感は、カメラを用いることでどこまで「非人間的」なものになりうるのだろうか。ここでいう「非人間的」とは、視点がヒトに類似しないという意味である。魚の視点、鳥の視点、昆虫の視点、あるいはドローンの視点、内視鏡の視点など、カメラが取りうる視点は無数に考えることができる。たとえば、イギリスの映像会社Marshmallow Laser Feastは、虫や動物の視覚世界を音声と振動つきのVR動画で再現することを試みている。こうした視点は、人間の身体性にとってどれほど非現実的なものであったとしても、多感覚統合が成り立つのだろうか。自己の身体ではもともと経験できないような視点について、どの程度の自己位置感が成立するのだろうか。単にカメラの視点を利用するということに留まるのではなく、「私がそこから世界を見ている感じ」は、どこまで人間の視点を外れた柔軟性を持つのだろうか。

全身錯覚に話を戻すと、ブランケの実験は、視覚的パースペクティヴを自己身体の側に残して、仮想身体側の身体所有感を強めることで、仮想身体へと自己位置感を部分的に移行することに成功していた。こちらの実験はパースペクティヴではなく、仮想身体の形状や容姿の点で、私たちの身体性がどこまで柔軟でありうるかを問うているといってよい。「私の身体」として所有感を感じるだけではなく、「私がここにいる感じ」として自己位置感が生じるようなアバターの形状はどのようなものだろうか。たとえばビデオゲームで用いられるアバターは、視覚と運動感覚を連動させることで、かなり強い所有感を成立させているように見える。格闘技ゲームのプレイヤーが、画面のなかのアバターが殴られそうになる場面で自己身体を連動させて思わず避けてしまうといった光景はよく見られる。

アバターへの所有感を経験することで私たちの知覚や行為が変化することは、近年の研究でも少しずつ明らかになりつつある。たとえば、VRで黒人の身体を経験した白人参加者は人種差別的な知覚バイアスが低下する［Banakou et al., 2016］、スーパーマンの身体を経験した参加者は実験後に利他的な向社会的行動をより多くみせるようになる［Rosenberg et al., 2013］、といったことが実験によって示唆されている。ただ、こうした仮想身体への没入がどのような範囲で生じうるのか、現状では必ずしも明確になっているわけではない。身長、性別、体形、顔立ちなど、ヒトの身体に備わる属性だけではない。視点と同じようにヒトという種を超えた別の種の身体や、想像上のクリーチャーの身体などにも所有感と自己位置感は生じうるのだろうか。「変身」という、身体をめぐる人間の欲望を読み解くうえでも、今後の研究が待たれるところである。

第五節　「身体化された自己」の現象学

(1) 身体があるとはどういうことか

本章の出発点は、一九九〇年代以降の認知神経科学の発展が引き起こした問題意識に対して、脳研究の個別の成果を引き受けながらも、現象学の側から問題を仕切り直すことにあった。脳内の神経生理学的過程からどのように意識が発生するのかを問うハードプロブレムは、現象学からみると疑似問題である。主観的に経験される「自己の身体」は脳内の神経表象に還元できない実在性を備えている し、自己身体の運動は、物体が現れるのと同じ空間的相のもとに開けた世界のなかで生じている。脳の内部に意識を閉じ込めて問題を解くのではなく、脳－身体－環境という系に広がるものとして意識を理解する必要がある。

また、ハードプロブレムに潜む「心身問題」に代えて、「身－身問題」を問うことが重要なのであった。ひとが一人称的な観点から経験している「自己の身体」は、最初から一人称的な意識とともに経験される「生きられた身体」でありながら、三人称的な観点にとっては物体もしくは有機体という物理的過程として現れる。この点を思い起こして私たちがあらためて考えておかなくてはならないのは、そもそも「自己の身体」が「自己の身体」として現れるのはどういうことか、という問いである。

この点について、メルロ＝ポンティは、彼らしい言い方で次のように述べている。

見るものと見えるもの、触れるものと触れられるもの、一方の眼と他方の眼、一方の手と他方の手のあいだで一種の交差が生じ、感じるもの－感じられるものの火花が散って火がつくとき、人間の身体がそこに存在する。〔Merleau-Ponty, 1960: 15-16, 拙訳〕

感じるものと感じられるもののあいだで火がつくとき、身体が現れる。このことを最もよく示すのが二重感覚である。自分の手で自分の脚をなでると、体毛のざらざらする感じを指先で感じることができるが、その一方で、なでられる脚の側ではじんわりと温かい感じが指先から伝わってくるのを感じる。感じる側と感じられる側が入れ替わりつつ二重に生じるためこれを二重感覚と呼ぶのだが、二重感覚は、私が物体に触れるときには決して生じない。メルロ＝ポンティの著作の表面をなでても、本の側から指先の温かさを感じ返すことはできない。ありとあらゆる物体であふれている広大な世界のなかで、どういうわけか、自己の身体に触れるときだけ、二重感覚が生じる。

私にとって、物体が現れる経験と自己の身体が現れる経験とでは、その現れ方が決定的に違っている。自己の身体においては、「感じるもの」と「感じられるもの」が交差し、入れ替わることができる。

る。メルロ＝ポンティに言わせると、そのようにして感覚の火花が散って生命の火が灯るということが、ひとの身体が存在するということなのである。レトリカルな表現に留まるのではなく、このことの含意を、もう少していねいに考えてみよう。

二重感覚は、感じる身体が自己自身に折り返す再帰的（reflexive）な経験である。とはいえ、ひとはつねに二重感覚を経験しているわけではない。また、メルロ＝ポンティは先の引用で、触覚だけではなく視覚もひきあいに出して語っている。しかし、身体は自己自身を見ることはできるが、視覚の場合は触覚と違って、見られる側から見る側を見返すということは不可能であり――眼で手を見ても手から目を見返すことはできないし、右眼で左眼を見ることも不可能である――二重感覚は生じない。二重感覚の生起が、現象として身体が現れることの条件になっているとすると、身体はつねにそこにあるのではなく、ときどきそこにあるだけになってしまう。「自己の身体」が現れるということは、決してそういうことではないだろう。二重感覚は、物体とともにひとつの知覚対象として世界に現れながらも、物体とは異なるものとして身体が自己自身を際立たせる契機であるに留まる。

メルロ＝ポンティに比べると、むしろフッサールのほうが、二重感覚からさらに踏み込んで触覚的経験を記述することで、自己の身体が自己の身体として現れる場面を的確に記述している。

> 身体はもともと二重の仕方で構成される。すなわち、一方でそれは物理的な事物つまり物質であって、延長を備えている。この延長には、色やなめらかさや硬さや温かさなど、そうした物質的性質が身体のリアルな性質として含まれている。その一方で、私は身体に見出す。私は身体の「表面」と「内部」で感じるのである。感じるのは、手の甲の温かさ、足の冷たさ、指先で触れ

る感覚である。体表面の広い範囲では、衣服の伸び縮みを感じる。指を動かすと運動感覚を感じるが、それは指の表面全体にさまざまな仕方で広がる表在感覚である。しかしそれと同時に、この複合的感覚の一部は、指の空間の内部に局在化されている。[Husserl, 1952: 145, 拙訳]

身体は、一方で物体と同じように延長を備えているため、空間的な広がりとともに、延長が可能にする色や硬さや温かさといった属性をともなっている。これは「感じられるもの」としての身体の属性であり、物理的身体（ケルパー）としての現れ方の一部である。しかし、他方で身体は「感じるもの」としても現れる。手を動かして触覚的に感じつつある身体は、指先の表面と内部でさまざまなことを感じている。これらは、身体の動きにともなって潜在的には全身で感じるものであると同時に、なんらかの接触が生じている特定の「ここ」に局所化して感じられるものでもある。

このことの含意は大きい。というのも、身体を通じて私は物に触れるとともに、物に触れている指の内側を、身体のほかの部位から区別された「ここ」として経験しているからである。フッサールは触覚のこのような性質を指して「再帰的感覚」（Empfindnis）と呼ぶ。対象との接触を通じて具体的な感覚が生じるだけでなく、接触している身体の内側や表面でも感覚が局在して生じているということである。身体は、延長を備える物体として現れるだけでなく、局在化する再帰的感覚とともに現れる。つまり、身体が身体として構成されることの起源は、「ここ」として弁別される特定の場所で世界との接触が生じる感覚的経験にある。生きられた身体（ライプ）は、「感じるもの」として、世界のなかの特別な場所である「ここ」に現れるのである（この事情ゆえに、前節でみたような実験によって、体外離脱体験を引き起こせないのである）。

このように考察を進めると、「自己の身体」を構成しているものが決して特定のモダリティである触覚のみに支えられているわけではないことが理解できる。身体は一方で物体と同様の対象として現れる。しかし他方で、対象を知覚する主体として、かつ、知覚する主体として世界内の一ヵ所に自己自身を局在化しつつ現れる。すなわち、感じられるものと対になる感じるものとして、世界の内部に特定の位置を占めつつ現れるということが、身体が身体として現れるということの要点なのである。触覚は「ここ」という空間的位相との結びつきが深いため、自己の身体の構成をことさら際立たせるということにすぎない。

身体の構成を触覚からさらに広げて考えるうえで参考になるのが、ギブソンによる固有感覚のとらえ方である。二〇世紀初頭の神経生理学で確立された見方では、通常の感覚器官を介して生じる環境の知覚は「外受容感覚」(exteroception)、内臓の受容器に由来する漠然とした感覚印象は「内受容感覚」(interoception)、また、筋肉や関節などの受容器に由来する自己運動についての感覚は「固有感覚」(proprioception)として位置づけられた。しかしギブソンは、固有感覚に割り当てられた自己の身体運動についての感覚が、筋肉と関節だけに由来するものではないと批判している[Gibson, 1966]。たとえば視覚は、つねに包囲光の配列を受け取っており、それは頭部の動きや全身の動きに応じて変化し続けているため、眼球は、見えの変化を通じて自己運動を登録している。聴覚も同様である。移動にともなって身体が発する音や、外界からの音の聞こえ方の変化を通じて、自己運動を登録している。

ギブソンによると、環境を知覚する外受容感覚は、その変化にともなう自己の身体運動についての知覚をつねにともなっている。したがって、「proprioception」という語も、「固有感覚」とするより、別の訳語として用いられる「自己受容感覚」をあてておくほうがこの場合は適切であろう。ギブソンは以下のように自身の考えを述べている。

私の考えでは、自己受容感覚は、感覚のある1つの特殊なチャンネルとか、いくつかの感覚からなるようなものとしてではなく、自己に関する感受性のような自我感覚（egoreception）として理解される。知覚系はすべて、外受容感覚的であるのと同じように自己受容感覚的であると私は主張したい。なぜならば、すべての知覚系は、観察者の活動についてさまざまな仕方で情報を提供するからである。〔ギブソン、一九八五年、一二五頁〕

ギブソンの見方では、環境についての外受容感覚は、さまざまな感覚的流動のなかから現れてくる不変項をとらえる経験である。アクティヴタッチの概念に沿って説明したとおり、ひとがさまざまな感覚的流動を受け取ることができるのは、その裏側で、流動を生み出すきっかけとなる身体運動が生じているからにほかならない。したがって、環境のなかの不変項をとらえる知覚の経験は、その不変項と対になって生じている、自己の身体運動を暗黙に感知する経験をつねにともなっているのである。私たちが普段そのことに気づきにくいのは、身体図式が知覚される環境を図として際立たせ、知覚する身体を背景化しているためである。

触覚的な二重感覚が生じていなくても、環境についての知覚が生じているとき、なんらかの対象を知覚する自己身体もまた、知覚される対象と同じ地平に姿を現している。二重感覚が、身体が自己自身を知覚するという仕方で「反省」をともなう自己意識を構成しているのだとすると、二重感覚をともなわない環境の知覚は、前反省的な知覚主体としての自己身体を構成している。なんらかの対象が知覚されるとき、その裏側で自己の身体も知覚する主体として暗黙に現れているのである。「感じるもの－感じられるものの火花が散って火がつく」というメルロ＝ポンティの表現は、ここまで拡大して理解されねばならない。

(2) 身体としての自己

身体は、以上のような仕方で、物理的身体であるとともに生きられた身体として現れる。そして、身体が自己受容感覚とともに現れるのだとすると、身体が身体として構成されることは、自己が自己として構成されることと同じ起源を持っていることになる。というのも、なんらかの知覚経験が局在化しつつ生じるということは、任意の「どこか」でなんらかの事象が生起しているということではなく、知覚経験が生起している「ここ」という場所を構成する「こちら側」と「向こう側」が、つまりは「自己」と「世界」が、ともに同時に立ち現れることを意味するからである。

環境のなかの対象を知覚する経験は、宇宙のなかの任意の位置としての「どこか」ではなく、それ以外のあらゆる「どこか」から決定的に区別される「ここ」で生じる。これは、知覚される対象としての物体と、知覚する主体としての生きられる身体が分岐する経験であると同時に、その身体を内側から生きる「私」が立ち上がる経験でもある。固有感覚をギブソンのように「自己受容感覚」と解釈することは正しい。環境を知覚する経験の裏側には、つねに感覚的流動を生み出す身体運動があり、その身体運動について感知する再帰的な自己受容感覚が生じている。身体運動＝知覚の経験とともに、自己と世界が同時に現れるのである。
心身問題の焼き直しであるハードプロブレムが「意識」を問題にするのとは違って、身‐身問題に依拠する現象学が、認知神経科学の成果を受けて明らかにすべき課題は「自己」である。身体が身体として構成されるとき、自己もまた自己として構成される。ここでいう「自己」は、二重感覚とともに構成される反省的で明示的な自己意識にはいまだ至っていない。環境の知覚にともなって生じる自己受容感覚とともに立ち上がる暗黙の自己であり、むしろ「自己感」(sense of self) と呼ぶほうがふさわしい。このような暗黙の自己感を明確な概念として整理したのが、先に言及したギャラガー［Gallagher, 2000］のミニマル・セルフ論だった。

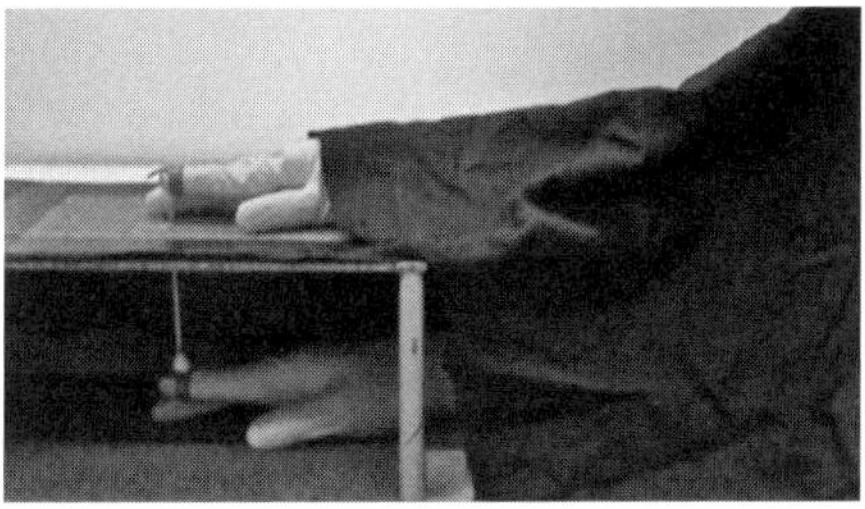
図5―9　ムーヴィング・ラバーハンド錯覚
(Kalckert & Ehrsson, 2014)

すでに紹介したとおり、ギャラガー自身はミニマル・セルフが所有感と主体感によって構成され、両者が概念的に区別可能であるとした。所有感の解明にあたっては前節で検討したラバーハンド錯覚が有力な実験パラダイムとなってきたが、その後、実験セッティングが改良され、主体感も合わせて検討できるようになった。というのも、本物の手の動きと連動してゴムの手が動く状態で実験を実施できるよう、改良が加えられたのである。「ムーヴィング・ラバーハンド錯覚」と呼ばれるこの方法では、図5―9のように、参加者が自分の人差し指をタップするとそれに連動して台の上のゴムの手の人差し指が動く。考案したカルカートとアーソン［Kalckert & Ehrsson, 2012］によると、このセッティングを利用して実験を遂行すると、ゴムの手には所有感だけでなく主体感の錯覚も生じる。

しかも、興味深いことに、実験条件を工夫すると錯覚内容を制御することができる。(a)連結部分を実験者が外部から動かす条件では、所有感の錯覚は残るものの主体感の錯覚は消失する、(b)ゴムの手の向きを一八〇度逆転させた状態で参加者自身が手を動かす条件では、主体感の錯覚が残るのに対して所有感の錯覚は消える、(c)非同期の状態で、参加者が本物の手を動かし実験者がゴムの手を動かすと、所有感の錯覚も主体感の錯覚も生じない。したがって、所有感と主体感は単に概念的に区別できるだけでなく、実験科学的に見ても明確に区別できる成分であるということになる。

他方で、所有感の錯覚が身体運動を誘発することも明らかになっている［Asai, 2015］。スライダー上に台座を設置し、力を加えなくても動く状態にして、台座に実験参加者の左手をおく。この状態でラバーハンド錯覚を生じさせると、参加者の左手は、ゴムの手がおかれている体軸側に自然と動くのである。フォースセンサー上に左手を固定した状態で測定すると、ゴムの手の方向への加力が検出されることからも、この運動は本人が意図的に起こしているわけではないことが確認できる。所有感と主体感は分離できる一方で、所有感は、主体感のともなわない自動的な身体運動を誘発する要因になるということである。

第三節の冒頭でも説明したとおり、「誰かに押されて倒れる」といった不随意の身体運動に沿って考えても、主体感が消失して所有感が残る状態は理論的には考えることができる。したがって、暗黙の自己感の成立にとっては、主体感に比べて所有感のほうがより基底的な価値を持っている。ただし一方で、身体の末梢でなんらかの動きが生じていなければ、関節や筋肉から固有感覚のフィードバックが中枢に与えられないため、そもそも所有感が生じようがない。その意味では、随意的であれ不随意的であれ、なんらかの身体運動が生じることと、それにともなって固有感覚のフィードバックが生じることが、所有感成立の条件になっているし、「身体としての自己」が生成するうえで不可欠なのである。理論的には所有感が優位だが、所有感は末梢における身体運動とからまり合って生成している。

所有感の錯覚を題材とする神経科学的研究を通じて、脳内の関連部位として、腹側運動前野（身体の運動にともなって視空間情報を表現する）および頭頂間溝（感覚と運動の協調や視覚的注意に関連する）の機能が重要であると考えられている［Ehrsson et al., 2004; Petkova et al., 2011; Tsakiris et al., 2007］。ただし、これらの研究は、いずれもラバーハンド錯覚にともなう所有感の錯覚から解明されてきた神経科学的事実である。そのため、この知見は、視覚と触覚が脳内で統合される際に重要な役割を果たす脳部位であるということを示唆するに留まる。多感覚統合以前に、末梢に由来する固有感覚のフィードバックが所有感の構成に果たす役割や、自己感に与える影響などがすべて明らかにされているわけではない。

（3）固有感覚が侵されるとどうなるか

固有感覚のフィードバックと自己感の関係を考えるために、示唆に富む事例を取り上げておこう。神経科医のサックス〔二〇〇九年〕が紹介している多発性神経炎の症例で、患者は、脊髄の全体にわたって感覚性の神経根が炎症を起こしていた。それが原因で全身の固有感覚を失った状態に陥り、本人によると「からだが盲目になってしまった」、つまり身体内部の自然な感覚を通じて腕や脚など身体部位のありかを感じることができなくなっていた。身体を目で見つめていないと姿勢を保つこともできず、目を閉じるとその場で崩れ落ちてしまう。ただし、多発性神経炎のなかでは珍しく運動神経がほぼ正常に保たれており、視覚的なフィードバックを用いて身体を意図的に動かすことはかろうじて可能だった。

この事例は、神経生理学者のコールが紹介して有名になったイアン・ウォーターマンの症状にもよく似ている［Cole & Paillard, 1995］。ウォーターマンは、末梢性の神経障害によって、感覚神経の求心路遮断（末梢から中枢への感覚信号の入力が遮断された状態）に陥り、首から下の胴体すべての固有感覚を失ってしまった。彼の場合も、目を閉じると全身の状態を体感で確かめることがまったくできなくなってしまうため、発症して最初の三ヵ月間は身体運動を自力で制御することがほとんどできなかった。

だが、二年のリハビリテーションを通じてみずから工夫を重ね、日常生活に必要な運動――立つ、歩く、食べる、文字を書く等――を少しずつ回復していった。ただ、ウォーターマンの身体運動は視覚に大きく依存したものにならざるを得ない。動き始める前に、これから動かす部位を見つめ、動きの軌跡と範囲をあらかじめ頭のなかで考える。また、動き始めたあとも、全身の平衡が崩れないように、上半身と下半身、右半身と左半身のあいだで重心を注意してコントロールせねばならない。静止した姿勢を維持したいときは、外界の静止した対象の見えが変わらないようにすることで、自身の姿勢が変化していないかモニターする。ウォーターマンの場合、身体図式が身体部位を暗黙にとりまとめて全身運動を統合することがない。本人が心のなかで全身のイメージを対象化しつつ運動を計画し、その計画を明示的に遂行する。身体図式の持つ暗黙の運動制御に頼ることができず、意識化された身体イメージに依拠して運動するしかない［Gallagher & Cole, 1995］。

サックス（Sacks, Oliver, 1933-2015）が紹介している患者クリスチーナの場合も同様で、全身の運動や姿勢は決して自然ななめらかさを回復することがない。体内に由来する固有感覚に頼ることなく、身体を外側から目で見ることで対象化してコントロールするしかないため、ぎこちなさがどうしても消えないのである。たとえば、ベッドの上にしっかりと身を起こして整然としている姿を見かけてサックスは驚くのだが、しばらくすると、それは自然に姿勢を保てないがゆえに無理に作り上げたポーズであることが判明する。あるいは、食べながら話をするときのように、身体から注意がそれる場合、ナイフとフォークをきつく握りしめていなければ簡単に落としてしまう。手のひらで対象の圧を感じられないため、ほどよく力を入れていることができないのである。

それだけではない。この症例を紹介しているのは、固有感覚の消失によって身体の自然な動きが奪われてしまうことで、所有感が損なわれ、「私である」という自己感に亀裂を生じさせるからである。サックスによる記述をいくつか引用しておこう。

- 固有感覚を失ったままなので、相変らず、からだは「死んでしまった」ように思えた。現実のものではない、自分のものではない感じがつづいていた。〔サックス、二〇〇九年、一〇九頁〕
- 〔患者本人の発言〕「この女には固有感覚がありません。自分自身だという感覚もありません。からだがなくなったクリスですよ。脊髄をぬかれた女！」〔同書、一一一頁〕
- ある意味では、彼女は「脊髄をぬかれた」状態であり、からだをなくした魂、生き霊のようなものである。固有感覚とともに、根本的なものも失っているのだ。アイデンティティを器質的につなぎとめておくものを失ってしまったのである。少なくとも、物質的で有形のからだによるアイデンティティ、「肉体的自我」を失ってしまったのだ。〔同書、一一二頁〕

末梢に由来する固有感覚を失うと、暗黙の所有感が損なわれ、自己の身体を生きることにともなう実感の大部分が奪われる。もちろん、視覚や聴覚は保たれているのだから、ギブソンがいう自己受容感覚のすべてが消失しているというわけではないだろう。にもかかわらず、普段は自明なものとして与えられている所有感が著しく損なわれ、暗黙の自己感もまた大きく毀損した状態に陥ってしまう。いわば、「私は私である」という当たり前の実感が奪われてしまうということである。

(4) 離人症の身体認知と自己

サックスはこの症例に沿って、固有感覚に由来する、身体にともなう暗黙の実感が失われると、「離人感」や「非現実感」が生じると指摘している。じつは、離人感や非現実感を主訴とする精神障害である離人症に焦点をあててみても、その症状の背後で身体認知と自己の障害が互いにからみあっていることがよく理解できる。

離人症は、現在の診断マニュアルであるDSM－5では「離人感・現実感消失障害」という名称のもとで位置づけられており、(1)自分の感覚、思考、感情、行為について非現実的または傍観者的に感じる離人感、(2)周囲の世界について非現実的に感じる現実感消失、またはその両方が持続する障害である。具体的には、喜怒哀楽のようなはっきりとした感情が生じず、何をしていても自分が傍観者としてただそこに居合わせているだけのように感じる、周囲で生じる出来事がすべて他人事にすぎないように感じられる、現実がテレビのなかの映像のように現実味なく感じられる、過去の出来事がほんとうに自分の身に生じたことなのかあいまいな感じがする、といった症状として経験される。

興味深いのは、こうした症状が、身体認知の変容をともなっていることである。離人症の専門家であるシエラは、離人症の主症状を、特異な身体経験、感情の鈍麻、主観的な想起の異常、非現実感の四つに区別し、主観的な身体経験の異常をそこに含めている。さらに、ここでいう「特異な身体経験」は、次の五つの側面に区別できると指摘している[Sierra, 2009]。

1. 身体所有感の欠如：身体が異他的なものに感じられ、自己に帰属しているとは感じられない。身体が自分のものではないかのように感じられる。
2. 主体性喪失感：自己がさまざまな行為の主体であるという感覚が失われる。自己の行動がなかば自動的に生じているように感じられる。
3. 脱身体感：身体のある「ここ」に自分がいる感じがせず、身体の外部に自己が位置しているかのように感じられる。
4. 身体感覚の歪曲：身体の一部（特に手足と頭部）が以前と比べて大きくなったように、または小さくなったように感じられる。身体がふわふわと宙を浮いているように感じられる。
5. 自己観察の亢進：行動している自分を離れた場所から傍観者のように観察しているような感覚。

別の論考で指摘したとおり[Tanaka, 2018]、こうした身体経験すべての基調にあるのは、自己の身体をその内側から生きることができないということである。自己は、感覚する経験とともに湧き上がる「ここ」という空間に局在化されておらず、宙を漂うようにして、身体が行動するようすを傍観者のように観察している。現実には、この身体とともに自己が行為しているにもかかわらず、身体には主体感も所有感も十分に生じておらず、自己は身体の外部へ抜け出てしまったかのように患者には感じられる。

いわば、一種の体外離脱のような状態が持続的に生じているようにみえるのだが、このような状態にある「自己」を私たちはどのように理解すればよいだろうか。離人症の場合、末梢からの固有感覚のフィードバックに障害があるとの報告はない。しかし、内受容感覚を司る中枢である島皮質の機能が、通常の場合に比べて低下しているとの報告はみられる［Sedeño et al., 2014］。内受容感覚は固有感覚よりも身体深部に由来し、内臓に由来する漠然とした感覚印象を伝えると同時に、身体的に経験される深い情動を伝えるものでもある（たとえば「腹の虫がおさまらない」「腸が煮えくりかえる」といった言い方に表されるように）。

だとすると、離人症の場合、症状の根底では著しい感情鈍麻が内受容感覚の低下とともに生じており、通常の身体行為にともなう主体感や所有感が、感情によって適切に色づけられることなく経験されるような状態にあるものと思われる。つまり、「私の身体がここにある」とか「身体とともに私が行為している」という体感が十分な感情の裏づけを持たずきわめて希薄になっており、暗黙の自己感も十分に構成されない状態に陥っているのであろう。このような症状は、固有感覚の障害に由来する自己感の損傷と比べて、自己の障害という面ではより深刻なものといえそうである。

重度の離人症では、いわゆる「コタール症候群」と呼ばれる妄想が生じることが知られている。自分はすでに死んでいる、あの世に存在する、他人と同じ世界には存在していない、といった主観的な確信をともなう妄想である。このような妄想も、通常であれば生じているはずの暗黙の自己感が患者においてはそもそも成立していないという点を考慮するなら、一定の理由があって生じているように思われる［Billon, 2015］。

ただ、ここで理解すべきなのは、「自分はすでに死んでいる」という妄想さえいだくことのできる当の「自己」はいったい何なのか、という点である。前節で、ギャラガーのミニマル・セルフ論が所有感と主体感だけを問題にしており、十分に考察していない要因として「for-me-ness」があるということを指摘した。固有感覚障害によって所有感が全般的に低下する場合や、離人症でより深刻に暗黙の自己感が損なわれる場合、自己を構成する要因は、for-me-ness のみに切り詰められているのではないだろうか。

このような状態では、自己はもはや、身体行為に由来する暗黙の自己感を背景に持つことができない。それでも、いまだ私に対して世界はかろうじて知覚を通じて現れてくる。それが「私の経験である」という実感はわかないにもかかわらず、依然としてなんらかの経験が私に対して生じてくる。これはいわば、身体経験の自然な流れから切り離された状態であり、そのつどそのつど、唐突に世界が自己に対して現れてくるような状態であろう。精神科医の木村敏（一九三一〜二〇二一）が、この種の経験を時間性の観点から的確にとらえている。

離人症患者がしばしば語ってくれる体験のうちで、われわれにとって特に問題になるのは、その独特の時間体験である。ある患者は、「時間の流れもひどくおかしい。時間がばらばらになってしまって、ちっとも先へ進んで行かない。てんでばらばらでつながりのない無数のいまが、い

ま、いま、いま、いま、と無茶苦茶に出てくるだけで、なんの規則もまとまりもない」という。〔木村、一九八二年、二七頁〕

自己の身体とともに、あるいは自己の身体として活動する経験は、固有感覚のフィードバックが絶えざる流れとして末梢から中枢に流入しているかぎり、自然に流れる経験として生じている。しかし、神経障害によって固有感覚が断片化すると身体運動がなめらかさを失ってぎこちなくなるのと同様に、離人症のように内受容感覚が低下してそもそも主体感と所有感が暗黙の感じとしての内実を失ってしまうと、あとは断片的な経験がそのつど唐突に生じてくるしかないのであろう。

(5) 世界内存在としての自己

こうして私たちは、「脳－身体－環境」という系で意識を考えることの重要性を再び認識することになる。ハードプロブレムに典型的にみられる認知神経科学の問題意識は、「脳と意識」という対関係のもとでのみ意識の問題を解明しようとしている。しかしながら、このような問題設定は視野がいかにも狭すぎるのである。脳は、孤立した状態で存在しているのではなく、末梢の身体と切れ目なく連続している。末梢から流入する感覚のフィードバックと緊密に連携しながら、中枢の脳で身体の所有感が生成しているのだろうし、また、この所有感が背景的に機能していることで、ひとは身体をなめらかに動かすことができる。

しかも、身体の運動は、単に身体という孤立した個体内部に閉ざされているわけではない。運動は、つねに具体的な行為という文脈に織り込まれており、サッカーボールを蹴る行為やピアノの鍵盤を弾く行為の一部として生じる。つまり、身体運動は、外界の対象へと最初から差し向けられており、もろもろの物体が存在する具体的な環境のなかで生じている。脳と身体の全体で構成される運動は、行為が生じる具体的な環境と同一の空間的相の内部に織り込まれている。神経構成主義が想定するように、世界は脳の内部で構成される仮想のリアリティではない。脳は、末梢の身体とその運動を介して、世界へと連続している。

また、末梢の身体と中枢の脳の相互作用から生じてくる所有感と主体感は、暗黙の自己感を生じさせる。暗黙の自己感は、瞬間的に身体行為を切り取ることで析出された概念だったが、現実を生きる自己は、身体運動が行為という空間的広がりに織り込まれているのと同様に、具体的な行為を意図する自己として、時間的な広がりを必ず備えている。逆に、離人症患者がきわめて断片的な時間的経験を生きざるを得ないのは、身体と脳のやりとりが内受容感覚の障害によって寸断され、自己が十分に成立せず、行為に備わるなめらかな時間性を獲得できないからである。

ハードプロブレムの背後に潜んでいる心身問題は、それ自体として解決することは不可能である。脳と意識の関係、心と身体の関係のみで、一方から他方の成立を説明するという問題設定に留まっているからである。「感じるものと感じられるものの火花が散って火がつく」というメルロ＝ポンティの表現は、感じる存在としての生命体が、感じられるものとしての環境世界に生まれてくることを表現している。これが「身体」と「自己」の起源だとすると、生命と心の連続性、あるいは生命と意識の連続性をつねに念頭において、脳の機能を理解し直す必要がある。デカルトの立てた心身二元論は、世界を物質と精神に二分して、「生命」というカテゴリーを残さなかった。だから、この問題設定を引きずるハードプロブレムもまた、物質である脳からいかにして意識が生じるかという問題設定から逃れることができていなかった。私たちはあらためて、物質にも精神にも還元できない「生命」から出発せねばならない。生命有機体の全体的な機能として脳を理解し直し、脳と身体の関係、身体と環境の関係から「自己」が創発する過程をさらに明晰に理解せねばならないのである。

参考文献

Asai, Tomohisa, (2015). "Illusory Body-ownership Entails Automatic Compensative Movement : For the Unified Representation Between Body and Action", *Experimental Brain Research,* 233, 777-785.

Banakou, D., Parasuram, D. H. & Slater, M., (2016). "Virtual Embodiment of White People in a Black Virtual Body Leads to a Sustained Reduction in their Implicit Racial Bias", *Frontiers in Human Neuroscience*, 10, article 601. (doi: 10.3389/fnhum.2016.00601)

Billon, Alexandre, (2015). "Making Sense of the Cotard Syndrome : Insights from the Study of Depersonalization", *Mind & Language,* 31, 356-391.

Blanke, O. & Arzy, S., (2005). "The Out-of-body Experience : Disturbed Self-processing at the Temporo-parietal Junction", *The Neuroscientist,* 11, 16-24.

Botvinick, M. & Cohen, J., (1998). "Rubber Hands 'Feel' Touch that Eyes See", *Nature,* 391, 756.

Chapin, J. K. et al., (1999). "Real-time Control of a Robot Arm Using Simultaneously Recorded Neurons in the Motor Cortex", *Nature Neuroscience,* 2, 664-670.

Cole, J. & Paillard, J., (1995). "Living without Touch and Peripheral Information about Body Position and

Movement : Studies with Deafferented Subjects", Bermúdez, J. L., Marcel, A. & Eilan, N. (eds.), *The Body and the Self* (pp. 245-266), MIT Press.

Crick, F. & Koch, C., (1990). "Towards a Neurobiological Theory of Consciousness", *Seminars in the Neurosciences,* 2, 263-275.

Chalmers, David, (1995). "Facing up the Problem of Consciousness", *Journal of Consciousness Studies,* 2, 200-219.

Ehrsson, H. H., Spence, C. & Passingham, R. E., (2004). "That's My Hand! : Activity in Premotor Cortex Reflects Feeling of Ownership of a Limb", *Science,* 305, 875-877.

Ehrsson, H. H., Holmes, N. P. & Passingham, R. E., (2005). "Touching a Rubber Hand : Feeling of Body Ownership is Associated with Activity in Multisensory Brain Areas", *Journal of Neuroscience*, 25, 10564-10573.

Ehrsson, H. Henrik, (2007). "The Experimental Induction of Out-of-body Experiences", *Science,* 317, 1048.

Fuchs, Thomas, (2018). *Ecology of the Brain : The Phenomenology and Biology of the Embodied Mind,* Oxford University Press.

Gallagher, S. & Cole, J., (1995). "Body Schema and Body Image in a Deafferented Subject", *Journal of Mind and Behavior,* 16, 369-390.

Gallagher, Shaun, (2012). *Phenomenology,* Palgrave Macmillan.

Gallagher, S., (2000). "Philosophical Conceptions of the Self : Implications for Cognitive Science", *Trends in Cognitive Sciences,* 4, 14-21.

Gibson, James J., (1962). "Observations on Active Touch", *Psychological review,* 69, 477-491.

Gibson, J. J., (1966).*The Senses Considered as Perceptual Systems*, George Allen & Unwin.

Guillot, Marie, (2017). "I Me Mine : on a Confusion Concerning the Subjective Character of Experience", *Review of Philosophy and Psychology,* 8, 23-53.

Head, H. & Holmes, G., (1911). "Sensory Disturbance from Cerebral Lesions", *Brain,* 34, 102-254.

Husserl, Edmund, (1950). *Ideen zu einer reinen Phänomenologie und phänomenologischen Philosophie, Erstes Buch: Allgemeine Einführung in die reine Phänomenologie,* Martinus Nijhoff.〔フッサール、E（一九七九／一九八四年）『イデーンⅠ－１・２』渡辺二郎訳、みすず書房〕

Husserl, E., (1952). *Ideen zu einer reinen Phänomenologie und phänomenologischen Philosophie, Zweites Buch: Phänomenologische Untersuchungen zur Konstitution,* Martinus Nijhoff.〔フッサール、E（二〇〇一／二〇〇九年）『イデーンⅡ－１・２』第一分冊：立松弘孝・別所良美訳、第二分冊：立松弘孝・榊原哲也訳、みすず書房〕

Husserl, E., (1954). *Die Krisis der europäischen Wissenschaften und die transzendentale Phänomenologie,* Martinus Nijhoff.〔フッサール、E（一九九五年）『ヨーロッパ諸学の危機と超越論的現象学』細谷恒夫・木田元訳、中公文庫〕

Husserl, E., (1973). *Ding und Raum : Vorlesungen 1907,* Martinus Nijhoff.

Hochberg, L. R. et al., (2006). "Neuronal Ensemble Control of Prosthetic Devices by a Human with Tetraplegia", *Nature,* 442, 164-171.

Kalckert, A. & Ehrsson, H. H., (2012). "Moving a Rubber Hand that Feels Like Your Own : A Dissociation of Ownership and Agency", *Frontiers in Human Neuroscience,* 6, article 40. (doi.org/10.3389/fnhum.2012.00040)

Kalckert, A. & Ehrsson, H. H., (2014). "The Moving Rubber Hand Illusion Revisited : Comparing Movements and Visuotactile Stimulation to Induce Illusory Ownership", *Consciousness and Cognition,* 26, 117-132.

Leder, Drew, (1990). *The Absent Body,* University of Chicago Press.

Lenggenhager, B., Tadi, T., Metzinger, T. & Blanke, O., (2007). "Video Ergo Sum: Manipulating Bodily Self-consciousness", *Science,* 317, 1096-1099.

Merleau-Ponty, Maurice, (1945). *Phénoménologie de la perception,* Gallimard.〔メルロ＝ポンティ、M（二〇一五年）『知覚の現象学』中島盛夫訳、法政大学出版局〕

Merleau-Ponty, M., (1960). *L'oeil et l'esprit,* Gallimard.〔メルロ＝ポンティ、M（一九六六年）『眼と精神』滝浦静

雄・木田元訳、みすず書房〕
Merleau-Ponty, M., (1964). *Le visible et l'invisible,* Gallimard. 〔メルロ＝ポンティ、M（一九八九年）『見えるものと見えないもの』滝浦静雄・木田元訳、みすず書房〕
Moguillansky, C. V., O'Regan, J. K. & Petitmengin, C., (2013). "Exploring the Subjective Experience of the 'Rubber Hand' Illusion", *Frontiers in Human Neuroscience,* 7, article 659. (doi: 10.3389/fnhum.2013.00659)
Pacherie, Elisabeth, (2007). "The Sense of Control and the Sense of Agency", *Psyche*, 13, 1-30.
Penfield, W. & Rasmussen, T., (1950). *The Cerebral Cortex of Man,* The Macmillan Company.
Petkova, V. I., Björnsdotter, M., Gentile, G., Jonsson, T., Li, T. Q. & Ehrsson, H. H., (2011). "From Part to Whole-body Ownership in the Multisensory Brain", *Current Biology,* 21, 1118-1122.
Raffin, E., Mattout, J., Reilly, K. & Giraux, P., (2012). "Disentangling Motor Execution from Motor Imagery with the Phantom Limb", *Brain,* 135, 582-595.
Rosenberg, R. S., Baughman, S. L. & Bailenson, J. N., (2013). "Virtual Superheroes : Using Superpowers in Virtual Reality to Encourage Prosocial Behavior", *PLoS ONE,* 8: e55003.
Salomon, R., Lim, M., Pfeiffer, C., Gassert, R. & Blanke, O., (2013). "Full Body Illusion is Associated with Widespread Skin Temperature Reduction", *Frontiers in Behavioral Neuroscience,* 7, article 65. (doi: 10.3389/fnbeh.2013.00065)
Sedeño, L. et al., (2014). "How do You Feel When You can't Feel Your Body? Interoception, Functional Connectivity and Emotional Processing in Depersonalization-derealization Disorder", *PLoS ONE,* 9 : e98769.
Sierra, Mauricio, (2009). *Depersonalization: A New Look at a Neglected Syndrome*, Cambridge University Press.
Tanaka, Shogo, (2013). "The Notion of Embodied Knowledge and its Range", *Encyclopaideia : Journal of Phenomenology and Education,* 37, 47-66.
Tanaka, S., (2018). "What is it Like to be Disconnected from the Body? A Phenomenological Account of Disembodiment in Depersonalization/Derealization Disorder", *Journal of Consciousness Studies,* 25, 239-262.

Thompson, Evan, (2007). *Mind in Life : Biology, Phenomenology, and the Sciences of Mind*, Harvard University Press.
Tsakiris, M., Schütz-Bosbach, S. & Gallagher, S., (2007). "On Agency and Body-ownership : Phenomenological and Neurocognitive Reflections", *Consciousness and Cognition*, 16, 645-660.
Wolfe, J.M., Kluender, K.R., Levi, D.M. & Bartoshuk, L.M., (2018). *Sensation & Perception*, 5th ed., Sinauer.（図5－8はウェブ版からの引用）[https://oup-arc.com/access/content/sensation-and-perception-5e-student-resources/sensation-and-perception-5e-essay-13-2] アクセス：二〇二一年七月二一日
Yamamoto, S. & Kitazawa, S., (2001). "Sensation at the Tips of Invisible Tools", *Nature Neuroscience*, 4, 979-980.

ブレイクスリー、サンドラ&ブレイクスリー、マシュー（二〇〇九年）『脳の中の身体地図――ボディ・マップのおかげで、たいていのことがうまくいくわけ』小松淳子訳、インターシフト。

デカルト、ルネ（二〇〇一年）「省察」『増補版デカルト著作集2』所収、所雄章訳、白水社。

ギャラガー、ショーン&ザハヴィ、ダン（二〇一一年）『現象学的な心』石原孝二・宮原克典・池田喬・朴嵩哲訳、勁草書房。

ギブソン、ジェームズ・J（一九八五年）『生態学的視覚論――ヒトの知覚世界を探る』古崎敬・古崎愛子・辻敬一郎・村瀬旻訳、サイエンス社。

入來篤史（二〇〇四年）『道具を使うサル』医学書院。

川人光男（二〇一〇年）『脳の情報を読み解く――ＢＭＩが開く未来』朝日選書。

木村敏（一九八二年）『時間と自己』中公新書。

リベット、ベンジャミン（二〇〇五年）『マインド・タイム――脳と意識の時間』下條信輔訳、岩波書店。

村田純一（二〇一九年）『味わいの現象学――知覚経験のマルチモダリティ』ぷねうま舎。

ニコレリス、ミゲル（二〇一一年）『越境する脳――ブレイン・マシン・インターフェースの最前線』鍛原多恵子訳、早川書房。

ラマチャンドラン、ヴィラヤヌル・S&ブレイクスリー、S（一九九九年）『脳のなかの幽霊』山下篤子訳、角川書店。

サックス、オリヴァー（二〇〇九年）『妻を帽子とまちがえた男』高見幸郎・金沢泰子訳、ハヤカワ文庫。

坂井克之（二〇〇八年）『心の脳科学――「わたし」は脳から生まれる』中公新書。

櫻井芳雄（二〇一三年）『脳と機械をつないでみたら――BMIから見えてきた』岩波現代全書。

高橋澪子（二〇一六年）『心の科学史――西洋心理学の背景と実験心理学の誕生』講談社学術文庫。

田中彰吾（二〇一三年）「運動学習におけるコツと身体図式の機能」『バイオメカニズム学会誌』第三七巻第四号。

田中彰吾（二〇一七年）『生きられた〈私〉をもとめて――身体・意識・他者』北大路書房。

田中彰吾（二〇一九年）「プロジェクション科学における身体の役割――身体錯覚を再考する」『認知科学』第二六巻第一号、一四〇～一五一頁。

田中彰吾・浅井智久・金山範明・今泉修・弘光健太郎（二〇一九年）「心身脳問題――からだを巡る冒険」『心理学研究』第九〇巻第五号、五二〇～五三九頁。

田中彰吾（二〇二〇年）「ポスト身体性認知としてのプロジェクション概念」、鈴木宏昭編『プロジェクション・サイエンス』所収、近代科学社。

田中彰吾（二〇二二年）『自己と他者――身体性のパースペクティヴから』東京大学出版会。

鳥居修晃・望月登志子（二〇〇〇年）『先天盲開眼者の視覚世界』東京大学出版会。

ヴァレラ、フランシスコ／トンプソン、エヴァン&ロッシュ、エレノア（二〇〇一年）『身体化された心――仏教思想からのエナクティブ・アプローチ』田中靖夫訳、工作舎。

第六章 心理的なるものを超えた心理学

――歩く・食べる・眠るの心理学へ

染谷昌義

第一節　デカルト的心理学の道とアニマシー心理学の道

（1）生きることと心のはたらき

本章では、心の科学と心の哲学が今後歩むことの可能な未来のルートの一つを示してみたいと思う。ひょっとしたらそのルートは、地球とそこに棲まう生命たちの絶滅カウントダウンのさなかにある現在において、小さな希望が見え隠れするルートになるかもしれない。この未来にありうる心の科学、そして心の哲学を本章では、アニマシー心理学と呼ぶことにする。本章は、アニマシー心理学の原理的テーゼと内実を示し、その正当化を試みる。具体的には、今世紀に至り心の科学と心の哲学のなかで一定の市民権を得るに至った四つのE（通称4E）の認知科学、そして生態心理学の内実を紹介するとともに、これらの運動の先にどのような心の科学や哲学がありうるのかを考察する。そこで見えてくるのは、アニマシー心理学と呼ばれる、心と生命とを同一視し連続化する心の科学と心の哲学である。

アニマシー心理学は、「心のはたらき」という見出しのもとにカテゴライズされる性質の外延を大きく広げ、生物のありとあらゆる生命活動と生命過程を「心のはたらき」に含め、「生きる」ことと「心のはたらき」とを同一視し、生命と心の緊密な連続性を原理とする。代謝・呼吸（燃焼）・再生産・自己複製・生殖・ホメオスタシス・循環・免疫防御・睡眠・成長・衰弱・疲労・運動（場所移動）・感覚知覚・ものづくり・想像（空想）・記憶・学習・コミュニケーション・思考など、地球上で生物たちが営むありとあらゆる生きる活動と過程は「心のはたらき」である——これがアニマシー心理学の基礎となる思考である。アニマシー心理学は、生きているという性質の外延と心のはたらきを持つという性質の外延を重ねる。したがって、「心」理学の守備範囲は現在のものよりもずっと広がる。さらに、すべての生物を心のはたらきを持っている存在者に含めることになるので、脳や神経細胞を有する人間や動物（脊椎動物から無脊椎動物まで）だけではなく、無神経な生物たち——大腸菌やシアノバクテリアのような細菌（原核生物）、アーキア（古細菌）から真菌類、変形菌、原生生物、海綿、そして植物までの生物がすべて心のはたらきを持っていると考えられることになり、心のはたらきの範囲もおそらくずっと広がる。細胞が生命の基礎単位であることを認めるのであれば、生きている細胞にも心のはたらきを認めることになる。

この道を歩むなら、最終的に地球上のさまざまな非生命的な物理化学的過程に潜在する力能にまで生命と心のはたらきの原資を広げるアニミズム心理学まで行き着くことになると予想されるが、本章はその手前の議論となる。アニマシー心理学を築き上げる声は、二一世紀に入ってからささやかれ始め、二〇一〇年前後を境目として特に植物の知性や心のはたらきを訴える声がはっきり聞こえるようになり、現在に至るまでにだんだんと声のトーンは大きく強くなってきている。そのレポートも本章では丁寧にするつもりだ。

ではアニマシー心理学の輪郭を描き出すとどんないいことがあるのだろうか。それは、近代以降、現代の心の科学と哲学を覆い尽くしている心についての見方、すなわちデカルト的な心観を相対化し、デカルト的な心観に則った心の科学や心の哲学を進める道が唯一の道ではなく、別の道もあることを可視化する効用である。こうすることで、デカルト的心理学、アニマシー心理学、あるいはそれ以外というように、未来の心の科学と哲学が歩むことのできる複数の進路が描かれた地図を手にできる。そして地図を見ながら、どの進路を選択すべきか議論できるというわけだ。

この議論のなかで、デカルト的心理学とアニマシー心理学のどっちがもっともらしいのか、それを天秤にかけさまざまな方向から考えることができる。この思考には哲学が要求される。本章では、その哲学的思考の一端も披露するつもりだ。また選んだ道は、私たちの生き方や、環境や生命や人間自身への眼差しや態度に反省を迫り影響する可能性もある。この点も最終節で触れるつもりだ。いずれにせよアニマシー心理学は、未来の心理学が歩むことも可能な一つの道、心の科学の行く末の一つである。その道を歩むかどうかはともかく、心のはたらきに関心を持つ人々にこの道の存在とその潜勢力を理解してもらえれば、本章の目的は達成されたと言えよう。

(2) デカルト二元論に染まった心理学

議論を始める前に、現代の心の科学や心の哲学が、デカルト的心観に染まっているという筆者の先の主張について補足をしたい。

周知のように、デカルトは、心・精神と身体・物質とを、本性を異にする実体であるとし、心身二元論、精神と物質の二元論を主張した。現代の心の科学や哲学がデカルトの実体二元論を踏襲しているという見方は、さすがに誤解であろう。では、現代の心の科学や哲学の多くが、心的性質と物的性質という性質二元論を採用しているという点をデカルト的とみなしているかと言えば、それも違う。

筆者がデカルト的心観、デカルト的心理学ということで念頭においているのは、生きることと心のはたらきとを分離し、区別して考えるという意味での反アニマシー的思考のことである。

デカルトの二元論の核心は、意識すること・思うことへと心のはたらきを限定し、デカルト以前に心のはたらきと考えられていた生物の持っているさまざまな生きる能力を、心のはたらきから除外し身体のはたらきに帰したところにある。デカルトが画期的だったのは、デカルト以前までは一体化していた心（精神）と生命（身体）とを分離したことだ。

アリストテレスの霊魂論の伝統では、心のはたらき（プシュケー／アニマの活動）は生命活動すべてを含んでいた。すなわち、栄養摂取し成長する活動、歩行や飛翔や遊泳など場所の移動、感覚知覚する活動は、すべて心のはたらきであり生きる活動だった。

ところがデカルトでは、心のはたらきは、意識すること・思うことに縮小限定され、栄養摂取や運動や感覚知覚は心のはたらきではなく身体・物体のはたらきに分類された。アリストテレスの霊魂論では、身体活動に一切依存しない思考（能動知性）の存在が例外的に示唆されるものの、人間を含めた生物の生きる活動はすべて心のはたらきであった。意識や思考だけを特別視する傾向はあっても、それらも栄養摂取・身体動作・感覚知覚と同列な生きる活動であった。じっさいには、生命活動と心のはたらきとを区別する伝統がデカルトの前の時代から生じ始め、デカルトでそうした思考が一つのピークを迎えた。細部にこだわらなければ、アリストテレス的な心についての見方からデカルト的なそれへの変化とは、表6―1に示すように、生きる活動と心の活動とに質的かつ種類のうえで区切り（太線）を入れたことにある（中畑、二〇一三年。また中畑、二〇一一年所収の論文も参照）(1)。

本章でのデカルト的心観、デカルト的心理学は、歩くこと、座ること、投げること、食べること、

活動・はたらき	アリストテレス	デカルト
栄養摂取・成長（代謝）	生きる身体の活動＝心のはたらき＊	物体＝身体の活動
場所の移動・運動		
感覚・知覚（想像も含む）		（意味を変えて）心のはたらき＊
思考・知性		心のはたらき

表6―1　アリストテレスでは思考・知性は、能動知性という悩ましい例外はあるとしても、生きる身体の活動である。他方、デカルトでは思考は身体の活動ではなく「思う・意識する」という精神の活動である。またデカルトは、感覚・知覚を、たとえば視覚は「見る」活動ではなく「見ていると〈思う・意識する〉」活動のように規定し、精神の活動へと回収した〔中畑、2013年参照〕。

眠ること、成長すること、呼吸することなど、生きる活動を心のはたらきとは見なさない心についての考え方（心観）や心理学のことである。デカルトの二元論や心観は心の科学や哲学に関わる多くの人たちから批判され、否定される。だが、そうした批判をする人であっても、たとえば歩くや食べるを心のはたらきとし、心理学の守備範囲に含めないのだとすれば、あるいは、歩くことや食べることと、考えることや意識することとのあいだには、活動の種類のうえで根本的な違いがあると考えるのであれば、デカルト的なのである。

（3）心の目印

「そんなの言いがかりだ」というクレームもありそうなので、一九世紀末、大学に実験室が設置されるとともに「いわゆる」科学的心理学が誕生した頃、心理学の研究対象が、無生物と生物との違いをなす、生命的特徴ととらえられていた証拠を提示しておこう。少なくとも「いわゆる」心理学が誕生した当時は、心理学はデカルト的ではない余地、歩いたり食べたりといった生物の生きる活動を心のはたらきと見なす態度を、はっきりと残していた。

証拠の一つは、ウイリアム・ジェームズ（James, William, 1842-1910）の『心理学原理』［James, 1890］に発見できる(2)。『心理学原理』の第一章「心理学の守備範囲」には、「心的であることの境界線」あるいは「心的であることの目印」という言い方で、心理学が扱う「心的」現象とはどのような現象なのかが語られている。ジェームズは、無生物の活動と生きるモノ（living thing）の行為とを比較し、後者に見られる特徴を、心的であることの目印とした［以下、James, 1890: 6-8］。

たとえば、磁石を近づけた鉄粉は磁石に向かって運動し磁石に付着する。磁石の表面を紙で覆った場合でも、鉄粉は磁石に引きつけられ紙ごしに付着する。あるいは、水の入ったバケツに、同じく水の入ったツボを逆さにしてかぶせる。そのときバケツの水面とツボの下水面に隙間が生じないように接触させる。バケツとツボは水でつながっている。この状態で、バケツの底からストローで空気を入れると気泡は上方に向かって運動し、ツボの最上面まで達するとそこに張りつき動かなくなる。

今度は、生物の例で考えてみる。たとえば、ロミオとジュリエットである。愛し合う二人は、鉄粉と磁石のように相手を引き寄せ、接触する。しかし、磁石と鉄粉とは違い、二人のあいだに壁を設置した場合、壁ごしに接触などせず、たとえばロミオは壁のない通路を探しあるいは壁をよじ登り、ジュリエットと直接接触する。バケツの底に気泡の代わりに生きたカエルを入れると、カエルは上方に向かって泳いでいくが、気泡とは異なりツボの最上面まで行くと、下方へ引き返しツボを出てツボの縁から回り込んでバケツの水面から大気中へ顔を出す。

無生物の活動と生物の行為とで何が異なるのか？　ジェームズによれば、生物の行為は「結末〔目的〕が固定し、〔その結末に至る〕手段が変化する（the fixed end, the varying means）」［*ibid.*: 7］という特徴がある。他方、無生物の振る舞いには、その結末と、結末達成の手段を柔軟に選択し変化させるという特徴がない。「未来の結末（future ends）を目指し、未来の結末を達成するための手段を選ぶこと、これが、ある現象に心的性質（mentality）があることの目印であり基準である」［*ibid*.: 8］。

この基準は、グレーゾーンがあるにしても生きる活動・過程と非生命的な過程とを分ける基準でもあることに注意したい。ジェームズにとって心理学の研究対象は、何よりもまず生物行動が環境のなかで示す、柔軟性と選択性という特徴だった。「結末〔目的〕のためになされ、かつ〔結末を達成するための〕手段の選択をしている行為だけが、心があることの確実な表現であると言うことができる」［*ibid*.: 11］。心の科学の歴史を振り返れば百数十年前まで、心のはたらきと生きる活動との緊密な結びつきを認める考え方がしっかりあったのである(3)。

よって本章の目的は、生きる活動を心のはたらきと見なす、真に反デカルト的な心理学の道があり、その道も歩むことが可能であることを示すことだとも言い換えられる。アニマシー心理学の輪郭を描くことは、こうしたデカルト以前のアリストテレス心理学への回帰をも含意する。ただしそれは、現代的な道具立てを用いた限定的な回帰である。本章では踏み込まないが、アリストテレス心理学を本気で歩み、アリストテレス心理学を、現代の知見をふまえて本気で突き進むには、アニマシー心理学を心理学の背後にある、月下の世界の、人間を含めた「自然」実在とその始原・原因についての考え方・自然学をも考慮に入れ、近現代の自然観そのものの検討まで踏み込む必要がある〔染谷、二〇一六年、二〇二〇年を参照〕。本章ではこの点には触れない。

（４）アニマシー心理学へ至るルート

本章で歩むアニマシー心理学へのルートは次のとおりである。

スタート地点は、心のはたらきにとって身体や、身体と環境との相互作用が重要であることが心の科学や哲学のなかで指摘され始める二〇世紀から二一世紀への世紀転換期である。第二節では、世紀転換期に認知科学で生じた身体性認知科学への転換を眺め、それが現在、四つのEと呼ばれるアプローチに結実していることを説明する。４Eによれば、心のはたらきは「身体化され」(embodied)、「状況に埋め込まれ」(embedded)、「行為によって構成され／行為化され」(enacted)、環境のさまざまなアイテムにまで「拡張されて」(extended) いる。心のはたらきは、脳に限定された表象操作によってではなく、身体の知覚と行為を介して外部の環境とつながるシステムのダイナミックな過程として理解される。またこの第二節では、４Eと関連がありながらもEの仲間に入れてもらえなかった知覚と行為への生態学的 (ecological) アプローチ（生態心理学）も心の科学と哲学の転換を方向づける運動として、ただし、４Eとの近くて遠い関係を指摘しながら紹介したい。

第三節は、本章の中心となる節である。４Eや生態心理学のような、心のはたらきを身体や環境という文脈に埋め込んで理解する見方は、アニマシー心理学へとつながる可能性を持っていることを示し、アニマシー心理学の内実に踏み込む。その際、心のアニマシーテーゼを提示して、生命活動がどのような意味で心の活動と同一で連続しているのかを定式化し、合わせて、アニマシー心理学に関わる現代の議論（環境複雑性テーゼ、コボリズム、ミニマル・コグニション、意識の細胞基盤仮説）を概観し、アニマシー心理学のスタートがすでに切られていることを理解する。

第四節は、第三節のアニマシー心理学の原理的議論を補完するため、アニマシー心理学をじっさいに展開している諸研究と論争をレポートする。神経系や脳のない生物（以降、無神経生物と呼ぶ）の心のはたらきの研究に焦点をあてるが、特に紙幅を割いて扱うのは、植物の心のはたらきの解明を積極的に展開する植物神経生物学（plant neurobiology）である。植物生理学者、植物学者のあいだで、哲学者も巻き込みながら行われている植物神経生物学をめぐる激しい論争を見ることで、アニマシー心理学の現在を視察したい。その際、今後私たちが引き受けなければならないと予想される無神経生物の心や意識や神経機能について哲学的問題を列挙する。

最後の第五節では、これまでの議論をふまえ、心の科学と心の哲学が生理学や神経科学に対して有する価値を述べ、アニマシー心理学の道を歩む際、これまでなかった生命と心の理解が拓かれる可能性を指摘する。

アニマシー心理学の道にはためらいと動揺がつきまとう。たとえ、心の科学や哲学がアニミズムに追いついてきたとしても、無神経生物たちの心のはたらきへの不安と違和感は科学や哲学の言説の力だけでは克服できない。心あるものへの態度は日常的な生活実践のなかで培われるからだ。無理に克服するのでもなく、かといって無神経生物に心や行動や神経や意識という概念を使うのを禁じるのでもなく、不安と動揺を引き受け、人間を超えたものたち（the more than human）へ真剣な眼差しと態度を動揺しながらでも保ち続けること、それがアニマシー心理学の道を歩む責務であることを指摘する。

第二節　身体性認知科学への転回

（1）認知主義への対抗としての身体性

一九七〇年代から八〇年代の認知科学の黎明期では、心のはたらきは、物理的還元主義、あるいは脳神経系還元主義や表象主義的な計算論にコミットする立場から説明されることがほとんどであり、心のはたらきにとって身体や環境の役割はきわめて低く薄く見積もられていた。身体と環境の役割を無視もしくは軽視し、心のはたらきを脳に限定する見方は、認知主義と呼ばれる。認知主義への偏りに対し、身体と環境とが心のはたらきにとって本質的に重要な影響を与えており、心のはたらきを考えるうえでそれらの果たしている役割を無視することができない可能性が、同時期のいわゆる第二次人工知能ブームのときに、哲学者たちから主張され始めた。代表的人物であるヒューバート・ドレイファス（Dreyfus, Hubert Lederer, 1929-2017）は、現象学的な身体論や人間存在論（世界内存在）を根拠に、人工知能の「知性」と人間の知性との原理的違いを主張した〔ドレイファス＆ドレイファス、一九八七年、一九九二年。また本書第二章の論考も参照〕。

こうした見解はやがて一九九〇年代に入り、身体性（embodiment）、身体化された心（embodied mind）というスローガンのもとで心の哲学と科学に携わる専門家からも主張されるようになり、二〇〇〇年代以降は身体性認知科学（embodied cognitive science）という呼称で、心の科学の社会のなかで市民権を得るようになった。この潮流の先駆となったヴァレラらの『身体化された心』は、一九九一年に刊行された［Varela et al., 1991; 邦訳刊行は二〇〇一年］。一九九〇年代に入り人工知能研究はそれまでの勢いを失ってしまったが、ドレイファスら現象学者たちの論点は、心の哲学と科学のなかで確立され、緩やかではあるが一定の研究方針として命脈を保ち続け、説得力を増していった。現在この流れは、身体性を筆頭に四つのE（4E）という呼び方でまとめられている。

（2）四つのEへ——embodied/ embedded/ extended/ enacted

4Eとは、心のはたらきを本質的に制約し、心のはたらきにとって無視できない四つの特徴、すなわちembodied、embedded、extended、enactedを意味し、それらの四つのワードの頭文字E／eを総称したものだ。4Eは、特定の主張者の決まった見解に結びつけられるものではないが、認知主義への批判と反省を共有した多様なコミュニティを概括するキーワードである。それぞれのEは確固とした内容を持った理論や方法から成り立っているというよりも、強調点を異にしつつ、認知主義的な心の科学では見落とされる心のはたらきの本質的特徴を意味している。よって、4Eは、お互いに重なり合う部分を持ちながら同一ではない心の特徴を強調する、広く緩やかな同盟性を持った研究方針、心のはたらきを理解するためのポリシーと理解するのがよいだろう。

ニューエンら［Newen, De Bruin & Gallagher, 2018］によれば、4Eという言葉が最初に使用されたのは、二〇〇六年七月にイギリスのカーディフ大学で開催された身体化された心についてのワークショップ（Embodied Mind Workshop at Cardiff University, 13-14 July 2006）であった。この小さな会合に参加したメンバーの一人であるショーン・ギャラガーを中心に、翌二〇〇七年一〇月にアメリカのセントラルフロリダ大学で4Eをタイトルに付したカンファレンスが開催される(4)。二〇一〇年には、このカンファレンスから選ばれた諸論考がまとめられ、学術誌 *Phenomenology and the Cognitive Sciences* の特集として掲載された［Menary, issue ed., 2010a］。国際カンファレンスとそれに続く学術誌での特集を4Eの初舞台と見なせるのであれば、4E概念が学術界に登場したのは、ここ一五年ぐらいのことである。その意味では、4Eの方法論や探究方針、それぞれのEの相互関係の検討はまだ研究途上にあると言ってよいだろう。二〇一八年には、約一〇〇〇頁にも及ぶ4Eの大部な論集が刊行された［Newen et al., 2018］。そこではのべ六四人の心の科学・哲学に携わる研究者が寄稿し、4Eの批判的検討、新たなアイディアの提示、相互の強調点の違い、eの内実の再検討など多岐に論じられている。まさに4Eの射程と可能性は議論の真最中だと言っても過言ではない。4つのEの内容を手短に見てみよう。

embodied――心のはたらきの身体性

身体性は、残りの三つのEの基礎にある考え方である。それは、心のはたらきが、物質的なカラダをもち、カラダを動かして環境と相互作用を行い、カラダをとおして学習し経験したキャリアという名の歴史を刻む、そうした身体である限り必ずひき受ける特徴と密接不可分に結びついているということである。さらに、心のはたらきは本質的に身体的であり、身体とその活動なしでの心のはたらきはありえないというより強い主張も含まれる［Newen et al., 2018; Chemero, 2011; Käufer & Chemero, 2021］。

注意しなければならないのは、身体性は、心のはたらきが単に身体的生理的基盤を持っているといった唯物論の焼き直しに尽きない点である。心の身体性は、身体が環境と相互作用するなかで生じる経験のあり方に心のはたらきが本質的に依存していることまでを含意する。そのため、身体性には唯物論以上の含意がある。心のはたらきは単に脳や神経系のはたらきによって実現されているだけでなく、質量と延長と特定の形を持ち、特定の動きをする物質的身体からの影響と制約を強く受ける。そうすると心のはたらきを持つことができるのは、身体の制約下で環境と相互作用することによって行動を生成する身体的主体だけであることになる。この見方が正しければ、身体性は心のはたらきに不可欠で本質的な構成要因となる。

私たちの知覚という心のはたらきがどのような意味で身体的で、身体性という特徴を有するのか、見るはたらきを例に考えてみよう。見るはたらきは、もちろん眼という器官や頭蓋内の生理的機構に依存しているが、それだけに尽きない。頭部・首・胴体・足といった全身が見るはたらきに寄与している。言ってみれば、私たち人間の見るはたらきは、二本の足で直立して環境のなかを動き回り、頭部を回したり胴体を捻ったりして見回すという全身の運動から成り立っている。人間のような形態をした動物であれば、見るはたらきは、身体の生理的機構に加え、身体の形態や運動可能性、これまでの経験から学んだ運動スキル、さらには環境から身体に受ける影響（重力、動いた場合の加速度、立位する支持表面の状態、所持する荷物や装着している服飾物の性質などの影響など）、身体として存在するからこそ被るさまざまな制約と要因の絡まり合いによって実現する。

図6―1は「左眼から見た自己」と呼ばれるスケッチである。部屋のなかでソファーに座り、右眼を閉じて左眼だけで部屋を眺めているときに経験される風景を描いている（視野周辺の境界やぼやけは

私たちの左眼からの眺めを忠実に反映していないかもしれないが気にしないでほしい)。

図6—2は上から順に、頭を右に回したときの風景の変化を描いている(上段の図から開始して、中段→下段と変化を描いている)。頭を右に回すと、それまで見えていなかった風景が右側から現れてくる。窓辺の鉢植えが見えはじめ(中図)、さらに頭を右に回すと壁の本棚や絵画が見えてくる(下図)。これとは逆に、風景の左側ではそれまで見えていたものが見えなくなる。ソファーの一部が見

図6—1　左眼から見た自己(Gibson, 1979, 112)

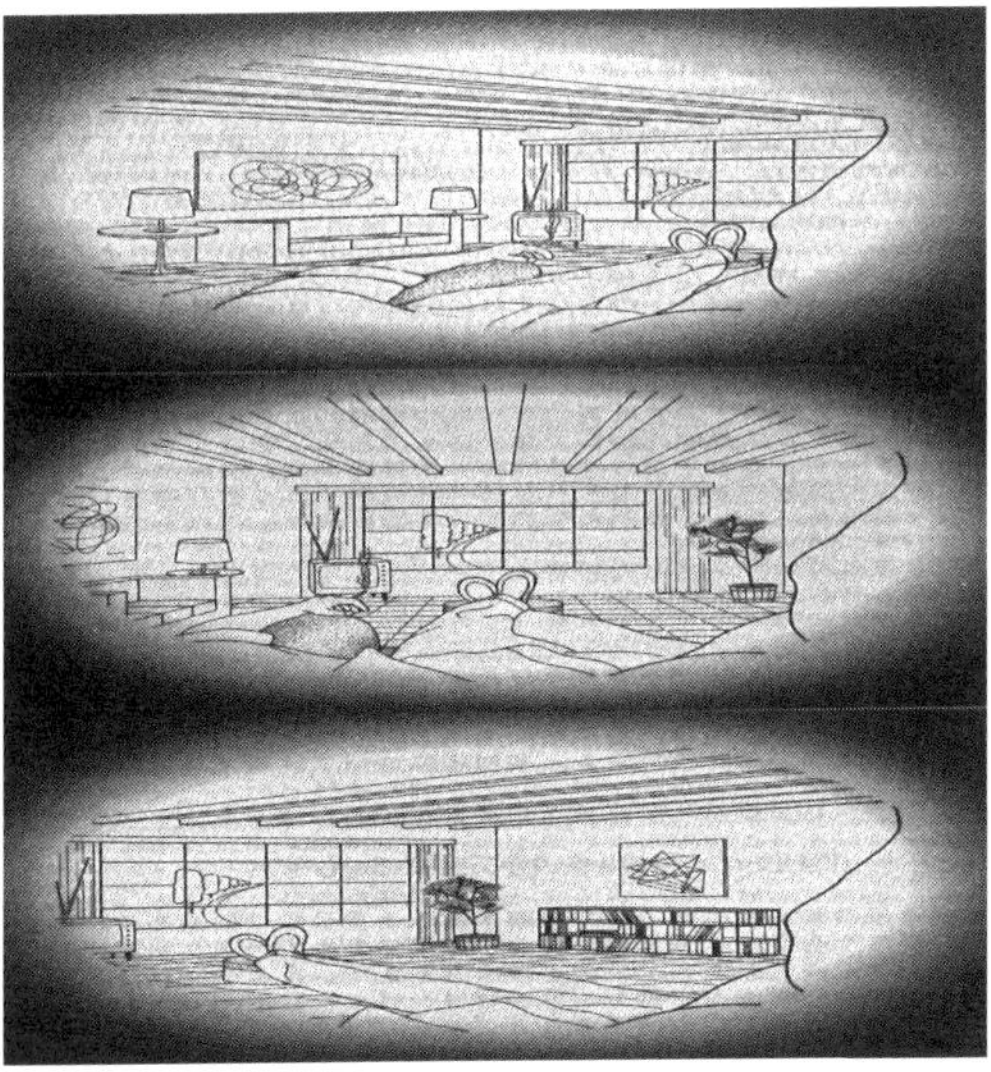
図6—2　頭部を右に回したときの眺めの変化
(Gibson, 1979, 118-119)

えなくなり（中図）、テレビの一部も見えなくなる（下図）。自分の左腕や両脚、窓枠や天井の見え方の変化にも注意してほしい。そして、右に回した頭を再び左に向かって回せば、図6―2の下段から上段へと至る、さっきとは逆の風景の変化を見ることができるだろう。

これらの図は、見るはたらきが、両脚を有する胴体と首でつながった頭の前方についた眼の部分から開かれる風景（身体の形態と姿勢に条件づけられた風景）を身体を動かすことで（この場合は頭を動かすことで）変化させることから成り立っていることを教えてくれる。部屋のなかで、家のなかで、屋外で、駅で、公園で、巨大な建物のなかで、私たちは動き、目的とする見たいものが視野の中央にくるように風景の変化するつながりを身体運動によって作り出している。そしてこの動的な変化の過程が、見るはたらきなのである。言われてみて初めて自覚することなのかもしれないが、見るはたらきが、カラダの形態と姿勢と運動によって（これ以外にも筋、骨格、それらの形態的特徴、変形の度合いや柔らかさや重量など、数多の「無神経的」身体の性質によって）制約され条件づけられている点、さらには見るはたらきがそのような特徴を持った身体の運動から構成されている点は、銘記しなければならない。

この意味での見る経験の身体性を、メルロ＝ポンティの頻繁に引用される言葉で補足しておこう。メルロ＝ポンティは、知覚経験の身体性を、「刺激のゲシュタルト（形態）」「刺激の布置」が行動によって創造されることだと表現した〔メルロ＝ポンティ、一九六四年〕。「刺激」という言葉は、ここでは見える風景や現れと解して差し支えない。逃げ回る小動物を捕まえようと、視覚と聴覚をたよりに小動物を追いかける場面の描写である。

私が手で捕獲具をもって、逃げ回る動物の一つ一つの動きを追うとき、私の運動の一つ一つが外部からの刺激作用に反応していることは明らかではあるが、しかし私が自分の受容器〔眼や耳〕を刺激作用の影響下に置こうとする運動がなければ、その刺激作用は受け取れないだろうということもまた明らかである。〔……〕眼や耳が逃げゆく動物を追って、刺激と反応とが交代している場合、刺激と反応のどちらが先だったかを言うことは不可能である。有機体のあらゆる運動はつねに外的影響によって条件づけられるから、行動を環境の結果として扱うことも、お望みなら確かにできる。だが同様に、有機体の受容するすべての刺激作用は、それはそれで、有機体がまず身体を動かし、その運動の結果、受容器が外的影響にさらされることによってのみ可能だったのだから、行動があらゆる刺激作用の第一原因だったと言うこともできる。

このように刺激のゲシュタルトは有機体自身によって、つまり有機体が外からの作用に対して自分を差し出す固有の仕方〔運動〕によって、創造されるのである。〔メルロ＝ポンティ、一九六四年、三二一―三二二頁。〔 〕は筆者による補足。筆者の責任で一部翻訳を変更した〕

何かが見えるようになるには身体の運動が必要である。運動は見ることを可能にし、見るはたらきの一部を構成している。これがメルロ＝ポンティの洞察である。私たちは、眼だけで見るのでも脳や神経だけで見るのでもない。環境という取り囲みのなかで運動して動き回る全身で見る。身体運動は見るはたらきの一部だ。したがって、足や胴体も（何を見るかにもよるが）まぎれもなくれっきとした見る器官である。くわえて、身体の運動とともにその取り囲みも連続的に変化する。この変化は見える風景の変化となり、見たいものを見るために運動をどう変化させればよいかを教えている。

以上は視知覚での話であるが、身体性は人間のすべての心のはたらきが持つ性質である。たとえば、認知意味論と呼ばれる言語学の領域では、身体行為の経験から、言語表現・言語理解の原型となる「イメージ図式」が発生し、このイメージ図式が言葉の比喩的な表現に投射されることで、私たちは言葉の意味を理解し、言葉を使用できると考えられた。イメージ図式とは、言葉の意味の原型となるもので、想像力のはたらきによって可能となる。認知意味論によれば、抽象的な概念や命題の理解、命題の論理的関係を用いた推論的思考といった私たちの高度な認知能力も、身体経験をとおして創発したイメージ図式を根拠にしている〔ジョンソン、一九九一年〕。

すでに二〇年以上前の研究になるが、文の意味（理解）と身体運動との関連性を示した実験結果もある［Glenberg & Kaschak, 2002］。たとえば、「引き出しを閉めなさい」、「引き出しを開けなさい」といった運動情報を含んだ有意味な命令文と、まったくの無意味な文を被験者にランダムに与え、被験者に有意味な文のときにボタンを押すよう反応を求める。反応ボタンは被験者の近くと遠くの二ヵ所に設置した。このとき「引き出しを開けなさい」のように自分の身体に向かう運動を命令する文（forward sentence）では被験者の近くにあるボタンを押す反応が促進され、「引き出しを閉めなさい」のように自分の体から遠ざかる運動を命令をする文（away sentence）では遠くにあるボタンを押す反応が促進された。命令ではないが身体への方向性を含意する文（たとえば「アンディはあなたにピザをあげた」）や比喩的に方向性を示す文（たとえば「リズはあなたに物語を語ってあげた」）でもボタン押し反応には同様の傾向が見られた。このことから身体へ向かう方向と身体から遠ざかる方向の違いを表現する文の意味は、自分の身体への方向の違いの理解を基礎にして把握されている可能性が示唆される。

身体性は、身体を入力と出力の装置にしか見ていなかったそれまでの身体観にも大幅な変更を迫り、環境と相互作用しながら動く身体の活動性が、心のはたらきの欠くことのできない部分をなしていることを教えている。そのため、人間の心のはたらきを部分的に模倣する知能ロボットや知能機械（人工知能）を作るうえでも、今や身体性は無視できなくなった〔cf. ファイファー&シャイアー、二〇〇一年、ファイファー&ボンガード、二〇一〇年〕。

embedded——心のはたらきの状況依存性

身体性に基づきながらも、心のはたらきが環境のさまざまなアイテムを使用して発揮される点を状況性・状況依存性（situatedness）という言い方で強調する立場やアプローチがある。環境と相互作用する身体は、状況に埋め込まれており、心のはたらきのなかでもとりわけ問題解決と呼ばれる心のはたらき（なんらかの課題を達成するために発揮される総合的な心のはたらきであり、思考・記憶・推論・計算・理解・記憶・意思決定・知覚・運動など多様な心のはたらきが投資される）は、状況を利用して（「媒介にして」と言われることもある）行われる。「状況」には、道具・慣習・ルール・制度・他人の行動・言語など、さまざまなメディアが含まれる。物質的な身体は、常にそうした身体外部のさまざまなリソースによって取り囲まれているが、日常的な場面での問題解決の多くは、そうしたリソースを利用して行われる。さらにそうしたリソースの利用の仕方も、他者からのしつけや教育、そのために利用される道具や制度などのメディアのリソースをとおして社会文化的に学習されていく。このように、身体外のさまざまなリソースが心のはたらきを制約し条件づけているという意味で、心のはたらきは「状況づけられている」（situated）とか「足場を与えられている」（scaffolded）と言われるわけである。

代表的な研究を挙げてみよう。社会人類学を専門とするレイヴ（Lave, Jean）は、スーパーマーケットで何を買うかを意思決定する際に行う計算（たとえばお買い得かどうかの計算）やダイエットでの食事量やカロリーを決めるために行う計算が、学校で学んだ数学的知識が転移されたものでないことを、実況報告や談話分析により明らかにした［Lave, 1988］。計算するという心のはたらきは、必ず、買い物活動やダイエット活動といった状況・文脈に埋め込まれており、そうした進行中の活動のなかに組み込まれて行われる。活動の文脈を抜きにして学校の教室で学習された一般的な計算知識が買い物活動で使われるというわけではない、というのがレイヴが明らかにしたことのひとつだ。

食料品をスーパーマーケットで買う場面を考えてみよう。スーパーマーケットには膨大な食料品があり、私たちはこの膨大な商品の海のなかから、買いたいものを意思決定し購入する。しかし私たちは、メモ書きなどで買うものを事前に決めていないときであっても、スーパーのなかに陳列された食料品を一つ一つ片っ端から吟味してどれを買うかを決めてなどいない。買い物行動はある程度ルーティン化されており、長い間買い続けてきたものやこれまで買ったことのあるものを再び買う傾向や、それと類似したものを買う傾向がある。計算という心のはたらきは、このルーティン化した活動の流れの文脈に組み込まれて実行される。そのような文脈での計算は、たとえば、いつもより値段が高かったり、これまで買ったことのないものを買う必要が出てきたりしたときに、商品の質と量と値段の吟味をする場合に登場する。しかも計算は、多くの場合、商品の質の比較を終えたあと、比較対象が二つか三つに絞られ、問題解決・意思決定過程の最終場面で登場する。さらに、計算によって組み立てられる値段と量を比較する数量関係（単位量あたりの値段、比の計算）は多様である。とはいえ、計算は必ず登場するというわけでもない。人によっては計算などしないで、たとえばコマーシャルを思い出して買う物を決定することもある。

買い物という問題解決・意思決定は、スーパーマーケットの商品の陳列構造、商品の情報表示（値段・量・成分の表示）、買い物メモ、コマーシャル（の想起）といったメディアを利用して活動（実践）が組織化するなかで行われている。この実践の組織化の一部分として、数学的な計算が組み込まれる。重要な点は、この計算自体も商品の比較吟味という買い物実践の文脈のなかで、商品の量と値段の情報表示を媒介に組織化されていることだ。計算という心のはたらきは、常に、買い物やダイエット計画といった、さまざまな実践の状況のなかに埋め込まれており、その状況を媒介にして実践に組み込まれ組織化する。計算という心のはたらきは、さまざまな文脈や状況に転移と汎化ができるような一般的能力（知識）ではない。

レイヴをはじめ、心の状況依存性を主張する研究者らの核には、心のはたらきと状況（社会・文化・歴史的に構造化された活動場面）とが分離できるとする心観への痛烈な批判が含まれている。上述の例が示すように、文脈から切り離すことができ、さまざまな場面に転移できる一般的な知識や能力（典型的には学校の教室で学習される計算や数学的知識）があって、それがさまざまな状況に転移できるという認知と学習についての見方への批判である。こうした批判的立場は、ソビエト心理学の活動理論の流れを汲むヴィゴツキー派の発達や学習についての考え方、そしてその現代的展開である、認知への社会文化的アプローチと呼ばれる潮流に連なっている。

こうした思潮は状況論という呼称でまとめられている。状況論は、心の身体性に対する哲学者たちの議論とは独立に、一九八〇年代のいわゆる「ヴィゴツキー・ルネサンス」と呼ばれた活動理論再評価の時代から、心のはたらきの状況依存性を独自に研究し展開していた。こうした認知の状況主義(situated cognition)もしくは状況論的アプローチは、認知が個人内で完結する過程ではなく、道具や他者とともに分散・分業して行われる過程であることを分散認知(distributed cognition)と呼んで、認知が他者や道具など複数のアイテムの協働によって成立する点を強調することもある(5)。

extended──心のはたらきの拡張性

心の状況依存性の主張をさらに一歩進め、活動する身体、そして利用されているリソースそのものも心のはたらきの一部を構成すると考えるのが、心の拡張性(extended mind)のテーゼである。身体性や状況依存性も身体や状況(活動の文脈)を心のはたらきにとって不可欠な条件と見なす形而上学的・存在論的主張を含んでいるが、そうした主張よりも拡張性の主張は少し過激である。というのも、心のはたらきが皮膚の境界を超えて状況や環境にまで伸び広がっていることを積極的に主張し、心の形而上学・存在論の転換を促しているからである。

身体外のリソースが心のはたらきの部分系であるなら、心のはたらきは皮膚を越境し外部環境へと拡張していると考えられることになる。つまり、心のはたらきは、脳神経、身体、環境を横断する一大システムが織りなす全体的活動となり、身体内の脳だけに心のはたらきの座を限定するのは間違っている。デカルトの心観では、心という実体には「わたし」すなわち自己であるという側面が本質的にあるとされていた。心の拡張性を真に受け止めるならば、現行の心理学、認知科学、脳科学、生物学の研究だけでなく、西欧化された市民社会の法や経済の諸制度や文化的・社会的な慣習群や行動規範が前提にしている個人主義的な人格観も見直さなければならなくなる。その点で、心の拡張性は他の三つのEのなかで最もラディカルな挑戦を含んでおり、デカルト的な心観に依拠したデカルト的認知科学を真の意味で乗り越え、非デカルト的な心の科学を展開するための必然的な里程標であるとまで論じる者もいる［Rowlands, 2010: 22; 特にch.3で拡張性と他の三つのEとの質の違いを強調している］。

単純なところでは、杖や望遠鏡や顕微鏡といった道具を使用することで、道具を使わなければ知覚できなかった対象や性質が知覚できるようになり、その意味で知覚（触覚や視覚）が拡張している。電卓を用いれば暗算ではできなかった計算ができるし、スマートフォンを用いてカレンダーとメモだけではできなかった行動計画とスケジュール管理ができるようになるという意味で思考は拡張する。もちろん、紙とペンを用いて桁数の多い掛け算や割り算をすることができるという意味でも、計算する心のはたらきは拡張できる。メモや地図を利用すれば、人の名前や地理的知識の記憶や思い出す能力を拡張できる。環境のなかにしつらえられた道具や技術的媒介装置を利用することで、それまではできなかった認知活動ができるようになり、心のはたらき・能力が拡張（増強と言ったほうがより適切かもしれない）される。

しかしそれだけではない。心の拡張性の主張によれば、この事態は、心のはたらきが頭蓋や皮膚を超えて外界にまで延び広がっており、杖・望遠鏡・顕微鏡、電卓やコンピュータ、紙とペン、メモや地図といった道具や装置が、比喩的な意味ではなく文字どおり心のはたらきの一部であることを示している。私たちの心のはたらきは、さまざまな道具やテクノロジー、制度や他者に囲まれた環境を利用しているのがむしろ常態であろう。だから、心のはたらきは常に、頭のなかに閉じておらず外部環境へと延び広がっていると言ってよい。

哲学における心の拡張性の議論は、クラーク（Clark, Andy）とチャーマーズ（Chalmers, David）

が一九九〇年代の終わりに発表した論文［Clark & Chalmers, 1998］をきっかけに点火され、批判も含め、現在に至るまで心の科学者や哲学者によって活発に議論されるようになった［Menary, 2010b］。ここ一〇年ぐらいのあいだに心の拡張性の議論がどのような展開を見せているかを駆け足でみておこう(6)。

ローランズ（Rowlands, Mark）は、認知過程は身体的行為によって外部環境を操作することであると定義し、身体の姿勢と運動やその制御、操作される環境（道具や装置）をすべて認知過程に含めるべきだという議論をしている［Rowlands, 2010: 63-67］。心の拡張性の議論のなかではいちばんの革新派である。ギャラガーをはじめ社会的に拡張する心を主張する論者たちは、有形の事物や装置だけでなく、慣習や手続き、ルールや規範、それらに則った他者との相互行為を心のはたらきの要素に含ませ、有形ではない社会的環境要因との相互作用を心の拡張性の考察対象としている［Gallagher, 2013; Gallagher & Crisafi, 2009］。クラークは、心の拡張性を人間本性の議論へと発展させ、人間が諸種のテクノロジーを発明開発し利用することで身体性とともに認知や経験を変容させる心身の拡張過程を「サイボーグ化」ととらえる議論を展開した［クラーク、二〇一五年］。心のはたらきの拡張性と関連したサイボーグ化やメディアについてのこうした哲学的な議論は、インターネット環境下でビッグデータにアクセス可能な今の時代において、スマートフォンなどのウェアラブル端末の利用やメタバース体験における経験変容や脱身体化の問題としてポスト・ヒューマニズムの文脈で論じられることも多くなった。しかしこうした傾向のなかで、むしろ私たちの身体の本性や、身体とメディアとがハイブリッドする仕方をあらためて反省する議論があることも忘れてはならない(7)。

enacted——心の行為性／活動性

enactは辞書的な意味では「立法化する」「法制化する」あるいは「(ある役割を役者が)演じる」という動詞である。しかしながら、4Eのenactは、字面どおりen＋act「行為化する」あるいは「行為によって創り出す」を意味する。本章では心の行為性という言い方をするが、既存の邦訳では「エナクティヴ」とカタカナ英語を使うことが多い。心の行為性を強調する立場は、エナクティヴィズムと呼ばれることもある。エナクティヴィズムについては本書、第五章の論考も参照願いたい。

エナクティヴィズムによれば、心のはたらきの本性は動き変化し続ける生命システムの過程にあり、その進行し続ける過程が行為として生物に個体化していると考えられた。エナクティヴィズムは、行為の過程、動き続ける過程が、自己と環境とを創り出すという形而上学・存在論を背後に持っている。

最初にエナクトという用語を使い、自身の新たな立場を主張したのはヴァレラら［Varela et. al., 1991］である。ヴァレラ（Varela Garcia, Francisco Javier, 1946-2001）は、オートポイエーシス理論の提唱者の一人でもあり、オートポイエーシスシステム（生命システム）の作動的閉鎖性という特性に依拠しながら、そこに現象学の身体論を接続させ、心の生命的で行為的なあり方（過程性・進行性）を強調する心観、認知観を展開した。すでに古典となった感もあるが、二〇〇〇年前後からは、生命システム論・神経科学・現象学の相互対話と接続によって展開される経験の神経現象学（neurophenomenology）を指揮したこともある［Petitot, Varela, Pachoud & Roy eds., 2000］。作動的閉鎖性とは、生命過程が作動し続けることで自己が構成され、それと対になる、自己と差異化された環境・外界が構成されるという考え方である［マトゥラーナ、バレーラ、一九九七年］。単純な例では、細胞が自身の細胞活動の組織化の過程から膜で取り囲まれた自己を作ることを想定すればよい。生命システムの自己創出過程とその副産物としての環境創出というこの過程は、生命システムと環境とのカップリング過程とも呼ばれる。エナクティヴィズムによれば、このようなカップリング過程の一つが生命システムの感覚運動過程であり、人間のより高次な認知のはたらきも感覚運動過程を基盤にしてその組織化から創発すると考えられた。たとえば、見たり聞いたり触ったりする知覚対象物のカテゴリー化や概念化も、感覚運動過程から創発する［Varela et al., 1991; Thompson et al., 1992］。その意味で、心のはたらきと生命過程（感覚運動的な身体行為）とを区別せず、連続的にとらえる観点をとっており、本章のテーマであるアニマシー心理学にいちばん近いところにいる。

ヴァレラらの考え方を掘り下げ、一種の知覚理論にまで仕上げ、心の哲学にエナクティヴィズム旋風を吹き込んだのがノエである（Noë, 2004）。ノエ（Noë, Alva）は、認知の基本単位を身体的な感覚運動随伴性（sensori-motor contingency）とし、この随伴の一定のパタンを利用する技能的な身体行為を知覚認知だとした。ポイントは、体を動かす行為がすなわち知ることであるという理解だ。たとえば、先に「心の身体性」のところで見たように、環境が知覚的にどう現れるのかということと身体の姿勢や運動のあり方は相関している。どう見えるのかということは、どう動いているのかということと規則的に結びついている。こうした個々の感覚運動随伴性には一定のパタンがあり、感覚と運動とがリンクした変容パタンが、見えているものが何であるかという対象の意味を決定する。だから見ている対象が何であるか、コップなのか机なのか人なのかといった知覚対象の意味は、見えているものに動作をどう関わり合わせているのかという行為技能の意味・あり方を暗黙的に含んでいる。私たちは、環境のなかを動きまわり見たり聞いたり触ったり匂いを嗅いだりしながら環境を探索しているとき、この感覚運動随伴性のパタンを利用し、行為のあり方を変化させることで、対象物に相応しい動作を構築し、対象物を感覚的に現れるように仕向けている。パタンの組み合わせやパタンの変化の規則性は、知覚認知される対象の意味（行為に関連性を持つ意味）を決定すると同時に、そうした意味を利用した身体動作の制御にも利用される。

感覚運動随伴性のパタンは、概念の意味内容（言葉の意味）も規定する。対象が何であるか、状況がどうであるか、ということが意識的に判断され思い込まれる以前の段階で、感覚運動的な非概念的状況把握がすでに実行されており、この把握があってこそ言葉や概念の意味の理解ができると考えられた。この論点は、「心の身体性」のところで触れた認知意味論のイメージ図式の考え方と類似している。

以上に見た行為化した知覚認知は、客観的な事実を知ることではなく、一定の制限された環境下で生物が適応的に行為し生きることをまずは目指して実行される。だから、エナクティヴィズムは、認知・認識の機能を生物の生きる活動の一種ととらえており、心の身体性は心の生命性ととらえ直していると言える。ノエは知覚認知を中心にエナクティヴィズムを展開したと言えるが、知覚認知だけではなく、すべての心のはたらきを身体化した生命過程の進行としてとらえ、心的内容（表象）なしで心のはたらきを説明することを目論む「ラディカル・エナクティヴィズム」も登場し（ヴァレラのときから表象なし認知は主張されていたのであるが）、エナクティヴィズムは主流の心の科学と心の哲学への異議申し立てと変革をも謳っている［Hutto & Myin, 2013］。近年は、内容のないエナクティヴな認知（基本形）を基礎に信念や推論的思考のような内容をもった高次認知を理解する試みも始まり［Hutto & Myin, 2017; Casper, 2019］、エナクティヴィズムの勢いは止まらない。エナクティヴィズムが、他の三つのEと異なる側面があるとすれば、それは、生命と心との、あるいは生物の生きる過程と心のはたらきとの同一性や連続性を、生物科学の知見を援用しながら考量している点であろう［cf. Thompson, 2007］。

（3）五つ目のE——知覚と行為への生態学的アプローチ

心の身体性や4E運動の紹介や解説では、認知科学と心の哲学における身体性への転回において重要な役割を果たした研究動向として、アメリカの知覚心理学者であるジェームズ・ギブソン（Gibson, James）が創始した生態心理学（知覚と行動に対する生態学的アプローチ）が取り上げられることが多くなった。たとえば、シャピロ（Shapiro, Lawrence）とスポルディング（Spaulding, Shannon）は、4Eへと続く認知科学の身体性転回（embodied turn）に重要な役割を果たしたのが、生態心理学とコネクショニズム心理学の二つであるという［Shapiro & Spaulding, 2021］。コイファー（Käufer, Stephan）とチェメロ（Chemero, Anthony）は、身体性に基づく心の科学や哲学と関連させて現象学を紹介するなかで生態心理学を登場させる［Käufer & Chemero, 2021］。かれらは、ギブソンが現象学、特にメルロ＝ポンティのそれと類似したアイディアを二〇世紀初頭のアメリカ機能主義心理学の影響から生み出したという。カルヴォ（Calvo, Paco）とゴミラ（Gomila, Antoni）は、身体性認知科学を紹介するハンドブックのイントロダクションで、認知主義に代わる有力な候補の一つとして生態心理学に言及し、同ハンドブック内に、マイケル・タヴィーら生態心理学を専門とする研究者たちによる生態心理学の原理を紹介する章（書き下ろし）を設けている［Calvo & Gomila, 2008］。

生態心理学とは、オーソドックスな知覚心理学とはかなり異なった知覚についての考え方、すなわち直接知覚説という知覚理論をもとにして、生物の知覚と行動を理解し説明する学派である。一九八〇年前後の認知科学の黎明期にも生態心理学やギブソンの考え方に言及されることはあったが、そのときにはギブソンの視覚理論が知覚者の内部機構を問題にしない点、とりわけ、内的な記号表象とその処理過程なしで視覚を説明することの不合理と奇妙さが指摘され［Heil, 1979; Ullman, 1980; Fodor and Pylyshyn, 1981など］、生態心理学は認知科学王道の情報処理知覚論の立場からはもっぱら否定的に言及される対象だった。思い出は時間とともによき物語になるのだろうが、その時代と比べ生態心理学への評価が劇的に変化したことには隔世の感を禁じえない。

もっとも生態心理学のこうした持ち上げぶりにもかかわらず、そしてヴァレラらの『身体化された心』の刊行の一〇年以上も前に認知主義的心理学へのオルタナティブな知覚と行動についての理論を提示していたにもかかわらず、「生態心理学／生態学的アプローチ」、あるいは「生態学的な心」と言われる場合のecologicalの頭文字e／Eは、皮肉にも4Eの仲間入りをさせてもらえなかった。むしろ生態心理学は4E側から批判された。

たとえば、4Eのほぼすべての知見を持ち込んで新しい認知科学の到来を喧伝したアンディ・クラークは、ギブソンのアフォーダンスのアイディアが知覚の行為志向的性格を的確にとらえていることを評価しながらも、ギブソンには同意できない部分があることを表明した［Clark, 1997: 49-50; 邦訳一二一―一二二頁］。ヴァレラたちも、行為が知覚を導くエナクティヴな側面をギブソンの知覚論にはっきり認め評価しつつも、エナクティヴィズムと生態学的アプローチが全面対立する点を指摘している［Valera, 1991: 203-204; 邦訳二八八―二八九頁］。おそらく現象学者もギブソンと生態学的アプローチに同意するだけでなく、同意できない側面を強調することであろう［Käufer & Chemero, 2021: 184-185; 邦訳一七八頁］。

生態心理学の根本仮説――4Eとの大きな違い

生態心理学が4E賛同者や現象学者から批判され同意を断られる内容には共通点がある。それは一九八〇年代に筋金入りの情報処理知覚論者たちが言い続けた生態心理学への批判点にほぼ重なる。しかしながら、この批判される点にこそ、認知主義的心理学だけでなく4Eにはない生態心理学のオリジナルにして評価されるべき洞察がある。それは、認知主義であろうと4Eであろうと、心のはたらきを探究するほぼすべての科学と哲学に突きつける異議申し立てでもある。

4Eは心のはたらきの単位を、脳の外へ頭の外へと拡張し、身体の無神経的部分をも含む活動や環境との相互作用が心のはたらきにとって不可欠であること、少なくとも、身体や環境といった無神経的アイテムとの関係性が心のはたらきにとって無視できない要素であることを理解させてくれた。

4Eは、心のはたらきが脳だけのはたらきにより実現するのではなく、身体、身体を取り囲む環境、環境に備えられた道具や制度、さらには他者たちとの相互行為や、その相互行為を規制する規範や慣習、規範や慣習を法的・経済的・社会的制度として担った社会的文化的環境、こうしたことがらにまで依存していること、そして生きて活動する身体と、身体と相互作用する皮膚の外側にある環境の役割を、これでもかと強調してくれた。現象学のジャーゴンを用いれば、4Eは、心のはたらき（の持ち主）が世界内存在という存在の仕方をしていることを、譲れない大前提としている。心のはたらきは、世界という名の周囲環境とともにあり、その周囲環境につながり所属していることを抜きには思考できない。世界内存在は心のはたらき（の持ち主）の存在の本性である。筆者も、心の科学と心の哲学の探究を進めるうえでこの形而上学とポリシーには全面的に同意する。

生態心理学も生物の知覚と行動が身体や環境を媒介にした生態学的な活動であることを謳う点で4Eと同じ路線を歩む。心の身体性で触れた知覚と行動の循環性、心の状況依存性や心の拡張性で言及した道具やテクノロジーといった環境内のリソースを用いることで知覚経験は拡張変容し（間接知覚論）、そうした知覚経験によってそれまでなかった行動調整ができるようになること（環境の改変と構造化の効果）、心の行為性における感覚運動的随伴のパタンを知覚対象の意味とする見方と、アフォーダンス（行為の機会）を知覚される環境の事実と見なす生態心理学の考え方との類似性――4Eのすべては生態心理学の道具立てのなかに対応物を見出すことができる(8)。しかしながら、生態心理学には4Eのいずれにもない根本仮説、正確には、4Eの賛同者が積極的かつ意図的に拒否する根本仮説がある。それは、環境の存在論、生態学的情報の存在論である。

生態心理学は、4Eのように心のはたらきを理解するうえで考慮しなければならないテリトリーを身体内部から周囲へ外部へと広げ、周囲と心のはたらきとの相互作用に焦点をあてるのではなく、心のはたらきで「ない」もの、心のはたらきの周囲であり外部である環境に真っ先に焦点をあてる。環境は、生命の代謝活動にとって有益な資源（食餌となる動植物、光合成にとって必要な太陽光や二酸化炭素や水、燃焼・呼吸のための酸素、嫌気性細菌にとっては硝酸や硫酸など）であり、生命は環境資源を利用して自らの生命を維持継続する。環境の豊かな資源に生物は生かされている（そして人類だけが豊かな環境資源を搾取し、絶滅に向かって歩みを進める）。

これとまったく同様に、環境は、生物が環境を感覚的に知り、必要に応じた行動を遂行するための資源を、すなわち知覚と行動のための資源をも豊かに備えている。見ることをはじめとする知覚のための資源である生態学的情報、行動するための資源であるアフォーダンスが環境にはある。生態心理学の根本仮説は、生物の知覚と行動のための資源が環境に豊かに存在するということにほかならない。生物の心のはたらきは、この環境資源を利用するさまざまな方略であり、そのため心のはたらきは生態学的(ecological mind)なのである。だから、その方略である心のはたらきがどんなものなのかへ迫るためには、環境にどのような資源がどんなふうにしてあるのかという「環境の存在論」を真っ先に考察しなければならない。生態心理学にはあって4Eにないのは、この存在論的転回(オントロジカルターン)である。本章ではこれをエコロジカルターン(生態学的転回)と呼ぶことにしよう。生態心理学の革新であり核心である。

生態学的転回
「存在(環境・周囲)が認識(経験/知覚・行動)に依存しているのではなく、認識が存在に依存している」

この命題は、心のはたらきの本性を解明し理解することは、心のはたらき(の持ち主たる生物)の周囲、心のはたらき(の持ち主たる生物)を取り囲む外部についての存在論を待って初めて満足のいくものになるということを意味している。したがって、心の科学も哲学も、生物の心のはたらきたる認知機構(脳・身体・環境との相互作用やつながりの機構)よりも、それが依存する環境についての解明と理解を優先するべきであるという指示が含まれる。

この転回には、心のはたらきの解明に「心のはたらきから離れろ、そして周囲・環境についてまず考えよ」という一見したところ逆説的な命法が含まれる。心のありかのように思われる身体の内側や頭蓋の内部の機構を検討したり、プログラムのフローチャートのような心のはたらきの説明モデルをあれこれ作ったりするのではなく、環境には心のはたらきが向かい、利用するどのような種類の存在者（資源）があり、そしてそれらがどのような構造を持って存在しているのか、それら存在者同士は相互にどのように関わり合っているのかを考えよということだ。生態心理学は、環境の存在論のあとで生物の心のはたらきの何であるかが初めてわかるという立場に立つ。生態学の観点に立てば、生物は自らの生存と繁殖のためにさまざまな環境資源を利用している（あるいは利用できるように進化した）が、利用される環境資源の性質やその利用の様式（生きる方法）に、その生物らしさを探る必要がある。生態心理学はこうした進化生態学的な生物学と同じスタンスを取る。

ギブソンの『生態学的視覚論』

ギブソンの生態学的な知覚の理論は、エコロジカルターンを地でいっている。その証拠として、最後の著書であり主著である『生態学的視覚論』［Gibson, 1979］の構成を辿ってみよう。

『生態学的視覚論』の第一部「知覚されるべき環境」（the environment to be perceived）は、見られるべき環境はどのような構造をしているのか、そこにはどんな種類の存在があり、どんな規則性があるのかの記述にまるまるあてられる。見られるべき対象や事実はどんなものなのかという環境の構造が考察される。この存在論は「表面幾何学」と呼ばれた。点・線・面・立体・座標により規定される「空間」は、生物を取り囲む奥行きある環境（見られるべき環境）の記述としてはまったく相応しくない。奥行きのある環境を記述するためには、サブスタンス（substance 中身のつまったいわゆる物質のこと）・媒質・表面の三つを基礎とし、そして表面・レイアウト・場所を単位としなくてはならない。秒・分・時間・日・年といった時計で計測されるような「時間」は、生物を取り囲む時間的奥行きのある環境（見られるべき環境）の記述としてはまったく相応しくない。環境の時間的奥行きを記述するためには、持続と変化、そしてそれらの組み合わせからなる出来事を単位としなくてはならない。環境は、物理学や数学的幾何学の概念と様式では十分に記述できない。環境存在を十分に生け捕りできる概念的道具立てが必要だ。だからギブソンはそれを作った。第一部の環境存在論がそれである。

続く第二部「視知覚に必要な情報」（the information for visual perception）は、見られるべき対象物の意味（何であるか）や価値（アフォーダンス――その対象物に取り囲まれているときに知覚者はどんな行為ができるのか）を教えてくれる情報（不変項情報）についての説明からなる。これまで、そしておそらく現在も、知覚を研究する心理学者・認知科学者は、見るはたらきを理解し説明するための光の理論として物理光学と幾何光学を無思考かつ無反省に利用してきたし、現に利用している。しかしながらギブソンによれば、物理光学と幾何光学は見るはたらきを理解し説明するための光の理論としては、まったくもって不十分である。ピンホール眼であろうと複眼であろうと、高等哺乳動物のように網膜のある眼であろうと、生物の眼の解剖学的多様性を横断し、およそ視覚能力のあるあらゆる生物の見るはたらきにとって有効な光刺激の成立を説明できる、光についての新しい理論が必要である。環境の事実や知覚者自身の事実を教えてくれるのはどのような刺激なのか、そしてその刺激によってどんなことが見えるようになるのか、こうした生態学的情報としての光刺激の理論をギブソンは独力で作り上げる。それが生態光学（ecological optics）である。第二部はほとんどがこの生態光学の解説によって占められている。

環境の事実と知覚者の事実を教えてくれる情報は、空気中の光のなかに存在する。光の情報は、光学的配列、あるいは包囲光配列と呼ばれる、大気のなかにメゾスコピックな（地球や宇宙のような極大でもなく、原子や分子のような極小でもなく、その中間的な大きさの）水準でできあがる光線強度の差異が作るコントラストの構造体・パタンである。見るはたらきが利用する情報は、入力刺激に基づいて生物の頭のなかでの情報処理過程によって作られるものではない。情報は光のなか、環境のなかに豊かに存在する。物理光学と幾何光学は、見るための有効刺激となる情報の成立を説明できない。だからギブソンは視知覚に有効な刺激のための光の理論を作った。第二部の情報存在論がそれである。

そしてやっと第三部、書籍の半分を過ぎてから初めて「視知覚」（visual perception）の本性と機構の話が始まる。ここで初めて、見るはたらきとは、体を動かして環境内を動き回り光の情報を「発見する」こと、光の情報に「共鳴する」行動調整をすること、そしてそのために、眼、顔、首、胴体、足、神経、脳、その他の無神経の器官がどのように協調し組織化するのかという身体の生理的機構、知覚システム論が解説される。ギブソンは「高階生理学」（the higher-order physiology）という言い方で、情報発見に向けて身体の各器官が組織化する生理的メカニズムを語ったこともある［Gibson, 1966: 257; 邦訳二九四頁］。第四部が画像や動画や言語といった表象や記号を用いた「間接知覚」をテーマにしていることからすれば『生態学的視覚論』のなかで視知覚に特化した話は書籍全体の四分の一を占めるにすぎない。まずは存在論――環境と光情報についての理論――があり、その次に、見るはたらきの本性と機構の説明が続く。このような『生態学的視覚論』の構成は、ギブソンのエコロジカルターンを証明している。

直接知覚のメカニズム

ギブソンの知覚論は直接知覚説と呼ばれる。生態学的視覚論では、環境の事実と知覚者の事実を教えてくれる光情報が環境の媒質中に存在すると考えるため、情報性の乏しい貧困な入力刺激から優れた計算機である脳の情報処理を施して環境と自己について教えてくれる情報性を回復する必要はない。そのような介入なしで、知覚は直接、環境と自己のリアルに接触できる。このような視知覚の本性は、環境の存在論と光情報の理論を基盤にして導き出されている。しつこく繰り返すことになるが、見ることは環境媒質中に存在する情報の発見（抽出）であり、情報発見のための行動調整である、これがギブソンの直接知覚説の考え方だ。

しかしこの直接知覚説は、情報処理機構や神経機構といった内部機構に触れていないとか［Ullman, 1980; Fodor & Pylyshyn, 1981］、知覚にとって肝心の問題を見落としていてそもそも知覚の説明になっていないとか［Heil, 1979; 1981］、概念への言及がなければ知覚の成立をまったく説明できないとか［Hamlyn, 1977］、与えられた刺激から情報を引き出すためにはスキーマもしくは認知的構造体が必要だとか［Neisser, 1977］、内部表象なしでの知覚が成り立つかのような説明をしているがそんなことはないとか［Clark, 1997］、一九八〇年代前後から類似の批判は今に至るまで何度も繰り返されてきた。ところが批判者たちは、じつは先に触れた環境の存在論と光情報の理論を信用していないのか、環境存在論と生態光学を吟味して批判の矢を向けることをしない。生態学的な知覚の本性とそれに基づく直接知覚説は、環境存在論と情報存在論を待って初めて理解できるものだ。だから先のような生態学的な知覚論の知覚機構への批判は、環境と情報の存在論にまずは向ける必要がある。

たしかにギブソンは、知覚とは情報を発見すること、情報に共鳴することだと定義し、情報処理や表象操作ではないと論じる。しかし、その根拠は環境の存在論と情報の存在論にある。だからこの存在論の部分を真剣に考慮しない批判は、生態心理学とすれ違いにならざるをえない。

生態心理学には、情報の発見や共鳴を可能にする身体の生理的メカニズムについての説明もきちんとある。ギブソンは神経や脳や身体の生理的機構と機能についても『生態学的知覚システム』［Gibson, 1966］のなかで積極的に語っていた（先に指摘した「高階生理学」）。ところが、このギブソンの語る生理学や神経科学の言葉は、批判者たちには届かない。どうしてなのだろうか。神経や脳の機能、神経や脳が何をやっているのかということも、環境存在論と情報存在論から当然影響を受ける。そのため、ギブソンの語る知覚や運動の生理学は、生理学の教科書が教えるものとはかなり異なる。その結果、ギブソンの語る生理学や神経科学は批判者には理解不能になり、ギブソンの知覚論は知覚の生理的メカニズムや内部機構にまったく触れていないと批判されてしまう。

ギブソンは、感覚神経と運動神経、外部受容（exteroceptive）と自己受容（proprioceptive）、中枢と末梢といった神経系の機能的区分（中枢・末梢の区別は解剖学的区分と解される場合もある）を否定する。知覚と循環しながら身体の姿勢や動作を作るメカニズムは、中枢による指令的制御ではなく、生態学的情報による制御とされる。身体運動を制御すると言われるときの、制御の意味も変えてしまう。中枢から末梢へと下るのは運動指令ではない。そもそも脳や神経はそのような命令を下したり、信号を伝達するような機能を果たしてなどいない。神経系は意味内容を持った情報や信号やメッセージの伝達経路ではない。

生理学や神経科学の教科書で語られることとは異なる説明が続くと、おそらくめまいが起きてしまう。しかし、環境存在論と環境情報論の影響で知覚の定義と理論が大きく変わり、知覚を可能にしている身体のメカニズムも大きく変わるのだから、それは当然なのである(9)。こうして、多くの心理学者は、そして柔軟で自由な思考が最も期待される哲学者でさえ、ギブソンについて行く気力をなくしてしまうか、ついて行けなくなってしまう。生態心理学を正当に批判し評価するためには、同意とまではいかなくても、環境存在論と環境情報論への理解がどうしても必要なのだ。知覚と行動に対して脳や神経がどのような機能を持って何をしているのかという問題を考えるためには、最低でも、環境構造と刺激情報の存在を吟味してからでなくてはならない。著者の知る限り、この点を強調したのは哲学者ではローランズだけだった［Rowlands, 1995］。ローランズは、生態学的アプローチの公正な評価のためにも、環境存在の役割、特に生態光学を偏見なく吟味するよう諭していた。また二〇一〇年の著作［Rowlands, 2010: 122-123］では、見るはたらきの一部に外界の光情報・光学的配列を含ませる「拡張する知覚説」(extending perception)を主張し、ギブソンの生態学的知覚論を、自身のアマルガムな心(amalgamated mind)についての理論(心の拡張性のローランズ的発展形態)の一部として論じていた。

既存の物理学や情報科学にはない理論的道具立てを用いる生態心理学にはもはや「ついて行けない」ということをきちんと潔く言い切った者もいる。フォーダーとピリシンである［Fodor & Pylyshyn, 1981］。かれらは、生態光学などという光の理論などありえないこと、包囲光配列の構造やパタンが環境や知覚者の事実を法則的に特定することなど不可能であること、視知覚を説明する道具立ては、物理光学、幾何光学、そして情報処理過程以外には考えられないことを主張し、生態学的アプローチの核心をすべて否定した。それは、エコロジカルターンなど不要であること、環境の存在論や刺激情報の存在論にコミットしないことの決意と態度の表明である。フォーダーとピリシンのギブソン拒否は論敵の核心をとらえての拒否であるから、まったく気持ちよいぐらいあっぱれである。

論点は少し弱まるが、ヴァレラらエナクティヴィストが生態学的アプローチに反対するのも、生態学的アプローチが生物の行為とは独立したものとしての環境の特徴や情報について語る、その「客観主義」に理由があった〔Valera et al., 1991; Thompson et al., 1992〕。これもフォーダーやピリシンと同様に、エコロジカルターンの拒否だと受け取ることができるかもしれない。

エコロジカルターンをするには、おそらく相当の勇気を要するだろう。転回する場合には、身体が行うであろう計算は情報処理とは異なる種類のものとなるだろうし、入力と出力、そのあいだをつなぐ情報処理という概念や図式で心のはたらきを理解する道も断念することになるからだ。これまで慣れ親しんだ理論、概念、図式を大きく修正したり、場合によっては捨て去らねばならない。研究者コミュニティーからは、頭がおかしいと思われるかもしれない。生態心理学の路線を歩むには、勇気あるダイブが必要なのだ。だからこそ4Eのお仲間入りは難しいのかもしれない。生態心理学は、独自の存在論へのコミットメントがおそらく強すぎるのである。そもそも生態学自身が一定の存在理解を前提とするある種の形而上学・世界観であるため、生態学を心のはたらきの科学と哲学に持ち込むことは、宗教的回心に匹敵する大胆さが必要なのだと筆者は考えている〔染谷、二〇一六年を参照〕。

第三節　アニマシー心理学の構想

（1）心のはたらきの生態学的・関係的理解

4Eと生態心理学とのあいだには、形而上学的もしくは世界観上の大きな溝がある。また4Eのそれぞれの流派のなかでも強調点の違いや意見の食い違いはある。それでも、こうしたEムーブメントには共通した傾向も見られる。それは、生物が身体を介してその周囲と関わるその特異な関わり方・関係性に、心のはたらきの目印を見て取る点である。関係性は、媒介、参与（エンゲージ）、相互作用、カップリングのように多様に語られるし、関係に巻き込まれる環境のアイテムも、状況論や拡張論のように制度や慣習や規範といった実践パタンや、伝統や歴史に規制された物質文化のパタンまでも含み、きわめて多様である。二〇世紀の終わりに登場した心の身体性を強調する知的な運動は、心のはたらきを脳内の情報処理過程に閉じ込める認知主義に反対して、無神経である身体や環境に心を開放して身体や環境との関わりや参与や媒介を心のはたらきの不可欠な要因とした。心を考える進路を、いわば心のパートナーになる媒介者や関係者に向かう方向に取り始めた時点で、心の状況性、拡張性、行為性、そして生態学的性格を取り込んでいくのは、ある意味で当然だったと思われる。

こうした心のはたらきの関係的理解は、本章の冒頭で示唆したように、心のはたらきを、生命現象へと接続し、心と生命の境界をなくしていく方向を示唆している。なぜなら、生物種の進化の過程であれ、個体の発達過程であれ、個体の行動であれ、生きる過程と活動そのものが、生物が身体を介して、身体を取り囲む環境と相互作用し、応答し、対処する過程にほかならないからである。エコロジカルのEを含む多様なEの視点から心のはたらきを理解することは、生物の生きる活動と心のはたらきとの境界をあいまいにする。しかも、ここで意味される生きる活動は、動物だけでなく、植物をはじめとする無神経な生物にも適用できるものとなる。

心と生命とを同一視する思考は、第一節で触れたようにアリストテレスの霊魂論まで遡る歴史がある〔高橋、二〇一六年も参照〕。その意味では、多様なEの運動は、デカルト以前からの歴史ある思潮への回帰といえるかもしれない。以下では、このふるさと回帰を、アニマシー心理学を正当化するという仕方で実行してみたい。

（2）ゾウリムシに心のはたらき（認知能力）はあるのか？

単細胞真核生物であるゾウリムシ（*Paramecium caudatum*）は、心のはたらきを持っているだろうか。この疑問から考えてみよう。

ゾウリムシや原生動物などの単細胞生物の行動の観察と実験を行ったハーバート・ジェニングス（Jennings, Herbert Spencer, 1868-1947）なら、心のはたらきはあると答えることだろう。ジェニングスは、主にゾウリムシの行動の構成要因をまとめるなかで、まず最も重要なこととして、ゾウリムシはそのとき受けた刺激で運動するのではなく、繊毛を能動的（active）に動かし続け、自発的（spontaneously）に行動することを指摘する。ゾウリムシの行動は外部刺激がなくても行われており、また現在の条件よりも自身がこれまで活動エネルギー（食料）を得てきた過去の外部条件に強く依存する［Jennings, 1906: 284］。ジェニングスは、これ以外にもゾウリムシの行動を構成する内外の要因を指摘し、ゾウリムシの行動が刺激に対する反射ではなく、環境条件内で自身の運動を変化させる反応であることを強調する［*ibid.*: ch. 16-17］。最終的に、単細胞生物たちの行動を環境条件と自身の置かれた状況を調整する活動（regulation）としてとらえた［*ibid.*: ch. 18］。行動は、生物の行為システム（action system）の状況（生理的状態、自身の体の向きなど）と外的な環境状況（たとえば化学物質の濃度勾配）の両方に依存する［*ibid.*］。

ゾウリムシの行動には、たしかに走化性や走光性といった一見紋切り型に思える行動傾向があるのは事実である。しかし、たとえば、光から遠ざかるという結末・目的が固定しているとしても、それを達するために、周囲の状況に合わせて運動を変化させる。障害物があれば避けるし、その避け方も状況に応じて変更できる。ゾウリムシには前後の方向があり、進行方向を変えるには体全体を回転させなくてはならない。ところがじっさいに障害を避ける反応としてよく観察されたのは、後方部をその場にとどまらせ前方部のみ円を描く運動を行って、体全体では後方部を中心にして輪を描くような回転運動であった。しかも、障害の大きさに応じて前方部の描く円運動は大きくなったり小さくなったりする［*ibid.*: 49-50］。ゾウリムシの行動は、化学物質濃度の高い場所への接近、光の回避という固定した結末・目的とそれを達成する手段の柔軟性と選択性を持っている。第一節で触れたジェームズの意味では、心のはたらきの目印があると言ってよい。

これとはまったく逆に、フォーダー（Fodor, Jerry Alan, 1935-2017）はゾウリムシには心のはたらき、フォーダーの言い方では認知能力はないと主張する［Fodor, 1986］。なぜだろうか。フォーダーはこの問題への応答を、俗に「スベリ坂論法」(slippery slope argument) と呼ばれる批判への検討から導く。

心のはたらきという形質が進化史上、系統発生的な系譜を有することを認めるなら、一体どのような種類の生物から心のはたらきが始まったのかという起源の問題が当然生じる。スベリ坂論法とは、進化生物学的な視点から人間に特定の認知能力、特にフォーダーが主張するような心的表象の体系的操作能力を認めたとき、モグラやニワトリや魚、ゾウリムシなど人間以外の生物の坂道をどこまでも滑り落ちていき、そのような認知能力を低次の生物にも認めなければならなくなるという問題を指摘するものだ。滑り落ちることを避けたければ、どこかで認知能力を持つものと持たないものの境界線を引かなければならない。スベリ坂を下りきるのがもっともらしくないとすれば、この線引きが必須の課題となる。

スベリ坂論法を検討するなかで、フォーダーはゾウリムシの行動には表象は不要であり、心の表象理論が前提とする意味での認知能力・心のはたらきはゾウリムシにはないと結論した。なぜなら、ゾウリムシの行動は、環境刺激が持っている法則的性質 (nomic property) への反応であり、刺激に対しては法則的に関係しているといえるからである。法則的性質とは、物理学や化学の法則中に登場できる性質、たとえば、光刺激でいえば、光の強度や波長成分といった物理光学的性質や、光の屈折率や反射方向といった幾何光学的性質である (当然、先に指摘したように、フォーダーは、ギブソンが唱えた生態光学的な光の性質 〔包囲光配列など〕 には法則的性質としての身分を認めない)。

フォーダーによれば、たとえばゾウリムシの負の走光性 (光から遠ざかる運動) は、ゾウリムシが光を検知できる状態に置かれていれば (たとえば、ゾウリムシの表面に光が落ちている)、物理学の法則に登場できる光の性質（周波数や強度）と行動の性質（光が弱い方向へ運動する）との法則的関係によって説明できる。これは、サーモスタットの振る舞いが、気温・温度という法則的性質とバイメタルの膨張率（湾曲率）という法則的性質との法則的関係によって説明できるのと同じなのである。刺激が法則的性質であり、刺激の性質と行動の性質とは法則的共変関係に立つことができるときには、行動の原因として心的表象を持ち出す必要はない。よって、ゾウリムシには、心的表象を持ち出して心理学に固有な説明を要するという意味では、心的表象はないし、心のはたらきはない。心的表象が必要になるのは、刺激が非法則的な性質であり、そのような性質を刺激として受容して行動が生じるケースである［*ibid.*: 14-15］。

ゾウリムシとは反対に、人間や一部の動物の知覚や行動は、刺激の法則的性質とは無関係に遂行される〔ピリシン、一九八八年、一五一―二〇頁〕。私たちは、物理法則や化学法則に登場することのない性質をもった刺激に対して反応し、行動できる。たとえば、「シャツである」や「怒っている」という性質を事物や人の顔に見て取り、シャツを着たり怒りをなだめる行動を起こしたりする。「シャツである」や「怒っている」は法則的性質ではない。人間や一部の動物には、心的表象を作り操作する能力があるから、つまり心のはたらきがあるから、非法則的性質（non-nomic property）を知覚してそれに応じた特定の行動を起こすことができる。

フォーダーによれば、心理学が必要になるのは、非法則的性質の経験（知覚や行動）を説明するためである。心的表象の操作という内的認知過程が介入していることこそ、心のはたらきの証であり目印なのだ。こうしてフォーダーはスベリ坂論法に対処し、心のはたらきの目印を明確にしたのだった。

（3）心のアニマシーテーゼを吟味する

ジェニングスとフォーダーのどちらの主張がもっともらしいだろうか。その答えは、どんな特徴を心のはたらきの目印とするかによって変わる。

ジェニングス、そしてジェームズは、ゾウリムシの行動の柔軟性と選択性に心のはたらきの目印を見る。走光性が生得的な行動特徴であるとしても、変化に富んだ実環境のなかで実現する行動は、そのときそのときの環境の状況に応じた適応的な調整が含まれている。この調整に心のはたらき、認知過程を見てとっているのがジェームズやジェニングスである。

他方、フォーダーやピリシンは、ゾウリムシの行動の柔軟性や選択性、行動の調整過程がほとんど、あるいはまったく気にならない。ゾウリムシの走光性行動は、光の物理的性質（法則的性質）への反応として法則的に説明できる。ゾウリムシの知覚と行動の説明に、心のはたらきを持ち出す必要はない。行動の適応的調整過程よりも、物理学や化学の法則では説明できない行動に心のはたらきの目印を見る。心理学を必要とするのは、非法則的性質に反応して行動できる人間や人間に近い動物だけだ。

筆者は、ジェニングスやジェームズの主張がフォーダーやピリシンの主張よりも説得的であると考えている。なぜなら、後者は心のはたらきをあまりにも狭く取りすぎているからである。本章では性質論（法則的と非法則的の性質区分、法則的性質の意味）の検討はしないが〔詳しい検討は、染谷、二〇一七年、第七章を参照〕、この論点を度外視すれば、フォーダーらの主張は、心の科学を、命題的態度を中心とする人間の心のはたらきとそれに類するものに限定してしまう。このあとすぐ議論するが、こうした心観は、心のはたらきの多様性を認めないことに等しい。生物が進化の歴史をとおして多様化したのと並行して、心のはたらきも進化の歴史のなかで選択され多様化したことが認められるのであれば、ジェニングスやジェームズの立場の方が説得的である。

ただし、この両陣営の主張は、一方が真でもう一方が偽であるかのように決着がつけられる問題でもないということも付け足しておこう。ゾウリムシに心のはたらきがあるのかないのかは、人間に心のはたらきがあるのかないのかという問題と同様に、経験的な証拠を発見することで決着がつけられる種類の問題ではそもそもない。たしかに、心のはたらきの目印となる基準や条件を設定することはできる。しかしその基準や条件が妥当であり適当であるかは、生物の知覚や行動の本性をどのようなものと考えるのか、もっと一般化すれば、心のはたらきとは何かという考え方（心観）に左右される。これは、心のはたらきの本性をどう考えるのかによって異なる立場が選択され、主張の相対的な説得性の有無が比較検討に付される、哲学的問題に他ならない。心の科学が心の哲学から切り離せない証拠である。

生物が示すすべての生命現象を心のはたらきと見なすアニマシー心理学は、ジェニングスやジェームズの立場に賛同する。アニマシー心理学を選択する理由は、心のはたらきの本性について以下の「心のアニマシーテーゼ」を出発点とするなら、このテーゼが示す方針のもとですべての生物の心のはたらきの科学的探究を有望に進ませることができると考えられるからだ。

心のアニマシーテーゼ（Mind Animacy Thesis／MATと略記）

心のはたらきとは、生物が環境とエンカウンターし、環境と自己との関係を調整してその環境において生きるやり方を作る活動・過程である。すべての生物は、身体の形態や構造の上でも身体内の生理状態の上でも常に変化し続けているが、こうした生物の側で常に変化し続ける過程を、複雑さの程度がさまざまに異なる出来事に満ちた環境に着地させる活動・過程が、心のはたらきである。この着地させる活動・過程は、生きる活動・過程にほかならない。心のはたらきは、生きる活動と過程である。［MATを考案するにあたり以下を参考。Reed, 1996: 11; 邦訳二一頁、13; 邦訳二四頁、Godfrey-Smith, 1996: 3; 2001: 225; James, 1890: 8.］

MATには、心の科学を展開するうえで望ましいと考えられる特徴が三つ備わっている。

第一に、このテーゼは、心（のはたらき）と生命（のはたらき）とを同一視することで、心の科学と生物の科学との境界をなくし、心理学（そして生物学）の守備範囲を大きく広げることができる。のちに触れるが、これまで心理学のなかでは扱われたことのない（じつは扱われていたのだが、現在大学で教えられている心理学では心のはたらきとは扱われない）無神経生物たち——植物、真菌類、藻類、バクテリア（細菌）、アーキア（古細菌）の生命活動・過程にも心のはたらきを認め、その知覚や行動や意識を研究対象にすることができる。植物心理学、真菌類心理学、細菌心理学が展開できる。また、アリストテレス流に、代謝や発達・成長や生殖から、運動、感覚・知覚、記憶、想像、コミュニケーション、思考までのすべての活動・過程が、生きる活動・過程であるとともに、心のはたらきであると見なされ、心理学の研究対象となる(10)。

この観点からは、認知過程を脳と神経系の研究と同一視するような心理学の画一化と袋小路を打破し、心のはたらきの多様性を受け入れ、動物界の一部の生物だけの心理学では想像もできなかったような心のはたらきの形態や、環境との関係づくりの方法の発見や発想が生まれることが期待できるのである（すでに生まれている！）。

また、心理学の教科書に掲載されている個々の心のはたらき、たとえば感覚・知覚、記憶、学習、感情・動機づけ、行動、問題解決、意思決定、コミュニケーション、予想・推論、思考の本性について、動物のみならず無神経生物との比較のなかで反省と再考の機会が与えられ、心のはたらきについての説明と理解が深まると期待できる。人間や一部の動物、神経系を持つ動物を中心に考えられてきた心のはたらきはラディカルに相対化され、先に示した個々の種類の心のはたらきが当の生物にとってどのようなことであるのか、人間のそれとの類似性と差異性をこれまでなかった深度で考えざるをえなくなる。

第二に、MATは、心のはたらき・生命過程が環境との関係づくりのはたらきであり過程であることを強調することにより、環境との多様な関係づくり、すなわち、心のはたらき・生命過程の多様性を許容することができる。MATは、心のはたらきが、生物が関係づくりのパートナーとする環境の性質や特徴の違いや、環境の複雑さの程度に応じて、多様になることを許容する。心のはたらき・生命過程は、デカルトの精神のように純粋に内在するものではなく、その本性からして最初から環境へと開かれており環境指向的である。そのため、指向される環境の状況・特徴・複雑さの多様な違いに相関して、それらとの関係づくりのやり方、応答の仕方のほうも多様であると考えられる。デカルトのように思考や意識だけを、あるいはフォーダーのように心的表象の操作だけを心のはたらきとするのではなく、環境と関係づくりをするさまざまな生物能力のすべてを心のはたらきに含めるのである。この理由は、第一の特徴として指摘した心理学の守備範囲を拡張できることとも重なる。

こうして、たとえば、同種や異種の他個体が複雑に絡み合ったネットワークという環境が人間を包囲しているときには、言語に代表される記号的表象を利用してコミュニケーションをとることが環境との関係づくりをする能力となり、他者や自己の言動の解釈から自己や他者に帰属した命題的態度が原因となって行動調整を行う心のはたらき（フォーダーが最も気にしている心のはたらき）も、生命過程・心のはたらきの一種として認めることができる。MATは、（優劣関係が読み込まれてしまうため使いたくない用語だが）低次から高次までの生物の多様なすべての生きる能力とその発揮された活動を等しく心のはたらきとして扱うことを含意する。

第三に、MATは、同一もしくは類似した機能を果たす心のはたらき・生命過程であっても、そのはたらきが実現される具体的やり方や形態の多様性も許容できる。第二の特徴は、心理学でははっきり心のはたらきとしては扱われていない現象を心のはたらきとする多様性の許容であったが、この第三の特徴での多様性は、心のはたらき・生命過程の形態が多様であるばかりか、同類のはたらきとしてまとめられる過程や活動であっても、生物におけるその多様な実現形態と実現方法を許容するという意味での多様性である。

たとえば、環境内を移動するという心のはたらきを考えてみよう。便宜上、移動に不可欠な知覚系のはたらきを度外視したとしても、二足／四足歩行・走行、多足歩行、ホッピング、ブラキエーション（主に樹上生活をする類人猿が樹木の枝にぶら下り、両腕で枝を交互につかんで移動する方法のこと）、滑走、匍匐、飛行、滑空、浮遊、遊泳、滑水、浮動など、棲息環境の特徴に応じたさまざまな移動方法がある。それぞれの移動方法のなかでさらにバリエーションがあり、そこに個々の状況に応じた柔軟性と選択性の多様性が加わる。生物の身体の形態や生理的特徴、移動以外の心のはたらき（特に知覚系のはたらき）との関係や相互制約も移動の多様性に影響する。実現される移動の具体的な姿は同種の生物であっても状況や履歴に応じてさらに多様になるだろう。

ところが、環境内移動に多様性を許容することは抵抗なく受け入れることができるにしても、意識や知覚やコミュニケーションという心のはたらきとなると抵抗が多くなると予想される。ゾウリムシや植物に意識はあるのか、植物は光を知覚しているのか、植物同士はコミュニケーションしているのか（細胞間の連絡や植物同士のコミュニケーションは、特に「シグナリング」という特別な専門用語が使用される）。いわゆる「心のはたらき」として心理学のなかで取り上げられる機能を無神経生物たちに帰することに心理学は、そしてのちに見るように植物生理学も慎重になる。

しかしながら、心のはたらきが実現される仕方が多様であることを認めるのであれば、植物やゾウリムシや真菌類にもまた、意識や知覚やコミュニケーションといった心のはたらきがあると考えることに不合理な点は何もない。神経系とは異なる仕組みでそうした心のはたらきが実現している余地があるからである。消化機能に特化した胃のような器官を持たないアメーバやゾウリムシには消化のはたらきがないと考えたり、光の情報を検知する眼のような受容器官を持たない植物や変形菌には視覚するはたらきがないと決めつけるほうが不合理である。ＭＡＴは、機能の類似した心のはたらき・生命過程が、各種の生物において多様なやり方で実現することを許容し、多様な生物の心のはたらきを心の科学の守備範囲に入れるのだ。

（4）環境複雑性テーゼ——生命と心への視点①

以上のMATの眼目は、生物学の哲学を専門とする（日本では『タコの心身問題』の著者として知られる）ゴドフリー＝スミスが提唱した、認知機能の環境複雑性テーゼ［Godfrey-Smith, 1996; 2001］の意図することに同じである。環境複雑性テーゼとは、これまで哲学で議論されてきた心身問題（形而上学的問題）に拘泥することなく心のはたらきを外在主義的に理解し、心理学や生物学における心の経験的研究に寄与できる方針を示す目的で提案されたテーゼである。それは以下のような非常にシンプルな命題で表現される。

環境複雑性テーゼ（Environmental Complexity Thesis／ECTと略記）
認知の機能とは、主体を環境の複雑性に対処できるようにすることである。The function of cognition is to enable the agent to deal with environmental complexity.［Godfrey-Smith, 1996: 3; 2001: 225］

ゴドフリー＝スミス自身が述べているように［Godfrey-Smith, 2001: 225］、cognition と mind と intelligence は等価に扱える概念であるため、ECTの「認知」と言われている部分は「心のはたらき」と本章では表現する。ECTは、生物を取り囲む環境の複雑性に対し適応的な行動を作り出す生物の過程を「心のはたらき」と考える。ゴドフリー＝スミスの言い方では、心のはたらきは、行動と環境とのつながりを作り出すはたらきのことである［Godfrey-Smith, 1996: 13］。ECTの考え方は、第一に、心のはたらきが環境適応的であり生物の生活に寄与するという適応主義の主張、第二に、心のはたらきは適応形質が選択される進化の歴史のなかで生み出されたという歴史性の主張、そして第三に、心のはたらきが生物個体の水準で機能するという適応水準の主張、この三つを含む。だから、ECTは、生物の形質進化の理論を特に心のはたらきに関して取り出したものといえる。ECTを言い換えるなら、心のはたらきの本性は、環境のさまざまな複雑性に対応して行動が可塑的に変化することを可能にする能力にある。この主張の意義をさらに検討し、心のはたらきと生命過程・活動との同一性との関係を考察してみたい。

心身問題や心の哲学における機能主義は、心が物理的世界にどうやって存在するのか、物理的世界で心的なものは何をするのかと問う。これとは異なり、ECTの方針に基づく思考では、生物はどのような環境の複雑性にどうやって対処しているのかを観察し理解することによって、その生物の心のはたらきの理解に至ろうとする［*ibid.*: 3］。ECTは、心のはたらきを、環境というコンテクストに生物を埋め込んで理解しようとする方法論を明示した基本命題であるともいえる［「心を理解するには、心が、生命システム全体のなかで果たす役割を理解する必要がある。認知は「有機体全体」のコンテクスト内部で探究しなければならない」*ibid.*: 73］。よって、4Eや生態心理学やMATとECTは親和的である。MATはECTを参考にして考案されたのであるから、親和性があるのは当然なのだが。

ところが、ECTとMATとには、重要かつ大きな違いが一つある。それは、ECTは生命過程と心のはたらき、生命と心との同一性（ゴドフリー＝スミスは「連続性」と表現する）にコミットするしないに関係なく通用する方法論や方針上のテーゼであるが、MATのほうは心と生命との同一性を強く主張する点だ。ゴドフリー＝スミスは、生命と心の同一性を主張した者として一九世紀英国の哲学者スペンサー（Spencer, Herbert, 1820-1903）と生物学者のマトゥラーナ（Maturana, Humberto Augusto, 1928-2021）や、条件つきでデューイ（Dewey, John, 1859-1952）を引き合いに出し〔ここにはベルクソン（Bergson, Henri-Louis, 1859-1941）も加えるべきだろう〕、ＥＣＴは生命と心の同一性にはコミットせず中立な方法論的な立場に留まることを明記している［*ibid.*: 74-75］。しかも生命と心の同一性の議論を積極的に避け、弱い連続性に賛成するという指摘をするだけである。

しかし生命と心との同一性は、ＥＣＴやＭＡＴのような仕方で心のはたらきを思考するかぎり避けることができない問題である。なぜなら、もし生命と心とを同一視しないとすれば、ＥＣＴの内容は心のはたらきだけではなく環境の複雑性に非心的な仕方で対処する生物の機能一般にも等しくあてはまるからである。こうなってくると、先のようなＥＣＴを提示しただけでは、心のはたらきの画定には至らない。心のはたらきと、心のはたらきではない非心的な生命のはたらきとを区別するとすれば、そしてＥＣＴが試みようとしているように環境の複雑性からの規定によって外在主義的に心のはたらきを説明し理解しようとするのであれば、非心的な生命のはたらきではなく、心のはたらきによって対処されるのはどんな種類の環境の複雑性なのかを改めて明らかにしなければならない。しかし、この問題に対して応答することはきわめて困難であると思われる。たとえば、ゾウリムシの走光性は心のはたらきなのか、非心的な生命のはたらきなのか、どうすれば解答できるだろうか。ＥＣＴは、フォーダーらのようにゾウリムシの環境は法則的性質だけに満ちた単純な環境だから、心のはたらきではなくて生命のはたらきで対応しているというように答えるのだろうか。

ＥＣＴやＭＡＴのように、環境との関係のなかで環境に逆規定されるような仕方で生物のやっていること、生命のはたらきや心のはたらきの本性を理解しようと試み、生態学的で外在主義的な方針を貫くかぎり、非心的な生命のはたらきと純粋な心のはたらきとを区別することはむしろ積極的に避けたほうがよいと筆者には思える。生物が対処しなければならない環境、関係づくりをしなければならない環境は多様である。同時に、生物の側の、環境への対処法、問題解決の方法、環境との関係づくりのやり方も多様である。後者の多様性に非心的なものと心的なものの区別をつけるとすれば、前者の多様性にも何らかの区別を設けなければならない。恣意的でない仕方でそのような区別を設けることはできそうもない。

ECTもMATもそのもともとの発想が、環境の性質や特徴に対する生物の側の対応性と応答性によって心のはたらきを画定し説明し理解しようとしているため、環境への対応と応答が生命のはたらきであるかぎり、生命と心との同一性（少し語調を弱めたとしても、連続性）へのコミットメントは避けられないのである。心（のはたらき）の外縁と生命の外縁とが重なるのは必須であると考えられる。

（5）メタボリズムとコボリズム――生命と心への視点②

MATを補強する議論をもう一つ提示したい。生物学の哲学を専門とするフレッド・カイザー（Keijzer, Fred）は、心のはたらきを意味する専門用語として「コボリズム」（cobolism）という概念を提案し、生命過程と心的過程とを連続化しようと試みた［Keijzer, 2021］。本章でものちに触れるが、動物だけではなく、バクテリア、原生生物、植物、真菌類といった無神経生物にも適応的で知的と呼べるような行動が観察されている現状をふまえ、無神経生物の心のはたらきも認知科学の研究領域に含めるためには、心（mind）や認知（cognition）という概念を科学的・理論的概念として鋳造し直す必要をカイザーは説いている。カイザーは、コボリズム概念を導入することで、認知科学の守備範囲をこれまでよりも広げ、新たに認知生命科学（cognitive life science）を推進しようと試みる。

　コボリズムとは、代謝・メタボリズムを補完する（co-metabolism）という意味を含ませた造語である。周知のように、メタボリズムは、生命システムが、自身の外部にある有機物や無機物、光や熱などのエネルギーを自身に取り込み、生化学的な過程を経て自身の活動に必要なエネルギーを作り出し、そのエネルギーを利用して形態形成（細胞形成）、運動、遺伝情報の合成など生命システムを維持し、この過程で生じた熱や酸化化合物などを外部に排出する、有機構成過程（organizational process）のことである。これに対し、コボリズムとは、このメタボリズム過程が安定して継続できるよう、生命システムの内部と外部（環境）の条件をシステマティックに調整する一つのまとまりをもって循環的に活動し続ける有機構成過程のことである。メタボリズムを補完し、補助するセカンドオーダーのメタボリズムがコボリズムである（図6—3参照）。

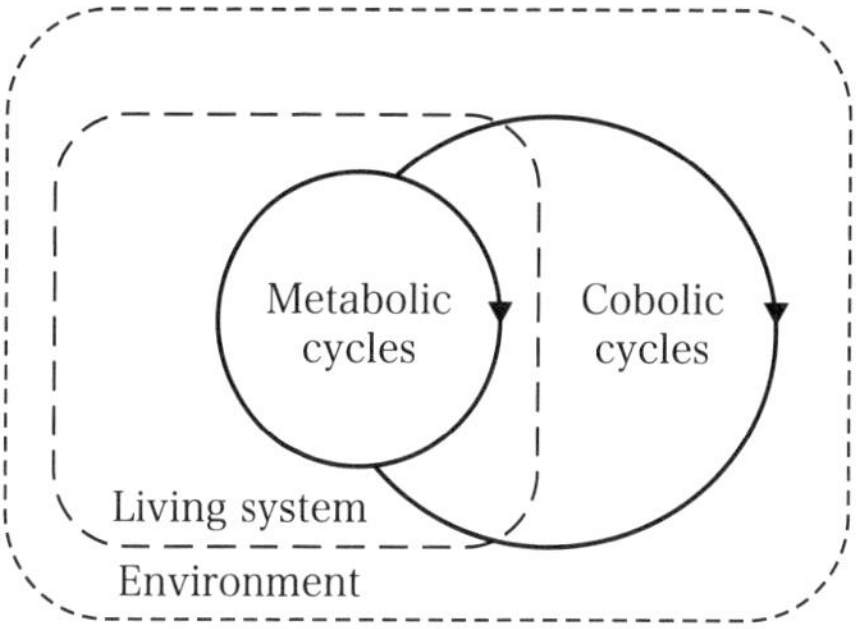

図6—3　Keijzer, 2021, 151頁より

　たとえば、カイザー自身が挙げるコボリズムの例は、神経システム、葉の構造、感覚運動過程、物質分離（substance secure）、獲物を狩る行動である。コボリズム概念を提示した論文［Keijzer, 2021］では、この新概念がオートポイエーシス

理論やエナクティヴィズム感覚運動論といった個別のさまざまな理論でも通用できる一般性を持った理論的概念であることを強調しているため、コボリズムの事例自体の詳しい説明はない。ただし、コボリズム論文より前に発表されたミニマル・コグニション（minimal cognition／認知であると言える最小の認知活動）についての論文を参照することで、コボリズムがどのような過程であるかはわかる。生命システムの感覚運動協調（sensory-motor coordination）をミニマル・コグニションだと主張する論文［van Duijn, M., Keijzer, F. & Franken, D., 2006］を勘案すれば、感覚運動協調がコボリズムに相当する。それは、メタボリズムに必要な物質やエネルギー資源を探索する活動であり、メタボリズムを促進する機能を果たしているからである。

植物の心のはたらきについて考察したカルヴォとの共著論文［Calvo & Keijzer, 2008］では、大腸菌の走化性を例に、メタボリズム過程に対する「セカンドオーダー過程」としての感覚運動協調をミニマル・コグニションだと論じており、大腸菌の走化性がコボリズム過程にあたると考えてよいだろう。同論文でこのような代謝を促進するセカンドオーダー過程の別例として挙げられているのは、海綿が体内に水を循環させる過程、植物が光に向かって葉を成長させる過程、ライオンが被捕食者を尾行する行動、どのレストランで食事をしようかと人間が話し合う過程である［*ibid.*: 253］。植物の根が脳のようなはたらきをするルート・ブレイン仮説を検討した論文［Calvo & Keijzer, 2011］では、植物の根の尖端（根端）が見せる運動を（かつてダーウィンはこの運動を示す根端を「体の前方にあって感覚器官からの影響を受取り、それに適応した運動をひきおこす下等動物の脳のような働きをしている」〔ダーウィン、一九八七年、四八〇頁〕と結論づけた）感覚運動協調の単位たるミニマル・コグニションであると主張している。したがって根端運動もコボリズムである。

コボリズムの興味深いところは、代謝という生命過程が、生命システムの種類に応じて多様であることを認め、その多様性にマッチするようにして代謝を促進し安定的に駆動させる多様な手段を認知活動、心のはたらきととらえている点である。コボリズムの見方では、認知は、生命システムの維持、生きる活動そのものである。人間でいえば、口に代謝物質（食べ物）を入れる動作に始まり、食べ物を探索しゲットする行動（資本主義社会の環境では労働力を売って賃金を得る行動や、お金と食べ物を交換する購買行動）、さらには食べ物を調理する行動、調理のための機会（器具や場所や人的資源など）を手に入れる行動も、そして社会的分業によって担われることになるが農業や畜産による生産活動やそれを管理する行動も、コボリズムに含まれるだろう（コボリズムの範囲を広げ、マルクスの唱える物質代謝過程〔Stoffwechsel〕／労働過程もコボリズムに含まれると考えてみるのも興味深い）。

コボリズム概念は、心のはたらきをメタボリズムという生命活動・過程の不可欠な一部分として理解する点でアニマシー心理学の理論的支柱となる。ただし、カイザーらの議論にも微妙な動揺がある。大腸菌のグルコース抑制(11)は、適応的なメタボリズム過程ではあっても生化学的反応からなる過程の一部にすぎず、心のはたらき／ミニマル・コグニションではないと主張された［Calvo & Keijzer, 2008: 253］。よって大腸菌のグルコース抑制はコボリズムではない。しかし、どんなに小さな行動であれ環境の糖質状況を探索し察知する行動を大腸菌がしている限り、グルコース抑制はコボリズムである。筆者の考えでは、メタボリズムとコボリズムは絶対的ではなく相対的な区分として理解し、どんな生物であれ、生きてメタボリズムを営むかぎり、必ずコボリズム活動もしていると考えるのが適当であると思われる。紙幅の都合上、この論点の十分な検討は別の機会としたい。

（6）アニマリティ、ミニマル・コグニション、CBC仮説——生命と心への視点③

生命と心との同一性・連続性の議論は、目下活況を呈している。重要な議論のみ、以下に列挙する。

カイザー［Keijzer, 2006; cf. 2021］は、身体性認知科学の興隆にともない認知・心のはたらきの基盤が頭のなかの推論過程から環境と相互作用する身体的存在としての主体性（agency）へとシフトした点を評価する一方で、主体性を明確化することは困難であり、主体性は主体であるかないかのどちらかであって程度差を許容できない概念であることを根拠にして、心のはたらきを帰すことのできる基盤特性は、主体性ではなく生命性・生きること（animality）であると主張した。これは、コボリズムとは異なる論点から心と生命とを結びつける議論である。生命性を考慮しない人工知能やロボット研究との対話と考察が今後注目される。先述したように、カイザーらは、エナクティヴィズムの立場から、感覚運動協調の存在をミニマル・コグニションとし、心のはたらきの最小条件としている［van Duijn et al. 2006］。感覚運動協調をコボリズムに、純粋な生化学的過程をメタボリズムに分類し、両者とも生命活動・過程ととらえるのが、現時点でのカイザーの主張である［Keijzer, 2021］。

カイザー以上に生命と心の本質的連続性を強調する論者にリヨン（Lyon, Pamela）がいる。彼女は、認知は生物に由来する機能（biogenetic function）にほかならず、「認知とは呼吸と同類である」というスローガンを使って生命と心のつながりを強調し、生命科学と心の科学との垣根を積極的に取り払おうとしている［Lyon, 2006; 2015; 2020］。

このような傾向が強くなるなかで、生物学や生命科学に強い関心を寄せる心の哲学者たちが生命科学の専門家とともに議論している近年の話題が、先にも触れたミニマル・コグニションである。そこでは最小の認知・心のはたらきの単位とは何か、それはどの具体的生命システムに見られるものなのかが議論されている。たとえば、バクテリアやアーキアの獲得免疫システム（クリスパー・キャスシステム）はミニマル・コグニションであるのか、より一般的には免疫システムは認知システムなのかといったことが最近問題になった［Yakura, 2019; 矢倉、二〇二三年、Keijzer, 2019］。

生命と心との関係ならびに、ミニマル・コグニションの議論に関連して、現在、最もラディカルな主張は、心のはたらきの最小単位を細胞（原核細胞も含む）と主張する立場である。この発想を最初に書物にまとめた認知心理学者のリーバー（Reber, Arthur S.）は、自身の考えを「意識の細胞基盤」（the Cellular Basis of Consciousness / CBC）仮説あるいはモデルと呼んだ（Reber, 2019）。リーバーとともに、CBC仮説を植物行動や微生物行動の研究から補強して主張し続けているのが植物細胞の研究を専門とする植物生理学者のバルシュカと、ホロゲノム進化理論の構想と微生物の研究を専門とするミラー（Miller, William B. Jr.）である［Baluška, Reber & Miller, 2022; Baluška & Reber, 2019; Reber & Baluška, 2021］。

CBC仮説は、二つの主張からなる［Reber, 2019: x］。一つは、心と意識の起源は、最も単純な単細胞生物（想定されているのは原核生物、バクテリアとアーキア）にあること、もう一つは、意識、主観性、主観的・現象的経験——これらをまとめて呼ぶ用語としてセンチエンス（sentience 感覚性、感受性、あるいは感性、感情とも訳せるかもしれないが、あえてこのままカタカナ語を使用する）が多用される——は、最小単位の細胞も含め、ありとあらゆる生きている生物の本質的（intrinsic）特徴であること、この二つである。

CBC仮説は、ウイルスを除いて、最も原始的な生命である単細胞原核生物、バクテリアとアーキアから、真核単細胞生物（原生生物）、変形菌（単細胞と多細胞の性質を入れ替える）、多細胞生物である真菌類、植物、動物、人間まですべての生物にはセンチエンスがあり、センチエンスは細胞が地球上に誕生したときすでに細胞に備わっていたと考える。リーバー、バルシュカ、ミラーによれば、エントロピーに抵抗し非平衡状態を維持する細胞にはセンチエンスがあり、センチエンスがあることで、細胞膜が示す選択性の活動（物質分子を膜の内外に出し入れする活動）を介した細胞活動（DNAやRNAや細胞骨格など高分子化合物の構造を維持し構成する活動）が継続され、細胞を取り囲む環境の変化と状況に対応した細胞活動がガイドされるという。膜で仕切られた内部と外部があることが重要であり、細胞が膜を介して、環境から情報とエネルギーを抽出し、情報に基づいてさまざまな高分子化合物を構成して生き続けるその仕組みを支えているのが、細胞自身のセンチエンスであるという[Reber & Baluška, 2021; 個々の細胞活動と関連させての詳細な説明は Baluška, Reber & Miller, 2022 を参照]。生きた細胞は意識・センチエンスの基礎単位である。

CBC仮説には、センチエンスという言葉が「センチエンスと認知・コグニション」のように認知と並列して用いられることがあるため、主観性を持った意識と心のはたらきとしての認知とを異なる意味で使用しているのかと疑問に思わせる点があったり、意識という言葉を用いることで私たち人間の意識との連続性をどの程度想定しているのかといった細かくつめるべき論点はいくつもある。けれども、リーバーらのCBC仮説の核心には、生きることと心のはたらき（細胞活動を導くセンチエンス）とを同一視する思考がはっきりと認められる。膜で仕切られた細胞とそれを取り囲む環境という文脈において起こっている膜や細胞内の生化学的反応と変化（生きている細胞の活動）が環境の状況に選択的に対応・応答していること、そしてその選択的で適応的な振る舞い、それこそが心のはたらきであると理解するところがポイントである。カイザーとカルヴォでは心のはたらきではないと判断された大腸菌のグルコース抑制も、リーバーでははっきり心のはたらきに数え入れられる。大腸菌は周囲環境の糖質状況によって意思決定していると解されている［Reber, 2019: 149-150; 大腸菌の意思決定についてはKondev, 2014を参照］。

ＣＢＣ仮説は、心の科学や哲学における意識についての考え方にも大きく変革を迫る。意識の起源を人間以外の生物、しかも脊椎動物以外の生物に探る類似の考察や仮説は、これまでは原始的であっても神経系のある生物に限られていた。たとえば、ファインバーグ（Feinberg, Todd E.）とマラット（Mallatt, Jon）〔二〇一七年、二〇二〇年〕は、生命活動ができるだけでは原意識は創発できず、中核脳と呼ぶ一定水準の神経系の発生と、そこから派生する特別な特徴を持った神経活動が生じることで意識が創発すると主張する。そして、地球上に最初に登場した意識のある生物をカンブリア爆発後に誕生した神経系のある生物とみなし、現存する生物では脊椎動物、節足動物、頭足動物に意識があると結論した。ギンズバーグ（Ginsburg, Simona）とヤブロンカ（Jablonka, Eva）〔二〇二一年（下）、二七三―二七五頁〕は、細菌やアーキア、植物、真菌類、海綿の柔軟で選択性のある振る舞いからそれら無神経生物が認知活動することを認めている。ところが、意識・主観的経験の存在となるときわめて慎重になり、こうした無神経生物に意識があることをはっきり否定する（しかしその理由はそれほど説得的ではない）。ギンズバーグらにとって、認知という心のはたらきと、何かを主観的に意識する経験とのあいだには大きなギャップがある。

以上に代表される、人間外の生物に意識の起源を探す研究は、意識の発生の基盤に生命活動があることは譲れない前提としながらも、生命活動としての認知活動（心のはたらき）と意識とを分離する点が共通している。生きる活動があったとしても、その生物に意識があるとは限らない。意識は生命よりもより高次の過程である。しかも、意識は一定の神経系の存在を必須条件とする。無神経な生物には意識はない、というわけである。

リーバーらの考え方は、こうした意識の科学（とおそらく哲学）がこだわり続ける大前提、すなわち神経戦線を突破してしまう。リーバーらは、オーソドックスな考え方とはまったく逆に、認知活動ができることの根拠に、意識・センチエンスがあり、なければならないと考えている。原核細胞の細胞活動に見られる認知活動と意識・センチエンスとを、かれらは区別しない。生命の最小単位である細胞活動（生きる活動）と主観的経験としての意識があること、そして心の哲学や科学で認知と呼ばれる心のはたらきがあることは、すべて重ねられ同一視される。

CBC仮説は、意識をハードだハードだと大騒ぎする哲学者や科学者たちの慣習をくつがえす仮説である。哲学者のなかには、意識だけを抜き取られたゾンビのような「生物」が有意味に想像できるのだから、意識は生きることに関連する機能を何も持たないかもしれないと考える者もいる。こうした、意識にハードプロブレムの様相を帯びさせる哲学者や科学者とは異なり、CBC仮説は、意識と生命活動を重ね合わせてしまう。心の哲学や心の科学の趨勢とは、リーバーらの考えが百八十度異なっていることがわかるだろう（現役の心の哲学者のなかでリーバーらの見解を（条件つきでも）肯定的に評価する唯一の例外は、心と生命の同一性を「バイオサイキズム［biopsychism］」というヘッケル（Haeckel, Ernst, 1834-1919）由来の概念を用いて主張するトンプソン［Thompson, 2022］ただひとりである」。

第四節　無神経な生物たちの心のはたらき

この節では、生命過程と心理過程との境界領域へ立ち入る議論展開を裏づける事件として、無神経生物である変形菌、真菌類、細菌、植物の「知的能力」や心のはたらきを報告している研究を概観し、さらに二〇一〇年前後から生じた植物の心のはたらきと植物の知性に関する、植物神経生物学の主張と論争を見ておきたい。これによって、アニマシー心理学への移行の現場に立ち会うことができる。先に示したコボリズムや意識の細胞基盤仮説でもわかるように、アニマシー心理学への移行現場とそこでの議論は、人間や一部の動物の行動や心的過程、そうした存在の脳神経的基盤にばかりこだわり続けている心の科学や心の哲学からは予想もできない探究と思考の展開を示している。また、植物心理学の論争を見ることで、アニマシー心理学への歩みを進めるにあたって格闘すべき問題群の姿もはっきり浮かび上がる。

(1)　粘菌・キノコ・細菌の心理学

無神経生物の知的で適応的な振る舞いの研究は、今世紀になってから日本の研究者の活躍が目立っている。変形菌（粘菌）の行動研究では、迷路を最短距離で通り抜ける行動［Nakagaki, Yamada & Tósh 2000］や餌場までの最短経路を発見する行動［Nakagaki, Kobayashi, Nishiura & Ueda, 2004］、その他、変形菌の記憶や予期行動など、すでに多くの結果が知られている〔中垣、二〇一〇年、二〇一四年、二〇一五年を参照〕。またアンドリュー・アダマツキー（Adamatzky, Andrew）を中心に、変形菌や真菌類の行動を情報処理プロセッサとして活用しようとするアンコンベンショナル・コンピューティング研究を始め、変形菌の知的行動研究、ロボットやアート制作への応用も進んでいる〔シャープ、グラバム、二〇一七年での解説レポートを参照〕。

真菌類（いわゆるキノコ）については、木材腐朽菌が餌とする木片へ引っ越す際に、引っ越し方向を記憶していることや、木片の大きさによって引っ越すかどうか意思決定をしていることが報告されている［Fukasawa, Savoury & Boddy, 2020］。一つの木片資源を複数の木材腐朽菌同士が競争して奪い合う様子も知的な駆け引きがある［Fukasawa & Kaga, 2022; 深澤、二〇一七年］。深澤〔二〇二三年〕は、木材腐朽菌を含めた真菌類の知的行動だけでなく、真菌類が森林生態系のなかで果たす役割等にも触れ、真菌類の知性的行動や生態も含めた最新の知識ならびに真菌類の博物誌と魅力を解説している（他に、シェルドレイク［Sheldrake, 2020］や、スタメッツ〔二〇二二年〕、星野〔二〇一九年〕も参照）。

細菌は、すでに指摘したように、走光性や走化性といった環境応答の研究が前世紀から行われているし、細菌には感覚・記憶・反応があり、より高次の生物の情報処理モデルを記述するための基本的処理モデルとして細菌を理解する試みもあった［Koshland, 1980; 1983］。近年は細菌細胞内の分子機構の解明が進み、細菌の種類に応じて運動機構が異なることもわかり始めている〔中根・西坂、二〇二〇年〕。またこうした個体としての細菌の行動だけではなく、群としての、たとえば大腸菌群の振る舞いの研究も進んでいる。周囲の糖質状況に応じて大腸菌群が移動・食餌・分裂をする／しないの意思決定をしているという観察結果もある［Kondev, 2014］。バイオフィルムを形成し集団化した細菌群が同種の菌体密度を感知し、周囲の栄養状態が悪化した場合には細胞分裂を抑制する信号をフィルム内同種細菌群へと化学的手段を用いて伝えること（クオラムセンシング機構）や、さらには細菌群がより大きくなった場合には細菌同士が活動電位型のコミュニケーションをするようになることも発見されている［Reber, 2019: 51-52］。原始的ではあっても、細菌に膜電位依存性のイオンチャネルを用いた活動電位型の連絡機構があることもわかっている〔下村・入江、二〇二一年〕。

筆者の印象では、細菌走性の研究は、その分子機構への関心によってほとんどが占められており、肝心の環境内の文脈での心理学的な行動研究（環境条件をコントロールしての走性研究）が不足しているように思える。細菌の環境応答にどの程度の選択性や柔軟性があるのかは、よくわかっていないのが実情ではないだろうか。例外的な研究として、ファンらは、大腸菌に迷路探索をやらせた場合、増殖して複数の世代にわたって迷路を探索し脱出することや、大腸菌群のうちの一部がフラクタルな構造物の行き止まりに閉じ込められた場合に、他の大腸菌と集団化する傾向を強め、集団的に行動することで行き止まりから脱出することを報告している［Phan et al., 2020］。

細菌の細胞活動や環境応答の研究は、細菌の原始的なセンシング機構や電位伝達機構の知識から、より高等な生物の神経機構の理解を深めることができるという方針のもと、大腸菌の無神経のセンシング機構が承認されている。細胞分子生物学では、細胞が外部からの機械的シグナルを化学的シグナルに変換して自身の細胞活動へとつなげる機構を「メカノセンシング」と呼び、その分子機構の解明が進んでいる。そのことからすれば、無神経での感覚や反応、つまり無神経感覚や無神経反応があることはなんら驚くべきことではない。細菌や細胞のセンシングやシグナリングを「心のはたらき」、認知と呼ぶことがすでに行われていると言ってもよいだろう。

(2) 植物の心に迫る生物学

植物の心への関心の高まり

植物学や植物生理学の分野では、これまでにも現生植物が生存と繁殖のために行うさまざまな適応的戦略が知られていた。植物の運動（傾性や屈性、根端やシュートの伸長、つるの回旋）、就眠運動や概日リズム、ある種のアリとの相利共生や動物を利用した繁殖機会作り（昆虫や動物を媒介にした送粉や受粉〔花粉媒介〕、種子を果実に包み動物に食べさせて種子を散布する被食型の種子散布方式）、窒素固定菌やその他の菌根菌や菌糸体との共生など、話題は尽きない。こうした研究の伝統がありながらも、二〇一〇年前後から、植物生物学（plant biology）を専門とする海外の一部の研究者のあいだで植物の生き方を語る語彙に大きな変化が生じ始めた。それは、植物に対し、行動、感覚・知覚、記憶、学習、意思決定、感情、意識、コミュニケーション、そしてのちほど詳細に論じるが植物の「神経」といった、人間や一部の動物に使用されていたサイコロジカルな語彙を、比喩的ではなく、文字どおりに、そして意図的かつ戦略的に用いるようになったことである。このあたりの研究の概略を知るには、カスティーリョが参考になる［Castiello, 2021］。エンドウマメの幼苗による連合学習（古典的条件づけ）研究も含めた、植物心理学が植物の心のはたらきについて見出したここ約二〇年の成果がまとめられており、比較心理学に植物を含めることが主張されている。

サイコロジカルな語彙をつかって植物の行動を語る植物心理学の研究成果の紹介は、日本においてもほとんど時差なしで伝えられた。専門的研究者らが執筆した一般向け書籍の翻訳が、海外市場での人気に素早く反応し、二〇一〇年代に連続して刊行された。代表的な邦訳書として、チャモヴィッツ〔二〇一三年／原著二〇一二年〕、マンクーゾ、ヴィオラ〔二〇一五年／英訳二〇一五年〕、マンクーゾ〔二〇一八年／原著二〇一八年〕があり、また森林樹木管理官の視線からの思い入れがやや強すぎる印象を受けるがヴォールレーベン〔二〇一七年／原著二〇一六年〕もある。その他、英語に限るが専門的文献として、植物科学からはカーバン［Karban, 2015. 植物のシグナル伝達研究］、トレワヴァス［Trewavas, 2014. 植物学全般と植物知性について論じたもの］や、植物学者・哲学者・エコクリティシズム（環境人文学）研究者の論文集［Gagliano et al., eds., 2017］が、いずれも二〇一〇年代に出版されている。

同時期に、先述した生物学の哲学・心の哲学でのミニマル・コグニションの議論や心と生命の連続性・同一性についての議論、植物の心の哲学［Maher, 2017］や植物の人格性・アイデンティティ［Hall, 2011］を論じる哲学的著作も登場するほか、植物を独自の方針で哲学するコッチャ〔二〇一九年／仏原著二〇一三年〕やマーダー［Marder, 2013b］の植物哲学（plant philosophy）も登場した（「植物哲学」という言い方はサンドフォード［Sandford, 2023: 28-36］より借用）。本章は植物哲学の潜勢力の検討はしないため、ここで植物哲学のポリシーのみ手短に言及しておく。

植物哲学は、思考の脱構築を目指す運動ととらえることができる。それは、人間や動物とは異なる植物の生の観点から、たとえば世界のなかに存在することや生と死、時間と空間といった事象を思考する（マーダーの言い方では「植物思考する」〔plant-thinking〕）ことで、人間的・動物的な思考の束縛から自由になり、これまでとは別様に思考する地平を拓くことを目指している。たとえば、コッチャは、植物の生を環境との混合性、すなわち「植物は周囲の世界に常に晒されていて、晒される以外にない。植物の生命とは、環境との絶対的な連続性のもとで、全体的な交感を通じて、自分をすっかりさらけ出すしかない生命」と指摘し〔コッチャ、二〇一九年、六頁〕、人間や動物とは異なる植物的生の他者性を特徴づける記述をしていくなかで、植物の特異な生のあり方から世界に存在することの最も基本的な形態、最も基本的な世界と生命との関係を明らかにしようとしている。これは、植物の生のあり方から人間や動物の生と存在を新しい視点でとらえ返す試みだと言い換えてもよい。

同様な指向からマーダーは、植物思考することで、西洋哲学の背後にある伝統的な形而上学とその二項対立的考え方（同一性と差異、自己と他者、奥行きと表面、一と多など）を問題化し、それとは異なる別の思考へ向かおうとする［Marder, 2013b: 10-11など］。じっさいにマーダーは植物神経生物学の学会誌に寄稿し、植物自身の観点から植物の存在論的パースペクティヴを展開する挑戦、植物にとって世界はどう現れるか／現れないかを記述する、いわゆる「植物現象学」の試みまでしている［Marder, 2012; 2013a］。なお、中世の本草学者（?）ヒルデガルト・ビンゲンについての仕事を中心に、マーダーの植物哲学の日本での紹介は『*WORKSIGHT* 17号　植物倫理 Plants/Ethics』〔二〇二二年〕を参照されたい。

サンドフォードの仕事も植物哲学に連なる［Sandford, 2023］。サンドフォードは、植物の性の特徴を知ることで人間的・動物的な性を典型とする思考型（動物中心主義 zoocentrism）から自由になることができ、この観点から、性差や性の本性を考察する。また彼女は、植物哲学に忠実になることで、次に紹介する植物神経生物学をむしろ批判までしている。植物神経生物学は、動物的特徴である神経を植物に持ち込み、動物的に植物を理解しようとするからである［*ibid.*: 26-28］。日本では藤原〔二〇二二年〕がいち早く植物哲学の方針を体現し、植物の視点から人間や世界を眺め思考しとらえ直す意義を主張し始めている。

植物神経生物学の始まり

二〇一〇年代に始まるこうした植物心理学、そして植物哲学の盛り上がりの原因は何だろうか。最大の原因は、二〇〇五年に始まる植物生物学における革命運動、植物神経生物学（plant neurobiology）の立ち上げにある〔以下、植物神経生物学の船出とその後に起こった炎上事件等については Stokes, 2005; Pollan, 2013 を参照〕。

二〇〇五年にイタリア、フィレンツェ大学のステファノ・マンクーゾ（Mancuso, Stefano）を中心に、ドイツのボン大学のフランティシェク・バルシュカ（Baluška, František）とディーター・フォルクマン（Volkmann, Dieter）、英国のブリストル大学のピーター・バーロウ（Barlow, Peter W.）ら何人かの植物生物学者たちが呼びかけ人になって、植物神経生物学会（The Society for Plant Neurobiology）が設立された。学会旗揚げの国際シンポジウムは同年五月一七〜二〇日の三日間にわたってフィレンツェ大学で開催された。植物にはそもそも動物のように機能的に特化した神経細胞・ニューロンはない。しかしながら、この学会設立の賛同者たちは、確信犯的に学会名に「神経生物学」という名称を用い、植物学や植物生理学の禁欲的態度を刺激挑発し、植物の知性的な行動や心のはたらきの研究を、植物の生体電気シグナルおよび化学的シグナルによる情報伝達機構と情報統合の仕組みを解明することで行うことを宣言した。植物のシグナル伝達機構はこの学会発足以前にも植物生理学のなかではすでに知られていた。植物神経生物学が特異なのは、シグナル伝達の機能を動物の神経系に類似したものと積極的に見なし、植物の維管束《いかんそく》系の細胞組織が神経細胞群と同じ機能を果たしていると考えながら研究を進める点にある。植物神経生物学では、植物の適応的で知性的な環境応答行動は、動物の神経系に類した、植物の神経様《よう》のシグナリングシステムによって制御されていると仮定された。

翌二〇〇六年に前年のシンポジウムで発表された研究のうちの二八篇を収録した論文集［Mancuso, Baluška & Volkmann. eds., 2006. タイトルは『植物のコミュニケーション——植物生命の神経的側面 *Communication in Plants: Neuronal aspects of plant life*』］が刊行される。その前書きでは、植物神経生物学会が、植物のシグナリング（化学的信号伝達、電気的信号伝達）や適応的行動に焦点をあてて、植物知性の解明を目的とすることがはっきりと記されている。「植物シナプス」という言葉も登場する［Baluška, Barlow, Mancuso & Volkmann, 2006; *ibid.*, Preface, VII］。植物神経生物学の熱きエネルギーを感じるためにも、前書きの一部を以下に引用する。植物神経生物学は次のような問題群に取り組む。

植物は、動物の行動の基礎にある神経系と類似した、ある種の神経系をもっているのだろうか？そして植物は「脳なし」なのだとすれば、非生物環境と生物環境の両方について取得した情報を植物はどこでどのように保持し処理するのかということが新たに問題となる。植物はこうした情報を利用して未来の行動をどのようにして最適化するのだろうか。植物は……感じる（feel）ことができるのだろうか。植物は痛みを経験するのだろうか。植物は音を聞くことができるのだろうか。植物は匂いを知覚できるのだろうか。［*ibid.*］

そして、毅然とした主張が続く。

肝に銘じてもらいたい。私たちの知識の欠如によって、植物には能力や性質が欠如しているという主張——植物は情報を処理したり、行動を制御したり、感じたり、痛みを持ったり、音や匂いを知覚したり「できない」という主張——を正当化してはならない。じっさいに、植物の複雑で合理的でほぼ確実に知性的な行動は、正反対のことを示唆している。そうであるからこそ、私たちはこれらの問題にもっともっと敏感になる必要があるし、会得した「科学的方法」を用いて、そして憶測と仮説とをきっぱりと区別する態度をもって、以上の喫緊の問題を真剣に探究することを始めなければならない。［*Ibid.* VIII］

こうした意図で始まった植物神経生物学会は、研究者のバラエティーにも富んでおり、植物学関連の専門家・研究者だけでなく、細胞生物学者、分子遺伝学者、生化学者、電気生理学者、生理生態学者など多様な専門家が参加するだけでなく、哲学者、科学史家、植物デザイナーやガーデン設計者といった人文系の研究者やものづくりを専門とする人々も参加している。先述した、カイザー、カルヴォ、マーダーもこの学会のシンポジウムへの参加や発表、学会誌への投稿執筆もしている（本章末尾の学会ウェブページのシンポジウム記録等を参照）。

二〇〇六年から学会誌 *Plant Signaling and Behavior* の第一巻が発行され始め、二〇〇七年の第二巻の編集委員コーナーの記事では、植物神経生物学は、植物科学におけるパラダイム転換を主導する役目を持つほかに、さらに生命の本性を理解する役目と意義があることが強調された。植物は、無神経でありながらも複雑で知性的な行動を行うことができ、他の動植物とコミュニケーションもしている。植物の行動やコミュニケーションの解明は、植物の理解を超えて生命一般の理解を深化させることにつながる。究極的には植物神経生物学は、どのようにして複雑な生化学的システムから生命は創発するのか、そして生命とはどのようなシステムなのか、その理解へと通じているというわけである［Baluška & Mancuso, 2007: 207］。

植物のシグナル伝達機構

植物神経生物学の主張の正当性を確認するため、二つの議論を参照しよう。一つは、植物神経生物学の賛同者が情報の統合ということで想定している植物の情報処理の議論であり［Baluška, Volkmann, Hlavacka, Mancuso & Barlow, 2006］、もう一つは植物神経生物学の運動には属していないが、植物に神経系に類似したシグナル伝達機構があることを突き止め、植物神経生物学者たちにも頻繁に言及されることになった日本の研究者の功績である［Toyota et al., 2018］。

まず、なぜ植物神経生物学は、植物に、神経様のシステムやその情報伝達や統合、そして情報処理といったことを想定するのだろうか。植物の生の状態を見ることから始めてみたい。植物は動かないというのは間違っている。植物の根も茎も葉も動く。動物のように場所的な移動をしないという意味での「動かない」は専門用語で「固着する」（sessile）と呼ばれる。この固着性が高等植物（根・茎・葉の区分のある植物）に動物とは異なる形ではあるが、環境と自己の状態から収集した情報を統合し処理する必要性を植物に課している。

植物を取り囲む環境には、植物の根端やシュート（茎と葉を含む単位部分）の生長と発達に影響を及ぼすパラメーターが無数にある。光・気温・機械的接触刺激（風雨）・水・重力・土壌状態（無機栄養物の含量・密度・水分量・細菌や菌糸体やその他の生物）・揮発性／非揮発性化学物質・他の動植物（草食性動物による攻撃・受粉を媒介する昆虫・同種異種の近傍の草木）……植物は、条件が刻々と変わるこうした複雑な環境のなかで、柔軟で適応的な生長・運動過程をつくり出さなければならないし、じっさいにつくり出している。地下の根から水、無機栄養素（窒素・リン酸・カリウムなど）、酸素を探して取り込み、地上の葉では日光と水と二酸化炭素を用いて光合成を行い有機物（糖質）を合成する。高等植物の運動は、固着性に制約されて、地下の根端が下方向へ、地上のシュート部分が上方向へ運動する。

根端では、地下の水分や障害物や菌糸や微生物の状況に応じて運動方向（生長方向）や運動速度（生長速度）が変わり、シュートでは、近傍する他の植物との混み具合や陽当たりの状況などに応じて根端と同様に、方向と速度が変わる。側根や茎（側軸）や葉の生長では、たとえば根や茎や葉がすべてが同じ方向に向いて混在しないように適度な間隔を空けて配置される。葉では呼吸と蒸散のために気孔開閉の調節も行われる。以上述べたすべての運動に、代謝エネルギーが使用される。

植物の運動は身体の生長過程と同一であり、しかも生長は不可逆でありいったん生長してしまうとそれを引っ込めることができない。そのため、根端もシュートも水や光のある方向にただひたすら伸びているわけではない。植物は現在の環境状況に応じて、限りある代謝エネルギーを生長点や運動箇所に適切に分配し、生長過程・運動過程を調整制御しなければならない。植物生理学では、植物の生長・運動過程に関係するさまざまな屈性や傾性がそのトリガーとなる環境刺激（光・重力・機械的接触など）とともに明らかにされてきたが、変わりゆく地下と地上の環境状況に応じて生長のためのエネルギーを適切に分配し、植物の体のどの部分をどの方向にどの程度生長させるかは、個々の屈性や傾性の特徴だけでは十分に理解できない。植物の根はひたすら水を求めて水のある方向に一斉に伸びているのではないし、シュートも葉もひたすら光を求めて光の方向に運動してはいない。地上が乾燥し日照が乏しいときには、地上の生長を控え地下の生長にエネルギーを傾斜配分している。植物神経生物学者が最も気にしているのは、実環境において根端やシュートの生長が植物全体のなかでどう調整されているか、そしてこの問題解決のためにどのような仕組み（「心のはたらき」と筆者なら言いたい）を植物は持っていなければならないかということだった。

バルシュカらは、上記のような植物の身体が変わりゆく実環境のなかで細胞を作り生長し運動する際に解決されるべき問題を考慮し、植物の細胞組織と身体が組織化される際の仕組みについての仮説を提示した［Baluška, Volkmann et al. 2006］。それによれば、根端の細胞群は栄養素や水を取り込むだけではなく神経細胞様の活動をしており、オーキシン（植物の生長ホルモン）が動物の神経伝達物質のように細胞間で輸送されて、生長が調整される。その際、根端では、水・酸素・無機栄養素などの地下部の状況が感覚され、この感覚情報がオーキシン輸送と関連させられる。あわせて、根端からは活動電位が発せられて維管束系をとおして植物の全身、地上部へと電位が拡散され、地上部の生長・運動調節にこの信号が利用されると考えられた。バルシュカらの言葉を借りれば、根端は身体の前方極にある一種のコマンドセンター（小さな脳）として機能し、地下部の感覚情報を収集して生長・運動の方向や速度を調整しているという（シュートは、いわば身体の後方極〔お尻〕として、有性生殖と代謝産物〔水と二酸化炭素〕排出のはたらきをする）。

以上の説明からは、維管束系を伝達される活動電位のネットワーク（他に、化学的シグナル伝達やオーキシン輸送によるシグナル伝達も仮定されている）による情報処理機構が植物に仮定され、未解明の部分が多くあるとはいえ、環境という文脈のなかにある植物の全身的運動制御論が認知科学的な枠組みで初めて思考されたと言ってよいだろう。植物の運動・生長の調整には、植物身体内外のさまざまなパラメータの変化を情報として記録し、植物の身体の各部分がするべき応答のレパートリーを考慮に入れ、手持ちのエネルギーを適切に分配して、根やシュートの生長・運動の方向と速度・程度を決定するような、情報統合と情報処理をする仕組みがあると考えられた。

第二の議論は、バルシュカらが上記の主張をしてからあとのことになるが、植物神経生物学で想定されたようなシグナル伝達がじっさいに可視化され実証されたというものである［Toyota et al. 2018; NHKスペシャル取材班・緑慎也、二〇二三年も参照］。

植物には、たとえば葉が昆虫によって摂食されたとき、昆虫に攻撃を受けている葉に、昆虫が摂食を忌避する物質が生成蓄積されるだけでなく、その葉から離れたところにあるまだ損傷を受けていない葉にも同様な反応が生じ、その植物の葉群全体で害虫からの攻撃を防御する機構があることが知られている。最近、この防御機構の仕組みがシロイヌナズナで可視化されて確認された。シロイヌナズナの葉をピンセットで傷つけると、葉の損傷箇所でカルシウムイオンの濃度が上昇し、一秒間に約一ミリメートルの速度で損傷のない他の葉に向かいカルシウムイオン濃度が上昇し、カルシウムイオンがシグナルとして伝播していく。その様子が特殊な蛍光物質（カルシウムイオンが上昇すると発光する）を使って可視化されたのである［*ibid.*］。カルシウムイオンシグナルの発生機構も突き止められた。葉が傷つけられるとその部分でグルタミン酸の濃度が上昇する。すると、維管束の篩部《しぶ》を構成する細胞膜上のグルタミン酸受容体（動物の神経細胞にあるイオンチャネル型グルタミン酸受容体に類似した受容体）がグルタミン酸を受容し、カルシウムイオンが細胞内に取り込まれ、細胞内のカルシウムイオン濃度が上昇する。これがシグナルとなって篩部を伝播し、遠方の葉の細胞まで伝わり、カルシウムイオンシグナルが伝播した葉で、摂食すると消化を妨害する植物ホルモンが発現し蓄積されると考えられた。

以上は、グルタミン酸がカルシウムイオンのシグナル伝達を引き起こし、シロイヌナズナの葉の細胞に外敵捕食者から防御態勢をとるよう信号を送っているとまとめられた。この研究を行った豊田らによれば、植物は、神経細胞と共通する仕組み、すなわちグルタミン酸受容体（イオンチャネル型神経伝達物質受容体）とそのリガンド（受容体に結合する物質）であるグルタミン酸からなる仕組みと、篩管《しかん》や原形質連絡（シンプラスト経路）という植物独自のシグナル伝達経路とを組み合わせた仕方で、動物の神経のような長距離を高速で伝わるシグナル伝達を行っていると考えられた。

以上のような研究は、植物神経生物学が想定するように、植物にも神経系と類似した機能を果たす仕組みがあり、神経様の信号情報の伝達が行われている可能性を強く示唆する。動物では、グルタミン酸は神経細胞における神経伝達物質の一種であるし、神経細胞ではグルタミン酸受容とイオンチャネルの開口、そしてカルシウムイオンの細胞内流入により、膜電位が脱分極して活動電位が発生し、細胞内での伝導と別の神経細胞への電位伝達が生じる。ここから推測すれば、シロイヌナズナの篩部でカルシウムイオンがシグナルとして伝播することには、篩部を構成する細胞群での脱分極、そして活動電位の伝達が生じていることが当然考えられる。

ただし、この研究を行った豊田らは、神経細胞における電気的シグナル伝達とカルシウムイオンシグナルの伝播とが、長距離を高速伝達される点で類似している点には言及しているものの、カルシウムイオンのシグナル伝播が細胞の脱分極と細胞間での活動電位伝達と関係するか否かは、論文ではいっさい触れていない（示唆や考えられるといった言及もない）。活動電位の測定やその伝達経路の同定は豊田らの研究には含まれていないため言及がないのは当然かもしれないが、細胞が連鎖的にカルシウムイオン濃度を上昇させていくのだとすれば、そこに活動電位の細胞間伝達がある可能性は、検証する必要があるだろう。

植物神経生物学は、これまでの植物生理学や植物生物学、比較心理学が触れてこなかった、あるいは触れることを避けてきた問題に積極的に踏み込んでいった。そのプロジェクトは二〇〇六年の*Trends in Plant Science*誌上で発表され、これが植物科学界への事実上のお披露目となる［Brenner et al., 2006］。そのなかで植物神経生物学の目的は「植物がどのように周囲を知覚し、どのようなやり方で環境からの入力に対し統合的な仕方で反応するのかを理解すること、そして、分子的で化学的で電気的な諸要素が連結して細胞間のシグナル伝達が成立する過程を説明すること」と宣言される。ブレンナーらのエッセイでは、植物には活動電位（他に徐波電位という伝達速度の遅い電気も発生する）が発生することや、植物は、動物の神経伝達物質と同じ物質、たとえば、アセチルコリン、カテコールアミン、ヒスタミン、セロトニン、ドーパミン、メラトニン、グルタミン酸、ＧＡＢＡを合成すること、それらは単なる代謝産物ではなく、シロイヌナズナのグルタミン酸のように、シグナル伝達に関係する機能を持つ可能性が高いことが指摘された。加えて、細胞外のオーキシン分子に遭遇した細胞膜が素早い電気的反応を示すことから、細胞間で輸送されるオーキシンは神経伝達物質と同様の役割を果たしている可能性も示唆された［*ibid.*］。

当然、植物神経生物学会の立ち上げ直後に手厳しい批判もあった。二〇〇七年、三六人（！）の植物科学研究者たちが名を連ね「植物神経生物学——脳なしで得るものなし？」[Plant neurobiology: no brain, no gain?] と題する手厳しい批判コメントが寄せられた [Alpi et al., 2007]。かれらによれば、「動物と植物の生理学、細胞生物学、シグナル伝達機構についての目下の知識をきちんと分析すれば、動物と植物とでシグナル伝達するための同等の構造体があることを示す証拠は何もない」[Alpi et al., 2007: 136]。よって、植物神経生物学によって既存の植物生理学、植物細胞生物学、植物細胞間のシグナル伝達の知識や理解が増えることはないという。

すぐに植物神経生物学からも三つの応答と反論がなされる。一つは、マンクーゾやバルシュカを始めとする学会主要メンバーらによるものである。「アルピらへの応答。植物神経生物学——得るものは名より多し」[Response to Alpi *et al.*: Plant neurobiology: the gain is more than the name] というタイトルで、植物神経生物学という名称の眼目を再び強調することで応答した [Brenner et al. 2007]。植物神経生物学は、植物に神経細胞や脳やシナプスが文字通りあるとは主張していない。活動電位をはじめとするシグナル伝達機構が神経系のような「機能」を植物のなかで果たしており、植物はこの機能によって情報の統合と処理をしているというわけである。

第二の応答はピーター・バーロウによるものである [Barlow, 2008]。バーロウは二〇〇五年の最初の植物神経生物学会のシンポジウムではダーウィンの『植物の運動力』研究の現代的意義と根端小脳仮説を真剣に取り上げた人物であり、根端の生長運動と重力との関係の研究で著名な植物学者である。内容は上記のブレンナーらのものと同様に植物神経生物学が誤解を招く言葉であることを認めつつも、しかしながら、この言い方によって動物の神経のはたらきと類比的に植物が環境内の変化を察知して電気化学的な情報伝達によって適応的に応答する仕組みを理解することができ、それが植物神経生物学の目的であると丁寧に説かれた。

応答の三つ目は、エジンバラ大学の筋金入りの植物学者で、二〇〇〇年代初期より植物に知性が存在することを積極的に主張し続けているアンソニー・トレワヴァス（Trewavas, Anthony）によるものである［Trewavas, 2007］。トレワヴァスは、比喩が科学的探究において問いの想像と形成に重要な役割を果たすことを指摘し、植物神経生物学における植物の「神経」「脳」「シナプス」という比喩のもつ積極的な価値を強調する。これらの比喩によってそれまでの植物のシグナル伝達研究では思いつかなかった問いが想像され、新しい思考と仮説を導くことができる。同時に、植物生理学では、植物の適応的行動や発生・運動過程を自己組織化や計算論というツールを用いて研究することが非常に遅れており、神経系の比喩を植物の生理機構に持ち込み、今までなかった探究ツールを利用すれば解明が飛躍的に進展することも指摘された(12)。

哲学者の反応と哲学的問題

すでに言及しているように、まだまだ少数とはいえ、植物神経生物学の運動には生物学の哲学や心の哲学を専門とする者から積極的な、そしておおむね肯定的で協働的なコミットメントがある。その筆頭者であるパコ・カルヴォは、植物神経生物学が実りある成果を出すためには、認知科学との積極的な協働が必要であることを「植物神経生物学の哲学マニフェスト」としてまとめた［Calvo, 2016. マニフェストのもとになった論文 Calvo, 2007; Calvo & Gomila, 2008 も参照。植物の心の哲学の全般をコンパクトにまとめた一般書 Calvo & Lawrence, 2022; 邦訳二〇二三年も参照］。カルヴォによれば、植物神経生物学の勃興は、認知科学の黎明期に匹敵し、一九七〇～八〇年代の認知論的転回期のように心のはたらきにアプローチするさまざまな科学の知を結集させ、植物の心のはたらきを入り口にして心の本性について深く考えるチャンスである。とりわけ４Eが市民権を得て展開中の現在において、植物の知性や心について身体性認知科学やエナクティヴィズム、生態心理学の理論的・実験的ツールを使って積極的にアプローチすることは、認知科学にとってもブレークスルーになるという。

植物が、どのような認知的アーキテクチャーで情報の統合や処理をしているかは不明である。だからこそ、身体性認知科学や心の哲学と協働し、植物の心のはたらきを記述できる説明枠組みを作っていこうというのがカルヴォのマニフェストの主旨だ［Calvo, 2016: 1333-1334; Calvo & Gomila, 2008: 536］。カルヴォ自身はそのケース研究として、生態心理学の知覚性運動制御論を用いたり［Calvo, 2016: 1335-1337］、フリストンの予測誤差最小化論を用いて［*ibid.*: 1337-1338; Calvo & Gomila, 2008: 537; Calvo & Friston, 2017］、植物の生長運動を記述する説明枠組みを提案している［Calvo & Laurence, 2022: ch.5-6］。カルヴォ自身、植物神経生物学会やその主要メンバーであるマンクーゾやバルシュカとも学会の立ち上げ初期から交流し、自身の所属するムルシア大学にミニマル・インテリジェンス研究所を立ち上げている（参考文献末尾にウェブアドレス掲載）。

知性や認知、そして意識概念についての哲学的検討も、植物神経生物学の賛同者と哲学者とのあいだで行われている。植物神経生物学の賛同者は、植物の知性や認知という言い方で、問題解決能力を意味することが多い。たとえば、知性とは「個体の生涯にわたり、適応的な仕方で多様に実現する生長と発達の過程」［Trewavas, 2003: 1］、「問題解決能力」［Trewavas 2005: 406; 2014: 197; Mancuso & Viola, 2015: 126; 邦訳一六五頁］、「非生物的刺激と生物的刺激からの情報を処理する内在的な能力。この能力のおかげで生息環境で未来の活動の最適な意思決定が可能になる」［Brenner et al., 2006: 414］

といった具合である。

他方で、哲学者であるカルヴォやカイザーは、もっと詳細で厳しい条件を知性・認知に課している（論文によってそれらが一定しないのだが）。かれらによれば、認知的と言えるためには、行動が単に適応的である（たとえば、適切なタイミングで必要なときに遺伝子を発現して特定の酵素を合成する生体内分子シグナル伝達過程のような）だけでは十分ではない。他の著作［Heras-Escribano & Calvo, 2019: 531、Calvo & Lawrence, 2022: 68-71; 邦訳一〇二―一〇五頁］では、行動の「柔軟性（flexible）、予期性（anticipatory）、目的志向性（goal directed）」の三つの条件が心のはたらきの十分条件として指摘され、植物はこれらをクリアしているとされる。カルヴォとカイザーではさらに厳しく［Calvo & Keijzer, 2008: 254］、身体性認知一般に適用される五つの制約条件が提起され(13)、植物はこの五つの条件をクリアできるかどうかが検討された（五つ目の条件は今後の植物神経生物学の研究の進展を待つが、それ以外の四つはクリアするとのことである）。本章ではこれらの条件の妥当性の検討はしないが、なぜその条件なのかとツッコミどころが多々あって、きちんとした精査と検討は必要である。

植物の意識は目下最も激しい論争が起こっている話題である。植物神経生物学の側からは、植物は主観的経験、「植物であるとはどのようなことか」（what it is like to be a plant）の経験・感じ、センチエンスがあると主張される。個々の論点や強調点の違いを度外視すれば、植物に仮定された神経様構造の情報ネットワークが担っている情報処理や情報統合、また先に言及したCBC仮説が植物に意識を認める理論的根拠となっている。加えて、植物の行動観察、特に、麻酔や睡眠によって活動停止・休眠状態に陥ることや、生息環境の条件悪化や害虫やウイルス感染時のストレス反応や回避反応、植物における古典的条件づけの可能性も植物意識を主張する経験的な理由とされた［Calvo, Sahi

& Trewavas, 2017; Calvo, 2017; Calvo, Gagliano, Souza & Trewavas, 2020; Calvo & Lawrence, 2022: ch.7; 古典的条件づけはGagliano et al., 2016を参照〕。心の科学と哲学においてこれまでほとんど考察されることのなかった、意識の存在と解剖学的器官である神経の存在との本質的関係が疑問に付され、まともに検討され始めたといってよい。植物神経生物学の側から提起される意識概念は、植物をはじめ無神経な生物一般にも意識があることを示唆するものであり、CBC仮説同様、学界の定説へのラディカルな挑戦である。

これに対し、植物生理学の重鎮であるリンカーン・テイツを筆頭とする研究者たちは、植物意識をはっきり否定した〔Taiz et al., 2019〕。テイツらの同じ主旨の二本目の論文では論調はエキサイトし、植物神経生物学の擬人性・社会的有害性・イカサマ性に対し激しい倫理的非難の言葉をつきつけ、植物神経生物学の意識説に徹底的に反論した〔Mallatt et al., 2021〕。テイツらが植物の心や意識を否定する根拠は二つにまとめることができる。第一に、植物と動物との系統上の根本的な違いである。植物は、生存と繁栄のために神経系のようなエネルギーコストの高い機構ではなく、もっと節約型の別の機構を進化させた。それが、固着性の植物に固有な独立栄養の機構であり、この機構はそもそも神経系や神経系を基礎にした意識を不要とする。テイツらによれば、植物はそもそも意識を創発する神経構造物なしで生活できるように進化したにもかかわらず、植物神経生物学はこの事実を考慮していないというわけである。

第二は、CBC仮説に言及した箇所ですでに述べた、ファインバーグとマラット〔二〇一七年、二〇二〇年〕の意識起源論である。意識を持つことができる生物は、組織化と複雑性がある臨界点を超えた神経系・脳構造を持つ生物だけである。植物神経生物学は、意識の十分条件を軽く見積りすぎており、脳をたかだか海綿動物程度の複雑さしか持たないと誤解をしている。テイツらは、二〇二一年の論文［Mallatt et al., 2021］では、CBC仮説を意識してじっさいにマラットを共同執筆者に加え、強力に理論武装したうえで反論した(14)。

意識は、一定水準以上の複雑性を備えた神経系の存在を十分条件とするのだろうか、それとも、神経の存在とは関係なく、生きる活動があること（CBC仮説であれば生きた細胞の存在）を十分条件とするのだろうか。眼を離すことのできないエキサイティングな哲学的論争の真っ最中である。

最後に、理由は不明であるが誰も踏み込んでいないにもかかわらず、哲学的な検討を要する重要な問題領域を指摘したい。それは、神経の機能である。植物神経生物学の賛同者も反対者も、そして哲学者も神経細胞・神経系・脳の機能をまったく疑っていない。従来どおり、神経の機能を、信号と情報を運ぶ入出力伝達系、入出力をつなぐ情報処理系（アーキテクチャーに違いはあっても）と理解している。植物の維管束系シグナル伝達機構が神経に類比的に考えられる際に植物神経生物学が想定しているのも、こうした従来の神経の機能である。植物に神経様の構造があるかどうかは争点になっても、植物神経生物学への賛成と反対のどちらの陣営も、神経の機能そのものの内実には批判的検討をいっさいしていない。みな不思議なくらい神経と脳の前ではものが言えなくなっているようである(15)。

しかしながら、植物神経生物学が、神経を解剖学的概念ではなく（生理的な）機能的概念として理解することを主張し始めた現在、神経の機能はもう一度深く反省し、検討されるべきである。植物に情報統合や情報処理を想定するにしても認知科学がこれまで用いてきたアーキテクチャーがそのままでは使えないのだとすれば、植物神経生物学は、動物の神経機能を無反省に引き継がず、神経の機能をきちんと勇気を出して再検討すべきであろう。神経細胞、神経系、脳は、情報を伝達し、処理する機能を本当に果たしているのだろうか。神経系には感覚神経や運動神経という機能区分があって、前者が入力（感覚入力）で後者が出力（運動出力）という情報伝達をしているというのは本当だろうか。そして神経節や脊髄や脳といった神経細胞が多数集まった場所に情報が集められ、情報処理なる機能を果たしているのだろうか。情報処理は、表象とその操作という意味論的内容を持つのだろうか。植物神経生物学をめぐる論争は心の科学の大前提を問題化し、深く検討できるチャンスでもある。

じっさい、きわめて少数派であるが、神経や脳の機能について現在の教科書的考え方とは異なる見方があり、それらを参考にすることもできる(16)。動物の神経系、植物の維管束系、そして変形菌やアメーバやバクテリアの細胞活動（生化学的分子過程）が共有しているのは、ネットワーク構造という性質である。生命活動・過程や心のはたらきにとってネットワーク構造が果たす機能と役割を、神経と脳のバイアスなしで考察することが、心の科学と心の哲学の喫緊の哲学的問題であると考えられる。

第五節　歩く・座る・つかむ・投げる・食べる・眠るの心理学へ

アニマシー心理学は、これまで心理学や心の科学が教科書に記載してきた、人間や動物のいわゆる心のはたらきの範囲を越え、無神経生物の心のはたらきや、私たち人間では、たとえば、歩き、座り、つかみ、投げ、食べ、眠るといった日常的な動作をも心理学の記述と説明の守備範囲に入れる。

歩行や立位や手足の動作や食事の振る舞いや眠りは、すでに運動生理学でも神経生理学でも研究されているではないかと言われるかもしれない。けれども、本章で述べてきたとおり、そして4Eや生態学的アプローチの方針が指し示していたように、そうした身体の活動・過程が環境という文脈のなかにあり環境内存在しているときにどのような変化と調整の様子を示すのか、という点にアニマシー心理学は徹底的にこだわる。周囲が取り囲んでいる文脈のなかで起こっていることを生け捕りできる記述と説明の枠組みを用意するのが、アニマシー心理学の役目である。心のはたらき=生命活動・過程のこうした生態学的性格を気にするところに、生理学や神経科学における身体や身体動作の研究との大きな違いがある。

これは人間や動物に限ったことではない。たとえば、原核生物や原生生物の細胞（単細胞生物の身体）活動は細胞内や細胞膜上で生じる複雑な分子的シグナリング過程からなるが、その際も細胞活動は必ず周囲が存在する文脈のなかで進行している。一定の環境に取り囲まれながら、さまざまな分子過程が同時的あるいは時間的に前後して複雑な系をなして進行し続ける。細胞生物学では「環境応答」という概念で理解されてきた過程である。単細胞生物のアニマシー心理学は、このような周囲に取り囲まれたときに示される変化と調整の過程を生け捕りできる記述と説明を作ること、これを使命とする（「心理学」とか心のはたらきという概念はいっさい使われていないが、細胞活動の環境応答ダイナミクスを力学系ツールを用いて記述し説明する探究はすでにある。たとえば、〔金子ほか、二〇二〇年〕を参照）。そしてこのような記述や説明を考案するために、周囲の条件をコントロールし、単細胞生物が環境との関係を変化させ調整する過程と活動を観察する作業が必要となる。環境内存在する単細胞生物の環境応答の過程を記述し説明する言説やモデルは「理論」である。最終的には、この理論の枠組みのなかで、身体のさまざまな生理過程や単細胞生物のさまざまな分子過程の「機能」が理解されることになる(17)。

心の科学、心理学は、決して生理学や神経科学や脳科学の下位分野ではないし、そうした身体内部のメカニズムを解明する知的営為より格下なわけでもない。誤解を覚悟でいえば、むしろ心の科学や心理学のほうが格上である（だからといって心の科学が天狗になってはいけない）。なぜなら、生理的機構や神経系の機能は、上述した意味での心理学の理論、現象を記述し説明する枠組みのなかでこそ画定され理解されるからである（本来であれば生理学も環境に埋め込まれた身体内で生じている出来事の機能をきちんと考えなければならない）。これは、心臓の機能が振動や拍動音をつくり出すことにあるのではなく、血液を循環させるポンプ機能であるという「機能」理解が、心臓を取り囲む身体内のさまざまな臓器や組織との関係と文脈のなかで初めて画定され得られるのと同じである。心臓の過程と活動を記述し説明する循環器系の理論があり（これが心理学的説明に相当する）、この理論の説明枠組みのなかで心臓にポンプという機能が与えられる。

もしも心の科学、心理学の重要な使命と役割をこのように考えることができるなら、心の科学や心理学には当然、哲学がつきまとう。一方に実験や観察から得られるデータがある。もう一方に、解剖学や生理学や神経科学の知識がある。両者をつなぐ説明枠組みを、心の科学・心理学は考案しなければならない。その際、哲学的な思考、そして創造性と想像性が要求される。本章でたどってきた4Eや生態学的アプローチは、認知主義的な記述と説明枠組みの不十分さを察知し、心のはたらきを記述する、よりもっともらしい説明枠組みを哲学的思考の果てに生み出していた。心のはたらきはつねに身体や環境の文脈に埋め込まれているとする生態学的観点に立った記述と説明が、それであった。これからも多くの哲学的議論と検討を重ね、新しい概念ツールを開発しながら説明の洗練がなされていくと期待できる。そして近い未来において（すでに始まっているのだが）、無神経生物を含んだすべての生物の活動や過程の特徴を心のはたらきとして生け捕ることを目標にかかげるアニマシー心理学が登場することが予想できるのである。心理学的説明の考案には、証拠を示すことだけでは決着をつけることができない問題がつねに伴う。第四節で見た植物神経生物学の論争はそのことを示すよいケースである。心の科学の歴史は心の哲学の歴史でもある。

本章では、認知という言葉を使用せず、「心のはたらき」という言葉を使い続けた。これは、植物神経生物学が「神経」をあえて使い続けるのと同様、意図的で戦略的である。心という概念は、心の科学・心理学・認知科学・認知神経科学では使用しないほうがよいという考え方もある。カイザー［Keijzer, 2021］は心という概念は、意図や自由意志など余計な意味が入り込んだ手垢のついた概念であるため、認知を使うほうが望ましいと主張していたし、渡辺〔二〇二三年〕は、心という概念を使うことで、心を個体の内部にあって個体行動を引き起こす独立変数・原因となるものだと見なす、誤った心の理解を誘い込み、動物を擬人主義的に理解することに陥るため、心理学（特に比較心理学）では心概念は使用しないほうがよいと言う(18)。しかし、筆者は、カイザーや渡辺とはまったく逆に、心という概念を使い続けたほうがよいし、使い続けるべきだと考えている。なぜか。

植物神経生物学の論争でも見たとおり、心や意識を植物や無神経生物に適用し、植物の心や意識について語ることは、近代西欧資本主義社会に暮らす市民にとっては、おそらく相当受け入れ難い事態である。たとえば、先にも指摘したテイツらは［Mallatt et al., 2021］、植物意識を否定する論文の末尾で、植物神経生物学が一般社会や学術界に及ぼす三つの被害を指摘する。第一に、植物神経生物学は一般大衆には誤解を、志ある若手の植物生物学者には誤った植物科学の考え方を産みつける。第二に、植物神経生物学は、公的あるいは民間の研究資金提供機関を、植物意識や植物の心といったロマンチシズムで誘惑してたぶらかし、誤謬に基づいた研究プロジェクトに資金提供させてしまう。第三に、誤っているにもかかわらず、植物神経生物学の影響で植物に意識があることが一般的になってしまうと、遺伝子組み替え植物研究や植物に対する侵襲的な操作実験への研究規制が厳しくなる危険がある。

そして結びの言葉が続く。「結論、私たちは断固、次のことを言わなければならないと感じる。すなわち、植物神経生物学者たちは憶測常習犯（serial speculationists）となり続けている。この人たちの仕事は、データに憶測が占める割合が天文学的に高い。もちろん、かれらが賢明な仮説を立てて、それを現実の実験で検証しようと望むのであれば、それに越したことはない。しかしながら、次から次へと憶測と空想を繰り出すことはやめるべきだ」［*ibid.*: 472］。もちろん、植物神経生物学や植物意識に対して理論的根拠をもとに反論をしたあとでの言葉ではあるが、それにしても手厳しい。これは、科学界のストレートな反応であるとともに、私たちのなかにもある植物の心や意識への違和感も代弁しているだろう。

しかし、筆者は、心や意識概念を使い続けることで、植物や無神経生物が心のはたらきや意識を持つことに違和感を覚え、日常的な理解との落差に驚き、植物や無神経生物への眼差しと態度が多少とも揺さぶられることは、むしろ必要なことであると考えている。植物に心のはたらきや意識が議論され、遺伝子組み換え食品をつくり続けることや植物への侵襲的実験操作や人工的な化学肥料と農薬を大量に使った大規模な工業型農業に何かしらの問題性を覚えるのであれば、むしろそのことをきちんと引き受け、考え続けるのが正道である。私たちが日常的に使う「心」や「意識」や「神経」の概念からの隔たりを受け止め、私たちの考え方と態度を反省するためにも、こうした概念を使い続けるべきである。これはマーダーの言う「植物思考する」ことの実践でもあり、これまで使い慣れた概念が別の意味を持ち始め、異種の思考へとシフトしつつあることの証でもある。心という概念を使わず認知や高次情報処理という概念を使うことで問題を回避することは、これまでにない仕方で思考する(植物思考する!)せっかくのチャンスを捨てることだ。

いま、科学はアニミズムに追いつこうとしているのかもしれない。植物科学者であると同時にアメリカ先住民の文化と知識の保護活動家、環境保護活動家の顔をもつロビン・キマラーは「アニマシーの文法」[Kimmerer, 2015: 55; 邦訳七九頁]という言い方で、どのような概念や言葉を使用するかによって、世界の存在論、世界の現れ方が大きく変わってしまうことを印象深く伝えている。ネイティブアメリカンの言語の一つポタワトミ語の語彙には、名詞に比べ動詞が圧倒的に多く、また名詞と動詞は、欧米語とは異なり、性ではなくアニメイト(生きている)とインアニメイト(無生)で区別される。英語や日本語で名詞で表現されるものも、ポタワトミ語では動詞で表現される。たとえば、入江(bay)は、wiikwegamaa (to be a bay「イリエル」)に、丘は「オカル」、土曜日は「ドヨウビル」のように、小川、海、滝など自然現象・自然物だけでなく、人工物や曜日までも動詞で表現する。ポタワトミ語にはこうしたアニマシーの文法がある。「アニマシーの文法は、今とはまったく違う新しいやり方でこの世界に生きることへと私たちを導く。人間以外の生物種が主権者であり、一つの生物種の独裁ではなくさまざまな生物種の民主制である世界。このような世界では、道徳的責任の範囲は水やオオカミにまで拡張する。そして、人間以外の生物種の地位を認める法制度が想定できる」［*ibid*.: 58; 邦訳八二―八三頁］。

未来の心の科学や心の哲学が、「心」や「神経」や「意識」を植物や無神経生物に認め始め、植物や無神経生物についてアニマシーの文法で語り始めるとき、心の科学や哲学に直接携わってはいない人々も植物や無神経生物に対しアニマシーの文法をだんだんと使うようになるのかもしれない。そしてそのとき、人間は、これまでとは異なる存在論のもとで、これまでとは異なる生き方を模索するよう導かれるのかもしれない。心の科学や哲学にじっさいに携わる者もそうでない者も、科学や哲学とともに生きるかぎり、そのような変化から眼を背けずに受けとめる責任がある。植物神経生物学や植物哲学は、アニマシーの文法を使う運動を目下積極的に展開中である。当然、抵抗運動も起こる。違和感がくすぶる。しかし、抵抗や違和感を一時的に回避するために「心」や「意識」や「神経」という言葉を使わないことは、かえって学問と研究に対する誠実さを欠く。それこそテイツたちが植物神経生物学者たちを激しく非難したように、一般大衆を誤解させ、資金提供者をダマし、研究や開発の名のもとに植物や自然への倫理的責任を回避する行為であると筆者は思う。

アニマシー心理学への道のりが平坦ではないのは当然だ。心の科学と哲学はアニマシー心理学への道程を選択するだろうか。選択したとしてどのくらい歩むことができるだろうか。筆者の生存するかぎり、その行く末を見とどけたい。

注

(1) 中畑によれば、デカルトの功績は経験的世界を区分する境界線を変更したことにあった〔中畑、二〇二三年、一四九頁〕。アリストテレスは、生きているもの（魂をもつもの）と生きていないもの（魂をもたないもの）との間に境界線を引いていた。対してデカルトは、心・精神と物体・身体との間に境界線を引いた。もしも私たちが、図にある栄養摂取や成長、場所の移動や運動と、感覚・知覚や思考との間には根本的な違いがあると考え、栄養摂取や成長を記述し説明することを心の科学の守備範囲から外すのであれば、「そのかぎりでは、われわれはいぜんとしてデカルトの末裔」〔同書、一五〇頁〕なのである。

(2) もっとたくさんの証拠が欲しい場合にはリード〔二〇二〇年〕を参照。このリードの仕事は「いわゆる」科学的心理学がアンダーグラウンド心理学と呼ばれる生命と心を区別しない心理学との対決のなかで形成された歴史を辿る。一九世紀の半ば以降、アンダーグラウンド心理学的な見方は、人間を動物にまで格下げし、人間の思考や理性を生存と生殖という動物的営みに従属させ、人間から信仰と尊厳を奪う危険思想、唯物論と見なされた。実際にアンダーグラウンド心理学は検閲や弾圧の対象になった。リードによれば、一九世紀末に大学アカデミーにおいて心理学が「科学」になることに成功した主な理由は、心理学が人間本性についての神学的な考え方、すなわち人間だけが生物的くびきから解放されて神を信仰できる、自由で自律的な精神・心を持つという考え方を擁護したからである〔同書、三二―三三頁。第一章、第四章も参照〕。だから、一九世紀末に西欧の大学に誕生した「いわゆる」心理学は、反唯物論的かつ唯心論的な、二元論の王道をゆく心理学、少なくとも、反唯物論や唯心論に類したことを表明してアンダーグラウンド心理学やその末裔たちからの差別化を明示し、神学的な人間観や人間本性とのつながりを誇示する心理学だった〔同書〕。ジェームズはアンダーグラウンド心理学の流れを引きずってもいる「いわゆる」心理学者だった。

(3) 『心理学原理』の第五章では動物自動機械説（automata theory）の検討と反論がなされているが、そこでも脊髄にアニマ（心的過程）があるという仮説を捨てきれないことを、脊髄ガエル（頭部を切除し、脊髄と末梢神経のみになったカエル）が示す適応的行動を根拠にジェームズは主張している（染谷、二〇一三年参照）。また本節では論じないが、チャールズ・ダーウィンもまた、アンダーグラウンド心理学を引き継ぎ、昆虫や植物やミミズの行動実験と観察から、人間以外の生物の心のはたらき（注意力、経験、慣れなど）について言及し、それを知性と呼ぶこともはばからなかった〔リード、二〇二〇年、第九章、染谷、二〇〇八年b、二〇〇九年参照〕。

（4）*Cognition: Embodied, Embedded, Enactive, Extended. An Interdisciplinary Conference at the University of Central Florida*, Orlando, October 20-24, 2007. このカンファレンスのウェブサイト http://www.ummoss.org/pcs/eeee.html は本章執筆時二〇二三年五月現在も閲覧可能である。

（5）状況論の研究動向を知るには、少し古くなったが金子書房より刊行された状況論シリーズ、加藤・有元編著〔二〇〇一年〕、茂呂編著〔二〇〇一年〕、上野編著〔二〇〇一年〕の諸論考や上野〔一九九九年〕が非常に参考になる。認知や学習が状況に埋め込まれた実践活動の組織化であるとする見方については、Lave [1988]、Lave & Wenger [1991] を、人間の社会的行為の状況性についてはサッチマン〔一九九九年〕、分散認知については、Hutchins [1995]、Norman [1988] を参照。ヴィゴツキーの流れを汲む心のはたらきに対する社会文化的アプローチの代表的な論考としては、コール〔二〇〇二年〕、ワーチ〔二〇〇四年〕、エンゲストローム〔二〇二〇年〕がある。染谷〔二〇〇四年〕では、心の哲学における心の拡張性の議論の一部にハッチンスやノーマンの分散認知や状況論研究を含めている。

（6）以下に触れた三人の論者以降、心の拡張性についての最近の議論については、Carter et al. eds., [2018a; 2018b] を参照。そこでの議論は、特に記号・道具や制度・規範といったさまざまな人工物リソースに媒介された認知活動を「社会的に拡張された」過程と見なし、哲学的な外在主義的認識論を、私たちの日常的認識活動やその実践の規範を示すものとして、地に足のついた立場にしようと試みている。

（7）たとえば、心の拡張性にかかわるサイボーグ論を批判的に検討した柴田〔二〇二二年〕や、知覚経験を拡張・変容するメディア技術が身体性に依拠した倫理や規範とせめぎ合う事態を考察した長滝〔二〇二二年〕などを参照。

（8）こうした論点、そして4Eに親近性のあるアイディアを用いて人間や生物のサイコロジカルなことを理解する生態学的アプローチの理論と哲学については、染谷〔二〇一七年〕を参照。また同書では、認知主義や4Eからのほぼすべての批判と疑問に対して、ギブソンだけでなくその後の生態心理学研究と生態心理学者の主張を踏まえ、詳細に応答をしている。この応答に納得できるかどうかはともかく、参照願いたい。

（9）知覚の生理学・神経科学や身体メカニズムについての考え方が、教科書的な生理学・心理学・神経科学と異なる点については、染谷、細田、野中、佐々木〔二〇一八年〕、染谷〔二〇〇八年a〕を参照。

（10）本章では、生物の最小単位を細胞と考え、ウイルスやプラスミドのような細胞単位で存在していない存在者は生物とは考えていない。その理由は、細胞は代謝活動を行うが、DNA断片や遺伝子のみのウイルスやプラスミドは単独で代謝活動ができないからである。後に論じるが、心のはたらきは生物の代謝活動の構成部分であると考えられるため、代謝活動をしない存在者は生物ではなく心のはたらきもないと言える。ただしこれは本章における暫定的結論とし、生命／心の本性と起源という大きな問題はさらに考察を要するため今後の宿題としたい。

（11）大腸菌は、通常はグルコースを細胞内に取り込んで代謝を行っている。ところが、グルコースが少なくなりラクトースが多く存在する環境下になると、グルコースを取り込まなくなり、ラクトースを取り込んで代謝を営むようになる。環境の糖質状況が変化すると、通常は抑制されているラクトースオペロン（ラクトースを代謝利用するための酵素等のタンパク質をコードする遺伝子）の転写が解除されて発現し、グルコースからラクトースへの代謝の切り替えが起こる。これがグルコース抑制または炭素カタボライト抑制と呼ばれる過程である。

（12）この論争の詳細な内容や、以降のさまざまな論争、学会内での話し合いから二〇〇九年に学会名が The Society of Plant Neurobiology から The Society of Plant Signaling and Behavior へと変更されたこと、この学会発足当時からの日本の植物科学者の積極的コミットメント、生態心理学への影響や反応［Carello et al., 2012; Turvey & Carello, 2012; 野澤、二〇一四年］など、植物神経生物学の短い歴史には言及したいことがたくさんある。別途、執筆の機会を設けたい。

（13）五つの制約条件とは、①規範性（代謝に必要なものと代謝に不要なもの、避けるものとの区別がある）、②正規性（cognition proper）（代謝に必要なものを環境内に探索する）、③感覚運動的組織化（正規性を感覚運動的活動として実装する）、④オフライン形態での活動（感覚運動組織化において感覚刺激がない場合でもオフラインで運動を制御する）、⑤感覚運動単位の協調と組織化（複数の感覚運動単位が協調し組織化する）である。なおミニマル・コグニションの条件とこれらの条件の関係は不明である。

（14）具体的には、「生きている細胞に意識がある（1）」（CBC仮説）や「植物に意識があることは、植物が環境の変化を感覚して適応的に応答することを根拠に示すことができる。こうした周囲の感覚と適応的行動は、目的指向的な行動に必要となる情報の統合過程ならびに行動進行の途上でなされる意思決定により可能になる（2）」など、植物の意識と心について植物神経生物学者の主張を一二に分類し、その一つ一つに対して逐一反論する。

（15）例外として、入出力をつなぐ情報処理は神経の基本機能ではなく派生機能であり、系統発生の初期段階での神経機能は自己完結的な運動調節だったという主張が生物学の哲学者からなされたことはある［Keijzer, van Duijn & Lyon, 2013によるスキン・ブレイン仮説］。

（16）Gibson［1966］; Reed［1996: ch.5］; 染谷〔二〇〇八年a〕を参照。ベルクソンの『物質と記憶』（1896）やジェームズの『心理学原理』（1890）で説かれる脳の機能も感覚入力と運動出力とをつなぐ情報処理ではない。またベルンシュタイン〔二〇〇三年〕や染谷〔二〇二一年〕では、こうした脳の機能理解に基づいて運動学習が入力と出力とをつなぐ神経経路の「踏み固め（ヘッブ型学習）」ではあり得ないことを論じている。

（17）ここでの心理学的説明の考え方はCummins［1983］の「心理学的説明の性質説」（property theory of psychological explanation）を筆者の文脈に合わせて言い換えたものである。ただし、カミンズの心理学的説明が機能主義的な情報処理モデルを構築することにあるという点は筆者は賛同していない。同様に、心のはたらきについての個別の心理学的説明には賛同しないが、心理学が生理学に対して持っている優位性を主張する点ではFodor［1968］にも同感する。

（18）渡辺によれば、心概念は人間が対人理解をする際に使われる理解技法（デネットの言う志向的スタンス）にすぎず、心に実体があるかのように見せかける危険がある。科学はこの擬人主義の危険を避けるべきだという〔渡辺、二〇二三年、特に終章〕。ただし渡辺は、植物神経生物学での植物の条件づけ実験や粘菌の迷路実験を取り上げ〔同書、第一八章、一九章〕、無神経生物の「高次情報処理」と行動の「知的さ」をきちんと認めている。

参考文献

Alpi, A., Amrheim, N., Blatt, M. R., Blumwald, E., Cervone, F., Dainty, J., Ida De Michelis, M., Epstein, E., Galston, A. W., Goldsmith, M. H. M., Hawes, C., Hell, R., Hetherington, A., Hofte, H., Juergens, G., Leaver, C. J., Moroni, A., Murphy, A., Oparka, K., Perata, P., Quader, H., Rausch, T., Ritzenthaler, C., Rivetta, A., Robinson, D. G., Sanders, D., Scheres, B., Schumacher, K., Sentenac, H., Slayman, C. L., Soave, C., Somerville, C., Taiz, L., Thiel, G. & Wagner, R. (total 36 persons), (2007). "Plant Neurobiology : No Brain, No Gain?" *Trends in Plant Science*, vol. 12 no.4, 135-136. https://doi.org/10.1016/j.tplants.2007.03.002

Baluška, F., Barlow, P., Mancuso, S. & Volkmann, D., (2006). "Preface", Mancuso, S., Baluška, F. & Volkmann, D. (eds.), *Communication in Plants : Neuronal aspects of plant life*, V-XI, Springer-Verlag.

Baluška, F., Volkmann, D., Hlavacka, A., Mancuso, S. & Barlow, P. W., (2006). "Neurobiological View of Plants and Their Body Plan", Mancuso, S., Baluška, F., & Volkmann, D. (eds.), *Communication in Plants : Neuronal Aspects of Plant Life*, 19-35, Springer-Verlag.

Baluška, F. & Mancuso S., (2007). "Plant Neurobiology as a Paradigm Shift not only in the Plant Sciences", *Plant Signaling and Behavior*, vol.2, issue 4, 205-207. https://doi.org/10.4161/psb.2.4.4550

Baluška, F. & Reber, A. S., (2019). "Sentience and Consciousness in Single Cells : How the First Minds Emerged in Unicellular Species", *BioEssays*, vol. 41, issue 3. https://doi.org/10.1002/bies.201800229

Baluška, F., Reber, A. S. & Miller, W. B. Jr., (2022). "Cellular Sentience as the Primary Source of Biological Order and Evolution", *Biosystems*, vol. 218. https://doi.org/10.1016/j.biosystems.2022.104694

Barlow, P. W., (2008). "Reflection in 'Plant Neurobiology' ", *BioSystems*, vol. 92, issue 2, 132-147. https://doi.org/10.1016/j.biosystems.2008.01.004

Brenner, E. D., Stahlberg, R., Mancuso, S., Vivanco, J., Baluška, F. & Van Volkenburgh, E., (2006). "Plant

Neurobiology : an Integrated View of Plant Signaling", *Trends in Plant Science*, vol.11 no.8, 413-419. http:// doi:10.1016/j.tplants.2006.06.009

Brenner, E. D., Stahlberg, R., Mancuso, S., Baluška, F., & Van Volkenburgh, E., (2007). "Response to Alpi et al. : Plant Neurobiology : the Gain is more than the Name", *TRENDS in Plant Science*, vol. 12 no.7, 285-286. https://doi.org/10.1016/j.tplants.2007.06.005

Calvo, P. & Francisco, G., (2007). "The Quest for Cognition in Plant Neurobiology", *Plant Signaling and Behavior*, vol. 2, issue 4, 208-211. https://doi.org/10.4161/psb.2.4.4470

Calvo, Paco, (2016). "The Philosophy of Plant Neurobiology : a Manifesto", *Synthese*, vol. 193, issue 5, 1323-1343.

Calvo, P., (2017). "What is it Like to be a Plant?" *Journal of Consciousness Studies,* vol. 24, no. 9-10, 205-227.

Calvo, P. & Keijzer, F., (2008/2009). "Cognition in Plants", Baluška, F. (ed.), *Plant-Environment Interaction : From Sensory Plant Biology to Active Plant Behavior (Signaling and Communication in Plants)*, 247-266, Springer-Verlag.

Calvo, P. & Gomila, A., (2008). "Direction for an Embodied Cognitive Science : Toward an Integrated Approach", Calvo, P. & Gomila, A. (eds.), *Handbook of Cognitive Science : An Embodied Approach,* 1-25, Elsevier Ltd.

Calvo, P. & Keijzer, F., (2011). "Plants : Adaptive Behavior, Root-brains, and Minimal Cognition", *Adaptive Behavior*, vol.19, issue 3, 155-171.

Calvo, P. & Friston, Karl, J., (2017). "Predicting Green : Really Radical (Plant) Predictive Processing", *Journal of Royal Society Interface*, vol.14 : 20170096. https://doi.org/10.1098/rsif.2017.0096

Calvo, P., Sahi, V. P. & Trewavas, A., (2017). "Are Plants Sentienct?" *Plant, Cell, and Environment*, vol. 40, issue 11, 2858-2869. https://doi.org/10.1111/pce.13065

Calvo, P., Gagliano, M., Souza, G. M. & Trewavas, A., (2020). “Plants are Intelligent, Here’s How”, *Annals of Botany,* vol. 125, 11-28.

Calvo, P. & Lawrence, N., (2022). *Planta Sapiens : Unmasking Plant Intelligence,* Little, Brown Book Group. 〔カルボ、P＆ローレンス、N（二〇二三年）『プランタ・サピエンス――知的生命体としての植物』山田美明訳、角川書店〕

Casper, Mark-Oliver, (2019). *Social Enactivism : On Situating High-Level Cognitive States and Processes*, De Gruyter.

Carello, C., Vaz, D., Blau, J. J. C. & Petrusz, S., (2012). “Unnerving Intelligence”, *Ecological Psychology*, vol. 24, 3, 241-264.

Carter, J. A., Clark, A., Kallestrup, J., Palermos, S. O., & Pritchard, D., (2018a). *Extended Epistemology*, Oxford University Press.

Carter, J. A., Clark, A., Kallestrup, J., Palermos, S. O. & Pritchard, D., (2018b). *Socially Extended Epistemology*, Oxford University Press.

Castiello, Umberto, (2021). “(Re) Claiming Plants in Comparative Psychology”, *Journal of Comparative Psychology*, vol. 135, issue 1, 127-141. https://doi.org/10.1037/com0000239

Chemero, Anthony, (2011). *Radical Embodied Cognitive Science*, MIT Press.

Clark, Andy, (1997). *Being There : Putting Brain, Body, and World Together Again*, MIT Press. 〔クラーク、A（二〇二二年）『現れる存在――脳と身体と世界の再統合』池上高志・森本元太郎訳、ハヤカワ文庫〕

Clark, A. & Chalmers, D. J., (1998). “The Extended Mind”, *Analysis* 58, no. 1, 7-19.

Cummins, Robert, (1983). *The Nature of Psychological Explanation,* The MIT Press.

Fodor, Jerry A., (1968). *Psychological Explanation : An Introduction to the Philosophy of Psychology*, Random House Inc.

Fodor, J. A. & Pylyshyn, Z. W., (1981). "How Direct is Visual Perception? : Some Reflections on Gibson's 'Ecological Approach' ", *Cognition*, vol.9, 139-196.

Fodor, J. A., (1986). "Why Paramecia don't have Mental Representation", *Midwest Studies in Philosophy*, 10, 3-23.

Fukasawa, Yu, Savoury, Melanie & Boddy, Lynne, (2020). "Ecological Memory and Relocation Decisions in Fungal Mycelial Networks : Responses to Quantity and Location of New Resources" ,*The ISME Journal*, vol. 14, 380-388.
https://doi.org/10.1038/s41396-019-0536-3

Fukasawa, Y. & Kaga, K., (2022). "Surface Area of Wood Influences the Effects of Fungal Interspecific Interaction on Wood Decomposition : A Case Study Based on Pinus Densiflora and Selected White Rot Fungi", *Journal of Fungi*, vol. 8, issue 5, 517. https://doi.org/10.3390/jof8050517

Gagliano, M., Vyazovskiy, V., Borbély, A., Grimonprez, M., & Depczynski, M., (2016). "Learning by association in plants", *Scientific Reports*, 6:38427. https://doi.org:10.1038/srep38427

Gagliano, M., Ryan, J. C. & Viera, P. (eds.), (2017). *The Language of Plants : Science, Philosophy, Literature*, University of Minnesota Press.

Gallagher, S. & Crisafi, A., (2009). "Mental Institutions", *Topi*, vol.28, 45-51.

Gallagher, Shaun, (2013). "The Socially Extended Mind", *Cognitive Systems Research*, vol. 25-26, 4-12.

Gibson, James J., (1966/1983). *The Senses Considered as Perceptual Systems*, Greenwood Press.〔ギブソン、J・J（二〇一一年）『生態学的知覚システム』佐々木正人・古山宣洋・三嶋博之監訳、東京大学出版会〕

Gibson, J. J., (1979/1986). *The Ecological Approach to Visual Perception*, Lawrence Erlbaum Associates.〔ギブソン、J・J（一九八五年）『生態学的視覚論――ヒトの知覚世界を探る』古崎敬・古崎愛子・辻敬一郎・村瀬旻訳、サイエンス社〕

Godfrey-Smith, Peter, (1996). *Complexity and the Function of Mind in Nature*, Cambridge University Press.

Godfrey-Smith, P., (2001). "Environmental Complexity and the Evolution of Cognition", Sternberg, R. J. & Kaufman, J. C. (eds.), *The Evolution of Intelligence*, 223-249, Lawrence Erlbaum Publisher.

Glenberg, A. M. & Kaschak, M. P., (2002). "Grounding language in action", *Psychonomic Bulletin & Review*, vol. 9, issue3, 558-565.

Hall, Matthew, (2011). *Plants as Persons : A Philosophical Botany*, State University of New York Press.

Hamlyn, David W., (1977). "The Concept of Information in Gibson's Theory of Perception", *Journal of the Theory of Social Behavior*, vol.7, issue 1, 5-16.

Heil, John, (1979). "What Gibson's Missing", *Journal for the Theory of Social Behavior*, vol.9, issue 3, 265-269.

Heil, J., (1981). "Gibsonian Sins of Omission", *Journal for the Theory of Social Behavior*, vol. 11, issue 3, 307-311.

Heras-Escribano, M. & Calvo, P., (2019). "The Philosophy of Plant Neurobiology", Robins, S., Symons, J., & Calvo, P. (eds.), *The Routledge Companion to Philosophy of Psychology,* 2nd edition, Routledge, 529-548.

Hutchins, Edwin, (1995). *Cognition in the Wild*, MIT Press.

Hutto, D. D. & Myin, E., (2013). *Radicalizing Enactivism : Basic Minds without Content*, MIT Press.

Hutto, D. D. & Myin, E., (2017). *Evolving Enactivism : Basic Minds Meet Content*, MIT Press.

James, William, (1890/1950). *Principles of Psychology*, vol.1, Dover Publications.

Jennings, Herbert, (1906). *Behavior of the Lower Organisms*, The Columbia University Press.

Karban, Richard, (2015). *Plant Sensing and Communication*, The University of Chicago Press.

Käufer, S. & Chemero, A., (2021). *Phenomenology : An Introduction* 2nd Edition, Polity Press.〔コイファー、S&チェメロ、A(二〇一八年)『現象学入門——新しい心の科学と哲学のために』田中彰吾・宮原克典訳、勁草書房(邦訳は二〇一五年の初版から)〕

Keijzer, Fred A., (2006). "Differentiating Animality from Agency : Towards a Foundation for Cognition", *Proceedings of CogSci/ICCS 2006*, 1593-1598. https://pure.rug.nl/ws/portalfiles/portal/2760049/Keijzer2006AnimalityCogSci2006Def.pdf (Viewed on May 11, 2023)

Keijzer, F.A., (2019). “Drawing Lessons from ‘CRISPR/Cas as a Minimal Cognitive System’ : a Commentary on Yakura,” *Adaptive Behavior*, vol. 27, issue.3, 175-177.

Keijzer, F.A., (2021). “Demarcating Cognition : the Cognitive Life Science”, *Synthese*, vol. 198, supplement issue. 1, 137-157.

Keijzer, F.A., van Duijn, M. & Lyon, P., (2013). “What Nervous Systems Do : Early Evolution, Input-output, and the Skin Brain Thesis”, *Adaptive Behavior*, vol. 21, no. 2, 67-85.

Kondev, Jané,(2014).“Bacterial Decision Making”, *Physics Today*, vol. 67, issue 2, 31-36. https://doi.org/10.1063/PT.3.2276

Kimmerer, Robin Wall, (2015). *Braiding Sweetgrass : Indigenous Wisdom, Scientific Knowledge and the Teachings of Plants*, Milkweed Editions.〔キマラー、R（二〇一八年）『植物と叡智の守り人――ネイティブアメリカンの植物学者が語る科学・癒し・伝承』三木直子訳、築地書館〕

Koshland, Daniel E. Jr., (1980). *Bacterial Chemotaxis as a Model Behavioral System*, Raven Press.

Koshland, D. E. Jr., (1983). “The Bacterium as a Model Neuron”, *Trends in Neurosciences*, vol. 6, 133-137. https://doi.org/10.1016/0166-2236(83)90066-8

Lave, J. & Wenger, E., (1991). *Situated Learning : Legitimate Peripheral Participation*, Cambridge University Press.〔レイヴ、J＆ウェンガー、E（一九九三年）『状況に埋め込まれた学習――正統的周辺参加』佐伯胖訳、産業図書〕

Lave, J., (1988). *Cognition in Practice : Mind, Mathematics and Culture in Every Life*, Cambridge University Press.〔レイヴ、J（一九九五年）『日常生活の認知行動――ひとは日常生活でどう計算し、実践するか』無藤隆・山下清美・中野茂・中村美代子訳、新曜社〕

Lyon, Pamela, (2006). “The Biogenetic Approach to Cognition”, *Cognitive Processing*, vol. 7, 11-29.

Lyon, P., (2015). “The Cognitive Cell : Bacterial Behavior Reconsidered”, *Frontiers in Microbiology*, vol. 6, 264. https://doi.org/10.3389/fmicb.2015.00264

Lyon, P., (2020). “Of What is ‘Minimal Cognition’ the Half-baked Version?” *Adaptive Behavior*, vol. 28, issue 6, 407-424.

Maher, Chauncey, (2017). *Plants Minds : A Philosophical Defense,* Routledge.

Mallatt, J., Blatt, M. R., Draguhn, A., Robinson,D.G. & Taiz, L., (2021). “Debunking a Myth : Plant Consciousness”, *Protoplasma* vol. 258, 459-476 https://doi.org/10.1007/s00709-020-01579-w

Mancuso, Stefano, (2018). *The Revolutionary Genius of Plants : A New Understanding of Plant Intelligence and Behavior*, Atria Books.〔マンクーゾ、S（二〇一八年）『植物は〈未来〉を知っている――9つの能力から芽生えるテクノロジー革命』久保耕司訳、NHK出版〕

Mancuso, S., Baluška, F. & Volkmann, D. (eds.), (2006). *Communication in Plants : Neuronal aspects of plant life,* Springer-Verlag.

Mancuso, S. & Viola, A., (2015). Bentham, Joan (trans.) *Brilliant Green : The Surprising History and Science of Plant Intelligence*, Island Press.〔マンクーゾ、S&ヴィオラ、A（二〇一五年）『植物は〈知性〉をもっている――20の感覚で思考する生命システム』久保耕司訳、NHK出版〕

Marder, Michael, (2012). “Plant intentionality and the phenomenological framework of plant intelligence”, *Plant Signaling & Behavior*, vol. 7, issue 11, https://doi.org/10.4161/psb.21954

Marder, M., (2013a). “Plant intelligence and attention”, *Plant Signaling & Behavior*, vol. 8, issue 5, https://doi.org/10.4161/psb.23902

Marder, M., (2013b). *Plant-Thinking : A Philosophy of Vegetal Life*, Columbia University Press.

Menary, Richard (issue ed.), (2010a). *Phenomenology and the Cognitive Sciences*, vol. 9, issue 4, Special Issue : 4E Cognition : Embodied, Embedded, Enacted, Extended.

Menary, R. (ed.), (2010b). *The Extended Mind*, A Branford Book.

Nakagaki, Toshiyuki, Yamada, Hiroyasu, & Tóth, Ágota, (2000). “Maze-solving by an Amoeboid Organism”, *Nature*, vol. 407, 470.

Nakagaki, T., Kobayashi, R., Nishiura, Y. & Ueda, T., (2004). "Obtaining Multiple Separate Food Sources : Behavioural Intelligence in the Physarum Plasmodium", *Proceedings of Royal Society, London*. vol. 271, 2305-2310. doi:10.1098/rspb.2004.2856

Neisser, Ulric, (1977). "Gibson's Ecological Optics : Consequences of a Different Stimulus Description", *Journal for the Theory of Social Behavior*. vol. 7, issue 1, 17-28.

Newen, A., De Bruin, L. & Gallagher, S., (2018). "4E Cognition : Historical Roots, Key Concepts, and Central Issues", Newen, A., De Bruin, L. & Gallagher, S. (eds.), *The Oxford Handbook of 4E Cognition*, 3-15, Oxford University Press.

Norman, D. Arthur, (1988). *The Psychology of Everyday Things*; Basic Books.〔ノーマン、D・A（一九八九年）『誰のためのデザイン？ 認知科学者のデザイン原論』宮島久雄訳、新曜社〕

Noë, Alva, (2004). *Action in Perception*, MIT Press.〔ノエ、A（二〇一〇年）『知覚のなかの行為』門脇俊介・石原孝二・飯嶋裕治・池田喬・文景楠・吉田恵吾訳、春秋社〕

Petitot, J., Varela, F. J., Pachoud, B. & Roy, J.-M. (eds.), (2000). *Naturalizing Phenomenology : Issues in Contemporary Phenomenology and Cognitive Science*, Stanford University Press.

Phan, T. V., Morris, R., Black, M. E., Do, T. K., Lin, K.-C., Nagy, K., Sturm, J. C., Bos, J. & Austin, R. H., (2020). "Bacterial Route Finding and Collective Escape in Mazes and Fractals", *Physical Review X*, vol. 10, issue 3, 031017. https://doi.org/10.1103/PhysRevX.10.031017

Pollan, Michael, (2013). "The Intelligent Plant : Scientists Debate a New Way of Understanding Flora", *The New Yorker,* December 23 & 30, https://www.newyorker.com/magazine/2013/12/23/the-intelligent-plant (Viewed on Dec 30,2022)

Reber, Arthur S., (2019). *The First Mind : Caterpillars, Karyotes, and Consciousness*, Oxford University Press.

Reber, A. S. & Baluška, F., (2021). "Cognition in Some Surprising Places", *Biochemical and Biophysical Research Communications*, vol. 564, issue 30, 150-157.

Reed, Edward S., (1985), “An Ecological Approach to the Evolution of Behavior”, Johnston, T. D. & Pietrewicz, A. T. (eds.), *Issues in the Ecological Study of Learning*, 357-383, Lawrence Erlbaum Associates.

Reed, E. S., (1996). *Encountering the World : Toward an Ecological Psychology*, Oxford University Press.〔リード、E（二〇〇〇年）『アフォーダンスの心理学――生態心理学への道』細田直哉訳、新曜社〕

Rowlands, Mark, (1995). “Against Methodological Solipsism : The Ecological Approach”, *Philosophical Psychology*, vol. 8, 5-24.

Rowlands, M., (2010). *The New Science of the Mind*, MIT Press.

Sandford, Stella, (2023). *Vegetal Sex : Philosophy of Plants*, Bloomsbury Publishing PLC.

Shapiro, L. & Spaulding, S., (2021). “Embodied Cognition”, *Stanford Encyclopedia of Philosophy.* https://plato.stanford.edu/entries/embodied-cognition/ (Viewed on Dec. 20, 2022).

Sheldrake, Merlin, (2020). *Entangled Life : How Fungi Make Our Worlds, Change Our Minds and Shape Our Futures*, The Bodley Head.〔シェルドレイク、M（二〇二二年）『真菌類が世界を救う――キノコ・カビ・酵母たちの驚異の能力』鍛原多惠子訳、河出書房新社〕

Stokes, Trevor, (2005). “Plant Neurobiology Sprouts anew : a Nascent Field Copes with an Identity Crisis”, *The Scientist*, vol. 19, no. 14, 24-25.

Taiz, L., Alkon, D., Draguhn, A., Murphy, A., Blatt, M., Hawes, C., Thiel, G. & Robinson, D. G., (2019). “Plants neither Possess nor Require Consciousness”, *Trends in Plant Science*, vol. 24, issue8, 677-687. https://doi.org/10.1016/j.tplants.2019.05.008

Thompson, Evan, (2007). *Mind in Life : Biology, Phenomenology, and the Sciences of Mind*, Harvard University Press.

Thompson, E., Palacios, A. & Varela, F. J., (1992). “Ways of Coloring : Comparative Color Vision as a Case Study for Cognitive Science”, *Behavioral and Brain Sciences*, 15, 1-26. Reprinted in Noë, A. & Thompson, E. (eds.), (2002). *Vision and Mind : Selected Readings in the Philosophy of Perception*, 351-418, MIT Press.

Thompson, E., (2022). "Could All Life be Sentient ?", *Journal of Consciousness Studies*, vol. 29, no., 3-4, 229-265.
Toyota, Masatsugu, Spencer, Dirk, Sawai-Toyota, Satoe, Jiaqi, Wang, Zhang, Tong, Koo, Abraham J., Howe, Gregg A. & Gilroy, Simon, (2018). "Glutamate Triggers Long-distance, Calcium-based Plant Defense Signaling", *Science*, vol. 361, 1112-1115.
Trewavas, Anthony, (2003). "Aspects of Plant Intelligence", *Annals of Botany*, vol. 92, 1-20.
Trewavas, A., (2005), "Plant Intelligence", *Naturwissenschaften*, 92, 401-413.
Trewavas, A., (2007), "Response to Alpi et al.: Plant Neurobiology - all Metaphors Have Value", *Trends in Plant Science*, vol. 12 no. 6, 231-233. https://doi.org/10.1016/j.tplants.2007.04.006
Trewavas, A., (2014). *Plant Behavior and Intelligence*, Oxford University Press.
Turvey, M. & Carello, C., (2012). "On Intelligence from First Principles : Guidelines for Inquiry into the Hypothesis of Physical Intelligence (PI)", *Ecological Psychology*, 24:1, 3-32.
Ullman, Shimon, (1980). "Against Direct Perception", *The Behavioral and Brain Sciences*, vol. 3, 375-415.
Van Duijn, M., Keijzer, F. & Franken, D., (2006). "Principles of Minimal Cognition : Casting Cognition as Sensorimotor Coordination", *Adaptive Behavior*, vol. 14, issue 2, 157-170.
Varela, F., Thompson, E. & Rosch, E., (1991). *The Embodied Mind : Cognitive Science and Human Experience*, MIT Press. 〔ヴァレラ、F、トンプソン、E＆ロッシュ、E（二〇〇一年）『身体化された心――仏教思想からのエナクティブ・アプローチ』田中靖夫訳、工作舎〕
Yakura, Hidetaka, (2019). "A Hypothesis : CRISPR-Cas as a Minimal Cognitive System", *Adaptive Behavior*, vol. 27, issue 3. 167-173.

ベルンシュタイン、ニコライ・A（二〇〇三年）『デクステリティ――巧みさとその発達』佐々木正人監訳、工藤和俊訳、金子書房。

チャモヴィッツ、ダニエル（二〇一三年）『植物はそこまで知っている――感覚に満ちた世界に生きる植物たち』矢野

真千子訳、河出書房新社。二〇一七年に文庫版刊行。

クラーク、アンディ（二〇一五年）『生まれながらのサイボーグ――心・テクノロジー・知能の未来』呉羽真・久木田水生・西尾香苗訳、春秋社。

コッチャ、エマヌエーレ（二〇一九年）『植物の生の哲学――混合の形而上学』嶋崎正樹訳、山内志朗解説、勁草書房。

コール、マイケル（二〇〇二年）『文化心理学――発達・認知・活動への文化-歴史的アプローチ』天野清訳、新曜社。

ダーウィン、チャールズ（一九八七年）『植物の運動力』渡邊仁訳、森北出版（原著は一八八〇年刊行）。

ドレイファス、ヒューバート（一九九二年）『コンピュータには何ができないか――哲学的人工知能批判』黒崎政男・村若修訳、産業図書。

ドレイファス、H&ドレイファス、スチュアート（一九八七年）『純粋人工知能批判――コンピュータは思考を獲得できるか』椋田直子訳、アスキー。

エンゲストローム、ユーリア（二〇二〇年）『拡張による学習　完訳増補版――発達研究への活動理論からのアプローチ』山住勝広訳、新曜社。

ファインバーグ、トッド・E&マラット、ジョン・M（二〇一七年）『意識の進化的起源――カンブリア爆発で心は生まれた』鈴木大地訳、勁草書房。

ファインバーグ、トッド・E&マラット、ジョン・M（二〇二〇年）『意識の神秘を暴く――脳と心の生命史』鈴木大地訳、勁草書房。

深澤遊（二〇一七年）『キノコとカビの生態学――枯れ木のなかは戦国時代』共立出版。

深澤遊（二〇二三年）『枯木ワンダーランド――枯死木がつなぐ虫・菌・動物と森林生態系』築地書館。

藤原辰史（二〇二二年）『植物考』生きのびるブックス。

ギンズバーグ、シモーナ&ヤブロンカ、エヴァ（二〇二一年）『動物意識の誕生――生体システム理論と学習理論から解き明かす心の進化（上）・（下）』鈴木大地訳、勁草書房。

星野保（二〇一九年）『菌は語る――ミクロの開拓者たちの生きざまと知性』春秋社。

ジョンソン、マーク（一九九一年）『心のなかの身体――想像力へのパラダイム転換』菅野盾樹・中村雅之訳、紀伊國屋書店。

金子邦彦・澤井哲・高木拓明・吉澤力（二〇二〇年）『細胞の理論生物学——ダイナミクスの視点から』東京大学出版会。

加藤浩・有元典文編著（二〇〇一年）『状況論的アプローチ② 認知的道具のデザイン』金子書房。

メルロ＝ポンティ、モーリス（一九六四年）『行動の構造』滝浦静雄・木田元訳、みすず書房。

マトゥラーナ、ウンベルト＆バレーラ、フランシスコ（一九九七年）『知恵の樹——生きている世界はどのようにして生まれるのか』管啓次郎訳、ちくま学芸文庫。

茂呂雄二編著（二〇〇一年）『状況論的アプローチ③ 実践のエスノグラフィ』金子書房。

中垣俊之（二〇一〇年）『粘菌 その驚くべき知性』PHPサイエンス・ワールド新書。

中垣俊之（二〇一四年）『粘菌 偉大なる単細胞が人類を救う』文春新書。

中垣俊之（文）・斉藤俊行（絵）（二〇一五年）『かしこい単細胞 粘菌』（たくさんのふしぎ傑作集）福音館書店。

長滝祥司（二〇二二年）『メディアとしての身体——世界／他者と交流するためのインタフェース 知の生態学の冒険 J・J・ギブソンの継承6』東京大学出版会。

中畑正志（二〇一一年）『魂の変容——心的基礎概念の歴史的構成』岩波書店。

中畑正志（二〇一三年）「見ていることを感覚する——共通の感覚、内的感覚、そして意識」『哲学』（日本哲学会）六四号、七八—一〇二頁。

中畑正志（二〇二三年）『アリストテレスの哲学』岩波新書。

中根大介・西坂崇之（二〇二〇年）「動きの可視化から紐解くバクテリアの新しい世界」『日本乳酸菌学会誌』vol. 31, no. 1, 10-16, https://doi.org/10.4109/jslab.31.10
NHKスペシャル取材班・緑慎也（二〇二三年）『超・進化論——生命40億年 地球のルールに迫る』講談社。

野澤光（二〇一四年）「植物の知性はどこにあるのか（批判論文）」『生態心理学研究』vol.7, no.1, 19-23.

ピリシン、ゼノン・W（一九八八年）『認知科学の計算理論』佐伯胖監訳、信原幸弘訳、産業図書。

ファイファー、ロルフ＆シャイアー、クリスチャン（二〇〇一年）『知の創成——身体性認知科学への招待』石黒章夫・細田耕・小林宏監訳、共立出版。

ファイファー、R&ボンガード、ジョシュ（二〇一〇年）『知能の原理——身体性に基づく構成論的アプローチ』細田耕・石黒章夫訳、共立出版。

リード、エドワード・S（二〇二〇年）『魂から心へ——心理学の誕生』村田純一・染谷昌義・鈴木貴之訳、講談社学術文庫。

シャープ、ジャスパー&グラバム、ティム（二〇一七年）『粘菌　知性のはじまりとそのサイエンス　特徴から研究の歴史、動画撮影法、アート、人工知能への応用まで』川上新一監修、誠文堂新光社。

サッチマン、ルーシー・A（一九九九年）『プランと状況的行為——人間-機械コミュニケーションの可能性』佐伯胖監訳、上野直樹・水川喜文・鈴木栄幸訳、産業図書。

柴田崇（二〇二二）『サイボーグ——人工物を理解するための鍵　知の生態学の冒険　J・J・ギブソンの継承4』東京大学出版会。

下村拓史・入江克雅（二〇二一年）「細菌の祖先型イオンチャネルから探る、普遍的なカルシウム選択機構」『生物物理』vol. 61, no. 4, 223-226, https://doi.org/10.2142/biophys.61.223
染谷昌義（二〇〇四年）「拡張する心——環境-内-存在としての認知活動」『シリーズ心の哲学II　ロボット篇』信原幸弘編、勁草書房。

染谷昌義（二〇〇八年a）「心／脳の哲学の未来——生態学的観点から」『岩波講座哲学05　心／脳の哲学』村田純一編著、岩波書店。

染谷昌義（二〇〇八年b）「ダーウィンの心理学——わかりやすさに逆らう」『生物の科学　遺伝』九月号（vol. 62, No. 5）、株式会社エヌ・ティー・エス。

染谷昌義（二〇〇九年）「行動を生け捕りする——ダーウィンのミミズの研究」『現代思想4月臨時増刊』第三七巻五号、青土社。

染谷昌義（二〇一三年）「魂の科学としての身体論——身身問題のために」『知の生態学的転回1　身体　環境とのエンカウンター』佐々木正人編、東京大学出版会。

染谷昌義（二〇一六年）「エコロジカルターンのゆくえ――生態学はある種の形而上学である――」『東北哲学会年報』。

染谷昌義（二〇一七年）『知覚経験の生態学――哲学へのエコロジカル・アプローチ』勁草書房。

染谷昌義・細田直哉・野中哲士・佐々木正人（二〇一八年）『身体とアフォーダンス――ギブソン『生態学的知覚システム』から読み解く』金子書房。

染谷昌義（二〇二〇年）「二元論の向こう側を探る自然学のプログラム」『現代思想　特集 汎心論』vol. 48-8, 青土社。

染谷昌義（二〇二一年）「反復なき反復としてのわざ――動作の哲学から浮かび上がるわざの本性」『わざの人類学』床呂郁哉編著、京都大学学術出版会。

スタメッツ、ポール（二〇二一年）『素晴らしき、きのこの世界――人と菌類の共生と環境、そして未来　ヴィジュアル版』保坂健太郎日本語版監修、杉田真・武部紫訳、原書房。

高橋澪子（二〇一六年）『心の科学史――西洋心理学の背景と実験心理学の誕生』講談社学術文庫。

上野直樹（一九九九年）『仕事の中での学習』東京大学出版会。

上野直樹編著（二〇〇一年）『状況論的アプローチ① 状況のインタフェース』金子書房。

渡辺茂（二〇二三年）『動物に「心」は必要か――擬人主義に立ち向かう　増補改訂版』東京大学出版会。

ワーチ、ジェームズ・V（二〇〇四年）『心の声――媒介された行為への社会文化的アプローチ』田島信元・佐藤公治・茂呂雄二・上村佳世子訳、福村出版。

ヴォールレーベン、ペーター（二〇一七年）『樹木たちの知られざる生活――森林管理官が聴いた森の声』長谷川圭訳、早川書房。二〇一八年にハヤカワノンフィクション文庫。

矢倉英隆（二〇二三年）『免疫から哲学としての科学へ』みすず書房。

『*WORKSIGHT* 17号　植物倫理 Plants/Ethics』（二〇二二年）、コクヨ株式会社。

webサイト（植物心理学に関するもののみ）

植物のシグナル伝達と行動学会（旧「植物神経生物学会」）

The Society of Plant Signaling and Behavior（obsolete name, “The Society for Plant Neurobiology”）：https://www.plantbehavior.org

Plant Signaling & Behavior (Academic Journal for The Society of Plant Signaling and Behavior)：https://www.tandfonline.com/journals/kpsb20

植物神経生物学国際研究所

International Laboratory of Plant Neurobiology (Laboratorio Internazionale di Neurobiologia Vegetale／LINV)：http://www.linv.org

植物生理学者ステファノ・マンクーゾ（フィレンツェ大学）と植物細胞生物学を専門とするフランティシェク・バルシュカ（ボン大学）によって二〇〇五年にフィレンツェ大学セストフィオレンティーノ校科学技術キャンパスに設立された。マンクーゾが所長を務め、植物のシグナル伝達・コミュニケーション・知性・行動の研究と教育、研究者の国際交流活動を行っている。

ミニマル・インテリジェンス研究所

Minimal Intelligence Lab (MINT Lab)：https://www.um.es/mintlab/

心の哲学、認知科学の哲学を専門とするパコ・カルヴォ（ムルシア大学哲学科）がスペインのムルシア大学内に設立し、所長を務める研究室。植物の知性・認知・心のはたらきについての哲学的考察だけでなく、実際に植物を栽培し実験や観察（タイムラプス撮影）も行っている。植物の心のはたらきや意識に関心のある研究者が集うユニークな学際的研究機関である。

あとがき

本というものを「あとがき」から読み始めるという読者には（筆者もその一人だが）、まず言っておきたい。本書は「まえがき」を読んで次に、「目次」にざっと目を通すことから始めていただきたい――と。そして、目次を読んで、これは「心の哲学史」といっても「心の科学の歴史」なのではないか、という疑問を起こす読者には、本書の最後の章（第六章）の最後の節に、その答えが書かれていることに、あらかじめ注意をうながしておきたい。「心の科学の歴史は心の哲学の歴史でもある」（六〇九頁）――と。

本書を読み始める準備としてはそれで十分で、「あとがき」に記すべきことはあまりない。けれども、「まえがき」担当の村田が哲学を専門とするのに対し、心理学を専門とする一人として、なぜ「心の哲学史」というタイトルの本書に参画するにいたったかの経緯を含め、感慨めいたことを述べておきたい（ちなみに本書の執筆陣はコラム担当も含めて哲学系が六人、心理系が三人という構成になっている）。

実のところ筆者も、学部での専攻は哲学から始めたのだった。けれども当時の（一九六〇年代末の）哲学科の文献学中心の学風は、筆者の肌には合わなかった。筆者の哲学への関心はもっぱら、「なぜ私のような（後に覚えた言い回しを使うならば）anomalous な存在がこの世に生じてしまったのか」にあり、プラトンやカントやヘーゲルにその答えは見出せそうもないと思ったのだった。唯

一、フッサールの現象学的還元の構想に自分の関心に方法論的に応えるものを感じ、卒論ではフッサールに挑戦した。けれども、当時の筆者の語学力ではフッサールは難しすぎた。今のように分かりやすい解説書もなかったし、それに当時の日本人現象学者の誰ひとりとして、フッサールが現象学的心理学を創唱したことを、述べてくれてはいなかった。

そこで思い切って、大学院では心理学に転じた。そこでなら、古典文献学に煩わされることなく経験的に、自己というものを探求できると思ったからだった。

ところがこれも、大いなる勘違いだった。

一九七〇年代の心理学界は行動主義の席巻《せっけん》の後を承けて、認知科学の台頭する時期にあった。どちらにしても、「心理学は科学であって、さらに科学的にならなければならない」という固定観念にとりつかれている点では、変わりなかった（近年の再現性論争などをみると、今でもこの点は基本的に変わっていない印象を受ける）。自己の探求などということの余地は、どこにもないように思われた。

おまけに科学的心理学ご用達の科学性なるものは、はなはだ胡散臭いものでしかないと思われた。この点は心理学研究者自身が薄々感じていたことで、筆者も大学院時代、同輩や先輩と、「心理学という疑似科学」「科学もどき」と自嘲を込めて言っていたことを思い出す。もちろん、疑似科学ならぬ真の科学は、物理学を先頭とする自然科学であるということが、常に前提として頭にあったのだが。

のちに、理学部で教養心理学を教える立場になって、この印象はますます強められた。いくら心理学は科学であることを力説しても、理学部の学生たちは物理学や化学や生物学と対等の科学性を、心理学には決して認めてくれないだろうことが分かるのだった。当時の学生のレポートにも、「心理学は常識をカタカナ英語で表して学問らしく見せかけているような気がする」「心という目に見えないモノを相手にしている限り、心理学は科学にはなれないでしょう」といった、辛辣な評が現れることがあった。

どうやら理学部学生の心理学への違和感は、自然科学の科学性が文字通り「自然な科学性」であるのに対し、心理学の科学性に「不自然な科学性」を感取してしまうところにあるようだった。やがて筆者は、心理学の不自然なる科学性の淵源らしきものを見出すにいたった。それが操作主義の提唱者スティーヴンスの、「心理学は他者についての心理学でなくてはならない」という格率だった（第四章第一節（3）三二七―三三一頁参照）。これでは、筆者のように自己についての心理学にもっぱら関心のある者にとって、居心地が悪くなるのは当然だ。そしてほとんどの心理学者は、心理学の対象について自己vs.他者という二項対立のうち、後者を選択したという重大な認識論的決断を、心理学が過去のある時点で行ったという歴史を、きれいさっぱり忘れているようだった（これに対して自然科学史ではこのような認識論的決断を迫られる局面はなかったと思われる）。

心理学の不自然なる科学性の淵源が分かってきてから筆者は、いくつか心理学史の論文を、というか心理学史の皮を被った心理学の哲学の論文を、書き始めた。そして、「心理学のメタサイエンス序説」という論文を『心理学評論』（三七巻一六四―一九一頁、一九九四年）に投稿したことが縁となって、東大科学哲学出身の知覚心理学者であり心理学史家でもある高橋澪子先生の知遇をえた。その後、先生の学位論文『心の科学史――西洋心理学の源流と実験心理学の誕生』（東北大学出版会、一九九九年）の完成にも立ち会うことになる。それは、前近代から二〇世紀までの心理学史の流れを認識論的革命と方法論的革命のくり返しとして捉え、ゲシュタルト心理学に未完のもう一つの認識論的革命の可能性をみるというもの。筆者は、これは心理学史の皮を被ってはいるが、日本で初めての本格的な「心の科学史=心の哲学史」書であり「心理学の哲学」書であると思ったものだった。

心理学の哲学を興さねばならない――。そう考えて筆者は、高橋先生に加えて村田純一さんを誘い、二〇〇二年に『心理学の哲学』(渡辺恒夫・村田純一・高橋澪子/編、北大路書房)の出版に漕ぎつけた。

それから十数年後、この編著書が当時、講談社学芸局長を退職してフリーになったばかりだった林辺光慶さん(本書の担当編集者)の目に留まり、それが縁となって高橋先生の旧著も『心の科学史――西洋心理学の背景と実験心理学の誕生』(二〇一六年)と副題をやや変えて、講談社学術文庫の一冊として収められることになったのだった。この辺の事情は、林辺さん自身が、オンラインジャーナル『こころの科学とエピステモロジー』創刊号に、「『心の科学史』編集作業のこと」(Vol.1[1], 63-64, 2019)と題して書いておられる。そしてそれがまた、本書の成立のきっかけの一つにもなったのだった。

この間、(本質的には変わっていないところもあるとはいえ)心理学界も、そしてたぶん、心の哲学や現象学界隈も、世界的に見てかなり様変わりしたように思われる。アメリカ心理学会が数ある機関誌の一つとして"Journal of Theoretical and Philosophical Psychology"誌を創刊したのは一九八六年に遡るが、その後も、心理学者と哲学者、さらには認知神経科学者やコンピュータ科学者が肩を並べて執筆しているようなジャーナルの創刊が世界的に相次いでいる。また、英米系の心の哲学と大陸系の現象学の交流も行われるようになった。筆者が大学院生の頃に覚えた心理学研究のあり方への違和感は、けっして筆者一人のものではなく、世界的にも多くの人々に潜在的に共有されていたものだったのだ。

本書の章立てを見ると、二二年前の『心理学の哲学』がいわば総花式だったのにくらべ、現象学の展開が筋立ての中心になっていることが分かる。『心の科学史』の末尾で待望された、ゲシュタルト心理学による「未完の認識論的革命」とは、本書の各所で明らかにされたように、ゲシュタルト心理学が現象学の流れの一環である以上、現象学が担うべき課題となったのだ。それが、本書の中心的なメッセージになっていると思う。そのような研究交流の場としては、英語系の国際誌の盛況にくらべて日本語ジャーナルは立ち遅れているが、すでに述べた『こころの科学とエピステモロジー』の創刊は、それに応えようというささやかな試みの一つであった。

また、本書にとってもう一つ特筆すべきは、現象学的人間科学を心理学者と哲学者が共に参画して立ち上げてゆく場ともいえる人間科学研究国際会議の第四〇回が、本書第五章の執筆者田中彰吾氏を実行委員長として日本で開催されたことだろう（IHSRC 2023 Tokyo)。そこでのシンポジウム“Another history of psychology : From phenomenological perspective”（もう一つの心理学史——現象学的視点から）には、筆者も村田純一さん、田中さん、そしてアメリカの現象学的心理学者チャーチル氏とともに参画した。詳しくは『こころの科学とエピステモロジー』Vol.6 (1), 2-6, 2024,「第40回人間科学研究国際会議（IHSRC 2023 Tokyo）開催記」（田中彰吾著）を参照して欲しい。

そういうわけで、本書の成り立ちを日本の心理学史＝哲学史に探ってみると、高橋先生の一九九九年の『心の科学史』が、その直接のさきがけになっていると思う。高橋先生は二〇二〇年に逝去されたが、存命であったならば本書の刊行を誰よりも喜んで下さったのではないかと想像している。本書の執筆陣も『心理学の哲学』の頃からは世代交代して高橋先生に面識のない方が多数となっているので、執筆陣に代わってと言うことはできないが、個人的には本書を故・高橋澪子先生に捧げたい気持ちで一杯である。

二〇二四年五月一六日

渡辺恒夫

事項索引

[サ]

もの語り論的転回（ナラティヴ・ターン） 322, 338, 347, 350, 353, 354, 358, 359, 361, 397

［ヤ］
要求性格　154, 155, 158, 159
要素主義　25, 147, 154, 165
弱い内観　228-230, 236
4E（A）　215, 524, 531, 534, 535, 547, 550-554, 561, 562, 574, 602, 607, 608, 614

［ラ］
ライプ　→生きられた身体
ライプツィヒ学派　33, 44, 122
ラバーハンド錯覚　481, 483-486, 490-492, 495, 505-507
離人症　418, 510-515
ルート・ブレイン仮説　578
連合心理学　26, 324
論理実証主義　186, 190, 338-341, 343, 345, 347, 355, 394, 404
論理的行動主義　185-187, 189-191, 241, 338

主要人名索引

［ア］
アッシュワース（Ashworth, Peter） 368
アーペル（Apel, Karl-Otto） 401
アメセダー（Ameseder, Rudolf） 139
アリストテレス（Aristoteles） 5, 148, 162, 348, 357, 452-454, 527, 528, 563, 613
ヴァイツゼッカー（von Weizsäcker, Viktor） 384, 385
ヴァレラ（Varela, Francisco J.） 215, 216, 219, 444, 445, 534, 547-549, 551, 561
ヴィゴツキー（Vygotsky, Lev Semyonovich） 312, 543, 614
ウィトゲンシュタイン（Wittgenstein, Ludwig J. J.） 177, 184, 189, 226, 241, 343, 350-353, 397, 401, 402, 404
ウィマー（Wimmer, H.） 306, 307
ウェーバー（Weber, Ernst H.） 22, 64, 67, 70, 71
ヴェルトハイマー（Wertheimer, Max） 134, 139, 143, 144, 382
ウッドラフ（Woodruff, G.） 266, 305
ウリクト（von Wright, Georg H.） 336, 349, 355, 397, 399
ヴント（Wundt, Wilhelm M.） 1, 4, 20-45, 63, 66, 69, 70, 72-74, 76, 83, 105, 107, 116, 120, 122, 128, 164-170, 184, 226-228, 230, 236, 320, 330, 333, 336, 343
エリクソン（Erikson, Erik H.） 322, 381, 395
エーレンフェルス（von Ehrenfels, Christian） 134-138

［カ］
カイザー（Keijzer, Fred） 576, 577, 579, 580, 583, 593, 603, 609
ガーゲン（Gergen, Kenneth J.） 352
カスティーリョ（Castiello, Umberto） 588
ガーダマー（Gadamer, Hans-Georg） 334, 344, 346, 348, 350, 369, 370, 397
カッシーラー（Cassirer, Ernst） 157
カッツ（Katz, David） 74, 75, 366

ガードナー（Gardner, Howard） 308
カナー（Kanner, Leo） 310
カニッツァ（Kanizsa, Gaetano） 144, 148
カルヴォ（Calvo, Paco） 550, 578, 583, 593, 601-603
カルナップ（Carnap, Rudolf） 186, 241, 338, 340, 393
ガレーゼ（Gallese, Vittorio） 273-276, 279, 283
カント（Kant, Immanuel） 22, 28, 29, 31, 56, 63, 110
ギブソン、エレノア（Gibson, Eleanor） 4, 292, 294, 295
ギブソン、ジェームズ（Gibson, James, J.） 122, 124, 125, 127, 128, 155, 180, 292, 294, 451-454, 502-504, 510, 550, 551, 555-561, 565, 615
木村　敏 422, 423, 513, 514
ギャラガー（Gallagher, Shaun） 57, 69, 228, 230, 232, 240, 463, 494, 505, 513, 535, 546
ギュイヨ（Guyau, Jean-Marie） 495
キュルペ（Külpe, Oswald） 74, 75
ギンズバーグ（Ginsburg, Simona） 583
クライン（Klein, Melanie） 299
クラーク（Clark, Andy） 216, 217, 242, 545, 546, 551
クリック（Crick, Francis H. C.） 430
クリューガー（Krueger, Felix） 33, 44, 122
グールヴィッチ（Gurwitsch, Aron） 145, 386
クーン（Kuhn, Thomas S.） 49, 321, 343, 346, 347
ゲープザッテル（von Gebsattel, Victor-Emil） 418
ケーラー（Köhler,Wolfgang） 134-136, 144-146, 153, 384, 385
ケンケル（Kenkel, Friedrich） 141
コイファー（Käufer, Stephan） 550
コッホ（Koch, Christof） 430
ゴドフリー＝スミス（Godfrey-Smith, Peter） 573-575
コフカ（Koffka, Kurt） 134, 139, 141-145, 147, 157, 158, 384, 391
ゴフマン（Goffman, Erving） 345
ゴミラ（Gomila, Antoni） 550

【サ】

ザハヴィ（Zahavi, Dan） 57, 69, 463
サール（Searle, John R.） 202, 203, 208-210, 212
サルトル（Sartre, Jean-Paul） 2, 4, 252-265, 270, 271, 274, 281, 283, 285, 288-291, 295, 297, 298, 300, 364, 370
ジェニングス（Jennings, Herbert S.） 563, 564, 567, 568
ジェームズ（James, William） 22, 111, 164, 220, 221, 223, 228, 230, 529, 530, 564, 567, 568, 613, 614, 616
ジオルジ（Giorgi, Amedeo） 322, 367, 368, 371, 373-377, 380
シャップ（Schapp, Wilhelm） 74
シャピロ（Shapiro, Lawrence） 550
シュトゥンプ（Stumpf, Carl） 49, 74, 134, 144, 147
シュトラウス（Straus, Erwin W.） 418
シュナイダー（Schneider, Kurt） 416
シュライアーマッハー（Schleiermacher, F. D. E.） 334
スキナー（Skinner, Burrhus F.） 192, 193, 468
スティーヴンス（Stevens, Stanley S.） 69, 327, 341, 374

ストラットン（Stratton, George M.） 169-171
ストローソン（Strawson, Peter F.） 182
スピーゲルバーグ（Spiegelberg, Herbert） 363, 375-377
スポルディング（Spaulding, Shannon） 550
スマート（Smart, John J. C.） 184, 194

［タ］

高橋澪子 27, 33, 321, 324, 325, 334
タトシアン（Tatssian, Arthur） 364, 365, 417, 424
ダマシオ（Damasio, Antonio） 221, 223
ダンジガー（Danziger, Kurt） 27, 168
ダント（Danto, Arthur C.） 357
チェメロ（Chemero, Anthony） 550
チャーマーズ（Chalmers, David） 431, 545
チューリング（Turing, Alan M.） 208
チョムスキー（Chomsky, Noam） 192, 193, 229
ティチナー（Titchener, Edward B.） 164-167, 330
テイツ（Taiz, Lincoln） 604, 605, 610, 612
ディルタイ（Dilthey, Wilhelm C. L.） 32, 83, 84, 97, 118, 167, 334, 335, 348, 388, 397, 414
デカルト（Descartes, René） 58, 101, 162, 165, 167, 172, 174, 175, 183, 185-189, 199, 200, 204, 205, 214, 215, 219, 220, 230, 231, 325, 333, 441, 477, 494, 515, 526-528, 530, 544, 563, 570
デネット（Dennett, Daniel C.） 216, 305, 306, 616
デモクリトス（Demokritos） 194
テレンバッハ（Tellenbach, Hubertus） 422
ドゥルーズ（Deleuze, Gilles） 298, 299
トマセロ（Tomasello, Michael） 211, 283, 285, 286
トールマン（Tolman, Edward C.） 341
ドレイ（Dray, William H.） 356, 357
ドレイファス（Dreyfus, Hubert L.） 214-216, 242, 321, 533, 534
トレワヴァス（Trewavas, Anthony） 589, 601
トワルドウスキ（Twardowski, Kazimierz） 54, 138
トンプソン（Thompson, Evan） 440, 441, 444, 584

［ナ］

ニューエン（Newen, Albert） 534
ネーゲル（Nagel, Thomas） 127, 398
ノエ（Noë, Alva） 548, 549

［ハ］

ハイダー（Heider, Fritz） 367
ハイデガー（Heidegger, Martin） 2, 3, 113, 114, 214, 216, 231, 322, 334, 348, 364, 369, 370, 418-422, 424
バークリ（Berkeley, George） 172, 230, 231
パシュリー（Pacherie, Elisabeth） 476
パトナム（Putnam, Hilary） 191, 198
パーナー（Perner, J.） 306, 307
ハル（Hull, Clark L.） 341
バルシュカ（Baluška, František） 581, 582, 591, 596, 597, 600, 602
バルト（Barthes, Roland） 352
ハレ（Harré, Rom） 352, 353
バーロウ（Barlow, Peter） 591, 600

バロン＝コーエン（Baron-Cohen, Simon） 287, 306, 307
ハンソン（Hanson, Norwood R.） 177, 343, 380
ピアジェ（Piaget, Jean） 269, 309, 310, 312
ヒューム（Hume, David） 137, 174, 175, 230
ビューラー（Bühler, Karl） 74, 75
ピリシン（Pylyshyn, Zenon W.） 560, 561, 566, 567
ビンスワンガー（Binswanger, Ludwig） 75, 77, 80, 116, 364, 416-418, 421
ファイグル（Feigl, Herbert） 184, 194
ファイヤアーベント（Feyerabend, Paul K.） 343
ファインバーグ（Feinberg, Todd E.） 583, 604
フェヒナー（Fechner, Gustav T.） 21, 22, 31, 62-72, 164
フォーダー（Fodor, Jerry A.） 198, 216, 560, 561, 564-567, 570, 571, 575
フォルクマン（Volkmann, Dieter） 591
フォルケルト（Volkelt, Hans） 33
フーコー（Foucault, Michel） 214, 353, 421
フックス（Fuchs, Thomas） 434, 435, 441
フッサール（Husserl, Edmund） 2, 4, 20, 21, 26, 46, 49, 54, 73-87, 89-93, 95-104, 106, 108, 109, 111-118, 120-123, 125, 127, 128, 133, 134, 156, 159, 167, 180, 216, 219-221, 224, 225, 229, 231, 280, 322, 335, 363, 364, 366, 367, 369-372, 380-382, 389, 401, 402, 404, 414, 416, 419, 424, 432, 440, 443, 445, 495, 500, 501
プフェンダー（Pfänder, Alexander） 74, 75
プライス（Price, Henry H.） 172, 175, 176
プラトー（Plateau, J. A. F.） 69, 70
プラトン（Plato） 162, 174, 215, 434
ブランケンブルク（Blankenburg, Wolfgang） 364, 422, 423
ブリッジマン（Bridgman, Percy W.） 327
プリンツ（Prinz, Jesse J.） 221-224
ブルックス（Brooks, Rodney A.） 215
ブルーナー（Bruner, Jerome S.） 353-355
ブルーマー（Blumer, Herbert G.） 344, 345
プレイス（Place, Ullin T.） 184, 194
プレマック（Premack, D.） 266, 305
ブレンターノ（Brentano, Franz） 4, 20-22, 25, 28, 38, 39, 45-74, 76, 79, 83, 85, 90, 97, 102, 103, 105, 107, 116, 120, 128, 134, 144, 320, 363, 382
フロイト（Freud, Sigmund） 59, 394, 415, 418
ブロイラー（Bleuler, Eugen） 365, 417
プロップ（Prop, Vladimir, I.） 354
ヘッケル（Haeckel, Ernst） 584
ヘッド（Head, Henry） 455, 483, 490
ヘップ（Hebb, Donald O.） 390
ベヌッシ（Benussi, Vittorio） 134, 139-143, 145
ヘルムホルツ（von Helmholtz, Hermann L. F.） 59, 141, 143, 164
ペンフィールド（Penfield, Wilder） 428, 473, 474
ヘンペル（Hempel, Carl G.） 186, 187, 241, 338, 340, 341
ボイテンディク（Buytendijk, Frederik J. J.） 75

[マ]

[ヤ]

[ラ]

染谷昌義（そめや・まさよし：第六章）
北海道大学人間知・脳・AI研究センター博士研究員。
心理学の哲学・身体論・環境論を専門とし、生態心理学、無神経生物の心のはたらき、生命と心の連続性などをテーマとする。
著書に『知覚経験の生態学――哲学へのエコロジカル・アプローチ』、共著に『身体とアフォーダンス』『わざの人類学』『世紀転換期の英米哲学における観念論と実在論』など。

村田憲郎（むらた・のりお：コラムⅠ）
東海大学教授。
哲学、特に現象学を専門とし、ブレンターノ学派、時間意識、身体化された自己などをテーマとする。
共著に『あらわれを哲学する』『危機に対峙する思考』『境界線の哲学』など。

直江清隆（なおえ・きよたか：コラムⅡ）
東北大学教授。
現象学を中心とする現代哲学・科学技術倫理を専門とし、行為としての技術、社会的合意などをテーマとする。
編著・共編著に「高校倫理からの哲学」シリーズ、「高校倫理の古典でまなぶ哲学トレーニング」シリーズなど。

内藤美加（ないとう・みか：コラムⅢ）
上越教育大学教授。
実験心理学・教育心理学を専門とし、認知発達、記憶などをテーマとする。
共編著に『自閉スペクトラムの発達科学』『児童心理学の進歩』『発達障害の精神病理Ⅰ』など。

[編者・執筆者紹介]

村田純一（むらた・じゅんいち：編者・まえがき・第一章）
東京大学名誉教授。
現象学・知覚論・科学哲学を専門とする。
著書に『知覚と生活世界――知の現象学的理論』『色彩の哲学』『「わたし」を探険する』『技術の哲学』『味わいの現象学――知覚経験のマルチモダリティ』など。

渡辺恒夫（わたなべ・つねお：編者・あとがき・第四章・コラムⅣ）
東邦大学名誉教授。
心理学・現象学を専門とし、自我体験・夢・人間科学論・死生学などをテーマとする。
著書に『夢の現象学・入門』『人はなぜ夢を見るのか』『フッサール心理学宣言』『他者問題で解く心の科学史』など。

長滝祥司（ながたき・しょうじ：第二章）
中京大学教授。
哲学・認知科学を専門とし、AI・ロボットと心の関係、人間の心の謎をテーマとする。
著書に『知覚とことば』『メディアとしての身体――世界／他者と交流するためのインタフェース』、共著に『心と社会』など。

柴田健志（しばた・けんじ：第三章）
鹿児島大学教授。
哲学・倫理学を専門とし、視線と発達理論・主体の問題などをテーマとする。
共著に『哲学の挑戦』「自由意志の幻想――ニューロサイエンスからみたスピノザ」、論文に「純粋記憶――ベルクソンの哲学における真理の問題」など。

田中彰吾（たなか・しょうご：第五章）
東海大学教授、同大学文明研究所所長。
身体性哲学・現象学的心理学を専門とし、自己・知覚・他者理解などをテーマとする。
著書に『身体と魂の思想史――「大きな理性」の行方』『生きられた〈私〉をもとめて』『自己と他者――身体性のパースペクティヴから』など。

心《こころ》の哲《てつ》学《がく》史《し》

二〇二四年一一月一二日　第一刷発行

[編　者] 村《むら》田《た》純《じゅん》一《いち》・渡《わた》辺《なべ》恒《つね》夫《お》

[発行者] 篠木和久
[発行所] 株式会社　講談社
東京都文京区音羽二丁目一二―二一　〒一一二―八〇〇一
電話（編集）〇三―五三九五―三五一二
（販売）〇三―五三九五―五八一七
（業務）〇三―五三九五―三六一五

[装幀者] 奥定泰之
[本文データ制作] 講談社デジタル製作
[本文印刷] 株式会社ＫＰＳプロダクツ
[カバー・表紙印刷] 半七写真印刷工業株式会社
[製本所] 大口製本印刷株式会社

ISBN978-4-06-523522-5　Printed in Japan　N.D.C.102　654p　19cm

KODANSHA